**Lernbücher Jura**
Handelsrecht
Peter Jung

# Handelsrecht

von

**Dr. Peter Jung**
o. Professor an der Universität Basel

12. Auflage 2019

Zitiervorschlag:
*Jung* HandelsR Rn. ...

www.beck.de

ISBN 978 3 406 72406 0

© 2019 Verlag C. H. Beck oHG
Wilhelmstraße 9, 80801 München

Druck und Bindung: Nomos Verlagsgesellschaft
In den Lissen 12, 76547 Sinzheim

Satz: Fotosatz H. Buck
Zweikirchener Str. 7, 84036 Kumhausen

Umschlagsatz: Druckerei C. H. Beck Nördlingen

Gedruckt auf säurefreiem, alterungsbeständigem Papier
(hergestellt aus chlorfrei gebleichtem Zellstoff)

# Vorwort zur 12. Auflage

Die erforderlich gewordene Neuauflage des Lehrbuchs gab Gelegenheit, insbesondere im Bereich des Handelsregister-, Vertriebs-, Rechnungslegungs- und Handelskaufrechts Aktualisierungen vorzunehmen. Daneben wurden Rechtsprechung und Literatur generell bis zum Mai 2019 nachgeführt. Für hilfreiche und sorgfältige Unterstützung bei der Bearbeitung der Neuauflage habe ich ganz herzlich Herrn *Philipp Bonin* zu danken.

Basel, im Mai 2019 *Peter Jung*

# Aus dem Vorwort zur 1. Auflage

Dieses Buch dient der Vermittlung, Wiederholung, Vertiefung und Anwendung von Grundwissen im Handelsrecht. Es richtet sich an Studenten des Pflicht-, Wahl- und Nebenfachs Handelsrecht sowie an Rechtsreferendare.

Das Handelsrecht ist eine durch die Bedürfnisse und Eigenarten des Handelsverkehrs geprägte Sondermaterie des Zivilrechts. Es wird daher in diesem Buch immer wieder im Zusammenhang und im Vergleich mit den allgemein geltenden Regelungen des bürgerlichen Rechts betrachtet. Auf die Bezüge zum Gesellschaftsrecht wird ebenfalls beständig hingewiesen.

Der Schwerpunkt der Darstellung liegt naturgemäß auf dem prüfungsrelevanten handelsrechtlichen Pflichtfachstoff, der insbesondere in den Kapiteln 2 (Kaufmannsbegriff), 3 (Publizität des Handelsregisters), 5 (Inhaberwechsel beim kaufmännischen Unternehmen), 7 (Vertretung des Kaufmanns), 9 (Allgemeine Handelsgeschäftslehre) und 10 (Rügelast beim beiderseitigen Handelskauf) enthalten ist. Ein besonderes Anliegen dieses Buches ist es aber auch, den Wahlfachstudenten und angehenden Wirtschaftsjuristen in diejenigen Rechtsgebiete einzuführen, die in der Handelspraxis von größter Bedeutung sind: die kaufmännische Rechnungslegung (Kapitel 8), das Transportrecht (Kapitel 12) und das internationale Handelsrecht (Kapitel 13). Eine ausführlichere Darstellung ist schließlich dem Kommissionsgeschäft (Kapitel 11) gewidmet, da sich an seinem Beispiel einige examenswichtige Fragen des Zivilrechts besonders gut veranschaulichen lassen.

Der Rechtsstoff wird zunächst in komprimierter Form und in der durch die gesetzliche Regelung vorgegebenen Gliederung vermittelt. Die theoretischen Ausführungen werden dabei immer wieder durch Beispiele und Beispielsfälle veranschaulicht. Exemplarische Literatur- und Rechtsprechungsnachweise ermöglichen eine Vertiefung. Zahlreiche Lern- und Klausurhinweise enthalten Anmerkungen zur Examensrelevanz sowie zur juristischen Methode und Klausurtechnik. Schaubilder, Tabellen, Merksätze und Zusammenfassungen dienen als Lernhilfen und zur raschen Wiederholung. Vertiefungsanregungen und Kontrollfragen am Ende des jeweiligen Kapitels bieten die Möglichkeit zum aktiven Lernen und zur Lernkontrolle. Anhand der Übungsklausuren, die mit ausführlichen Lösungsskizzen versehen wurden, kann schließlich die Umsetzung des erarbeiteten Wissens in ein Gutachten zur Fallösung eingeübt werden.

Freiburg, im Oktober 1997 *Peter Jung*

# Inhaltsverzeichnis

| | |
|---|---|
| Vorwort zur 12. Auflage | V |
| Aus dem Vorwort zur 1. Auflage | V |
| Abkürzungsverzeichnis | XIX |
| Literaturverzeichnis | XXIX |

### Kapitel 1. Einführung

| | | |
|---|---|---|
| § 1. | Gegenstand des Handelsrechts | 1 |
| | A. Begriffsbestimmung | 1 |
| | B. Das Verhältnis des Handelsrechts zu anderen Rechtsgebieten | 3 |
| |    I. Handelsrecht und bürgerliches Recht | 3 |
| |    II. Handelsrecht und Gesellschaftsrecht | 4 |
| |    III. Handelsrecht und Wirtschaftsrecht | 4 |
| | C. Handelsrechtliche Rechtsquellen | 4 |
| |    I. Nationales Gesetzes- und Verordnungsrecht | 5 |
| |    II. Internationale Übereinkommen | 6 |
| |    III. Handelsgewohnheitsrecht und Handelsbräuche | 6 |
| |    IV. Allgemeine Geschäftsbedingungen | 7 |
| | D. Wesensmerkmale des Handelsrechts | 7 |
| | E. Handelsrechtliche Besonderheiten im Zivilprozess | 8 |
| |    I. Gerichtsstand | 8 |
| |    II. Kammern für Handelssachen | 8 |
| |    III. Freiwillige Gerichtsbarkeit | 9 |
| |    IV. Handelsschiedsgerichtsbarkeit | 9 |
| | F. Überblick über die Geschichte des deutschen Handelsrechts | 10 |
| § 2. | Das Handelsrecht in der Fallprüfung | 11 |
| | A. Die Verknüpfung von Handelsrecht und bürgerlichem Recht | 11 |
| | B. Handelsrechtliche Anspruchsgrundlagen | 12 |
| | C. Handelsrechtliche Klausurprobleme | 13 |
| § 3. | Wiederholung | 14 |
| | A. Zusammenfassung | 14 |
| | B. Kontrollfragen | 15 |

### Kapitel 2. Der Kaufmann

| | | |
|---|---|---|
| § 4. | Bedeutung und Systematik des Kaufmannsbegriffs | 17 |
| § 5. | Kaufmann kraft Betriebs eines Handelsgewerbes | 19 |
| | A. Die Eigenschaft des Unternehmens als Gewerbe | 19 |

## Inhaltsverzeichnis

    B. Die Eigenschaft des Gewerbes als *Handels*gewerbe . . . . . . . . . . 23
        I. Das eigentliche Handelsgewerbe nach § 1 Abs. 2 HGB
        (Istkaufmann) . . . . . . . . . . . . . . . . . . . . . . . . . . . . . . . . . . . . . . 24
        II. Das uneigentliche Handelsgewerbe nach § 2 HGB
        (Kannkaufmann) . . . . . . . . . . . . . . . . . . . . . . . . . . . . . . . . . . . 27
        III. Das uneigentliche Handelsgewerbe nach § 3 HGB
        (uneigentlicher Kannkaufmann) . . . . . . . . . . . . . . . . . . . . . 29
            1. Das land- oder forstwirtschaftliche Hauptgewerbe
            (§ 3 Abs. 1 und 2 HGB) . . . . . . . . . . . . . . . . . . . . . . . . . . 29
            2. Das Nebengewerbe eines Land- oder Forstwirts
            (§ 3 Abs. 3 HGB) . . . . . . . . . . . . . . . . . . . . . . . . . . . . . . . 30
        IV. Das Mischunternehmen als Handelsgewerbe . . . . . . . . . 32
    C. Betreibereigenschaft . . . . . . . . . . . . . . . . . . . . . . . . . . . . . . . . . . . 33
§ 6. Kaufmann kraft Betriebs eines eingetragenen Gewerbes
(§ 5 HGB) . . . . . . . . . . . . . . . . . . . . . . . . . . . . . . . . . . . . . . . . . . . . . . . . 34
    A. Bedeutung der Kaufmannseigenschaft nach § 5 HGB . . . . . . . 34
    B. Die Voraussetzungen der Kaufmannseigenschaft nach
    § 5 HGB . . . . . . . . . . . . . . . . . . . . . . . . . . . . . . . . . . . . . . . . . . . . . 36
§ 7. Kaufmann kraft Gesellschaftsform (§ 6 HGB) . . . . . . . . . . . . . . . . 37
    A. Die Kaufmannseigenschaft von Handelsgesellschaften . . . . . . 37
        I. Personengesellschaften als Handelsgesellschaften . . . . . . 38
        II. Kapitalgesellschaften als Handelsgesellschaften . . . . . . . 39
    B. Die Kaufmannseigenschaft der Körperschaften . . . . . . . . . . . . 40
§ 8. Der Scheinkaufmann . . . . . . . . . . . . . . . . . . . . . . . . . . . . . . . . . . . . . 41
    A. Begriff des Scheinkaufmanns . . . . . . . . . . . . . . . . . . . . . . . . . . . 41
    B. Rechtsnatur des Scheinkaufmanns . . . . . . . . . . . . . . . . . . . . . . 42
    C. Funktion der Lehre vom Scheinkaufmann . . . . . . . . . . . . . . . . 43
    D. Voraussetzungen der Scheinkaufmannseigenschaft . . . . . . . . 43
    E. Rechtsfolgen der Scheinkaufmannseigenschaft . . . . . . . . . . . . 47
§ 9. Wiederholung . . . . . . . . . . . . . . . . . . . . . . . . . . . . . . . . . . . . . . . . . . . 48
    A. Prüfungsschema zur Kaufmannseigenschaft . . . . . . . . . . . . . . 48
    B. Zusammenfassung . . . . . . . . . . . . . . . . . . . . . . . . . . . . . . . . . . . . 48
    C. Klausurfall 1 (Der Kaufmann im Internet) . . . . . . . . . . . . . . . . 50
    D. Kontrollfragen . . . . . . . . . . . . . . . . . . . . . . . . . . . . . . . . . . . . . . . . 55

### Kapitel 3. Registerpublizität

§ 10. Handelsregister . . . . . . . . . . . . . . . . . . . . . . . . . . . . . . . . . . . . . . . . . 57
    A. Funktionen des Handelsregisters . . . . . . . . . . . . . . . . . . . . . . . . 57
    B. Registerverfahren . . . . . . . . . . . . . . . . . . . . . . . . . . . . . . . . . . . . . 58
    C. Registerinhalt . . . . . . . . . . . . . . . . . . . . . . . . . . . . . . . . . . . . . . . . 61
    D. Registereinsicht (formelle Registerpublizität) . . . . . . . . . . . . . 63
    E. Materielle Registerpublizität . . . . . . . . . . . . . . . . . . . . . . . . . . . . 64

I. Die negative Publizität des Handelsregisters
(§ 15 Abs. 1 HGB) .................................... 65
1. Tatbestandsvoraussetzungen ................... 65
2. Rechtsfolge ................................ 69
II. Zerstörung des Rechtsscheins durch richtige Eintragungen und Bekanntmachungen (§ 15 Abs. 2 HGB) ....... 70
III. Die positive Publizität ......................... 72
1. Die gesetzliche Regelung in § 15 Abs. 3 HGB ...... 72
a) Tatbestandsvoraussetzungen ................. 72
b) Rechtsfolge ................................ 74
2. Die ergänzenden Gewohnheitsrechtssätze ......... 74
§ 11. Genossenschafts- und Partnerschaftsregister ................. 76
§ 12. Unternehmensregister ..................................... 76
§ 13. Wiederholung ............................................ 78
A. Zusammenfassung ...................................... 78
B. Vertiefungsanregung .................................... 79
C. Klausurfall 2 (Der ausgeschiedene Gesellschafter) .......... 80
D. Kontrollfragen ......................................... 84

# Kapitel 4. Die Firma

§ 14. Die Firma im Handelsverkehr ............................. 88
A. Begriff der Firma ...................................... 88
B. Abgrenzung der Firma von verwandten Erscheinungsformen 90
C. Bestandteile und Arten der Firma ....................... 92
D. Funktionen der Firma .................................. 92
§ 15. Firmenordnungsrecht ..................................... 93
A. Bildung der Firma ..................................... 93
I. Firmenbildung der Einzelkaufleute ................. 93
II. Firmenbildung der Personenhandelsgesellschaften ..... 94
III. Firmenbildung der Kapitalgesellschaften und
Genossenschaften ................................ 95
B. Führung der Firma .................................... 95
C. Grundsätze des Firmenordnungsrechts ................... 96
I. Grundsatz der Firmenwahrheit ..................... 96
1. Bedeutung und Regelung der Firmenwahrheit ..... 96
2. Das Irreführungsverbot ....................... 97
II. Grundsatz der Firmenbeständigkeit ................. 98
1. Fortführung der Firma trotz Namensänderung des
Geschäftsinhabers (§ 21 HGB) .................. 98
2. Fortführung der Firma trotz Inhaberwechsels
(§§ 22, 24 HGB) .............................. 99
a) Die verschiedenen Fälle des Inhaberwechsels .... 99

|  |  |  |
|---|---|---|
| | b) Die Voraussetzungen einer Firmenfortführung... | 99 |
| | c) Die Form der Firmenfortführung ............. | 100 |
| | 3. Fortführung der Firma trotz Umwandlung des Unternehmensträgers ......................... | 101 |
| | 4. Fortführung der Firma trotz Änderung von Art und Umfang des Handelsgewerbes .............. | 101 |
| | III. Verbot der Leerübertragung ..................... | 102 |
| | IV. Grundsatz der Firmeneinheit..................... | 103 |
| | V. Grundsatz der Firmenunterscheidbarkeit ........... | 104 |
| § 16. | Unzulässiger Firmengebrauch und Schutz der Firma .......... | 105 |
| | A. Registerrechtliches Firmenmissbrauchsverfahren .......... | 106 |
| | B. Privatrechtliche Sanktionen unzulässigen Firmengebrauchs .. | 107 |
| | I. Firmenrechtlicher Unterlassungsanspruch .......... | 107 |
| | II. Sonstige privatrechtliche Sanktionen .............. | 107 |
| § 17. | Wiederholung ........................................ | 108 |
| | A. Zusammenfassung................................... | 108 |
| | B. Kontrollfragen...................................... | 109 |

**Kapitel 5. Das Unternehmen im Handelsrecht**

|  |  |  |
|---|---|---|
| § 18. | Einführung in das Recht des Unternehmens ................. | 111 |
| | A. Begriff des Unternehmens ............................ | 111 |
| | B. Unternehmen und Unternehmensträger................. | 112 |
| | C. Niederlassungen des Unternehmens ................... | 113 |
| | D. Das Unternehmen als Gegenstand des Rechtsverkehrs ...... | 114 |
| | I. Das Unternehmen im Schuldrecht ................ | 114 |
| | II. Das Unternehmen im Sachenrecht ................ | 116 |
| | III. Das Unternehmen im Vollstreckungs- und Insolvenzrecht ........................................... | 116 |
| § 19. | Der Inhaberwechsel beim kaufmännischen Unternehmen ....... | 117 |
| | A. Einführung ........................................ | 117 |
| | B. Der Inhaberwechsel unter Lebenden ................... | 118 |
| | I. Inhaberwechsel mit Firmenfortführung ............. | 118 |
| | 1. Haftungskontinuität für die Altgläubiger (§ 25 Abs. 1 S. 1 HGB) ...................... | 118 |
| | a) Voraussetzungen .......................... | 118 |
| | b) Rechtsfolgen ............................. | 120 |
| | c) Vereinbarung eines Haftungsausschlusses ....... | 121 |
| | 2. Forderungsübergang mit relativer Wirkung (§ 25 Abs. 1 S. 2 HGB) ...................... | 122 |
| | a) Voraussetzungen .......................... | 123 |
| | b) Rechtsfolgen ............................. | 123 |
| | II. Inhaberwechsel ohne Firmenfortführung............ | 124 |

|  |  |  |
|---|---|---|
|  | 1. Haftung für Altschulden | 124 |
|  | 2. Forderungsübergang | 124 |
| C. | Der Inhaberwechsel von Todes wegen | 125 |
|  | I. Die erbrechtlich begründete Haftung des Erben | 125 |
|  | II. Die handelsrechtlich begründete Haftung des Erben | 125 |
| D. | Einbringung eines Handelsgeschäfts in eine Personenhandelsgesellschaft | 128 |
|  | I. Voraussetzungen | 128 |
|  | II. Rechtsfolgen | 129 |
| E. | Normzwecke der §§ 25 ff. HGB | 131 |

§ 20. Wiederholung ... 132
   A. Zusammenfassung ... 132
   B. Klausurfall 3 (Ein Erbe in Nöten) ... 135
   C. Kontrollfragen ... 141

## Kapitel 6. Die Hilfspersonen des Kaufmanns

§ 21. Grundlagen ... 144
§ 22. Die einzelnen Hilfspersonen ... 145
   A. Die unselbständigen kaufmännischen Hilfspersonen ... 145
      I. Der Handlungsgehilfe (§§ 59 ff. HGB) ... 145
         1. Begriff des Handlungsgehilfen ... 145
         2. Recht des Handlungsgehilfen ... 145
      II. Der kaufmännische Auszubildende und der Volontär (§ 82a HGB) ... 146
   B. Die selbständigen kaufmännischen Hilfspersonen ... 146
      I. Der Handelsvertreter ... 147
         1. Begriff und Abgrenzungen ... 147
         2. Arten ... 148
         3. Das Handelsvertreterverhältnis ... 149
         4. Vertragsbeendigung und Ausgleichsanspruch ... 150
      II. Der Handelsmakler ... 153
         1. Begriff und Abgrenzungen ... 153
         2. Das Handelsmaklerverhältnis ... 155
      III. Der Kommissionär ... 155
      IV. Der Frachtführer, Spediteur und Lagerhalter ... 155
      V. Weitere selbständige Hilfspersonen ... 155
         1. Der Kommissionsagent ... 156
         2. Der Vertragshändler ... 156
         3. Der Franchisenehmer ... 158
§ 23. Wiederholung ... 159
   A. Zusammenfassung ... 159
   B. Kontrollfragen ... 161

## Kapitel 7. Die Vertretung des Kaufmanns

§ 24. Überblick .................................................. 163
§ 25. Prokura ................................................... 164
    A. Das Wesen der Prokura ................................. 164
    B. Die Voraussetzungen der Prokuraerteilung ............... 165
    C. Die Eintragung der Prokura in das Handelsregister ....... 167
    D. Das Handeln mit Prokura ................................ 167
    E. Der Umfang der Prokura im Außenverhältnis ............. 168
        I. Grundsatz .......................................... 168
        II. Gesetzliche Grenzen der Prokura ................... 169
        III. Rechtsgeschäftliche Grenzen der Prokura .......... 170
    F. Sonderformen der Prokura ............................... 172
        I. Die Gesamtprokura ................................. 172
            1. Begriff und Arten der Gesamtprokura ........... 172
            2. Rechtliche Besonderheiten der Gesamtprokura ... 174
        II. Die Filialprokura .................................. 175
    G. Erlöschen der Prokura .................................. 175
§ 26. Handlungsvollmacht ....................................... 176
    A. Begriff der Handlungsvollmacht ......................... 176
    B. Erteilung der Handlungsvollmacht ....................... 177
    C. Umfang und Arten der Handlungsvollmacht ............. 178
        I. Grundsatz .......................................... 179
        II. Gesetzliche Grenzen ............................... 179
        III. Rechtsgeschäftliche Grenzen ....................... 180
    D. Sonderformen .......................................... 180
        I. Gesamthandlungsvollmacht ......................... 180
        II. Abschlussvertreter ................................. 180
    E. Erlöschen der Handlungsvollmacht ...................... 181
§ 27. Stellvertretung durch Ladenangestellte ..................... 181
    A. Rechtsnatur der Ladenvollmacht ........................ 181
    B. Voraussetzungen der Ladenvollmacht ................... 182
    C. Umfang der Ladenvollmacht ............................ 182
§ 28. Wiederholung ............................................. 183
    A. Zusammenfassung ...................................... 183
    B. Kontrollfragen .......................................... 184

## Kapitel 8. Die handelsrechtliche Rechnungslegung

§ 29. Einführung ................................................ 188
    A. Gegenstand und Zweck der Rechnungslegung ........... 188
    B. Rechtsgrundlagen der handelsrechtlichen Rechnungslegung . 189
    C. Durchsetzung der Rechnungslegungspflichten ........... 191
    D. Handelsbücher im Rechtsstreit .......................... 192

§ 30. Die handelsrechtlichen Rechnungslegungspflichten . . . . . . . . . . . 192
    A. Pflicht zur Buchführung . . . . . . . . . . . . . . . . . . . . . . . . . . . . 192
    B. Pflicht zur Inventarerrichtung . . . . . . . . . . . . . . . . . . . . . . . . 195
    C. Pflicht zur Aufstellung des Jahresabschlusses . . . . . . . . . . . . . 195
        I. Grundsätze für die Aufstellung des Jahresabschlusses . . . 196
        II. Inhalt des Jahresabschlusses . . . . . . . . . . . . . . . . . . . . . . 199
            1. Handelsbilanz . . . . . . . . . . . . . . . . . . . . . . . . . . . . . . 199
            2. Gewinn- und Verlustrechnung . . . . . . . . . . . . . . . . 200
            3. Anhang . . . . . . . . . . . . . . . . . . . . . . . . . . . . . . . . . . 201
    D. Pflicht zur Erstellung eines Lageberichts . . . . . . . . . . . . . . . . 201
    E. Pflicht zur Aufbewahrung . . . . . . . . . . . . . . . . . . . . . . . . . . 201
    F. Pflicht zur Offenlegung . . . . . . . . . . . . . . . . . . . . . . . . . . . . 202
§ 31. Wiederholung . . . . . . . . . . . . . . . . . . . . . . . . . . . . . . . . . . . . . . . 202
    A. Zusammenfassung . . . . . . . . . . . . . . . . . . . . . . . . . . . . . . . . 202
    B. Kontrollfragen . . . . . . . . . . . . . . . . . . . . . . . . . . . . . . . . . . . 203

**Kapitel 9. Die allgemeine Handelsgeschäftslehre**

§ 32. Rechtsquellen der Handelsgeschäftslehre . . . . . . . . . . . . . . . . . . 205
§ 33. Begriff und Arten des Handelsgeschäfts . . . . . . . . . . . . . . . . . . . 206
    A. Begriffsmerkmale . . . . . . . . . . . . . . . . . . . . . . . . . . . . . . . . . 206
        I. Geschäft . . . . . . . . . . . . . . . . . . . . . . . . . . . . . . . . . . . . 207
        II. Kaufmannseigenschaft einer oder mehrerer Parteien . . . 207
        III. Betriebsbezogenheit . . . . . . . . . . . . . . . . . . . . . . . . . . . 208
    B. Arten des Handelsgeschäfts . . . . . . . . . . . . . . . . . . . . . . . . . 209
§ 34. Sonderregelungen für alle Handelsgeschäfte . . . . . . . . . . . . . . . . 210
    A. Der Handelsbrauch . . . . . . . . . . . . . . . . . . . . . . . . . . . . . . . 210
    B. Das Zustandekommen von Handelsgeschäften durch
        Schweigen . . . . . . . . . . . . . . . . . . . . . . . . . . . . . . . . . . . . . . 212
        I. Das Schweigen auf ein Angebot zur Geschäfts-
           besorgung . . . . . . . . . . . . . . . . . . . . . . . . . . . . . . . . . . 212
        II. Das Schweigen auf ein kaufmännisches Bestäti-
           gungsschreiben . . . . . . . . . . . . . . . . . . . . . . . . . . . . . . 214
            1. Begriff und Rechtsnatur . . . . . . . . . . . . . . . . . . . . . 214
            2. Arten . . . . . . . . . . . . . . . . . . . . . . . . . . . . . . . . . . . 215
            3. Voraussetzungen . . . . . . . . . . . . . . . . . . . . . . . . . . 215
            4. Rechtsfolgen . . . . . . . . . . . . . . . . . . . . . . . . . . . . . 218
        III. Anfechtbarkeit des Schweigens mit Erklärungswert . . . . 218
    C. Besonderheiten bei der Anwendung der §§ 305 ff. BGB . . . . 220
    D. Sonderregelungen für die Durchführung von
        Handelsgeschäften . . . . . . . . . . . . . . . . . . . . . . . . . . . . . . . . 222
        I. Die kaufmännische Sorgfaltspflicht . . . . . . . . . . . . . . . 222
        II. Das kaufmännische Vertragsstrafeversprechen . . . . . . . . 222

III. Die kaufmännische Bürgschaft .................... 223
IV. Das kaufmännische Schuldversprechen und Schuldanerkenntnis ........................................ 223
V. Die Verzinsung handelsgeschäftlicher Forderungen .... 223
VI. Die Entgeltlichkeit der kaufmännischen Dienstleistung und Geschäftsbesorgung ........................ 224
VII. Die Abtretung handelsgeschäftlicher Forderungen .... 224
VIII. Das handelsgeschäftliche Kontokorrent ............. 225
   1. Begriff und Funktion des Kontokorrents .......... 225
   2. Voraussetzungen .............................. 226
   3. Rechtsfolgen .................................. 227
   4. Die Pfändung des Saldos in der Zwangsvollstreckung ...................................... 230
   5. Beendigung des Kontokorrents ................. 231
IX. Die handelsgeschäftliche Leistungszeit .............. 231
X. Der handelsgeschäftliche Leistungsinhalt ............ 232
XI. Der handelsgeschäftliche Gutglaubensschutz ......... 232
   1. Funktion der Sonderregelung ................... 232
   2. Voraussetzungen des Gutglaubensschutzes ........ 233
   3. Der Inhalt des Gutglaubensschutzes .............. 235
XII. Der handelsgeschäftliche Pfandverkauf .............. 236
XIII. Das kaufmännische Zurückbehaltungsrecht .......... 236
   1. Voraussetzungen .............................. 236
   2. Rechtsfolgen .................................. 238

§ 35. Wiederholung .......................................... 241
  A. Zusammenfassung ................................... 241
  B. Kontrollfragen ....................................... 243

## Kapitel 10. Der Handelskauf

§ 36. Begriff des Handelskaufs ................................ 245
§ 37. Die Sonderregelungen für den Handelskauf ................ 246
  A. Sonderrechte des Verkäufers bei Annahmeverzug des Käufers 247
  B. Sonderregelung zum Bestimmungskauf ................. 248
  C. Sonderregelung zum Fixhandelskauf ................... 249
  D. Sonderregelung zur Mängelgewährleistung ............. 251
    I. Überblick ....................................... 251
    II. Ratio des § 377 HGB ............................ 253
    III. Voraussetzungen der Rügelast .................... 253
      1. Beiderseitiger Handelskauf ................... 253
      2. Ablieferung ................................ 254
      3. Mangel i. S. v. §§ 434 f. BGB ................ 255
      4. Redlichkeit des Verkäufers ................... 256

IV. Inhalt der Rügelast .......................... 256
V. Rechtsfolgen bei nicht ordnungsgemäßer Rüge ....... 262
VI. Rechtsfolgen bei ordnungsgemäßer Rüge .......... 264
§ 38. Wiederholung ................................... 264
A. Zusammenfassung ............................. 264
B. Klausurfall 4 (Der Brand im Baumarkt) ................. 265
C. Kontrollfragen ................................ 272

## Kapitel 11. Das Kommissionsgeschäft

§ 39. Begriff des Kommissionsgeschäfts ........................ 273
§ 40. Das Kommissionsverhältnis ............................. 275
A. Anwendbares Recht .............................. 275
B. Die Rechte und Pflichten des Kommissionärs ............ 276
I. Die Pflichten des Kommissionärs .................. 276
1. Ausführungspflichten ....................... 276
2. Abwicklungspflichten ....................... 278
II. Die Rechte des Kommissionärs ................... 279
1. Provisionsanspruch ......................... 279
2. Aufwendungsersatzanspruch ................... 280
3. Sicherungsrechte ........................... 281
4. Selbsteintrittsrecht .......................... 281
§ 41. Das Ausführungsgeschäft ............................... 281
A. Die schuldrechtlichen Beziehungen im Rahmen des
   Ausführungsgeschäfts ............................ 281
B. Die dingliche Rechtslage bei der Abwicklung des
   Ausführungsgeschäfts ............................ 285
I. Die dingliche Rechtslage bei der Verkaufskommission . 285
II. Die dingliche Rechtslage bei der Einkaufskommission . 286
§ 42. Wiederholung ...................................... 287
A. Zusammenfassung .............................. 287
B. Kontrollfragen ................................. 288

## Kapitel 12. Das Fracht-, Speditions- und Lagergeschäft

§ 43. Überblick über das Transportrecht ....................... 292
§ 44. Das Frachtgeschäft ................................... 293
A. Begriff des Frachtgeschäfts ........................ 293
B. Das Frachtverhältnis ............................. 294
I. Anwendbares Recht ........................... 294
II. Rechte und Pflichten der Parteien ................. 295
III. Haftung des Frachtführers ....................... 296
§ 45. Das Speditionsgeschäft ................................ 300

|          | A. Begriff des Speditionsgeschäfts | 300 |
|----------|---|---|
|          | B. Arten der Spedition | 300 |
|          | C. Das Speditionsverhältnis | 301 |
|          |     I. Anwendbares Recht | 301 |
|          |     II. Rechte und Pflichten der Parteien | 302 |
| § 46.    | Das Lagergeschäft | 304 |
|          | A. Begriff des Lagergeschäfts | 304 |
|          | B. Arten der Lagerung | 304 |
|          | C. Das Lagerverhältnis | 306 |
|          |     I. Anwendbares Recht | 306 |
|          |     II. Rechte und Pflichten der Parteien | 306 |
| § 47.    | Wiederholung | 308 |
|          | A. Zusammenfassung | 308 |
|          | B. Kontrollfragen | 309 |

## Kapitel 13. Internationales Handelsrecht

| § 48. | Einführung | 311 |
|---|---|---|
| § 49. | Quellen des internationalen Handelsrechts | 313 |
|  | A. Internationales Privatrecht | 313 |
|  | B. Das Recht der Europäischen Union | 313 |
|  | C. International vereinheitlichte Vertragsgestaltungen | 313 |
|  |     I. Überblick | 313 |
|  |     II. Musterbeispiel: International Commercial Terms (Incoterms) | 314 |
|  |         1. Rechtsnatur und Geltungsgrund der Incoterms | 314 |
|  |         2. Inhalt der Incoterms | 315 |
|  | D. Internationale Konventionen | 317 |
|  |     I. Überblick | 317 |
|  |     II. Musterbeispiel: Internationales UN-Kaufrecht | 317 |
|  |         1. Entwicklung des UN-Kaufrechts | 317 |
|  |         2. Anwendungsbereich und Anwendungsvoraussetzungen | 318 |
|  |         3. Regelungsbereich | 319 |
|  |         4. Besonderheiten des UN-Kaufrechts | 320 |
|  | E. Internationale Modellgesetze | 321 |
|  | F. Allgemeine Rechtsgrundsätze | 322 |
|  | G. Internationaler Handelsbrauch | 322 |
|  | H. Internationales Handelsgewohnheitsrecht | 323 |
|  | I. Internationale Verhaltensregeln (Codes of Conduct) | 323 |
|  | J. Spruchpraxis der internationalen Handelsschiedsgerichte | 323 |

| | | |
|---|---|---|
| § 50. | Die Institutionen des internationalen Handelsrechts . . . . . . . . . . . | 324 |
| | A. Zwischenstaatliche Organisationen . . . . . . . . . . . . . . . . . . . . . | 324 |
| | B. Nichtstaatliche internationale Organisationen . . . . . . . . . . . . . | 325 |
| | C. Internationale private Handelsschiedsgerichtsbarkeit . . . . . . . . | 325 |
| § 51. | Wiederholung . . . . . . . . . . . . . . . . . . . . . . . . . . . . . . . . . . . . . . . . . . . . . | 326 |
| | A. Zusammenfassung . . . . . . . . . . . . . . . . . . . . . . . . . . . . . . . . . . . . | 326 |
| | B. Kontrollfragen . . . . . . . . . . . . . . . . . . . . . . . . . . . . . . . . . . . . . . . | 327 |

Antworten zu den Kontrollfragen . . . . . . . . . . . . . . . . . . . . . . . . . . . . . 329

Sachverzeichnis . . . . . . . . . . . . . . . . . . . . . . . . . . . . . . . . . . . . . . . . . . . . . 347

# Abkürzungsverzeichnis

| | |
|---|---|
| a. A. | anderer Ansicht |
| Abs. | Absatz |
| AcP | Archiv für die civilistische Praxis (Zeitschrift) |
| ADHGB | Allgemeines Deutsches Handelsgesetzbuch |
| ADR | European Agreement concerning the International Carriage of Dangerous Goods by Road/Europäisches Übereinkommen über die Beförderung gefährlicher Güter auf der Straße |
| ADSp | Allgemeine Deutsche Spediteurbedingungen (Wirtschaftsgesetze Nr. 23) |
| ADWO | Allgemeine Deutsche Wechselordnung |
| a. E. | am Ende |
| AEG | Allgemeines Eisenbahngesetz (Sartorius Nr. 962) |
| AEUV | Vertrag über die Arbeitsweise der Europäischen Union |
| a. F. | alte Fassung |
| AG | Aktiengesellschaft bzw. Die Aktiengesellschaft (Zeitschrift) |
| AGB | Allgemeine Geschäftsbedingungen |
| AGBG | Gesetz zur Regelung des Rechts der allgemeinen Geschäftsbedingungen (aufgehoben) |
| AktG | Aktiengesetz (Schönfelder Nr. 51) |
| ALR | Allgemeines Landrecht für die Preußischen Staaten (1794) |
| Anh. | Anhang |
| Anm. | Anmerkung |
| AO | Abgabenordnung (Steuergesetze I Nr. 800) |
| APAReG | Abschlussprüferaufsichtsreformgesetz |
| ApoG | Gesetz über das Apothekenwesen (Apothekengesetz) |
| ArbGG | Arbeitsgerichtsgesetz (Schönfelder Nr. 83) |
| AReG | Abschlussprüfungsreformgesetz |
| Art. | Artikel |
| Aufl. | Auflage |
| Ausn. | Ausnahme |
| BaFin | Bundesanstalt für Finanzdienstleistungsaufsicht |
| BAG | Bundesarbeitsgericht |
| BÄO | Bundesärzteordnung |
| BayObLG | Bayerisches Oberstes Landesgericht |
| BB | Der Betriebs-Berater (Zeitschrift) |
| BBankG | Gesetz über die Deutsche Bundesbank (Sartorius Nr. 855) |
| BBiG | Berufsbildungsgesetz (Sartorius-Ergänzungsband Nr. 422) |
| Bd. | Band |
| BDI | Bundesverband der Deutschen Industrie |
| BetrVG | Betriebsverfassungsgesetz (Wirtschaftsgesetze Nr. 65) |
| BeurkG | Beurkundungsgesetz (Schönfelder Nr. 23) |
| BFH | Bundesfinanzhof |

| | |
|---|---|
| BGA | Bundesverband Großhandel, Außenhandel, Dienstleistungen |
| BGB | Bürgerliches Gesetzbuch (Schönfelder Nr. 20) |
| BGBl. | Bundesgesetzblatt |
| BGH | Bundesgerichtshof |
| BGHZ | Entscheidungen des Bundesgerichtshofes in Zivilsachen |
| BilKoG | Bilanzkontrollgesetz |
| BilMoG | Gesetz vom 25. Mai 2009 zur Modernisierung des Bilanzrechts (Bilanzrechtsmodernisierungsgesetz) |
| BilRUG | Gesetz vom 17. Juli 2015 zur Umsetzung der Richtlinie 2013/34/EU … (Bilanzrichtlinie-Umsetzungsgesetz) |
| BiRiLiG | Gesetz vom 19. Dezember 1985 zur Durchführung der Vierten, Siebenten und Achten Richtlinie des Rates der Europäischen Gemeinschaften zur Koordinierung des Gesellschaftsrechts (Bilanzrichtlinien-Gesetz) |
| BNotO | Bundesnotarordnung (Schönfelder-Ergänzungsband Nr. 98a) |
| BOHG | Bundesoberhandelsgericht |
| BRAO | Bundesrechtsanwaltsordnung |
| BR-Drs. | Drucksachen des Bundesrates |
| BT-Drs. | Drucksachen des Deutschen Bundestages |
| BUrlG | Bundesurlaubsgesetz (Nipperdey I Nr. 134) |
| BVerfG | Bundesverfassungsgericht |
| BWVL | Bundesverband Wirtschaft, Verkehr und Logistik |
| bzw. | Beziehungsweise |
| ca. | circa |
| CESR | Committee of European Securities Regulators/Ausschuss der europäischen Wertpapierregulierungsbehörden |
| CFR | Cost And Freight/Kosten und Fracht (Incoterms 2010) |
| c.i.c. | culpa in contrahendo |
| CIF | Cost, Insurance, Freight/Kosten, Versicherung, Fracht (Incoterms 2010) |
| CIM | Règles uniformes concernant le contrat de transport international ferroviaire des marchandises/Einheitliche Rechtsvorschriften für den Vertrag über die internationale Eisenbahnbeförderung von Gütern (Münchener Kommentar, HGB, Bd. 7) |
| CIP | Carriage And Insurance Paid To/Frachtfrei versichert (Incoterms 2010) |
| CISG | United Nations Convention on Contracts for the International Sale of Goods/Übereinkommen der Vereinten Nationen über Verträge über den internationalen Warenkauf (Schönfelder-Ergänzungsband Nr. 50c) |
| CIV | Règles uniformes concernant le contrat de transport international ferroviaire des voyageurs et des bagages/Einheitliche Rechtsvorschriften für den Vertrag über die internationale Eisenbahnbeförderung von Personen und Gepäck (Münchener Kommentar, HGB, Bd. 7) |
| CLNI | Straßburger Übereinkommen über die Beschränkung der Haftung in der Binnenschiffahrt |
| CMNI | Budapester Übereinkommen über den Vertrag über die Güterbeförderung in der Binnenschifffahrt |

## Abkürzungsverzeichnis XXI

| | |
|---|---|
| CMR | Convention relative au contrat de transport international de marchandises par route/Übereinkommen über den Beförderungsvertrag im internationalen Straßengüterverkehr (Baumbach/Hopt, Anh. 17) |
| COTIF | Convention relative au transports internationaux ferroviaires/Übereinkommen über den internationalen Eisenbahnverkehr (Münchener Kommentar, HGB, Bd. 7) |
| CPT | Carriage Paid To/Frachtfrei (Incoterms 2010) |
| CR | Computer und Recht (Zeitschrift) |
| CSR | Corporate Social Responsibility |
| CSR-RUG | CSR-Richtlinie-Umsetzungsgesetz |
| DAP | Delivered At Place/Geliefert benannter Ort (Incoterms 2010) |
| DAT | Delivered At Terminal/Geliefert Terminal (Incoterms 2010) |
| DATEV | Datenverarbeitungsorganisation des steuerberatenden Berufes in der Bundesrepublik Deutschland |
| DB | Der Betrieb (Zeitschrift) |
| DDP | Delivered Duty Paid/Geliefert verzollt (Incoterms 2010) |
| DepotG | Depotgesetz (Schönfelder-Ergänzungsband Nr. 59) |
| ders. | derselbe |
| d. h. | das heißt |
| DIS | Deutsche Institution für Schiedsgerichtsbarkeit |
| DNotZ | Deutsche Notar-Zeitschrift (Zeitschrift) |
| DRiG | Deutsches Richtergesetz (Schönfelder-Ergänzungsband Nr. 97) |
| DSLV | Deutscher Speditions- und Logistikverband |
| DStR | Deutsches Steuerrecht (Zeitschrift) |
| DStRE | Deutsches Steuerrecht-Entscheidungsdienst (Zeitschrift) |
| EAG | Einheitliches Gesetz über den Abschluss von internationalen Kaufverträgen über bewegliche Sachen |
| EDV | Elektronische Datenverarbeitung |
| EG | Europäische Gemeinschaft |
| eG | eingetragene Genossenschaft |
| EGHGB | Einführungsgesetz zum Handelsgesetzbuch (Schönfelder Nr. 50a) |
| EHUG | Gesetz über elektronische Handelsregister und Genossenschaftsregister sowie das Unternehmensregister |
| e.K./e.Kfm. | eingetragener Kaufmann |
| e.Kfr. | eingetragene Kauffrau |
| EKG | Einheitliches Gesetz über den internationalen Kauf beweglicher Sachen |
| endg. | endgültig |
| ERA | Einheitliche Richtlinien und Gebräuche für Dokumenten-Akkreditive ERA 600 (Baumbach/Hopt, Anh. 11) |
| ERI | Einheitliche Richtlinien für Inkassi (Baumbach/Hopt, Anh. 12) |
| EStG | Einkommensteuergesetz (Steuergesetze I Nr. 1) |
| etc. | et cetera |
| EU | Europäische Union |
| EuGH | Europäischer Gerichtshof |
| EuZW | Europäische Zeitschrift für Wirtschaftsrecht (Zeitschrift) |

| | |
|---|---|
| EVO | Eisenbahn-Verkehrsordnung (Münchener Kommentar, HGB, Bd. 7) |
| EWG | Europäische Wirtschaftsgemeinschaft |
| EWiR | Entscheidungen zum Wirtschaftsrecht (Zeitschrift) |
| EWIV | Europäische Wirtschaftliche Interessenvereinigung |
| EXW | Ex Works/Ab Werk (Incoterms 2010) |
| f./ff. | folgende Seite/Seiten |
| FamFG | Gesetz über das Verfahren in Familiensachen und in den Angelegenheiten der Freiwilligen Gerichtsbarkeit (Schönfelder Nr. 112) |
| FAS | Free Alongside Ship/Frei Längsseite Schiff (Incoterms 2010) |
| FBL | FIATA Combined Transport Bill of Lading/Übertragbares Durchkonnossement für den kombinierten Transport |
| FCA | Free Carrier/Frei Frachtführer (Incoterms 2010) |
| FCR | Forwarders Certificate of Receipt/Spediteur-Übernahmebescheinigung |
| FG | Finanzgericht |
| FGPrax | Praxis der freiwilligen Gerichtsbarkeit (Zeitschrift) |
| FIATA | Fédération Internationale des Associations de Transitaires et Assimilés/International Federation of Freight Forwarders Associations/Internationaler Spediteurverband |
| FIBU | Software für Finanzbuchhaltung |
| FIDIC | Fédération Internationale des Ingénieurs-Conseils/Internationale Vereinigung beratender Ingenieure |
| FOB | Free On Board/Frei an Bord (Incoterms 2010) |
| FS | Festschrift |
| GATS | General Agreement on Trade in Services/Allgemeines Abkommen über den Handel mit Dienstleistungen |
| GATT | General Agreement on Tariffs and Trade/Allgemeines Zoll- und Handelsabkommen |
| GBO | Grundbuchordnung (Schönfelder Nr. 114) |
| GbR | Gesellschaft bürgerlichen Rechts |
| GBV | Verordnung zur Durchführung der Grundbuchordnung |
| gem. | gemäß |
| GenG | Gesetz betreffend die Erwerbs- und Wirtschaftsgenossenschaften (Schönfelder Nr. 53) |
| GenRegV | Verordnung über das Genossenschaftsregister |
| GewO | Gewerbeordnung (Sartorius I Nr. 800) |
| GewStG | Gewerbesteuergesetz (Steuergesetze I Nr. 450) |
| GewStR | Gewerbesteuer-Richtlinien (Steuerrichtlinien Nr. 450) |
| GG | Grundgesetz für die Bundesrepublik Deutschland (Sartorius Nr. 1/Schönfelder-Ergänzungsband Nr. 1) |
| ggf. | gegebenenfalls |
| GMAA | German Maritime Arbitration Association/Vereinigung für deutsche Seeschiedsgerichtsbarkeit |
| GmbH | Gesellschaft mit beschränkter Haftung |
| GmbHG | Gesetz betreffend die Gesellschaften mit beschränkter Haftung (Schönfelder Nr. 52) |
| GmbHR | GmbH-Rundschau (Zeitschrift) |

| | |
|---|---|
| GoB | Grundsätze ordnungsmäßiger Buchführung |
| GPR | Zeitschrift für Gemeinschaftsprivatrecht (Zeitschrift) |
| GS | Gedächtnisschrift |
| GüKG | Güterkraftverkehrsgesetz (Wirtschaftsgesetze Nr. 170) |
| GVG | Gerichtsverfassungsgesetz (Schönfelder Nr. 95) |
| GWB | Gesetz gegen Wettbewerbsbeschränkungen (Schönfelder Nr. 74) |
| GwG | Gesetz über das Aufspüren von Gewinnen aus schweren Straftaten (Geldwäschegesetz) |
| GWR | Gesellschafts- und Wirtschaftsrecht (Zeitschrift) |
| HDE | Handelsverband Deutschland |
| HGB | Handelsgesetzbuch (Schönfelder Nr. 50) |
| h. L. | herrschende Lehre |
| h. M. | herrschende Meinung |
| HRefG | Handelsrechtsreformgesetz 1998 |
| hrsg. | Herausgegeben |
| HRV | Handelsregisterverordnung (früher Handelsregisterverfügung; Baumbach/Hopt, Anh. 4) |
| HS | Halbsatz |
| i. A. | im Auftrag |
| IAS | International Accounting Standards |
| IATA | International Air Transport Association/Internationaler Lufttransportverband |
| ICAO | International Civil Aviation Organization/Internationale Zivilluftfahrt-Organisation |
| ICC | International Chamber of Commerce/Internationale Handelskammer |
| ICSID | International Centre for Settlement of Investment Disputes/ Internationales Zentrum zur Beilegung von Investitionsstreitigkeiten |
| i. d. F. | in der Fassung |
| i. d. R. | in der Regel |
| IDW | Institut der Wirtschaftsprüfer in Deutschland e. V. |
| i. E. | im Ergebnis |
| i. e. S. | im engeren Sinne |
| IFRS | International Financial Reporting Standards |
| IGH | Internationaler Gerichtshof |
| IHK | Industrie- und Handelskammer/Internationale Handelskammer |
| IHR | Internationales Handelsrecht (Zeitschrift) |
| ILA | International Law Association |
| ILO | International Labour Organization/Internationale Arbeitsorganisation |
| IMO | International Maritime Organization/Internationale Seeschifffahrtsorganisation |
| Incoterms | International Commercial Terms/Internationale Handelsklauseln |
| inkl. | inklusive |
| InsO | Insolvenzordnung (Schönfelder Nr. 110) |
| IPR | Internationales Privatrecht |

| | |
|---|---|
| IRU | International Road Transport Union/Internationale Vereinigung der nationalen Straßentransportverbände |
| i. S. d. | im Sinne des/der |
| i. S. v. | im Sinne von |
| ITU | International Telecommunication Union/Internationale Fernmeldeunion |
| i. V. | in Vertretung |
| i. V. m. | in Verbindung mit |
| IWF | Internationaler Währungsfonds |
| i. w. S. | im weiteren Sinne |
| JA | Juristische Arbeitsblätter (Zeitschrift) |
| Jura | Juristische Ausbildung (Zeitschrift) |
| JuS | Juristische Schulung (Zeitschrift) |
| JVKostG | Gesetz über Kosten in Angelegenheiten der Justizverwaltung (Justizverwaltungskostengesetz) |
| JW | Juristische Wochenschrift (Zeitschrift) |
| JZ | Juristenzeitung (Zeitschrift) |
| Kap. | Kapitel |
| KfH | Kammer für Handelssachen |
| KG | Kommanditgesellschaft bzw. Kammergericht Berlin |
| KGaA | Kommanditgesellschaft auf Aktien |
| KostO | Gesetz über die Kosten in Angelegenheiten der freiwilligen Gerichtsbarkeit (Schönfelder Nr. 119) |
| krit. | kritisch |
| KWG | Kreditwesengesetz (Sartorius-Ergänzungsband Nr. 856) |
| LG | Landgericht |
| lit. | littera (Buchstabe) |
| LKW | Lastkraftwagen |
| LuftVG | Luftverkehrsgesetz (Sartorius-Ergänzungsband Nr. 975) |
| LZ | Leipziger Zeitschrift für Deutsches Recht (Zeitschrift) |
| MarkenG | Gesetz über den Schutz von Marken und sonstigen Kennzeichen (Schönfelder Nr. 72) |
| MDR | Monatsschrift für Deutsches Recht (Zeitschrift) |
| MÜ | Montrealer Übereinkommen zur Vereinheitlichung bestimmter Vorschriften über die Beförderung im internationalen Luftverkehr (1999) |
| m. w. N. | mit weiteren Nachweisen |
| n. F. | neue Fassung |
| NJOZ | Neue Juristische Online-Zeitschrift |
| NJW | Neue Juristische Wochenschrift (Zeitschrift) |
| NJW-RR | NJW-Rechtsprechungsreport (Zeitschrift) |
| NotBZ | Zeitschrift für die notarielle Beratungs- und Beurkundungspraxis (Zeitschrift) |
| Nr. | Nummer |
| NVwZ | Neue Zeitschrift für Verwaltungsrecht (Zeitschrift) |

| | |
|---|---|
| NZA-RR | Neue Zeitschrift für Arbeitsrecht, Rechtsprechungs-Report (Zeitschrift) |
| NZG | Neue Zeitschrift für Gesellschaftsrecht (Zeitschrift) |
| OECD | Organization for Economic Cooperation and Development/ Organisation für wirtschaftliche Zusammenarbeit und Entwicklung |
| OGH | Oberster Gerichtshof (Österreich) |
| OHG | Offene Handelsgesellschaft |
| OLG | Oberlandesgericht |
| OLSchVO | Verordnung über Orderlagerscheine (aufgehoben) |
| PartGG | Gesetz über Partnerschaftsgesellschaften Angehöriger Freier Berufe (Schönfelder Nr. 50b) |
| PartRegV | Partnerschaftsregisterverordnung |
| PBefG | Personenbeförderungsgesetz |
| PKW | Personenkraftwagen |
| PostG | Postgesetz (Sartorius-Ergänzungsband Nr. 910) |
| ppa. | per procura |
| PublG | Gesetz über die Rechnungslegung von bestimmten Unternehmen und Konzernen (Wirtschaftsgesetze Nr. 43) |
| RabelsZ | Rabels Zeitschrift für ausländisches und internationales Privatrecht (Zeitschrift) |
| RdL | Recht der Landwirtschaft (Zeitschrift) |
| RdTW | Recht der Transportwirtschaft (Zeitschrift) |
| RG | Reichsgericht |
| RGZ | Entscheidungen des Reichsgerichts in Zivilsachen |
| RID | Règlement concernant le transport international ferroviaire de marchandises dangereuses/Regelung zur internationalen Beförderung gefährlicher Güter im Schienenverkehr |
| RIW | Recht der internationalen Wirtschaft (Zeitschrift) |
| Rn. | Randnummer |
| RNotZ | Rheinische Notar-Zeitschrift (Zeitschrift) |
| ROHG | Reichsoberhandelsgericht |
| ROHGE | Entscheidungen des Reichsoberhandelsgerichts |
| Rom-I-VO | Verordnung (EG) Nr. 593/2008 des Europäischen Parlaments und des Rates vom 17. Juni 2008 über das auf vertragliche Schuldverhältnisse anzuwendende Recht (Rom I) |
| Rpfleger | Der Deutsche Rechtspfleger (Zeitschrift) |
| RPflG | Rechtspflegergesetz (Schönfelder Nr. 96) |
| S. | Satz bzw. Seite |
| SCE | Societas Cooperativa Europaea/Europäische Genossenschaft |
| ScheckG | Scheckgesetz (Schönfelder-Ergänzungsband Nr. 56) |
| SchiedsVfG | Schiedsverfahrens-Neuregelungsgesetz |
| SE | Societas Europaea/Europäische Aktiengesellschaft |
| SGB | Sozialgesetzbuch |
| s. o. | siehe oben |
| sog. | sogenannt(e, er, es) |

| | |
|---|---|
| StBerG | Steuerberatungsgesetz |
| StG | Stille Gesellschaft |
| StGB | Strafgesetzbuch (Schönfelder Nr. 85) |
| str. | streitig |
| st. Rspr. | ständige Rechtsprechung |
| SZR | Sonderziehungsrecht (des Internationalen Währungsfonds) |
| | |
| TranspR | Transportrecht (Zeitschrift) |
| TRG | Transportrechtsreformgesetz |
| TRIMS | Agreement on Trade-Related Investment Measures/Abkommen zu handelsrelevanten Investitionsmaßnahmen |
| TRIPS | Agreement on Trade-Related Aspects of Intellectual Property Rights/Übereinkommen über handelsbezogene Aspekte der Rechte des geistigen Eigentums |
| TUG | Transparenzrichtlinie-Umsetzungsgesetz |
| TVG | Tarifvertragsgesetz (Wirtschaftsgesetze Nr. 70) |
| | |
| u. a. | unter anderem |
| UCP | Uniform Customs and Practice for Documentary Credits (UCP 600) |
| UIC | Union internationale des chemins de fer/International Union of Railways/Internationaler Eisenbahnverband |
| UmwG | Umwandlungsgesetz (Schönfelder Nr. 52a) |
| UN | United Nations/Vereinte Nationen |
| UNCITRAL | United Nations Commission on International Trade Law/Kommission der UN für internationales Handelsrecht |
| UNCTAD | United Nations Conference on Trade and Development/Konferenz der UN für Handel und Entwicklung |
| UNIDROIT | International Institute for the Unification of Private Law/Internationales Institut für die Vereinheitlichung des Privatrechts |
| UPU | Universal Postal Union/Weltpostverein |
| UrhG | Urheberrechtsgesetz (Schönfelder Nr. 65) |
| US-GAAP | US-Generally Accepted Accounting Principles/Allgemein anerkannte Rechnungslegungsgrundsätze der Vereinigten Staaten |
| UStG | Umsatzsteuergesetz |
| usw. | und so weiter |
| u. U. | unter Umständen |
| UWG | Gesetz gegen den unlauteren Wettbewerb (Schönfelder Nr. 73) |
| | |
| v. a. | vor allem |
| VAG | Versicherungsaufsichtsgesetz (Wirtschaftsgesetze Nr. 90) |
| VersR | Versicherungsrecht (Zeitschrift) |
| vgl. | Vergleiche |
| VO | Verordnung(en) |
| VVG | Versicherungsvertragsgesetz (Schönfelder Nr. 62) |
| VwGO | Verwaltungsgerichtsordnung (Sartorius I Nr. 600) |
| | |
| WG | Wechselgesetz (Schönfelder-Ergänzungsband Nr. 54) |
| WiB | Wirtschaftsrechtliche Beratung (Zeitschrift) |
| WiPrO | Wirtschaftsprüferordnung |

| | |
|---|---|
| Wistra | Zeitschrift für Wirtschafts- und Steuerstrafrecht (Zeitschrift) |
| WM | Wertpapier-Mitteilungen (Zeitschrift) |
| WpHG | Wertpapierhandelsgesetz (Schönfelder-Ergänzungsband Nr. 58) |
| WRP | Wettbewerb in Recht und Praxis (Zeitschrift) |
| WTO | World Trade Organization/Welthandelsorganisation |
| z. B. | zum Beispiel |
| ZEuP | Zeitschrift für Europäisches Privatrecht (Zeitschrift) |
| ZfIR | Zeitschrift für Immobilienrecht (Zeitschrift) |
| ZGR | Zeitschrift für Unternehmens- und Gesellschaftsrecht (Zeitschrift) |
| ZGS | Zeitschrift für das gesamte Schuldrecht (Zeitschrift) |
| ZHR | Zeitschrift für das gesamte Handels- und Wirtschaftsrecht (Zeitschrift) |
| ZIP | Zeitschrift für Wirtschaftsrecht (Zeitschrift) |
| ZNotP | Zeitschrift für die Notarpraxis (Zeitschrift) |
| ZPO | Zivilprozessordnung (Schönfelder Nr. 100) |
| ZRP | Zeitschrift für Rechtspolitik (Zeitschrift) |
| z. T. | zum Teil |
| ZVglRWiss | Zeitschrift für Vergleichende Rechtswissenschaft (Zeitschrift) |
| ZVI | Zeitschrift für Verbraucher- und Privat-Insolvenzrecht (Zeitschrift) |
| ZZP | Zeitschrift für Zivilprozess (Zeitschrift) |

# Literaturverzeichnis

## I. Lehrbücher und systematische Darstellungen

*Bitter, Georg/Schumacher, Florian*, Handelsrecht mit UN-Kaufrecht, 3. Aufl., 2018
*Brox, Hans/Henssler, Martin*, Handelsrecht, 22. Aufl., 2016 (zit. *Brox/Henssler*)
*Bülow, Peter/Artz, Markus*, Handelsrecht, 7. Aufl., 2015 (zit. *Bülow/Artz*)
*Canaris, Claus-Wilhelm*, Handelsrecht, 24. Aufl., 2006 (zit. *Canaris*)
*Gruber, Joachim*, Handelsrecht – Schnell erfasst, 6. Aufl., 2019
*Hofmann, Paul*, Handelsrecht, 11. Aufl., 2002 (zit. *Hofmann*)
*Kindler, Peter*, Grundkurs Handels- und Gesellschaftsrecht, 9. Aufl., 2019
*Klunzinger, Eugen*, Grundzüge des Handelsrechts, 14. Aufl., 2014
*Lettl, Tobias*, Handelsrecht, 4. Aufl., 2018 (zit. *Lettl*, Handelsrecht)
*Meyer, Justus*, Handelsrecht – Grundkurs und Vertiefungskurs, 2. Aufl., 2011
*Mock, Sebastian*, Gesellschaftsrecht, 2. Aufl., 2019 (zit. *Mock*, Gesellschaftsrecht)
*Oetker, Hartmut*, Handelsrecht, 8. Aufl., 2019 (zit. *Oetker*, Handelsrecht)
*Saenger, Ingo/Aderhold, Lutz/Lenkaitis, Karlheinz/Speckmann, Gerhard* (Hrsg.), Handels- und Gesellschaftsrecht – Praxishandbuch, 2. Aufl., 2011
*Schmidt, Karsten*, Handelsrecht, 6. Aufl., 2014 (zit. *K. Schmidt*, Handelsrecht)
*ders.*, Gesellschaftsrecht, 4. Aufl., 2002 (zit. *K. Schmidt*, Gesellschaftsrecht)
*Steinbeck, Anja*, Handelsrecht, 4. Aufl., 2017
*Weller, Marc-Philippe/Prütting, Jens*, Handels- und Gesellschaftsrecht, 9. Aufl., 2016
*Wank, Rolf/Maties, Martin*, Handels- und Gesellschaftsrecht, 3. Aufl., 2018
*Wörlen, Rainer/Kokemoor, Axel*, Handelsrecht mit Gesellschaftsrecht, 13. Aufl., 2018

## II. Kommentare

*Baumbach, Adolf/Hopt, Klaus J.*, Handelsgesetzbuch, 38. Aufl., 2018 (zit. Ba/Ho/*Bearbeiter*)
*Ebenroth, Carsten Thomas/Boujong, Karlheinz/Joost, Detlev/Strohn, Lutz*, Handelsgesetzbuch – Kommentar, Band 1 (§§ 1–342e), 3. Aufl., 2014, Band 2 (§§ 343–475 h), 3. Aufl., 2015 (zit. E/B/J/S/*Bearbeiter*)
*Ensthaler, Jürgen* (Hrsg.), Gemeinschaftskommentar zum Handelsgesetzbuch mit UN-Kaufrecht, 8. Aufl., 2015 (zit. GK/*Bearbeiter*)
*Großkommentar* zum Handelsgesetzbuch, begr. von Hermann Staub und nunmehr hrsg. von Claus-Wilhelm Canaris, Mathias Habersack und Carsten Schäfer, 15 Bände, 4. Aufl. 1983 ff., 5. Aufl. 2008 ff. (zit. Großkomm/*Bearbeiter*)
*Heidel, Thomas/Schall, Alexander*, Handelsgesetzbuch: HGB – Handkommentar, 2. Aufl., 2015 (zit.: Heidel/Schall/*Bearbeiter*)
*Heidelberger Kommentar* zum Handelsgesetzbuch, Handelsrecht, Bilanzrecht, Steuerrecht, bearb. von Peter Glanegger u. a., 7. Aufl., 2007 (zit. HK/*Bearbeiter*, HGB)
*Heymann*, Handelsgesetzbuch, Kommentar, begr. von Ernst Heymann und nunmehr hrsg. von Norbert Horn, Band 1 (§§ 1–104 HGB), Nachdruck der 2. Aufl. von 1995, 2012; Band 2 (§§ 105–237 HGB), 2. Aufl., 1996; Band 3 (§§ 238–342a HGB), Nachdruck der 2. Aufl. von 1999, 2012; Band 4 (§§ 343–475 h HGB), 2. Aufl., 2005 (zit. Heymann/*Bearbeiter*)

*Koller, Ingo/Kindler, Peter/Roth, Wulf-Henning/Drüen, Klaus-Dieter,* Handelsgesetzbuch, Kommentar, 9. Aufl., 2019 (zit. KKRD/*Bearbeiter*)
*Münchener Kommentar* zum Handelsgesetzbuch, hrsg. von Karsten Schmidt, 7 Bände, 3. Aufl. 2010 ff., 4. Aufl. 2016 ff. (zit. MüKoHGB/*Bearbeiter*)
*Oetker, Hartmut,* Kommentar zum Handelsgesetzbuch (HGB), 6. Aufl., 2019 (zit. Oetker/ *Bearbeiter*)
*Palandt,* Kommentar zum Bürgerlichen Gesetzbuch, 78. Aufl., 2019 (zit. Palandt/*Bearbeiter*)
*Röhricht, Volker/Graf von Westphalen, Friedrich/Haas, Ulrich,* Handelsgesetzbuch – Kommentar, 5. Aufl., 2019
*Schlegelberger, Franz,* Handelsgesetzbuch – Kommentar, 6 Bände, 5. Aufl., 1973 ff. (zit. Schlegelberger/*Bearbeiter*)

## III. Fallsammlungen und Repetitorien

*Alpmann, Josef/Braasch, Patrick,* Handelsrecht, 17. Aufl., 2017
*Bayer, Walter/Lieder, Jan,* Examens-Repetitorium Handels- und Gesellschaftsrecht, 2015
*Fezer, Karl-Heinz,* Klausurenkurs im Handelsrecht – Ein Fallbuch, 6. Aufl., 2013
*Fleischer, Holger/Wedemann, Frauke,* Handelsrecht einschließlich Bilanzrecht (Prüfe dein Wissen), 9. Aufl., 2015
*Haack, Claudia,* Handels- und Gesellschaftsrecht, 11. Aufl., 2016
*Hemmer, Karl Edmund/Wüst, Achim,* Die 35 wichtigsten Fälle zum Handelsrecht, 8. Aufl., 2018
*Hemmer, Karl Edmund/Wüst, Achim/Tyroller, Michael,* Handelsrecht, 11. Aufl., 2016
*Jula, Rocco,* Fallsammlung zum Handelsrecht, 2. Aufl., 2009
*Lettl, Tobias,* Fälle zum Handelsrecht, 4. Aufl., 2019
*Martinek, Michael/Bergmann, Andreas,* Fälle zum Handels-, Gesellschafts- und Wertpapierrecht, 4. Aufl., 2008
*Maties, Martin/Wank, Rolf,* Handels- und Gesellschaftsrecht, 4. Aufl., 2016
*Müller-Laube, Hans-Martin,* 20 Probleme aus dem Handels- und Gesellschaftsrecht, 3. Aufl., 2001 (zit. *Müller-Laube,* 20 Probleme)
*Saar, Stefan/Müller, Ulf/Bernert, Günther,* 35 Klausuren aus dem Handels- und Gesellschaftsrecht mit Lösungsskizzen, 3. Aufl., 2006
*Schwabe, Winfried,* Lernen mit Fällen – Handels- und Gesellschaftsrecht, 8. Aufl., 2018
*Steding, Rolf,* Handels- und Gesellschaftsrecht, 3. Aufl., 2002
*Timm, Wolfram,* Höchstrichterliche Rechtsprechung zum Handels- und Gesellschaftsrecht: 75 Entscheidungen für Studium und Examen, 1995
*Timm, Wolfram/Schöne, Torsten,* Fälle zum Handels- und Gesellschaftsrecht (JuS-Schriftenreihe), Band 1, 10. Aufl., 2018; Band 2, 9. Aufl., 2019
*Wank, Rolf,* Fälle mit Lösungen zum Handels- und Personengesellschaftsrecht – Examinatorium, 2006

# Kapitel 1. Einführung

**Literatur:** *F. Bydlinski*, Handels- oder Unternehmensrecht als Sonderprivatrecht, 1990; *Hadding/Hennrichs*, Die HGB-Klausur, 3. Aufl., 2003; *Heimann*, Die Entwicklung der handelsrechtlichen Veröffentlichung vom ALR bis zum ADHGB, 2008; *Heinemann*, Handelsrecht im System des Privatrechts, Festschrift für Wolfgang Fikentscher zum 70. Geburtstag, 1998, 349 ff.; *Lehmann*, Braucht Europa ein Handelsgesetzbuch?, ZHR 181 (2017), 9 ff.; *Müller-Freienfels*, Zur „Selbständigkeit" des Handelsrechts, Festschrift für Ernst v. Caemmerer zum 70. Geburtstag, 1978, 583 ff.; *Petersen*, Handelsrecht in der Examensvorbereitung, Jura 2013, 377 ff.; *Preis*, Der persönliche Anwendungsbereich der Sonderprivatrechte – Zur systematischen Abgrenzung von Bürgerlichem Recht, Verbraucherrecht und Handelsrecht, ZHR 158 (1994), 567 ff.; *Raisch*, Die rechtsdogmatische Bedeutung der Abgrenzung von Handelsrecht und bürgerlichem Recht, JuS 1967, 533 ff.; *K. Schmidt*, Vom Handelsrecht zum Unternehmens-Privatrecht?, JuS 1985, 249 ff.; *ders.*, Fünf Jahre „neues Handelsrecht" – Verdienste, Schwächen und Grenzen des Handelsrechtsreformgesetzes von 1998, JZ 2003, 585 ff.; *ders.*, Unternehmer – Kaufmann – Verbraucher, BB 2005, 837 ff.; *Steck*, Das HGB nach der Schuldrechtsreform, NJW 2002, 3201 ff.; *Timm*, Die Klausur im Handels- und Wirtschaftsrecht – Eine Anleitung zur Anfertigung handels- und gesellschaftsrechtlicher Gutachten, JuS 1994, 309 ff.; *Wolter*, Was ist heute Handelsrecht?, Jura 1988, 169 ff.; *Zöllner*, Wovon handelt das Handelsrecht?, ZGR 1983, 82 ff.

## § 1. Gegenstand des Handelsrechts

### A. Begriffsbestimmung

**Merksatz:** Das Handelsrecht ist das Sonderprivatrecht der Kaufleute.

Dies bedeutet:

- Das Handelsrecht ist **Teil des Privatrechts**, auch wenn es vereinzelt ihrer Natur nach öffentlichrechtliche Normen enthält (z. B. §§ 8 ff. HGB zum Registerrecht, §§ 18 ff. HGB zum Firmenordnungsrecht oder §§ 238 ff. HGB zur Rechnungslegungspflicht).
- Das Handelsrecht ist **Kaufmannsrecht**. Es hat als solches einen engeren Anwendungsbereich als das für alle Rechtssubjekte geltende bürgerliche Recht. Das deutsche Recht bestimmt den besonderen Geltungsbereich des Handelsrechts mit Hilfe eines subjektiven Kriteriums (**subjektives System**): Tatbestandsvoraussetzung für die Anwendung handelsrechtlicher Normen ist grundsätzlich die *Kaufmannseigenschaft* (§§ 1–6 HGB) zumindest eines der an einem Rechtsverhältnis beteiligten Rechtssubjekte (zu Ausnahmen siehe

Kap. 2 Rn. 12 und 19 sowie Kap. 9 Rn. 6). Demgegenüber gilt etwa im französischen Recht zumindest vom Ausgangspunkt her ein objektives System, das auf die Natur des betreffenden Rechtsgeschäfts als Handelsgeschäft (*acte de commerce*) abstellt (Art. L 110-1 ff. und L 121-1 ff. *Code de commerce*; näher *Kort*, AcP 193 [1993], 453 ff.). Die deutsche Anknüpfung am Handelsstand bzw. Kaufmannsstand beruht auf den Fortwirkungen des Ständewesens, das die Stände der Bauern, Handwerker, Geistlichen und Kaufleute unterschied. Die vom Gesetzgeber vorgenommene Bestimmung des Handelsrechts als Kaufmannsrecht ist seit langem der **Kritik** ausgesetzt. Sie gilt als historisch überholt und vor dem Hintergrund des Gleichbehandlungsgrundsatzes (Art. 3 GG) als verfassungsrechtlich bedenklich. So hat insbesondere *Karsten Schmidt* in seinem Lehrbuch zum Handelsrecht den Versuch unternommen, das Handelsrecht (*de lege lata et ferenda*) zu einem Außenprivatrecht der Unternehmen fortzuentwickeln. Damit würde auch einer außerhalb des Handelsrechts feststellbaren Tendenz des Gesetzgebers entsprochen. Dieser knüpft nämlich beispielsweise im Kartellrecht (§§ 1 und 18 ff. GWB), Konzernrecht (§§ 15 ff. AktG) oder Bankenaufsichtsrecht (§ 1 KWG) an die Unternehmenseigenschaft an. Nach Canaris (*Canaris*, § 1 Rn. 35) sollte *de lege ferenda* zwischen selbständiger beruflicher oder gewerblicher Tätigkeit einerseits und privater Tätigkeit andererseits unterschieden werden. Dieser Vorschlag entspricht der in anderen Rechtsordnungen und auf internationaler Ebene (z. B. Art. 2 lit. a CISG; näher Kap. 13 Rn. 14) vorherrschenden Tendenz. Auch zahlreiche zumeist durch internationale Einflüsse geprägte neuere deutsche Gesetzesvorschriften (z. B. §§ 13 f. i. V. m. §§ 288 Abs. 2 und Abs. 5, 310, 312 Abs. 1 S. 1, 312b Abs. 1, 312c Abs. 1, 474 Abs. 1, 481 Abs. 1 S. 1, 491 Abs. 1, 499 Abs. 1, 505 Abs. 1 S. 1, 661a BGB, § 1031 Abs. 5 ZPO und Art. 6 Abs. 1 Rom-I-VO) differenzieren zwischen dem Handeln in Ausübung einer gewerblichen bzw. (selbständigen) beruflichen Tätigkeit und der Verbrauchereigenschaft. Es erscheint nur noch als eine Frage der Zeit, dass sich diese Abgrenzung auch für das Handelsrecht durchsetzt (näher *Pfeiffer*, NJW 1999, 169 ff.). Die in der Regelung der Kaufmannseigenschaft (§§ 1–6 HGB) enthaltenen Wertungswidersprüche werden in der gegenwärtigen **Rechtspraxis** zum Teil durch die analoge Anwendung einzelner handelsrechtlicher Vorschriften auf kaufmannsähnliche Personengruppen oder durch die Qualifizierung von Handelsbräuchen als allgemeine Verkehrssitten entschärft.

**Beispiele:** Die Grundsätze über das kaufmännische Bestätigungsschreiben (näher Kap. 9 Rn. 17 ff.) können im Einzelfall auch für Nichtkaufleute wie Rechtsanwälte oder Architekten gelten (z. B. BGHZ 40, 42, 43 f.).

Die Vorschriften über das nachvertragliche Wettbewerbsverbot des Handlungsgehilfen (§§ 74 ff. HGB) finden entsprechende Anwendung auch auf andere Arbeitnehmer (§§ 110 S. 2, 6 Abs. 2 GewO) sowie auf wirtschaftlich abhängige freie Mitarbeiter (*BGH* NJW 2003, 1864, 1865).

Der Handelsbrauch, wonach der Filmmakler seine Provision erst mit Vertragsabwicklung verlangen kann, ist auch zugunsten eines Nichtkaufmanns anwendbar (*BGH NJW* 1952, 257).

- Die handelsrechtlichen Normen genießen in ihrem Geltungsbereich als Sonderrecht für Kaufleute **Anwendungsvorrang** vor dem subsidiären bürgerlichen Recht (Art. 2 EGHGB; *lex specialis derogat legi generali*). Das Handelsrecht ergänzt (z. B. §§ 383 ff. HGB) oder modifiziert (z. B. §§ 348–350 HGB) die allgemeinen privatrechtlichen Regelungen. Das HGB wird daher vielfach als das „Sechste Buch des BGB" bezeichnet. Die Lückenhaftigkeit der handelsrechtlichen Regelungen macht jedoch fast immer einen Rückgriff auf das allgemeine bürgerliche Recht erforderlich. Die richtige Verzahnung der beiden Normkomplexe im Einzelfall bildet das Hauptproblem der handelsrechtlichen Fallbearbeitung (näher Rn. 14).

**Merksatz:** Das Handelsrecht genießt als Sonderprivatrecht der Kaufleute Anwendungsvorrang vor dem bürgerlichen Recht.

## B. Das Verhältnis des Handelsrechts zu anderen Rechtsgebieten

### I. Handelsrecht und bürgerliches Recht

Die Eigenständigkeit des Handelsrechts gegenüber dem bürgerlichen Recht und damit seine Daseinsberechtigung als gesonderte Rechtsmaterie sind seit jeher umstritten. Die **relative Theorie** bestreitet den eigenständigen Charakter des Handelsrechts und betrachtet es lediglich als „Schrittmacher" (*Canaris*) oder „Jungbrunnen" (*Rießer*) des bürgerlichen Rechts, das sich schneller als dieses den veränderten Bedürfnissen des Rechtsverkehrs anpasst und dessen Grundsätze dann allmählich vom bürgerlichen Recht übernommen werden (vgl. bereits *Heck*, AcP 92 [1902], 438 ff.). Nach der **absoluten Theorie** sind die Kaufleute (subjektives System) bzw. bestimmte handelsrechtliche Rechtsgeschäftstypen (objektives System) wegen ihrer materiellen Eigentümlichkeiten (z. B. geringere Schutzbedürftigkeit von Kaufleuten) einer gesonderten Behandlung zu unterwerfen. Zwar kennen fast alle Rechtsordnungen aus diesem Grund Sondervorschriften für den Handelsverkehr, doch sind diese keineswegs überall wie in Deutschland und etwa in Frankreich in einem eigenen Gesetzbuch enthalten (Zwei-Code-System) und finden sich etwa in Italien, den Niederlanden und der Schweiz im allgemeinen Zivilgesetzbuch (System des *Code unique*).

Die Selbständigkeit des deutschen Handelsrechts und die Zusammenfassung der wichtigsten Sonderregelungen in einem eigenen Handelsgesetzbuch sowie die subjektive Anknüpfung an die Kaufmannseigenschaft wurden weder durch die Handelsrechtsreform von 1998 noch durch die Reform des Schuldrechts von 2002 angetastet (vgl. zur Diskussion vor Verabschiedung des Schuldrechtsmodernisierungsgesetzes noch die Gutachten und Vorschläge zur Überarbeitung des Schuldrechts, hrsg. vom Bundesminister der Justiz, Bd. I, 1981, S. XIII).

## II. Handelsrecht und Gesellschaftsrecht

3   Überschneidungen zwischen dem Handelsrecht als dem Sonderprivatrecht der Kaufleute und dem Gesellschaftsrecht als dem Recht der privaten Zweckverbände und der kooperativen Schuldverhältnisse ergeben sich im Bereich der Handelsgesellschaften (§ 6 HGB und §§ 105 ff. HGB). Das Gesellschaftsrecht umfasst jedoch auch das Vereinsrecht (§§ 21 ff. BGB) und das Recht der Gesellschaft bürgerlichen Rechts (§§ 705 ff. BGB). Als Verbandsrecht beschäftigt sich das Gesellschaftsrecht zudem vorwiegend mit der inneren Organisation der jeweiligen Gesellschaft und weniger als das Handelsrecht mit den Rechtsbeziehungen nach außen (siehe auch *Mock*, Gesellschaftsrecht, Rn. 7 ff.).

## III. Handelsrecht und Wirtschaftsrecht

4   Das Wirtschaftsrecht (Kartellrecht, Recht gegen den unlauteren Wettbewerb, Wirtschaftsaufsichtsrecht, Gewerberecht u. a.) beschäftigt sich vorrangig mit der wirtschaftspolitisch ausgerichteten Ordnung und Steuerung des gesamten Wirtschaftslebens und nicht wie das Handelsrecht mit dem Ausgleich privater Einzelinteressen. Es gehört zudem in weiten Teilen dem öffentlichen Recht an. Aufgrund seiner Zielsetzung beeinflusst das Wirtschaftsrecht aber naturgemäß auch das Handelsrecht in vielfältiger Weise. So wird zum Beispiel die Vertragsabschlussfreiheit des Kaufmanns durch die grundsätzlich kraft Wirtschaftsrechts bestehende Beförderungspflicht und Energiebelieferungspflicht eingeschränkt.

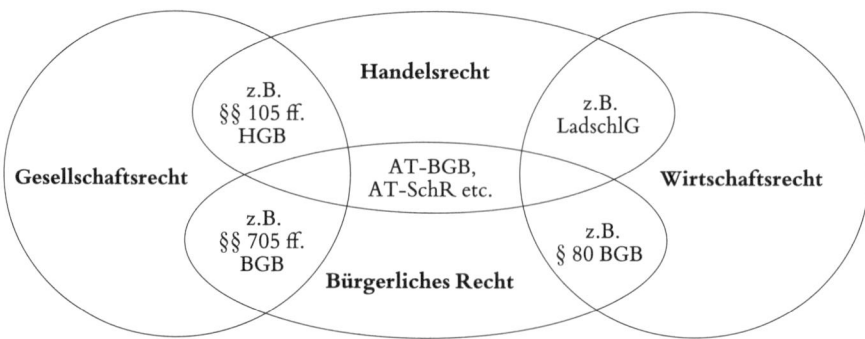

## C. Handelsrechtliche Rechtsquellen

5   Das Handelsrecht ist nicht identisch mit dem HGB. Es findet sich nämlich nicht allein im Handelsgesetzbuch und auch das HGB enthält nicht nur handelsrechtliche Normen, wie die dem Arbeitsrecht zuzuordnende Regelung

§ 1. Gegenstand des Handelsrechts 5

des Rechts der kaufmännischen Handlungsgehilfen (§§ 59–83 HGB) dokumentiert. Das Handelsrecht besteht aus dem Handelsrecht im engeren und im weiteren Sinne. Zu den handelsrechtlichen Rechtsquellen im engeren Sinne gehören die Rechtsnormen und Handelsbräuche, deren Anwendung direkt (z. B. §§ 17 ff. HGB) oder indirekt (z. B. § 350 HGB i. V. m. § 343 Abs. 1 HGB) an die Kaufmannseigenschaft zumindest eines Beteiligten gebunden ist. Das Handelsrecht im weiteren Sinne besteht aus den *auch, aber nicht nur für Kaufleute* geltenden Rechtsnormen und Verkehrssitten mit Bezug zum Handelsrecht.

### I. Nationales Gesetzes- und Verordnungsrecht

Das handelsrechtliche Gesetzesrecht i. e. S. ist insbesondere in den fünf Büchern des **HGB** enthalten:

| HGB | |
|---|---|
| **Erstes Buch** (§§ 1–104a) | Handelsstand (Kaufleute, Handels- und Unternehmensregister, Handelsfirma, Prokura und Handlungsvollmacht, Handlungsgehilfen, Handelsvertreter, Handelsmakler) |
| **Zweites Buch** (§§ 105–237) | Handelsgesellschaften und stille Gesellschaft (OHG, KG, StG) |
| **Drittes Buch** (§§ 238–342e) | Handelsbücher (Vorschriften für alle Kaufleute, Ergänzende Vorschriften für Kapitalgesellschaften, für eingetragene Genossenschaften und für Unternehmen bestimmter Geschäftszweige) |
| **Viertes Buch** (§§ 343–475h) | Handelsgeschäfte (Allgemeine Vorschriften, Handelskauf, Kommissionsgeschäft, Frachtgeschäft, Speditionsgeschäft, Lagergeschäft) |
| **Fünftes Buch** (§§ 476–619) | Seehandel (nicht im Schönfelder abgedruckt) |

Aber auch außerhalb des HGB finden sich handelsrechtliche Normen i. e. S. (z. B. §§ 29 Abs. 2 und 38 Abs. 1 ZPO). Zu den gesetzlichen Rechtsquellen des Handelsrechts i. w. S. gehören das BGB und einige Sondergesetze, welche die Ausübung von in aller Regel kaufmännischen Gewerben betreffen (z. B. WG, ScheckG, DepotG, VVG), sowie verschiedene wirtschaftsrechtliche Gesetze (z. B. UWG und GWB). Zu den handelsrechtlichen Verordnungen gehören etwa die Eisenbahnverkehrsordnung (EVO) oder die Handelsregisterverordnung (HRV).

Das nationale Gesetzes- und Verordnungsrecht wird im Übrigen zunehmend durch das sekundäre **EU-Recht** beeinflusst (z. B. gesellschaftsrechtliche Kodifikationsrichtlinie 2017/1132/EU: Kap. 3 Rn. 3 und vor Rn. 21 sowie Kap. 5 Rn. 3; Richtlinie 2012/17/EU zur Verknüpfung von Zentral-, Handels- und Gesellschaftsregistern: Kap. 3 Rn. 31; Handelsvertreterrichtlinie 86/653/EWG: Kap. 6 Rn. 8; Bilanzrichtlinie 2013/34/EU und IAS-Verordnung EG/1606/2002: Kap. 8 Rn. 4; näher dazu *Schmidt-Kessel*, in: Schulze/Zuleeg/Kadelbach, Europarecht, Handbuch für die deutsche Rechtspraxis, 3. Aufl., 2015, § 19). Insoweit gilt es allerdings zu beachten, dass das EU-Recht in persönlicher Hinsicht nicht an den Kaufmannsbegriff, sondern entweder an den Begriff des Unternehmers oder an die Rechtsform von Gesellschaften anknüpft und der deutsche Gesetzgeber die genannten Richtlinien vielfach überschießend umgesetzt hat (näher *Riehm*, in: Langenbucher (Hrsg.), Europäisches Privat- und Wirtschaftsrecht, 4. Aufl., 2017, § 4 Handelsrecht, Rn. 4 f. und 10 ff.).

## II. Internationale Übereinkommen

Internationale Übereinkommen haben eine große Bedeutung für den grenzüberschreitenden Handelsverkehr (näher Kap. 13 Rn. 12 ff.). Beispielhaft seien hier nur das Wiener UN-Kaufrecht (United Nations Convention on Contracts for the International Sale of Goods – CISG; näher Kap. 13 Rn. 13 ff.), das Übereinkommen über den internationalen Eisenbahnverkehr (COTIF) von 1980 oder das Montrealer Übereinkommen zur Vereinheitlichung bestimmter Vorschriften über die Beförderung im internationalen Luftverkehr (MÜ) von 1999 genannt. Bedeutung für den Handelsverkehr im Bereich der EU hat schließlich auch das primäre EU-Recht (Art. 30 ff., Art. 34 ff., Art. 49 ff., Art. 56 ff., Art. 63 ff., Art. 90 ff., Art. 101 ff. AEUV).

## III. Handelsgewohnheitsrecht und Handelsbräuche

Das **Handelsgewohnheitsrecht** wird durch eine in kaufmännischen Verkehrskreisen lang anhaltend praktizierte und vom Rechtsgeltungswillen getragene Übung begründet. Viele Handelsbräuche sind als Rechtsnormen anerkannt und damit als Gewohnheitsrecht rechtsverbindlich. Das Handelsgewohnheitsrecht kann zwingenden oder dispositiven Charakter haben. Beispiele für nationales Handelsgewohnheitsrecht (zum internationalen Handelsgewohnheitsrecht näher Kap. 13 Rn. 21) sind die Lehre vom Scheinkaufmann, einige Grundsätze ordnungsmäßiger Buchführung (näher Kap. 8 Rn. 5) und die Regeln zum kaufmännischen Bestätigungsschreiben (str.; näher Kap. 9 Rn. 17 ff.).

**Handelsbräuche** (näher Kap. 9 Rn. 11 ff.) entstehen durch eine in kaufmännischen Verkehrskreisen (zumeist in einer bestimmten Branche) lang anhaltend praktizierte Übung von Auslegungsregeln bzw. Verhaltenserwartungen (Verkehrssitte unter Kaufleuten; siehe etwa *BGH* NJW 2001, 2464 f.). Im Gegensatz zum Handelsgewohnheitsrecht sind sie nicht als Rechtsnormen anerkannt. Es handelt sich um Tatsachen, die von der Partei, die hieraus eine für sie vorteilhafte Rechtsposition ableiten möchte, durch den Vortrag konkreter Anknüpfungspunkte darzulegen und im Bestreitensfalle zu beweisen sind (BGHZ 217, 74). Allerdings ist nach § 346 HGB „auf die im Handelsverkehre geltenden Gewohnheiten und Gebräuche Rücksicht zu nehmen". Handelsbräuche dienen danach nicht nur als Auslegungshilfe (§§ 157, 242 BGB), sie verdrängen gegebenenfalls auch dispositives Recht. Ein Handelsbrauch ist grundsätzlich selbst dann zu beachten, wenn ihn ein Beteiligter nicht kennt. Beispiele sind die

§ 1. Gegenstand des Handelsrechts 7

Handelsbräuche, auf die in den §§ 359 Abs. 1, 380 und 393 Abs. 2 HGB Bezug genommen wird, einige Grundsätze ordnungsmäßiger Buchführung (näher Kap. 8 Rn. 5) und die allein aufgrund Handelsbrauchs feststehenden Bedeutungsinhalte abgekürzter Vertragsklauseln (z. B. „Kasse gegen Dokumente", wodurch eine bare Vorleistungspflicht des Käufers vereinbart wird).

### IV. Allgemeine Geschäftsbedingungen

Allgemeine Geschäftsbedingungen (näher Kap. 9 Rn. 22) sind nach § 305 Abs. 1 BGB alle für eine Vielzahl von Verträgen vorformulierten Vertragsbedingungen, die eine Vertragspartei der anderen Vertragspartei bei Abschluss eines Vertrages stellt. Sie sind im Handelsverkehr naturgemäß weit verbreitet. Die AGB gelten nur bei einer Einbeziehung in den Vertrag. Hierfür genügt jedoch eine stillschweigende Willensübereinstimmung der Parteien, wenn sie gegenüber einer Person verwendet werden, die – wie etwa ein Kaufmann zu Zwecken seines Handelsgewerbes – bei Abschluss des Vertrages in Ausübung ihrer gewerblichen oder selbständigen beruflichen Tätigkeit handelt (§ 310 Abs. 1 S. 1 BGB i. V. m. §§ 14, 305 Abs. 2 BGB). Große Verbreitung haben in diesem Sinne etwa die Allgemeinen Deutschen Spediteurbedingungen (ADSp) gefunden (vgl. Kap. 12 Rn. 1, 13).

## D. Wesensmerkmale des Handelsrechts

Die Sonderregelungen des Handelsrechts i. e. S. finden ihre Rechtfertigung 6 in den spezifischen Gesetzmäßigkeiten und Bedürfnissen des Handels sowie in der geringeren Schutzbedürftigkeit der regelmäßig geschäftsgewandten Kaufleute. Kennzeichnend für das Handelsrecht sind:

- Die **beschleunigte Geschäftsabwicklung** mit folgenden Konsequenzen:
  - Notwendigkeit der unverzüglichen Untersuchung und Mängelrüge beim beiderseitigen Handelskauf (§ 377 HGB; näher Kap. 10 Rn. 8 ff.)
  - Erweiterung der Rechte des Verkäufers auf Hinterlegung und Selbsthilfeverkauf bei Annahmeverzug des Käufers (§ 373 HGB; näher Kap. 10 Rn. 3)
- Der **gesteigerte Schutz des Rechtsverkehrs** mit folgenden Konsequenzen:
  - Publizitätswirkungen des Handelsregisters (§ 15 HGB und ergänzendes Gewohnheitsrecht; näher Kap. 3 Rn. 10 ff.)
  - Unbeschränkbarkeit des Umfangs der Prokura (§ 50 HGB; näher Kap. 7 Rn. 10 ff.)
  - Erweiterter Gutglaubensschutz (§ 366 HGB; näher Kap. 9 Rn. 42 ff.)
  - Lehre vom Scheinkaufmann (näher Kap. 2 Rn. 36 ff.)
  - Erklärungswert des Schweigens im Handelsverkehr (Zustandekommen eines Geschäftsbesorgungsvertrags gem. § 362 HGB; Lehre vom kaufmännischen Bestätigungsschreiben; näher Kap. 9 Rn. 15 ff.)

- Der **Vergütungsgrundsatz** mit folgenden Konsequenzen:
  - Erhöhter (5 % statt 4 %) gesetzlicher Zinssatz und Berechtigung zu Fälligkeitszinsen (§§ 352 f. HGB; näher Kap. 9 Rn. 27)
  - Anspruch auf Provision, Lagergeld und Zinsen auch ohne entsprechende Vereinbarung (§ 354 HGB, näher Kap. 9 Rn. 27 f.)
- Die **geringere Schutzbedürftigkeit** der Kaufleute mit der Folge erweiterter Privatautonomie:
  - Ausschluss der richterlichen Vertragsstrafenherabsetzung (§ 348 HGB; näher Kap. 9 Rn. 24)
  - Formlosigkeit von Bürgschaft, Schuldversprechen und Schuldanerkenntnis (§ 350 HGB; näher Kap. 9 Rn. 25 f.)
  - Eingeschränkte Geltung der §§ 305 ff. BGB (§ 310 Abs. 1 BGB, der allerdings für alle Unternehmer i. S. v. § 14 BGB und damit nicht nur für zu Zwecken ihres Handelsgewerbes handelnde Kaufleute gilt; näher Kap. 9 Rn. 22)

## E. Handelsrechtliche Besonderheiten im Zivilprozess

### I. Gerichtsstand

7   Nach § 38 Abs. 1 ZPO können Kaufleute die Zuständigkeit eines an sich unzuständigen Gerichts vereinbaren. Diese Vereinbarung kann auch im Wege der Einbeziehung von AGB (*OLG Karlsruhe* NJW 1996, 2041; vgl. dagegen zur Unzulässigkeit einer Gerichtsstandsvereinbarung zwischen einem Kaufmann und einem Verbraucher im Rahmen von AGB *EuGH* EuZW 2009, 503 ff.) und aufgrund der Konstitutivwirkung eines kaufmännischen Bestätigungsschreibens (Kap. 9 Rn. 17 ff.) erfolgen. Nach § 29 Abs. 2 ZPO können sie durch Individualvereinbarung über den Erfüllungsort oder die Einbeziehung einer entsprechenden AGB-Klausel in den Vertrag (dazu *OLG Hamm* NJOZ 2015, 1369, 1372) den besonderen Gerichtsstand des vertraglichen Erfüllungsorts festlegen.

### II. Kammern für Handelssachen

In Deutschland gibt es anders als etwa in Frankreich zwar keine besonderen Handelsgerichte, doch können bei den Landgerichten Kammern für Handelssachen gebildet werden (§§ 93–114 GVG), um durch die Einbeziehung von eingetragenen Kaufleuten und Organen von Handelsgesellschaften als beisitzenden ehrenamtlichen Laienrichtern auf Zeit (sog. Handelsrichtern, § 45a DRiG) kaufmännischen Sachverstand und Praxisnähe in die Gerichtsentscheidung einfließen zu lassen (vgl. auch § 114 GVG). Die Handelssachen sind in § 95 GVG aufgelistet, wobei nach § 95 Abs. 1 Nr. 1 GVG die Zuständigkeit der Kammer für Handelssachen nur für Klagen gegen einen eingetragenen Kaufmann gegeben ist, um Beweisaufnahmen betreffend die Kaufmannseigenschaft bereits im Rahmen der Zuständigkeitsprüfung zu vermeiden. Der Rechtsstreit wird zudem nur dann vor der Kammer für Handelssachen geführt, wenn der

§ 1. Gegenstand des Handelsrechts    9

Kläger dies in der Klageschrift beantragt hat oder der Rechtsstreit auf Antrag des in das Handels- bzw. Genossenschaftsregister eingetragenen Beklagten an die Kammer für Handelssachen (KfH) verwiesen wird (§§ 96, 98 GVG; näher zu den zivilprozessualen Problemen in Verfahren vor der Kammer für Handelssachen *Schulz*, JuS 2005, 909 ff.). Aufgrund eines starken Rückgangs der Fallzahlen bei den Kammern für Handelssachen, die auf Wunsch der Parteien (vgl. § 349 Abs. 3 ZPO) zudem nur noch selten in Dreierbesetzung unter Mitwirkung der Handelsrichter entscheiden, wird über eine Reform der Kammern nachgedacht (näher *Podszun/Rohner*, NJW 2019, 131 ff.; rechtsvergleichend *Fleischer/Danninger*, ZIP 2017, 205 ff.).

### III. Freiwillige Gerichtsbarkeit

Die freiwillige Gerichtsbarkeit ist in Handelssachen für das Handelsregister (näher Kap. 3 Rn. 2 ff.), die Firma (näher Kap. 4 Rn. 31) und die Gesellschaftsangelegenheiten (z. B. §§ 146 Abs. 2, 166 Abs. 3 HGB) von großer Bedeutung. Neben den allgemeinen Verfahrensvorschriften (§§ 1–110 FamFG) kommen die Sonderregelungen für Registersachen und unternehmensrechtliche Verfahren der §§ 374–409 FamFG zur Anwendung.

### IV. Handelsschiedsgerichtsbarkeit

Handelsrechtsstreitigkeiten werden häufig von privaten Schiedsgerichten 8 entschieden. Dies gilt insbesondere für den internationalen Handelsverkehr (näher Kap. 13 Rn. 27 f.). **Gründe** hierfür sind die vielfach größere Sachkunde und Praxisnähe der von den Parteien gewählten Schiedsrichter, die freie und flexible Ausgestaltung des Schiedsverfahrens, die Schnelligkeit (kein Instanzenzug), die Möglichkeit zur Geheimhaltung sowie die vielfach geringeren Verfahrenskosten. Allerdings besteht auch die Gefahr der Parteilichkeit der Schiedsrichter, einer Verschleppung des Verfahrens oder einer erschwerten Vollstreckung.

Das Schiedsgerichtsverfahren tritt an die Stelle des ordentlichen Erkenntnisverfahrens und führt wie dieses zu einer abschließenden **rechtskräftigen** (§ 1055 ZPO) und unter den Voraussetzungen der §§ 1060 ff. ZPO auch vollstreckbaren **Entscheidung** des Streitfalls. Dies unterscheidet das Schiedsverfahren zum einen von der Schlichtung, die nur eine Vermittlertätigkeit Dritter zur Herbeiführung einer gütlichen Einigung der Parteien darstellt, und zum anderen von einem Schiedsgutachten nach §§ 317 ff. BGB, das lediglich der Klärung einzelner Fragen des Vertrags (z. B. Leistungsbestimmung, Vertragsergänzung) durch einen Dritten ohne Ausschluss der gerichtlichen Kontrolle (vgl. § 319 BGB) dient.

Innerhalb der Schiedsgerichtsbarkeit unterscheidet man zwischen sog. **Ad-hoc-Schiedsgerichten**, die von den Parteien zur Entscheidung eines einzelnen Streitfalls gebildet werden, und **institutionellen Schiedsgerichten**, die bei einer Organisation mit Sekretariat und fester Verfahrensordnung angesiedelt sind (z. B. Schiedsgericht bei der Deutschen Institution für Schiedsgerichtsbarkeit, DIS). Für bestimmte Rechtsgebiete und Branchen stehen dabei spezialisierte Schiedsgerichte zur Verfügung (z. B. *German Maritime Arbitration Association*, GMAA).

Das **Schiedsverfahren** wird nur aufgrund einer Schiedsvereinbarung eingeleitet (§§ 1029 ff. ZPO). Sie bildet die Grundlage der schiedsrichterlichen Entscheidungsgewalt (vgl. auch § 1032 ZPO). Das seit Aufhebung von § 1027 Abs. 2 ZPO a. F. auch im Handelsverkehr geltende Formerfordernis von § 1031 Abs. 1 ZPO steht dem Abschluss einer Schiedsvereinbarung durch Handelsbrauch entgegen (*BGH* NJW-RR 2017, 1531). Das Schiedsgericht verfügt über keine eigene Durchsetzungsmacht und ist daher entweder auf den Verfahrenskonsens der Parteien oder die Mitwirkung der staatlichen Gerichte (z. B. §§ 1035 Abs. 3, 1050, 1060 ff. ZPO) angewiesen. Maßgeblich für (nationale) Schiedsverfahren ist zunächst der Schiedsvertrag, der gegebenenfalls auf eine bestimmte Schiedsordnung (z. B. DIS-Schiedsgerichtsordnung) Bezug nimmt. Hilfsweise und im Falle zwingender Normen kommen die §§ 1025 ff. ZPO zur Anwendung, die 1998 mit dem Ziel einer Anpassung an das UNCITRAL-Modellgesetz zur internationalen Handelsschiedsgerichtsbarkeit von 1985 reformiert wurden.

## F. Überblick über die Geschichte des deutschen Handelsrechts

| | | |
|---|---|---|
| 9 | Hochmittelalter | Beginn der Herausbildung eines eigenen Handelsstandes; handelsrechtliche Regelungen insbesondere in den Stadtrechten Norditaliens und der Hanse |
| | Frühe Neuzeit | Merkantilordnungen für Markt-, Börsen-, Mäkler- und Wechselgeschäfte |
| | 1794 | Allgemeines Landrecht für die Preußischen Staaten (**ALR**) als erste umfassende Regelung des Handels- und Gewerberechts auf deutschem Boden (II 8 §§ 475 ff.) |
| | 1807 | *Code de commerce* (Frankreich); Vorbild zahlreicher handelsrechtlicher Kodifikationen; Geltung in den linksrheinischen Gebieten und in Baden bis in die Mitte des 19. Jahrhunderts |
| | 1834 | Deutscher Zollverein; Vorreiterrolle des Handelsrechts bei der **Rechtsvereinheitlichung** im 19. Jahrhundert |
| | 1848–1850 | Einführung der Allgemeinen Deutschen Wechselordnung (ADWO) im Wege der Parallelgesetzgebung durch die einzelnen Staaten des deutschen Bundes |
| | 1861–1869 | Einführung des Allgemeinen Deutschen Handelsgesetzbuchs (**ADHGB**) in den meisten Staaten des deutschen Bundes im Wege der Parallelgesetzgebung (1869 im Norddeutschen Bund). Das ADHGB folgte einem Mischsystem (subjektives Element: Anknüpfung in Art. 4 am Kaufmannsbegriff; objektives Element: Anwendung des Handelsrechts auf bestimmte Geschäfte zwischen Nichtkaufleuten) und enthielt in Ermangelung eines einheitlichen Zivilgesetzbuches auch allgemeine Lehren von den Rechtsgeschäften und Schuldverhältnissen. |

| | | |
|---|---|---|
| 1869 | — | Gründung eines **Bundesoberhandelsgerichts** (BOHG) in Leipzig, das 1871 zum Reichsoberhandelsgericht (ROHG) wurde und 1879 im Reichsgericht (RG) aufging |
| 1871 | — | Gesetzgebungskompetenz des Reiches für den Bereich des Handelsrechts; Fortgeltung des ADHGB als Reichsrecht |
| 1900 | — | Nach Anpassung des ADHGB an das neue BGB Inkrafttreten als **HGB** |
| 1937 | — | Ausgliederung des reformierten Aktienrechts aus dem HGB |
| 1969 | — | Anpassung des Handelsregisterrechts an die Erste Richtlinie 68/151/EWG zur Koordinierung des Gesellschaftsrechts (sog. Publizitätsrichtlinie; jetzt Art. 7 ff. und 13 ff. RL 2017/1132/EU) |
| 1976 | — | Neuregelung der Kaufmannseigenschaft von Land- und Forstwirten (näher Kap. 2 Rn. 20) |
| 1985 | — | Bilanzrichtliniengesetz (BiRiLiG) und neues Drittes Buch des HGB (§§ 238 ff. HGB) |
| 1998 | — | **Handelsrechtsreformgesetz** (HRefG), Transportrechtsreformgesetz (TRG), Schiedsverfahrens-Neuregelungsgesetz (SchiedsVfG) |
| 2002 | — | Anpassungen des Handelsrechts an das reformierte Schuldrecht (v. a. Streichung des § 378 HGB a. F. sowie Anpassung der §§ 375 Abs. 2 S. 1 und 381 Abs. 2 HGB) |
| 2007 | — | Elektronisches Handels- und Unternehmensregister (EHUG) |
| 2009 | — | Bilanzrechtsmodernisierungsgesetz (BilMoG) mit weit reichenden Veränderungen im Dritten Buch des HGB |
| 2013 | — | Gesetz zur Reform des Seehandelsrechts (SeeHaRefG) |
| 2015 | — | Bilanzrichtlinie-Umsetzungsgesetz (BilRUG) zur Umsetzung der Richtlinie 2013/34/EU |

# § 2. Das Handelsrecht in der Fallprüfung

## A. Die Verknüpfung von Handelsrecht und bürgerlichem Recht

Rein handelsrechtliche Fallbearbeitungen bilden im Studium und Referendariat die absolute Ausnahme. Vielfach sind die allgemeinen zivilrechtlichen Probleme nur in eine handelsrechtliche Fallgestaltung eingebettet. Auch die zu prüfenden Anspruchsgrundlagen entstammen zumeist dem bürgerlichen Recht. In deren richtiger Verzahnung mit dem Sonderrecht der Kaufleute liegt sodann die (lösbare) Aufgabe einer derartigen handelsrechtlichen Klausur.

10

**Beispielsfall:** Herr Reich gewährt seinem Arbeitskollegen Schneider ein Darlehen in Höhe von 10.000,– €. Als Sicherheit verlangt er die Übernahme einer Bürgschaft durch Schneiders Hausbank B. Die B erklärt sich hierzu in einem Telefonat mit Frau Reich bereit. Als Schneider die Darlehenssumme bei Fälligkeit nicht zurückzahlt, nimmt Reich die B in Anspruch. B verweigert trotz einer Mahnung durch Reich die Zahlung.
Die Anspruchsgrundlage findet sich im bürgerlichen Recht (§ 765 Abs. 1 BGB). Auch das Zustandekommen des Bürgschaftsvertrages richtet sich grundsätzlich nach den allgemeinen Vorschriften (§§ 145 ff. BGB; z. B. Empfangsbotenstellung von Frau Reich). Lediglich hinsichtlich des Schriftformerfordernisses des § 766 BGB ist auf die abweichende Sonderregelung des § 350 HGB und deren Tatbestandsvoraussetzungen (Kaufmannseigenschaft der B; Betriebszugehörigkeit der Bürgschaftsübernahme gem. §§ 343 f. HGB) einzugehen. Dies gilt auch für den Fall, dass sich die B auf die Einrede der Vorausklage (§ 771 BGB) berufen sollte, die gem. § 349 S. 1 HGB ausgeschlossen ist. Die Voraussetzungen eines Verzuges der B und ihre Pflicht zur Zahlung von Verzugszinsen ergeben sich wiederum aus den allgemeinen Vorschriften (§§ 286, 288 BGB).

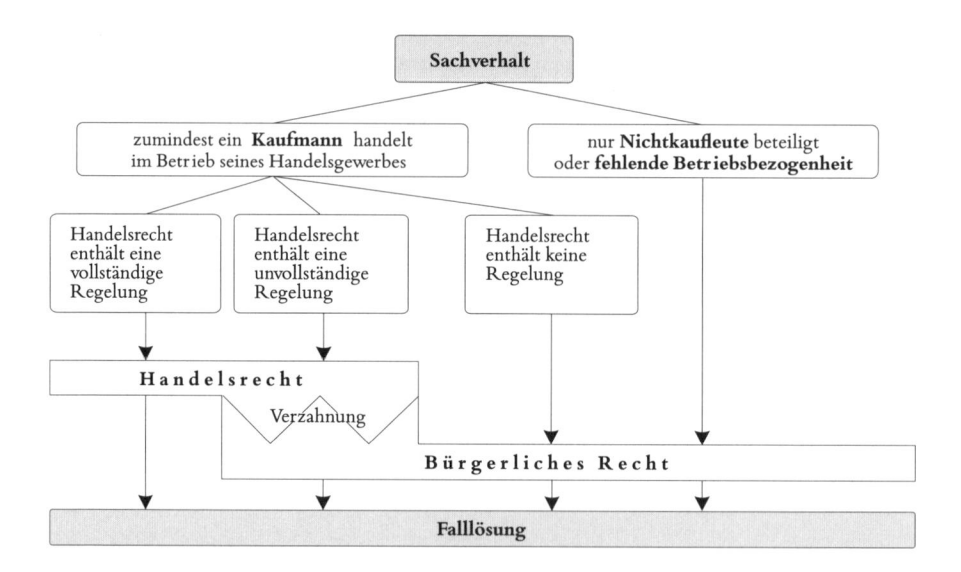

```
                              Sachverhalt
                    ┌──────────────┴──────────────┐
           zumindest ein Kaufmann handelt    nur Nichtkaufleute beteiligt
            im Betrieb seines Handelsgewerbes   oder fehlende Betriebsbezogenheit
           ┌──────────┼──────────┐              │
      Handelsrecht  Handelsrecht  Handelsrecht
      enthält eine  enthält eine  enthält keine
      vollständige  unvollständige  Regelung
      Regelung      Regelung
           │          │              │
      Handelsrecht
              Verzahnung
                      Bürgerliches Recht
           │          │              │
                          Falllösung
```

## B. Handelsrechtliche Anspruchsgrundlagen

**11** Nicht selten hat der Bearbeiter auch speziell handelsrechtliche Anspruchsgrundlagen in seine Falllösung mit einzubeziehen. Die Suche nach den einschlägigen Anspruchsgrundlagen sollte bei Beteiligung eines Kaufmanns daher immer auch in dem entsprechenden Abschnitt des HGB erfolgen. Für den jeweiligen Anspruchstyp in der Prüfungsfolge (vertragliche Ansprüche, vertragsähnliche Ansprüche, dingliche Ansprüche usw.) genießen die handelsrechtlichen Anspruchsgrundlagen als *lex specialis* Anwendungsvorrang vor den allgemeinen zivilrechtlichen Anspruchsgrundlagen.

Die wichtigsten handelsrechtlichen **Anspruchsgrundlagen** sind:

§ 2. Das Handelsrecht in der Fallprüfung    13

- Anspruch auf Unterlassung unzulässigen Firmengebrauchs (§ 37 Abs. 2 S. 1 HGB)
- Provisionsanspruch des Handelsvertreters (§ 87 HGB)
- Ausgleichsanspruch des Handelsvertreters (§ 89b HGB)
- Ansprüche des Kommittenten gegen den Kommissionär aus § 384 HGB
- Anspruch des Kommissionärs auf Provision und Aufwendungsersatz (§ 396 HGB).

## C. Handelsrechtliche Klausurprobleme

Zu den **typischen Problemen** der handelsrechtlichen Fallbearbeitung gehören:  12

- Die vielfach fehlende Sensibilität bzw. Kenntnis hinsichtlich des Bestehens handelsrechtlicher **Sonderregelungen** (z. B. §§ 366 und 377 HGB). Nicht selten wird zudem übersehen, dass das Handelsrecht durchaus bereits bei Beteiligung *eines* Kaufmanns anwendbar sein kann (vgl. § 345 HGB).

> **Lernhinweis:** In der Schönfelder-Gesetzessammlung wird in den Fußnoten gelegentlich auf handelsrechtliche Sonderregelungen ausdrücklich hingewiesen (z. B. § 246 BGB). Wo dies nicht der Fall ist, sollten Sie selbst einen entsprechenden Paragrafenvermerk anbringen (z. B. Hinweis in § 157 BGB auf § 346 HGB oder in §§ 932 ff. BGB auf § 366 HGB), sofern dies nach der für Sie geltenden Prüfungsordnung zulässig ist.

- Die exakte Subsumtion unter die einzelnen **Kaufmannstatbestände** und die Auseinandersetzung mit denkbaren analogen Anwendungen des Handelsrechts auf Nichtkaufleute.
- Die mögliche Berufung auf einen **Rechtsscheintatbestand** (z. B. Lehre vom Scheinkaufmann, Publizitätswirkungen des Handelsregisters) zwingt den Bearbeiter handelsrechtlicher Fälle bisweilen zu einer „Als-Ob-Betrachtung". Der Scheinkaufmann (näher Kap. 2 Rn. 36 ff. und Klausurfall 1) kann beispielsweise haftungsrechtlich in gewisser Hinsicht wie ein Kaufmann zu behandeln sein, obwohl er die Tatbestandsvoraussetzungen der §§ 1–6 HGB nicht erfüllt. Der klausurträchtige § 15 HGB wird in Kap. 3 eingehend erörtert.
- Die Trennung von **Schuld und Haftung** in zwei Prüfungsschritten: *1. Schritt:* Klassische Prüfung des Bestehens der Verbindlichkeit überhaupt (Forderung entstanden, fortbestehend und durchsetzbar?); *2. Schritt:* Prüfung der Haftung des Vermögens des Anspruchsgegners. Grundsätzlich haftet das dem jeweiligen Schuldner zugeordnete Vermögen. Das Handelsrecht enthält aber im Interesse des Verkehrsschutzes gelegentlich Normen, die die Haftung verlagern bzw. ergänzen (sog. gesetzliche Haftungsschuldverhältnisse, z. B. § 25 Abs. 1 S. 1 HGB; näher Kap. 5 Rn. 9 ff. und Klausurfall 3).
- Die Trennung von **Außen- und Innenverhältnis** und die sich daraus ergebende Prüfungsrelevanz von Dreipersonenverhältnissen (siehe dazu

den Überblick bei *Petersen*, Jura 2017, 294 ff.). Problematisch können hier zunächst Fälle eines Missbrauchs von Kompetenzen im Außenverhältnis sein (näher Kap. 7 Rn. 12). Darüber hinaus sind vielfach bei einer Haftung im Außenverhältnis gegenüber dem Gläubiger anschließend Rückgriffsansprüche des Haftenden gegen den (Mit)Schuldner im Innenverhältnis zu prüfen, die unter Umständen durch im Außenverhältnis unbeachtliche interne Vereinbarungen beeinflusst werden.

> **Beispielsfall:** Herr Müller hat der Hugo Schmidt OHG einen LKW verkauft und den Kaufpreis von 100.000,– € zunächst gestundet. Kurz darauf erwirbt der Kaufmann Kühn das Handelsgeschäft der OHG und führt dieses unter der bisherigen Firma fort. Der Unternehmenskaufvertrag enthält die Klausel, dass die OHG und ihre Gesellschafter, nicht aber Kühn für die bislang im Betrieb des Handelsgewerbes begründeten Verbindlichkeiten haften sollen. Müller verlangt mit Fälligkeit die Zahlung der 100.000,– € von Kühn, der eine Haftung für Altverbindlichkeiten der OHG ablehnt.
> Anspruchsgrundlage ist § 433 Abs. 2 BGB i. V. m. § 25 Abs. 1 S. 1 HGB. Der Anspruch auf Kaufpreiszahlung besteht gegen die OHG. Die Gesellschafter haften für diese Forderung zudem mit ihrem Privatvermögen gem. § 128 S. 1 HGB (dazu *Mock*, Gesellschaftsrecht, Rn. 355 ff.). Es ist Müller jedoch unbenommen, daneben auch Kühn aus dem gesetzlichen Haftungsschuldverhältnis des § 25 Abs. 1 S. 1 HGB in Anspruch zu nehmen. Auf den intern vereinbarten Haftungsausschluss kann sich Kühn im Außenverhältnis mangels Eintragung und Bekanntmachung bzw. mangels gesonderter Mitteilung an Müller nicht berufen (§ 25 Abs. 2 HGB). Die Vertragsklausel ermöglicht es ihm lediglich, im Innenverhältnis gegen die OHG und ihre Gesellschafter in vollem Umfang Rückgriff zu nehmen (insofern ist etwas anderes bestimmt i. S. v. § 426 Abs. 1 S. 1 BGB).

## § 3. Wiederholung

### A. Zusammenfassung

- Das Handelsrecht i. e. S. ist das **Sonderprivatrecht der Kaufleute.** Das bedeutet:
  - Die direkte Anwendung des Handelsrechts i. e. S. setzt zumindest die Kaufmannseigenschaft wenigstens eines der an einem Rechtsverhältnis beteiligten Rechtssubjekte voraus.
  - Das Handelsrecht i. e. S. ergänzt oder modifiziert die allgemeinen privatrechtlichen Regelungen.
  - Das Handelsrecht i. e. S. genießt Anwendungsvorrang vor dem allgemeinen bürgerlichen Recht.
- Zu den **Rechtsquellen** des Handelsrechts gehören:
  - Gesetze (HGB, handelsrechtliche Nebengesetze, sonstige gesetzliche Sonderregelungen für Kaufleute)

§ 3. Wiederholung

- Verordnungen (z. B. EVO)
- Internationale Übereinkommen (z. B. CISG, COTIF)
- Handelsgewohnheitsrecht (z. B. Lehre vom Scheinkaufmann)
- Handelsbräuche (z. B. Bedeutungsinhalte bestimmter abgekürzter Vertragsklauseln)
- Allgemeine Geschäftsbedingungen (z. B. ADSp)

☐ Die **Sonderregelungen** des Handelsrechts i. e. S. werden **gerechtfertigt**:
- durch die spezifischen Gesetzmäßigkeiten und Bedürfnisse des Handels (beschleunigte Geschäftsabwicklung, Vertrauensschutz, Vergütungserwartung)
- durch die geringere Schutzbedürftigkeit der regelmäßig geschäftlich versierten Kaufleute

## B. Kontrollfragen

1. Welches sind die Wesensmerkmale des Handelsrechts und welche wichtigen Sonderregelungen beruhen auf ihnen?
2. Worin besteht der Unterschied zwischen dem Handelsrecht im engeren und im weiteren Sinne?
3. Welche Rechtsnormen wandte das Reichsoberhandelsgericht (1871–1879) als Revisionsinstanz in Handelssachen an?

# Kapitel 2. Der Kaufmann

**Literatur:** *Henssler*, Gewerbe, Kaufmann und Unternehmen – Herkunft und Zukunft der subjektiven Anknüpfung des Handelsrechts, ZHR 161 (1997), 13 ff.; *Krämer*, Der Gewerbebegriff im Zivilrecht, 2009; *Mönkemöller*, Die „Kleingewerbetreibenden" nach neuem Kaufmannsrecht, JuS 2002, 30 ff.; *Neumann*, Der Kaufmannsbegriff als Anknüpfungspunkt für die Anwendbarkeit des Handelsrechts – Überlegungen zum persönlichen Anwendungsbereich von Handelsrechtsnormen, 2006; *Nickel*, Der Scheinkaufmann, JA 1980, 566 ff.; *Petersen*, Kaufmannsbegriff und Kaufmannseigenschaft nach dem Handelsgesetzbuch, Jura 2005, 831 ff.; *Petig/Freisfeld*, Die Kaufmannseigenschaft, JuS 2008, 770 ff.; *K. Schmidt*, Sein – Schein – Handelsregister, JuS 1977, 209 ff.; *ders.*, Fünf Jahre „neues Handelsrecht" – Verdienste, Schwächen und Grenzen des Handelsrechtsreformgesetzes von 1998, JZ 2003, 585 ff.; *ders.*, „Deklaratorische" und „konstitutive" Registereintragungen nach §§ 1 ff. HGB – Neues Handelsrecht: einfach oder kompliziert?, ZHR 163 (1999), 87 ff.; *ders.*, Unternehmer – Kaufmann – Verbraucher, BB 2005, 837 ff.; *R. Schmitt*, Die Rechtsstellung des Kleingewerbetreibenden nach dem Handelsrechtsreformgesetz, 2003; *Schulz*, Die Neuregelung des Kaufmannsbegriffs, JA 1998, 890 ff.; *Schulze-Osterloh*, Der Wechsel der Eintragungsgrundlagen der Kaufmannseigenschaft (§§ 1, 2, 105 Abs. 2 HGB) und der Anwendungsbereich des § 5 HGB, ZIP 2007, 2390 ff.; *Siems*, Kaufmannsbegriff und Rechtsfortbildung – Die Transformation des deutschen Handelsrechts, 2. Aufl., 2003; *ders.*, Fünf Jahre neuer Kaufmannsbegriff – Eine Bestandsaufnahme der Rechtsprechung, NJW 2003, 1297 ff.; *Treber*, Der Kaufmann als Rechtsbegriff im Handels- und Verbraucherrecht, AcP 199 (1999), 525 ff.; *v. Olshausen*, Die Kaufmannseigenschaft der Land- und Forstwirte, ZHR 141 (1977), 93; *C. Wolf/M. v. Bismarck*, Kaufmann, Unternehmer, Verbraucher – wann gilt das BGB, wann das HGB, wann Verbraucherrecht, JA 2010, 841 ff.

## § 4. Bedeutung und Systematik des Kaufmannsbegriffs

> **Lernhinweis:** Der Kaufmannsbegriff wurde 1998 durch das Handelsrechtsreformgesetz (HRefG) grundlegend reformiert. Auf die Rechtslage vor 1998 wird nur eingegangen, wo dies dem besseren Verständnis des geltenden Rechts dient.

Tatbestandsvoraussetzung für die Anwendung handelsrechtlicher Normen ist grundsätzlich die Kaufmannseigenschaft zumindest eines der an einem Rechtsverhältnis beteiligten Rechtssubjekte (**subjektives System**; vgl. Kap. 1 Rn. 1; zu Ausnahmen siehe Rn. 12 und 19 sowie Kap. 9 Rn. 6). Dies begründet die zentrale Bedeutung des Kaufmannsbegriffs für das Handelsrecht und die Handelsrechtsklausur. 1

18  Kapitel 2. Der Kaufmann

> **Klausurhinweis:** In fast jeder Handelsrechtsklausur haben Sie sich zur Kaufmannseigenschaft mindestens eines der Beteiligten zu äußern. Die genaue Kenntnis der Systematik und der Tatbestandsmerkmale der §§ 1–6 HGB gehört daher zum handelsrechtlichen Grundwissen. Bearbeitungsfehler in diesem Bereich wiegen regelmäßig besonders schwer.

**2** Die Reform des Kaufmannsbegriffs war ein Kernanliegen des Handelsrechtsreformgesetzes von 1998 **(HRefG)**. Der Gesetzgeber hat zwar an der subjektiven Anknüpfung des Handelsrechts am Kaufmannsbegriff festgehalten. Durch die Abschaffung des Katalogs der Grundhandelsgewerbe in § 1 Abs. 2 HGB a. F., des sog. „Sollkaufmanns" nach § 2 HGB a. F. und der Rechtsfigur des Minderkaufmanns i. S. v. § 4 HGB a. F. bzw. durch die Zusammenlegung der §§ 1 und 2 HGB a. F. wurde jedoch ein neuer, einheitlicher Grundtatbestand der Istkaufmannseigenschaft geschaffen (§ 1 HGB). Er wird durch einen neuen echten Kannkaufmanntatbestand für Kleingewerbetreibende (§ 2 HGB) und den bisherigen, lediglich redaktionell angepassten Tatbestand der uneigentlichen Kannkaufmannseigenschaft für kaufmännisch einzurichtende land- oder forstwirtschaftliche Gewerbe (§ 3 HGB) ergänzt. Mit der Reform wurde die historisch bedingte und allgemein kritisierte Unterscheidung zwischen typischen Geschäften des Warenhandels und dem Dienstleistungsgewerbe bzw. dem Handwerk zugunsten einer nahezu einheitlichen Anwendung des Handelsrechts im gesamten Wirtschaftsleben aufgegeben.

**3** Mit Ausnahme der Kaufmannseigenschaft kraft bloßer Gesellschaftsform (§ 6 Abs. 2 HGB) bildet das **Betreiben eines Gewerbes** nach h. M. die Grundlage für den Erwerb der Kaufmannseigenschaft (Rn. 5 ff.). Erfordert das Gewerbe nach Art und Umfang einen in kaufmännischer Weise eingerichteten Geschäftsbetrieb und handelt es sich nicht um ein Gewerbe der Land- oder Forstwirtschaft, ist der Betreiber zwingend und auch ohne die in diesem Fall lediglich deklaratorische Eintragung in das Handelsregister Kaufmann nach § 1 HGB (sog. Istkaufmann, Rn. 14 ff.). Ist dies nicht der Fall und handelt es sich mithin um einen sog. Kleingewerbetreibenden, steht es dem Betreiber frei, ob er durch die fakultative Eintragung der Firma seines Gewerbes in das Handelsregister die Kaufmannseigenschaft nach § 2 HGB erwerben und behalten möchte oder nicht (Kannkaufmann, Rn. 18). Der Land- oder Forstwirt, dessen im Haupt- oder Nebenerwerb betriebenes Geschäft nach Art und Umfang eine kaufmännische Einrichtung erfordert, hat wie bisher die Wahl, ob er durch die fakultative Eintragung der Firma seines Gewerbes in das Handelsregister die Kaufmannseigenschaft erwirbt, nicht aber ob er sie behält (§ 3 HGB, uneigentlicher Kannkaufmann, Rn. 20 ff.). Aufgrund der Neuregelung in § 2 HGB hat die aus dem früheren Recht beibehaltene Kaufmannseigenschaft kraft bloßer Eintragung nach § 5 HGB (sog. Fiktivkaufmann, Rn. 26 ff.) ihre Bedeutung eigentlich verloren. Es zeichnet sich jedoch eine Anwendung der Vorschrift in denjenigen Fällen ab, in denen die Eintragung der Firma des Gewerbes nicht aufgrund einer wirksamen freiwilligen Anmeldung erfolgt ist (str.; Rn. 27). § 6 HGB begründet hingegen eine im Wesentlichen formale **Kaufmannseigenschaft kraft Gesellschaftsform** (sog. Formkaufmann, Rn. 32 ff.). Die nicht eingetragenen kleingewerblich tätigen Handelsvertreter, Handelsmakler, Kommissionäre, Frachtführer, Spediteure und Lagerhalter (Rn. 19) sowie der Scheinkaufmann (Rn. 36 ff.) sind keine Kaufleute, sie werden lediglich in gewisser Hinsicht dem Handelsrecht unterworfen.

## § 5. Kaufmann kraft Betriebs eines Handelsgewerbes

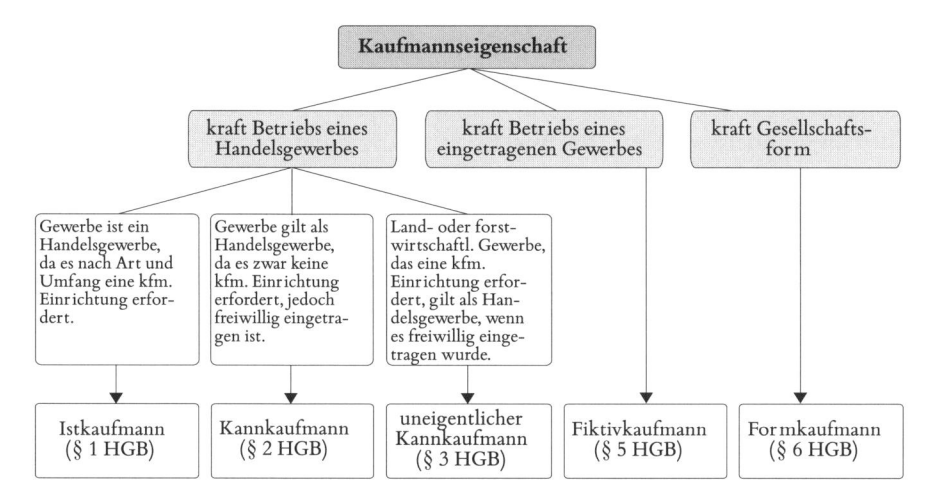

```
                          Kaufmannseigenschaft
         ┌────────────────────────┼────────────────────────┐
  kraft Betriebs eines    kraft Betriebs eines      kraft Gesellschafts-
   Handelsgewerbes       eingetragenen Gewerbes            form
    ┌─────────┴─────────┐           │
Gewerbe ist ein   Gewerbe gilt als   Land- oder forst-
Handelsgewerbe,   Handelsgewerbe,    wirtschaftl. Gewerbe,
da es nach Art und da es zwar keine  das eine kfm.
Umfang eine kfm.  kfm. Einrichtung   Einrichtung erfor-
Einrichtung erfor- erfordert, jedoch dert, gilt als Han-
dert.             freiwillig eingetra- delsgewerbe, wenn
                  gen ist.           es freiwillig einge-
                                     tragen wurde.
     │                │                    │                │              │
Istkaufmann     Kannkaufmann      uneigentlicher        Fiktivkaufmann   Formkaufmann
(§ 1 HGB)        (§ 2 HGB)         Kannkaufmann          (§ 5 HGB)        (§ 6 HGB)
                                    (§ 3 HGB)
```

Die Kaufmannseigenschaft wird nach § 1 Abs. 1 HGB zunächst durch das 4 Betreiben eines Handelsgewerbes erworben. Dieser tätigkeitsbezogene Grundtatbestand der Kaufmannseigenschaft enthält drei Tatbestandsmerkmale:
- die Eigenschaft des Unternehmens als Gewerbe
- die Eigenschaft des Unternehmens als *Handels*gewerbe
- die Betreibereigenschaft des betreffenden Rechtssubjekts

## A. Die Eigenschaft des Unternehmens als Gewerbe

Im HGB findet sich keine nähere Umschreibung des Gewerbebegriffs. Auch 5 im Gewerbeordnungsrecht wird er als historisch gewachsen vorausgesetzt und nur durch den Negativkatalog des § 6 Abs. 1 GewO für die spezifischen Bedürfnisse des Gewerbeordnungsrechts genauer eingegrenzt. Eine steuerrechtliche Definition des Gewerbebetriebs enthält § 15 Abs. 2 S. 1 EStG (vgl. auch § 2 Abs. 1 S. 2 GewStG), der ebenfalls durch positive und negative Katalogtatbestände (z. B. §§ 15 Abs. 1 S. 1 Nr. 1, 18 Abs. 1 EStG) und Steuerrichtlinien (z. B. R 2.1 GewStR 2009) konkretisiert wird. Für den handelsrechtlichen Gewerbebegriff werden hierdurch allerdings nur unverbindliche Anhaltspunkte gegeben (*BGH* NJW 2000, 1940, 1941).

**Beispiel:** Obwohl der Apotheker nach § 6 Abs. 1 GewO nicht der GewO unterfällt, da für ihn insbesondere die Sonderbestimmungen des ApoG gelten, kann er als Betreiber eines Handelsgewerbes angesehen werden (vgl. *BGH* NJW 1983, 2085, 2086).

**Im Handelsrecht** versteht die noch h. M. unter einem Gewerbe eine selbständige Tätigkeit (1), die nach außen erkennbar (2) und auf Dauer angelegt (3) ist sowie in erlaubter Weise (4) mit Gewinnerzielungsabsicht (5) und nicht als freier Beruf (6) betrieben wird (z. T. str.; vgl. *Brox/Henssler*, Rn. 25; Großkomm/*Oetker*, § 1 Rn. 14 ff.).

**(1) Begriffsmerkmal: Selbständigkeit**

6  Selbständig ist, wer ein Unternehmerrisiko übernimmt und in persönlicher Unabhängigkeit seine Tätigkeit im Wesentlichen frei gestalten kann (vgl. auch für den Handelsvertreter § 84 Abs. 1 S. 2 HGB; näher Kap. 6 Rn. 6). Zunehmend wird dabei nicht mehr allein auf die klassischen Kriterien der persönlichen Unabhängigkeit (grundsätzliche Freiheit von örtlichen, zeitlichen und inhaltlichen Weisungen und damit eigenständige Organisation des Geschäftsbetriebs) und der fehlenden Eingliederung in einen Betrieb als vielmehr auf das im Wesentlichen eigenständige Auftreten am Markt zur Ausnutzung unternehmerischer Chancen abgestellt (vgl. *Wank*, DB 1992, 90 ff.; *BAG* ZIP 1997, 1714, 1715). Erforderlich ist eine wertende Gesamtbetrachtung aller Umstände des Einzelfalls. Dabei sind auch die arbeits- und sozialversicherungsrechtlichen Maßstäbe und Entscheidungen mit der gebotenen Vorsicht im Handelsrecht zu berücksichtigen (z. B. *BAG* DB 2001, 280 f.: Selbständigkeit eines Handelsvertreters trotz eines bestehenden fachlichen Weisungsrechts sowie einer fehlenden eigenen Organisation und Kapitalausstattung; siehe zur Situation nach Abschaffung der umstrittenen Regelungen über die sog. Scheinselbständigkeit in § 7 Abs. 4 SGB IV a. F.; *Grobys*, NJW-Spezial 2005, 81 f.).

**Beispiele:** Der Handelsvertreter ist im Gegensatz zum Handlungsgehilfen selbständiger Gewerbetreibender (vgl. Kap. 6 Rn. 6). Auch der Franchisenehmer ist in aller Regel trotz gewisser Bindungen an die Vorgaben des Franchisegebers als selbständiger Gewerbetreibender anzusehen (näher Kap. 6 Rn. 17), während der Filialleiter einer Einzelhandelskette als Angestellter kein Kaufmann ist.

Maßgeblich ist allein die *rechtliche* Selbständigkeit, die nicht notwendig auch eine wirtschaftliche Unabhängigkeit voraussetzt. Die Abhängigkeit von Kreditgebern, Lieferanten oder Kunden ist daher unschädlich. Die gesteigerte wirtschaftliche Abhängigkeit eines selbständigen Unternehmers kann allenfalls aus Gründen der Schutzbedürftigkeit dessen Eigenschaft als arbeitnehmerähnliche Person i. S. v. § 5 Abs. 1 S. 2 ArbGG begründen (vgl. etwa für den Handelsvertreter § 5 Abs. 3 ArbGG i. V. m. § 92a HGB und dazu *BGH* NJW-RR 2015, 289; für den Kommissionär *BAG* AP Nr. 38 zu § 5 ArbGG; für den Franchisenehmer *BGH* NJW 1999, 218 ff.).

### § 5. Kaufmann kraft Betriebs eines Handelsgewerbes

Das Merkmal der Selbständigkeit ist nur für den Einzelkaufmann von Bedeutung. Es unterscheidet ihn vom Arbeitnehmer und Beamten. Die Handelsgesellschaften sind bereits aufgrund ihrer Natur (auch als verbundene Unternehmen) stets selbständige Unternehmensträger.

#### (2) Erkennbarkeit nach außen

Die Gewerbetätigkeit muss den Geschäftspartnern erkennbar sein. Die bloße innere Absicht, ein Gewerbe zu betreiben, reicht nicht aus. 7

**Beispiele:** Kein Gewerbe begründen daher das heimliche Spekulieren an der Börse (*ROHGE* 22, 303), die reine Vermögensverwaltung wie etwa das Halten eines GmbH-Anteils (*BGHZ* 74, 273, 276 f.; *OLG Düsseldorf* NJOZ 2002, 1442, 1444; vgl. nunmehr auch § 105 Abs. 2 HGB; zur Abgrenzung zwischen Vermögensverwaltung und Gewerbe instruktiv *Schön*, DB 1998, 1169 ff.) oder die Beteiligung als stiller Gesellschafter nach §§ 230 ff. HGB.

#### (3) Planmäßigkeit und Ausrichtung auf eine Vielzahl von Geschäften

Die Tätigkeit muss von vornherein auf eine Vielzahl von Geschäften gerichtet sein (*RGZ* 74, 150). Die Zivilgerichte sprechen bei natürlichen Personen auch vom Erfordernis der Berufsmäßigkeit. Die Absicht, nur einmalig oder gelegentlich Geschäfte zu tätigen, ist danach nicht ausreichend. Andererseits ist eine lang andauernde oder ununterbrochene Tätigkeit nicht erforderlich (*RGZ* 130, 233, 235). Entscheidend ist letztlich, ob nach außen eher der Eindruck einer gewöhnlichen oder einer außergewöhnlichen Tätigkeit entsteht. 8

**Beispiele:** Der gelegentliche Verkauf von überschüssigem Obst aus dem eigenen Garten oder der jährliche Weiterverkauf eines Jahreswagens begründen kein Gewerbe, während der Saisonbetrieb eines Eiscafés oder der Betrieb eines Verkaufsstands auf dem Kirchentag ein Gewerbe darstellen.

#### (4) Erlaubtheit (str.)

Die Tätigkeit muss nach traditioneller Auffassung erlaubt sein (vgl. Großkomm/*Oetker*, § 1 Rn. 40 ff.). Dies ist jedoch nicht im Sinne einer öffentlichrechtlichen Erlaubnis zu verstehen, da hiervon die Kaufmannseigenschaft nach § 7 HGB gerade unabhängig sein soll. Vielmehr geht es um die Ausgrenzung der von der Rechtsordnung geächteten Gewerbe, deren Betreibern der Zugang zu den Vorteilen und zum Prestige der Kaufmannsstellung (z. B. Ernennung eines Prokuristen nach §§ 48 ff. HGB oder Ernennung zum Handelsrichter nach § 109 GVG) versperrt werden soll (mit Recht krit. dazu *K. Schmidt*, Handelsrecht, § 9 Rn. 32 f.). 9

Unerlaubt sind diejenigen Gewerbe, die insgesamt auf eine **gesetz- oder sittenwidrige** Tätigkeit gerichtet sind (§§ 134, 138 BGB).

**Beispiele:** Keine Gewerbetreibenden sind nach h. M. Waffenschieber, Rauschgifthändler, Hehler, Wucherer, Zuhälter.

Wer auf die Kaufmannseigenschaft des Betreibers eines in diesem Sinne unerlaubten Gewerbes vertraut, kann nach den Grundsätzen der Lehre vom Scheinkaufmann (Rn. 36 ff.) geschützt werden.

### (5) Wirtschaftlichkeit/Gewinnerzielungsabsicht (str.)

**10** Nach der früher h. M. musste die Tätigkeit zumindest auch darauf gerichtet sein, einen den Aufwand übersteigenden Ertrag (Gewinn) zu erwirtschaften (st. Rspr. seit RGZ 66, 143, 148; zuletzt etwa *OLG Karlsruhe* NJOZ 2002, 1595, 1596; generell offen gelassen durch BGHZ 155, 240, 245 f.; vgl. zum Diskussionsstand Großkomm/*Oetker*, § 1 Rn. 37 ff.). Wer nur mit dem Ziel der Kostendeckung arbeitet, betreibt danach kein Gewerbe. Es genügt aber die *Absicht* der Gewinnerzielung. Ob tatsächlich und dauerhaft ein Gewinn erzielt wird, ist unerheblich. Der erzielte Gewinn braucht auch nicht die Haupteinnahmequelle des Betreibers zu sein (*OLG Frankfurt a. M.* NJW-RR 1991, 243, 246). Die Gewinnerzielung muss weder das einzige Motiv der Tätigkeit bilden (Stichwort: Motivbündel) noch eigennützig erfolgen. Gemeinnützigkeit und Gewinnerzielungsabsicht schließen sich daher nicht aus.

**Beispiele:** Beständige Vermietung des Saals einer Kirchengemeinde an Hochzeitsgesellschaften zur Aufbesserung des Etats für die gemeindliche Jugendarbeit (vgl. RGZ 132, 367, 372); Betrieb eines juristischen Antiquariats („Büchermarkt") und Skriptenverkaufs durch die Fachschaft Jura der Universität Passau zur Aufbesserung des Fachschaftsetats.

Die Absicht der Gewinnerzielung ist bei privaten Unternehmen zu vermuten, bei Unternehmen der öffentlichen Hand im Einzelfall festzustellen (BGHZ 49, 258, 260).

**Beispiele:** Gewerbe werden u. a. betrieben von den kommunalen Versorgungsbetrieben, der Bundesbank (vgl. auch e contrario § 19 BBankG) und den Sparkassen (maßgeblich sind nach RGZ 116, 227, 228 f. die mit Gewinnmargen betriebenen Bankgeschäfte und nicht das fehlende Gesamtziel einer Gewinnabführung an die kommunale Trägerkörperschaft).

Das Erfordernis der Gewinnerzielungsabsicht gilt mit Recht zunehmend als überholt. Für die Anwendung der an den Kaufmannsbegriff anknüpfenden handelsrechtlichen Sonderregelungen sollte es nicht auf die innere Tatsache der Gewinnerzielungsabsicht, sondern auf einen äußerlich erkennbaren Umstand ankommen. Hierfür bietet sich am ehesten das Kriterium der entgeltlichen Tätigkeit am Markt an (*K. Schmidt*, Handelsrecht, § 9 Rn. 37 ff.). Denkbar wäre es zudem, auf eine Betriebsführung nach wirtschaftlichen Grundsätzen abzustellen (Ba/Ho/*Hopt*, § 1 Rn. 15 f.). Auch der BGH hat in einer jüngeren Entscheidung auf das Erfordernis einer Gewinnerzielungsabsicht verzichtet, wenn er diesen Verzicht auch ausdrücklich auf das Verbraucherkreditrecht beschränkt und die Frage für das Handelsrecht (noch) offen gelassen hat (BGHZ 155, 240, 245 f.).

### (6) Keine freiberufliche Tätigkeit

**11** Die Ausgrenzung der freien Berufe einschließlich der künstlerischen und wissenschaftlichen Tätigkeiten aus dem Gewerbebegriff (vgl. auch § 1 Abs. 1 S. 1 und 2 PartGG, § 6 Abs. 1 GewO und § 18 Abs. 1 Nr. 1 EStG) ist in erster Linie durch die standesrechtliche Tradition (Abgrenzung vom Kaufmannsstand) bedingt. Sachliche Rechtfertigungsgründe wie z. B. die Reglementierung

§ 5. Kaufmann kraft Betriebs eines Handelsgewerbes

durch das jeweilige Standesrecht, die Personenbezogenheit oder die idealistischen Zielsetzungen freiberuflicher Tätigkeit sind zumindest im Handelsrecht wenig tragfähig (vgl. *K. Schmidt*, Handelsrecht, § 9 Rn. 21 ff.).

**Beispiele:** Freiberufler (vgl. insbesondere den Katalog in § 1 Abs. 2 PartGG) sind u. a. Rechtsanwälte (§ 2 BRAO), Notare (§ 2 S. 3 BNotO), Wirtschaftsprüfer (§ 1 Abs. 2 WiPrO), Steuerberater (§ 32 Abs. 2 StBerG), Ärzte (§ 1 Abs. 2 BÄO), Architekten (*BGH* WM 1979, 559, 559), Wissenschaftler, Künstler, Schriftsteller, Privatlehrer, Dolmetscher, Berufsbetreuer (a. A. für die nicht anwaltlich tätigen Betreuer *Mann*, NJW 2008, 121 ff.) und Trauerredner (soweit keine Textschablonen verwendet werden; vgl. *FG Niedersachsen* DStRE 2004, 830, 830); keine Freiberufler sind jedoch z. B. Apotheker (*BGH* NJW 1983, 2085, 2086), Promotionsberater (vgl. zu § 18 Abs. 1 Nr. 1 EStG *BFH* NJW 2009, 797) oder Zahntechniker.

Trotz der immer wieder geäußerten Kritik hat das HRefG von 1998 an der traditionellen Rechtsstellung der freiberuflich Tätigen und damit an ihrer fehlenden Kaufmannseigenschaft festgehalten. Handelsrechtliche Vorschriften können damit auch in Zukunft für Freiberufler nur in folgenden Fällen Bedeutung erlangen: **12**

- Bei **Mischtätigkeiten**, deren Schwerpunkt im gewerblichen Bereich liegt, bzw. bei sachlich abtrennbaren Tätigkeiten außerhalb des klassischen Kernbereichs der freiberuflichen Tätigkeit (z. B. Anwendung des Handelsrechts auf den Betrieb eines Seniorenheims mit ärztlicher Betreuung; vgl. auch Rn. 23 sowie MüKoHGB/*Schmidt*, § 1 Rn. 35);
- Bei Organisation der Freiberufler in der Form einer **Kapitalgesellschaft** (vgl. § 6 HGB i. V. m. §§ 59c Abs. 1 BRAO, 49 Abs. 1 StBerG, 27 Abs. 1 WiPrO) oder einer EWIV (vgl. § 1 EWIV-AusführungsG);
- Durch die analoge Anwendung einzelner handelsrechtlicher Regelungen auf Freiberufler. Nachdem der Gesetzgeber 1998 die freiberufliche Tätigkeit bewusst nicht den handelsrechtlichen Vorschriften i. e. S. unterworfen hat und damit keine planwidrige Regelungslücke besteht, dürfte jedoch nur noch eine Geltung von **Handelsbräuchen** als allgemeiner Verkehrssitte in Betracht kommen (vgl. z. B. zur Anwendbarkeit der Lehre vom kaufmännischen Bestätigungsschreiben Kap. 9 Rn. 19; näher zum Problem der analogen Anwendung handelsrechtlicher Normen *Canaris*, § 21 Rn. 1 ff.; die Analogiemöglichkeit wurde offen gelassen von BGHZ 143, 314, 318);
- Nach den Grundsätzen der Lehre vom **Scheinkaufmann** (Rn. 36 ff.);
- Bei vertraglich **vereinbarter** Gleichstellung eines Freiberuflers mit einem Kaufmann (ggf. auch in AGB).

## B. Die Eigenschaft des Gewerbes als *Handels*gewerbe

Nur bestimmte Gewerbe sind Handelsgewerbe (eigentliche Handelsgewerbe nach § 1 Abs. 2 HGB) oder gelten als solche (uneigentliche Handelsgewerbe nach §§ 2 und 3 HGB). Die Begriffe des Unternehmens, des Gewerbes und des Handelsgewerbes stehen mithin zueinander im Verhältnis der Spezialität: **13**

| Unternehmen: | Organisierte Einheit sachlicher und personeller Mittel, mit deren Hilfe der Unternehmensträger selbständig und auf Dauer angelegt am Wirtschaftsverkehr teilnimmt (näher *Kap. 5 Rn. 1*) |
|---|---|
| **Gewerbebetrieb:** | Unternehmen, das in erlaubter Weise, mit Gewinnerzielungsabsicht und nicht freiberuflich betrieben wird (h.M.) |
| **Handelsgewerbe:** | Gewerbebetrieb, der nach Art und Umfang eine kaufmännische Einrichtung erfordert oder der unter der Firma des Betreibers in das Handelsregister eingetragen ist |

## I. Das eigentliche Handelsgewerbe nach § 1 Abs. 2 HGB (Istkaufmann)

14   Handelsgewerbe ist nach der Definition des § 1 Abs. 2 HGB „jeder Gewerbebetrieb, es sei denn, dass das Unternehmen nach Art oder Umfang einen in **kaufmännischer Weise eingerichteten Geschäftsbetrieb** nicht erfordert". Damit wird einheitlich für alle Gewerbearten auf das aus §§ 2, 4 Abs. 1 HGB a. F. bekannte Kriterium des nach Art und Umfang in kaufmännischer Weise einzurichtenden Geschäftsbetriebs abgestellt (näher *Kögel*, DB 1998, 1802 ff.). Inhaltlich hat der Begriff des Handelsgewerbes damit seit 1998 überhaupt nichts mehr mit dem klassischen Warenhandel zu tun. Es handelt sich vielmehr um eine **Generalklausel**, die neben den eigentlichen Handelsgewerben (z. B. Groß- und Einzelhandel) auch die verschiedenen Dienstleistungs- und Handwerksgewerbe erfasst.

15   Vorzunehmen ist eine typologische, d. h. eine flexible, wertende und nicht an bestimmte zwingend erforderliche Voraussetzungen gebundene Gesamtbetrachtung von Art und Umfang des Gewerbes (näher *Kort*, DB 2019, 771 ff. und generell zum typologischen Denken *Larenz*, Methodenlehre der Rechtswissenschaft, 6. Aufl., 1991, S. 461 ff.). Mit der „**Art**" des Gewerbebetriebes ist die Geschäftsstruktur angesprochen (qualitatives Kriterium: Natur und Vielfalt der gewöhnlich vorkommenden Geschäfte, Abwicklungsweise der konkreten Geschäfte, Vielfalt der Erzeugnisse und Leistungen, Art des Kundenkreises, Teilnahme am Wechselverkehr). Mit dem „**Umfang**" des Gewerbebetriebes ist dessen Größenordnung gemeint (quantitatives Kriterium: Größe des Anlage- und Betriebskapitals, Umsatzvolumen, Höhe des Kreditbedarfs, Zahl der Beschäftigten, Zahl und Größe der Betriebsstätten, Umfang der Werbung und Lagerhaltung). Ein hoher Umsatz steht bis ca. 250.000,– € der Qualifizierung als Kleingewerbe nicht zwingend entgegen, da es immer auf eine typologische Gesamtbetrachtung aller Umstände ankommt (*OLG Celle* NJW 1963, 540). Umgekehrt kann trotz eines verhältnismäßig geringen Umsatzes ein Handelsgewerbe vorliegen (*OLG Dresden* NJW-RR 2002, 33 f.).

Die **kaufmännische Einrichtung** ist typischerweise durch den Einsatz kaufmännischen Personals mit oder ohne Vertretungsmacht, eine Aufgliederung in Geschäfts- bzw. Zuständigkeitsbereiche, eine kaufmännische (doppelte)

§ 5. Kaufmann kraft Betriebs eines Handelsgewerbes   25

Buchführung, eine Aufbewahrung der Korrespondenz sowie eine Firmenführung zur Identifikation des Geschäftsinhabers gekennzeichnet.

**Erforderlich** ist eine derartige Einrichtung, wenn sie zur ordentlichen und übersichtlichen Geschäftsführung bzw. zum Schutz der Geschäftspartner notwendig ist. Maßgeblich ist allein das bei einer typologischen **Gesamtbetrachtung** von Art *und* Umfang des Gewerbes festgestellte Erfordernis einer kaufmännischen Einrichtung und nicht auch ihr tatsächliches Vorhandensein (*BGH* BB 1960, 917, 917). Sind kaufmännische Einrichtungen vorhanden, ist allerdings grundsätzlich davon auszugehen, dass sie auch erforderlich sind. Bei einem neu gegründeten Gewerbe ist die Erforderlichkeit auch dann anzunehmen, wenn diese zwar im Zeitpunkt der Beurteilung noch nicht gegeben ist, das Gewerbe aber auf einen kaufmännischen Geschäftsbetrieb angelegt ist und diesen Zuschnitt in Kürze aufweisen wird (BGHZ 10, 91, 96; vgl. zur Unternehmereigenschaft von Existenzgründern bei Vorbereitungsgeschäften auch *BGH* NJW 2005, 1273, 1274). Andererseits kann die einmal gegebene Erforderlichkeit durch Veränderungen im Geschäftsbetrieb (sinkender Umsatz, Vereinfachung der Geschäftsstruktur etc.) wieder entfallen (sog. „Herabsinken" zum Kleingewerbe, näher Rn. 27).

Die Eigenschaft als Handelsgewerbe nach § 1 Abs. 2 HGB besteht **auch ohne** 16 **eine Eintragung** der Firma in das Handelsregister. Die Eintragung der Firma ist für den Betreiber eines Handelsgewerbes i. S. v. § 1 Abs. 2 HGB zwar obligatorisch (§ 29 HGB), so dass das zuständige Registergericht erforderlichenfalls Maßnahmen des Registerzwangs ergreifen kann, wenn es die Tatbestandsvoraussetzungen des § 1 Abs. 2 HGB als gegeben ansieht (§ 14 HGB, §§ 388 ff. FamFG; näher *Kögel*, DB 1998, 1802, 1803 f.). Die Eintragung hat aber nur rechtsbekundende (deklaratorische) und keine rechtsbegründende (konstitutive) Bedeutung. Aus diesem Grund spricht die (nichtamtliche) Überschrift des § 1 HGB nunmehr auch völlig zutreffend vom „**Istkaufmann**" und nicht mehr wie früher irreführend vom „Musskaufmann". Der Istkaufmann unterliegt kraft bloßen Betriebs seines Gewerbes in vollem Umfang den handelsrechtlichen Sonderregelungen. Lediglich die Zuständigkeit der Kammer für Handelssachen ist aus Gründen der Rechtssicherheit auch bei einem Istkaufmann zusätzlich davon abhängig, dass der Beklagte als Kaufmann auch unter seiner Firma in das Handelsregister eingetragen ist (§ 95 Abs. 1 Nr. 1 GVG).

Die Eigenschaft als Handelsgewerbe nach § 1 Abs. 2 HGB ist folglich allein 17 von dem unsicheren und für den Rechtsverkehr unter Umständen schwer erkennbaren Kriterium der Erforderlichkeit eines kaufmännischen Geschäftsbetriebs abhängig. Gegebenenfalls stellt sich das Vorhandensein der Kaufmannseigenschaft erst nach Abschluss eines mit umfangreichen Beweisaufnahmen verbundenen Gerichtsverfahrens und auch dann nur für einen bestimmten Zeitpunkt sowie mit Wirkungen zwischen den Prozessparteien heraus (krit. daher *Heinemann*, FS Fikentscher, 1998, S. 375 ff. und *Kaiser*, JZ 1999, 495 ff.). Die damit verbundene erhebliche **Rechtsunsicherheit** glaubte der Gesetzgeber jedoch durch eine **widerlegliche Vermutung** zugunsten der Handelsgewerbeeigenschaft und mit Hilfe der negativen Publizität des Handelsregisters entschärfen zu können. Nach der Formulierung des § 1 Abs. 2 HGB, der allerdings wegen des dort geltenden Amtsermittlungsgrundsatzes (§ 26 FamFG) im Registerverfahren keine Anwendung findet, muss nämlich jeder Gewerbetreibende, der sich darauf beruft, kein Kaufmann zu sein, darlegen und beweisen, dass das Gewerbe nach Art oder Umfang einen in kaufmännischer Weise eingerichteten Geschäftsbetrieb *nicht* erfordert (Umkehr der Darlegungs- und Beweislast; „es sei denn, dass ... nicht"; siehe dazu auch *OLG Karlsruhe* NJOZ 2002, 1595, 1595). Beruft sich umgekehrt ein Gewerbetreibender, dessen Firma nicht in das Handelsregister eingetragen oder nicht bekannt gemacht ist, auf seine Kaufmannseigenschaft, wird der gutgläubige Geschäftspartner durch § 15 Abs. 1 HGB geschützt (str.).

**Beispielsfall:** Krämer betreibt ein kleines Ladengeschäft für Bastelbedarf. Er ist nicht im Handelsregister eingetragen. Sein allein erwirtschafteter Umsatz betrug im vergangenen Geschäftsjahr 25.000,– €. Bei dem Großhändler Groß, von dem er fast alle seine bislang verkauften Waren bezog, bestellt er 100 Bögen farbiges Kartonpapier. Kurz darauf entschließt sich Krämer zum Erwerb eines weiteren Schreibwarengeschäfts und zur Einstellung mehrerer Teilzeitkräfte für den Verkauf.
Die G-GmbH erwirbt wenig später für die Neugestaltung eines Schaufensters bei Krämer einige Bögen des von Groß gelieferten Kartonpapiers. Erst nach zwei Wochen bemerkt der Geschäftsführer der G-GmbH, der noch nicht von der Eröffnung des weiteren Ladengeschäfts gehört hatte, Flecken auf den gelieferten Kartonbögen und verlangt von Krämer nach erfolglos begehrter Nacherfüllung Rückzahlung des Kaufpreises. Krämer möchte erst dann den Kaufpreis erstatten, wenn er seinerseits den an Groß gezahlten Kaufpreis zurückerhalten hat. Wie ist die Rechtslage?
Krämer wäre zur Rückzahlung des Kaufpreises verpflichtet, wenn die Gewährleistungsrechte der G-GmbH nicht nach § 377 HGB wegen verspäteter Rüge (näher Kap. 10 Rn. 8 ff.) ausgeschlossen sind. Die Anwendung des § 377 HGB setzt jedoch einen beiderseitigen Handelskauf und damit u. a. die Kaufmannseigenschaft beider Parteien voraus. Die Kaufmannseigenschaft der G-GmbH ist nach § 6 Abs. 1 HGB i. V. m. § 13 Abs. 3 GmbHG kraft Gesellschaftsform gegeben. Diejenige des Gewerbetreibenden Krämer ist mangels Registereintragung allein gem. § 1 Abs. 2 HGB zu beurteilen. Maßgeblicher Zeitpunkt für die Beurteilung des Erfordernisses eines kaufmännischen Zuschnitts ist der Abschluss des Kaufvertrages. Da der Geschäftsbetrieb Krämers in diesem Moment nach Art (Vielfalt der Waren) und Umfang (zwei Ladengeschäfte, mehrere Angestellte) eine kaufmännische Einrichtung erforderte, war auch Krämer Kaufmann. Zu prüfen ist aber noch, ob Krämer, dessen Firma noch nicht in das Handelsregister eingetragen ist, nach § 15 Abs. 1 HGB daran gehindert ist, der G-GmbH seine Kaufmannseigenschaft und damit die verspätete Rüge entgegenzusetzen. Gegen die vom Gesetzgeber in seiner Begründung des HRefG von 1998 ausdrücklich erwähnte Anwendbarkeit des § 15 Abs. 1 HGB (vgl. BT-Drs. 13/8444, S. 48) sind jedoch verschiedentlich Bedenken geäußert worden. Zum einen befürchtet man, dass auf diese Weise die durch § 1 Abs. 2 HGB für alle Gewerbetreibenden aufgestellte Vermutung der Kaufmannseigenschaft und der bewusste Verzicht auf die konstitutive Wirkung der Handelsregistereintragung in Teilen praktisch wieder zunichte gemacht werde (vgl. *Lieb*, NJW 1999, 35, 36). Dieser

Einwand ist zwar zutreffend, spricht aber gerade für den vorgeschlagenen Lösungsweg, da hierdurch einerseits ein Anreiz für die Eintragung gegeben und andererseits der erforderliche Verkehrsschutz gewährleistet wird. Auch das Gegenargument, dass das Handelsregister nur den kaufmännischen Verkehr in seiner Einfachheit und Schnelligkeit, nicht aber das Vertrauen darauf schütze, jemand sei nicht Kaufmann (vgl. *Kaiser*, JZ 1999, 495, 501 ff.), greift nicht durch. Denn die negative Registerpublizität des § 15 Abs. 1 HGB erfasst nach h. M. und dem Willen des Gesetzgebers alle eintragungspflichtigen Tatsachen und damit auch die den Dreh- und Angelpunkt der handelsrechtlichen Anknüpfung bildende Kaufmannseigenschaft (vgl. Kap. 3 Rn. 12). Da die Voraussetzungen des § 15 Abs. 1 HGB (näher Kap. 3 Rn. 12 ff.) hier gegeben sind und Krämer sich daher nicht auf seine Kaufmannseigenschaft berufen kann, muss Krämer den Kaufpreis an die G-GmbH Zug um Zug gegen Rückgewähr der Kartonbögen zurückzahlen (§§ 346 Abs. 1, 348 BGB i. V. m. §§ 437 Nr. 2, 434 Abs. 1 S. 2 Nr. 1, 323 Abs. 1 BGB). Krämer kann aber ebenfalls von Groß die Rückzahlung des von ihm gezahlten Kaufpreises Zug um Zug gegen Rückgewähr der Kartonbögen verlangen (§§ 346 Abs. 1, 348 BGB i. V. m. §§ 437 Nr. 2, 434 Abs. 1 S. 2 Nr. 1, 478 Abs. 1, 323 Abs. 1 BGB), da Krämer darlegen und beweisen kann, dass er im Zeitpunkt des Kaufvertragsschlusses mit Groß noch ein nicht im Handelsregister eingetragener Kleingewerbetreibender war und die auch von seiner Seite verspätete Mängelrüge mangels Anwendbarkeit des § 377 HGB nicht zu einem Verlust seiner Gewährleistungsrechte führt.

## II. Das uneigentliche Handelsgewerbe nach § 2 HGB (Kannkaufmann)

Nach § 2 S. 1 HGB gilt (Fiktion) als Handelsgewerbe auch ein Gewerbebetrieb, der nach Art oder Umfang einen in kaufmännischer Weise eingerichteten Geschäftsbetrieb *nicht* erfordert (**Kleingewerbe**), sofern die Firma des Unternehmens in das Handelsregister eingetragen ist.

**18**

**Beispiele:** Händler auf dem Wochenmarkt, Inhaber eines kleinen Kioskes oder einer kleinen Gastwirtschaft, kleine Handwerksbetriebe.

§ 2 HGB hat folgende **Konsequenzen:**
- Kleingewerbetreibenden wird die Möglichkeit gegeben, durch **freiwillige konstitutive Eintragung** der Firma ihres Unternehmens (vgl. § 2 S. 2 HGB) die Kaufmannseigenschaft zu erwerben. Nach § 105 Abs. 2 HGB besteht für Kleingewerbetreibende auch die Möglichkeit zur Gründung einer Personenhandelsgesellschaft.
- Die eingetragenen Kleingewerbetreibenden sind „**vollwertige**" **Kaufleute** und unterliegen in jeder Hinsicht dem Handelsrecht. Anders als für die früheren Minderkaufleute kommt für sie eine „Entschärfung" des „schneidigen" Handelsrechts nicht in Betracht. Sie gelten grundsätzlich auch nicht als Verbraucher i. S. d. Verbraucherschutznormen (Ausnahme: Verbraucherinsolvenzverfahren gem. §§ 304 ff. InsO).
- Bereut der Kleingewerbetreibende, durch die Eintragung in das Handelsregister Kaufmann geworden zu sein, kann er diese Entscheidung durch Einleitung eines Löschungsverfahrens mit Wirkung ex nunc wieder **rück-**

**gängig machen** (§ 2 S. 3 HGB bzw. § 105 Abs. 2 S. 2 HGB). Er ist damit im Gegensatz zum Land- oder Forstwirt (vgl. Rn. 20 ff.) ein echter Kannkaufmann. *K. Schmidt* spricht anschaulich vom „Kannkaufmann mit Rückfahrkarte" (*K. Schmidt*, NJW 1998, 2161, 2163).

- Wer als „Istkaufmann" eingetragen wurde (vgl. Rn. 16) und zum Kleingewerbetreibenden „herabsinkt", kann einer gegen ihn betriebenen Amtslöschung widersprechen und künftig „freiwillig" nach § 2 HGB **Kaufmann bleiben**.
- Die **Bedeutung des § 5 HGB**, der ebenfalls ein Gewerbe kraft Eintragung zugunsten des sich auf die Eintragung Berufenden zum Handelsgewerbe erklärt, ist zumindest fraglich (näher Rn. 26 f.).
- Der Registerführer wird von der Prüfung entbunden, ob das angemeldete Unternehmen nach Art und Umfang einen in kaufmännischer Weise eingerichteten Geschäftsbetrieb erfordert oder nicht. Im Vergleich zur bisherigen Rechtslage werden hiermit die **Registergerichte entlastet** und das Eintragungsverfahren beschleunigt.

> **Klausurhinweis:** Ist der Betreiber eines Gewerbes laut Sachverhalt unter seiner Firma im Handelsregister eingetragen, können und müssen Sie auf die Prüfung der Tatbestandsvoraussetzungen des § 1 Abs. 2 HGB (Rn. 14 ff.) verzichten.

19 Kleingewerbetreibende, die *nicht* unter ihrer Firma in das Handelsregister eingetragen sind, besitzen zwar nicht die Kaufmannseigenschaft, sie können aber dennoch in den folgenden Fällen teilweise handelsrechtlichen Vorschriften unterliegen („**Nicht-aber-teils-doch-Kaufleute**"; *K. Schmidt*, ZIP 1997, 909, 913):

- Erweckt der nicht eingetragene Kleingewerbetreibende zurechenbar den Rechtsschein der Kaufmannseigenschaft, kann er als **Scheinkaufmann** in Teilen dem Handelsrecht unterliegen (näher Rn. 36 ff.).
- Die §§ 383 ff., 407 ff., 453 ff. bzw. 467 ff. HGB gelten auch für Kleingewerbetreibende, sofern das jeweilige **Kommissions-, Fracht-, Speditions- oder Lagergeschäft** stets oder auch nur in diesem Fall zum Betrieb des Gewerbes gehört (§§ 383 Abs. 2, 407 Abs. 3 S. 1, 453 Abs. 3 S. 1 und 467 Abs. 3 S. 1 HGB). In Ansehung des Kommissionsgeschäfts (näher Kap. 11 Rn. 2) sowie des Fracht-, Speditions- oder Lagergeschäfts sind zudem die allgemeinen Vorschriften über Handelsgeschäfte (§§ 343 ff. HGB; näher Kap. 9) mit Ausnahme der §§ 348–350 HGB auch auf nicht eingetragene Kleingewerbetreibende anwendbar (§§ 383 Abs. 2 S. 2, 407 Abs. 3 S. 2, 453 Abs. 3 S. 2 und 467 Abs. 3 S. 2 HGB; krit. *P. Bydlinski*, ZIP 1998, 1169, 1174). Im Ergebnis werden damit diese Kleingewerbetreibenden wieder den früheren Minderkaufleuten (Kap. 2 Rn. 27 f. der 1. Aufl.) gleichgestellt.
- Die §§ 84 ff. bzw. 93 ff. HGB gelten nach § 84 Abs. 4 bzw. § 93 Abs. 3 HGB auch für die nicht eingetragenen kleingewerblich tätigen **Handelsvertreter** (näher Kap. 6 Rn. 6 ff.) bzw. **Handelsmakler** (näher Kap. 6 Rn. 10 f.). Da es

§ 5. Kaufmann kraft Betriebs eines Handelsgewerbes 29

für die nichtkaufmännischen Handelsvertreter und -makler im Gegensatz zu den Kommissions-, Transport- oder Lagergeschäfte durchführenden Kleingewerbetreibenden allerdings an einem Verweis auf die §§ 343 ff. HGB fehlt, dürfte deren Anwendung insoweit nur aufgrund einer Analogie im Einzelfall in Betracht kommen (KKRD/*Roth*, § 84 Rn. 1).

- Für alle übrigen nicht eingetragenen Kleingewerbetreibenden besteht schließlich noch die Möglichkeit einer **analogen Anwendung** von handelsrechtlichen Normen, wenn diese ohnehin Ausdruck eines allgemein zivilrechtlichen Rechtsgedankens sind (z. B. §§ 354, 358–360 HGB) oder sich der Kleingewerbetreibende in kaufmannsähnlicher Weise am Geschäftsverkehr beteiligt (z. B. § 56 HGB, näher Kap. 7 Rn. 29; Lehre vom kaufmännischen Bestätigungsschreiben, näher Kap. 9 Rn. 19; näher zum Problem der analogen Anwendung handelsrechtlicher Normen *Canaris*, § 21 Rn. 1 ff. und *Siems*, Kaufmannsbegriff und Rechtsfortbildung, 2. Aufl., 2003, S. 193 ff.; offen gelassen von BGHZ 143, 314, 318).
- Im **Verbraucherschutzrecht** stehen nicht eingetragene Kleingewerbetreibende als Unternehmer ohnehin weitgehend den Kaufleuten gleich (vgl. z. B. § 310 Abs. 1 BGB i. V. m. § 14 BGB; Ausnahme: § 304 InsO).

### III. Das uneigentliche Handelsgewerbe nach § 3 HGB (uneigentlicher Kannkaufmann)

Bis 1976 konnten die **Land- und Forstwirte** nur für den Betrieb eines Nebengewerbes (z. B. Molkerei, Sägewerk, Gastwirtschaft) freiwillig die Kaufmannseigenschaft erwerben, da die land- und forstwirtschaftliche Urproduktion traditionell weder als Gewerbe überhaupt noch insbesondere als kaufmännisches Gewerbe angesehen wurde. Aufgrund der seit 1976 geltenden Regelung, die durch das HRefG von 1998 lediglich redaktionell an den neuen § 2 HGB angepasst wurde, können die Land- und Forstwirte nicht nur einen Nebenbetrieb (§ 3 Abs. 3 HGB), sondern ihren Geschäftsbetrieb insgesamt oder auch nur ihr land- bzw. forstwirtschaftliches Hauptgewerbe freiwillig dem Handelsrecht unterstellen, sofern es nach Art und Umfang einen in kaufmännischer Weise eingerichteten Geschäftsbetrieb erfordert (§ 3 Abs. 1 und 2 HGB). 20

#### 1. Das land- oder forstwirtschaftliche Hauptgewerbe (§ 3 Abs. 1 und 2 HGB)

Ein land- oder forstwirtschaftliches Hauptgewerbe erwirbt unter den folgenden Voraussetzungen die Eigenschaft eines Handelsgewerbes: 21

#### (1) Land- oder forstwirtschaftlicher Betrieb

Die land- und forstwirtschaftliche Tätigkeit setzt die Gewinnung und Verwertung pflanzlicher oder tierischer Rohstoffe durch Bodennutzung voraus. Durch eine Be- oder Verarbeitung der gewonnenen Rohstoffe (z. B. Schlachtung, Milchverarbeitung) wird die Anwendung von § 3 HGB nicht ausgeschlossen. Erfasst werden damit der Ackerbau, der Obstanbau, die Viehzucht mit selbst erzeugtem Futter und die Imkerei. Ausgeschlossen werden jedoch die Fischerei, die Tierzucht mit angekauftem Futter, die Gewinnung von anorganischen Bodenschätzen sowie der bloße Handel mit land- und forstwirtschaftlichen Produkten.

#### (2) Erforderlichkeit eines kaufmännisch eingerichteten Geschäftsbetriebs

Die Regelung des § 3 Abs. 2 HGB gilt nur für den Betreiber eines nach Art und Umfang kaufmännische Einrichtung erfordernden Hauptbetriebs. Die unter Rn. 15 dargestellten Kriterien finden entsprechende Anwendung. Die Art ist dabei insbesondere durch die Form der Bodennutzung und der Umfang insbesondere durch die Anbaufläche gekennzeichnet. Da § 3 HGB allerdings nur die Regelung der Istkaufmannseigenschaft nach § 1 HGB verdrängt (vgl. § 3 Abs. 1 HGB), können die kleinen Land- und Forstwirte die Kannkaufmannseigenschaft nach § 2 HGB erwerben, sofern man mit der heute h. M. davon ausgeht, dass auch die land- und forstwirtschaftliche Urproduktion ein Gewerbe darstellt (str.; wie hier *P. Bydlinski*, ZIP 1998, 1169, 1173 f. und *K. Schmidt*, NJW 1998, 2161, 2163; a. A. unter Hinweis auf die Gesetzesbegründung i. E. *v. Olshausen*, JZ 1998, 717, 719).

#### (3) Eintragung der Firma in das Handelsregister

Die Eintragung wirkt wie bei § 2 HGB **konstitutiv**. Der Land- oder Forstwirt ist berechtigt, aber **nicht verpflichtet**, die Firma des Unternehmens zur Eintragung in das Handelsregister anzumelden (sog. Privileg der Land- und Forstwirtschaft). Er wird daher traditionell ebenfalls als „Kannkaufmann" bezeichnet, obwohl dies angesichts der in § 3 Abs. 2 HGB enthaltenen Verweisung auf die allgemeinen Vorschriften für die Löschung kaufmännischer Firmen und damit auf § 31 Abs. 2 HGB nicht völlig zutreffend ist. Ist die freiwillige Eintragung in das Handelsregister nämlich erfolgt, kann der Land- oder Forstwirt die Löschung seiner Firma im Gegensatz zu den Kleingewerbetreibenden nach § 2 HGB nur dann herbeiführen, wenn die Eintragung der Firma von Anfang an unzulässig war oder nunmehr z. B. durch Geschäftsaufgabe bzw. Verlust des kaufmännischen Zuschnitts unzulässig geworden ist. Bestehen die bei Eintragung gegebenen Voraussetzungen nach § 3 HGB hingegen fort, muss er **Kaufmann bleiben**. In Abgrenzung zu § 2 HGB sollten die Land- und Forstwirte daher als „uneigentliche Kannkaufleute" oder als „Kannkaufleute ohne Rückfahrkarte" bezeichnet werden.

### 2. Das Nebengewerbe eines Land- oder Forstwirts (§ 3 Abs. 3 HGB)

22 Betreibt ein Land- oder Forstwirt ein Nebengewerbe, unterliegt auch dieses Nebengewerbe nicht den §§ 1 und 2 HGB. Nach § 3 Abs. 3 HGB erwirbt es die Eigenschaft eines Handelsgewerbes vielmehr ebenfalls nur unter den sinngemäß geltenden Voraussetzungen des § 3 Abs. 2 HGB. Hierdurch soll

§ 5. Kaufmann kraft Betriebs eines Handelsgewerbes    31

verhindert werden, dass das Privileg der fakultativen Registereintragung nach
§ 3 Abs. 2 HGB dadurch ausgehöhlt wird, dass der Land- oder Forstwirt nach
den allgemeinen Grundsätzen über die Beurteilung der Kaufmannseigenschaft
bei Mischunternehmen (dazu Rn. 23) unter Umständen kraft seines Nebengewerbes zum Kaufmann nach § 1 Abs. 2 HGB oder § 2 HGB wird. § 3 Abs. 3
HGB hat folgende Voraussetzungen:

**(1) Nebengewerbe**

Einerseits muss es sich um ein organisatorisch in gewisser Hinsicht **ge-
trenntes Gewerbe** handeln, das nicht nur eine unselbständige Teilfunktion
innerhalb des Gesamtbetriebs wahrnimmt („Unternehmen"). Nicht erfasst
werden folglich bloße Verkaufsstellen (z. B. Stand auf dem Wochenmarkt) oder
unterstützende Hilfsbetriebe (z. B. Abfüllanlage eines Winzers).

Andererseits muss das Gewerbe nach der Verkehrsanschauung mit dem
land- oder forstwirtschaftlichen Hauptgewerbe **verbunden und** von diesem
**abhängig** sein. Dies muss sich zunächst in einer Identität der Inhaber beider Gewerbebetriebe bzw. ihrer Gesellschafter ausdrücken. Darüber hinaus
ist ein wirtschaftlicher Bezug zum Hauptgewerbe erforderlich. Dieser kann
insbesondere durch eine Verarbeitung oder Verwertung der land- bzw. forstwirtschaftlichen Rohstoffe (z. B. Molkerei, Schlachtbetrieb, Obstbrennerei,
Gastwirtschaft, Sägewerk) sowie durch eine Verarbeitung oder Verwertung
von Bodenbestandteilen des land- bzw. forstwirtschaftlichen Grundstücks (z. B.
Torfherstellung, Kiesgrube, Steinbruch, Ziegelei) hergestellt werden. Eine Abhängigkeit besteht unter den genannten Voraussetzungen auch dann, wenn das
Nebengewerbe einen größeren Umsatz als das land- oder forstwirtschaftliche
Hauptgewerbe aufweist.

**(2) Erfordernis eines kaufmännischen Geschäftsbetriebs**

Eine Eintragung der Firma des Nebengewerbes in das Handelsregister
kommt nur dann in Betracht, wenn es für sich genommen nach Art und Umfang einen in kaufmännischer Weise eingerichteten Geschäftsbetrieb erfordert
(Rn. 20 und 14 ff.).

**(3) Eintragung der Firma in das Handelsregister**

Die freiwillige und konstitutive Eintragung der Firma (näher Rn. 21) kann
von dem Land- oder Forstwirt nur für das Nebengewerbe bzw. Hauptgewerbe
oder aber für den gesamten Gewerbebetrieb herbeigeführt werden (vgl. *K.
Schmidt*, Handelsrecht, § 10 Rn. 91).

**Merksatz:** Der Land- bzw. Forstwirt kann frei entscheiden, ob er mit seinem kaufmännische Einrichtung erfordernden Haupt- und/oder Nebengewerbe durch Eintragung
Kaufmann wird, nicht aber ob er Kaufmann bleibt.

## IV. Das Mischunternehmen als Handelsgewerbe

23  Bei einem einheitlich organisierten oder einem von einer Personengesellschaft betriebenen Unternehmen, das verschiedene Tätigkeiten zum Gegenstand hat (sog. Mischunternehmen), richtet sich die Eigenschaft als Handelsgewerbe nach einer **Gesamtbetrachtung des Unternehmens**. Erhält das Unternehmen seine Prägung durch eine freiberufliche Tätigkeit, unterliegt sein Betrieb bereits mangels Gewerbeeigenschaft nicht dem Handelsrecht (vgl. bereits Rn. 11 f.). Besteht das Unternehmen im Kern aus einem land- oder forstwirtschaftlichen Geschäftsbetrieb, gilt vorrangig § 3 HGB (vgl. Rn. 20 ff.). Im Übrigen richtet sich die Eigenschaft als Handelsgewerbe danach, ob das Gewerbe insgesamt einen in kaufmännischer Weise eingerichteten Geschäftsbetrieb erfordert (§ 1 Abs. 2 HGB) oder ob die Firma des Betreibers eines Kleingewerbes freiwillig in das Handelsregister eingetragen ist (§ 2 HGB).

> **Beispielsfall:** Bäumler betreibt eine größere Gärtnerei und Baumschule. In seinem Verkaufsraum bietet er überwiegend Zierpflanzen aus eigenem Anbau, aber auch einige hinzugekaufte Produkte an. Der zuständige Registerrichter Reger möchte Bäumler durch Festsetzung eines Zwangsgeldes zur Anmeldung der Firma seines Unternehmens anhalten. Mit Recht?
>
> Die Ausübung von Registerzwang (vgl. § 14 HGB, §§ 388 ff. FamFG) ist Reger nur möglich, wenn Bäumler als Kaufmann nach § 1 HGB zur Eintragung der Firma verpflichtet ist und ihm dies nicht als Landwirt nach § 3 HGB freigestellt ist. Da Bäumler ein einheitlich organisiertes Mischgewerbe (Gärtnerei, Handel mit hinzugekauften Waren) betreibt, auf das § 3 Abs. 3 HGB mangels organisatorischer Selbständigkeit und mangels wirtschaftlicher Abhängigkeit des Handels mit den hinzugekauften Waren nicht anwendbar ist (vgl. Rn. 22), ist zunächst zu prüfen, ob das Gewerbe durch den Handel mit den hinzugekauften Waren geprägt wird und Bäumler damit bereits aus diesem Grund als Istkaufmann nach § 1 HGB der Eintragungspflicht unterliegt. Dies wird man jedoch verneinen müssen, da der branchenübliche Zukauf von Waren nichts an der Tatsache ändert, dass die Urproduktion der Gärtnerei dem Betrieb Bäumlers das Gepräge gibt (vgl. *OLG Hamm* RdL 65, 204, 205). Während füher teilweise differenziert wurde, ob der Betrieb überwiegend auf den Anbau von Nutzpflanzen (dann Lanwirtschaft und Anwendung von § 3 HGB) oder von Zierpflanzen (dann keine Landwirtschaft und Anwendung von § 1 HGB) gerichtet ist, sind sich heute Rechtsprechung und Lehre darin einig, dass Gärtnereien und Baumschulen wie die Land- und Forstwirtschaft i. e. S. auf den Anbau und die Verwertung von pflanzlichen Erzeugnissen durch Bodennutzung gerichtet sind, so dass sie nicht anders behandelt werden dürfen (Großkomm/*Oetker*, § 3 Rn. 12; *K. Schmidt*, Handelsrecht, § 10 Rn. 89; E/B/J/S/*Kindler*, § 3 Rn. 13). Somit gilt für Bäumler § 3 Abs. 2 HGB. Eine Festsetzung von Zwangsgeld zur Durchsetzung der nur nach § 1 HGB bestehenden Eintragungspflicht kommt nicht in Betracht.

24  Vom Betrieb eines einheitlichen Mischunternehmens ist der **Betrieb mehrerer** organisatorisch verselbständigter **Unternehmen** durch dieselbe natürliche Person zu unterscheiden (vgl. Kap. 4 Rn. 28). In diesem Fall ist die Eigenschaft als Handelsgewerbe und damit die Kaufmannseigenschaft des Betreibers für jedes Unternehmen getrennt zu beurteilen.

§ 5. Kaufmann kraft Betriebs eines Handelsgewerbes    33

**Beispielsfall:** Wenn Herbert Klotz einen Schreibwarengroßhandel und daneben organisatorisch getrennt und insbesondere ohne Einbeziehung in die Buchführung des Großhandels einen kleinen Kiosk betreibt, ist er Kaufmann nach § 1 Abs. 2 HGB in Bezug auf den Schreibwarengroßhandel und Kannkaufmann nach § 2 HGB in Bezug auf den Kioskbetrieb.

## C. Betreibereigenschaft

Kaufmann nach den §§ 1–3 HGB ist nur derjenige, der das Handelsgewerbe „betreibt" (§ 1 Abs. 1 HGB). Dabei kommt es nur darauf an, dass das Handelsgewerbe **in seinem Namen** geführt wird und er als rechtsfähige natürliche oder juristische Person bzw. als rechtsfähige Personenhandelsgesellschaft aus den in dem Handelsgewerbe wirksam geschlossenen Geschäften berechtigt und verpflichtet wird (zum vergleichbaren Begriff des Unternehmensträgers Kap. 5 Rn. 2).

25

Demnach sind folgende Gesichtspunkte für die Eigenschaft als Betreiber eines Handelsgewerbes und damit **für die Kaufmannseigenschaft unerheblich:**

- Der Betreiber *muss nicht persönlich* in „seinem" Handelsgewerbe tätig sein. Er kann sich nicht nur bei einzelnen Geschäften, sondern bei der Führung des Gewerbes überhaupt vertreten lassen. Andererseits ist damit der Vertreter (z. B. Eltern, Geschäftsführer, Prokurist, Insolvenzverwalter) kein Betreiber. Daher steht auch etwa das berufsrechtliche Gebot der persönlichen Leitung einer Apotheke nach § 7 ApoG der Bestellung eines Prokuristen nicht entgegen (*OLG Karlsruhe* NZG 2017, 186).
- Der Betreiber *muss* seine Handelsgeschäfte *nicht für eigene Rechnung* abschließen und kann daher z. B. als Kommissionär (näher Kap. 11) auch für fremde Rechnung handeln.
- Der Betreiber *muss nicht der Inhaber des Geschäftsvermögens* sein, so dass auch der Pächter oder Nießbraucher eines Handelsgewerbes Kaufmann ist.
- Der Betreiber *muss nicht geschäftsfähig* sein. Auch ein Geschäftsunfähiger oder beschränkt Geschäftsfähiger kann Kaufmann sein. Davon zu trennen ist jedoch die nach den allgemeinen Vorschriften des BGB (vgl. z. B. § 112 BGB) zu beantwortende Frage, ob die *einzelnen* Geschäfte wirksam sind und der nicht voll Geschäftsfähige aus ihnen berechtigt und verpflichtet wird.
- Der Betreiber muss über *keine bestimmte Eignung*, insbesondere keine bestimmte Berufsausbildung verfügen. Auch ein Analphabet kann Kaufmann sein.
- Der Betreiber eines Handelsgeschäfts ist *auch ohne öffentlich-rechtliche Gewerbeerlaubnis* Kaufmann (§ 7 HGB). Die öffentlich-rechtliche Unzulässigkeit hindert weder die Eintragung in das Handelsregister noch führt sie zu einem Amtslöschungsverfahren. Damit ist allerdings noch nichts über die Gültig-

keit des einzelnen im Rahmen des Gewerbes getätigten Rechtsgeschäfts ausgesagt. Diese richtet sich nach § 134 BGB.

> **Beispielsfall:** Raphael Reich hat die Werkzeugmaschinenfabrik seines Vaters in Stuttgart als Alleinerbe übernommen. Reich zieht es jedoch vor, die Geschäfte durch den Prokuristen Pfeiffer führen zu lassen und sich getreu dem Motto „It's better in the Bahamas" in der Karibik aufzuhalten. Als sich die Geschäftslage dramatisch verschlechtert und zur Zahlungsunfähigkeit von Reich führt, wird das Insolvenzverfahren eröffnet und der Rechtsanwalt Rasch zum Insolvenzverwalter bestellt. Rasch veräußert zum Zweck der Gläubigerbefriedigung das Handelsgewerbe an Theo Tribbels, der es im eigenen Namen als Treuhänder für Dieter Dreier fortführt. Reich ist hier bis zur Veräußerung an Tribbels Inhaber und Betreiber eines einzelkaufmännischen Handelsgewerbes. Der Prokurist Pfeiffer führt die Geschäfte nur in fremdem Namen (§§ 48 ff. HGB) und Rasch besitzt nur eine Verwaltungs- und Verfügungsbefugnis hinsichtlich des Vermögens des Schuldners Reich, der seine für die Kaufmannseigenschaft erforderliche Rechtsfähigkeit behält (§§ 80 Abs. 1, 159 ff. InsO). Nach der Veräußerung wird das Gewerbe von Tribbels betrieben, da dieser zwar für Rechnung Dreiers, aber im eigenen Namen handelt.

Obwohl der **Insolvenzverwalter** nach h. M. im eigenen Namen tätig wird (sog. Amtstheorie), bleibt der Schuldner der Betreiber des Handelsgewerbes, da dieses vom Insolvenzverwalter nur mit Wirkung für und gegen die Masse fortgeführt wird.

## § 6. Kaufmann kraft Betriebs eines eingetragenen Gewerbes (§ 5 HGB)

### A. Bedeutung der Kaufmannseigenschaft nach § 5 HGB

26   Wer ein Gewerbe betreibt und unter seiner Firma in das Handelsregister eingetragen ist, ist Kaufmann nach § 5 HGB, auch wenn er in Wirklichkeit gar kein *Handels*gewerbe betreibt. Der Kaufmann kraft bloßer Eintragung wird auch als „**Fiktivkaufmann**" bezeichnet, da er zwar kein wirklicher Kaufmann i. S. d. §§ 1–3 HGB ist, im privaten Rechts- und Prozessverkehr aber als ein solcher gilt (*Canaris*, § 3 Rn. 52; krit. im Hinblick auf den Wortlaut des § 5 HGB E/B/J//S/*Kindler*, § 5 Rn. 27 f.). Im Falle der Eintragung des Betreibers eines Gewerbes kommt es danach nicht mehr darauf an, ob das Gewerbe nach Art und Umfang einen in kaufmännischer Weise eingerichteten Geschäftsbetrieb erfordert oder nicht (vgl. § 1 Abs. 2 HGB).

Aufgrund der Neufassung des § 2 HGB durch das HRefG von 1998 (Rn. 18) hätte der früher für den Verkehrsschutz bedeutsame § 5 HGB streng genommen ohne weiteres aufgehoben werden können (str.; wie hier *K. Schmidt*, JZ 2003, 585, 588 f.). Denn entweder kann das Vertrauen in die Kaufmannseigenschaft eines eingetragenen Gewerbetreibenden auch vollständig durch

## § 6. Kaufmann kraft Betriebs eines eingetragenen Gewerbes

§ 2 HGB geschützt werden (str.; dazu sogleich) oder die Vorschrift greift in Ermangelung eines Gewerbebetriebs tatbestandlich nicht ein (vgl. Rn. 28). Der Gesetzgeber hat sich aber offenbar „zur Sicherheit" für eine **Beibehaltung der Norm** entschieden.

Die h. M. versucht, dem § 5 HGB durch eine Einschränkung des Wortlauts 27 von § 2 bzw. § 105 Abs. 2 HGB zu einem **Anwendungsbereich zu verhelfen** (dazu *Canaris*, § 3 Rn. 49 f.; *Lettl*, Handelsrecht, § 2 Rn. 55). Hierzu trennt sie strikt zwischen der nach § 29 HGB obligatorischen und rein deklaratorischen Eintragung im Anwendungsbereich des § 1 Abs. 2 HGB einerseits und andererseits der konstitutiven Eintragung nach § 2 bzw. § 105 Abs. 2 HGB, die auf einer freiwilligen Entscheidung beruht und deren Anmeldung eine materiell rechtsgestaltende Willenserklärung mit dem Ziel des Erwerbs der Kaufmannseigenschaft darstellt. Daraus wird dann die Schlussfolgerung gezogen, dass die Anmeldung nach § 29 HGB nach allgemeinen Auslegungsgrundsätzen (§ 133 BGB) nicht auch die Erklärung umfasst, gegebenenfalls auch nach § 2 bzw. § 105 Abs. 2 HGB Kaufmann sein zu wollen. Diese Betrachtungsweise ist jedoch zunächst dem Einwand ausgesetzt, dass der Wortlaut von § 2 und § 105 Abs. 2 HGB ohne tatbestandliche Einschränkungen auf die bloße Tatsache der Eintragung der Firma des gewerblichen Unternehmens abstellt (*K. Schmidt*, ZHR 163 [1999], 87, 91 ff.). Außerdem kann in dem bewussten Unterlassen des jederzeit möglichen Löschungsantrags (vgl. § 2 S. 3 HGB) durchaus die konkludente Erklärung i. S. d. § 2 bzw. § 105 Abs. 2 HGB gesehen werden, nunmehr aufgrund konstitutiver Eintragung Kaufmann bleiben zu wollen (so z. B. *Schmitt*, WiB 1997, 1113, 1117). Folgt man dennoch der h. M., ist § 5 HGB in folgenden Situationen anwendbar:

- auf den eingetragenen Gewerbetreibenden, dessen Geschäftsbetrieb zunächst tatsächlich oder vermeintlich eine kaufmännische Einrichtung erforderte und der daher unter seiner Firma als **Istkaufmann** zwangsweise in das Handelsregister eingetragen wurde, wenn sein Geschäftsbetrieb anschließend zu einem Kleingewerbe **herabsinkt** bzw. als ein solches erkannt wird (*Lieb*, NJW 1999, 35, 36; KKRD/*Roth*, § 5 Rn. 1);
- auf den lediglich aufgrund einer **unwirksamen Willenserklärung** nach § 2 HGB eingetragenen Kleingewerbetreibenden (KKRD/*Roth*, § 2 Rn. 3);
- auf den **irrtümlich** und ohne eigene Veranlassung **eingetragenen** Gewerbetreibenden (*Schulze-Osterloh,* ZIP 2007, 2390, 2392; praktisch selten);
- auf **Personengesellschaften**, die **entsprechend** aufgrund eines zunächst (vermeintlich) bestehenden handelsgewerblichen Zuschnitts als Istkaufmann nach § 6 Abs. 1 HGB i. V. m. §§ 1, 29 HGB eingetragen wurden, dann jedoch zu einer kleingewerblichen Gesellschaft herabgesunken sind bzw. als solche erkannt wurden bzw. nur noch eigenes Vermögen verwalten, oder die aufgrund einer unwirksamen Erklärung freiwillig unter ihrer Firma nach § 105 Abs. 2 HGB bzw. aufgrund eines Irrtums des Registergerichts ohne eigene Veranlassung ins Handelsregister eingetragen wurden (*Canaris*, § 3 Rn. 50).

## B. Die Voraussetzungen der Kaufmannseigenschaft nach § 5 HGB

### (1) Betrieb eines Gewerbes

28  Nur der Betreiber eines Gewerbes (Rn. 5 ff.) kann Kaufmann nach § 5 HGB sein. Dies ergibt sich aus dem Wortlaut der Vorschrift, die eine Berufung auf die fehlende Kaufmannseigenschaft nur insoweit ausschließt, als das „unter der Firma betriebene *Gewerbe* kein *Handels*gewerbe" ist. Verzichtet werden kann mithin nur auf die Eigenschaft als *Handels*gewerbe, nicht aber auf die Eigenschaft als Gewerbe schlechthin (ganz h. M., vgl. BGHZ 32, 307, 313 f.; a. A. K. *Schmidt*, Handelsrecht, § 10 Rn. 28 ff.).

> **Beispielsfall:** Rechtsanwalt Rasch ist versehentlich in das Handelsregister eingetragen worden. Beruft sich ein Geschäftspartner auf die Kaufmannseigenschaft von Rasch, kann er diesem gegenüber einwenden, dass er als Freiberufler überhaupt kein Gewerbe betreibt und § 5 HGB daher unanwendbar ist.

### (2) Eintragung der Firma in das Handelsregister

29  Erforderlich ist nur die Eintragung der Firma in das Handelsregister. Auf die Bekanntmachung nach § 10 HGB kommt es ebenso wenig an wie auf die Zulässigkeit der Firma im Sinne des Firmenordnungsrechts. Unerheblich ist auch, ob der Eingetragene an der Eintragung durch eine Anmeldung mitgewirkt hat (vgl. MüKoHGB/*Schmidt*, § 5 Rn. 20).

### (3) Berufung auf die Eintragung (str.)

30  § 5 HGB ist nach seinem Wortlaut nur anwendbar, wenn sich eine Partei im Zivilprozess ausdrücklich oder zumindest stillschweigend auf die Eintragung beruft. Das Gericht darf daher § 5 HGB nicht von Amts wegen heranziehen, sondern nur dann, wenn eine Partei ihr Begehren auf die Kaufmannseigenschaft des Eingetragenen stützt und hierfür auf die Eintragung verweist (str., wie hier u. a. *Oetker*, Handelsrecht, § 2 Rn. 56; a. A. Ba/Ho/*Hopt*, § 5 Rn. 4). Allerdings kann sich auch der Gewerbetreibende selbst auf die Eintragung berufen, um für ihn günstige Rechtsfolgen (z. B. §§ 352 f. HGB) herbeizuführen (vgl. demgegenüber die begrenzten Wirkungen der Scheinkaufmannseigenschaft unter Rn. 47).

Eine Gutgläubigkeit des sich auf die Eintragung Berufenden ist anders als bei einer Berufung auf die Scheinkaufmannseigenschaft nicht erforderlich. Dies ergibt sich nicht nur aus dem Wortlaut der Vorschrift, sondern auch aus deren Normzweck. § 5 HGB ist nämlich keine Rechtsscheinvorschrift, da er für und gegen jedermann Klarheit über die Kaufmannseigenschaft schaffen und damit insbesondere absoluten Verkehrsschutz gewährleisten möchte. Ausgeschlossen ist eine Berufung auf § 5 HGB lediglich dann, wenn sie gegen die Grundsätze von Treu und Glauben verstößt (§ 242 BGB). Dies ist insbesondere dann anzunehmen, wenn die Eintragung in das Handelsregister durch eine arglistige Täuschung des Registerführers erschlichen wurde.

**(4) Geltung nur im Privat- und Prozessrechtsverkehr**
Diese Tatbestandsvoraussetzung ergibt sich erst aufgrund zweier **teleologischer Reduktionen** des zu weit geratenen Wortlauts von § 5 HGB:

- Im *öffentlichen Recht* und insbesondere im *Strafrecht* ist § 5 HGB nach h. M. unanwendbar. Wenn beispielsweise die Strafbarkeit eines Verhaltens von der Kaufmannseigenschaft abhängig ist (z. B. § 283 Abs. 1 Nr. 5 StGB), muss diese tatsächlich gegeben sein und kann nicht mit Hilfe von § 5 HGB fingiert werden (Großkomm/*Oetker*, § 5 Rn. 22; E/B/J/S/*Kindler*, § 5 Rn. 41 ff.; Ba/Ho/*Hopt*, § 5 Rn. 6). Hier wird erneut die Trennung des handelsrechtlichen Kaufmannsbegriffs vom öffentlichen Recht deutlich (vgl. auch § 7 HGB).
- Die Geltung von § 5 HGB wird zudem von der h. M. für Ansprüche aus *Delikt* und *ungerechtfertigter Bereicherung* ausgeschlossen, sofern diese nicht mit dem Geschäftsverkehr zusammenhängen. Diese Einschränkung ist besonders umstritten, da es sich bei § 5 HGB im Gegensatz zu § 15 HGB (vgl. Kap. 3 Rn. 12 ff.) gerade nicht um eine Vertrauensschutznorm handelt. Bedeutung hat die Frage vor allem für die Anwendbarkeit des § 31 BGB im Personengesellschaftsrecht (näher MüKoHGB/*Schmidt*, § 5 Rn. 39 f.).

31

**Merksatz:** Der im Handelsregister eingetragene Gewerbetreibende gilt im rechtsgeschäftlichen Verkehr als Kaufmann, sofern sich er selbst oder ein anderer auf die ohne Arglist herbeigeführte Eintragung beruft.

## § 7. Kaufmann kraft Gesellschaftsform (§ 6 HGB)

§ 6 HGB enthält zwei sich im Anwendungsbereich überschneidende, aber dennoch unterschiedliche Regelungen, die die Kaufmannseigenschaft von Gesellschaften betreffen.

### A. Die Kaufmannseigenschaft von Handelsgesellschaften

Nach § 6 Abs. 1 HGB gilt das gesamte Handelsrecht auch für die Handelsgesellschaften. Zu den Handelsgesellschaften zählen zunächst alle Gesellschaften, die in das Handelsregister eingetragen werden, d. h. OHG, KG, AG, SE, GmbH, KGaA und EWIV. Diesen Gesellschaften sind ferner alle ausländischen Kapital- und Personenhandelsgesellschaften gleichgestellt (*OLG Düsseldorf* NJW-RR 1995, 1184, 1185). Nicht zu den Handelsgesellschaften gehören die nicht eintragungsfähige Gesellschaft bürgerlichen Rechts (§§ 705 ff. BGB), die als reine Innengesellschaft nicht eintragungsfähige stille Gesellschaft (§§ 230 ff. HGB; vgl. auch die terminologische Unterscheidung in der Überschrift des Zweiten Buches des HGB) sowie die in das Genossenschaftsregister einzutragenden Genossenschaften eG und SCE (vgl. § 10 GenG).

32

Um den Regelungsgehalt des § 6 Abs. 1 HGB vollständig zu erfassen, muss man zwischen Personengesellschaften und Kapitalgesellschaften unterscheiden:

## I. Personengesellschaften als Handelsgesellschaften

33   Durch die Gleichstellung der Personenhandelsgesellschaften mit dem Einzelkaufmann stellt § 6 Abs. 1 HGB klar, dass auch die rechtsfähigen Gesamthandsgemeinschaften OHG (§§ 105 ff. HGB) und KG (§§ 161 ff. HGB) **als solche die Kaufmannseigenschaft** besitzen, obwohl sie keine juristischen Personen mit eigener Rechtspersönlichkeit sind. Über die Kaufmannseigenschaft der Gesellschafter einer Personenhandelsgesellschaft ist damit noch nichts ausgesagt, sie wird aber von der h. M. insbesondere unter Hinweis auf die Haftungsnorm des § 128 HGB für die persönlich haftenden Gesellschafter (sog. Gesellschafter-Kaufleute) ebenfalls angenommen, sofern sie in Angelegenheiten der Gesellschaft und nicht in ihrer privaten Sphäre tätig werden (BGHZ 34, 293, 296 f.; *Canaris*, § 2 Rn. 20; krit. *Jung*, Der Unternehmergesellschafter als personaler Kern der rechtsfähigen Gesellschaft, 2002, S. 278 ff.; vgl. zum Diskussionsstand ferner Großkomm/*Oetker*, § 1 Rn. 63 ff.; vgl. zu der i. S. d. Brüssel I/Ia-VO fehlenden Verbrauchereigenschaft des mit einer Gesellschaft als Geschäftsführer oder Mehrheitsgesellschafter eng verbundenen natürlichen Wechselbürgen *EuGH* Rs. C-419/11).

> **Beispielsfall:** König ist Komplementär einer KG. Gegenüber dem Gläubiger Glotz geht er ein unangemessen hohes persönliches Vertragsstrafeversprechen für den Fall ein, dass die KG die gewünschte Leistung nicht vertragsgemäß erbringt. Das nicht sittenwidrige Versprechen kann aufgrund der Sonderregelung des § 348 HGB nicht nach § 343 BGB auf einen angemessenen Betrag herabgesetzt werden, da das Versprechen des persönlich und unbeschränkt haftenden Komplementärs König keine Privatangelegenheit darstellt.

Sieht man einmal von der Sonderstellung der EWIV nach § 1 EWIV-AusführungsG ab, ist eine Personengesellschaft nach h. M. aber nur dann OHG oder KG und damit Handelsgesellschaft, wenn sie ein Handelsgewerbe betreibt (§§ 105 Abs. 1 und 2, 161 Abs. 1 HGB). Die Frage, ob ein Handelsgewerbe vorliegt, ist anhand der §§ 1–3 HGB (Rn. 4 ff.) und nach § 5 HGB (Rn. 26 ff.) zu beantworten. Es kommt mithin wie bei einem Einzelkaufmann zunächst darauf an, ob von der Personengesellschaft ein Gewerbe betrieben wird, das einen nach Art und Umfang in kaufmännischer Weise eingerichteten Geschäftsbetrieb erfordert (§§ 1 Abs. 2, 105 Abs. 1 HGB) oder kraft fakultativer Eintragung als Handelsgewerbe gilt (§§ 2, 3, 105 Abs. 2 HGB). Fehlt es am Betrieb eines eigentlichen Handelsgewerbes und ist die Firma nicht nach § 105 Abs. 2 HGB in das Handelsregister eingetragen, ist die Personengesellschaft keine OHG oder KG, sondern eine BGB-Gesellschaft (z. T. a. A. *K. Schmidt*, ZHR 163 [1999], 87, 89 f.). Die Partnerschaftsgesellschaft betreibt als Zusammenschluss von Freiberuflern (Rn. 11) schon per Definition kein Gewerbe, so dass ihr auch nicht

§ 7. Kaufmann kraft Gesellschaftsform 39

die den Betrieb eines Handelsgewerbes voraussetzende Kaufmannseigenschaft zukommen kann (vgl. § 1 Abs. 1 S. 2 PartGG).

**Beispielsfall:** Bäumler und Blümler haben durch Gesellschaftsvertrag eine offene Handelsgesellschaft gegründet, die auf den bereits aufgenommenen Betrieb einer Baumschule nebst Verkaufsgeschäfts (Aufzucht von Bäumen und Sträuchern; Verkauf eigener und einiger weniger hinzugekaufter Erzeugnisse) gerichtet ist. Die Firma „Baumschule Bäumler & Co. OHG" haben sie zum Handelsregister angemeldet. Noch vor der Eintragung nehmen sie den Betrieb auf. Als der Kaufmann Klotz als Erwerber der ersten Erzeugnisse der Baumschule Mängelgewährleistungsrechte geltend macht, halten ihm die als Geschäftsführer der Gesellschaft aufgetretenen Bäumler und Blümler entgegen, Klotz habe seine Gewährleistungsrechte mangels rechtzeitiger Rüge nach § 377 HGB verwirkt.
Bäumler und Blümler können sich hier als Geschäftsführer der gegründeten Gesellschaft überhaupt nur auf § 377 HGB berufen, wenn es sich um einen beiderseitigen Handelskauf handelt. Dies setzt u. a. die Kaufmannseigenschaft der Gesellschaft voraus. Bäumler und Blümler haben eine Personengesellschaft gegründet, die nur dann OHG und damit als Handelsgesellschaft i. S. v. § 6 Abs. 1 HGB Kaufmann ist, wenn sie ein Handelsgewerbe betreibt (§ 105 Abs. 1 HGB). In diesem Zusammenhang ist mithin die Frage zu klären, ob das von der Gesellschaft betriebene Gewerbe einer Baumschule nebst Verkaufsgeschäfts ein Handelsgewerbe nach § 1 HGB oder ein Gewerbe nach § 3 HGB darstellt. Nur im ersten Fall wäre die Gesellschaft bereits als OHG zu qualifizieren, da es angesichts der bereits erfolgten Aufnahme der Geschäfte (vgl. § 123 Abs. 2 HGB) nicht mehr auf die noch ausstehende (deklaratorische) Eintragung in das Handelsregister ankäme. Würde demgegenüber ein Gewerbe nach § 3 HGB betrieben, könnte dieses erst mit der dann konstitutiven Eintragung im Handelsregister als Handelsgewerbe qualifiziert werden. Bis dahin wäre die Gesellschaft keine OHG und damit keine Handelsgesellschaft (vgl. auch § 123 Abs. 1 und 2 HGB), sondern lediglich eine BGB-Gesellschaft ohne Kaufmannseigenschaft. Da die von Bäumler und Blümler gegründete Gesellschaft ein Gewerbe betreibt, dem Tätigkeiten i. S. v. § 3 HGB und nicht die im branchenüblichen Umfang getätigten Warenumsatzgeschäfte das Gepräge geben (vgl. bereits Rn. 23), können sich Bäumler und Blümler als Geschäftsführer einer BGB-Gesellschaft nicht auf § 377 HGB berufen.

Für die Personengesellschaften gelten darüber hinaus die Regelung des § 5 HGB (vgl. Rn. 26 ff.) und die Grundsätze über den Scheinkaufmann (vgl. Rn. 36 ff.) entsprechend.

**Merksatz:** Personengesellschaften erwerben als Handelsgesellschaften die Kaufmannseigenschaft, wenn sie ein Handelsgewerbe betreiben.

## II. Kapitalgesellschaften als Handelsgesellschaften

Anders als die Personengesellschaften gelten die Kapitalgesellschaften (AG, KGaA, SE, GmbH) kraft bloßer Gesellschaftsform *stets* als Handelsgesellschaften (vgl. §§ 3 Abs. 1, 278 Abs. 3 AktG, Art. 10 SE-VO i. V. m. § 3 AktG, § 13 Abs. 3 GmbHG). Sie besitzen damit nach § 6 Abs. 1 HGB auch dann die Kaufmannseigenschaft, wenn sie kein Handelsgewerbe i. S. v. §§ 1–3 HGB

34

betreiben. Die Bezeichnung als „Formkaufmann" ist insofern vollkommen zutreffend.

**Beispiele:** Eine GmbH, die nach dem Gesellschaftsvertrag ohne Gewinnerzielungsabsicht die für die Durchführung Olympischer Spiele erforderlichen Einrichtungen schaffen soll, ist eine Handelsgesellschaft nach § 13 Abs. 3 GmbHG und damit Kaufmann nach § 6 Abs. 1 HGB, obwohl sie kein Gewerbe betreibt (BGHZ 66, 48, 49 f.). Dasselbe gilt für eine Rechtsanwalts-GmbH, obwohl diese ein freiberufliches Unternehmen (Rn. 11) betreibt.

Nach § 6 Abs. 1 HGB besitzt aber nur die Kapitalgesellschaft als juristische Person und Handelsgesellschaft die Kaufmannseigenschaft. Die Gesellschafter und Mitglieder der Gesellschaftsorgane werden hierdurch noch nicht zu Kaufleuten.

## B. Die Kaufmannseigenschaft der Körperschaften

35    Nach § 6 Abs. 2 HGB ist ein „Verein, dem das Gesetz ohne Rücksicht auf den Gegenstand des Unternehmens die Eigenschaft eines Kaufmanns beilegt", auch dann Kaufmann, wenn die Voraussetzungen des § 1 Abs. 2 HGB nicht vorliegen. Mit dem Begriff „Verein" sind alle nach dem Modell des eingetragenen Vereins (§§ 21 ff. BGB) körperschaftlich strukturierten Gesellschaften gemeint. Von § 6 Abs. 2 HGB werden danach alle **Kapitalgesellschaften** (AG, SE, KGaA, GmbH) und die eingetragenen **Genossenschaften** (eG, SCE) erfasst. Damit sind die Kapitalgesellschaften nicht nur nach § 6 Abs. 1 HGB, sondern auch nach § 6 Abs. 2 HGB Kaufleute. Die Genossenschaften sind zwar keine Handelsgesellschaften i. S. v. § 6 Abs. 1 HGB, sie sind aber nach § 17 Abs. 2 GenG grundsätzlich einem Kaufmann gleichgestellt und insoweit auch nach § 6 Abs. 2 HGB Kaufmann. Versicherungsvereine auf Gegenseitigkeit (**VVaG**) sind zwar keine Formkaufleute, doch finden auf sie nach § 172 VAG die Vorschriften des Ersten und Vierten Buchs des Handelsgesetzbuchs über Kaufleute mit Ausnahme der §§ 1 bis 7 HGB entsprechende Anwendung. Für die Rechnungslegung von VVaG gelten die Vorschriften des Zweiten Unterabschnitts des Vierten Abschnitts in Verbindung mit den Vorschriften des Ersten und Zweiten Abschnitts des Dritten Buchs des Handelsgesetzbuchs entsprechend.

**Merksatz:** Kapitalgesellschaften und Genossenschaften sind kraft bloßer Gesellschaftsform stets Kaufleute.

| Personengesellschaften | | Kapitalgesellschaften | | | Genossenschaften |
|---|---|---|---|---|---|
| betreibt kein Handelsgewerbe (BGB-Gesellschaft) | betreibt ein Handelsgewerbe (OHG, KG) | GmbH | AG SE | KGaA | |
| | §§ 105 Abs. 1, 161 Abs. 1 HGB | § 13 Abs. 3 GmbHG | § 3 Abs. 1 AktG Art. 10 SE-VO | § 278 Abs. 3 AktG | § 17 Abs. 2 GenG § 6 Abs. 2 HGB Art. 9 SCE-VO |
| § 705 BGB | | Eigenschaft als Handelsgesellschaft | | | |
| | § 6 Abs. 1 HGB | | § 6 HGB | | |
| | Eigenschaft als Kaufmann | | | | |
| Bürgerliches Recht | Handelsrecht | | | | |

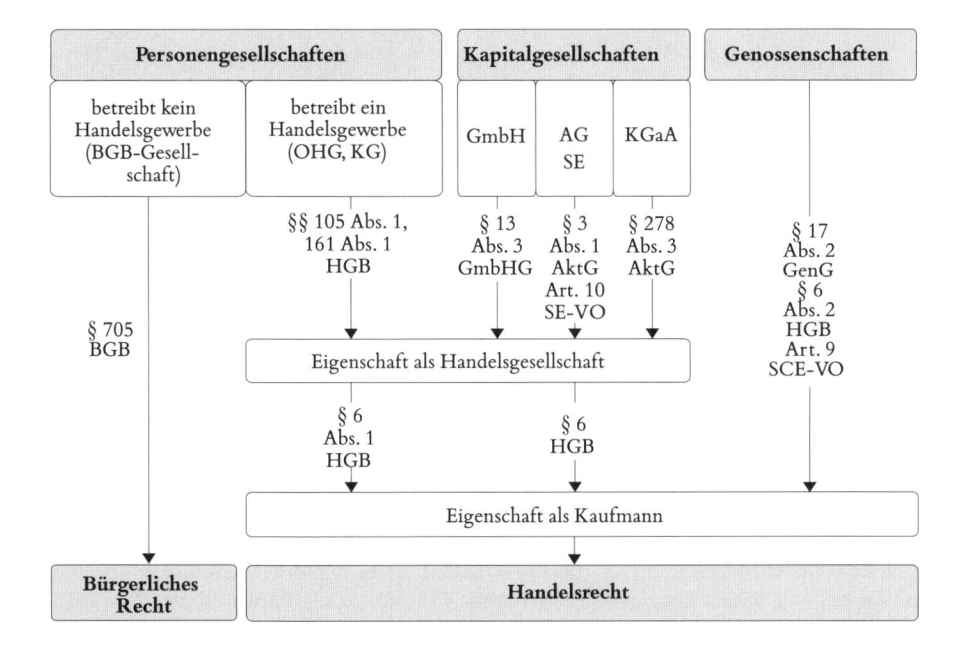

# § 8. Der Scheinkaufmann

## A. Begriff des Scheinkaufmanns

Scheinkaufmann ist, wer durch zurechenbares Verhalten den Anschein erweckt oder unterhält, Kaufmann zu sein. Gegenüber einem gutgläubigen Dritten, der sein Verhalten von diesem Anschein bestimmen ließ, muss er sich in gewisser Hinsicht als Kaufmann behandeln lassen. Die Lehre vom Scheinkaufmann geht auf Hermann **Staub** zurück, der sie 1900 mit folgender, allerdings viel zu weit gehender Grundsatzformel einführte: „Wer im Rechtsverkehr als Kaufmann auftritt, gilt als Kaufmann." (*Staub*, Kommentar zum HGB, 6./7. Aufl., Band I, 1900, Exkurs zu § 5 Anm. 1).

Der Scheinkaufmann ist von folgenden verwandten Erscheinungsformen abzugrenzen (vgl. *K. Schmidt*, Handelsrecht, § 10 Rn. 116 ff.; *Canaris*, § 6 Rn. 27 ff.; *K. Schmidt*, JuS 2013, 553 ff.):

- **Scheinunternehmer** ist, wer den Eindruck erweckt oder unterhält, er sei der Träger eines Unternehmens, das in Wahrheit von einem anderen Träger betrieben wird.

> **Beispielsfall:** Der Prokurist Preußler des einzelkaufmännischen Handelsgeschäfts Packing e. K. erweckt den Eindruck, er sei der Betreiber des Handelsgewerbes. Aus den von ihm abgeschlossenen Geschäften wird der Einzelkaufmann Eigner als Inhaber berechtigt und verpflichtet. Unter den Voraussetzungen der Rechtsschein

haftung haftet der Prokurist Preußler daneben jedoch als Gesamtschuldner. Der Rechtsschein muss allerdings unzweideutig gesetzt werden. Es genügt daher nicht, wenn der Prokurist Preußler die Identität des Unternehmensträgers nur lediglich nicht offen legt (vgl. auch Kap. 5 Rn. 2).

- Eine **Scheingesellschaft** ist gegeben, wenn der Anschein einer bestehenden Gesellschaft hervorgerufen oder unterhalten wird.

    **Beispielsfall:** Einzelkaufmann Klotz behauptet wahrheitswidrig, er habe Reich als persönlich haftenden Gesellschafter „aufgenommen".

- **Scheingesellschafter** ist, wer den Eindruck erweckt oder unterhält, er sei persönlich haftender Gesellschafter einer Personengesellschaft (sog. *gestio pro socio*; für einen unrichtig im Handelsregister eingetragenen Personengesellschafter *BGH* NJW 2017, 559).

    **Beispielsfall:** Klotz ist persönlich haftender Gesellschafter der „Klotz & Co. KG". Er erweckt mit Duldung des Nichtgesellschafters Reich und des Kommanditisten Klein, der seine Einlage geleistet hat (vgl. § 171 Abs. 1 HGB), den Eindruck, diese seien ebenfalls persönlich haftende Gesellschafter.

- Eine Person kann allerdings **zugleich** Scheinkaufmann und Scheinunternehmer bzw. Scheingesellschafter sein. Auch die Tatbestände des Scheingesellschafters und der Scheingesellschaft können nebeneinander gegeben sein.

    **Beispielsfall:** Schön erweckt den zurechenbaren Anschein, er sei persönlich haftender Gesellschafter der „Klotz & Co. OHG". Gegenüber dem im Vertrauen hierauf handelnden Dreier ist er nicht nur als Scheingesellschafter, sondern nach h. M. als persönlich haftender Scheingesellschafter auch Scheinkaufmann (vgl. Rn. 33). Sollte auch die „Klotz & Co. OHG" in Wahrheit gar nicht existieren, wäre daneben noch der Tatbestand einer Scheingesellschaft erfüllt.

## B. Rechtsnatur des Scheinkaufmanns

37 Der Scheinkaufmann ist **kein Kaufmann**. Er betreibt weder ein Handelsgewerbe (§§ 1–3 HGB) noch ist er Kaufmann nach § 5 HGB oder § 6 HGB. Er muss sich nur angesichts eines von ihm zurechenbar erzeugten oder unterhaltenen Rechtsscheins in gewisser Hinsicht als Kaufmann behandeln lassen. Die Rechtsfigur des Scheinkaufmanns ist damit ein Unterfall der Haftung für zurechenbar erzeugten **Rechtsschein**, die auf dem Grundsatz von Treu und Glauben (§ 242 BGB) beruht und ihren Ausdruck in verschiedenen gesetzlichen Regelungen gefunden hat (z. B. §§ 171, 370, 405, 409 BGB und § 15 HGB). Die Lehre vom Scheinkaufmann ist inzwischen **gewohnheitsrechtlich anerkannt** und ein wichtiger Bestandteil des typisch handelsrechtlichen Verkehrsschutzes.

## C. Funktion der Lehre vom Scheinkaufmann

Die Lehre vom Scheinkaufmann **ergänzt** in bedeutsamer Weise den lücken- 38 haften Verkehrsschutz der **§§ 2, 5 und 15 HGB**. Denn die §§ 2 und 5 HGB schützen den Glauben in die Kaufmannseigenschaft bekanntlich nur dann, wenn der als Kaufmann auftretende Gewerbetreibende unter seiner Firma im Handelsregister eingetragen ist. Dieser Schutz versagt daher, wenn ein Unternehmer überhaupt kein Gewerbe betreibt (z. B. Freiberufler) oder ein Gewerbetreibender (noch) nicht eingetragen ist (näher Rn. 28 f.). § 15 Abs. 1 HGB vermag die Ungewissheit, ob zumindest in der Vergangenheit ein eintragungspflichtiges Gewerbe betrieben wurde, nicht zu beseitigen, und § 15 Abs. 3 HGB greift nur bei einer unrichtigen Bekanntmachung der Kaufmannseigenschaft ein (näher Kap. 3 Rn. 12, 21).

## D. Voraussetzungen der Scheinkaufmannseigenschaft

Die Voraussetzungen der Scheinkaufmannseigenschaft entsprechen den 39 allgemeinen Voraussetzungen der Rechtsscheinhaftung. Es muss mithin ein dem Scheinkaufmann zurechenbarer Rechtsschein der Kaufmannseigenschaft gesetzt und dadurch ein gutgläubiger Dritter im Vertrauen auf diesen Rechtsschein zu einer Rechtshandlung veranlasst worden sein. Das Ergebnis der Subsumtion unter die Tatbestandsvoraussetzungen wird dabei insbesondere durch eine Abwägung der Schutzinteressen beider Seiten bestimmt (vgl. *BGH JZ* 1971, 334 f.).

> **Lernhinweis:** Betrachten Sie die Lehre vom Scheinkaufmann im Zusammenhang mit anderen Fällen der Rechtsscheinhaftung bzw. des Vertrauensschutzes (z. B. Anscheinsvollmacht, § 15 HGB; vgl. auch Kap. 3 Rn. 10)!

### (1) Unanwendbarkeit vorrangiger Regelungen

Die Lehre vom Scheinkaufmann ist im Verhältnis zu §§ 2, 5 HGB (näher 40 Rn. 26 ff.) und § 15 Abs. 1 bzw. 3 HGB (näher Kap. 3 Rn. 10 ff.) subsidiär und gelangt daher nur dort zur Anwendung, wo die genannten Vorschriften tatbestandlich nicht eingreifen (Rn. 38).

### (2) Rechtsschein der Kaufmannseigenschaft

Der Rechtsschein der Kaufmannseigenschaft kann durch **jedes erkennba-** 41 **re Verhalten** des Betroffenen oder eines Dritten hervorgerufen werden. Er kann daher ausdrücklich oder stillschweigend gegenüber der Öffentlichkeit oder einem bestimmten Dritten gesetzt werden. Erforderlich ist nur, dass ein Dritter bei einer Gesamtbetrachtung aller Umstände des Einzelfalls aus diesem Verhalten die unzutreffende **Schlussfolgerung** der Kaufmannseigenschaft **ziehen durfte** (objektivierter Empfängerhorizont).

> **Beispielsfälle:** Nichtkaufmann Noll bezeichnet seinen Handlungsgehilfen Haller als seinen „Prokuristen" und gibt sich damit gegenüber dem erfahrenen Kaufmann Klotz konkludent als Kaufmann zu erkennen (vgl. § 48 Abs. 1 HGB). Nichtkaufmann Klein gibt auf seinen Geschäftsbögen mehrere Geschäftskonten an und führt die einem Kaufmann vorbehaltene Firma „Modehaus Herbert Klein e.K." (vgl. §§ 19 Abs. 1 Nr. 1, 37a HGB).

Bei der Feststellung der Rechtsscheinbasis ist dennoch in zweifacher Hinsicht **Vorsicht** geboten:

- Auch wenn das gezeigte Verhalten nach der geltenden Rechtslage nur von einem Kaufmann an den Tag gelegt werden darf, ist immer noch zu prüfen, ob damit bei dem Dritten, dessen Vorstellungen sich mit der gegebenenfalls sogar umstrittenen Rechtslage nicht zwangsläufig decken müssen, unter Berücksichtigung aller Umstände auch tatsächlich der Eindruck der Kaufmannseigenschaft entstehen durfte (vgl. *K. Schmidt*, Handelsrecht, § 10 Rn. 131 ff.).

> **Beispielsfall:** Gegenüber dem erfahrenen Kaufmann Klotz signalisiert die Bezeichnung eines Handlungsgehilfen als „Prokurist" die Kaufmannseigenschaft, nicht notwendig aber auch gegenüber einer Person, die die Voraussetzungen der Prokuraerteilung nach § 48 Abs. 1 HGB nicht kennen wird.

- Der Rechtsschein darf außerdem nicht allein durch die zu beurteilende und die Kaufmannseigenschaft voraussetzende Rechtshandlung begründet werden, da ansonsten ein Zirkelschluss gegeben wäre (vgl. *K. Schmidt*, Handelsrecht, § 10 Rn. 114).

> **Beispielsfall:** Klein ist Inhaber eines kleinen Postkartenstandes und nicht im Handelsregister eingetragen. Er verbürgt sich mündlich für einen Freund. Hier kann nicht argumentiert werden, dass Klein sich bereits durch die mündliche Bürgschaftserklärung wie ein Kaufmann geriert habe und der Bürgschaftsvertrag daher entgegen §§ 125, 766 BGB nach § 350 HGB wirksam sei.

**42** Handeln Nichtkaufleute in der Form einer BGB-Gesellschaft, führt ihr Auftreten als Kaufleute zugleich dazu, dass der Eindruck einer Scheinhan*dels*gesellschaft entsteht (vgl. und zugleich krit. *K. Schmidt*, Handelsrecht, § 10 Rn. 127 f.).

> **Beispielsfall:** Krämer und Klein betreiben gemeinsam einen kleinen Kiosk und sind nicht im Handelsregister eingetragen. Gegenüber einem potentiellen Kreditgeber erklären sie ihren Kreditbedarf wahrheitswidrig mit umfangreichen Investitionsmaßnahmen in ihren insgesamt fünf Kiosken. Hier erwecken die in der Rechtsform einer BGB-Gesellschaft (vgl. §§ 1 Abs. 2 und 105 Abs. 2 HGB) agierenden Nichtkaufleute Krämer und Klein den Eindruck einer OHG. Die Erzeugung des bloßen Rechtsscheins einer Schein*handels*gesellschaft (es besteht in Wahrheit immerhin eine BGB-Gesellschaft) darf dabei nicht mit der Erzeugung des Rechtsscheins einer Scheingesellschaft (dazu Rn. 36), bei der in Wahrheit überhaupt keine Gesellschaft besteht, verwechselt werden.

### (3) Zurechenbarkeit

Zurechenbar ist der erzeugte Rechtsschein demjenigen, der ihn durch Tun 43
gesetzt oder durch pflichtwidriges Unterlassen aufrechterhalten hat.

Hat der Betreffende den Rechtsschein **selbst gesetzt**, ist ein Verschulden nicht erforderlich.

> **Beispielsfall:** Der Verwaltungsangestellte Norbert Noll betreibt als Gelegenheitsdetektiv unter der angestammten Bezeichnung „Mannheimer Detektivbüro Manfred Noll e.K." das von seinem Vater ererbte und inzwischen wieder im Handelsregister gelöschte Detektivbüro in geringem Umfang weiter. Als Noll wegen der Mangelhaftigkeit eines ihm von dem Händler Holm für das Büro gelieferten Computers Gewährleistungsrechte geltend machen möchte, beruft sich Holm angesichts der verspäteten Rüge Nolls auf § 377 HGB. Holm meint, er habe Noll für einen Kaufmann gehalten und sei daher von einer im Handelskauf üblichen raschen Geschäftsabwicklung ausgegangen (vgl. Kap. 10 Rn. 9). Noll ist der Auffassung, er habe nicht ahnen können, dass er als Nichtkaufmann die von seinem Vater gebildete werbewirksame Firma nicht weiterhin als Geschäftsbezeichnung hätte verwenden dürfen. Seinen Rechtsanwalt Rasch fragt er, ob er einen ihm zurechenbaren Rechtsschein gesetzt habe und ob er ihn nicht zumindest noch nachträglich beseitigen könne.
>
> Fraglich ist zunächst, ob der Nichtkaufmann Noll den Rechtsschein seiner Kaufmannseigenschaft gesetzt hat. Dies würde voraussetzen, dass Holm ihn bei einer Gesamtbetrachtung aller Umstände für einen Kaufmann halten durfte. Noll hat ohne Zweifel eine Geschäftsbezeichnung verwendet, die nach dem geltenden Firmenordnungsrecht nur von einem Kaufmann als Firma hätte fortgeführt werden dürfen (vgl. Kap. 4 Rn. 12). Auch wenn ein solcher unzulässiger Firmengebrauch im Geschäftsverkehr für sich betrachtet nicht immer den von rein rechtlichen Erwägungen grundsätzlich unabhängigen Eindruck der Kaufmannseigenschaft hervorrufen muss (vgl. Rn. 41 und *Canaris*, § 6 Rn. 13 ff.), durfte der als Kaufmann mit der Firmenbildung durchaus vertraute Holm angesichts der Zusätze „Mannheimer Detektivbüro" und „e.K." von der Kaufmannseigenschaft Nolls ausgehen (vgl. Großkomm/*Oetker*, § 5 Rn. 29; Ba/Ho/*Hopt*, § 5 Rn. 10). Der durchaus verzeihliche Irrtum Nolls ändert nichts an der Zurechenbarkeit des von ihm selbst gesetzten Rechtsscheins, da insoweit ein Verschulden nicht erforderlich ist. Rasch wird Noll auch erklären, dass eine Anfechtung der den Rechtsschein begründenden Handlungen wegen Inhaltsirrtums (§ 119 Abs. 1 BGB analog) überwiegend als unzulässig angesehen wird. Denn anderenfalls würde der gerade begründete Schutz des auf den zurechenbaren Rechtsschein vertrauenden Dritten (hier: Holm) wieder zunichte gemacht werden (vgl. Ba/Ho/*Hopt*, § 5 Rn. 11; teils a. A. KKRD/*Roth*, § 15 Rn. 61).

Wurde der Rechtsschein von einem **Dritten** gesetzt, ist eine Zurechenbarkeit nach h. M. nur gegeben, wenn der Scheinkaufmann das Verhalten des Dritten kannte oder zumindest hätte kennen können und ihm ein Einschreiten zur Zerstörung des Rechtsscheins zumutbar gewesen wäre (vgl. *Brox/Henssler*, Rn. 65).

> **Beispielsfall:** Maier ist Mitarbeiter in dem nichtkaufmännischen Gewerbe des Klein. Gegenüber dem Geschäftspartner Dreier tritt er mit Kleins Wissen als „Prokurist" auf. Auch den Kaufvertrag mit dem Lieferanten Läufer zeichnet Maier, diesmal allerdings

ohne Wissen Kleins, mit „ppa.". Die von Läufer an Klein gesandte Vertragskopie heftet dieser ungelesen ab. Der durch das Verhalten Maiers gegenüber Dreier und Läufer begründete Rechtsschein der Kaufmannseigenschaft ist dem Klein zurechenbar, da er das Auftreten Maiers als Prokurist gegenüber Dreier geduldet hat und von dem Auftreten Maiers als Prokurist gegenüber Läufer bei Beobachtung der im Geschäftsverkehr erforderlichen Sorgfalt hätte wissen können.

Die Zurechenbarkeit setzt zudem nach h. M. die **volle Geschäftsfähigkeit** des Scheinkaufmanns voraus. Denn der Schutz des nicht voll Geschäftsfähigen geht auch im Handelsrecht dem Verkehrsschutz grundsätzlich vor (vgl. *Canaris*, § 6 Rn. 70; a. A. *K. Schmidt*, Handelsrecht, § 10 Rn. 136; vgl. auch Kap. 3 Rn. 13, 25).

**(4) Gutgläubigkeit des Dritten**

44 Dem Dritten schadet in diesem Zusammenhang nicht nur die positive Kenntnis, sondern im Gegensatz zu § 15 Abs. 1 und 3 HGB auch die fahrlässige Unkenntnis der wahren Tatsachen. Nach h. M. soll bereits einfache Fahrlässigkeit genügen (*BGH* JZ 1971, 334 f.). Den Dritten trifft allerdings grundsätzlich keine Nachforschungspflicht (*BGH* NJW 1987, 3124, 3126) wie insbesondere die Pflicht zur Einsichtnahme in das Handelsregister (*OLG Karlsruhe* JZ 1971, 335, 336). Etwas anderes gilt nur bei einem sich aufdrängenden Verdacht oder dem erstmaligen Abschluss eines bedeutenderen Geschäfts. Die Gutgläubigkeit des Dritten ist im Zweifel zu vermuten (vgl. *Canaris*, § 6 Rn. 77).

**(5) Kausale Vertrauensbetätigung**

45 Im Gegensatz zu § 5 HGB erfordert der Tatbestand des Scheinkaufmanns, dass der Dritte im Vertrauen auf die Kaufmannseigenschaft zu irgendwelchen Entschließungen rechtsgeschäftlicher oder tatsächlicher Art *veranlasst* wurde. Dies setzt zunächst voraus, dass der Rechtsschein im Zeitpunkt der Vertrauensbetätigung noch bestanden hat und dem Dritten die den Rechtsschein begründenden Umstände in irgendeiner Form bekannt waren. Der Dritte muss sodann in seinem Verhalten durch die Scheinkaufmannseigenschaft beeinflusst worden sein. Umstritten ist, ob nach allgemeinen Grundsätzen der Dritte die Ursächlichkeit des Rechtsscheins zu beweisen hat (so z. B. Ba/Ho/*Hopt*, § 5 Rn. 13) oder eine Beweislastumkehr zu Lasten des Scheinkaufmanns eingreift (so z. B. *Canaris*, § 6 Rn. 77).

**(6) Privatrechtlicher Geschäftsverkehr**

46 Noch deutlicher als die Regelung des § 5 HGB (vgl. Rn. 31) ist die Lehre vom Scheinkaufmann in ihrer Geltung auf den privatrechtlichen Geschäftsverkehr beschränkt. Im reinen Deliktsrecht ist der Tatbestand bereits mangels kausaler Vertrauensbetätigung nicht gegeben. Dem öffentlichen Recht und dem Strafrecht ist der Tatbestand des Scheinkaufmanns unbekannt. Der Scheinkaufmann unterliegt z. B. weder der Buchführungspflicht noch der Beitragspflicht zur Industrie- und Handelskammer. Auch die Zuständigkeit der Kammer für Han-

§ 8. Der Scheinkaufmann                                              47

delssachen (§§ 93 ff. GVG) wird durch die Scheinkaufmannseigenschaft nicht begründet. Der Scheinkaufmann kann schließlich unter seiner Scheinfirma weder klagen noch verklagt werden (*Schuler*, NJW 1957, 1537, 1538).

## E. Rechtsfolgen der Scheinkaufmannseigenschaft

Der Scheinkaufmann ist im Gegensatz zum Kaufmann kraft bloßer Eintra- 47 gung (§ 5 HGB) kein Kaufmann. Die Rechtsfolgen der **Scheinkaufmannseigenschaft** sind daher in dreifacher Hinsicht gegenüber § 5 HGB **eingeschränkt**:

- Der Schein der Kaufmannseigenschaft wirkt nach h. M. **nur unter den Beteiligten** und nicht auch gegenüber unbeteiligten Dritten (Großkomm/ *Oetker*, § 5 Rn. 40; Oetker/*Körber*, § 5 Rn. 56; a. A. *Canaris*, § 6 Rn. 26).

> *Beispielsfall:* Scheinkommissionär Schön veräußert eine im Eigentum des Eich stehende Mingvase an den gutgläubigen Dreier mit der unzutreffenden Behauptung, dazu von Eich ermächtigt worden zu sein. Hier erlangt Dreier nach h. M. mangels Kaufmannseigenschaft des Schön auch dann kein Eigentum, wenn er an die vermeintliche Verfügungsbefugnis Schöns ohne grobe Fahrlässigkeit geglaubt hat. Denn die Lehre vom Scheinkaufmann greift nicht zu Lasten des am Geschäft nicht beteiligten Eich ein und § 366 HGB schützt nach h. M. nicht den guten Glauben in die Kaufmannseigenschaft (vgl. Kap. 9 Rn. 44).

- Der Schein der Kaufmannseigenschaft wirkt **nur für**, nicht auch gegen den gutgläubigen **Dritten**.

> *Beispielsfall:* Lieferant Läufer kann sich gegenüber Scheinkaufmann Schön auf § 377 HGB berufen, Schön kann von Läufer jedoch nicht den erhöhten gesetzlichen Zinssatz von 5 % (§ 352 HGB) verlangen.

- Fraglich ist, ob sich der Scheinkaufmann nur außerhalb des Geltungsbereichs **zwingender** Schutzvorschriften wie ein Kaufmann behandeln lassen muss (bejahend Schlegelberger/*Hildebrandt*, § 5 Rn. 19; mit Ausnahme der Minderjährigenschutzvorschriften a. A. Ba/Ho/*Hopt*, § 5 Rn. 16; differenzierend nach dem unternehmerischen Status des Scheinkaufmanns *Canaris*, § 6 Rn. 23 ff.; so auch E/B/J/S/*Kindler*, § 5 Rn. 81 ff.).

> *Beispiele:* Zu Lasten des Scheinkaufmanns sind anwendbar die §§ 347, 362, 377 HGB, nicht jedoch die §§ 348, 350 HGB, da diese die zwingend gerade dem Schutz des Nichtkaufmanns dienenden Vorschriften der §§ 343, 766, 780 und 781 BGB für Kaufleute außer Kraft setzen. Auch der Minderjährigenschutz geht der Lehre von der Scheinkaufmannseigenschaft vor (RGZ 145, 155, 159).

In jedem Fall kann der Geschäftspartner aber dann, wenn er durch den Scheinkaufmann arglistig getäuscht wurde und etwa von dem auf seine vermeintliche Kaufmannseigenschaft verweisenden Bürgen von dem Verlangen nach einer schriftlichen Bürgschaftserklärung abgehalten wurde, die Einrede arglistigen Verhaltens erheben (dazu auch *Hofmann*, B III 2d gg).

48                Kapitel 2. Der Kaufmann

**Merksatz:** Der Scheinkaufmann ist kein Kaufmann, muss sich aber aufgrund eines von ihm zurechenbar erzeugten oder unterhaltenen Rechtsscheins gegenüber einem darauf vertrauenden gutgläubigen Dritten grundsätzlich wie ein Kaufmann behandeln lassen.

## § 9. Wiederholung

### A. Prüfungsschema zur Kaufmannseigenschaft

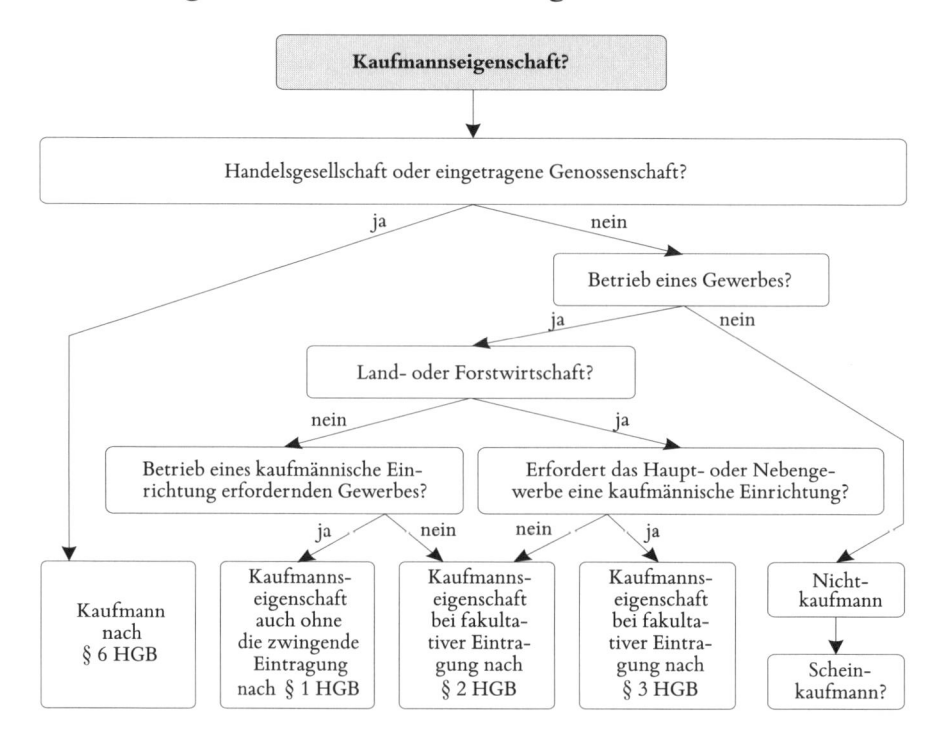

```
                        Kaufmannseigenschaft?
                                │
                                ▼
              Handelsgesellschaft oder eingetragene Genossenschaft?
                     ja                         nein
                                            │
                                            ▼
                                   Betrieb eines Gewerbes?
                                    ja            nein
                                    │
                                    ▼
                             Land- oder Forstwirtschaft?
                          nein                      ja
                           │                         │
                           ▼                         ▼
           Betrieb eines kaufmännische Ein-    Erfordert das Haupt- oder Nebenge-
           richtung erfordernden Gewerbes?    werbe eine kaufmännische Einrichtung?
                   ja         nein                  nein          ja
```

| Kaufmann nach § 6 HGB | Kaufmannseigenschaft auch ohne die zwingende Eintragung nach § 1 HGB | Kaufmannseigenschaft bei fakultativer Eintragung nach § 2 HGB | Kaufmannseigenschaft bei fakultativer Eintragung nach § 3 HGB | Nichtkaufmann ↓ Scheinkaufmann? |

### B. Zusammenfassung

☐ Mit Ausnahme der Kaufmannseigenschaft kraft bloßer Gesellschaftsform bildet das Betreiben eines Gewerbes die Grundlage für den Erwerb der Kaufmannseigenschaft.

☐ Im Handelsrecht versteht die noch h. M. unter einem **Gewerbe** eine Tätigkeit, die:
  - selbständig ausgeübt wird,
  - nach außen erkennbar ist,
  - auf Dauer angelegt ist,
  - erlaubt ist (str.),

§ 9. Wiederholung    49

- auf Gewinnerzielung gerichtet ist bzw. gegen Entgelt am Markt entfaltet wird (str.) und
- nicht als freier Beruf ausgeübt wird.

☐ **Betreiber** ist dasjenige Rechtssubjekt, in dessen Namen das Gewerbe geführt wird und das aus den in dem Gewerbe wirksam vorgenommenen Rechtsgeschäften berechtigt bzw. verpflichtet wird.

Seit der Neuregelung im Jahre 1998 kennt das Handelsrecht die folgenden **Kaufmannsarten:**

| Kaufmannsart | Regelung | Voraussetzungen | Registeranmeldung | Wirkung der Registereintragung | Rechtsfolge |
|---|---|---|---|---|---|
| Istkaufmann | § 1 HGB | • Betrieb eines Gewerbes<br>• Erforderlichkeit kaufmännischer Einrichtung nach Art *und* Umfang | obligatorisch | deklaratorisch | prinzipielle Anwendbarkeit des gesamten Handelsrechts |
| Kannkaufmann | § 2 HGB | • Betrieb eines Gewerbes<br>• Kaufmännische Einrichtung nach Art *oder* Umfang *nicht* erforderlich<br>• Eintragung der Firma im Handelsregister | fakultativ | konstitutiv | prinzipielle Anwendbarkeit des gesamten Handelsrechts |
| Uneigentlicher Kannkaufmann | § 3 HGB | • Land- oder forstwirtschaftliches Hauptgewerbe<br>• Erforderlichkeit kaufmännischer Einrichtung<br>• Eintragung der Firma des Haupt/ Nebengewerbes im Handelsregister | fakultativ | konstitutiv | prinzipielle Anwendbarkeit des gesamten Handelsrechts |
| Fiktivkaufmann | § 5 HGB | • Betrieb eines Gewerbes (str.)<br>• Eintragung der Firma im Handelsregister<br>• Berufung auf die Eintragung | nicht erforderlich | konstitutiv | prinzipielle Anwendbarkeit des gesamten Handelsrechts, aber nur im Geschäfts- und Prozessverkehr |
| Formkaufmann | § 6 HGB | Handelsgesellschaft (OHG, KG, EWIV, GmbH, AG, SE, KGaA) oder Genossenschaft (eG, SCE) | grundsätzlich obligatorisch | grundsätzlich konstitutiv (Ausn.: § 123 II HGB) | prinzipielle Anwendbarkeit des gesamten Handelsrechts |

| Kauf-mannsart | Regelung | Voraussetzungen | Register-anmel-dung | Wirkung der Regis-tereintra-gung | Rechtsfolge |
|---|---|---|---|---|---|
| Schein-kaufmann | Gewohn-heitsrecht (Rechts-scheinhaf-tung) | erweckt oder unterhält durch zurechenbares Verhalten den Anschein, Kaufmann zu sein | – | – | *kein* Kaufmann; muss sich ggü. einem gutgläubi-gen Dritten, der sein Verhalten vom Anschein der Kaufmanns-eigenschaft be-stimmen ließ, in gewisser Hinsicht als solcher behan-deln lassen |

## C. Klausurfall 1 (Der Kaufmann im Internet)

Bearbeitungszeit: 120 Minuten

### Sachverhalt

Der Informatikstudent Berthold Bitter finanziert sein Studium an der Universität München zum Teil durch den Verkauf von Spezialsoftware an Mitarbeiter der Universität. Bitter entwickelt die Programme maßgeschneidert an seinem heimischen Computer. Die von ihm in einer bestimmten Programmiersprache codierten Programme speichert er auf Datenträger ab, um sie anschließend in dieser Weise fixiert an seine Abnehmer zu verkaufen. Bitter, der im vergangenen Jahr immerhin einen Umsatz von 20.000,– € erwirtschaftet hat, ist nicht im Handelsregister eingetragen.

Nachdem Bitter in einer Zeitungsanzeige gelesen hat, dass das bekannte Software-Unternehmen „Cyber GmbH" kaufmännischen Abnehmern einige interessante Computer-Programme zu günstigen Preisen „online" über das Internet anbietet, meldet er sich auf einem Anmeldeformular per Post als potentieller Kunde der „Cyber GmbH" an. Unter der Rubrik „Firma" trägt er die Bezeichnung „Software-Haus Berthold Bitter e.K." ein. Als „Geschäftskonto" gibt er seine beiden Privatkonten bei der B-Bank und der C-Bank an. Bitter erhält daraufhin eine Anmeldebestätigung mit seinem Usernamen und Passwort. Wenig später lädt er sich das zum Preis von 250,– € angebotene und für seine Softwareentwicklung nützliche Standardprogramm „Xedon" unter Angabe von Usernamen und Passwort vom Server der „Cyber GmbH" über das Internet auf seinen Computer herunter. Der Rechnungsbetrag wird von seinem Konto abgebucht.

Bitter, der zunächst noch mit Prüfungen beschäftigt ist und sich anschließend in Frankreich erholt, kommt erst nach fünf Wochen dazu, das Programm „Xedon" zu benutzen. Dabei bemerkt er sofort mehrere offensichtliche Mängel der heruntergeladenen Software, die ihrer ordnungsgemäßen Benutzung auf seinem Personalcomputer entgegenstehen. Bitter wendet sich daraufhin an die „Cyber GmbH" und verlangt die Lieferung eines mangelfreien Xedon-Programms. Ihm wird jedoch entgegengehalten, dass er die Mängel des Programms früher hätte mitteilen müssen. Schließlich habe das günstige Angebot für

## § 9. Wiederholung

kaufmännische Abnehmer seinen Grund gerade auch in der unter Kaufleuten üblichen schnellen Geschäftsabwicklung gehabt. Bitter fragt seinen Rechtsanwalt, ob er mit Erfolg die erneute Lieferung des Programms verlangen kann. Wie ist die Rechtslage?

**Lösung**

Als Anspruchsgrundlage kommt allein § 439 Abs. 1 BGB i. V. m. §§ 437 Nr. 1, 433, 434 Abs. 1 S. 2 Nr. 1 BGB in Betracht.

### I. Anspruchsvoraussetzungen

Das von Bitter geltend gemachte Nachlieferungsrecht setzt voraus, dass ein entsprechender Gewährleistungsanspruch prinzipiell in Betracht kommt (dazu unter 1.) und nicht durch eine verspätete Mängelrüge nach § 377 HGB ausgeschlossen ist (dazu unter 2.).

#### 1. Prinzipielle Anwendbarkeit des Mängelgewährleistungsrechts (+)

Gewährleistungsrechte des Bitter bestehen zunächst nur, wenn zwischen ihm und der „Cyber GmbH" ein wirksamer Vertrag zustande gekommen ist, in dessen Rahmen die kaufvertragliche Mängelgewährleistung (§§ 434 ff. BGB) eingreift.

##### a) Wirksamer Vertragsschluss (+)

Das Zeitungsinserat der „Cyber GmbH" und die Anmeldung Bitters als deren potentieller Kunde sind noch nicht als verbindliche Vertragsangebote zu qualifizieren. Vielmehr wurde das Programm „Xedon" von der „Cyber GmbH" erst dadurch dem Kreis der mit einem Usernamen und Passwort ausgestatteten Kunden verbindlich angeboten, dass es vom Internet-Server zum Preis von 250,– € abrufbar war. Dieses Angebot hat Bitter angenommen, indem er sich das Programm zu den genannten Bedingungen auf seinen Computer heruntergeladen hat.

##### b) Anwendbarkeit der §§ 434 ff. BGB auf den Vertrag (+)

###### aa) Unmittelbare Anwendbarkeit des Mängelgewährleistungsrechts (–)

Die §§ 434 ff. BGB sind unmittelbar nur auf den Sachkauf i. S. v. § 433 Abs. 1 BGB anwendbar. Zwar wird beim dauerhaften Erwerb einer wie hier vorgefertigten und auf einem Datenträger gespeicherten Standardsoftware von der Rechtsprechung und h. L. das zugrunde liegende Verpflichtungsgeschäft als Kauf einer vertretbaren Sache i. S. v. §§ 90, 91 BGB und nicht etwa als Kauf eines Nutzungsrechts i. S. v. § 31 UrhG, als Werkvertrag über eine geistige Schöpfung, als Werklieferungsvertrag über die Herstellung einer nicht vertretbaren Sache oder als Vertrag sui generis mit lizenzvertraglichen Elementen angesehen. Doch wird in diesem Zusammenhang ganz maßgeblich auf die Verkörperung der Programmkopie auf einem Datenträger abgestellt (vgl. *BGH* NJW 1988, 406, 407 f.; *König*, NJW 1993, 3121, 3124). Daran fehlt es aber gerade beim Herunterladen der Software über das Internet (vgl. *BGH* NJW 1990, 320, 321; *Müller-Hengstenberg*, NJW 1994, 3128, 3130).

###### bb) Entsprechende Anwendung des Mängelgewährleistungsrechts nach § 453 Abs. 1 BGB (+)

Das Programm „Xedon" bildet jedoch als eine über das Internet vertriebene Standardsoftware einen sonstigen Kaufgegenstand i. S. v. § 453 Abs. 1 BGB, so dass die §§ 434 ff. BGB entsprechend anwendbar sind (Palandt/*Weidenkaff*, § 453 BGB Rn. 8; vgl. auch schon zum früheren Recht *BGH* NJW 1990, 320, 321; *Mehrings*, NJW 1993, 3102, 3105 und *Kort*, DB 1994, 1505, 1506 f.).

### c) Mangelhaftigkeit des Programms gem. § 434 Abs. 1 S. 2 Nr. 1 BGB (+)

Das bereitgestellte Computer-Programm „Xedon" war im Zeitpunkt des Herunterladens auf den Computer des Bitter (Gefahrübergang in entsprechender Anwendung des § 446 S. 1 BGB) mit einem Sachmangel i. S. v. § 434 Abs. 1 S. 2 Nr. 1 BGB behaftet, da sie auf dem Personalcomputer entgegen ihrer nach dem Kaufvertrag vorausgesetzten Bestimmung nicht ordnungsgemäß arbeitete.

### d) Kein Haftungsausschluss nach § 442 Abs. 1 BGB (+)

Bitter hatte weder Kenntnis von dem Mangel (§ 442 Abs. 1 S. 1 BGB) noch beruhte seine Unkenntnis auf grober Fahrlässigkeit (§ 442 Abs. 1 S. 2 BGB).

### e) Keine Verjährung des Gewährleistungsanspruchs (+)

Bitter kann Gewährleistungsansprüche noch innerhalb von zwei Jahren nach der Überspielung des Programms durch Klage geltend machen. Der Anspruch ist mithin noch nicht nach § 438 Abs. 1 Nr. 3 BGB verjährt.

## 2. Keine Verwirkung der Gewährleistungsrechte nach § 377 HGB (–)

Fraglich ist jedoch, ob das Recht Bitters auf Nachlieferung durch die Genehmigungsfiktion des § 377 Abs. 2 HGB ausgeschlossen ist. Dies wäre der Fall, wenn Bitter und die „Cyber GmbH" einen beiderseitigen Handelskauf abgeschlossen hätten und Bitter die mangelhafte Ware nicht unverzüglich nach der Ablieferung durch den Verkäufer untersucht und den offenen Mangel gegenüber den redlichen Mitarbeitern der „Cyber GmbH" gerügt hätte.

### a) Beiderseitiger Handelskauf (+)

§ 377 HGB ist nur anwendbar, wenn der Kauf- oder Werklieferungsvertrag (§ 381 Abs. 2 HGB) für beide Seiten ein Handelsgeschäft darstellt (§ 377 Abs. 1 HGB: „für beide Teile").

#### aa) Softwarebestellung als Kauf- bzw. Werklieferungsvertrag i. S. v. § 377 HGB (+)

Im Rahmen von § 377 Abs. 1 HGB kommt es damit zunächst auf die rechtliche Qualifizierung der Softwarebestellung als Kauf- bzw. Werklieferungsvertrag über eine bewegliche Sache (Ware) an. Wie bereits dargelegt (unter 1 b aa), kann die über das Internet bezogene Standardsoftware nicht als Sache i. S. v. § 90 BGB angesehen werden. Auch fehlt im Recht des Handelskaufs eine dem § 453 Abs. 1 BGB n. F. vergleichbare Verweisnorm. Das Recht des Handelskaufs wurde insofern nicht an das 2002 modernisierte Schuldrecht angepasst. Es ist jedoch eine analoge Anwendung des § 377 HGB zu befürworten (vgl. auch *BGH* NJW 1993, 2436, 2437 f.). Denn unabhängig von der fehlenden Sacheigenschaft der nur auf den Festplatten der beteiligten Computer fassbaren Software ist die direkte Installierung der gekauften Standardsoftware im Computer des Bitter im wirtschaftlichen Ergebnis mit der Überspielung auf dem Umweg über einen in das Eigentum und den Besitz des Bitter überwechselnden Datenträger vergleichbar. Insofern hat auch der § 377 HGB seine Funktionen der Verjährungsverkürzung, der Schadensminderung und Beweissicherung (dazu Kap. 10 Rn. 9) in gleicher Weise wie bei einem Sachkauf zu erfüllen.

#### bb) Handelsgeschäft für die „Cyber GmbH" (+)

Handelsgeschäfte sind nach § 343 Abs. 1 HGB alle Geschäfte eines Kaufmanns, die zum Betriebe seines Handelsgewerbes gehören. Die „Cyber GmbH" ist nach § 13 Abs. 3 GmbHG unabhängig von ihrer Gewerbetätigkeit eine Handelsgesellschaft und damit nach § 6 Abs. 1 HGB Kaufmann kraft bloßer Gesellschaftsform. Der Abschluss des Softwarelieferungsvertrags mit Bitter stellte für die „Cyber GmbH" auch ein Rechtsgeschäft dar, das zum Betriebe ihres Handelsgewerbes gehörte.

### cc) Handelsgeschäft für Berthold Bitter (+)

#### aaa) Kaufmannseigenschaft kraft Betriebs eines Handelsgewerbes (–)

Bitter könnte mangels Eintragung im Handelsregister allenfalls Kaufmann nach § 1 HGB sein. Dazu müsste er ein Gewerbe betreiben, das nach Art und Umfang einen in kaufmännischer Weise eingerichteten Geschäftsbetrieb erfordert.
Unter einem *Gewerbe* versteht die h. M. eine selbständige Tätigkeit, die nach außen erkennbar und auf Dauer angelegt ist sowie in erlaubter Weise mit Gewinnerzielungsabsicht und nicht als freier Beruf betrieben wird (vgl. Rn. 5 ff.). Problematisch ist hier allein das Merkmal der fehlenden Freiberuflichkeit. Dabei ist es bei Berufen, die sich wie der des Softwareentwicklers erst in neuerer Zeit herausgebildet haben, sehr schwer, eine Entscheidung über die traditionell nicht vorgeprägte Zuordnung der Berufsgruppe zur freiberuflichen oder nicht freiberuflichen Tätigkeit zu treffen. Es fehlt hierzu nicht nur an einer subsumtionsfähigen Definition der Freiberuflichkeit, sondern auch an sicheren Abgrenzungskriterien. In der vom Gesetzgeber in § 1 Abs. 2 PartGG vorgenommenen Aufzählung der freien Berufe i. S. d. PartGG ist der Softwareentwickler überdies ebenso wenig erwähnt wie in den älteren Katalogen des § 18 Abs. 1 Nr. 1 EStG und des § 6 Abs. 1 GewO. Maßgeblich ist daher die Verkehrsanschauung im Hinblick auf eine Vergleichbarkeit mit den vermeintlichen Wesenszügen der „klassischen" freien Berufe (Ärzte, Rechtsanwälte etc.). Danach wird man den Softwareentwickler nicht zu den freien Berufen zählen können. Denn er übt keine besonders personenbezogene Tätigkeit aus und unterliegt auch keinem Standesrecht, das ihm etwa Werbemaßnahmen verbieten würde (vgl. *Maier*, NJW 1986, 1909 ff.). Vielmehr ist seine Tätigkeit in einer den Gewerbetreibenden vergleichbaren Weise marktnah und wettbewerbsorientiert (*BayObLG* NZG 2002, 71; vgl. aber auch für § 18 Abs. 1 Nr. 1 EStG *BFH* DStR 2004, 1739 ff. zur freiberuflichen Tätigkeit eines selbständigen EDV-Beraters und Entwicklers von Computer-Anwendungssoftware wegen Vergleichbarkeit mit einem Ingenieur).
Fraglich ist jedoch, ob das von Bitter betriebene Gewerbe nach Art und Umfang einen in *kaufmännischer Weise eingerichteten Geschäftsbetrieb erfordert* und damit ein Handelsgewerbe i. S. v. § 1 Abs. 2 HGB darstellt. Dies wird man verneinen müssen, da weder die Art noch der Umfang des Geschäftsbetriebs eine kaufmännische Einrichtung erfordern. Zwar erwirtschaftete Bitter im vergangenen Jahr einen Umsatz, aufgrund dessen er immerhin nach § 19 Abs. 1 S. 1 UStG nicht mehr als Kleinunternehmer angesehen wird, doch ist die Größe des Umsatzes und die daraus abgeleitete umsatzsteuerliche Behandlung nur einer der im Rahmen von § 1 Abs. 2 HGB zu berücksichtigenden Gesichtspunkte und keinesfalls alleine maßgebend (vgl. *OLG Celle* NJW 1963, 540 und Rn. 15). Alle anderen Umstände (keine Mitarbeiter, kein Geschäftslokal, lokal begrenzter Kundenkreis, kein größerer Kreditbedarf, trotz individuellen Zuschnitts keine Vielfalt der Leistungen) sprechen vielmehr gegen das Erfordernis einer kaufmännischen Einrichtung.
Bitter ist damit kein Kaufmann.

#### bbb) Scheinkaufmannseigenschaft des Bitter (+)

Da die Anwendung des § 377 HGB aber auch durch eine Scheinkaufmannseigenschaft auf Seiten des Käufers begründet werden kann, bleibt zu prüfen, ob sich der Nichtkaufmann Bitter gegenüber der „Cyber GmbH" nicht als Scheinkaufmann behandeln lassen muss.

##### (1) Rechtsschein der Kaufmannseigenschaft (+)

Dazu müsste Bitter zunächst den Rechtsschein seiner Kaufmannseigenschaft hervorgerufen haben. Dies ist durch seine Angaben auf dem Anmeldeformular geschehen. Denn die mit der Bearbeitung der Anmeldung Bitters befassten Mitarbeiter der „Cyber GmbH" durften angesichts der eine bestimmte Größe suggerierenden Firma „Software-Haus Berthold Bitter e.K." und der Angabe zweier „Geschäftskonten" von einem kaufmännischen Zuschnitt des von Bitter betriebenen Gewerbes ausgehen.

**(2) Zurechenbarkeit des Rechtsscheins (+)**

Der Rechtsschein ist Bitter zurechenbar, da er ihn selbst gesetzt hat und es auf ein Verschulden des Bitter insoweit nicht ankommt.

**(3) Gutgläubigkeit des Vertragspartners (+)**

Die zuständigen leitenden Mitarbeiter der „Cyber GmbH" hatten weder Kenntnis von der in Wahrheit fehlenden Kaufmannseigenschaft des Bitter noch beruhte ihre diesbezügliche Unkenntnis auf Fahrlässigkeit. Obwohl es sich um einen erstmaligen geschäftlichen Kontakt mit Bitter gehandelt hat, mussten auf Seiten der Verkäuferin keine Nachforschungen über die Richtigkeit der Angaben des als kaufmännischer Abnehmer auftretenden Bitter getätigt werden. Die Gutgläubigkeit ihrer leitenden Mitarbeiter ist der „Cyber GmbH" über § 166 Abs. 1 BGB analog (vgl. Palandt/*Ellenberger*, § 166 Rn. 6) zuzurechnen.

**(4) Kausale Vertrauensbetätigung (+)**

Die erforderliche kausale Vertrauensbetätigung auf Seiten der „Cyber GmbH" ist in der Angabe des Usernamens und des Passworts zu sehen. Denn nur dadurch erhielt Bitter überhaupt die Möglichkeit, das ihm als Inhaber eines Usernamens und Passworts über das Internet gemachte Verkaufsangebot anzunehmen. Da sich die Angebote der „Cyber GmbH" nur an kaufmännische Abnehmer richten und diese auch nur einen Usernamen und ein Passwort erhalten sollen, war die Scheinkaufmannseigenschaft des Bitter auch kausal für diese Vertrauensbetätigung.
Das Verhalten Bitters erfüllt damit die Voraussetzungen der Lehre vom Scheinkaufmann. Die Bestellung des Programms „Xedon" bildete auch für ihn ein Handelsgeschäft i. S. v. § 343 Abs. 1 HGB, da es sich angesichts der Nützlichkeit des Programms für sein auf die Softwareentwicklung gerichtetes Scheinhandelsgewerbe um ein betriebsbezogenes Geschäft handelte.

**dd) Zwischenergebnis (+)**

Die Bestellung des Programms „Xedon" ist als beiderseitiger Handelskauf i. S. v. § 377 HGB anzusehen.

**b) Ablieferung einer nicht ordnungsgemäßen Ware (+)**

Mit dem Herunterladen des Programms „Xedon" vom Server der „Cyber GmbH" über das Internet auf den Computer des Bitter war die mangelhafte Software (*siehe oben*) derart in den Machtbereich des Bitter gelangt, dass dieser die tatsächliche Möglichkeit zu ihrer Untersuchung hatte (Ablieferung i. S. v. § 377 Abs. 1 HGB). Die Annahme eines bei Software generell späteren Ablieferungszeitpunkts wird überwiegend mit Recht verneint (für Standardsoftware BGHZ 143, 307, 311; a. A. *OLG Düsseldorf* ZIP 1989, 580, 582), da die Komplexität des Kaufgegenstandes nicht den Zeitpunkt der Ablieferung, sondern lediglich Dauer, Art und Umfang der Untersuchungen nach § 377 Abs. 1 HGB beeinflusst.

**c) Versäumung einer ordnungsgemäßen Rüge (+)**

Nach § 377 Abs. 1 HGB muss der Käufer die Ware unverzüglich nach der Ablieferung, soweit dies nach ordnungsgemäßem Geschäftsgange tunlich ist, untersuchen und einen etwaigen Mangel dem Verkäufer unverzüglich anzeigen. Bitter hat die Fehler des Programms „Xedon" erst nach sechs Wochen gerügt. Da ihm bei einer unverzüglichen, d. h. ohne schuldhaftes Zögern (vgl. § 121 Abs. 1 S. 1 BGB) durchgeführten Untersuchung die erkennbaren Mängel bereits viel früher aufgefallen wären und damit eine frühzeitigere Rüge hätte erfolgen können, hat Bitter nicht ordnungsgemäß gerügt.

## § 9. Wiederholung

**d) Redlichkeit des Verkäufers (+)**

Der Sachverhalt gibt keinen Hinweis darauf, dass die zuständigen leitenden Mitarbeiter der „Cyber GmbH" ein arglistiges Verhalten i. S. v. § 377 Abs. 5 HGB, das der GmbH als Verkäuferin nach § 166 Abs. 1 BGB analog zugerechnet werden müsste, gezeigt hätten.

**e) Zwischenergebnis (+)**

Die Voraussetzungen des § 377 HGB sind erfüllt. Bitter hat damit seine Gewährleistungsrechte i. S. v. § 437 BGB verloren (§ 377 Abs. 2 HGB).

**II. Endergebnis (–)**

Bitter hat keinen Anspruch auf Nachlieferung gem. § 439 Abs. 1 BGB i. V. m. §§ 437 Nr. 1, 433, 434 Abs. 1 S. 2 Nr. 1 BGB.

## D. Kontrollfragen

1. Ist das „älteste Gewerbe der Welt" ein Gewerbe i. S. v. § 1 Abs. 1 HGB?
2. Nennen Sie wenigstens fünf freie Berufe!
3. Ist der Testamentsvollstrecker Betreiber eines zum Nachlass gehörenden Handelsgewerbes und damit Kaufmann?
4. Nach welchen Gesichtspunkten wird das Erfordernis einer kaufmännischen Einrichtung des Geschäftsbetriebs beurteilt?
5. Warum ist die Bedeutung des § 5 HGB nach Inkrafttreten des HRefG von 1998 fragwürdig geworden?
6. Sind die Gesellschafter einer KG allein aufgrund ihrer Gesellschafterstellung Kaufleute?
7. Wann beginnt und wann endet die Kaufmannseigenschaft?
8. In welchen Punkten unterscheidet sich die Lehre vom Scheinkaufmann von der in § 5 HGB getroffenen Regelung?
9. In welchen Fällen finden handelsrechtliche Vorschriften Anwendung auf Nichtkaufleute?

# Kapitel 3. Registerpublizität

**Literatur:** *Beck*, Positive Publizität des Handelsregisters gem. § 15 Abs. 3 HGB, Jura 2014, 507 ff.; *Bueren*, Der Rechtsnachfolgevermerk bei der Übertragung von Kommanditanteilen – aktuelle Probleme im Lichte einer 70-jährigen Geschichte, ZHR 178 (2014), 715 ff.; *Canaris*, Die Vertrauenshaftung im deutschen Privatrecht, 1971, S. 151 ff.; *Fleischhauer/Preuß*, Handelsregisterrecht, 3. Aufl., 2014; *J. Hager*, Das Handelsregister, Jura 1992, 57 ff.; *Hofmann*, Das Handelsregister und seine Publizität, JA 1980, 264 ff.; *Holzer*, Die Zwischenverfügung im Registerrecht, ZNotP 2009, 210 ff.; *Jeep/Wiedemann*, Die Praxis der elektronischen Registeranmeldung, NJW 2007, 2439 ff.; *Krafka/Kühn*, Registerrecht, 9. Aufl., 2013; *Koch*, Vertrauensschutz gegen das Handelsregister, AcP 207 (2007), 768 ff.; *Koch/Rudzio*, Die Beweiskraft des Handelsregisters nach seiner Modernisierung, ZZP 2009, 37 ff.; *C. Körber/Schaub*, § 15 HGB in der Fallbearbeitung, JuS 2012, 303 ff.; *Kort*, Paradigmenwechsel im deutschen Registerrecht: Das elektronische Handels- und Unternehmensregister – eine Zwischenbilanz, AG 2007, 801 ff.; *Kreutz*, Die Bedeutung von Handelsregistereintragung und Handelsregisterbekanntmachung im Gesellschaftsrecht, Jura 1982, 626 ff.; *Liebscher/Scharff*, Das Gesetz über elektronische Handelsregister und Genossenschaftsregister sowie das Unternehmensregister, NJW 2006, 3745 ff.; *Lux*, Kenntnisfiktion qua Eintragung ins Handelsregister?, DStR 2006, 1968 ff.; *Melchior/Schulte/Schneider*, Handelsregisterverordnung – Kommentar, 2. Aufl., 2009; *Melchior*, FamFG und Handelsregister – Was ändert sich?, NotBZ 2009, 318 ff.; *Noack*, Neue Publizitätspflichten und Publizitätsmedien für Unternehmen – eine Bestandsaufnahme nach EHUG und TUG, WM 2007, 377 ff.; *Oetker*, Zur Anwendbarkeit des § 15 Abs. 1 HGB auf Primärtatsachen, in: GS Sonnenschein, 2003, 635 ff.; *Ries*, Das deutsche Handelsregister ein Relikt aus der Steinzeit, BB 2004, 2145 ff.; *K. Schmidt*, Sein – Schein – Handelsregister, JuS 1977, 209 ff.; *Schmidt-Kessel/Leutner/Müther*, Handelsregisterrecht, 2010; *Schroeder/Oppermann*, Die Eintragungsfähigkeit der kaufmännischen Generalvollmacht in das Handelsregister, JZ 2007, 176 ff.; *S. Schulz*, Informelle Abstimmungen mit dem Handelsregister, NJW 2016, 1483 ff.; *Stumpf*, Das Handelsregister nach der HGB-Reform, BB 1998, 2380 ff.; *Tröller*, Die Publizität des Handelsregisters, § 15 HGB, JA 2000, 27 ff.; *Ulmer*, Handelsregisterführung durch die Industrie- und Handelskammern?, ZRP 2000, 47 ff.; *Wilhelm*, Sind einzutragende Tatsachen wirklich abstrakt einzutragende Tatsachen? Zur Auslegung des § 15 Abs. 3 HGB, ZIP 2010, 713 ff.

## § 10. Handelsregister

### A. Funktionen des Handelsregisters

1   Das Handelsregister ist nach wie vor das Kernmedium der unternehmensrechtlichen Publizität. Es gibt zunächst im Interesse der Informationskostensenkung und der Verkehrssicherheit Auskunft über bestimmte Rechtstatsachen, die im Zusammenhang mit kaufmännischen Gewerben für den

Rechtsverkehr von Interesse sind (**Publizitätsfunktion**). Soweit sich die nach § 19 Abs. 1 GwG offenlegungspflichtigen Daten über einen wirtschaftlich Berechtigten bereits aus dem Handelsregister ergeben, gelten auch die im Interesse der Geldwäschebekämpfung bestehenden Mitteilungspflichten an das Transaktionsregister als erfüllt (§ 20 Abs. 2 S. 1 GwG). Die formelle Publizität wird durch das Recht zur Einsichtnahme (§ 9 HGB) und die Bekanntmachung der Eintragungen (§ 10 HGB) gewährleistet (näher Rn. 6, 9). Auf der materiellen Publizität des Handelsregisters beruht der Vertrauensschutz Dritter durch § 15 Abs. 1 und 3 HGB (näher Rn. 10 ff.).

Daneben dient das Handelsregister aber auch der staatlichen Kontrolle, da der Registerführer prüft, ob die einzutragenden Tatsachen oder Rechtsverhältnisse dem Gesetz entsprechend begründet wurden (**Kontrollfunktion**). Dies gilt insbesondere für die Rechtsaufsicht im Zusammenhang mit der konstitutiven Eintragung von Kapitalgesellschaften nach dem System der Normativbestimmungen (vgl. dazu *K. Schmidt*, Gesellschaftsrecht, § 8 II 5).

Schließlich kommt das Handelsregister auch dem die Eintragung anmeldenden Kaufmann selbst zugute. Ein Ausdruck des Registerinhalts bzw. eine Abschrift von Registerdokumenten, die jeweils als öffentliche Urkunden i. S. v. § 415 ZPO gelten, erleichtert ihm zunächst die Beweisführung über Tatsachen, die Voraussetzung für bestimmte Tatbestände (z. B. §§ 2, 105 Abs. 2, 125 Abs. 2 HGB) sein können (**Beweisfunktion**). Insoweit besteht im Hinblick auf die materiellrechtliche Richtigkeit des Registerinhalts nach h. L. allerdings keine die Beweislast umkehrende Vermutung, sondern nur ein Beweis des ersten Anscheins. Diesen muss der Prozessgegner lediglich erschüttern, nicht aber widerlegen (dazu *Canaris*, § 4 Rn. 14; *Oetker*, Handelsrecht, § 3 Rn. 24 ff.). Zum anderen verhindert die Eintragung einer wahren Tatsache in das Handelsregister und deren Bekanntmachung grundsätzlich nach Ablauf von 15 Tagen die Berufung auf einen gegenteiligen Rechtsschein (§ 15 Abs. 2 HGB; näher Rn. 19 f.). Der Kaufmann kann sich damit u. U. eine entsprechende Mitteilung an seine Geschäftspartner ersparen und sich selbst absichern (**Publikationsfunktion**).

## B. Registerverfahren

2   Das Handelsregister ist wie das Grundbuch ein **öffentliches Register**, das aus den mittelalterlichen Gilderollen, die die Mitglieder der jeweiligen Gilde verzeichneten, hervorgegangen ist. Die Registerführung obliegt den **Amtsgerichten** und bildet eine Sondermaterie der freiwilligen Gerichtsbarkeit (§ 8 HGB, §§ 374 ff. FamFG). Im Gegensatz zu anderen Staaten gibt es in Deutschland immer noch kein zentrales Handelsregister (zum Unternehmensregister als zentralem Zugangsportal siehe Rn. 31). Eine Konzentration der Registerführung bei einzelnen Amtsgerichten durch die Bundesländer ist jedoch möglich (vgl. § 376 Abs. 2 FamFG). Funktionell zuständig ist heute

§ 10. Handelsregister                                                59

zumeist der Rechtspfleger (§§ 3 Nr. 2 lit. d, 17 RPflG). Der immer wieder
erhobenen Forderung, die Handelsregisterführung auf die Industrie- und
Handelskammern zu übertragen (dazu näher *Borchert*, BB 2003, 2642 f.; zum
Entwurf des Bundesrats für ein entsprechendes Register-Führungsgesetz siehe
BT-Drs. 16/515 mit ablehnender Stellungnahme der Bundesregierung), ist der
Bundesgesetzgeber bislang bewusst nicht nachgekommen.

Nach einer Entscheidung des Bundesgerichtshofs (BGHZ 108, 32 ff.) ist der
Aufbau privater Datenbanken, die Auszüge aus dem Handelsregister enthalten,
grundsätzlich zulässig. Allerdings soll § 9 HGB kein Recht zur Mikroverfil-
mung des gesamten Bestandes des Handelsregisters mit dem Ziel des Aufbaus
einer kommerziellen Konkurrenz zum Handelsregister geben (dazu krit. *Kollhosser*, NJW 1988, 2409 ff.). Es sind jedoch auf der Basis von (zulässigen) Aus-
wertungen u. a. des Bundesanzeigers und des Unternehmensregisters (Rn. 31)
gerade auch Bonitätsinformationen enthaltende **Unternehmensdatenbanken**
aufgebaut worden, deren Daten zum kostenpflichtigen Online-Abruf zur
Verfügung stehen (siehe etwa unter www.firmenwissen.de). Zu beachten ist
allerdings, dass die privaten Register nicht den Vertrauensschutz des öffentlichen Handelsregisters nach § 15 HGB gewähren. Zur Vermeidung von Irreführungen (vgl. §§ 5 f. UWG) dürfen private Datensammlungen daher auch
nicht unter Verwendung oder Beifügung der Bezeichnung „Handelsregister"
in den Verkehr gebracht werden (§ 8 Abs. 2 HGB).

Das **Registerverfahren** ist bundeseinheitlich in der aufgrund von § 125   3
Abs. 3 FGG (jetzt § 387 Abs. 2 FamFG) erlassenen Handelsregisterverordnung
(früher Handelsregisterverfügung) von 1937 **(HRV)** näher geregelt. Die Registerführung erfolgt **vollständig elektronisch** (§§ 8 ff. HGB und § 7 HRV
jeweils i. d. F. durch das am 1. 1. 2007 in Kraft getretene EHUG). Die elektronisch angemeldeten (§ 12 HGB) und verarbeiteten (§§ 8 Abs. 1, 8a HGB sowie
insbesondere §§ 7 und 47 HRV) Daten sind elektronisch bekannt zu machen
(§ 10 HGB) und über das gemeinsame Registerportal der Bundesländer (www.
handelsregister.de) abrufbar (§ 9 HGB). Die erhobenen Registergebühren dürfen als Beschränkung der Niederlassungsfreiheit und aufgrund der sekundär-
rechtlichen Vorgaben in Art. 16 Abs. 4 UAbs. 3 der RL 2017/1132/EU und der
Gesellschaftsteuer-RL 2008/7/EG nur kostendeckend und nicht gewinnbrin-
gend festgesetzt werden (*EuGH* Rs. C-188/95 [Fantask/Industriministeriet]
NVwZ 1998, 833, 833; siehe dazu auch das Handelsregistergebühren-Neuord-
nungsgesetz v. 3. 7. 2004, BGBl. I 2004, 1410).

Grundsätzlich werden Eintragungen nur aufgrund einer entsprechenden   4
Anmeldung beim zuständigen Amtsgericht vorgenommen (§ 12 HGB; **An-
tragsgrundsatz**). Nur ausnahmsweise erfolgen sie, wie insbesondere die Lö-
schungen (§ 395 FamFG), von Amts wegen (z. B. §§ 31 Abs. 2 S. 2 und 32 HGB).
Seit dem 1. 1. 2010 kann die Registeranmeldung mit den jeweils erforderlichen
Unterlagen in allen Bundesländern nur noch elektronisch erfolgen (§ 12 Abs. 2
HGB, Art. 61 EGHGB). Die Unterschriften der Anmeldenden sind allerdings

immer noch zu beglaubigen, um Missbräuche zu verhindern und die Mitwirkung eines Notars sicherzustellen (§ 12 Abs. 1 HGB i. V. m. §§ 129 BGB, 39 ff. BeurkG). Die zum Handelsregister einzureichenden Dokumente sowie der Inhalt einer Eintragung können zusätzlich in jeder Amtssprache eines EU-Mitgliedstaates übermittelt werden (§ 11 Abs. 1 HGB). Die Anmeldung wird entweder durch den Kaufmann selbst (§§ 29, 53 HGB), die Gründer und/oder Organe einer AG (§§ 36 Abs. 1 und 81 Abs. 1 AktG), die Geschäftsführer einer GmbH (§ 78 GmbHG) oder alle Gesellschafter einer Personenhandelsgesellschaft (§ 108 HGB) vorgenommen. Bei Mitwirkungsverweigerung durch einen Beteiligten gilt § 16 HGB. Eine irrtümlich erfolgte Anmeldung kann wegen ihrer allgemeinen Außenwirkung im Interesse der Rechtssicherheit nicht angefochten werden, sondern lediglich bis zur Eintragung widerrufen werden (vgl. RGZ 82, 375, 379 f.). Nach erfolgter Eintragung hat der Betroffene nur die Möglichkeit, ein Amtslöschungsverfahren (§ 395 FamFG) und eine erneute – diesmal inhaltlich zutreffende – Anmeldung in die Wege zu leiten.

5   Der Registerführer übt im Hinblick auf die Anmeldung ein formelles und nach h. M. auch ein materielles **Prüfungsrecht** aus. Formell überprüft er seine Zuständigkeit, die Formalitäten der Anmeldung und die Eintragungsfähigkeit der Tatsache. Die Überprüfung der materiellen Richtigkeit der einzutragenden Tatsache (vgl. RGZ 127, 153, 156) und eine Amtsermittlung gem. § 26 FamFG erfolgen allerdings nur dann, wenn trotz ordnungsgemäßer Anmeldung begründete Zweifel an der Richtigkeit der einzutragenden Tatsache bestehen (*BayObLG* DB 1973, 1340, 1340; vgl. auch § 23 HRV). In diesen zweifelhaften Fällen hat der Registerführer die Eintragung auszusetzen oder gar abzulehnen (§§ 21 Abs. 1, 381, 382 Abs. 3 und 4 FamFG, § 25 Abs. 1 S. 3 HRV; vgl. zur Möglichkeit eines erneuten Antrags bei veränderter Sachlage *BGH* NJW-RR 2013, 1194 f.). Bei konstitutiven Eintragungen im Zusammenhang mit gesellschaftsrechtlichen Umstrukturierungen (z. B. Kapitalerhöhung, Verschmelzung) besteht beim Eintragungspflichtigen das erhebliche praktische Bedürfnis nach einer Abstimmung mit dem Handelsregister über das Ob und Wann der beantragten Eintragung (zur grundsätzlichen Zulässigkeit solcher Abstimmungen *S. Schulz*, NJW 2016, 1483 ff.).

Der Registerführer handelt in Ausübung eines öffentlichen Amtes. Die Verletzung einer drittschützenden Amtspflicht kann damit zur **Staatshaftung** nach Art. 34 GG i. V. m. § 839 BGB führen. Dabei kommt das sog. Spruchrichterprivileg des § 839 Abs. 2 BGB dem Registerführer nicht zugute (vgl. Palandt/*Sprau*, § 839 Rn. 63 ff.). Allerdings dürfen die Amtspflichten und ihre drittschützende Wirkung nicht zu weit gezogen werden (vgl. BGHZ 84, 285 ff.). Ein Verschulden des unabhängigen (vgl. Art. 97 Abs. 1 GG, § 9 RPflG) Registerführers kann zudem nur angenommen werden, wenn die seiner Entscheidung zugrunde gelegte Rechtsansicht objektiv nicht mehr vertretbar erscheint (für den Rechtspfleger *BGH* NJW 2007, 224, 226). Einschränkend

§ 10. Handelsregister 61

ist zudem die Subsidiarität der Amtshaftung (§ 839 Abs. 3 BGB) zu beachten (vgl. RGZ 131, 12, 15 f.).

Das zuständige Amtsgericht veranlasst die gesonderte **elektronische Be-** 6 **kanntmachung** einer Eintragung in das Handelsregister in der zeitlichen Folge ihrer Eintragung geordnet nach Tagen (§ 10 S. 1 HGB). Die Eintragung wird zwar bereits in dem Zeitpunkt wirksam, in dem sie in den für die Handelsregistereintragungen bestimmten Datenspeicher aufgenommen ist und auf Dauer inhaltlich unverändert in lesbarer Form wiedergegeben werden kann (§ 8a Abs. 1 HGB). Die Bekanntmachung ist jedoch für die Außenwirkung der Eintragung von besonderer Bedeutung (näher Rn. 13, 21). Der Inhalt der Bekanntmachung entspricht grundsätzlich der Eintragung (§ 10 S. 2 HGB), kann teilweise aber auch hinter dieser zurückbleiben (z. B. § 162 Abs. 2 HGB). Die Bundesländer haben für die elektronische Bekanntmachung ein gemeinsames System (www.handelsregisterbekanntmachungen.de) eingerichtet. Durch das EHUG wurde die bislang bestehende Pflicht zur Bekanntmachung im gedruckten Bundesanzeiger und in Tageszeitungen (§ 10 Abs. 1 HGB a. F.) mit Wirkung zum 1. 1. 2009 (Art. 61 Abs. 4 EGHGB) abgeschafft.

## C. Registerinhalt

Das Handelsregister hat zwei **Abteilungen:** In Abteilung **A** finden sich 7 die Tatsachen über Einzelkaufleute, OHG und KG sowie die juristischen Personen des öffentlichen Rechts und in Abteilung **B** die Tatsachen über Kapitalgesellschaften und Versicherungsvereine auf Gegenseitigkeit. Für die Genossenschaften und die Partnerschaftsgesellschaften werden eigene Register geführt (Rn. 30).

Es kann nicht alles in das Handelsregister eingetragen werden, was irgendwie im Zusammenhang mit Geschäftskontakten von Bedeutung sein mag. Die Abwägung zwischen dem Informationsbedürfnis des Rechtsverkehrs und dem Geheimhaltungsbedürfnis des Kaufmanns sowie der Praktikabilität der Registerführung hat prinzipiell der Gesetzgeber vorzunehmen. Eingetragen werden können daher grundsätzlich nur die im Gesetz als solche aufgeführten **eintragungsfähigen Tatsachen.** Unter Tatsachen versteht das HGB dabei nicht nur Tatsachen i. e. S., sondern auch Rechtsumstände wie beispielsweise das Bestehen einer Prokura. Als Folge der Auswahl durch den Gesetzgeber sind auch durchaus bedeutsame Umstände wie z. B. die Erteilung einer Handlungsvollmacht nicht eintragungsfähig.

Allerdings hat die Rechtsprechung den gesetzlichen Katalog der eintragungsfähigen Tatsachen in einigen Fällen erweitert. So können z. B. auch die Ausdehnung der Prokura nach § 49 Abs. 2 HGB (*BayObLG* BB 1971, 844, 845) oder die Befreiung des Alleingesellschafter-Geschäftsführers von § 181 BGB (BGHZ 87, 59, 60 f.; die nachträgliche Befreiung von § 181 BGB kann zudem als Änderung der Vertretungsmacht i. S. v. § 107 HGB oder § 81 Abs. 1 AktG sogar eintragungspflichtig sein) eingetragen werden. In der Literatur wird zudem die Eintragungsfähigkeit und sogar die Eintragungspflichtigkeit der Erteilung und des Erlöschens der Generalvollmacht (dazu Kap. 7 Rn. 21 f.) in Analogie zu § 53 Abs. 1 und 2 HGB erwogen (*Canaris*, § 4 Rn. 11). Im Gesellschaftsrecht ordnet der Gesetzgeber ferner für bestimmte Tatsachen statt der Registereintragung und Bekanntmachung immerhin noch eine Veröffentlichung in den sog. Gesellschaftsblättern an (z. B. § 30 Abs. 2 S. 2 GmbHG i. V. m. §§ 12, 65 Abs. 2 GmbHG).

Sofern nicht eintragungsfähige Tatsachen versehentlich in das Handelsregister eingetragen werden, entfalten diese grundsätzlich keinerlei Publizitätswirkungen.

8  Innerhalb der eintragungsfähigen Tatsachen unterscheidet man **eintragungspflichtige** und sonstige eintragbare **Tatsachen**. Die Eintragungspflicht bildet die Regel (Gesetzeswortlaut: „ist anzumelden"; z. B. §§ 29, 31, 32, 106 und 162 HGB). Die Eintragung von eintragungspflichtigen Tatsachen kann im Gegensatz zu Grundbucheintragungen gegebenenfalls mit Zwangsgeld (§ 14 HGB; §§ 388 ff. FamFG, § 11 RPflG) durchgesetzt werden **(Registerzwang)**. Die Unterscheidung ist auch im Rahmen von § 15 HGB von Bedeutung. Denn für die lediglich eintragbaren Tatsachen (§§ 3, 25 Abs. 2, 28 Abs. 2 HGB) gelten neben Sonderregelungen (z. B. §§ 25 Abs. 2 und 28 Abs. 2 HGB) allenfalls die Publizitätswirkungen des § 15 Abs. 2 HGB (str.; dazu Rn. 19 f.).

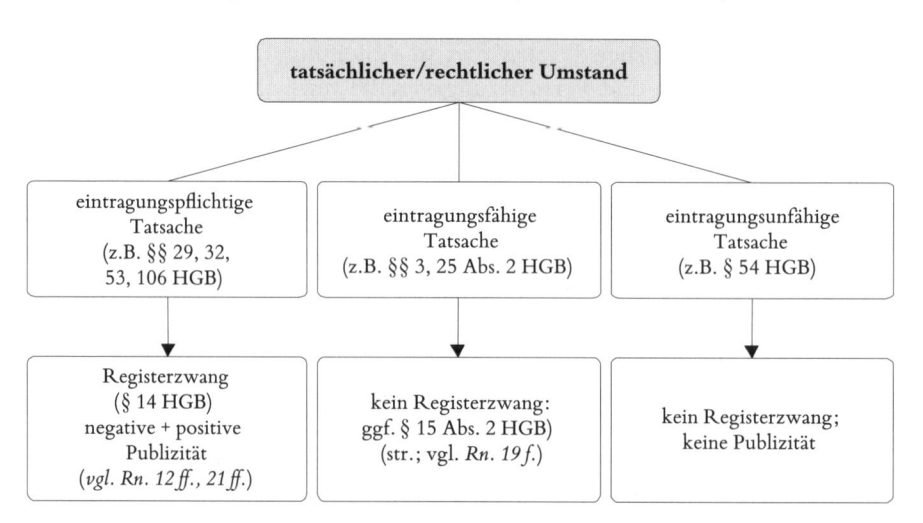

| tatsächlicher/rechtlicher Umstand | | |
|---|---|---|
| eintragungspflichtige Tatsache (z.B. §§ 29, 32, 53, 106 HGB) | eintragungsfähige Tatsache (z.B. §§ 3, 25 Abs. 2 HGB) | eintragungsunfähige Tatsache (z.B. § 54 HGB) |
| Registerzwang (§ 14 HGB) negative + positive Publizität (*vgl. Rn. 12 ff., 21 ff.*) | kein Registerzwang: ggf. § 15 Abs. 2 HGB (str.; vgl. *Rn. 19 f.*) | kein Registerzwang; keine Publizität |

Die Registereintragung hat **regelmäßig** nur eine **deklaratorische Wirkung**. Durch die Eintragung werden in diesen Fällen lediglich Tatsachen oder Rechtsverhältnisse kundgetan und beurkundet, die auch ohne die Eintragung bestehen (z. B. § 1 Abs. 2, § 53 Abs. 1 und 2 HGB). Die Bedeutung der Eintragung liegt dann ausschließlich (aber immerhin) in der mit ihr verbundenen Beweiswirkung (dazu Rn. 1), Heilungswirkung (z. B. § 242 AktG, § 20 Abs. 1

§ 10. Handelsregister                                                    63

Nr. 4 UmwG) und der materiellen Registerpublizität (§ 15 Abs. 1 und 2 HGB; dazu Rn. 12 ff.). Bisweilen ist die Registereintragung aber auch **konstitutiv** und damit ein Erfordernis für die Entstehung von Rechtsverhältnissen. In diesen Fällen hat allein die Eintragung eine die Rechtslage umgestaltende Wirkung. Selbst die sichere außerregisterrechtliche Kenntnis aller Beteiligten kann diese Rechtswirkung dann ohne Eintragung nicht herbeiführen. Beispiele bilden die Eintragungen nach §§ 2, 3 und 105 Abs. 2 HGB sowie nach § 11 Abs. 1 GmbHG und § 41 Abs. 1 AktG. Die Eintragung einer KG mit handelsgewerblichem Zuschnitt entfaltet sogar zugleich eine deklaratorische (hinsichtlich der Entstehung der KG als Handelsgesellschaft mit Kaufmannseigenschaft nach § 6 HGB) und eine konstitutive (hinsichtlich der Beschränkung der Kommanditistenhaftung nach §§ 171 Abs. 1 und 176 Abs. 1 S. 1 HGB) Wirkung.

## D. Registereinsicht (formelle Registerpublizität)

Nach § 9 Abs. 1 S. 1 HGB hat jedermann ein (allerdings grundsätzlich gebührenpflichtiges; vgl. Nr. 1140, 1141 des Gebührenverzeichnisses des JVKostG) **Einsichtsrecht zu Informationszwecken**, ohne dass hierfür – im Gegensatz zur Grundbucheinsicht (vgl. § 12 GBO) – ein besonderes Interesse nachgewiesen werden müsste. Durch die Beschränkung des Einsichtsrechts auf Informationszwecke sollen lediglich die gewerbliche Nutzung des Registerinhalts und Missbräuche wie insbesondere eine Datenmanipulation verhindert werden. Datenschutzrechtliche Bedenken bestehen bei der derzeitigen Ausgestaltung des Registers und der Registereinsicht wegen des überwiegenden Informationsbedürfnisses des Handelsverkehrs nicht (*Windbichler*, CR 1988, 447, 450 ff.). Das elektronische Einsichtsrecht wird entweder auf der Geschäftsstelle des Registergerichts (§ 10 HRV) oder (in der Praxis die Regel) über das von den Ländern gemeinsam eingerichtete Internetportal **„www.handelsregister.de"** ausgeübt. Es **umfasst** die Registerdaten und die zum Handelsregister eingereichten Dokumente, wobei die nur in Papierform vorhandenen Dokumente elektronisch nur dann übermittelt werden, wenn sie höchstens zehn Jahre alt sind (§ 9 Abs. 1 S. 1 und Abs. 2 HGB). Zu Beweiszwecken (vgl. Rn. 1) wird die Übereinstimmung der übermittelten Daten mit dem Inhalt des Registers bzw. den eingereichten Dokumenten auf Antrag durch das Gericht beglaubigt (§ 9 Abs. 3 HGB). Ebenso können ein Ausdruck bzw. eine Abschrift sowie eine Vollständigkeitsbescheinigung bzw. ein Negativattest verlangt werden (§ 9 Abs. 4 und 5 HGB). Der gegen Gebühr erhältliche sog. **aktuelle Ausdruck** bildet die Regel und gibt den aktuellen Registerinhalt zum Abrufzeitpunkt für eine bestimmte Firmennummer der Abteilung A oder B (z. B. HRA 110460 oder HRB 701259) des zuständigen Registergerichts (z. B. Amtsgericht Freiburg i. Br.) wieder. Er gibt Auskunft über die Anzahl der bisherigen Eintragungen, die Firma, den Sitz bzw. die Niederlassung und den Gegenstand des Unternehmens, bei den Kapitalgesellschaften über Grund- bzw. Stammkapital

9

und bei den Personenhandelsgesellschaften über die Gesellschafter, die Vertretungsverhältnisse, die Rechtsform, den Beginn, die Satzung oder den Gesellschaftsvertrag mit Datum, sonstige Rechtsverhältnisse und den Tag der letzten Eintragung. Gegen eine weitere Gebühr kann man auch einen **historischen bzw. chronologischen Ausdruck** erhalten, der Auskunft über die gelöschten Voreintragungen bis zum 1. 1. 2007 bzw. seit dem 1. 1. 2007 und damit über die Entwicklung des betreffenden Unternehmensträgers gibt. Hinsichtlich der vor dem 1. 1. 2007 in nicht elektronischer Form auf dem Registerblatt tabellarisch vermerkten Voreintragungen ist auf das alte eingescannte Registerblatt (siehe zu dessen Gestaltung und Inhalt die 5. Aufl., S. 66) zurückzugreifen. Im Interesse der Vollständigkeit und Lückenlosigkeit des Handelsregisters hat eine im Handelsregister eingetragene Person auch keinen Anspruch darauf, dass eine ursprünglich zutreffende Personenangabe nach ihrer späteren Änderung definitiv aus dem Handelsregister entfernt wird (so für den vormals männlichen Vornamen einer Transsexuellen BGH NJW 2015, 2116 ff.).

Während früher die mühsame Einsichtnahme in das Handelsregister in der Praxis die Ausnahme bildete, erfolgt sie inzwischen häufiger und nicht nur im Zusammenhang mit einem Gerichtsverfahren.

## E. Materielle Registerpublizität

> **Lernhinweis:** Die einzelnen Regelungen des § 15 HGB und der ergänzenden Gewohnheitsrechtssätze sollten unbedingt bekannt sein und von verwandten Erscheinungsformen (Kaufmann kraft Eintragung und Scheinkaufmann; dazu Kap. 2 Rn. 26 ff. und 36 ff.) abgegrenzt sowie in der Falllösung angewendet werden können. Sie sind ausgesprochen **prüfungsrelevant**. In der Praxis stellt zwar § 15 Abs. 2 HGB die wichtigste Vorschrift dar, da die richtige Eintragung und Bekanntmachung der Regelfall ist. In der juristischen Ausbildung spielen die Absätze 1 und 3 jedoch die größere Rolle, da sie zahlreiche Rechtsprobleme aufwerfen und ihr Verständnis häufig Schwierigkeiten bereitet.

10   § 15 HGB und die ihn ergänzenden Rechtsscheintatbestände dienen in einer für das Handelsrecht typischen Weise (vgl. Kap. 1 Rn. 6) der Sicherheit und Leichtigkeit des Rechtsverkehrs. Die materielle Publizität des Handelsregisters gehört systematisch zum **Vertrauensschutz** bzw. zur Rechtsscheinhaftung. Die Regelungen in den Absätzen 1 und 3 schützen Dritte, die Regelung in Absatz 2 kommt dem Eintragenden selbst zugute. Die Publizitätsfolgen knüpfen an die Eintragung und die Bekanntmachung (§ 15 Abs. 1 und 2 HGB) oder ausschließlich an die Bekanntmachung (§ 15 Abs. 3 HGB) an.

11   Die Handelsregisterpublizität stellt eine **Kombination** aus positiver und negativer Publizität dar. Unter **positiver Publizität** versteht man den Umstand, dass sich der Rechtsverkehr darauf verlassen kann, was tatsächlich in einem Register steht bzw. bekannt gemacht wurde (Musterbeispiel neben § 15 Abs. 3 HGB: § 892 Abs. 1 BGB). Die **negative Publizität** schützt dagegen Dritte in

§ 10. Handelsregister 65

ihrem Glauben, dass sich etwas, das nicht im Register eingetragen oder nicht bekannt gemacht ist, auch nicht ereignet hat. Durch die negative Publizität wird mithin entweder das Vertrauen in den Fortbestand der gesetzlichen Regellage bzw. der bislang eingetragenen besonderen Rechtslage geschützt. Im Ergebnis bleibt der gutgläubige Dritte von der nicht offenbarten Veränderung einer wahren Tatsache verschont (Musterbeispiel neben § 15 Abs. 1 HGB: § 1412 Abs. 1 BGB). Die Unterscheidung und insbesondere das Verständnis des Prinzips der negativen Publizität bereiten erfahrungsgemäß erhebliche Schwierigkeiten. Deshalb dazu bereits vorab ein kurzer Beispielsfall:

> **Beispielsfall:** Pfeiffer ist als Prokurist des Kaufmanns Klotz in das Handelsregister eingetragen und bekannt gemacht, obwohl Klotz dem Pfeiffer niemals eine wirksame Prokura erteilt hat. Zur Sicherheit widerruft Klotz die Prokura. Noch vor der Eintragung des Widerrufs schließt Pfeiffer einen Kaufvertrag mit dem Lieferanten Läufer, der Klotz in Anspruch nehmen möchte.
> Die Inanspruchnahme setzt eine Prokura Pfeiffers voraus. Diese besteht aber in Wirklichkeit nicht und hat auch niemals bestanden. Auch die negative Publizität des Handelsregisters nach § 15 Abs. 1 HGB hilft dem Läufer nicht weiter, da die negative Publizität allein den guten Glauben an das Fortbestehen der Regellage (hier: keine Prokura) oder einer einmal der Wahrheit entsprechend eingetragenen und bekannt gemachten Tatsache schützt. Die eingetragene Prokuristenstellung Pfeiffers entsprach aber zu keiner Zeit der Wahrheit. Die negative Publizität würde es Läufer lediglich ermöglichen, sich auf das Fehlen des noch nicht eingetragenen wahren Widerrufs zu berufen. Läufer könnte auf diese Weise nur den Widerruf der Prokura aus der Welt schaffen, nicht aber die Prokuristenstellung von Pfeiffer begründen. Helfen kann dem Läufer daher lediglich die positive Registerpublizität (vgl. § 15 Abs. 3 HGB; dazu Rn. 21 ff.). Denn diese ermöglicht es ihm, sich auf den unwahren Register- bzw. Bekanntmachungsinhalt (hier: Bestehen der Prokura) zu berufen (vgl. auch *Hofmann*, C V 3 a).

## I. Die negative Publizität des Handelsregisters (§ 15 Abs. 1 HGB)

### 1. Tatbestandsvoraussetzungen

#### (1) Eintragungspflichtige Tatsache

Es muss sich um eine einzutragende, d. h. **eintragungspflichtige** Tatsache 12
handeln (vgl. Rn. 8). Unerheblich ist dagegen, ob die Eintragung deklaratorischer oder konstitutiver Art ist, ob es sich um eine Primär- (z. B. Erteilung der Prokura, Eintritt eines Gesellschafters) oder Sekundärtatsache (z. B. Widerruf der Prokura, Austritt des Gesellschafters) oder auch die grundlegende Tatsache der Kaufmannseigenschaft handelt (vgl. auch den Beispielsfall in Kap. 2 Rn. 17). Obwohl das Hauptanwendungsgebiet der Vorschrift bei deklaratorischen Eintragungen liegt, kann § 15 Abs. 1 HGB auch bei konstitutiven Eintragungen eine Bedeutung zwischen der Eintragung und der Bekanntmachung erlangen.

**Beispielsfall:** Die ideelle Zwecke verfolgende Xenon-GmbH erwirbt mit der obligatorischen Eintragung in das Handelsregister die Rechtspersönlichkeit und Kaufmannseigenschaft (konstitutive Eintragung gem. §§ 11 Abs. 1, 13 Abs. 3 GmbHG). Noch vor der Bekanntmachung gewährt die X-GmbH Kaufmann Klotz ohne Vereinbarung über den Zinssatz ein verzinsliches Darlehen. Als die X-GmbH schließlich Zinsen in Höhe von 5 % verlangt (§ 352 Abs. 1 S. 2 HGB), beruft sich Klotz, der nur 4 % Zinsen zahlen möchte (§ 246 BGB), zu Recht darauf, dass er von der Kaufmannseigenschaft der X-GmbH nichts gewusst habe (§ 15 Abs. 1 HGB).

Sofern eine Tatsache zwar eintragungspflichtig, aber ausnahmsweise nicht zugleich auch bekanntmachungspflichtig ist (vgl. § 10 S. 2, § 162 Abs. 2 HS 1 HGB, § 27 Abs. 2 S. 2 HRV), ist umstritten, ob die **fehlende Bekanntmachungspflicht** die Anwendung von § 15 Abs. 1 HGB hindert (bejahend *K. Schmidt*, ZIP 2002, 413, 419 und MüKoHGB/*Krebs*, § 15 Rn. 29 unter Hinweis auf § 162 Abs. 2 HS 2 HGB bzw. das Erfordernis der fehlenden Bekanntmachung in § 15 Abs. 1 HGB; a. A. KKRD/*Roth*, § 15 Rn. 5 unter Hinweis auf die Notwendigkeit, auch Verstöße gegen die bloße Eintragungspflicht effektiv zu sanktionieren und einen über die allgemeinen Rechtsscheingrundsätze hinausreichenden Verkehrsschutz zu gewährleisten). Bedeutung hat dies bei der Übertragung eines Kommanditanteils unter Lebenden für den die Haftung des Altkommanditisten nach §§ 171, 172 Abs. 4 HGB ausschließenden Rechtsnachfolgevermerk (z. B. „im Wege der Sonderrechtsnachfolge"), der nach st. Rspr. (seit *RG* DNotZ 1944, 195 ff.) zur Unterscheidung der direkten Anteilsübertragung von einer Kombination aus Austritt des Altkommanditisten mit Abfindung und Eintritt des Neukommanditisten mit Beitragsleistung in das Handelsregister einzutragen, aber nach § 162 Abs. 2 HS 1 HGB nicht bekanntzumachen ist (dazu eingehend *Bueren*, ZHR 178 [2014], 2014, 715 ff.).

**Beispielsfall:** Der Kommanditist Velten veräußert seinen voll eingezahlten Kommanditanteil entgeltlich an Kramer. Im Handelsregister wird vermerkt, dass Velten aus der Kommanditgesellschaft ausgetreten und Kramer in diese eingetreten sei. Einen Monat später erwirbt der Dienstleister Dreier einen Vergütungsanspruch gegen die Kommanditgesellschaft. Der auf einen Austritt und Eintritt hindeutende Wortlaut der Eintragungen sowie das Fehlen des ansonsten die direkte Übertragung der Mitgliedschaft zu erkennen gebenden Rechtsnachfolgevermerks lassen hier (zumindest bei rechtskundigen Personen) den unzutreffenden Eindruck entstehen, Velten sei aus der Kommanditgesellschaft ausgeschieden und habe seine Kommanditeinlage in Form einer Abfindung wieder zurückerhalten, weshalb er Dritten gegenüber nach §§ 171, 172 Abs. 4 S. 1 HGB hafte. Wendet man hier auf den fehlenden Rechtsnachfolgevermerk als nach der Rechtsprechung eintragungspflichtige Tatsache § 15 Abs. 1 HGB an, könnte Dreier auch den Altkommanditisten Velten persönlich bis zur Höhe der im Handelsregister eingetragenen Haftsumme und bis zum Ablauf der Ausschlussfrist nach § 160 HGB in Anspruch nehmen (so Oetker/*Oetker*, § 172 Rn. 29 i. V. m. § 173 Rn. 25). Allenfalls könnte man die Haftung noch mit dem Hinweis ablehnen, dass ein Neugläubiger wie Dreier, dem das bereits vor einem Monat eingetragene Ausscheiden Veltens und das Eintreten Kramers bekannt sein mussten (vgl. § 15 Abs. 2 S. 1 HGB),

§ 10. Handelsregister 67

nicht auf eine allenfalls doppelte Haftung habe vertrauen können (so *v. Olshausen*, GS Knobbe-Keuk, 1997, S. 247, 259 und 274). Verneint man die Anwendbarkeit von § 15 Abs. 1 HGB unter Hinweis auf den freilich nicht ganz eindeutigen Wortlaut von § 162 Abs. 2 HS 2 HGB und die hierzu gegebene Begründung des Gesetzgebers (so etwa entgegen der h. L. *K. Schmidt*, Handelsrecht, § 14 Rn. 68 ff.), kann das Vertrauen Dritter in eine Haftung des Altkommanditisten Velten nach §§ 171, 172 Abs. 4 S. 1 HGB nur durch dessen analoge Anwendung (dazu *Huber*, ZGR 1984, 146, 155 f.) oder nach allgemeinen Rechtsscheingrundsätzen (dazu und zum Erfordernis des kaum zu führenden Nachweises, dass der Dritte Einsicht in das Handelsregister genommen und im konkreten Vertrauen auf die Haftung des Altkommanditisten disponiert hat, *Paul*, MDR 2004, 849, 851 ff.) geschützt werden (siehe zum fraglichen Bedürfnis nach Schutz der Gläubiger aber auch noch *K. Schmidt*, DB 2011, 1149, 1154 f.).

Eintragungspflichtig ist nach h. M. auch die Veränderung einer nicht eingetragenen eintragungspflichtigen Tatsache (BGHZ 116, 37, 44 f.; *OLG Köln* FGPrax 2015, 165, 166; vgl. auch *Hofmann*, C V 3 bb; a. A. *Canaris*, Die Vertrauenshaftung im Deutschen Privatrecht, S. 152).

**Beispiele:** Widerruf einer nicht eingetragenen Prokura (§ 53 Abs. 1 und 2 HGB); Ausscheiden eines nicht eingetragenen Gesellschafters (§§ 107, 143 Abs. 2 HGB); Auflösung einer nicht eingetragenen OHG/KG (§§ 106, 143 Abs. 1 HGB); Ausscheiden eines Gesellschafters aus einer sich als GbR gerierenden, nicht ins Handelsregister eingetragenen OHG (§§ 106, 143 Abs. 2 HGB; *OLG Brandenburg* EWiR 2003, 1249, 1249); Abberufung eines nicht voreingetragenen Geschäftsführers (*OLG Köln* FGPrax 2015, 165, 166 mit Anm. *K. Schmidt*, JuS 2016, 78 f.).

Für die h. M. spricht zunächst der Wortlaut der genannten Vorschriften, die jeweils eine Eintragungspflicht unabhängig von der Voreintragung des gegenteiligen Umstandes vorsehen. Verhindert wird damit auch, dass eine einmal eingetretene Unvollständigkeit des Registers als Rechtfertigung weiterer Verstöße gegen die Anmeldepflicht dient. Schließlich spricht die Ratio des § 15 Abs. 1 HGB in den meisten Fällen für die Eintragungspflicht, da es nicht ausgeschlossen ist, dass ein Dritter durch Umstände außerhalb des Registers von der voreintragungspflichtigen Tatsache erfährt, und damit die zur Anwendung des § 15 Abs. 1 HGB genügende abstrakte Möglichkeit einer Vertrauensbildung gegeben ist. Allerdings wird man die Eintragungspflicht aufgrund einer teleologischen Reduktion der betreffenden Eintragungsvorschrift dann verneinen müssen, wenn die voreintragungspflichtige Tatsache lediglich ein rein interner Vorgang geblieben und damit selbst die abstrakte Möglichkeit zur Bildung von Vertrauen ausgeschlossen ist (h. L.; vgl. Ba/Ho/*Hopt*, § 15 Rn. 11).

**Beispielsfall:** Kaufmann Klotz erteilt dem Pfeiffer Prokura. Noch bevor Pfeiffer nach außen hin auftritt, entlässt Klotz den Pfeiffer aufgrund von Veruntreuungen am Tag darauf fristlos. Hierdurch erlischt auch die Prokura (§ 168 BGB). Klotz unterlässt die erforderlichen Eintragungen und Bekanntmachungen nach § 53 Abs. 1 und 2 HGB, da er sie für überflüssig hält und gerne Kosten sparen möchte. Hier ist das Entstehen eines auch nur abstrakten Vertrauenstatbestandes bereits im Ansatz ausgeschlossen, da die

68 Kapitel 3. Registerpublizität

> Erteilung der Prokura als voreintragunspflichtige Tatsache nicht nach außen gedrungen ist. Das Bestehen auf der Anmeldepflicht wäre purer Formalismus. Der Widerruf der Prokura bildet mithin ausnahmsweise keine einzutragende Tatsache (vgl. *Hueck*, AcP 118 [1920], 350).

**(2) Fehlende Eintragung oder Bekanntmachung**

13    Weiterhin muss es an der Eintragung oder Bekanntmachung fehlen. Es ist also nochmals zu betonen, dass es nicht allein auf die Vornahme der Eintragung, sondern auch auf die Bekanntmachung ankommt. Der Dritte kann damit auch auf das Schweigen der Bekanntmachung vertrauen. Ein Verschulden ist insoweit nicht erforderlich. § 15 Abs. 1 HGB greift daher nicht nur bei vorsätzlichem oder fahrlässigem Unterlassen der Anmeldung, sondern gerade auch in den praktisch häufigen Fällen ein, in denen die Langwierigkeit des Registerverfahrens die angemeldete Eintragung verzögert. Dies gilt nach h. M. und im Gegensatz zu § 15 Abs. 3 HGB (dazu Rn. 25) auch zu Lasten von Geschäftsunfähigen und beschränkt Geschäftsfähigen (BGHZ 115, 78, 80; a. A. *Hager*, Jura 1992, 57, 60 f.).

**(3) Angelegenheit des Betroffenen**

14    Die negative Publizität hilft dem Dritten nur gegenüber demjenigen, in dessen Angelegenheiten die Eintragung vorzunehmen war. Das ist diejenige natürliche bzw. juristische Person oder Personenhandelsgesellschaft, die durch die Eintragung und Bekanntmachung einen Vorteil erlangen würde.

**(4) Gutgläubigkeit des Dritten**

15    Geschützt wird nur ein gutgläubiger Dritter. Es genügt die Unkenntnis der wahren Rechtslage, d. h. der durch die Nichteintragung verschwiegenen Rechtsänderung. Die Bildung eines konkreten Vertrauens (z. B. durch Einsicht in das Register bzw. den Bundesanzeiger oder durch Mitteilung außerhalb des Registers) oder gar ein Handeln im bewussten Vertrauen auf den Rechtsschein (Kausalität) ist nach h. M. im Unterschied etwa zur Lehre vom Scheinkaufmann nicht erforderlich (vgl. *BGH* NJW-RR 2004, 120; *K. Schmidt*, Handelsrecht, § 14 Rn. 40; differenzierend *Canaris*, § 5 Rn. 16 ff.). Es genügt vielmehr die theoretische Möglichkeit zur Bildung von Vertrauen (abstrakter Vertrauensschutz). Dies setzt nur (aber immerhin) voraus, dass der Dritte sein Verhalten auf den unrichtigen Registerinhalt wenigstens theoretisch hat einrichten und sich auf diesen hat verlassen können (*BGH* NJW-RR 2004, 120). Die Bösgläubigkeit ist allein bei positiver Kenntnis von der Tatsache gegeben. Das bloße Kennenmüssen oder die positive Kenntnis von Tatsachen, aus denen sich die eintragungspflichtige Tatsache erst ergibt, reichen nicht.

**Beispiel:** Ein Dritter darf auch dann noch auf die Vertretungsmacht eines im Handelsregister eingetragenen GmbH-Geschäftsführers vertrauen, wenn er weiß, dass dieser zwar abberufen wurde, sich jedoch noch gegen die Abberufung gerichtlich zur Wehr setzt, da das berechtigte Vertrauen erst mit der Kenntnis von der tatsächlich wirksamen Abberufung entfällt (*OLG Oldenburg* MDR 2010, 1065 f.).

# § 10. Handelsregister

Die Gutgläubigkeit des Dritten wird vermutet. Die Kenntnis hat daher der Prozessgegner zu beweisen. Keine Dritten sind die Gesellschafter, Mitglieder oder Organe einer eintragungspflichtigen Gesellschaft.

### (5) Handeln im Geschäfts- oder Prozessverkehr

Nach h. M. soll sich der Dritte nur bei einem Handeln im Geschäfts- oder Prozessverkehr auf die negative Publizität berufen können. Diese in § 15 Abs. 1 HGB nicht enthaltene Voraussetzung stellt eine teleologische Reduktion der Vorschrift dar. Sie ergibt sich nach h. M. aus dem hinter § 15 Abs. 1 HGB stehenden Prinzip des abstrakten Vertrauensschutzes. Danach muss die Bildung eines Vertrauens wenigstens prinzipiell möglich sein. Dies ist nur im Zusammenhang mit einem vom Willen gesteuerten freiwilligen Verhalten (rechtsgeschäftlicher Kontakt, Bereicherungsvorgänge, Prozesshandlungen) denkbar. Deshalb ist der Schutz des § 15 Abs. 1 HGB dem Dritten im reinen „Unrechtsverkehr", d. h. bei rein deliktischen Ansprüchen ohne Bezug zum Geschäfts- oder Prozessverkehr, zu versagen (vgl. *K. Schmidt*, Handelsrecht, § 14 Rn. 47). 16

**Beispielsfall:** Otto Mayer wird von einem LKW der Klotz-OHG angefahren und schwer verletzt. Mayer nimmt den noch im Handelsregister eingetragenen, aber bereits vor dem Unfall aus der Klotz-OHG ausgeschiedenen Gesellschafter Reich unter Berufung auf § 15 Abs. 1 HGB in Anspruch. Hiermit wird Mayer jedoch keinen Erfolg haben, da er bei dem plötzlichen Verkehrsunfall keine auch nur abstrakte Möglichkeit gehabt hat, ein Vertrauen hinsichtlich des Fortbestehens der Gesellschafterstellung von Reich zu entwickeln. Es wäre auch absurd zu behaupten, dass Mayer sich im Vertrauen auf das Fortbestehen der Gesellschafterstellung von Reich bzw. das Schweigen des Handelsregisters zu dessen Ausscheiden überfahren ließ (vgl. *RGZ* 93, 238, 241).

Entsprechendes gilt, wenn die fehlende Eintragung der Befreiung eines organschaftlichen Vertreters einer Kommanditgesellschaft von den Beschränkungen des § 181 BGB den Dritten überhaupt nicht zu einem anderen Verhalten hätte veranlassen können (*BGH* ZIP 2004, 39, 40).

### 2. Rechtsfolge

Sind die Voraussetzungen des § 15 Abs. 1 HGB gegeben, können einem Dritten die vom Handelsregister und/oder der Bekanntmachung verschwiegenen wahren Tatsachen nicht entgegengehalten werden. Der Dritte kann sich also auf diejenige Rechtsfolge berufen, die bei tatsächlichem Vorhandensein der von ihm unterstellten Rechtslage eingetreten wäre. Aus der Sicht des Dritten gilt daher der folgende 17

**Merksatz:** Dem Schweigen des Registers und/oder der Bekanntmachung über eintragungspflichtige Tatsachen kann man trauen!

**Beispiele:** Der aus einer OHG ausgeschiedene Gesellschafter gilt weiterhin als Gesellschafter und haftet auch für Neuschulden. Der frühere Inhaber eines Handelsgewerbes wird behandelt, als sei es noch sein Handelsgewerbe. Die widerrufene Prokura gilt als fortbestehend.

Allerdings ermöglicht § 15 Abs. 1 HGB keinen Prozess gegen eine aufgelöste Personenhandelsgesellschaft (OHG, KG, EWIV). Denn gegen ein Nichts kann man weder klagen noch einen Titel vollstrecken. Daran vermag auch die Nichteintragung der Auflösung (§ 143 Abs. 1 HGB) nichts zu ändern. Allerdings wird der Dritte den Prozess gegen die ehemaligen Gesellschafter fortführen können. Der hierzu notwendige Parteiwechsel dürfte von der Rechtsprechung als sachdienlich angesehen werden (§ 263 Alt. 2 ZPO; vgl. dazu *K. Schmidt*, Handelsrecht, § 14 Rn. 46).

18  § 15 Abs. 1 HGB dient allein dem Schutz des gutgläubigen Dritten und soll nur zu seinen Gunsten eingreifen. Daher befürwortet die h. M. ein **Wahlrecht** des Dritten (vgl. BGHZ 55, 267, 273; krit. *K. Schmidt*, Handelsrecht, § 14 Rn. 50 ff.). Er kann sich also statt auf den Vertrauensschutz auch auf die wahre Rechtslage berufen, sofern diese für ihn im Einzelfall einmal günstiger sein sollte (näher und zur sog. Rosinentheorie *Klausurfall 2*). Die Wahl wird von dem Dritten durch die Wahl einer bestimmten Rechtsfolge und den Vortrag der dazugehörigen Tatsachen getroffen. Der Dritte kann dabei eine einmal getroffene Wahl unter den Voraussetzungen des Prozessrechts wieder rückgängig machen.

**Beispielsfall:** Kaufmann Klotz hat die Prokura Pfeiffers widerrufen. Zwischen Eintragung und Bekanntmachung schließt Pfeiffer noch einen Kaufvertrag mit dem Lieferanten Läufer. Hier kann Läufer zunächst den Klotz auf Abnahme und Kaufpreiszahlung verklagen und sich zur Begründung auf die fehlende Bekanntmachung des Widerrufs der Prokura berufen (§ 15 Abs. 1 HGB). Sollte sich zwischenzeitlich jedoch die Zahlungsunfähigkeit von Klotz herausstellen, kann er die Klage zurücknehmen (§ 269 ZPO) und nunmehr Pfeiffer nach § 179 Abs. 1 BGB mit der Begründung in Anspruch nehmen, dass dieser in Wahrheit als Vertreter ohne Vertretungsmacht gehandelt habe.

## II. Zerstörung des Rechtsscheins durch richtige Eintragungen und Bekanntmachungen (§ 15 Abs. 2 HGB)

19  Die Regelung des § 15 Abs. 2 HGB gilt angesichts ihrer Bezugnahme auf § 15 Abs. 1 HGB („die Tatsache") und der abschließenden Sonderregelungen für sonstige eintragungsfähige Tatsachen (§§ 25 Abs. 2 und 28 Abs. 2 HGB) gleichfalls nur für **eintragungspflichtige Tatsachen** (str.; wie hier Ba/Ho/Hopt, § 15 Rn. 13; *C. Körber/Schaub*, JuS 2012, 303, 306; a. A. *Brox/Henssler*, Rn. 88). Die Bedeutung der Vorschrift, die neben die Sonderregelungen der §§ 25 Abs. 2 und 28 Abs. 2 HGB tritt, erschließt sich dabei erst auf den zweiten Blick. Denn die Aussage, dass eine wahre Tatsache, die dazu noch richtig im Handelsregister eingetragen und bekannt gemacht wurde, Dritten entgegen-

gehalten werden kann, erscheint als Selbstverständlichkeit. Die Vorschrift hat aber vor dem Hintergrund der Regelung in § 15 Abs. 1 HGB insoweit eine nicht unerhebliche Bedeutung, als sie die Berufung auf eine vom Registerinhalt abweichende Tatsache auch dann grundsätzlich ausschließt, wenn ein gutgläubiger Dritter hierauf vertraut hat (§ 15 Abs. 2 S. 1 HGB). Die Registereintragung wirkt mithin rechtsscheinzerstörend und dient dem **Schutz des Eintragungspflichtigen**. Aus der Sicht des Dritten gilt der folgende

**Merksatz**: Den Inhalt des Handelsregisters muss man kennen, da man sich auf einen gegenteiligen Rechtsschein grundsätzlich nicht berufen kann!

**Beispielsfall**: Reich ist als Gesellschafter aus der Klotz-OHG ausgeschieden. Dies wurde entsprechend im Handelsregister eingetragen und bekannt gemacht. Ein Gläubiger der OHG kann Reich wegen einer einen Monat später begründeten Forderung nicht mehr in Anspruch nehmen, auch wenn er glaubte, Reich sei noch Gesellschafter der Klotz-OHG.

Von dem genannten Grundsatz bestehen jedoch **Ausnahmen**. § 15 Abs. 2 S. 2 HGB erkennt einen Vertrauensschutz nämlich dann an, wenn der Dritte im Zusammenhang mit Rechtshandlungen, die innerhalb der **gesetzlichen Übergangsfrist** von 15 Tagen nach der Bekanntmachung vorgenommen wurden, beweist, dass er die Tatsache weder kannte noch kennen musste i. S. v. § 122 Abs. 2 BGB (Verlängerung der negativen Publizität des § 15 Abs. 1 HGB um 15 Tage). Diese Ausnahme hat angesichts der kurzen Frist und der Tatsache, dass der Gutglaubensbeweis in der Praxis schwer zu führen ist, nur eine geringe Bedeutung.

Fraglich ist allerdings, ob darüber hinaus auch nach Ablauf der 15-Tage-Frist 20 ein **übergesetzlicher Vertrauensschutz** gegen den Registerinhalt bestehen kann. Dies wird unter Berufung auf Treu und Glauben oder eine teleologische Reduktion des tatbestandlich zu weit gefassten § 15 Abs. 2 S. 1 HGB allgemein angenommen (vgl. BGHZ 62, 216, 223 und *BGH* NJW 1972, 1418, 1419 sowie *Canaris*, § 5 Rn. 36 ff. und – teilweise enger – *Koch*, AcP 207 [2007], 768 ff.), wenn:

- § 15 Abs. 2 S. 1 HGB mit einem vorrangigen gesetzlichen Vertrauenstatbestand kollidiert (z. B. § 172 Abs. 2 BGB),
- die Berufung auf den Registerinhalt angesichts eines von dem Eintragenden selbst geschaffenen oder geduldeten gegenteiligen Rechtsscheintatbestandes rechtsmissbräuchlich wäre (§ 242 BGB),
- dem Eintragenden ein Verstoß gegen vertrauensschützende Vorschriften (z. B. § 19 Abs. 2 HGB) zur Last fällt oder
- sich aus den besonderen Vertragsbeziehungen der Parteien die Pflicht ergibt, den Geschäftspartner auf eine eingetragene Veränderung (namentlich eine zwischenzeitlich erfolgte Haftungsbeschränkung) besonders hinzuweisen.

**Beispielsfall:** Kaufmann Klotz hat die Prokura seines Prokuristen Pfeiffer vor zwei Jahren widerrufen. Dies hat er im Handelsregister eintragen lassen und bekannt gemacht (§ 53 Abs. 2 HGB). In der Folgezeit duldete er jedoch wiederholt den Abschluss von Rechtsgeschäften durch Pfeiffer, der dabei u. a. gegenüber der gutgläubigen B-Bank seine von Klotz nicht eingezogene Vollmachtsurkunde vorgelegt hat und gegenüber dem in ständiger Geschäftsbeziehung zu Klotz stehenden Lieferanten Läufer mit Duldung von Klotz wie bislang als Prokurist aufgetreten ist.

Klotz hat hier am Anschein einer Vertretungsmacht durch Veranlassung und Duldung mitgewirkt. Die B-Bank kann sich auf den Vertrauensschutz des § 172 Abs. 2 BGB auch gegenüber der Eintragung berufen. Wegen der Vorlage der Urkunde hatte sie keine Veranlassung zur Einsicht in das Handelsregister. Das Vertrauen Läufers, dass der wie bislang für Klotz tätig gewordene Pfeiffer weiterhin Prokura besitzt, ist ebenfalls schutzwürdiger als das Interesse von Klotz, durch die Registereintragung klare Verhältnisse geschaffen zu haben. Denn Läufer durfte von Klotz als seinem ständigen Geschäftspartner erwarten, dass dieser ihn über die bedeutsame Veränderung in seinem Handelsgewerbe gesondert informiert. Auch von ihm konnte daher die bei Geschäftsabschlüssen in der Praxis äußerst seltene Einsicht in das Handelsregister nicht erwartet werden.

### III. Die positive Publizität

In § 15 Abs. 3 HGB und den ihn ergänzenden Gewohnheitsrechtssätzen ist die positive Publizität des Handelsregisters geregelt.

#### 1. Die gesetzliche Regelung in § 15 Abs. 3 HGB

Die Regelung des § 15 Abs. 3 HGB wurde in das HGB erst 1969 aufgrund einer Richtlinie zur gesellschaftsrechtlichen Publizität (RL 68/151/EWG; jetzt kodifiziert durch Art. 16 Abs. 7 UAbs. 2 RL 2017/1132/EU) eingefügt, geht allerdings über diese hinaus. Durch sie wird ein gutgläubiger Dritter in seinem Vertrauen auf eine unwahre Tatsache, die falsch bekannt gemacht wurde, geschützt.

#### a) Tatbestandsvoraussetzungen

#### (1) Unrichtige Bekanntmachung

21   Vorausgesetzt wird zunächst eine unrichtige Bekanntmachung. Maßgeblich ist im Gegensatz zu § 15 Abs. 1 und 2 HGB allein die Bekanntmachung. Eine unrichtige Bekanntmachung kann dabei nicht nur durch Bekanntmachungsfehler i. e. S. (z. B. einen Übermittlungsfehler), sondern durch jede andere Abweichung der Bekanntmachung von der tatsächlichen Rechtslage entstehen (Bekanntmachung einer bereits falsch eingetragenen oder einer überhaupt nicht eingetragenen Tatsache). Auf die Richtigkeit oder Unrichtigkeit der Eintragung kommt es nicht an, allerdings wird in der Praxis eine unrichtige Eintragung regelmäßig auch zu einer unrichtigen Bekanntmachung führen. Ist eine unrichtige Eintragung ausnahmsweise einmal richtig bekannt gemacht worden (sog. reiner Eintragungsfehler), greift das ergänzende Gewohnheitsrecht und

nicht etwa § 15 Abs. 3 HGB analog ein (h. M.; näher Rn. 27 f.). Maßgeblich für die Beurteilung der Unrichtigkeit ist der Zeitpunkt der Bekanntmachung. Wird die Bekanntmachung erst später infolge einer Umstandsänderung unrichtig (z. B. Widerruf der bekannt gemachten Prokura), kommt allenfalls ein Schutz durch § 15 Abs. 1 HGB (z. B. bei fehlender Eintragung oder Bekanntmachung des Widerrufs nach § 53 Abs. 2 HGB), nicht jedoch eine Anwendung von § 15 Abs. 3 HGB in Frage.

**(2) Eintragungspflichtige Tatsache**

Es muss sich wie bei § 15 Abs. 1 HGB um eine überhaupt eintragungspflichtige Tatsache handeln (*BGH* NJW 2017, 559; näher *Canaris*, § 5 Rn. 47). Unerheblich ist, ob es sich um eine konstitutive oder deklaratorische Eintragung handelt (*OLG Bremen* NZG 2016, 185, 186). Die Eintragungspflichtigkeit ist hier nicht für den konkreten Fall, sondern abstrakt bzw. hypothetisch zu prüfen. Frage: Müsste die falsch bekannt gemachte Tatsache, wenn sie der Wirklichkeit entspräche, eingetragen werden?

**Beispielsfall:** Gaus ist Geschäftsführer der X-GmbH, aber fälschlich als Geschäftsführer der Y-GmbH bekannt gemacht. Gaus schließt mit dem gutgläubigen Lieferanten Läufer einen Kaufvertrag. Wenn Läufer die Y-GmbH unter Berufung auf § 15 Abs. 3 HGB in Anspruch nimmt, kann diese nicht einwenden, dass Gaus bei ihr nicht als Geschäftsführer tätig sei und daher insoweit konkret auch gar keine Eintragungspflicht bestehen könne. Vielmehr ist darauf abzustellen, dass die Geschäftsführerstellung als solche („abstrakt") eine eintragungspflichtige Tatsache ist (§§ 10 Abs. 1, 39 Abs. 1 GmbHG).

**(3) Unkenntnis des Dritten**

Der Dritte darf **keine Kenntnis** von der Unrichtigkeit der Bekanntmachung haben. Wie bei § 15 Abs. 1 HGB wird aber auch hier die Bildung eines konkreten und für das Verhalten des Dritten gar kausalen Vertrauens nicht verlangt (vgl. Rn. 15).

**(4) Handeln im Geschäfts- oder Prozessverkehr**

Nach h. M. soll sich der Dritte nur bei einem Handeln im Geschäfts- oder Prozessverkehr auf die positive Publizität berufen können. Wie im Rahmen von § 15 Abs. 1 HGB werden Handlungen im reinen „Unrechtsverkehr" nicht geschützt (vgl. Rn. 16).

**(5) Zurechenbarkeit der Bekanntmachung**

Nach h. L. ist die Haftung nach § 15 Abs. 3 HGB schließlich nur gegeben, wenn die Bekanntmachung von dem von ihr Betroffenen zurechenbar veranlasst wurde (zum Streitstand *K. Schmidt*, JuS 2013, 360 ff.). Diese teleologische Reduktion entspricht zwar dem bis 1969 geltenden Gewohnheitsrecht (dazu Rn. 27 f.), widerspricht jedoch dem Willen des Gesetzgebers, der sich bewusst nicht von Zurechnungsgesichtspunkten leiten lassen wollte (vgl. BT-

Drs. V/3862, S. 10). Problematisch ist ferner, dass der Verkehrsschutz damit an ein dem Dritten nicht erkennbares Verhalten des Betroffenen anknüpft und auch der dem § 15 Abs. 3 HGB zugrunde liegende Art. 16 Abs. 7 UAbs. 2 RL 2017/1132/EU eine derartige Einschränkung zumindest nicht ausdrücklich kennt. Die teleologische Reduktion wird aber trotzdem befürwortet, da die Haftung anderenfalls zu untragbaren Konsequenzen führen könnte, wenn sie einen völlig Unbeteiligten trifft (*Canaris*, § 5 Rn. 51 f.; a. A. *Hofmann*, C V 3 c bb). Insoweit kann sich die h. M. dann sogar auf den Wortlaut der Vorschrift („in dessen Angelegenheiten") stützen, da ein Unbeteiligter keine Angelegenheit hat, die der Eintragungspflicht unterliegt (*Steckhan*, NJW 1971, 1594 ff.; *K. Schmidt*, JuS 2013, 360, 361; krit. MüKoHGB/*Krebs*, § 15 Rn. 91).

**Beispielsfall:** Reich wird aufgrund eines Übermittlungsfehlers als Gesellschafter einer von A und B gegründeten und geführten OHG bekannt gemacht. Sämtliche Gläubiger der vermögenslosen OHG wollen den (noch) solventen Reich in Anspruch nehmen (§ 128 HGB i. V. m. § 15 Abs. 3 HGB). Nach h. M. wäre dies mangels Zurechenbarkeit (keine Veranlassung der Bekanntmachung durch Reich) bzw. mangels einer eintragungspflichtigen Angelegenheit von Reich nicht möglich.

Zurechenbare Veranlassung der Bekanntmachung bedeutet nicht Verschulden und auch nicht Veranlassung der Fehlerhaftigkeit. Auch wer einen richtigen Antrag gestellt hat, setzt einen Anlass für die Bekanntmachung. **Ausgeschlossen wird** zunächst nur die Haftung gänzlich *Unbeteiligter*, die wie Reich im obigen Beispiel gar nichts mit der Bekanntmachung zu tun haben. Die Zurechenbarkeit der Veranlassung setzt zudem Zurechnungsfähigkeit voraus und fehlt damit bei *Geschäftsunfähigkeit* oder *beschränkter Geschäftsfähigkeit* des Betroffenen. Im Gegensatz zu § 15 Abs. 1 HGB kann auf diese Weise dem erwünschten Minderjährigenschutz zumindest im Rahmen von § 15 Abs. 3 HGB Rechnung getragen werden.

### b) Rechtsfolge

26 Der Dritte kann sich auf die falsch bekannt gemachte Tatsache gegenüber demjenigen berufen, in dessen Angelegenheiten die Tatsache einzutragen war.
Wie bei § 15 Abs. 1 HGB (vgl. Rn. 18) hat der Dritte nach h. M. ein Wahlrecht, ob er sich auf den Bekanntmachungsinhalt oder die wahre Rechtslage berufen möchte (vgl. *BGH* DB 1990, 983 f.).

**Merksatz:** Der Bekanntmachung kann man trauen!

## 2. Die ergänzenden Gewohnheitsrechtssätze

27 Das bis 1969 zur positiven Publizität des Handelsregisters herausgebildete Gewohnheitsrecht hat außerhalb des Anwendungsbereichs von § 15 Abs. 3 HGB in besonderen Einzelfällen seine Bedeutung behalten (z. B. *BGH* NJW 2017, 559). Der von der h. M. befürwortete (zuletzt etwa *Lettl*, Handelsrecht,

§ 3 Rn. 71; a. A. *Bürck*, AcP 171 [1971], 328, 338) Rückgriff auf das Gewohnheitsrecht verfolgt das Ziel, eine analoge Anwendung der für zu weitgehend gehaltenen Haftung nach § 15 Abs. 3 HGB zu vermeiden. Als Rechtsscheintatbestände verlangen diese Gewohnheitsrechtssätze nämlich entweder eine zurechenbare Veranlassung der falschen Eintragung oder deren schuldhafte Nichtbeseitigung sowie ein Handeln des Dritten im berechtigten Vertrauen auf die Handelsregistereintragung (Kausalität des Rechtsscheins). Die **Anforderungen** an diese Rechtsscheinhaftung sind mithin **strenger** als an den abstrakten Vertrauensschutz nach der gesetzlichen Regelung des § 15 Abs. 3 HGB. Eine Analogie zur gesetzlichen Regelung kommt auch deshalb nicht in Betracht, weil der Gesetzgeber deren Anwendung auf den reinen Eintragungsfehler gerade ausdrücklich ausgeschlossen hat und es damit an einer planwidrigen Lücke fehlt (vgl. BT-Drs. V/3862, S. 11).

Die beiden ergänzenden Gewohnheitsrechtssätze lauten: 28

> **Merksätze (Gewohnheitsrechtssätze):**
> (1) Wer eine ihn betreffende unrichtige Eintragung zurechenbar veranlasst hat, muss sich gegenüber einem ohne Fahrlässigkeit auf die Richtigkeit der Eintragung vertrauenden Dritten so behandeln lassen, als ob die Eintragung richtig wäre.
> (2) Wer eine ihn betreffende unrichtige Eintragung, die er nicht veranlasst hat, schuldhaft nicht beseitigen lässt, muss sich gegenüber einem ohne Fahrlässigkeit auf die Richtigkeit der Eintragung vertrauenden Dritten so behandeln lassen, als ob die Eintragung richtig wäre.

Wegen des Vorrangs der gesetzlichen Regelung in § 15 Abs. 3 HGB sind dem Gewohnheitsrecht nur noch drei in der Praxis seltene **Anwendungsfälle** verblieben:

- Die Eintragung ist falsch, aber die Bekanntmachung ist dennoch richtig (reiner Eintragungsfehler).
- Die Eintragung ist falsch und eine Bekanntmachung ist noch nicht erfolgt (Zwischenfehler).
- Die Eintragung und/oder Bekanntmachung einer nicht eintragungspflichtigen Tatsache.

Die Grenzen zur allgemeinen handelsrechtlichen Rechtsscheinhaftung im 29 Zusammenhang mit Registervorgängen sind hier fließend (vgl. *Canaris*, § 6 Rn. 6).

> **Beispielsfall** (nach *BGH* NJW 1991, 2566 f.): Gaus ist als Geschäftsführer einer GmbH im Handelsregister eingetragen und bekannt gemacht. Gaus schließt im Namen der GmbH einen Kaufvertrag mit dem Lieferanten Läufer. Als Läufer Kaufpreiszahlung verlangt, wendet die GmbH ein, dass Gaus im Zeitpunkt des Vertragsschlusses geschäftsunfähig war.
> Die durch die Geschäftsunfähigkeit eingetretene Beendigung der Geschäftsführungsbefugnis des Gaus war zwar eintragungspflichtig (§§ 6 Abs. 2 S. 1 und 39 Abs. 1 GmbHG), doch schützt § 15 Abs. 1 HGB dann auch nur das Vertrauen in den Fortbe-

stand der Geschäftsführerstellung, nicht jedoch das Vertrauen auf die Geschäftsfähigkeit des Gaus und die Wirksamkeit seiner Willenserklärung. Auch § 15 Abs. 3 HGB hilft dem Läufer nichts. Denn die Bekanntmachung der Geschäftsführerstellung des Gaus war zum einen ursprünglich richtig und würde zudem wiederum nur das Vertrauen in die Geschäftsführerstellung, nicht aber die Geschäftsfähigkeit des Gaus schützen. Damit kommt allenfalls noch eine Haftung der GmbH wegen zurechenbarer Begründung des Rechtsscheins, dass Gaus alle persönlichen Voraussetzungen für seine offenbarte Geschäftsführerstellung mitbringt, in Frage. Der Rechtsverkehr kann nämlich auch außerhalb der genannten Gewohnheitsrechtssätze darauf vertrauen, dass die Gesellschafter einen Geschäftsunfähigen sofort wegen Wegfalls einer persönlichen Voraussetzung der Geschäftsführerstellung durch einen anderen ersetzen. Die Zurechnung setzt allerdings voraus, dass die Geschäftsunfähigkeit des Gaus den Gesellschaftern erkennbar war.

## § 11. Genossenschafts- und Partnerschaftsregister

30   Die Regelungen zur Führung sowie zur formellen und materiellen Publizität des **Genossenschaftsregisters** (§§ 10 ff., 29, 42 Abs. 1 S. 3, 86, 156 ff. GenG und GenRegV) und des **Partnerschaftsregisters** (§ 5 Abs. 2 PartGG und PartRegV) entsprechen weitgehend dem Handelsregisterrecht. Dennoch hat der Gesetzgeber bislang an der historisch gewachsenen Trennung der drei unternehmensrelevanten Basisregister und den vergleichsweise geringen Regelungsunterschieden (z. B. gegenständlich eingeschränkte materielle Publizität des Genossenschaftsregisters; vgl. §§ 29, 42 Abs. 1 S. 3, 86 GenG; zur umstr. Analogiefähigkeit der Regelungen *Beuthien*, in: Beuthien, Genossenschaftsgesetz, 16. Aufl., 2018, § 29 Rn. 2 f.) festgehalten.

## § 12. Unternehmensregister

31   Das Gesetz über elektronische Handelsregister und Genossenschaftsregister sowie das Unternehmensregister (**EHUG**) hat mit Wirkung vom 1. 1. 2007 neben den unternehmensrelevanten Basisregistern (Handelsregister, Genossenschaftsregister, Partnerschaftsregister) ein zusätzliches Unternehmensregister geschaffen (§ 8b HGB). Das Unternehmensregister ist ein bloßes sog. Metaregister, das seine Daten eins zu eins und ohne Prüfung aus dem Handels-, Genossenschafts- und Partnerschaftsregister sowie aus dem elektronischen Bundesanzeiger, von Insolvenzgerichten und direkt von den Unternehmen bezieht. Über das Unternehmensregister (**www.unternehmensregister.de**) sind die Registerdaten und die dazu eingereichten Dokumente, Rechnungslegungsdaten, Bekanntmachungen im Bundesanzeiger sowie insolvenzrechtliche und kapitalmarktrechtliche Bekanntmachungen abrufbar (näher § 8b Abs. 2 HGB). Das Unternehmensregister entfaltet als solches keine materiellen Pub-

lizitätswirkungen (vgl. Rn. 10 ff.). Diese sind daher auf die über es lediglich zur Verfügung gestellten Daten aus dem Handels-, Genossenschafts- und Partnerschaftsregister beschränkt. Es handelt sich mithin nur (aber auch immerhin) um ein einheitliches Portal, durch das erstmals **sämtliche veröffentlichungspflichtigen Unternehmensdaten elektronisch zugänglich** gemacht werden. Die Einsichtnahme ist mit Ausnahme der Daten aus dem Handels-, Genossenschafts- und Partnerschaftsregister kostenfrei. Mit der Schaffung und Zusammenführung einer elektronischen Unternehmenspublizität durch das EHUG, das insbesondere auch der Umsetzung der Publizitätsreformrichtlinie 2003/58/EG (dazu *Schemmann*, GPR 2003/04, 92 ff.) und eines Teils der Transparenzrichtlinie 2004/109/EG diente, hat der Bundesgesetzgeber einen wichtigen Schritt hin zu einer modernen unternehmensrechtlichen Publizität getan (*Noack*, NZG 2006, 801, 806). Mit dem Gesetz zur Umsetzung der **Richtlinie 2012/17/EU** in Bezug auf die Verknüpfung von Zentral-, Handels- und Gesellschaftsregistern in der Europäischen Union vom 22. Dezember 2014 (BGBl. I 2014, S. 2409 f.) wurde zum 1. 1. 2015 § 9b HGB in Kraft gesetzt (dazu *Terbrack*, DStR 2015, 236 f.). Danach sollen die Eintragungen im Handelsregister und die zum Handelsregister eingereichten Dokumente sowie Unterlagen der Rechnungslegung nach § 325 HGB, soweit sie Kapitalgesellschaften betreffen oder Zweigniederlassungen von Kapitalgesellschaften, die dem Recht eines anderen Mitgliedstaates der Europäischen Union oder eines anderen Vertragsstaates des Abkommens über den Europäischen Wirtschaftsraum unterliegen, auch über das **Europäische Justizportal** zugänglich sein. Zu diesem Zweck werden die entsprechenden Registerdaten an die zentrale Europäische Plattform übermittelt und über diese zwischen den Registern ausgetauscht sowie den betroffenen Kapitalgesellschaften und Zweigniederlassungen von Kapitalgesellschaften eine einheitliche europäische Kennung zugeordnet. Seit Juni 2017 sind die Unternehmensregister aller EU-Mitgliedstaaten im System der Registervernetzung (**BRIS** – Business Registers Interconnection System) miteinander verbunden. Das BRIS soll ein wichtiger Baustein des **zentralen digitalen Zugangsportals** sein, über welches den im EWR-Binnenmarkt agierenden Unternehmern und Verbrauchern künftig wichtige Informationen zur Verfügung gestellt werden sollen (dazu Verordnung EU/2018/1724 des Europäischen Parlaments und des Rates vom 2. Oktober 2018 über die Einrichtung eines einheitlichen digitalen Zugangstors zu Informationen, Verfahren, Hilfs- und Problemlösungsdiensten und zur Änderung der Verordnung EU/1024/2012).

# § 13. Wiederholung

## A. Zusammenfassung

- Das Handelsregister ist ein **öffentliches Register**, das von den Amtsgerichten nach Maßgabe der §§ 8 ff. HGB, der §§ 374 ff. FamFG und der HRV geführt wird. Es **dient** dem Verkehrsschutz und der staatlichen Kontrolle sowie dem Eintragungspflichtigen zur Beweisführung und Bekanntmachung.
- Grundsätzlich bestimmt der Gesetzgeber, welche Tatsachen in die zwei Abteilungen des Handelsregisters eingetragen werden. Die zumeist rein deklaratorischen **Eintragungen** sind regelmäßig Pflicht. Grundsätzlich werden die Eintragungen nur aufgrund einer Anmeldung durch den oder die Eintragungspflichtigen vorgenommen (§ 12 HGB). Vor der Eintragung übt der Registerführer (zumeist ein Rechtspfleger, teilweise ein Richter) ein formelles und materielles Prüfungsrecht aus.
- Handelsregistereintragungen werden **elektronisch** (§ 10 HGB; www.handelsregisterbekanntmachungen.de) **bekannt gemacht**.
- Die Eintragungen im Handelsregister und die dazugehörigen Dokumente können nach § 9 HGB von jedermann ohne Nachweis eines besonderen Interesses zu Informationszwecken **elektronisch eingesehen** werden (www.handelsregister.de).
- Die Regelungen zur Führung sowie zur formellen und materiellen Publizität des **Genossenschaftsregisters und des Partnerschaftsregisters** entsprechen weitgehend dem Handelsregisterrecht.
- Durch das EHUG wurde mit Wirkung vom 01.01.2007 ein **Unternehmensregister** eingeführt, in dem in Form eines Metaregisters sämtliche veröffentlichungspflichtigen Unternehmensdaten zusammengeführt und elektronisch abrufbar sind (www.unternehmensregister.de).

**Materielle Publizität des Handelsregisters:**

| Regelung | Registersituation | Situation des Dritten | Publizitätswirkung |
| --- | --- | --- | --- |
| § 15 Abs. 1 HGB | Nichteintragung und/oder Nichtbekanntmachung einer eintragungspflichtigen Tatsache | Unkenntnis, d. h. der Dritte geht mit oder ohne konkretes Vertrauen vom Nichtbestehen der eintragungspflichtigen Tatsache aus; es besteht die abstrakte Möglichkeit zur Entwicklung von Vertrauen (v. a. kein reiner Unrechtsverkehr) | Negative Publizität, d. h. der Dritte kann auf das Schweigen des Registers oder der Bekanntmachung über eine eintragungspflichtige Tatsache vertrauen (zum Wahlrecht des Dritten vgl. Rn. 18 und Klausurfall 2) |

| Regelung | Registersituation | Situation des Dritten | Publizitätswirkung |
|---|---|---|---|
| § 15 Abs. 2 HGB | Korrekte Eintragung und Bekanntmachung einer eintragungspflichtigen (str.) Tatsache | Der Dritte vertraut auf einen Rechtsschein gegen den Register- und Bekanntmachungsinhalt. | Rechtsscheinzerstörung, d. h. Dritte können sich grundsätzlich nicht auf die von ihnen entgegen dem Registerinhalt angenommene Rechtslage berufen (zu Ausnahmen vgl. Rn. 20) |
| § 15 Abs. 3 HGB | Unrichtige Bekanntmachung einer eintragungspflichtigen Tatsache | Unkenntnis des Dritten von der Unrichtigkeit der Bekanntmachung; es besteht die abstrakte Möglichkeit zur Entwicklung von Vertrauen (v. a. kein reiner Unrechtsverkehr) | Positive Publizität, d. h. der Dritte kann sich auf die unrichtige Bekanntmachung berufen |
| Gewohnheitsrechtssätze | Veranlassung oder schuldhafte Nichtbeseitigung einer falschen Eintragung durch den Eingetragenen | Gutgläubigkeit (bereits einfache Fahrlässigkeit begründet Bösgläubigkeit) | Positive Publizität, d. h. der Dritte kann sich auf die unrichtige Eintragung berufen |

## B. Vertiefungsanregung

Nehmen Sie § 15 HGB einmal zum Anlass, sich eine Tabelle zu den Anforderungen (Art der Rechtsscheinbasis, Erforderlichkeit einer Zurechnung des Rechtsscheins, abstraktes oder konkretes Vertrauen auf den Rechtsschein, Anforderungen an die Gutgläubigkeit, Gegenstand des guten Glaubens) und zu den denkbaren Rechtsfolgen der Publizität (z. B. gutgläubiger Erwerb, Schutz des Vertrauens in eine Vertretungsmacht) der verschiedenen Register (Handelsregister, Grundbuch, Vereinsregister, Güterrechtsregister) zu erstellen (aktives Lernen; vgl. *Haft*, Einführung in das juristische Lernen, 7. Aufl., 2015, S. 4 ff.). Hilfestellung kann Ihnen dabei der äußerst lesenswerte und nur teilweise durch Gesetzesänderungen überholte Aufsatz von *Westermann* (JuS 1963, 1 ff.) zum Gutglaubensschutz im deutschen Zivilrecht geben.

# C. Klausurfall 2 (Der ausgeschiedene Gesellschafter)

Bearbeitungszeit: 120 Minuten

### Sachverhalt

A, B und C betreiben unter der im Handelsregister eingetragenen ABC-OHG einen Computerhandel. Sie sind gemeinsam vertretungsberechtigt. Da C sich künftig lieber im florierenden Markt für schnurlose Telefongeräte engagieren möchte, scheidet er zum 31. 12. 2018 aus der ABC-OHG aus. Sein Ausscheiden wird von A und B zur Eintragung in das Handelsregister angemeldet. Der mit der Anmeldung betraute Rechtspfleger Rasch des zuständigen und in Baden-Württemberg gelegenen Amtsgerichts setzt jedoch am 20. 2. 2019 das Eintragungsverfahren gem. § 382 Abs. 4 FamFG bis zum 31. 3. 2019 aus, da er noch eine Mitwirkung des C bei der Anmeldung für erforderlich hält. Am 20. 3. 2019 bestellen A und B mit einem Geschäftsbogen, der den Aufdruck ABC-OHG trägt, bei dem ahnungslosen Hersteller Holm Computer im Wert von 150.000,– €. Das Handelsregister hatte Holm nicht eingesehen. Aufgrund des anhaltenden Preisdrucks auf dem Computermarkt gerät die ABC-OHG im Frühjahr 2019 in Zahlungsschwierigkeiten. Holm nimmt daraufhin den vermögenden C auf Zahlung des fälligen Kaufpreises in Anspruch. C schaltet einen Rechtsanwalt ein, da er glaubt, aufgrund seines Ausscheidens nicht zur Zahlung verpflichtet zu sein. Von seinem Ausscheiden habe er schließlich auch seinem in der Buchhaltung von Holm tätigen Freund Fröhlich erzählt. Wenn man ihn aber dennoch weiterhin als Gesellschafter der ABC-OHG betrachte, so sei der Kaufvertrag jedenfalls mangels Vertretungsmacht von A und B für ihn ohne Rechtswirkungen. Für den Fall seiner Zahlungspflicht erwägt C einen Regress gegen den A und gegen das Land Baden-Württemberg. Wie ist die Rechtslage?

Anm.: § 382 Abs. 4 FamFG lautet: „Ist eine Anmeldung zur Eintragung in die in § 374 Nr. 1 bis 4 genannten Register unvollständig oder steht der Eintragung ein anderes durch den Antragsteller behebbares Hindernis entgegen, hat das Registergericht dem Antragsteller eine angemessene Frist zur Beseitigung des Hindernisses zu bestimmen. Die Entscheidung ist mit der Beschwerde anfechtbar."

### Lösung

## A. Anspruch Holms gegen C auf Kaufpreiszahlung aus § 433 Abs. 2 BGB i. V. m. § 128 S. 1 HGB

Einzige Anspruchsgrundlage für den Zahlungsanspruch ist § 433 Abs. 2 BGB i. V. m. § 128 S. 1 HGB. Danach haften die Gesellschafter einer OHG für die Verbindlichkeiten der Gesellschaft als Gesamtschuldner persönlich. Zu prüfen ist mithin die Gesellschafterstellung des C und die Begründung einer OHG-Verbindlichkeit.

### 1. Gesellschafterstellung von C (+)

#### a) Tatsächliche Gesellschafterstellung von C (−)

Tatsächlich ist C nicht mehr Gesellschafter der ABC-OHG, da er zum 31. 12. 2018 aus der von A und B fortgesetzten (§ 131 Abs. 3 Nr. 3 HGB) Gesellschaft ausgeschieden ist. Die Eintragung seines Ausscheidens ist rein deklaratorisch und bildet keine Voraussetzung für den tatsächlichen Verlust der Gesellschafterstellung.

## b) Gesellschafterstellung von C nach § 15 Abs. 1 HGB (+)

C muss sich aber möglicherweise gegenüber Holm aufgrund der negativen Publizität des Handelsregisters als Gesellschafter behandeln lassen. Denn nach § 15 Abs. 1 HGB kann eine in das Handelsregister einzutragende Tatsache bei fehlender Eintragung und/oder Bekanntmachung von demjenigen, in dessen Angelegenheiten sie einzutragen war, einem gutgläubigen Dritten nicht entgegengehalten werden. Zu prüfen sind folglich die Voraussetzungen des § 15 Abs. 1 HGB:

### aa) Eintragungspflichtigkeit des Ausscheidens (+)

Das Ausscheiden des C ist eine in Angelegenheiten der OHG und des C eintragungspflichtige Tatsache (§ 143 Abs. 2 HGB i. V. m. § 143 Abs. 1 HGB).

### bb) Fehlende Eintragung und/oder Bekanntmachung (+)

Aufgrund der Weigerung von Rasch fehlte es am 20. 3. 2019 an einer Eintragung und Bekanntmachung des Ausscheidens des C.

### cc) Gutgläubigkeit Holms (+)

Fraglich ist jedoch, ob Holm gutgläubig war. Die Bildung eines konkreten Vertrauens (z. B. durch Einsicht in das Register bzw. den Bundesanzeiger) oder gar ein Handeln im bewussten Vertrauen auf den Rechtsschein (Kausalität) ist hierfür nach h. M. nicht erforderlich (vgl. Rn. 15). Es genügt vielmehr die theoretische Möglichkeit zur Bildung von Vertrauen (abstrakter Vertrauensschutz). Auch das bloße Kennenmüssen oder die positive Kenntnis von Tatsachen, aus denen sich die eintragungspflichtige Tatsache erst ergibt, reichen nicht. C kann Holm daher nicht entgegenhalten, dass dieser keinen Blick in das Handelsregister oder den Bundesanzeiger geworfen oder sich nicht anderweitig über die tatsächlichen Verhältnisse informiert hat.
Lediglich die positive Kenntnis von der Tatsache des Ausscheidens würde mithin eine Bösgläubigkeit Holms begründen. Eine solche Kenntnis besaß Holm persönlich jedoch nicht. Fraglich ist allerdings, ob Holm sich die Kenntnis seines Buchhalters Fröhlich zurechnen lassen muss. § 166 Abs. 1 BGB ist zwar nicht direkt anwendbar, da Fröhlich nicht als Stellvertreter am Kaufvertragsschluss beteiligt war; zu erwägen wäre aber eine analoge Anwendung der Vorschrift (Stichwort: Wissensvertretung). „Wissensvertreter" ist jeder, der nach der Arbeitsorganisation des Geschäftsherrn dazu berufen ist, im rechtsgeschäftlichen Verkehr bestimmte Aufgaben in eigener Verantwortung zu erledigen, die dabei anfallenden Informationen zur Kenntnis zu nehmen und gegebenenfalls weiterzuleiten (BGHZ 117, 104, 106 f.). Hier ist Fröhlich zwar grundsätzlich im Geschäftskreis von Holm mit eigener Entscheidungsgewalt tätig. Eine analoge Anwendung des § 166 Abs. 1 BGB kommt aber nur in Betracht, wenn sich der Geschäftsherr des Wissensvertreters wie eines Vertreters bedient. Es fehlt damit am Gebot der Gleichbehandlung, wenn der Wissensträger den Geschäftsherrn nur intern beraten hat (BGHZ 117, 104, 107). Als Buchhalter ist Fröhlich nur damit betraut, Erklärungen im Zusammenhang mit Buchungsvorgängen entgegenzunehmen, nicht aber den Holm in der weit reichenden Frage der Haftungsentlassung eines Geschäftspartners zu vertreten. Einer Wissenszurechnung könnte auch der Umstand entgegenstehen, dass Fröhlich sein Wissen nicht aufgrund seiner Tätigkeit für Holm, sondern aufgrund seines Freundschaftsverhältnisses mit C erlangt hat. Von einem Kaufmann wie dem C wäre schließlich zu erwarten gewesen, dass er eine derart bedeutsame Erklärung schriftlich mitteilt (vgl. *LG Stuttgart* BB 1977, 413, 413). Holm ist daher als gutgläubig anzusehen.

### dd) Handeln von Holm im Geschäftsverkehr (+)

Mit dem Abschluss des Kaufvertrages handelte Holm im Rechtsgeschäftsverkehr, so dass auch diese in § 15 Abs. 1 HGB nicht enthaltene, aber von der h. M. zur teleologischen Reduktion des Tatbestandes befürwortete ungeschriebene Voraussetzung (vgl. Rn. 16) hier gegeben ist.

### c) Zwischenergebnis (+)

C kann sich aufgrund der negativen Publizität des Handelsregisters (§ 15 Abs. 1 HGB) gegenüber Holm nicht auf sein Ausscheiden als Gesellschafter der ABC-OHG berufen. Gegenüber Holm muss C sich noch als Gesellschafter der ABC-OHG behandeln lassen.

### 2. Kaufpreisverbindlichkeit der OHG (+)

Weitere Voraussetzung einer Haftung des C ist jedoch, dass die ABC-OHG überhaupt als Gesellschaft durch den Kaufvertrag vom 20. 3. 2019 gem. § 433 Abs. 2 BGB zur Zahlung des Kaufpreises verpflichtet wurde. Ein Anspruch gegen die OHG als rechtsfähiges Subjekt ist denkbar (vgl. §§ 124 Abs. 1 und 128 HGB). Dies setzt allerdings neben dem Bestehen der OHG im Außenverhältnis einen wirksamen Kaufvertrag voraus.

### a) Bestehen einer nach außen wirksamen OHG (+)

Die ABC-OHG wurde nach außen hin wirksam begründet. Die ABC-OHG ist als solche im Handelsregister eingetragen und daher nach § 123 Abs. 1 HGB auch im Außenverhältnis wirksam entstanden (vgl. zudem § 123 Abs. 2 HGB).

### b) Bestehen eines wirksamen Kaufvertrags (+)

Zwar haben sich A und B mit Holm über alle wesentlichen Punkte eines Kaufvertrages und insbesondere den Kaufpreis von 150.000,– € geeinigt (§§ 145 ff. BGB). Sie sind dabei auch durch den Aufdruck auf ihrem Geschäftsbogen im Namen der ABC-OHG aufgetreten. Dieser Vertragsschluss wirkt aber nur dann zu Lasten der ABC-OHG, wenn A und B Vertretungsmacht hatten.
Gerade dies könnte wegen der vereinbarten Gesamtvertretung (§ 125 Abs. 2 S. 1 HGB) problematisch sein. Diese umfasste bis zu seinem Ausscheiden nämlich auch den C. Das Geschäft hätte danach in Ermangelung gesonderter Absprachen (§ 125 Abs. 2 S. 2 HGB) bis zum 31. 12. 2018 nur durch A, B und C gemeinsam abgeschlossen werden können. Nach dem Ausscheiden des C besteht die organschaftliche Gesamtvertretung aber nur noch mit A und B fort (vgl. BGHZ 41, 367, 368), da einem Nichtgesellschafter keine organschaftliche Vertretungsmacht mehr zukommen kann. A und B konnten die ABC-OHG damit auch ohne C wirksam vertreten.
Fraglich ist lediglich noch, ob Holm sich hier überhaupt auf die tatsächlich gegebene Rechtslage berufen und damit die scheinbare und die wahre Rechtslage in Teilen kombinieren darf. Denn auch das Ausscheiden des C aus der Gesamtvertretung der ABC-OHG ist als Veränderung der organschaftlichen Vertretungssituation eine eintragungspflichtige Tatsache (§ 107 HGB). Deshalb könnte man daran denken, dass C konsequenterweise auch hier die nunmehr für ihn nachteiligen Folgen der negativen Publizität des § 15 Abs. 1 HGB (Fortbestehen der Gesamtvertretung von A, B und C, kein Kaufvertragsschluss) hinnehmen muss. Zwar räumt § 15 Abs. 1 HGB dem Dritten nach allgemeiner Ansicht ein Wahlrecht dahingehend ein, ob er sich auf die negative Publizität des Handelsregisters oder auf die wahre Rechtslage berufen möchte, doch ist umstritten, ob er dies auch teils teils tun darf (vgl. *Müller-Laube*, 20 Probleme, Problem 5, S. 17 ff.).
Nach der Mindermeinung (vgl. *LG Hannover* MDR 1950, 488; *Brox/Henssler*, Rn. 86; *Canaris*, § 5 Rn. 26) setzt Holm sich dem Vorwurf des widersprüchlichen Verhaltens

(§ 242 BGB: Verbot des *venire contra factum proprium*) aus, wenn er sich hinsichtlich der Gesellschafterstellung auf die Publizität des Handelsregisters, aber hinsichtlich der Gesamtvertretung auf die tatsächliche Rechtslage beruft. Denn das Handelsregister könne nur in seiner Gesamtheit (und dazu gehört das Fehlen der Eintragung über die veränderte Gesamtvertretungssituation) und nicht hinsichtlich einzelner Tatsachen im Rahmen des Vertrauensschutzes gewürdigt werden.

Nach h. M. soll § 15 Abs. 1 HGB nur insoweit zur Anwendung kommen, als der Dritte sich auf die fehlende Eintragung beruft. Im Übrigen soll er sich auch auf die wirkliche Rechtslage berufen können, wenn diese ihm insoweit günstiger ist (sog. „Rosinentheorie"; vgl. BGHZ 65, 309, 310; *K. Schmidt*, Handelsrecht, § 14 Rn. 50, 57 ff.; Ba/Ho/*Hopt*, § 15 Rn. 6). Denn die negative Publizität soll allein dem Dritten und nicht auch dem Eintragungspflichtigen zugute kommen. Der Vertrauensschutz setze zudem keinen konkreten Vertrauenstatbestand etwa durch Kenntnisnahme des gesamten Registerinhalts voraus. Deshalb könne das Vertrauen auch hinsichtlich einzelner Tatsachen und nicht nur hinsichtlich des gesamten Registerinhalts gebildet werden.

### c) Zwischenergebnis (+)

Nach h. M. kann sich Holm auf die wahre Rechtslage berufen, nach der ein Kaufvertrag zwischen Holm und der durch A und B in Gesamtheit wirksam vertretenen ABC-OHG zustande gekommen ist. Es besteht mithin ein Kaufpreisanspruch von Holm gegen die ABC-OHG in Höhe von 150.000,– €. *Hinweis:* Folgt man der gut vertretbaren Mindermeinung, muss man die Regressansprüche in einem Hilfsgutachten erörtern.

### 3. Ergebnis (+)

Holm hat einen Anspruch gegen C auf Zahlung von 150.000,– €.

## B. Ansprüche des C gegen A gem. § 426 Abs. 1 BGB bzw. § 426 Abs. 2 BGB i. V. m. § 433 Abs. 2 BGB

C könnte gegen A unter Umständen gem. § 426 Abs. 1 BGB bzw. § 426 Abs. 2 BGB i. V. m. § 433 Abs. 2 BGB (eigener Anspruch) Regress in Höhe von 150.000,– € nehmen.

### 1. Anspruchsvoraussetzungen

#### a) Bestehen eines Gesamtschuldverhältnisses mit Regressmöglichkeit (+)

Die Gesellschafter haften im Rahmen von § 128 S. 1 HGB als Gesamtschuldner für die Schulden der OHG. Der Regress stellt lediglich eine Konsequenz der Außenhaftung aller Gesellschafter nach § 128 S. 1 HGB dar und bildet daher keinen Verstoß gegen das Verbot der Nachschusspflicht gem. § 707 BGB (vgl. BGHZ 37, 299, 302).

#### b) Keine Subsidiarität des Regresses gegen einen Mitgesellschafter (+)

Der Regress gegen einen Mitgesellschafter ist zwar grundsätzlich erst nach einer Inanspruchnahme der OHG möglich (Subsidiarität des Anspruchs aufgrund der Treuepflicht unter den OHG-Gesellschaftern). C kann hier jedoch ausnahmsweise die Zahlung direkt von A verlangen, da die ABC-OHG über keine freien Mittel mehr verfügt (*BGH* NJW 1980, 339, 340).

### 2. Inhalt des Regressanspruchs

Fraglich ist allerdings, in welcher Höhe C den A in Anspruch nehmen kann. Zunächst ist dabei zu klären, ob C auch als tatsächlich ausgeschiedener Gesellschafter einen Eigenanteil in Höhe von 50.000,– € tragen und sich von seinem Regressanspruch abziehen lassen muss. Dies wird man angesichts seiner grundsätzlich nicht mehr bestehenden Haftung für Neuschulden, die hier lediglich durch § 15 Abs. 1 HGB zum Schutze von Holm im Außenverhältnis begründet wurde, verneinen müssen. Insoweit ist also i. S. v. § 426 Abs. 1 S. 1 a. E. BGB „etwas anderes bestimmt".

Außerdem ist fraglich, ob C den A wie einen Gesamtschuldner nach § 128 S. 1 HGB in Höhe von 150.000,– € oder nur neben B als Teilschuldner wie sonst beim Regress gegen Mitgesellschafter pro rata in Höhe von 75.000,– € in Anspruch nehmen darf. Es erscheint konsequenter, den als Gesellschafter bereits zum 31. 12. 2018 ausgeschiedenen C beim Regress wie einen außen stehenden Gläubiger (vgl. § 128 HGB) in den Genuss der gesamtschuldnerischen Haftung kommen und damit nicht das Risiko einer Insolvenz des B tragen zu lassen.

**3. Ergebnis (+)**

C hat einen Regressanspruch gegen A in Höhe von 150.000,– € gem. § 426 Abs. 1 BGB bzw. § 426 Abs. 2 BGB i. V. m. § 433 Abs. 2 BGB. Wegen der Möglichkeit des Gesamtschuldnerausgleichs kann C zudem bereits vor Zahlung an Holm von A Freistellung in Höhe von 150.000,– € verlangen (Palandt/*Grüneberg*, § 426 Rn. 5).

**C. Anspruch des C gegen das Land Baden-Württemberg aus Amtshaftung nach § 839 BGB i. V. m. Art. 34 GG (–)**

Zwar handelt der Registerführer Rasch im Eintragungsverfahren in Ausübung eines öffentlichen Amtes, doch scheitert ein Amtshaftungsanspruch des C am Erfordernis der Amtspflichtverletzung. Denn Rasch hat das Eintragungsverfahren zutreffend gem. § 382 Abs. 4 FamFG ausgesetzt, da C auch als ausgeschiedener Gesellschafter noch an der Eintragung seines Ausscheidens mitwirken musste. Zwar ist C auch ohne Eintragung materiellrechtlich kein Gesellschafter der ABC-OHG mehr, doch ist er im Register noch als Gesellschafter eingetragen und unterliegt daher formell noch der Mitwirkungspflicht nach § 108 HGB (vgl. *BayObLG* DB 1978, 1832, 1832; Ba/Ho/*Roth*, § 143 Rn. 3).

## D. Kontrollfragen

1. Mit welchem Grundrecht des Kaufmanns kollidiert das Einsichtsrecht in das Handelsregister nach § 9 HGB?
2. Registerführer R lehnt eine von Kaufmann K angemeldete Eintragung ab. K möchte gegen den Ablehnungsbescheid vorgehen. Rechtsbehelf?
3. Handelt es sich bei der Erteilung einer Generalvollmacht durch einen Kaufmann um eine eintragungspflichtige Tatsache?
4. Welches sind die Gemeinsamkeiten und Unterschiede zwischen Handelsregister und Grundbuch?
5. Was versteht man unter positiver und negativer Publizität?
6. Warum findet § 15 Abs. 1 HGB hauptsächlich auf deklaratorische Eintragungen Anwendung?
7. Ist der Widerruf einer nicht eingetragenen Prokura einzutragen und wenn ja, mit welchem Wortlaut?
8. Wodurch wird das Vertrauen in den Fortbestand einer Handlungsvollmacht geschützt?

## § 13. Wiederholung

9. Nach herrschender Meinung dienen § 15 Abs. 1 und Abs. 3 HGB dem abstrakten Vertrauensschutz. Was versteht man darunter und welche rechtlichen Konsequenzen ergeben sich aus diesem Verständnis?
10. Worin besteht die Funktion des § 15 Abs. 2 HGB?
11. Welche Formen eines Bekanntmachungsfehlers i. S. v. § 15 Abs. 3 HGB gibt es?
12. Worin bestehen die Unterschiede zwischen der gesetzlichen Regelung in § 15 Abs. 3 HGB und den sie ergänzenden Gewohnheitsrechtssätzen?
13. Welche Möglichkeiten eines Regresses hat der von den Publizitätswirkungen des § 15 Abs. 1 und 3 HGB negativ Betroffene gegen das die Eintragung falsch vornehmende Registergericht bzw. den falsch anmeldenden Notar?
14. Gilt § 15 Abs. 3 HGB auch für unrichtig im Unternehmensregister bekannt gemachte Daten?

# Kapitel 4. Die Firma

**Literatur:** *Bartels*, Die Handelsfirma zwischen Namensrecht und Kennzeichenschutz – eine Bestimmung ihrer Rechtsnatur sowie deren Wirkung auf einfache Sukzession und Zwangsverwertung, AcP 2009, 309 ff.; *Beck*, Die Haftung des Handelnden bei falscher Firmierung, ZIP 2017, 1748 ff.; *Beurskens*, Nomen est omen? – Falschfirmierung im elektronischen Geschäftsverkehr, NJW 2017, 1265 ff.; *Bokelmann*, Das Recht der Firmen und Geschäftsbezeichnungen, 5. Aufl., 2000; *Clausnitzer*, Das Firmenrecht in der Rechtsprechung (2000–2009), DNotZ 2010, 345 ff.; *Fezer*, Liberalisierung und Europäisierung des Firmenrechts – Vom handelsrechtlichen Firmenregisterschutz zum kennzeichenrechtlichen Immaterialgüterrechtsschutz, ZHR 161 (1997), 52 ff.; *J. Flume*, Die Firma als „tradeable Asset": die derivative Firmennutzung zwischen Vollrechtsübertragung und schuldrechtlicher Namenslizenzierung, DB 2008, 2011 ff.; *Heckschen*, Firmenbildung und Firmenverwertung – aktuelle Tendenzen, NotBZ 2006, 346 ff.; *Heidinger*, Der Name des Nichtgesellschafters in der Personenfirma, DB 2005, 815 ff.; *Jung*, Firmen von Personenhandelsgesellschaften nach neuem Recht, ZIP 1998, 677 ff.; *Kessen*, Die Firma als selbständiges Verkehrsobjekt, 2011; *Kögel*, Firmenrecht 2011: Welche Regeln gelten (noch)?, Rpfleger 2011, 17 ff.; *Lettl*, Das Recht zur Fortführung der Firma nach Unternehmensveräußerung, WM 2006, 1841 ff.; *Meyer*, Das Irreführungsverbot im Firmenrecht, ZNotP 2009, 250 ff.; *Möller*, Das neue Firmenrecht in der Rechtsprechung – Eine kritische Bestandsaufnahme, DNotZ 2000, 830 ff.; *Petersen*, Das Firmenrecht zwischen Bürgerlichem Recht und Handelsrecht, Jura 2013, 244 ff.; *Schäfer/Hemberger*, Rechtsscheinhaftung bei unzulässigem Rechtsformzusatz, Ad legendum 2014, 329 ff.; *Schirrmacher*, Haftungsrechtliche Folgen der Nutzung eines falschen Rechtsformzusatzes – Die UG im Gewande ihrer großen Schwester, GmbHR 2018, 942 ff.; *K. Schmidt*, HGB-Reform im Regierungsentwurf, ZIP 1997, 909 ff.; *Schmieder*, Name – Firma – Titel – Marke: Grundzüge des Rechts an der Bezeichnung, JuS 1995, 119 ff.; *Schoene*, Wrdlbrmpfd e.K. – Zur Eintragungsfähigkeit von Buchstabenkombinationen als Firma, GWR 2009, 137 ff.; *Wertenbruch*, Die Firma des Einzelkaufmanns und der OHG/KG in der Insolvenz, ZIP 2002, 1931 ff.

Das Firmenrecht besteht aus dem Firmenordnungsrecht und dem Firmennamensrecht. Das **Firmenordnungsrecht** ist öffentliches Recht und regelt die Bildung bzw. Führung der Firma. Es wurde 1998 durch das HRefG liberalisiert. Im **Firmennamensrecht** geht es um den privatrechtlichen Schutz der Firma als Kennzeichen. Das Firmenrecht weist in beiden Teilgebieten zahlreiche Bezüge zum Wettbewerbs- und Markenrecht (Täuschungs- und Irreführungsverbot, Firmenunterscheidbarkeit, Firmenschutz) sowie zum Gesellschaftsrecht (Gesellschaftsfirmen) auf.

# § 14. Die Firma im Handelsverkehr

## A. Begriff der Firma

Die Firma ist nach **§ 17 HGB** der Name, unter dem der Kaufmann seine Geschäfte betreibt und die Unterschrift abgibt sowie klagen und verklagt werden kann. Dies bedeutet:

1 • Die Firma ist nur ein **Name** und für sich kein Rechtssubjekt. Im Gegensatz zum allgemeinen Sprachgebrauch darf die Firma rechtlich daher weder mit dem Unternehmen (das HGB spricht zumeist von „Handelsgewerbe") noch mit dem Unternehmensträger (das HGB spricht zumeist von „Geschäftsinhaber") verwechselt werden.

2 • Die Firma ist ein Name **des Unternehmens*trägers*** (Einzelkaufmann oder Gesellschaft) und nicht des Unternehmens (dazu Kap. 5 Rn. 1 f.). Aus den unter der Firma getätigten Rechtsgeschäften wird daher der jeweilige Unternehmensträger verpflichtet. Dies gilt bei eindeutig unternehmensbezogenen Geschäften auch dann, wenn seine Identität beim Vertragsschluss nicht ausdrücklich offengelegt wurde (vgl. *BGH* NJW 1992, 1380 f. und Kap. 5 Rn. 2). Auch im Zivilprozess wird derjenige Unternehmensträger Partei, der die in der Klagschrift benannte Firma im Zeitpunkt der Rechtshängigkeit führt (vgl. RGZ 159, 337, 350 und *BGH* NJW 1987, 1946, 1947). An der Kennzeichnung des Unternehmensträgers zeigt sich erneut die traditionelle Anknüpfung des deutschen Handelsrechts an den Kaufmannsbegriff (näher Kap. 1 Rn. 1). Sie wird im Firmenrecht allerdings auch vom Gesetz nicht immer streng durchgehalten. So spricht es in § 2 HGB von der „Firma des Unternehmens", die die Kaufleute nach §§ 2, 3 HGB zur Eintragung in das Handelsregister anmelden (vgl. Rn. 10). Das Verbot der Leerübertragung der Firma (§ 23 HGB; näher Rn. 27) und der Grundsatz der Firmeneinheit (näher Rn. 28), sowie die Regelungen der §§ 25 ff. HGB (näher Kap. 5 Rn. 8 ff.) berücksichtigen ebenfalls die Tatsache, dass der Rechtsverkehr die Firma eher als Bezeichnung des Unternehmens als des Unternehmensträgers betrachtet.

3 • **Nur der Kaufmann** hat eine Firma i. S. d. §§ 17 ff. HGB. Betreiben Nichtkaufleute ihre Geschäfte unter einem gesonderten Namen, handelt es sich um eine sog. Minderfirma (vielfach auch mit der Geschäftsbezeichnung gleichgesetzt), deren Bildung und Führung grundsätzlich nicht dem Firmenrecht unterliegen (gesetzliche Ausnahme: § 2 Abs. 2 PartGG). Die Abgrenzung zwischen Firmen und Minderfirmen wird seit 1998 durch die nach § 19 HGB, §§ 4, 279 AktG, §§ 4, 5a Abs. 1 GmbHG, § 3 GenG und § 174 VAG vorgesehenen Rechtsformzusätze gewährleistet. Minderfirmen sind unzulässig, wenn sie mit Firmen verwechselt werden können und damit den täuschenden Eindruck vermitteln, bei dem Unternehmensträger handele es sich um einen Kaufmann. Nichtkaufleute sowie BGB-Gesellschaften müssen

§ 14. Die Firma im Handelsverkehr                                89

in diesen Fällen mit den Sanktionen unzulässigen Firmengebrauchs (näher Rn. 30 f.) rechnen.

> **Beispielsfall:** Dr. Rasch ist Partnerin einer Rechtsanwaltskanzlei, die im Geschäftsverkehr als „Rechtsanwälte Dr. Rasch" auftritt. Diese Bezeichnung ist zulässig, da der Zusatz „Rechtsanwälte" anstelle des für die OHG nach § 19 Abs. 1 Nr. 2 HGB vorgesehenen Rechtsformzusatzes hinreichend deutlich macht, dass es sich um einen Zusammenschluss von rechtsberatend tätigen Freiberuflern handelt, die von Gesetzes wegen bereits kein Gewerbe und damit keine Personenhandelsgesellschaft betreiben können (vgl. bereits zur früheren Rechtslage *OLG Karlsruhe* BB 1985, 2196, 2196 – *obiter dictum*). Auch eine Verwechslung mit dem Namen einer Partnerschaftsgesellschaft ist in Ermangelung des Rechtsformzusatzes „und Partner" bzw. „Partnerschaft" ausgeschlossen (vgl. § 2 Abs. 1 S. 1 PartGG).

- Die Firma ist ein besonderer **Name für Handelsgeschäfte** (Geschäftsname). Handelsgesellschaften und Genossenschaften führen als Namen lediglich die Firma, da sie alle Rechtsgeschäfte als Handelsgeschäfte tätigen (vgl. Kap. 9 Rn. 7). Einzelkaufleute haben dagegen neben ihrer Firma immer auch einen bürgerlich-rechtlichen Namen (vgl. § 12 BGB). Beide Namen sind nicht nur tatsächlich verschieden, da selbst bei der möglichen Verwendung des bürgerlichen Namens als Firma noch zwingend der Rechtsformzusatz nach § 19 Abs. 1 Nr. 1 HGB (e.K. etc.) hinzutritt, sie sind auch rechtlich streng auseinanderzuhalten. Denn im Gegensatz zum bürgerlichen Namen ist die Firma übertragbar (Rn. 27), kein reines Persönlichkeitsrecht (Rn. 5) und gesondert geschützt (Rn. 30 ff.). Der Einzelkaufmann soll zwar im Handelsverkehr im Interesse einer besseren Identifizierung unter seiner Firma auftreten (*OLG Stuttgart* NZG 1998, 601, 603 ff.; siehe zur Firmenführungspflicht auf Geschäftsbriefen Rn. 15) und wird dies in aller Regel auch tun. Wirksame Handelsgeschäfte kann er jedoch auch unter seinem bürgerlichen Namen tätigen. Umgekehrt kann der Kaufmann unter seiner Firma auch Privatgeschäfte vornehmen, sofern es nicht gerade auf eine Identifizierung durch den bürgerlichen Namen ankommt. 4

> **Beispielsfall:** Kaufmann Herbert Klotz firmiert als „Hermann Klotz Nachf. e.K." (vgl. § 22 Abs. 1 HGB). Als Herbert Klotz erwirbt er ein Betriebsgrundstück. Am folgenden Tag mietet er unter Verwendung eines Geschäftsbogens eine Ferienwohnung für seine Hochzeitsreise nach Florida. Die Verträge sind wirksam. Lediglich die Heirat und die Beantragung eines neuen Reisepasses müsste Klotz unter seinem bürgerlich-rechtlichen Namen vornehmen. Auch in das Grundbuch wird er als Herbert Klotz eingetragen, obwohl es sich um ein Betriebsgrundstück handelt (§ 15 Abs. 1 lit. a GBV).

- Das Recht an der Firma ist als Namensrecht ein **absolutes Recht**, das gegenüber jedermann u. a. auch als „sonstiges Recht" i. S. v. § 823 Abs. 1 BGB geschützt wird. Nach h. L. ist es im Gegensatz zum bürgerlichen Namensrecht aber kein reines Persönlichkeitsrecht, da es neben persönlich- 5 keitsrechtlichen (Verwendung von bürgerlichen Namen als Firmenbestandteil, Hinweis auf den Unternehmensträger) auch vermögensrechtliche und immaterialgüterrechtliche Elemente (Träger des Unternehmensgoodwills; vgl. Rn. 13) aufweist.

**Merksatz:** Die Firma ist der Geschäftsname und nicht das Unternehmen des Kaufmanns.

## B. Abgrenzung der Firma von verwandten Erscheinungsformen

6   Das Firmenrecht (§§ 17 ff. HGB, § 4 AktG, §§ 4, 5a Abs. 1 GmbHG, § 3 GenG und §§ 18, 125, 155, 200 UmwG) gilt grundsätzlich nur für die Firma i. S. v. § 17 HGB (gesetzliche Ausnahme: § 2 Abs. 2 PartGG). Bei der Anwendung von Normen des Firmenrechts hat man daher zunächst zu prüfen, ob es sich bei der von dem Kaufmann gewählten Bezeichnung überhaupt um eine Firma im Rechtssinn handelt. Dabei ist die Firma von folgenden verwandten Erscheinungsformen abzugrenzen:

- Gewerbetreibende und Freiberufler verwenden in der Praxis häufig werbewirksame **Geschäftsbezeichnungen**. Diese bezeichnen im Gegensatz zur Firma und zur Minderfirma (zu dieser Rn. 3) nicht den Unternehmensträger, sondern das Unternehmen als solches bzw. ein Geschäftslokal oder eine Betriebsstätte des Unternehmens (dann auch sog. Etablissementsnamen).

**Beispiel:** Die „Deutsche Freizeit AG" (Firma des Unternehmensträgers) betreibt u. a. in München einen „Bajuwaren-Keller", in Hamburg ein „Hans-Albers-Theater" und in Berlin einen „City-Filmpalast" (Geschäftsbezeichnungen).

Geschäftsbezeichnungen sind grundsätzlich zulässig. Sie können auch von Nichtkaufleuten geführt werden. Wie bei den Minderfirmen (Rn. 3) muss jedoch gewährleistet sein, dass die Geschäftsbezeichnungen nicht als Firmenersatz verwendet werden oder mit einer Firma verwechselt werden können. Anderenfalls sind Sanktionen wegen unzulässigen Firmengebrauchs insbesondere auch nach § 37 HGB denkbar (näher Rn. 30 ff.). Geschäftsbezeichnungen unterliegen grundsätzlich nicht dem Firmenrecht. Für sie gilt vielmehr insbesondere das zum 1. 1. 1995 in Kraft getretene Markengesetz (vgl. § 1 Nr. 2 und § 5 Abs. 1 und 2 MarkenG) sowie daneben (vgl. § 2 MarkenG) das allgemeine Namensrecht (§ 12 BGB) und das Wettbewerbsrecht (§§ 3, 5 f. UWG). Bei Kaufleuten sind Geschäftsbezeichnungen allerdings nicht selten Bestandteil der Firma. Für diese sog. unselbständigen Geschäftsbezeichnungen gilt dann zusätzlich das Firmenrecht.

**Beispiel:** Ob die „Hansa-Theater Herbert Klotz GmbH" das von ihr betriebene „Hansa-Theater" ohne Umfirmierung der GmbH bzw. Änderung des Theaternamens verkaufen kann, ist nach Firmenrecht (§§ 18 Abs. 2 und 23 HGB) zu beurteilen (dazu Rn. 26).

- **Marken** sind alle Zeichen (Wörter, Abbildungen, Hörzeichen etc.), die 7
geeignet sind, Waren oder Dienstleistungen eines Unternehmens von denjenigen anderer Unternehmen zu unterscheiden (vgl. § 3 Abs. 1 MarkenG). Im Gegensatz zur Firma kennzeichnet die Marke mithin nicht den Unternehmensträger, sondern einzelne Waren oder Dienstleistungen des Unternehmens.
  **Beispiele:** „Coca Cola" (Wörter), Jingles von Radiosendern (Hörzeichen), Maggiflasche (Farbkombination, dreidimensionale Gestaltung, Schriftzug).
  Der Begriff der Marke, der den engeren Begriff des Warenzeichens abgelöst hat, steht im Zentrum des im MarkenG enthaltenen Kennzeichenrechts (näher *Berlit*, Markenrecht, 10. Aufl., 2015). Neben dem MarkenG (vgl. § 2 MarkenG) gelten für Marken gegebenenfalls auch das allgemeine Namensrecht (§ 12 BGB) und das Wettbewerbsrecht (§§ 3, 5 f. UWG). Die Firma ist zwar keine Marke, sie genießt aber als geschäftliche Bezeichnung i. S. v. § 1 Nr. 2 MarkenG i. V. m. § 5 MarkenG einen vergleichbaren Kennzeichenschutz.
- **Kurzbezeichnungen** kennzeichnen entweder als Abkürzung einer Firma 8
den Unternehmensträger bzw. das Unternehmen insgesamt (z. B. „BMW") oder als Abkürzung einer Geschäftsbezeichnung ein Geschäftslokal (z. B. „KaDeWe"). Kurzbezeichnungen sind insbesondere im Werbeverkehr grundsätzlich zulässig. Bei der Verwendung von Firmenabkürzungen im Rechtsverkehr muss allerdings klar erkennbar sein, dass es sich um die Abkürzung der entsprechenden Firma handelt. Denn anderenfalls würde der Rechtsverkehr einem Unternehmen eine Kurzfirma sowie eine ausgeschriebene Firma und mithin entgegen dem Grundsatz der Firmeneinheit (dazu Rn. 28) zwei verschiedene Firmen zuordnen (vgl. *Droste*, DB 1967, 539, 541). Die Kurzbezeichnungen werden ebenfalls durch das MarkenG (§ 5 Abs. 1 und 2 MarkenG) und das Wettbewerbsrecht (§§ 3, 5 f. UWG) geschützt. Handelt es sich um Namens- oder Firmenabkürzungen, sind zusätzlich das allgemeine Namensrecht (§ 12 BGB) bzw. das Firmenrecht (§§ 30, 37 HGB) anwendbar.

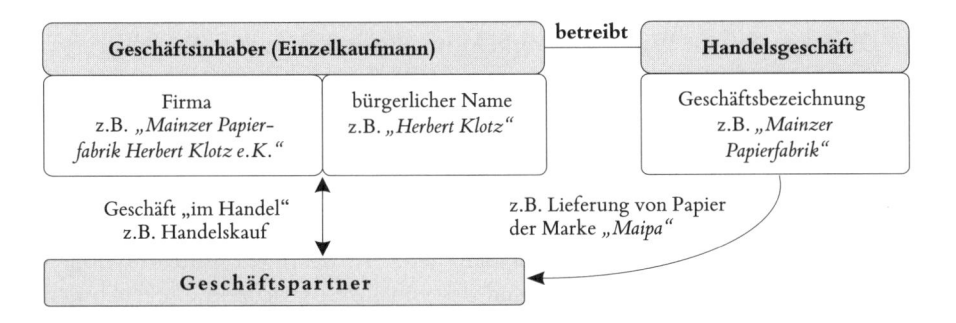

| Geschäftsinhaber (Einzelkaufmann) | betreibt | Handelsgeschäft |
|---|---|---|
| Firma z.B. „*Mainzer Papierfabrik Herbert Klotz e.K.*" | bürgerlicher Name z.B. „*Herbert Klotz*" | Geschäftsbezeichnung z.B. „*Mainzer Papierfabrik*" |
| Geschäft „im Handel" z.B. Handelskauf | | z.B. Lieferung von Papier der Marke „*Maipa*" |

Geschäftspartner

## C. Bestandteile und Arten der Firma

Eine Firma **besteht** aus dem Firmenkern (z. B. „Klaus Klotz") und zumindest einem Rechtsformzusatz (z. B. „e.K.") sowie gegebenenfalls einem Sachzusatz (z. B. „Schreibwaren Klaus Klotz GmbH"). Firmenkern und Firmenzusätze sind grundsätzlich gleichwertig. Ist der Zusatz unzulässig, ist die gesamte Firma zu löschen (vgl. Rn. 31). Die Änderung oder der Wegfall eines Zusatzes bedeutet eine Firmenänderung.

9 Die Firma eines Einzelkaufmanns wird als **Einzelfirma** und die einer Gesellschaft als **Gesellschaftsfirma** bezeichnet.

Die **Personalfirma** geht auf den bürgerlichen Namen eines jetzigen oder eines früheren Unternehmers zurück (z. B. „Klaus Klotz e.K."). Sie kann seit 1998 nicht mehr nur mit dem Familiennamen und mindestens einem ausgeschriebenen Vornamen, sondern auch unter Verwendung von Abkürzungen, Kurzformen und Pseudonymen gebildet werden. Personalfirmen kommen sowohl als Einzel- wie Gesellschaftsfirmen vor. Die **Sachfirma** weist demgegenüber allein auf den Unternehmensgegenstand hin (z. B. „Marburger Schreibwaren GmbH"). Als **Mischfirma** wird eine Kombination aus Personen- und Sachfirma bezeichnet (z. B. „Marburger Schreibwaren Klaus Klotz GmbH"). Eine **Phantasiefirma**, die nur aus wohlklingenden Worten ohne einen erkennbaren Bezug zum Unternehmensgegenstand besteht (z. B. „Thalio GmbH"), ist erst seit der Firmenrechtsreform im Jahre 1998 zugelassen. Sie muss lediglich eine hinreichende Kennzeichnungskraft besitzen (dazu Rn. 29). Zulässig soll auch eine Phantasie-Personenfirma sein (*OLG München* FGPrax 2013, 35).

Eine **ursprüngliche** Firma ist gegeben, wenn der derzeitige Unternehmensträger die Firma selbst gebildet hat. Da jedoch eine Übertragung der Firma mit dem Unternehmen möglich ist (näher Rn. 27), kann sie auch den Namen eines früheren Inhabers/Gesellschafters des Handelsgewerbes enthalten. In diesen Fällen spricht man dann von einer **abgeleiteten** (§ 22 HGB) bzw. **fortgeführten** (§ 24 HGB) Firma.

## D. Funktionen der Firma

10 Die Firma hat im Wirtschaftsverkehr im Wesentlichen vier Aufgaben:

- **Kennzeichnungsfunktion:** Die Firma soll den Unternehmensträger (Einzelkaufmann, Gesellschaft) mit seinem Unternehmen im Handelsverkehr identifizieren und von anderen (insbesondere Konkurrenten) unterscheiden. Damit ist die Firma nach innen wie nach außen ein wesentliches Element der sog. *corporate identity*.
- **Auskunftsfunktion:** Die Firma dient der Vermittlung von Informationen über den Unternehmensträger und das von ihm betriebene Unternehmen (vgl. *Goethe*, Faust I, Vers 1331 f.: „Bei Euch, Ihr Herrn, kann man das Wesen / Gewöhnlich aus dem Namen lesen, …").

- **Werbefunktion:** Aussagefähige und zugkräftige Firmen werben für das Unternehmen.
- **Wertträgerfunktion:** Die Firma ist Trägerin einer dem Unternehmen aufgrund seiner Leistungen im Wettbewerb (z. B. Produktqualität, Zuverlässigkeit, Werbemaßnahmen) entgegengebrachten Wertschätzung. Dieser sog. Goodwill kann den Unternehmenswert deutlich über den Wert der vorhandenen Vermögensgegenstände hinaus steigern (vgl. § 255 Abs. 4 HGB). In diesen Fällen verkörpert die Firma daher einen besonderen wirtschaftlichen Wert (vgl. *La Bruyère*, Die Charaktere, 2. Kap.: „Bei vielen Leuten ist nur der Name etwas wert.").

## § 15. Firmenordnungsrecht

Das Firmenordnungsrecht regelt die Bildung (A) bzw. Führung (B) der Firma und wird durch die sog. Firmengrundsätze (C) geprägt.

### A. Bildung der Firma

Das bis 1998 sehr rigide und in Teilen überholte deutsche Recht der Firmenbildung wurde durch das HRefG deutlich liberalisiert. Auf diese Weise wollte man den Anforderungen des modernen Wirtschaftsverkehrs (insbesondere Identifikations- und Werbefunktion der Firma) besser Rechnung tragen und das deutsche Recht an die ausländischen und insbesondere europäischen Firmenordnungsrechte anpassen (näher *Jung*, ZIP 1998, 677 ff.).

#### I. Firmenbildung der Einzelkaufleute

Einzelkaufleute können ihre Firma nicht wie früher nur mit ihrem ausgeschriebenen bürgerlichen Namen als Personalfirma, sondern auch als Sach-, Phantasie- oder Mischfirma bilden, sofern die Firma nicht gegen die Grundsätze des Firmenordnungsrechts, insbesondere die Grundsätze der Firmenwahrheit und -unterscheidbarkeit (näher Rn. 17 ff.) oder die guten Sitten bzw. die öffentliche Ordnung (vgl. zur Schutzunfähigkeit einer auf die Mafia Bezug nehmenden Bildmarke *EuG* GRUR-RR 2018, 236) verstößt. Obligatorisch ist nach § 19 Abs. 1 Nr. 1 HGB lediglich der Rechtsformzusatz „eingetragener Kaufmann", „eingetragene Kauffrau" oder eine allgemein verständliche Abkürzung dieser Bezeichnung (z. B. „e.K.", „e.Kfm.", „e.Kfr.").

**Beispiele:** Herbert Klotz e.K., Tübinger Feinkost e.Kfm., Delio e.K., Feinkost Dr. Klotz e.Kfr.

In der Wahl des Ausdrucks sind die Inhaber der Firma grundsätzlich frei. So kann die Firma unabhängig vom Sitz der Gesellschaft in Deutsch oder einer anderen lebenden bzw. toten Sprache oder in Dialekt unter Einschluss zugehöriger Interpunktionszeichen formuliert werden, sofern sie in romanischen Buchstaben schreibbar und aussprechbar ist. Auch schwer und nicht als Wort aussprechbare Buchstabenkombinationen ohne eigenen Wortsinn sind zulässig, sofern sie im Einzelfall eine Kennzeichnungskraft besitzen, die ihnen nicht generell abgesprochen werden kann (so *BGH* NZG 2009, 192 für die Kombination „HM & A"). Figurative Firmenbestandteile (Phantasiezeichen und Symbole) sind mangels Aussprechbarkeit hingegen unzulässig. Sie können lediglich als Marke geschützt werden.

**Beispiele:** „Wetten dass? e.K." (Zulässigkeit wegen der inhaltlichen Verbindung des Satzzeichens mit den Wortbestandteilen), Meier & Müller OHG (Zulässigkeit wegen der eindeutigen Aussprechbarkeit als „und"); „Met@box e.K." (Unzulässigkeit aufgrund der Beifügung eines im konkreten Fall nicht eindeutig aussprechbaren Bildzeichens; *BayObLG* NJW 2001, 2337, 2338; a. A. *LG Cottbus* CR 2002, 134; dazu näher *Beyerlein*, WRP 2005, 582 f.).

## II. Firmenbildung der Personenhandelsgesellschaften

13    Die Firma einer Personenhandelsgesellschaft kann seit 1998 nicht mehr nur mit dem Namen mindestens eines persönlich haftenden Gesellschafters, sondern ebenfalls auch als reine Sach- oder Phantasiefirma gebildet werden. Der Grundsatz der Firmenwahrheit verbietet lediglich eine Firmenbildung, die ersichtlich geeignet ist, die angesprochenen Verkehrskreise über die Zusammensetzung des Kreises der persönlich haftenden Gesellschafter oder über die Art bzw. den Umfang des betriebenen Unternehmens irrezuführen (näher *Jung*, ZIP, 1998, 677 ff.; problematisch *OLG Saarbrücken*, DB 2006, 1002 f.: Zulässigkeit der nur aus dem Namen des Kommanditisten bestehenden Firma). Zum Ausgleich müssen auch hier die Rechtsformzusätze „offene Handelsgesellschaft" bzw. „Kommanditgesellschaft" oder eine allgemein verständliche Abkürzung der genannten Bezeichnungen (z. B. „OHG", „KG") geführt werden (§ 19 Abs. 1 Nr. 2 und 3 HGB). Wenn in einer OHG oder KG keine natürliche Person persönlich haftet (Fälle v. a. der GmbH & Co. KG), muss zudem die Haftungsbeschränkung in der Firma kenntlich gemacht werden (§ 19 Abs. 2 HGB). Die Firma der EWIV hat nach § 2 Abs. 2 Nr. 1 EWIV-AusführungsG den Rechtsformzusatz „Europäische wirtschaftliche Interessenvereinigung" oder die Abkürzung „EWIV" zu enthalten.

**Beispiele:** Klotz & Co. OHG, Mephisto KG, Marburger Schreibwaren GmbH & Co. KG

Die fehlende oder fehlerhafte Angabe der Rechtsform kann zu einer gesamtschuldnerischen verschuldensunabhängigen Rechtsscheinhaftung des Unternehmensträgers und der handelnden Person analog § 179 BGB führen (BGHZ 64, 11; *BGH* NJW 2012, 2871; näher und nach Fallgruppen differenzierend *Beck*, ZIP 2017, 1748; einschränkend für den elektronischen Geschäftsverkehr *Beurskens*, NJW 2017, 1265 ff.; für die alleinige Außenhaftung einer als GmbH firmierenden UG und eine bloße Innenhaftung des Handelnden *Schirrmacher*, GmbHR 2018, 942 ff.).

## III. Firmenbildung der Kapitalgesellschaften und Genossenschaften

Kapitalgesellschaften (AG, SE, KGaA, GmbH) und Genossenschaften (eG, SCE) können zwischen Personal-, Sach-, Phantasie- und Mischfirmen wählen. Bei der Firmenbildung sind sie lediglich an die allgemeinen Firmengrundsätze (näher Rn. 17 ff.) und bestimmte Sonderregelungen gebunden (z. B. §§ 39 ff. KWG, § 59k BRAO; z. B. *OLG Nürnberg*, NJW 2003, 2245). Außerdem müssen sie wie bisher mit einem ausgeschriebenen oder verständlich abgekürzten Rechtsformzusatz firmieren (§§ 4, 279 AktG, §§ 4, 5a Abs. 1 GmbHG, § 3 GenG, Art. 11 Abs. 1 SE-VO, Art. 10 Abs. 1 SCE-VO).

**Beispiele:** Thalio GmbH, Sonnenstudio UG (haftungsbeschränkt), Ruhrkohle AG, Kaiserstühler Volksbank eG, STRABAG SE, SCE Einkaufskooperative mit beschränkter Haftung; zur Unzulässigkeit des Zusatzes „gGmbH" bei gemeinnützigen GmbH *OLG München* NJW 2007, 1601 (krit. dazu *Krause*, NJW 2007, 2156 ff.).

14

## B. Führung der Firma

Der Kaufmann ist nicht nur berechtigt, sondern auch verpflichtet, eine zulässige Firma zu führen und zu verlautbaren. Die Berechtigung zur Firmenführung entsteht mit dem Erwerb der Kaufmannseigenschaft und endet mit ihrem Verlust (dazu näher Kap. 2 Kontrollfrage 7).

15

Nach dem **Grundsatz der Firmenöffentlichkeit** ist die Firma insbesondere zur **Eintragung** in das Handels- bzw. Genossenschaftsregister anzumelden (§§ 29, 33 ff., 106 Abs. 2 Nr. 2 HGB, 36 ff. AktG, 7 f. GmbHG und 10 ff., 157 GenG). Auch Änderungen der Firma oder ihrer Inhaber sowie die Verlegung der Niederlassung an einen anderen Ort müssen zur Eintragung angemeldet werden (§§ 31 Abs. 1, 34, 107 HGB). Das Verfahren der Eintragung und ihrer Bekanntmachung richtet sich nach den §§ 8 ff. HGB bzw. den genannten gesellschaftsrechtlichen Sondervorschriften. Neben anderen Angaben (v. a. Sitz bzw. Ort der Handelsniederlassung, Registergericht, Handelsregisternummer) ist die Firma zudem von allen Kaufleuten auf den **Geschäftsbriefen** jeder Form (z. B. inkl. E-Mail) zu verlautbaren (§§ 37a, 125a, 177a HGB). Kapitalgesellschaften und Genossenschaften haben die Firma des künftigen Unternehmensträgers zudem bereits in der Satzung (bzw. im Gesellschaftsvertrag oder Statut) anzugeben (§ 23 Abs. 3 Nr. 1 AktG, § 3 Abs. 1 Nr. 1 GmbHG, § 6 Nr. 1 GenG).

Die **Firma erlischt** durch Aufgabe, wenn die Firma geändert (§ 31 Abs. 1 HGB) oder bei einem (teilweisen) Inhaberwechsel von dem neuen Inhaber nicht fortgeführt wird (vgl. §§ 22, 24 HGB), sowie beim Verlust der Kaufmannseigenschaft z. B. durch die nicht nur vorübergehende Einstellung des Handelsgewerbes überhaupt oder dessen Schrumpfung zum Kleingewerbe und antragsgemäße Löschung im Handelsregister nach § 2 S. 3 HGB. Das Erlöschen der Firma ist ebenfalls zur **Eintragung** in das Handels- bzw. Genossenschaftsregister anzumelden (§§ 31 Abs. 2 S. 1, 157 Abs. 1 HGB, § 273 Abs. 1 AktG, § 74 Abs. 1 GmbHG). Auch eine Löschung von Amts wegen ist unter Umständen

16

möglich (§ 31 Abs. 2 S. 2 HGB). Nach der Eintragung des Löschungsvermerks ist der weitere Gebrauch der Firma als Minderfirma unzulässig, da die Gefahr der Verwechslung mit einer Firma besteht (vgl. Rn. 3).

## C. Grundsätze des Firmenordnungsrechts

17  Die Firmengrundsätze bestimmen in Anlehnung an die Regelung der §§ 17 ff. HGB die Bildung und Führung der Firma. Dabei soll zum einen ein Ausgleich zwischen den zum Teil gegensätzlichen privaten und öffentlichen Interessen gefunden und zum anderen den verschiedenen Funktionen der Firma im Wirtschaftsleben (vgl. Rn. 10) möglichst weitgehend Rechnung getragen werden.

### I. Grundsatz der Firmenwahrheit
### 1. Bedeutung und Regelung der Firmenwahrheit

18  Der Grundsatz der Firmenwahrheit soll die Auskunftsfunktion der Firma sicherstellen. Bis zur Neuregelung des Firmenordnungsrechts im Jahre 1998 musste die Firma ursprünglich wahr sein und grundsätzlich auch wahr bleiben. Durch das HRefG von 1998 wurde der Grundsatz jedoch im Interesse der angestrebten Liberalisierung und Vereinfachung auf ein Verbot wesentlicher und (im Registerverfahren) ersichtlicher Irreführungen (§ 18 Abs. 2 HGB) beschränkt. Er hat damit spürbar **an Bedeutung verloren**. Dies gilt vor dem Hintergrund der generellen Zulassung von Sach- und Phantasiefirmen insbesondere für den Umstand, dass die Firma seit 1998 nicht mehr Auskunft über die Identität der das kaufmännische Unternehmen führenden Personen und den Geschäftsgegenstand geben muss. Allerdings wurde die Auskunftsfunktion der Firma über die Gesellschafts- und Haftungsverhältnisse des Firmenträgers durch die anders als früher allgemein verbindlichen Rechtsformzusätze gestärkt (§ 19 HGB).

Bei der Bildung einer ursprünglichen Firma wird dem Prinzip der Firmenwahrheit durch die Generalklausel des § 18 Abs. 2 HGB, die zwingenden Regelungen des § 19 HGB, § 4 AktG, der §§ 4, 5a Abs. 1 GmbHG, § 3 GenG und § 174 VAG sowie verschiedene Sondervorschriften (z. B. §§ 39 ff. KWG) Rechnung getragen. Auch das Verbot der Leerübertragung (Rn. 27) und der Grundsatz der Firmeneinheit (Rn. 28) dienen der Firmenwahrheit. Eine ursprünglich wahre Firma, die durch Umstandsänderungen (Namenswechsel, Inhaberwechsel, Veränderungen bei Art und Umfang des Handelsgewerbes) unwahr und damit grundsätzlich unzulässig wird, kann allerdings in bestimmten Fällen unter dem kollidierenden Gesichtspunkt der Firmenbeständigkeit fortgeführt werden (vgl. §§ 21, 22, 24 HGB; näher Rn. 20 ff.).

## 2. Das Irreführungsverbot

Nach **§ 18 Abs. 2 HGB** darf die Firma keine Angaben enthalten, die geeignet sind, über geschäftliche Verhältnisse, die für die angesprochenen Verkehrskreise wesentlich sind, irrezuführen.

**Beispiele:** „Dolmetscher-Institut e.K." (Irreführung wegen Verschleierung der Gewerbsmäßigkeit; *OLG Düsseldorf* DB 2004, 1720, 1720); „Company e.K." (Irreführung durch Andeutung eines Gesellschaftsverhältnisses in den Augen von geschäftlich Unerfahrenen; *AG Augsburg* Rpfleger 2001, 187 f.); „Mainzer Bettenhaus OHG" (auch bei fehlender lokaler Führungsposition keine Irreführung; str.; vgl. auch *LG Heilbronn* Rpfleger 2002, 158 f. und *OLG Frankfurt* NJW-RR 2002, 459); „Meditec GmbH" (Zulässigkeit trotz Mehrdeutigkeit in Bezug auf den Unternehmensgegenstand Medizintechnik bzw. Medienarbeit mangels hinreichender Bedeutung für die angesprochenen Verkehrskreise; *BayObLG* NJW-RR 2000, 111 f.); „Müller und Partner Rechtsanwalts GmbH" (Unzulässigkeit nach § 11 Abs. 1 S. 1 PartGG; dazu auch *KG* FGPrax 2004, 248 ff.); „LAVATEC AG Wäschereimaschinen GmbH & Co.KG" (Unzulässigkeit wegen Unklarheit über die Identität der Komplementärin und Aufnahme einer Kommanditistin in die Firma; s. dazu *OLG Stuttgart* FGPrax 2001, 28 f.); *OLG Köln* FGPrax 2008, 125 f. (Irreführung durch Verwendung eines akademischen Titels nach Ausscheiden des titelführenden Gesellschafters); „…S. er Fahrzeugwerke-GmbH" (Irreführung über die Größe des Unternehmens; *OLG Jena* NZG 2011, 1191 f.); „J e.K. Group" (Irreführung durch Platzierung des Wortes „Group" nach dem Firmenzusatz i. S. d. § 19 Abs. 1 Nr. 1 HGB; *OLG Schleswig*, NZG 2012, 34 f. – das Gericht hat jedoch offengelassen, ob die Verwendung des Begriffs „Group" in der Firma eines Einzelkaufmanns generell unzulässig ist); „K-Gruppe UG" (Irreführung bei Verwendung für ein Einzelunternehmen; *OLG Jena* NJW-RR 2014, 44 f.); „Deutsches Vorsorgeinstitut KG" (irreführender Eindruck, dass es sich bei dem „Institut" um eine öffentliche oder unter öffentlicher Aufsicht stehende wissenschaftliche Einrichtung handele; *OLG Hamm* BeckRS 2017, 105796).

Im Verfahren vor dem Registergericht wird die Eignung der Irreführung nur berücksichtigt, wenn sie ersichtlich ist. Dies bedeutet:

- Das Irreführungsverbot gilt für **alle Bestandteile** der Firma (Firmenkern, Sachzusatz, Rechtsformzusatz), die Angaben über geschäftliche Verhältnisse (Inhaber, Ort, Alter, Art und Umfang des Geschäftsbetriebs) enthalten.
- Die zur Irreführung geeignete Angabe muss für die angesprochenen Verkehrskreise wesentlich sein (dazu etwa *BayObLG* BB 1999, 1401 f.). Durch diese **„Wesentlichkeitsschwelle"** sollen solche Irreführungen vom Verbot des § 18 Abs. 2 S. 1 HGB ausgenommen werden, die nur von geringer Bedeutung für die wirtschaftliche Entscheidung der angesprochenen Verkehrskreise und damit von geringer Relevanz im Wettbewerb sind. Dabei kommt es unter Berücksichtigung aller Umstände des Einzelfalls auf die objektivierte Sicht eines durchschnittlichen Angehörigen des betreffenden Verkehrskreises an (vgl. BT-Drs. 13/8444, S. 53). Eine Irreführungsabsicht oder ein tatsächlicher Irreführungserfolg sind nicht erforderlich.

**Beispiele:** Rechtsform (wesentlich; *BayObLG* NJW 1999, 297, 298), Identität der persönlich haftenden Gesellschafter (wesentlich, sofern die angesprochenen Verkehrskreise auf die Einflussnahme bzw. Haftung einer ihnen bekannten Person vertrauen; vgl. *OLG Düsseldorf* NZG 2017, 350), Anzahl der Gesellschafter (unwesentlich), Geschlecht des Inhabers (in aller Regel unwesentlich), Unternehmensgegenstand (in aller Regel wesentlich; siehe aber auch *BayObLG* NJW-RR 2000, 111 f.), Unternehmensgröße (in aller Regel wesentlich), Übereinstimmung eines Ortsnamens in der Firma mit dem Unternehmenssitz (in aller Regel wesentlich; vgl. *OLG Stuttgart* NJW-RR 2001, 755, 756 f.).

- Das Registergericht überprüft zwar im Eintragungs-, Änderungs-, Missbrauchs- und Amtslöschungsverfahren nach §§ 29, 31 Abs. 1, 37 Abs. 1 HGB und § 395 FamFG die Eignung zur Irreführung, um einen vorbeugenden Verkehrsschutz zu gewährleisten und spätere firmen-, wettbewerbs- bzw. markenrechtliche Prozesse möglichst zu vermeiden. Zu einer registergerichtlichen Beanstandung soll es aber nur noch kommen, wenn die Angabe **ersichtlich** zur Irreführung geeignet ist. Mit dieser auch aus § 37 Abs. 3 MarkenG bekannten verfahrensbezogenen Einschränkung wird eine Entlastung der Gerichte und damit auch eine Beschleunigung des Eintragungsverfahrens angestrebt *(BT-Drs. 13/8444, S. 38)*. Bei berechtigten Zweifeln an der Unbedenklichkeit der Firma bleibt der Registerführer dennoch aufgefordert, nach § 26 FamFG Amtsermittlungen insbesondere zur Unternehmensstruktur und zum Empfängerhorizont der angesprochenen Verkehrskreise anzustellen. Er kann hierzu auch ein Gutachten der Industrie- und Handelskammer einholen (vgl. auch § 380 FamFG und § 23 S. 2 HRV). Das Kriterium der Ersichtlichkeit gilt im Übrigen nur für die verschiedenen Registerverfahren, nicht jedoch für die privatrechtliche Sanktionierung des Firmenmissbrauchs nach § 37 Abs. 2 HGB (näher Rn. 32 f.) oder im Bereich des wettbewerbsrechtlichen Irreführungsverbots nach §§ 5 f. UWG.

## II. Grundsatz der Firmenbeständigkeit

20  Müsste die Firma aufgrund des Wahrheitsgebots an jede maßgebliche Veränderung des Unternehmensträgers oder des von ihm betriebenen Unternehmens angepasst werden, würde dies zu einer unerwünschten Zerstörung des in der Firma verkörperten Werts führen. Nach dem Grundsatz der Firmenbeständigkeit kann daher eine unwahr gewordene Firma in bestimmten Fällen im **Interesse des Bestandsschutzes** zumindest teilweise fortgeführt werden. Das traditionelle Spannungsverhältnis zwischen Firmenwahrheit und Firmenbeständigkeit wurde durch die 1998 erfolgte Liberalisierung der Firmenbildung entschärft.

### 1. Fortführung der Firma trotz Namensänderung des Geschäftsinhabers (§ 21 HGB)

21  Die bloße Namensänderung des Geschäftsinhabers oder eines Gesellschafters, dessen Name in der Firma enthalten ist, zwingt nicht zu einer Änderung der Firma (§ 21 HGB). Die Abweichung vom Grundsatz der Firmenwahrheit ist in diesen Fällen dadurch zu rechtfertigen, dass die **Identität** des Firmenträ-

gers **unangetastet** bleibt (hier gilt hinsichtlich des Namenswechsels: „Name ist Schall und Rauch"; *Goethe*, Faust I, Vers 3457).

> **Beispielsfälle:** Kauffrau Monika Velten hat sich unter der Firma „Monika Velten Bastelbedarf e.Kfr." einen Namen gemacht. Trotz ihrer Heirat mit Namenswechsel (§ 1355 Abs. 1 S. 2 BGB) kann sie ihre Firma fortführen. Auch die Firma der „Mathäus Müller GmbH & Co. KG" kann fortgeführt werden, wenn die GmbH als Gesellschafterin der KG künftig als „Max Meyer GmbH" firmiert.

## 2. Fortführung der Firma trotz Inhaberwechsels (§§ 22, 24 HGB)

### a) Die verschiedenen Fälle des Inhaberwechsels

Das Problem der Firmenfortführung stellt sich nicht nur bei einem dauerhaften und vollständigen, sondern auch bei einem vorübergehenden und teilweisen Inhaberwechsel. Das HGB unterscheidet daher fünf Fälle der Firmenfortführung bei Inhaberwechsel: 22

- Dauerhafter Erwerb des Unternehmens durch Rechtsgeschäft unter Lebenden (§ 22 Abs. 1 Alt. 1 HGB; z. B. Unternehmenskauf, Schenkung, Einbringung in eine Gesellschaft).
- Dauerhafter Erwerb des Unternehmens von Todes wegen (§ 22 Abs. 1 Alt. 2 HGB).
- Vorübergehende rechtsgeschäftliche Übertragung des Unternehmens (§ 22 Abs. 2 HGB; z. B. Verpachtung, Bestellung eines Nießbrauchs oder eines Nutzungspfandrechts).
- Inhaberwechsel durch Einbringung eines einzelkaufmännischen Unternehmens in eine Personenhandelsgesellschaft (§ 24 Abs. 1 Alt. 1 HGB; zugleich ein Fall des § 22 Abs. 1 Alt. 1 HGB, da die Personenhandelsgesellschaft an die Stelle des Einzelkaufmanns als Unternehmensträger tritt).
- Eintritt bzw. Austritt eines Gesellschafters in eine bzw. aus einer Personenhandelsgesellschaft (§ 24 Abs. 1 Alt. 2 HGB).

### b) Die Voraussetzungen einer Firmenfortführung

Trotz dieser Differenzierung sind die **Voraussetzungen** der Firmenfortführung bei einem Inhaberwechsel im Wesentlichen gleich: 23

- Die bisherige **Firma wurde zu Recht geführt**. Dies setzt ihre zulässige Bildung und Führung durch den (die) bisherigen Inhaber voraus.
- Der Inhaberwechsel muss das **Unternehmen im Ganzen**, d. h. zumindest den nach außen hin im Wesentlichen in Erscheinung tretenden Unternehmenskern betreffen.
- Der rechtsgeschäftliche bzw. erbrechtliche Erwerb oder die Einbringung des einzelkaufmännischen Handelsgeschäfts müssen **wirksam** sein. Denn die Firma kann nicht ohne das Unternehmen übertragen und fortgeführt werden (§ 23 HGB).

- Der bisherige Inhaber der Firma bzw. seine Erben bzw. der ausscheidende Personengesellschafter (§ 24 Abs. 2 HGB gilt nach st. Rspr. nicht für Kapitalgesellschaften; vgl. für die GmbH BGHZ 58, 322, 325; vgl. auch *Felsner*, NJW 1998, 3255 ff.), dessen Name in der Firma enthalten ist, bzw. seine Erben müssen in die Fortführung der Firma „ausdrücklich" **einwilligen** oder etwa im Gesellschaftsvertrag bereits ausdrücklich eingewilligt haben. „Ausdrücklich" meint hier allerdings nur „zweifelsfrei", so dass auch eine stillschweigende Einwilligung möglich ist. Diese kann aber nicht allein aus der Übertragung des Handelsgeschäfts entnommen werden (*BGH* NJW 1994, 2025, 2026). Umstritten ist, ob auch die Erben zur Firmenfortführung einer ausdrücklichen Einwilligung des Erblassers bedürfen.

**Beispielsfall:** Hein Schmidt erbt nach dem Tode seines Vaters Herbert Schmidt im Jahre 2018 als Alleinerbe ein Feinkostgeschäft, das sein Großvater Josef Schmidt 1933 in Hamburg unter der Firma „Josef Schmidt Kolonialwaren" gegründet hatte. Er möchte das in den letzten Jahren vor dem Tod seines Vaters zum Kleingewerbe herabgesunkene, aber weiterhin im Handelsregister eingetragene Ladengeschäft unter der traditionsreichen Firma fortführen und wieder ausbauen. Im Hinblick auf die Firmenfortführung hat Herbert Schmidt keine testamentarische oder sonstige Regelung getroffen.

Hier ist zunächst festzustellen, dass die Firma von Josef Schmidt in zulässiger Weise gebildet wurde (§ 18 Abs. 1 HGB a. F.) und dass das Ladengeschäft auch noch vor dem Tod von Herbert Schmidt von einem zur Firmenführung berechtigten Kaufmann nach § 5 HGB bzw. § 2 HGB n. F. betrieben wurde. Damit bestünde für Hein Schmidt grundsätzlich die Möglichkeit, die angestammte Firma fortzuführen und lediglich den seit 31. 3. 2003 (Art. 38 EGHGB) zwingend erforderlichen Rechtsformzusatz für Einzelkaufleute (e.K. etc., § 19 Abs. 1 Nr. 1 HGB) anzufügen. Es müsste aber noch die Frage geklärt werden, ob er als Erbe einer ausdrücklichen Einwilligung des Erblassers zur Firmenfortführung bedarf und ob der Erblasser Herbert Schmidt eine solche erteilt hat. Angesichts des Normzwecks (Firmenfortführung nur bei Einwilligung des bisherigen Inhabers) und des klaren Wortlauts der Vorschrift (die Wendung „oder dessen Erben" betrifft nur die Weiterveräußerung des Unternehmens durch die Erben unter Lebenden) ist nach h. M. eine Einwilligung des Erblassers erforderlich, die allerdings nicht ausdrücklich bzw. zweifelsfrei, sondern nur mutmaßlich vorliegen muss (näher *Kuchinke*, ZIP 1987, 681, 686). Da Herbert Schmidt seinem Alleinerben die Änderung der Firma nicht ausdrücklich auferlegt hat (vgl. z. B. § 1940 BGB), wird man davon ausgehen können, dass Hein Schmidt nach dem mutmaßlichen Willen des Erblassers zur Firmenfortführung berechtigt ist.

### c) Die Form der Firmenfortführung

24 Sind die genannten Voraussetzungen gegeben, **können** der oder die Nachfolger bzw. die Gesellschaft die Firma auch ohne einen das Nachfolgeverhältnis andeutenden Zusatz fortführen (§§ 22, 24 HGB). Die Fortführung der Firma kann bzw. muss grundsätzlich **unverändert erfolgen** (z. B. *OLG Frankfurt a. M.* FGPrax 2005, 270: keine Voranstellung eines neuen Namens). Im Interesse der Firmenwahrheit gibt es jedoch insbesondere für Firmenzusätze bestimmte **Ausnahmen:**

- Unschädlich ist kraft Gesetzes ein das Nachfolgeverhältnis andeutender Zusatz (z. B. „Nachf.", „Erben", „vormals"; vgl. § 22 Abs. 1 HGB).
- Unwesentliche Änderungen (z. B. Schreibweise, Streichung eines abgekürzten Vornamens) sind ebenso zulässig (vgl. RGZ 113, 306, 308 f.) wie wesentliche Änderungen, die im Interesse der Allgemeinheit oder im berechtigten Interesse des Nachfolgers bzw. der Gesellschaft liegen und keinen Zweifel an der Firmenidentität aufkommen lassen (BGHZ 44, 116, 120).
- Das Irreführungsverbot des § 18 Abs. 2 HGB (näher Rn. 19) kann Änderungen der fortgeführten Firma gebieten, sofern der Nachfolgezusatz die Eignung zur Irreführung nicht auszuschließen vermag. Dies dürfte z. B. in der Regel für die Fortführung akademischer Grade gelten, die der Nachfolger nicht innehat (vgl. BGHZ 53, 65, 67 f.).
- Wird die Firma durch den Nachfolger in einer anderen Rechtsform fortgeführt, ist der Rechtsformzusatz (dazu Rn. 12 ff.) entsprechend anzupassen. Dies gilt auch dann, wenn die Firma einen Nachfolgezusatz enthält (*OLG Hamm* DB 1999, 1946 f.; *OLG Stuttgart* DB 2001, 695, 696 f.).

**Beispielsfall:** Der Erbe Hein Schmidt beabsichtigt, das oben erwähnte Feinkostgeschäft zu einem größeren Lebensmitteldiscountgeschäft umzugestalten. Hierzu möchte er das Geschäft unter Fortführung der Firma „Josef Schmidt Kolonialwaren" in eine gemeinsam mit dem Investor Reich zu gründende OHG einbringen. Hier könnten Schmidt und Reich entgegen der Rechtsprechung zur Rechtslage vor 1998 (vgl. BGHZ 62, 216, 224) nur den bisherigen Firmenkern („Josef Schmidt") mit dem Zusatz „offene Handelsgesellschaft" bzw. „OHG" fortführen (§§ 24 Abs. 1 Alt. 1, 19 Abs. 1 Nr. 2 HGB). Der Zusatz „Kolonialwaren" müsste angesichts der Veränderung des Geschäftsgegenstands als zur Irreführung geeignet jedoch entfallen.

### 3. Fortführung der Firma trotz Umwandlung des Unternehmensträgers

Die Firmenfortführung bei Verschmelzung, Spaltung oder Formwechsel des Unternehmensträgers richtet sich nach den Sonderregelungen der §§ 18, 122, 125, 155, 200 UmwG (näher *Kögel*, GmbHR 1996, 168 ff.). 25

### 4. Fortführung der Firma trotz Änderung von Art und Umfang des Handelsgewerbes

Durch Veränderungen in der Art und dem Umfang des Handelsgewerbes 26 können eine Sachfirma oder Firmenzusätze unwahr werden. Grundsätzlich genießt in diesem gesetzlich nicht geregelten Fall das Prinzip der Firmenwahrheit den Vorrang (§ 18 Abs. 2 HGB analog). Sofern jedoch eine Irreführung des Publikums nur in geringerem Umfang zu befürchten ist und andererseits dem Geschäftsinhaber durch die Firmenänderung unverhältnismäßige Nachteile drohen, bleibt die Firma zulässig (näher MüKoHGB/*Heidinger,* § 18 Rn. 38 ff.).

**Beispielsfall:** Die „Hansa-Theater Herbert Klotz GmbH" stellt den unwirtschaftlich gewordenen Betrieb des unter ihrer Regie zu großem Ansehen gelangten „Hansa-Theaters" ein, um sich künftig ganz auf den Betrieb zweier anderer vergleichbarer Theater zu konzentrieren. Das zuständige Registergericht setzt gegen die GmbH ein Ordnungsgeld nach § 37 Abs. 1 HGB fest, weil diese sich weigert, eine Änderung der werbewirksamen Firma vorzunehmen. Da der Betrieb im „Hansa-Theater" nicht weitergeführt wird, ist hier die Irreführungsgefahr gering. Andererseits ist ein berechtigtes Interesse der GmbH gegeben, durch die Fortführung der Geschäftsbezeichnung in der Firma das selbst geschaffene Ansehen dieses Firmenbestandteils weiter auszunutzen. Das Ordnungsgeld wurde mithin zu Unrecht festgesetzt. Anders wäre zu entscheiden, wenn die GmbH das „Hansa-Theater" mit dieser Geschäftsbezeichnung veräußert hätte. In diesem Fall wäre nicht nur die Gefahr einer Irreführung des Publikums größer, sondern auch das Interesse der GmbH an einer Firmenfortführung wesentlich geringer anzusetzen, da sie den in dem Firmenbestandteil enthaltenen Wert durch den Verkauf bereits realisiert haben dürfte.

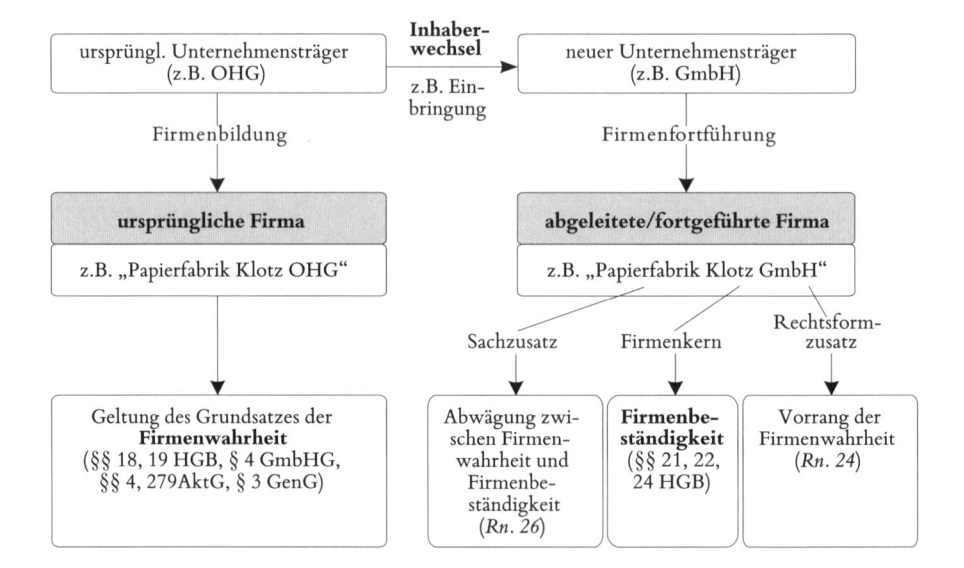

## III. Verbot der Leerübertragung

27 Das Recht an der Firma kann prinzipiell zwar nach §§ 398, 413 BGB übertragen werden (h. M.), doch ist eine **Veräußerung** der Firma nur gemeinsam **mit dem Handelsgewerbe** möglich (§ 23 HGB; auch Grundsatz der Firmenuntrennbarkeit oder Abspaltungsverbot). Dies gilt auch für die bloße Gestattung der Firmenführung beispielsweise in der Form einer Firmenlizenz. Nach h. M. handelt es sich bei § 23 HGB trotz seines Wortlauts („kann") nicht um eine Beschränkung der Verfügungsmacht des Veräußerers mit der Folge einer unmittelbaren Unwirksamkeit der dinglichen Leerübertragung mangels bestehender Verfügungsmacht, sondern um ein gesetzliches Verbot, das zumindest das dingliche Rechtsgeschäft der Leerübertragung nach § 134

BGB unwirksam sein lässt. Da der Begriff der Veräußerung im HGB zudem nicht notwendig im engen sachenrechtlichen Sinne verstanden werden muss (vgl. auch Kap. 7 Rn. 11), sondern auch den der Leerübertragung zugrunde liegenden schuldrechtlichen Vertrag umfassen kann, wird man auch diesen nach § 134 BGB als insgesamt oder teilweise (§ 139 BGB) unwirksam ansehen müssen (so i. E. auch *Oetker*, Handelsrecht, § 4 Rn. 61). Durch das Verbot der Leerübertragung soll dem insbesondere nach der Verkehrsauffassung gegebenen engen Zusammenhang zwischen Firma und Unternehmen Rechnung getragen werden. Eine von „ihrem" Unternehmen losgelöste Firma wäre zur Irreführung geeignet. § 23 HGB untersagt allerdings nicht, das Unternehmen ohne die Firma zu übertragen.

**Beispielsfall:** Die „Milch Meier GmbH" betreibt mehrere Molkereien und eine Schokoladenfabrik im Raum Münster. Künftig möchte sie sich unter der Firma „Münsterland Milch GmbH" ganz auf ihr Kerngeschäft konzentrieren und veräußert daher die Schokoladenfabrik einschließlich der Firma „Milch Meier GmbH" an deren bisherigen Produktionsleiter (Fall des sog. *Management-Buy-Out*). Hier kommt es darauf an, ob das Firmenrecht auch nur mit einem Teil des Unternehmens übertragen werden kann. Nach allgemeiner Meinung muss zwar nicht das ganze Unternehmen, zumindest aber doch der Kern des Unternehmens mit der Firma übergehen. Unter dem Kern hat man dabei diejenigen Teile zu verstehen, die die Tätigkeit und das Erscheinungsbild des Unternehmens im Wesentlichen prägen. Dies ist im Fall der „Milch Meier GmbH" das Molkereigeschäft, so dass die Firmenübertragung nach § 134 BGB unwirksam ist.

## IV. Grundsatz der Firmeneinheit

Das Prinzip der Firmeneinheit ist von Rechtsprechung und Lehre aus dem Grundsatz der Firmenwahrheit entwickelt worden. Es besagt, dass ein Unternehmensträger für **ein Unternehmen nur eine Firma** führen kann. Das Prinzip der Firmeneinheit ist damit ebenfalls Ausdruck des Zusammenhangs von Firma und Unternehmen. Bedeutsam ist dabei die Unterscheidung zwischen organisatorisch eigenständigen Unternehmen und bloßen unselbständigen Unternehmenssparten. Nach h. L. kann nur der Einzelkaufmann mehrere verselbständigte Unternehmen und damit Firmen haben, während eine Handelsgesellschaft immer nur ein einziges Unternehmen (gegebenenfalls in mehreren Sparten und Niederlassungen) betreiben kann (z. T. krit. *Canaris*, § 11 Rn. 35 ff.). 28

**Beispielsfall:** Herbert Klotz betreibt als Einzelkaufmann ein Schreibwarengeschäft unter der Firma „Herbert Klotz Schreibwaren e.K.". Als er von Carla Krause eine Damenboutique erwirbt, möchte er für dieses Geschäft die werbewirksame Firma „Carla Krause Damenmoden e.K." fortführen. Dies ist nach h. L. nur zulässig, wenn er diese Geschäfte in organisatorisch verselbständigten Unternehmen (z. B. getrennte Rechnungslegung und Personalwirtschaft) betreibt. Würde Klotz beide Geschäfte aus Gründen der Haftungsbeschränkung in der Rechtsform einer Einmann-GmbH betreiben, müsste er trotz einer fortbestehenden wirtschaftlichen Selbständigkeit der Sparten Schreibwarenhandel und Modeboutique einheitlich firmieren (z. B. „Klotz GmbH").

Eine Ausnahme vom Grundsatz der Firmeneinheit ist allerdings bei **Zweigniederlassungen** (dazu Kap. 5 Rn. 3) möglich. Diese können und müssen gegebenenfalls sogar aus Gründen der Unterscheidbarkeit von anderen Firmen am Ort der Zweigniederlassung (§ 30 Abs. 3 HGB) eigenständig firmieren. Ist dabei der Firmenkern der Zweigniederlassung mit dem der Hauptniederlassung nicht identisch, muss ein Zusatz die Zugehörigkeit zur Hauptniederlassung offenbaren (*BayObLG* BB 1992, 944, 945). Zulässig soll die mehrfache Firmierung desselben Unternehmens auch dann sein, wenn dies durch öffentlich-rechtliche Vorschriften gestattet wird (*BayObLG* NJW-RR 2001, 1688).

Die Führung mehrerer Firmen kann nur zu einer Aufteilung der Handlungskreise, nicht aber auch der Rechtszuständigkeit führen (vgl. *K. Schmidt*, Handelsrecht, § 12 Rn. 68).

**Beispielsfall:** Herbert Klotz bestellt Pfeiffer zum Prokuristen in seinem oben erwähnten Schreibwarenhandel. Ordert Pfeiffer nunmehr unter der Firma „Herbert Klotz Schreibwaren e.K." bei Groß 100 Füllfederhalter und unter der Firma „Herbert Klotz Damenmoden e.K." bei Velten eine neue Herbstkollektion, handelt er nur im ersten Fall mit Vertretungsmacht (vgl. auch Kap. 7 Rn. 17). Für die Kaufpreisforderung des Groß haftet der Einzelkaufmann Klotz dann allerdings mit seinem gesamten betrieblichen und privaten Vermögen und damit auch mit den Vermögenswerten der Damenboutique.

## V. Grundsatz der Firmenunterscheidbarkeit

29    Der Grundsatz der Firmenunterscheidbarkeit dient der **Kennzeichnungsfunktion** der Firma. Dieser bislang allein in § 30 HGB verankerte Firmengrundsatz wurde durch die Neufassung des § 18 Abs. 1 HGB im Jahre 1998 zusätzlich gestärkt. Danach muss die Firma zur Kennzeichnung des Kaufmanns geeignet sein, Unterscheidungskraft besitzen und sich von den im Firmenbezirk bereits bestehenden und eingetragenen Firmen deutlich unterscheiden.

Die Prüfung der Zulässigkeit von Firmen unter dem Gesichtspunkt der Firmenunterscheidbarkeit ist daher in zwei Schritten vorzunehmen (vgl. auch *Bülow*, DB 1999, 269 ff.):

- Zunächst ist abstrakt zu klären, ob die Firma **überhaupt Unterscheidungskraft** besitzt (§ 18 Abs. 1 HGB). Dies ist nur der Fall, wenn die Firma ihrer Struktur nach prinzipiell geeignet ist, den Kaufmann von anderen Kaufleuten zu unterscheiden. Die Firma darf daher nicht allein aus Allerweltsnamen (z. B. Müller, Schmidt), Allgemein- bzw. Gattungsbegriffen (z. B. Handel, Creativ, Super, Leasing, Schuh; dazu *BayObLG* NJW-RR 2003, 1544 f.: Unzulässigkeit der Firmierung als „Profi-Handwerker GmbH") oder aus unverständlichen Buchstabenfolgen (z. B. AAA; *BGH* NJW-RR 1998, 253 f.; a. A. nunmehr jedoch *BGH* NZG 2009, 192: Zulässigkeit von „HM & A") bestehen. Die gewonnene Freiheit bei der Firmenbildung soll vielmehr gerade auch zur Bildung unterscheidungskräftiger Firmen genutzt

werden (z. B. „2001-GmbH"). Mit der besonderen Betonung der Unterscheidungskraft wird das Firmenrecht zugleich an das übrige Kennzeichenrecht angeglichen (vgl. v. a. § 8 Abs. 2 Nr. 1 MarkenG).
- Anschließend ist zu prüfen, ob sich die Firma von den bereits in dem Ort bzw. der Gemeinde (Firmenbezirk, vgl. auch § 30 Abs. 4 HGB) eingetragenen Firmen so **deutlich unterscheidet**, dass die Gefahr einer Verwechslung durch das allgemeine Publikum ausgeschlossen ist (Firmenausschließlichkeit gem. § 30 Abs. 1 HGB; *OLG Hamm* NJW-RR 2013, 1196 f.: Ausschluss jeder ernstlichen, auch „erweiterten" Verwechslungsgefahr). Die Verwechslungsgefahr ist anhand des vollen Firmenwortlauts und eventuell (str.) auch denkbarer Abkürzungen nach dem **audiovisuellen Gesamteindruck** zu beurteilen. Bei Personenfirmen genügen für die Unterscheidbarkeit ausgeschriebene Vornamen. Bei Namensgleichheit ist ein unterscheidungskräftiger Zusatz zu verwenden (§ 30 Abs. 2 HGB). Bei den Sachfirmen ist trotz ähnlichen Wortklangs ein unterschiedlicher Wortsinn ausreichend (vgl. *BGH* WM 1989, 1584, 1585: „Commerzbank" und „Commerzbau"). Geographische Zusätze sorgen nicht immer für die erforderliche Unterscheidbarkeit. Die Verwechslungsgefahr wird in keinem Fall durch einen bloßen Gesellschaftszusatz ausgeschlossen.

**Beispielsfall:** Karl Müller möchte mit seiner Einmann-GmbH als „Karl Müller Schreibwaren GmbH" firmieren. Der zuständige Registerführer lehnt die Eintragung dieser Firma wegen Verwechslungsgefahr mit der in demselben Firmenbezirk bereits eingetragenen Firma „Carl Müller Schreibwaren e.Kfm.", unter der ein Ladengeschäft mit Geschenkartikeln betrieben wird, ab. In diesem Fall geht der Registerführer zwar mit Recht von der Gefahr einer Firmenverwechslung aus. Nach h. M. besteht hier dennoch kein Eintragungshindernis, da die eingetragene Firma „Carl Müller Schreibwaren e.Kfm." wegen der Eignung des Zusatzes „Schreibwaren" zur Irreführung unzulässig ist und ohnehin nach § 37 HGB bzw. § 395 FamFG aus dem Register gelöscht werden muss (a. A. Großkomm/*Burgard*, § 30 Rn. 17).

## § 16. Unzulässiger Firmengebrauch und Schutz der Firma

Der unzulässige Firmengebrauch löst öffentlich-rechtliche (Firmenmissbrauchsverfahren nach § 37 Abs. 1 HGB) und privatrechtliche Sanktionen (Namensschutz durch Unterlassungs- und Schadensersatzansprüche) aus. Die Sanktionstatbestände können, müssen aber nicht durch die Verletzung des Firmenrechts eines anderen erfüllt werden. Die Verfolgung unzulässigen Firmengebrauchs mit Hilfe des Registerrechts bzw. des Zivilrechts dient daher nicht nur dem Schutz zulässiger Firmen.

## A. Registerrechtliches Firmenmissbrauchsverfahren

**31** Das Registergericht kann gem. **§ 37 Abs. 1 HGB** i. V. m. den Verfahrensvorschriften der §§ 392 i. V. m. 388 ff. FamFG von Amts wegen gegen den Gebrauch einer unzulässigen Firma einschreiten. Dies bedeutet im Einzelnen:

- Die Vorschrift des § 37 Abs. 1 HGB dient nur der Bekämpfung des Missbrauchs einer **Firma**. Das Verfahren kann sich nach h. M. aber auch gegen den unzulässigen Gebrauch von firmenähnlichen Bezeichnungen durch Nichtkaufleute richten (vgl. *BayObLG* NJW 1999, 297 f. zur Unzulässigkeit des von einer Rechtsanwaltssozietät geführten Rechtsformzusatzes „GbRmbH"). Der Missbrauch von Geschäftsbezeichnungen, Marken oder Kurzbezeichnungen fällt hingegen nicht unter die Vorschrift.
- Die Firma muss nach dem Firmenrecht von Anfang an **unzulässig** gewesen oder unzulässig geworden sein. Die Unzulässigkeit der Firma wird durch ihre Eintragung in das Handelsregister nicht geheilt. Auch wenn die Firma nur teilweise unzulässig ist, bezieht sich das Missbrauchsverfahren nach h. M. auf die gesamte Firma (Heymann/*Emmerich*, § 37 Rn. 18).
- Die Firma oder Minderfirma muss im Geschäftsverkehr mit **Wiederholungsabsicht** gebraucht werden. Hierzu gehört auch der sog. Registerverkehr, also die Herbeiführung oder Aufrechterhaltung einer Registereintragung.
- Das Registergericht kann **von Amts wegen** einschreiten, wenn es von dem Firmenmissbrauch glaubhafte Kenntnis erhält (§ 392 FamFG i. V. m. § 388 Abs. 1 FamFG). Nach h. M. ist es zu einem Einschreiten nicht verpflichtet und kann nach Abwägung der öffentlichen wie privaten Interessen auch einen unzulässigen Firmengebrauch dulden **(Ermessensentscheidung)**. Selbst ein in seinem Firmenrecht oder einem sonstigen Recht verletzter Dritter hat keinen Anspruch auf ein Einschreiten des Registergerichts (vgl. auch zum Beschwerderecht gem. § 20 FGG – jetzt § 59 FamFG – RGZ 132, 311, 314 ff.). Er kann ein solches nur anregen und ist im Übrigen auf seinen privatrechtlichen Anspruch aus § 37 Abs. 2 S. 1 HGB verwiesen.
- Das in § 37 Abs. 1 HGB erwähnte **Ordnungsgeld** wird nur dann festgesetzt, wenn der Betroffene schuldhaft am Gebrauch der Firma festhält und seine fristgerecht mittels Einspruchs eingereichte Rechtfertigung rechtskräftig verworfen wurde (§ 392 FamFG i. V. m. §§ 388 ff. FamFG).
- Ist die unzulässige Firma in das Handels- bzw. Genossenschaftsregister eingetragen, kann das Registergericht die **Löschung** der Firma nicht nur durch die vorrangige Zwangsausübung nach § 37 Abs. 1 HGB, sondern auch im Wege der Amtslöschung nach §§ 395, 399 FamFG herbeiführen. Ist die Firma sogar erloschen und nicht nur unzulässig, hat das Gericht die Löschung nicht nach § 37 Abs. 1 HGB, sondern nach der Sondervorschrift des § 31 Abs. 2 S. 2 HGB zu bewirken (vgl. Ba/Ho/*Hopt*, § 37 Rn. 8).

## B. Privatrechtliche Sanktionen unzulässigen Firmengebrauchs

### I. Firmenrechtlicher Unterlassungsanspruch

Wer durch unzulässigen Firmengebrauch in seinen Rechten verletzt wird, hat gegen den Gebrauchenden nach § 37 Abs. 2 S. 1 HGB einen gegebenenfalls im Zivilprozess geltend zu machenden Unterlassungsanspruch. Nach h. M. ist die Unzulässigkeit des Firmengebrauchs nach den gleichen Kriterien wie bei § 37 Abs. 1 HGB zu beurteilen. Damit ist der firmenrechtliche Unterlassungsanspruch nur bei einem Verstoß gegen das objektive Firmenrecht und nicht auch bei Verletzungen anderer Rechtsnormen (z. B. §§ 3, 5 f. UWG und § 15 MarkenG) oder einer vertraglichen Vereinbarung gegeben. Anspruchsberechtigt ist nach § 37 Abs. 2 S. 1 HGB, „wer in seinen Rechten ... verletzt wird". Jede Beeinträchtigung eines rechtlichen Interesses wirtschaftlicher Art ist hierfür ausreichend (vgl. auch § 42 Abs. 2 VwGO), so dass neben dem subjektiven Firmenrecht auch andere rechtliche Interessen insbesondere von Wettbewerbern (sonstige Namensrechte, Markenrecht, Patentrecht, Lauterkeit des Wettbewerbs etc.) geschützt werden. Die Kaufmannseigenschaft des Anspruchsinhabers ist nicht erforderlich. Die Verurteilung zur Unterlassung des Gebrauchs der gesamten Firma verpflichtet zugleich zur zügigen Herbeiführung der Löschung einer eingetragenen Firma. Nach § 37 Abs. 2 S. 2 HGB bleiben Ansprüche auf Schadensersatz aus anderen Vorschriften (vgl. Rn. 33) ausdrücklich unberührt.

### II. Sonstige privatrechtliche Sanktionen

Mit dem Unterlassungsanspruch nach § 37 Abs. 2 S. 1 HGB konkurrieren weitere **Unterlassungsansprüche** (näher *Lettl*, Handelsrecht, § 4 Rn. 98 ff.):
- allgemeiner Unterlassungsanspruch (§ 1004 Abs. 1 BGB analog i. V. m. § 823 Abs. 1 bzw. § 12 BGB);
- markenrechtlicher Unterlassungsanspruch (§ 15 Abs. 4 MarkenG);
- namensrechtlicher Unterlassungsanspruch (§ 12 S. 2 BGB);
- wettbewerbsrechtlicher Unterlassungsanspruch (§ 8 UWG i. V. m. §§ 3, 5 f. UWG).

Der Firmenmissbrauch kann schließlich zum **Schadensersatz** aufgrund der folgenden Anspruchsgrundlagen berechtigen (vgl. auch § 37 Abs. 2 S. 2 HGB):
- allgemeiner deliktsrechtlicher Schadensersatz (§ 823 Abs. 1 BGB ggf. i. V. m. § 12 BGB; § 823 Abs. 2 BGB i. V. m. § 37 Abs. 2 HGB; § 826 BGB);
- markenrechtlicher Schadensersatzanspruch (§ 15 Abs. 5 MarkenG);
- wettbewerbsrechtlicher Schadensersatzanspruch (§ 9 UWG i. V. m. §§ 3, 5 f. UWG).

# § 17. Wiederholung

## A. Zusammenfassung

☐ Die **Firma** ist der Geschäftsname des Kaufmanns (§ 17 HGB).
☐ Die Firma darf **nicht verwechselt** werden mit dem:
  - Unternehmensträger (Einzelkaufmann, Gesellschaft)
  - Unternehmen (organisierte Wirtschaftseinheit)
☐ Die Firma ist **abzugrenzen von** folgenden Bezeichnungen:
  - Bürgerlicher Name des Einzelkaufmanns (§ 12 BGB)
  - Minderfirma eines Nichtkaufmanns
  - Geschäftsbezeichnung
  - Marke
☐ **Arten der Firma:**
  - Einzelfirma/Gesellschaftsfirma
  - Personalfirma/Sachfirma/Phantasiefirma/Mischfirma einfache/zusammengesetzte Firma
  - ursprüngliche/abgeleitete/fortgeführte Firma
☐ **Verlautbarung der Firma:**
  - §§ 29, 33 f., 37a, 106 Abs. 2 Nr. 2, 125a, 177a HGB
  - §§ 36 ff. AktG
  - §§ 7 f. GmbHG
  - §§ 10 ff. GenG
☐ **Firmenfunktionen:**
  - Kennzeichnungs-,
  - Auskunfts-,
  - Werbe- und
  - Wertträgerfunktion
☐ **Firmengrundsätze:**
  - Firmenwahrheit (Irreführungsverbot; § 18 Abs. 2 HGB)
  - Firmenbeständigkeit (Firmenfortführung trotz Namens- oder Inhaberwechsels; vgl. §§ 21, 22, 24 HGB)
  - Verbot der Leerübertragung der Firma (§ 23 HGB)
  - Firmeneinheit (ein Unternehmen, eine Firma)
  - Firmenunterscheidbarkeit (Unterscheidungskraft gem. § 18 Abs. 1 HGB und Ausschließlichkeit im Firmenbezirk gem. § 30 HGB)
☐ **Firmenbildung:**
  - Bei Beachtung der Firmengrundsätze Wahlfreiheit zwischen Personal-, Sach-, Phantasie- und Mischfirma;
  - Obligatorischer Rechtsformzusatz (§ 19 HGB, § 4 AktG, §§ 4, 5a Abs. 1 GmbHG, § 3 GenG)

§ 17. Wiederholung    109

☐ **Sanktionen bei unzulässigem Firmengebrauch:**
- Öffentlich-rechtliche Sanktion: Firmenmissbrauchsverfahren nach § 37 Abs. 1 HGB
- Privatrechtliche Sanktionen (Unterlassungs- bzw. Schadensersatzansprüche):
  - firmenrechtlich (§ 37 Abs. 2 S. 1 HGB)
  - wettbewerbsrechtlich (§§ 3, 5 f., 8, 9 UWG)
  - markenrechtlich (§ 15 Abs. 4, 5 MarkenG)
  - bürgerlich-rechtlich (z. B. § 823 Abs. 2 BGB i. V. m. § 37 Abs. 2 HGB)

## B. Kontrollfragen

1. Was haben die Firma und der bürgerliche Name gemeinsam und worin unterscheiden sie sich?
2. Worauf ist bei der Verwendung von Minderfirmen und Geschäftsbezeichnungen zu achten?
3. Nennen Sie die vier Funktionen der Firma im Wirtschaftsleben und die jeweils mit ihnen in Verbindung stehenden Firmengrundsätze!
4. Unter welchen Voraussetzungen kann die Eintragung einer Firma aufgrund ihrer Eignung zur Irreführung verweigert werden?
5. Unter welchen Voraussetzungen kann eine Firma trotz Inhaberwechsels fortgeführt werden?
6. Kann der Insolvenzverwalter eine Personalfirma veräußern?
7. Ein multinationales Unternehmen möchte möglichst schnell und kostengünstig eine deutsche Tochtergesellschaft gründen. Die beratende Rechtsanwältin Dr. Rasch hat für derartige Fälle bereits vorsorglich eine GmbH gegründet und unter der Firma „Vermögensverwaltungs-GmbH" in das Handelsregister eintragen lassen. Die Anteile an dieser Gesellschaft, die bislang keine Geschäftstätigkeit aufgenommen hat, bietet Rasch ihrer Mandantin zum Kauf an. Bestehen hiergegen firmenrechtliche Bedenken?
8. Die „Mathäus Müller GmbH" ist Alleingesellschafterin der „Max Meier GmbH". Sie ändert ihre Firma unter Löschung der alten Firma in „Sebastian Schmidt GmbH" und die Firma der „Max Meier GmbH" in „Mathäus Müller GmbH". Ist dieser Firmentausch zulässig?
9. Der nicht promovierte Makler Max Müller firmiert als „Dr. Max Müller Immobilien e.K.". Was kann der am selben Ort tätige Makler Wilhelm Waitz hiergegen unternehmen?

# Kapitel 5. Das Unternehmen im Handelsrecht

**Literatur:** *Barnert*, Mängelhaftung beim Unternehmenskauf zwischen Sachmängelgewährleistung und Verschulden bei Vertragsschluss im neuen Schuldrecht, WM 2003, 416 ff.; *Baumann*, Die Haftungsfallen bei der Übertragung von Handelsunternehmen – Rechtspolitische Rechtfertigung und Reformbedarf der §§ 25 ff. HGB, 2012; *Beisel/Klumpp*, Der Unternehmenskauf, 7. Aufl., 2016; *Eckart/Fest*, Die entsprechende Anwendung von § 28 HGB auf die Entstehung einer Gesellschaft bürgerlichen Rechts als Konsequenz aus der Rechtsprechung des Bundesgerichtshofs (Zugleich Anmerkung zu BGH, U. v. 22. 1. 2004, WM 2004, 483), WM 2007, 196 ff.; *Freitag*, Die Rom-Verordnungen und die §§ 25–28 HGB: Revolution des Sachrechts durch Evolution des Kollisionsrechts, ZHR 174 (2010), 429 ff.; *Grote*, Möglichkeiten der Haftungsbeschränkung für den Erben eines einzelkaufmännischen Gewerbebetriebs, BB 2001, 2595 ff.; *Grunewald*, Rechts- und Sachmängelhaftung beim Kauf von Unternehmensanteilen, NZG 2003, 372 ff.; *Hauck*, Mängel des Unternehmens beim Unternehmens- und Beteiligungskauf, 2008; *Koch*, Semesterabschlussklausur – Handelsrecht: Fortführung eines Handelsgeschäfts, JuS 2006, 142 ff.; *S. Lorenz*, Der Unternehmenskauf nach der Schuldrechtsreform, in: FS Heldrich, 2005, 305 ff.; *Maier-Reimer/Niemeyer*, Unternehmenskaufvertrag und AGB-Recht, NJW 2015, 1713 ff.; *Mischke/Neuß*, Führt die Übernahme der Domain eines Unternehmers zur Haftung für dessen Schulden nach § 25 HGB?, ZGS 2009, 407 ff.; *Morshäuser*, Die Formvorschrift des § 311b III BGB bei Unternehmenskäufen, WM 2007, 337 ff.; *Müller*, Einfluss der due diligence auf die Gewährleistungsrechte des Käufers beim Unternehmenskauf, NJW 2004, 2196 ff.; *Müller/Kluge*, Unternehmensfortführung bei Teilerwerb – Zur Bedeutung des Unternehmenswertes für § 25 I 1 HGB, NZG 2010, 256 ff.; *Palzer*, Grundfragen des Unternehmenskaufs im Lichte der jüngeren Rechtsprechung, Jura 2011, 917 ff.; *Picot*, Unternehmenskauf und Restrukturierung, 4. Aufl., 2013; *K. Schmidt*, Vom Handelsrecht zum Unternehmens-Privatrecht, JuS 1985, 249 ff.; *ders.*, Unternehmensfortführung ohne Firmenfortführung – ein Streitfall zu § 25 I HGB – OLG Hamm NJW-RR 1997, 733, JuS 1997, 1069; *ders.*, Der Einzelunternehmer – Herausforderung des Handels- und Wirtschaftsrechts, JuS 2017, 809 ff.; *Schricker*, Probleme der Schuldenhaftung bei Übernahme eines Handelsgeschäfts, ZGR 1972, 121 ff.; *Staake/von Bressensdorf*, Grundfälle zum deliktischen Unternehmensschutz, JuS 2016, 297 ff.; *Voigt*, Das Handelsrecht der Zweigniederlassung, 2010; *Weitnauer*, Der Unternehmenskauf nach neuem Kaufrecht, NJW 2002, 2511 ff.; *Werner*, Die Firma des kaufmännischen Unternehmens und ihre Übertragung, NWB Fach 18 (45/2008), 955 ff.; *Zerres*, Inhaberwechsel und haftungsrechtliche Konsequenzen, Jura 2006, 253 ff.

## § 18. Einführung in das Recht des Unternehmens

### A. Begriff des Unternehmens

Das Unternehmen ist **wirtschaftlich** eine organisierte Einheit sachlicher 1 und personeller Mittel, mit deren Hilfe der Unternehmensträger selbständig und auf Dauer angelegt am Wirtschaftsverkehr teilnimmt. Zum Unternehmen gehören die materiellen (Sachen und Rechte) und immateriellen (Geschäftsbeziehungen, Geschäftsgeheimnisse, good will) Werte sowie die Verbindlichkeiten. Das Unternehmen kann aus einem oder mehreren Betrieben bestehen.

Es gibt keinen allgemeinen **Rechtsbegriff** des Unternehmens. Dies liegt weniger an der unterschiedlichen Benennung als vielmehr an der unterschiedlichen Funktion und Ausgestaltung des Begriffs in den einzelnen Rechtsgebieten. Das HGB nennt das Unternehmen, dessen Träger ein Kaufmann ist, Handelsgewerbe (z. B. § 1 Abs. 1 HGB) oder Handelsgeschäft (z. B. §§ 22 ff. HGB). Im bürgerlichen Recht wird das Unternehmen unabhängig von einer kaufmännischen Trägerschaft als Erwerbsgeschäft (z. B. § 112 BGB) oder als eingerichteter und ausgeübter Gewerbebetrieb (vgl. § 823 Abs. 1 BGB) bezeichnet. Auch im Konzernrecht (Recht der verbundenen Unternehmen, vgl. §§ 15 ff., 291 ff. AktG) wird der Unternehmensbegriff denkbar weit gefasst. Im Kartellrecht wird das Unternehmen als quasi vertrags- und beteiligtenfähig angesehen (vgl. §§ 1 bzw. 54 Abs. 2 Nr. 2 GWB). Im kollektiven Arbeitsrecht ist zwischen dem Unternehmen, das mit dem Unternehmensträger gleichgesetzt wird, und dem Betrieb zu unterscheiden (z. B. § 47 Abs. 1 BetrVG).

## B. Unternehmen und Unternehmensträger

2  Jedes Unternehmen hat einen Unternehmensträger (natürliche Person, juristische Person oder Gesamthandsgemeinschaft), der bei Handelsgewerben auch als Betreiber bzw. Geschäftsinhaber bezeichnet wird. Das Unternehmen ist im Gegensatz zu seinem Träger **selbst kein Rechtssubjekt**. Das Unternehmensvermögen ist daher dem Unternehmensträger neben dessen Privatvermögen (Einzelkaufmann) oder als Gesellschaftsvermögen (Gesellschaft) zugeordnet. Auch die Firma ist der Name des kaufmännischen Unternehmensträgers und nicht des Unternehmens (vgl. Kap. 4 Rn. 2). Aus den für das Unternehmen getätigten Rechtsgeschäften (sog. unternehmensbezogenes Geschäft) wird der jeweilige Unternehmensträger auch dann berechtigt und verpflichtet, wenn seine Identität beim Vertragsschluss nicht ausdrücklich offengelegt wurde (vgl. § 164 Abs. 1 S. 2 BGB; *BGH* NJW 1992, 1380 f.; *BGH* NJW 2008, 1214, 1215; näher *Paulus*, JuS 2017, 301 ff.). Im Prozessverkehr muss der Unternehmensträger allerdings genau bezeichnet werden.

> **Beispielsfall:** Student Starck bestellt sich telefonisch beim „Hamburger Pizzaservice" eine Pizza nach Hause. Beim Verzehr der Pizza verletzt sich Starck an dem Splitter einer Konservendose. Hier hat Starck den Kaufvertrag mit dem gegenwärtigen Träger des Pizzaserviceunternehmens geschlossen, sofern er nicht ausdrücklich auf einen anderen Vertragspartner hingewiesen wird. Darüber, ob sein Gesprächspartner z. B. der Inhaber eines einzelkaufmännischen Unternehmens, der Geschäftsführer einer GmbH oder der Angestellte einer OHG ist und welcher Unternehmensträger letztlich für den entstandenen Schaden haftet, wird er sich erst Gedanken machen müssen, wenn er in einer Klage auf Schadensersatz den haftenden Unternehmensträger regelmäßig

mit Hilfe von dessen Firma genau bezeichnen muss. Verklagt er nämlich nicht den Träger des Pizzaserviceunternehmens, ist ein Parteiwechsel erforderlich (zu dessen umstrittenen Voraussetzungen Zöller/*Greger*, Zivilprozessordnung, 32. Aufl., 2018, § 263 ZPO Rn. 24).

## C. Niederlassungen des Unternehmens

Die Niederlassung ist der Ort, von dem aus ein Unternehmen ganz oder teilweise eigenständig geführt wird. Sie hat rechtliche Bedeutung als Erfüllungsort (§§ 269 Abs. 2 und 270 Abs. 2 BGB) und Gerichtsstand (§§ 17, 21 ZPO). Abzugrenzen ist die Niederlassung von der Betriebsstätte als einem bloßen Produktionsort und der unselbständigen Unternehmensfiliale. Man unterscheidet Haupt- und Zweigniederlassung:

- Die **Hauptniederlassung**, die bei den Handelsgesellschaften als **Sitz** bezeichnet wird, ist bei Einzelkaufleuten und Personenhandelsgesellschaften (OHG, KG, EWIV) der Mittelpunkt des Unternehmens (Ort der Geschäftsleitung). Bei den Kapitalgesellschaften wird der Sitz hingegen durch die Satzung bzw. den Gesellschaftsvertrag bestimmt (§§ 5, 23 Abs. 3 Nr. 1 AktG, §§ 3 Abs. 1 Nr. 1, 4a GmbHG), so dass er sich nicht notwendig am Ort der Geschäftsleitung befindet (näher MüKoHGB/*Krafka*, § 13 Rn. 27 ff.). Grundsätzlich hat jedes Unternehmen nur eine Hauptniederlassung (vgl. Ba/Ho/*Hopt*, § 13 Rn. 1). Die Bestimmung der Hauptniederlassung ist für das Handelsregisterverfahren von Bedeutung (§§ 13–13h HGB).
- Die **Zweigniederlassung** ist ein Unternehmensteil mit einer gewissen Eigenständigkeit und einer dauerhaften räumlichen Trennung von der Hauptniederlassung. Die Zweigniederlassung darf einerseits kein eigenes Unternehmen darstellen (möglich nur bei einzelkaufmännischer Unternehmensträgerschaft; vgl. Kap. 4 Rn. 28). Sie muss andererseits aber über eine gewisse organisatorische Eigenständigkeit verfügen. Es handelt sich mithin um eine Zwischenform zwischen eigenständigem Unternehmen und unselbständiger Unternehmensabteilung. Auch der Ort der Zweigniederlassung kann als Erfüllungsort oder Gerichtsstand bestimmt werden. Die Prokura und die Vertretungsmacht eines persönlich haftenden Gesellschafters einer Personenhandelsgesellschaft können auf den Bereich einer Zweigniederlassung beschränkt werden (§§ 50 Abs. 3 und 126 Abs. 3 HGB). Die Zweigniederlassung ist beim Gericht der Hauptniederlassung zur Eintragung in das Handelsregister des Gerichts der Zweigniederlassung anzumelden (§§ 13–13g HGB). Für die materielle Registerpublizität ist die Eintragung und Bekanntmachung durch das Gericht der Zweigniederlassung maßgeblich (§ 15 Abs. 4 HGB). Die Regelungen zur Publizität von Zweigniederlassungen beruhen zum Teil (u. a. §§ 13d–g und 325a HGB) auf der Zweigniederlassungsrichtlinie vom 21. 12. 1989 (89/666/EWG), die mit

114    Kapitel 5. Das Unternehmen im Handelsrecht

Gesetz vom 22. 7. 1993 in deutsches Recht umgesetzt wurde (näher *Seibert*, DB 1993, 1705 ff.) und inzwischen in den Art. 20 und 29 ff. RL 2017/1132/EU aufgegangen ist.

> **Beispielsfall:** Karl Klotz betreibt als Einzelkaufmann unter der Firma „Karl Klotz Versicherungen e.K." eine Versicherungsagentur in Essen sowie unter der Firma „Karl Klotz Moden e.K." eine Damenboutique „Schickeria" in Wuppertal und ein Herrenausstattungsgeschäft „Carlos" in Wuppertal-Elberfeld. Klotz möchte Frau Pfeiffer, die als Leiterin der Damenboutique bereits über eine Vollmacht für das Geschäftskonto der Damenboutique verfügt, eine auf die Boutique beschränkte Prokura erteilen. Die Versicherungsagentur einerseits und die beiden Modegeschäfte andererseits bilden aufgrund des deutlich unterschiedlichen Geschäftsgegenstands und der räumlichen Trennung zwei Unternehmen. Damit würde eine der Pfeiffer für die Damenboutique erteilte Prokura in keinem Fall auch für die Versicherungsagentur gelten. Das Herrenmodegeschäft könnte von der Prokura im Außenverhältnis aber nur ausgenommen werden, wenn es sich bei der Damenboutique um eine eigenständige Zweigniederlassung mit verschiedener Firma handeln würde (§ 50 Abs. 3 HGB). Zwar erfüllt die Damenboutique aufgrund ihrer dauerhaften räumlichen Trennung von dem Herrenausstattungsgeschäft sowie aufgrund ihrer eigenen Etablissementsbezeichnung und Bankverbindung die an eine Niederlassung gestellten Anforderungen, doch wird sie von Klotz nicht unter einer verschiedenen Firma betrieben. Die Beschränkung der Prokura auf die Damenboutique wäre damit nur im Innenverhältnis von Bedeutung.

## D. Das Unternehmen als Gegenstand des Rechtsverkehrs

Das Unternehmen bildet wirtschaftlich und organisatorisch eine Einheit (Rn. 1). Als Rechtsgegenstand wird das Unternehmen aber nur zum Teil als Einheit behandelt.

### I. Das Unternehmen im Schuldrecht

4    Schuldrechtlich ist eine **Einheitsbetrachtung möglich**. Insbesondere Verpflichtungsgeschäfte können auf die Übertragung oder die zeitweilige Überlassung des Unternehmens als Gesamtheit gerichtet sein. Der Übertragung kann beispielsweise ein Kauf (vgl. § 453 Abs. 1 BGB), eine Schenkung oder ein Gesellschaftsvertrag mit der Verpflichtung zur Überführung des Unternehmens in das Gesellschaftsvermögen zugrunde liegen. Die Verpflichtung zur zeitweiligen Überlassung des Unternehmens kann insbesondere durch einen Pacht- oder Treuhandvertrag begründet werden.

Im Zweifel sind alle Aktiva und Passiva des Unternehmens einschließlich des Zubehörs (§§ 97, 311c, 457 Abs. 1 BGB) Gegenstand des Verpflichtungsgeschäfts. Das Verpflichtungsgeschäft bedarf grundsätzlich keiner **Form**. Ausnahmen können sich aber aus § 518 BGB (Schenkungsversprechen), § 311b Abs. 1 BGB (Erstreckung des Vertrags auf ein Betriebsgrundstück) und § 311b Abs. 3 BGB (Vertrag über gegenwärtiges Vermögen; dazu *Morshäuser*, WM 2007, 337 ff.) ergeben. Gegebenenfalls ist die **Zustimmung** des Ehepartners des sich Verpflichtenden erforderlich (§§ 1365 f., 1423 BGB). In bestimmten Fällen muss schließlich eine familiengerichtliche **Genehmigung** eingeholt werden (§§ 1643 Abs. 1, 1822 Nr. 3 und 4 BGB). Ob und inwieweit Unternehmenskaufverträge mit ihren verbreiteten Standardklauseln der AGB-Inhaltskontrolle unterliegen und standhalten, ist umstritten (dazu *Maier-Reimer/Niemeyer*, NJW 2015, 1713 ff.).

Bei einem Kaufvertrag hat man genau zwischen dem Kauf des Unternehmens als rechtlicher Einheit mit Wechsel des Unternehmensträgers (Unternehmenskauf i. e. S.; sog. *asset deal*) und dem bloßen Kauf von Gesellschaftsanteilen am Träger des Unternehmens (Beteiligungskauf; sog. *share deal*) zu unterscheiden (näher *Palzer*, Jura 2011, 917 ff.). Obwohl das Unternehmen eine wirtschaftliche Einheit aus Sachen, Rechten etc. und damit ein „sonstiger Gegenstand" i. S. v. § 453 Abs. 1 BGB und keine Sache i. S. v. § 90 BGB ist, steht der *asset deal* dem Sachkauf nahe, dessen Vorschriften § 453 Abs. 1 BGB auch für entsprechend anwendbar erklärt. Der *share deal* ist demgegenüber ein reiner Rechtskauf. Dennoch finden nach § 453 Abs. 1 BGB auch auf ihn die Vorschriften des Sachkaufrechts entsprechende Anwendung. Bedeutung hat dies insbesondere für die entsprechende Anwendung des Rechts der **Sachmängelgewährleistung**.

**Beispielsfall:** Viktoria Velten ist Alleingesellschafterin und Geschäftsführerin der Velten GmbH, die als Eigentümerin ein Hotel in Leipzig betreibt. Velten möchte sich zur Ruhe setzen und verkauft daher 90 % der Geschäftsanteile der GmbH an Herbert Klotz, der neuer Geschäftsführer der GmbH wird. Wenig später muss Klotz feststellen, dass das Hotel einen denkbar schlechten Ruf hat und er daher die von Velten angegebenen Umsatzzahlen nicht erreichen wird. Außerdem erweist sich das Hoteldach bei heftigen Regenfällen als undicht. Klotz verlangt daher die Rückzahlung des Kaufpreises gegen Rückgewähr der Gesellschaftsanteile.

Hier haben Velten und Klotz einen Beteiligungskauf vereinbart (§§ 433 ff. BGB und §§ 15 f. GmbHG). Nach § 453 Abs. 1 BGB finden die §§ 433 ff. BGB aber auch auf den Beteiligungskauf als einem Rechtskauf entsprechende Anwendung. Damit ist Velten nach § 433 Abs. 1 S. 2 BGB verpflichtet, die GmbH-Geschäftsanteile frei von Sach- und Rechtsmängeln zu übertragen. Rechtsmängel bestehen laut Sachverhalt nicht. GmbH-Geschäftsanteile können als Rechte zudem nicht als solche mit einem Sachmangel behaftet sein. Es fragt sich aber im Rahmen der entsprechenden Anwendung der §§ 433 ff. BGB, ob Sachmängel des von der GmbH betriebenen Unternehmens i. S. v. § 434 Abs. 1 und 2 BGB nicht zugleich auch Mängel der verkauften Beteiligungsrechte darstellen. Dies wird man dann annehmen können, wenn der Käufer durch den Anteilserwerb eine derart beherrschende Stellung erlangt, dass er in der Ausübung seiner Leitungsmacht durch andere Anteilsinhaber nicht mehr entscheidend beeinträchtigt wird (so auch im Grundsatz *BGH* NJW 2019, 145, 146 f. m. w. N.). Dies ist bei einem Anteilserwerb von 90 % und einer wie hier bei Klotz auf das Unternehmen als Einheit gerichteten Erwerbsabsicht gegeben (vgl. auch *OLG München* NJW 1967, 1326 ff.; näher *Grunewald*, NZG 2003, 372 ff.).

Fraglich ist daher, ob ein Mangel des Kaufgegenstandes „Unternehmen" gegeben ist. Zu unterscheiden ist hier zwischen Mängeln, die dem Unternehmen insgesamt anhaften, und Mängeln an einzelnen zum Unternehmen gehörenden Sachen oder Rechten, die ebenfalls einen Mangel des Unternehmens insgesamt begründen können. Der schlechte Ruf des Hotels und seine geringere Ertragsfähigkeit könnten in die erste Kategorie fallen. Die Umsatz- und Gewinnentwicklung ist jedoch Teil des unternehmerischen Risikos, so dass enttäuschende Umsätze und Gewinne eines Unternehmens nur dann zu Gewährleistungsansprüchen berechtigen, wenn sie auf Mängeln des Unternehmens beruhen. Hier könnte jedoch der schlechte Ruf des Hotels als ein Mangel des Unternehmens angesehen werden, der zumindest mitverantwortlich für dessen geringere Ertragsfähigkeit ist (vgl. zum früheren Kaufrecht RGZ 67, 86, 88 ff.), sofern man es nicht vorzieht, den Anwendungsbereich des Gewährleistungsrechts durch einen engen Sachmangelbegriff (Beschränkung auf Beschaffenheitsmängel) zugunsten der nach Voraussetzungen und Rechtsfolgen flexibleren Haftung aus *culpa in contrahendo* (§ 280 Abs. 1 BGB i. V. m. §§ 311 Abs. 2, 241 Abs. 2 BGB) einzuengen (dazu eingehend *Barnert*, WM 2003, 416 ff.). Das undichte Hoteldach ist ein Mangel des Betriebsgrundstücks und könnte damit in die zweite Kategorie fallen. Voraussetzung ist allerdings, dass der Mangel so gravierend ist, dass er auch als ein Mangel des Unternehmens insgesamt betrachtet werden kann (sog. Gesamterheblichkeitslehre; vgl. dazu OLG Köln ZIP 2009, 2063, 2065). Dies ist hier anzunehmen, da die Undichtigkeit des Dachs einen erheblichen Mangel des Hotels darstellt und das Hotel seinerseits Hauptbestandteil des Unternehmensvermögens ist.

Die Mängel des Unternehmens sind von Klotz rechtzeitig geltend gemacht worden (§ 438 Abs. 1 Nr. 2 lit. a und Nr. 3 BGB). Damit ist Klotz aber noch nicht ohne weiteres auch zum Rücktritt vom Beteiligungskauf berechtigt. In entsprechender Anwendung des § 439 BGB hat er hinsichtlich des undichten Hoteldachs zunächst nur einen Anspruch auf Nachbesserung. Sofern man den schlechten Ruf des Hotels als Sachmangel ansieht, wird dieser den Klotz jedoch zum Rücktritt berechtigen, da insoweit eine Nacherfüllung nicht in Betracht kommt (§§ 437 Nr. 2, 323, 326 Abs. 5 BGB; vgl. zum früheren Kaufrecht auch RGZ 67, 86, 88 ff. und *Huber*, ZGR 1972, 395, 416 ff.)

### II. Das Unternehmen im Sachenrecht

6   Aufgrund des Spezialitätsgrundsatzes bildet das Unternehmen sachenrechtlich **keine Einheit**. Es gibt kein Eigentum am Unternehmen, sondern allenfalls an den einzelnen Unternehmensgegenständen. Das Unternehmen kann als Gesamtheit weder übereignet noch verpfändet werden. Die Verfügungsgeschäfte sind daher einzeln nach den jeweiligen Vorschriften (§§ 873, 925, 929 ff., 398 ff., 413 BGB) vorzunehmen. Gewisse Erleichterungen sind lediglich durch die vielfach mögliche Behandlung von beweglichen Unternehmensgegenständen als Zubehör des Betriebsgrundstücks (vgl. §§ 97, 926 Abs. 1 S. 1, 1120 ff. BGB und § 865 ZPO; vgl. näher *K. Schmidt*, Handelsrecht, § 5 Rn. 1 ff.) und im Rahmen von Umwandlungen (z. B. §§ 20 Abs. 1 Nr. 1, 131 Abs. 1 Nr. 1 UmwG) gegeben.

### III. Das Unternehmen im Vollstreckungs- und Insolvenzrecht

7   Das Unternehmen ist weder Subjekt noch Objekt der Zwangsvollstreckung. Subjekt der Zwangsvollstreckung ist allein der Unternehmensträger. Wer in das Unternehmensvermögen vollstrecken will, muss daher einen Titel gegen

den Unternehmensträger erwirken. Objekt der Zwangsvollstreckung ist nicht das Unternehmen als Ganzes, sondern nach dem Spezialitätsgrundsatz sind dies wiederum nur die einzelnen Gegenstände des Unternehmens. Vergleichbares gilt in der Insolvenz. Schuldner ist nicht das Unternehmen, sondern der Unternehmensträger. Der Insolvenzverwalter kann das Unternehmen allerdings als Einheit und regelmäßig mit der Firma des Unternehmensträgers (dazu Kap. 4 Kontrollfrage 6) verkaufen.

## § 19. Der Inhaberwechsel beim kaufmännischen Unternehmen

**Lernhinweis:** Die Regelungen zum Inhaberwechsel bei kaufmännischen Unternehmen sind von großer Bedeutung und mit ihren zahlreichen Rechtsproblemen sehr prüfungsrelevant.

### A. Einführung

Zuordnungssubjekt aller unternehmensbezogenen Rechte und Pflichten ist rechtlich der Unternehmensträger und nicht das Unternehmen. Im Geschäftsverkehr steht jedoch das Unternehmen als Haftungsobjekt und Leistungsempfänger im Vordergrund. Die Identität oder die Verhältnisse des Unternehmensträgers sind den Geschäftspartnern „des Unternehmens" vielfach unbekannt oder für sie von untergeordneter Bedeutung. Diesem Umstand wollen die **§§ 25 ff. HGB** beim Inhaberwechsel im kaufmännischen Unternehmen (Handelsgeschäft) Rechnung tragen (zu den Normzwecken näher Rn. 24). Ähnlich wie bei der Firmenfortführung unterscheidet das Gesetz dabei drei Fälle eines Inhaberwechsels:

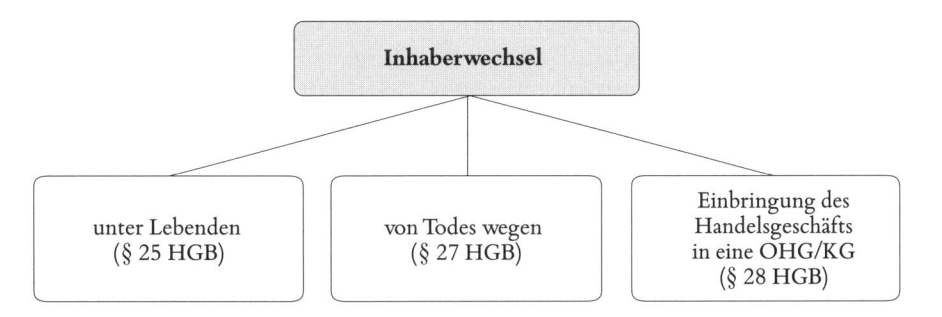

8

```
                    Inhaberwechsel
           ┌──────────────┼──────────────┐
    unter Lebenden   von Todes wegen   Einbringung des
      (§ 25 HGB)       (§ 27 HGB)      Handelsgeschäfts
                                       in eine OHG/KG
                                         (§ 28 HGB)
```

## B. Der Inhaberwechsel unter Lebenden

Ein Inhaberwechsel unter Lebenden kann dauerhaft (z. B. Unternehmenskauf) oder vorübergehend (z. B. Unternehmenspacht) eintreten. Die Rechtsfolgen eines derartigen Wechsels hängen insbesondere davon ab, ob der neue Inhaber die Firma des alten Inhabers fortführt (§§ 25 Abs. 1 und 2, 26 HGB) oder nicht (§ 25 Abs. 3 HGB).

### I. Inhaberwechsel mit Firmenfortführung
#### 1. Haftungskontinuität für die Altgläubiger (§ 25 Abs. 1 S. 1 HGB)
##### a) Voraussetzungen
##### (1) Handelsgeschäft

9   Der bisherige Inhaber muss ein Handelsgeschäft betrieben haben und sei es auch nur nach § 5 HGB (vgl. BGHZ 22, 234, 236 ff.). Eine analoge Anwendung der Vorschrift auf nichtkaufmännische Unternehmen wird von der h. M. abgelehnt (*OLG Köln* NJOZ 2002, 59, 61; Ba/Ho/*Hopt,* § 25 Rn. 2; a. A. *K. Schmidt*, Handelsrecht, § 8 Rn. 1).

##### (2) Inhaberwechsel unter Lebenden durch Fortführung des Handelsgeschäfts

Erforderlich ist zudem ein dauerhafter oder vorübergehender tatsächlicher Inhaberwechsel unter Lebenden. Da es nur auf den Wechsel in der von den Eigentumsverhältnissen unabhängigen Betreiberstellung ankommt, wird auch der Fall einer Neuverpachtung des bislang von Pächter A betriebenen Unternehmens an den das Unternehmen des A als neuer Pächter fortführenden B von § 25 Abs. 1 S. 1 HGB erfasst (a. A. *Lettl,* Handelsrecht, § 5 Rn. 19). Obwohl das Gesetz von einem „erworbenen Handelsgeschäft" spricht, kommt es nur auf die tatsächliche Fortführung des Handelsgeschäfts und nicht auf die Wirksamkeit des Erwerbstatbestands an (st. Rspr. vgl. nur *BGH* NJW 1984, 1186, 1187; a. A. *Canaris*, § 7 Rn. 24). Eine kurze Unterbrechung der Unternehmenstätigkeit schadet nicht (*BGH* NJW 1992, 911). Der Inhaberwechsel muss aber zumindest den wesentlichen Kern des Handelsgeschäfts insgesamt oder eine selbständige Zweigniederlassung betreffen (*BGH* DB 2010, 50 f.; *BGH* NJW 1992, 911). Bei einem Zweigniederlassungserwerb gilt die Haftungskontinuität nur für die in der Zweigniederlassung begründeten Verbindlichkeiten (RGZ 169, 133, 139). Der Erwerb vom Insolvenzverwalter fällt nicht unter § 25 Abs. 1 S. 1 HGB, da das Handelsgeschäft eines insolventen Kaufmanns ansonsten praktisch unverkäuflich wäre, was dem Ziel widerspräche, ein sanierungsfähiges Unternehmen möglichst nicht zu zerschlagen. Außerhalb des Insolvenzverfahrens findet die Vorschrift allerdings auch auf den Übergang eines verschuldeten Unternehmens Anwendung (BGHZ 104, 151, 153 ff.). Gleiches gilt, wenn ein in Insolvenz befindliches Unternehmen von einem Dritten außerhalb des Insolvenzverfahrens lediglich tatsächlich fortgeführt wird, ohne dass diese Fortführung vom Insolvenzverwalter abgeleitet ist (*BGH* NZG 2014, 511, 513 f.).

**(3) Firmenfortführung**

Der Erwerber muss die Firma tatsächlich und im Wesentlichen unverändert fortführen (*BGH* NJW 2006, 1001, 1002; verneint bei Änderung des Vornamens in einer Personenfirma durch *OLG Hamm* NZG 2018, 33). Dabei kommt es auf den Fortführungseindruck bei den angesprochenen Verkehrskreisen und nicht auf die firmenrechtliche Zulässigkeit der alten oder der neuen oder beider Firmen an (BGHZ 146, 374, 376; *OLG Köln* DB 2007, 165, 165). Auch die Voraussetzungen des § 22 HGB (dazu Kap. 4 Rn. 23) müssen nicht vorliegen. Insbesondere die Einwilligung des alten Inhabers in die Firmenfortführung ist anders als nach § 25 Abs. 1 S. 2 HGB nicht erforderlich. Die Form der Fortführung spielt keine Rolle, so dass etwa auch die Weiterverwendung der Firma auf einer Homepage genügt (vgl. *Mettler*, MDR 2012, 1005 ff.). Die Firma muss allerdings als den Unternehmensträger kennzeichnende Firma und nicht nur als Marke o. ä. fortgeführt werden (*OLG Saarbrücken* NZG 2018, 349). Die Fortführung einer Geschäftsbezeichnung (dazu Kap. 4 Rn. 6) reicht nach h. M. nicht aus, da diese das Unternehmen bzw. einzelne Geschäftslokale und nicht (in ggf. unzulässiger Weise) den Unternehmensträger bezeichnet und eine analoge Anwendung von § 25 Abs. 1 S. 1 HGB nicht in Betracht kommen soll (*BGH* NZG 2014, 459; *OLG Köln* NJW-RR 2012, 679; *OLG Hamm* NJW-RR 1997, 733, 734; *OLG Düsseldorf* NJW-RR 1998, 965 und *LG Bonn* NJW-RR 2005, 1559; Großkomm/*Burgard*, § 25, Rn. 64; a. A. *K. Schmidt*, JuS 1997, 1069 ff.).

Unwesentliche Änderungen in der Firmierung stehen einer Anwendung des § 25 Abs. 1 HGB nicht entgegen. Für die Beifügung eines Nachfolgezusatzes ist dies ausdrücklich bestimmt, gilt aber auch für andere Abweichungen, die den audiovisuellen Gesamteindruck der Firma und insbesondere deren prägende Elemente nicht verändern (BGHZ 146, 374, 376; *BGH* NJW 2006, 1001, 1002). Insoweit wurde eine Firmenfortführung auch dann noch angenommen (*OLG Hamm* ZIP 1998, 2092, 2093 f.), wenn neben der Weiterführung des Vor- und Familiennamens des bisherigen Geschäftsinhabers und des Rechtsformzusatzes eine lediglich konkretisierende Veränderung der bisherigen Bezeichnung des Geschäftszweigs vorgenommen wurde und mithin die alte Mischfirma („Franz Keller Maschinenfabrik GmbH & Co. KG") weiter gefasst war als die neue („Franz Keller Agrartechnik GmbH & Co. KG").

**Beispielsfall:** Die „Karl Klotz Schreibwaren GmbH" verkauft den von ihr betriebenen Schreibwarenhandel an eine Kommanditgesellschaft, die den Handel unter der Firma „Klotz Schreibwaren KG" fortführt. Hier kann man trotz der Veränderung des Rechtsformzusatzes und des Wegfalls des Vornamens „Karl" noch von einer Firmenfortführung sprechen (vgl. auch *BGH* NJW 1982, 577 f. und *BGH* NJW 1992, 911, 912).

## b) Rechtsfolgen

**10** Der Erwerber des Handelsgeschäfts **haftet für sämtliche Verbindlichkeiten** des früheren Inhabers, die in dem übernommenen Handelsgeschäft entstanden sind, unbeschränkt und persönlich (Oetker/*Vossler*, § 25 Rn. 29; zu einer möglichen Beschränkung der Haftung auf das übernommene Unternehmensvermögen de lege ferenda *Baumann*, Haftungsfallen, 2012, S. 111 ff.). Auf den Rechtsgrund und Inhalt der Verbindlichkeiten kommt es nicht an, so dass auch gesetzliche Verbindlichkeiten aus ungerechtfertigter Bereicherung und unerlaubter Handlung unter § 25 Abs. 1 S. 1 HGB fallen. Von der Haftung ausgenommen sind danach lediglich die Verbindlichkeiten aus Privatgeschäften oder anderen Unternehmen des Veräußerers (vgl. § 344 HGB). Fraglich ist zudem, ob außerhalb von Sonderregelungen (für Steuerschulden siehe § 75 AO) auch öffentlich-rechtliche Verbindlichkeiten nach § 25 Abs. 1 S. 1 HGB auf den Erwerber übergehen (generell und speziell für Beiträge zur gesetzlichen Sozialversicherung entgegen der Vorinstanz verneinend *LSG Rheinland-Pfalz* NZS 2009, 574). Der Erwerber kann sich dem Gläubiger gegenüber auf sämtliche Einreden berufen, die in seiner Person begründet sind oder dem bisherigen Inhaber vor dem Inhaberwechsel zustanden. Einen gegen den bisherigen Inhaber erwirkten Titel kann der Gläubiger nach § 729 Abs. 2 ZPO auf den Erwerber umschreiben lassen.

Nach h. M. handelt es sich bei § 25 Abs. 1 S. 1 HGB um einen **gesetzlichen Schuldbeitritt**. Der frühere Inhaber haftet daher weiterhin neben dem Erwerber in vollem Umfang als Gesamtschuldner i. S. v. §§ 421 ff. BGB. Die Haftung des früheren Geschäftsinhabers ist lediglich zeitlich befristet, da die Verbindlichkeit innerhalb von fünf Jahren nach der Eintragung des Inhaberwechsels in einer in § 197 Abs. 1 Nr. 3 bis 5 BGB bezeichneten Art festgestellt oder eine gerichtliche oder behördliche Vollstreckungshandlung vorgenommen oder beantragt worden sein muss (§ 26 HGB; sog. Nachhaftungsbegrenzung; kritisch dazu unter verfassungsrechtlichen Aspekten *Canaris*, Odersky-FS 1996, S. 753 ff.).

> **Klausurhinweis:** § 25 Abs. 1 S. 1 HGB ist **keine Anspruchsgrundlage**. Wie übrigens auch § 28 Abs. 1 S. 1 HGB (dazu Rn. 23) dehnt er die Haftung für bestehende Ansprüche lediglich auf den Erwerber aus (gesetzlicher Schuldbeitritt). Bei einer Inanspruchnahme des neuen Geschäftsinhabers ist daher zunächst zu prüfen, ob überhaupt eine Verbindlichkeit gegen den bisherigen Geschäftsinhaber entstanden ist, fortbesteht und durchsetzbar ist. Erst anschließend sind die Tatbestandsvoraussetzungen der Mithaftung des neuen Geschäftsinhabers zu erörtern.

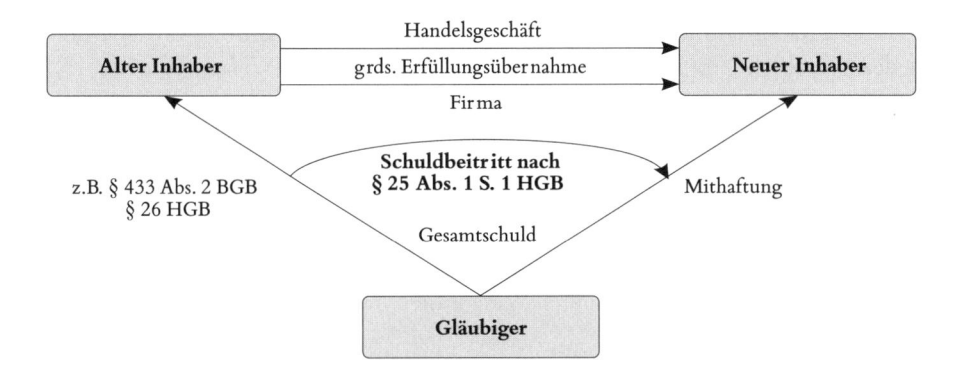

§ 19. Der Inhaberwechsel beim kaufmännischen Unternehmen  121

```
                      Handelsgeschäft
┌──────────────┐  grds. Erfüllungsübernahme  ┌──────────────┐
│ Alter Inhaber│ ──────────────────────────► │ Neuer Inhaber│
└──────────────┘         Firma               └──────────────┘
                    Schuldbeitritt nach
  z.B. § 433 Abs. 2 BGB   § 25 Abs. 1 S. 1 HGB    Mithaftung
       § 26 HGB
                        Gesamtschuld
                    ┌──────────────┐
                    │  Gläubiger   │
                    └──────────────┘
```

## c) Vereinbarung eines Haftungsausschlusses

Der alte und neue Geschäftsinhaber können vereinbaren, dass der Erwerber **11** für die Altschulden nicht einzustehen hat. Gegenüber einem Dritten, also insbesondere einem Gläubiger, ist eine solche Vereinbarung aber nur wirksam, wenn sie in das Handelsregister eingetragen *und* bekannt gemacht oder dem Dritten mitgeteilt wurde (§ 25 Abs. 2 HGB; dazu *OLG Frankfurt/M.* NJW-RR 2005, 1349 und *OLG Düsseldorf* RNotZ 2011, 434 ff.; zum Ganzen auch *Heil*, RNotZ 2008, 427 ff.). Der Haftungsausschluss nach § 25 Abs. 2 HGB ist nur, aber auch bereits dann eine eintragungsfähige Tatsache (vgl. Kap. 3 Rn. 7 f.), wenn eine Haftung nach § 25 Abs. 1 S. 1 HGB nicht eindeutig und zweifelsfrei ausgeschlossen werden kann (*OLG Düsseldorf* NJW-RR 2016, 106; *OLG München*, NJW-RR 2010, 1559, 1560; demgegenüber muss nach *OLG Schleswig* FGPrax 2010, 253, 254 eine Haftung „ernsthaft in Betracht" kommen; so auch *OLG Zweibrücken* NJW-RR 2014, 672 f.; nach *OLG München* NJW 2015, 2353 soll die Haftung auch dann ernsthaft in Betracht kommen, wenn eine Partnerschaftsgesellschaft die Geschäfte einer Anwalts-GmbH übernimmt, obwohl der GmbH lediglich Formkaufmannseigenschaft nach § 6 Abs. 1 HGB zukommt, die Partnerschaftsgesellschaft als Sonderform der Gesellschaft bürgerlichen Rechts kein Handelsgewerbe betreibt und § 25 HGB in § 2 Abs. 2 PartGG nicht erwähnt wird). Die Anmeldung bzw. Eintragung des Haftungsausschlusses müssen unverzüglich bzw. innerhalb angemessener Zeit erfolgen (*BGH* NJW 1959, 241, 243; *OLG Düsseldorf* NJW-RR 2003, 1120, 1121). Die Anmeldung zur Eintragung kann auch nur durch den Erwerber allein vorgenommen werden (*OLG Schleswig*, FGPrax 2010, 253, 255; a. A. Heymann/*Emmerich*, § 25 Rn. 51, der eine gemeinsame Anmeldung durch Veräußerer und Erwerber verlangt). Die Mitteilung an den Dritten muss unmissverständlich sein und diesem persönlich zugehen. In allen anderen Fällen hat die Vereinbarung nur interne Bedeutung für den Gesamtschuldnerausgleich (§ 426 Abs. 1 S. 1 BGB). Dies gilt nach h. M. aufgrund des klaren Wortlauts und wegen des von § 25 Abs. 1 S. 1 HGB bezweckten abstrakten Verkehrsschutzes selbst dann, wenn der Dritte auf andere Weise von dem Haftungsausschluss erfahren haben sollte (BGHZ 29, 1, 4; a. A. *Canaris*, § 7 Rn. 36; zweifelnd und jedenfalls ablehnend in Fällen von §§ 138, 826 BGB Ba/Ho/*Hopt*, § 25 Rn. 14).

**Beispielsfall:** Viktoria Velten befindet sich in wirtschaftlichen Schwierigkeiten. Sie verkauft daher ihr einzelkaufmännisch betriebenes Schreibwarengeschäft an Herbert Klotz. Um einen hohen Verkaufspreis zu erzielen, vereinbart Velten mit Klotz, dass dieser für die Altschulden nicht haften soll. Klotz führt das Geschäft unter der angestammten Firma „Viktoria Velten Schreibwaren e.Kfr." fort und meldet die von § 25 Abs. 1 S. 1 HGB abweichende Haftungsvereinbarung zur Eintragung in das Handelsregister an. Noch vor der Bekanntmachung nimmt ihn der Altgläubiger Gleichert in Anspruch, der über Dritte von der Haftungsvereinbarung zwischen Velten und Klotz gehört hat. Nach Eintragung und Bekanntmachung meldet sich auch noch der Angestellte Angermann wegen seit langem ausstehender Gehaltsforderungen. Angermann meint, er habe unmittelbar nach der Geschäftsübernahme durch Klotz Einsicht in das noch keinen Vermerk gem. § 25 Abs. 2 HGB enthaltende Register genommen und im Vertrauen auf die Firmenfortführung zunächst von einer Inanspruchnahme des Klotz abgesehen.

Gegenüber Gleichert kann sich Klotz nicht auf die Haftungsvereinbarung berufen, da sie im Zeitpunkt der Inanspruchnahme weder eingetragen und bekannt gemacht noch dem Gleichert direkt mitgeteilt worden war. Die anderweit erlangte Kenntnis des Gleichert ist unbeachtlich, denn § 25 Abs. 2 HGB ist keine Gutglaubensvorschrift (vgl. BGHZ 29, 1, 4 f.). Angermann wird Klotz hingegen nicht nach § 25 Abs. 1 S. 1 HGB in Anspruch nehmen können. Denn nach allgemeiner Meinung müssen die Eintragung und Bekanntmachung bzw. die Mitteilung nach § 25 Abs. 2 HGB weder vor noch gleichzeitig mit der Geschäftsübernahme, sondern lediglich unverzüglich in die Wege geleitet werden (vgl. BGHZ 29, 1, 5 f.). Dies ist hier geschehen. Die Eintragung und Bekanntmachung wirkt dann auch gegenüber einem Gläubiger, der diese weder kennt noch kennen muss. Angermann könnte Klotz allerdings nach § 613a Abs. 1 S. 1 BGB in Anspruch nehmen, da es sich um einen rechtsgeschäftlichen Betriebsübergang im Sinne dieser Vorschrift handelt. Der Ausschlusstatbestand des § 25 Abs. 2 HGB ist nämlich nur eine Sonderregelung zu § 25 Abs. 1 HGB und findet keine Anwendung auf andere zwingende Haftungstatbestände wie beispielsweise § 613a BGB, der neben § 25 Abs. 1 S. 1 HGB anwendbar ist.

### 2. Forderungsübergang mit relativer Wirkung (§ 25 Abs. 1 S. 2 HGB)

12  Der neue Inhaber wird nur dann Gläubiger der vor dem Inhaberwechsel in dem Handelsgeschäft begründeten Forderungen, wenn ihm diese von dem bisherigen Inhaber abgetreten werden (§§ 398 ff. BGB). Dies wird regelmäßig, aber keineswegs immer geschehen, so dass bei den Schuldnern eine Ungewissheit über die Gläubigerstellung des alten oder neuen Inhabers entstehen kann. Zum Schutz der Schuldner begründet § 25 Abs. 1 S. 2 HGB daher unter bestimmten Voraussetzungen einen Übergang der Altforderungen auf den Erwerber mit relativer Wirkung gegenüber den Schuldnern.

### a) Voraussetzungen

#### (1) Voraussetzungen des § 25 Abs. 1 S. 1 HGB

Die Voraussetzungen des § 25 Abs. 1 S. 2 HGB decken sich zunächst mit denjenigen der Haftungskontinuität nach § 25 Abs. 1 S. 1 HGB. Es muss mithin ein kaufmännisches Handelsgewerbe unter der im Wesentlichen unveränderten Firma des bisherigen Inhabers tatsächlich fortgeführt werden (Rn. 9). 13

#### (2) Formfreie Übertragbarkeit der Geschäftsforderungen

§ 25 Abs. 1 S. 2 HGB ist nur auf formfrei übertragbare Geschäftsforderungen anwendbar. Die Vorschrift gilt daher nicht für Privatforderungen oder Forderungen, die nur unter Beachtung von Formvorschriften (z. B. Hypothek) übertragen werden können.

#### (3) Einwilligung des bisherigen Inhabers in die Firmenfortführung

Anders als nach § 25 Abs. 1 S. 1 HGB ist schließlich die Einwilligung des bisherigen Inhabers in die Firmenfortführung erforderlich. Dies erklärt sich daraus, dass das Gesetz die für den alten Inhaber nachteiligen Rechtsfolgen des § 25 Abs. 1 S. 2 HGB nur dann eintreten lassen wollte, wenn der Veräußerer an der Bildung des Kontinuitätseindrucks zumindest durch seine Einwilligung in die Firmenfortführung mitgewirkt hat. Eine wissentliche Duldung durch den Altinhaber ist nach h. M. allerdings ausreichend (MüKoHGB/*Thiessen*, § 25 Rn. 65).

#### (4) Fehlen einer abweichenden Vereinbarung

Der alte und neue Inhaber dürfen auch hier keine abweichende Vereinbarung getroffen haben, die sie dem Altschuldner aufgrund ihrer Eintragung und Bekanntmachung oder ihrer direkten Mitteilung entgegenhalten können (§ 25 Abs. 2 HGB; vgl. Rn. 11).

### b) Rechtsfolgen

§ 25 Abs. 1 S. 2 HGB ordnet an, dass die in dem Handelsgeschäft begründeten Altforderungen den Schuldnern gegenüber auch dann als auf den neuen Inhaber des Handelsgeschäfts übergegangen gelten, wenn diesem die Altforderungen nicht abgetreten wurden. Dies bedeutet: 14

- Die Altschuldner können in jedem Fall mit befreiender Wirkung an den neuen Inhaber leisten (§ 362 Abs. 1 BGB). Der alte Inhaber bleibt bei einer Leistung an den neuen Inhaber als tatsächlicher Gläubiger auf vertragliche oder gesetzliche (§ 816 Abs. 2 BGB) Ausgleichsansprüche verwiesen.
- § 25 Abs. 1 S. 2 HGB gilt nur gegenüber den Altschuldnern. Für die Gläubiger des früheren Inhabers bleibt dieser Gläubiger der Altforderungen, so dass sie weiterhin nach §§ 828 ff. ZPO in diese Forderungen vollstrecken können. § 25 Abs. 1 S. 2 HGB ist trotz seines Wortlauts keine allgemein geltende Fiktion.
- § 25 Abs. 1 S. 2 HGB gilt nur zugunsten der Altschuldner, so dass diese mit befreiender Wirkung auch an den Veräußerer, den tatsächlichen Gläubiger, leisten können.

> **Merksatz:** Beim Inhaberwechsel unter Lebenden signalisiert die Fortführung der Firma für Gläubiger und Schuldner des Handelsgeschäfts Kontinuität.

## II. Inhaberwechsel ohne Firmenfortführung

### 1. Haftung für Altschulden

15   Sofern der neue Inhaber die bisherige Firma nicht oder in deutlich veränderter Form fortführt, ist die Sonderregelung des § 25 Abs. 1 und 2 HGB nicht anwendbar. Es gelten lediglich § 25 Abs. 3 HGB und die insbesondere im BGB enthaltenen **allgemeinen Haftungstatbestände**. Danach haftet der Erwerber für die vor dem Inhaberwechsel entstandenen Geschäftsverbindlichkeiten in folgenden Fällen:

- bei handelsüblicher **Bekanntmachung** (z. B. Zeitungsanzeigen, Rundschreiben) der Übernahme aller oder einzelner Verbindlichkeiten (nicht bloß der Geschäftsübernahme als solcher) durch den Erwerber unabhängig von der wirksamen Vereinbarung einer Schuldübernahme (Schuldbeitritt durch einseitige Erklärung gem. § 25 Abs. 3 HGB – selten);
- bei Vereinbarung eines **Schuldbeitritts** (§§ 311 Abs. 1, 241, 421 ff. BGB);
- bei Vereinbarung einer befreienden (privativen) **Schuldübernahme** unter Mitwirkung des Gläubigers (§§ 414 f. BGB);
- bei vertraglicher oder gesetzlicher **Vertragsübernahme** (z. B. §§ 563 ff., 613a BGB);
- bei **Umwandlungen** nach §§ 20 Abs. 1 Nr. 1, 131 Abs. 1 Nr. 1, 133 f. UmwG;
- bei Betriebsübernahme für Steuern und Abzugsbeträge unter den Voraussetzungen und innerhalb der Grenzen des **§ 75 AO**.

In den Fällen des vertraglichen (§§ 311 Abs. 1, 241 BGB) oder gesetzlichen (§ 25 Abs. 3 HGB, §§ 563 ff., 613a BGB) Schuldbeitritts haftet der bisherige Inhaber bzw. haften seine Erben noch neben dem Erwerber. Die Nachhaftungsbegrenzung auf fünf Jahre durch § 26 HGB gilt aber auch hier. Für die Bekanntmachung nach § 25 Abs. 3 HGB ist dies ausdrücklich bestimmt. In den übrigen Fällen findet § 26 HGB analoge Anwendung (BGHZ 42, 381, 384).

### 2. Forderungsübergang

16   Führt der Erwerber die Firma nicht fort, können die Altschuldner an ihn mit befreiender Wirkung nur dann leisten, wenn die Altforderungen an den Erwerber abgetreten wurden (§ 398 S. 2 BGB). Denn die Sonderregelung des § 25 Abs. 1 S. 2 HGB ist ebenso wenig anwendbar wie die dem Tatbestand nach nicht einschlägigen §§ 407 ff. BGB.

## C. Der Inhaberwechsel von Todes wegen

Beim Inhaberwechsel von Todes wegen ist zwischen der durch das Erbrecht (§§ 1922 Abs. 1, 1967 BGB) und der daneben in bestimmten Fällen durch das Handelsrecht (§ 27 HGB) begründeten Haftung des Erben für alte Geschäftsschulden zu unterscheiden.

### I. Die erbrechtlich begründete Haftung des Erben

Der Erwerb eines einzelkaufmännischen Handelsgeschäfts von Todes wegen 17 vollzieht sich durch **Universalsukzession** nach § 1922 Abs. 1 BGB. Das Handelsgeschäft geht insgesamt mit allen vererblichen Rechten und Pflichten auf den oder die Erben über. Damit haftet der Erbe, der die Erbschaft angenommen hat (§§ 1942 ff. BGB), auch für die in dem Handelsgeschäft entstandenen Altverbindlichkeiten, soweit sie nicht als höchstpersönliche Pflichten (z. B. § 613 BGB) mit dem Tod des Erblassers erloschen sind (§ 1967 BGB). Diese Haftung ist zunächst unbeschränkt und umfasst folglich neben dem ererbten Vermögen auch das gesamte übrige Vermögen des Erben. Der Erbe kann jedoch die **Haftung für Nachlassverbindlichkeiten** grundsätzlich auf den Nachlass **beschränken**, indem er eine Nachlassverwaltung (§§ 1975 ff. BGB) oder ein Nachlassinsolvenzverfahren (§§ 1975, 1980 BGB i. V. m. §§ 315 ff. InsO) herbeiführt oder die Dürftigkeitseinrede (§ 1990 BGB) erhebt.

### II. Die handelsrechtlich begründete Haftung des Erben

§ 27 HGB begründet mit seinem Verweis auf § 25 HGB eine *zusätzliche* 18 handelsrechtliche Erbenhaftung für die Altschulden eines einzelkaufmännischen Handelsgeschäfts. Diese Haftung, die im Gegensatz zu der erbrechtlich begründeten Haftung *nicht beschränkbar* ist, hat folgende **Voraussetzungen:**

#### (1) Einzelkaufmännisches Handelsgewerbe im Nachlass

Zum Nachlass muss ein Handelsgeschäft gehören, das der Erblasser als Einzelkaufmann betrieben hat. § 27 HGB gilt damit weder für die Vererbung von Gesellschaftsanteilen (vgl. dazu §§ 139 f., 161 Abs. 2, 177 HGB) noch nach h. M. für die Fortführung eines nichtkaufmännischen Gewerbes.

#### (2) Fortführung durch den Erben

Das Handelsgeschäft muss durch einen Erben, der die Erbschaft nicht nach §§ 1942 ff. BGB ausgeschlagen hat, fortgeführt werden. Ohne Bedeutung ist, worauf die Erbenstellung des Fortführenden beruht (Gesetz, Testament, Erbvertrag) und ob eine natürliche oder juristische Person oder der Fiskus das Erbe angetreten hat. Auf die Fortführung durch den Scheinerben und den Testamentsvollstrecker (RGZ 132, 138, 144) ist § 27 HGB analog anwendbar. Der Nacherbe haftet nur, wenn er das Handelsgeschäft seinerseits fortführt, da ihm die Fortführung durch den Vorerben nicht zuzurechnen ist. Für den Vermächtnisnehmer (§ 1939 BGB) gilt § 27 HGB angesichts des eindeutigen

126    Kapitel 5. Das Unternehmen im Handelsrecht

Wortlautes nicht. Eine persönliche Fortführung ist nicht erforderlich. Sie kann daher auch durch einen gesetzlichen oder rechtsgeschäftlich bestellten Vertreter wie z. B. einen bevollmächtigten Miterben erfolgen.

### (3) Keine Einstellung innerhalb der Bedenkzeit

19    Nach § 27 Abs. 2 HGB ist § 25 Abs. 1 HGB nur dann anwendbar, wenn der Erbe die Fortführung des Geschäfts nicht innerhalb einer grundsätzlich *dreimonatigen Bedenkzeit* einstellt. Diese Regelung, die eine gewisse Verwandtschaft mit der gesellschaftsrechtlichen Vorschrift des § 139 HGB aufweist, gilt nur für die handelsrechtlich und nicht auch für die erbrechtlich begründete Haftung. Sie soll es dem Erben ermöglichen, sich nach dem unter Umständen völlig überraschenden Erbfall über die Lage des Handelsgeschäfts zu informieren und eine reifliche Entscheidung über die Fortführung von Geschäft und Firma zu treffen. Die Bedenkzeit beginnt grundsätzlich mit der Kenntniserlangung von dem Anfall der Erbschaft, bei nicht voll geschäftsfähigen Erben nach § 27 Abs. 2 S. 2 HGB i. V. m. § 210 BGB mit Eintritt der vollen Geschäftsfähigkeit bzw. der Bestellung eines Vertreters. Sie beträgt grundsätzlich drei Monate, kann aber auch bis zum Ablauf der gegebenenfalls längeren Ausschlagungsfrist (vgl. § 1944 BGB) dauern (§ 27 Abs. 2 S. 3 HGB). Innerhalb der Bedenkzeit hat der Erbe die aufschiebenden Einreden nach §§ 2014 ff. BGB. Die Einstellung setzt nach h. M. die *Zerschlagung* des Unternehmens voraus. Eine bloße Änderung der zunächst noch fortgeführten Firma genügt daher ebenso wenig (Ba/Ho/*Hopt*, § 27 Rn. 5) wie eine Veräußerung des Handelsgeschäfts mit der Firma (RGZ 56, 196, 199).

**Beispielsfall:** Hein Schmidt hat nach dem Tode seines Vaters Herbert Schmidt im Februar dessen großes Feinkostgeschäft als Alleinerbe geerbt. Er führt das Geschäft zunächst unter der bekannten Firma „Herbert Schmidt Kolonialwaren e.K." fort, veräußert es jedoch im April mit der angestammten Firma an die Kauffrau Monika Klein. Der Verkaufserlös wird zur Tilgung alter Geschäftsschulden verwendet. Als der Altgläubiger Läufer den Erben Hein Schmidt in Anspruch nehmen möchte, beruft dieser sich darauf, dass der Nachlass im Wesentlichen aus dem Geschäft bestanden habe und das Vermögen nach der Begleichung diverser Nachlassverbindlichkeiten inzwischen aufgebraucht sei.

Schmidt beruft sich gegenüber Läufer auf die Unzulänglichkeit des Nachlasses in der Form der Erschöpfungseinrede, um eine Haftung mit seinem Eigenvermögen abzuwenden (§ 1990 BGB). Dies ist ihm aber nur möglich, wenn seine Erbenhaftung ausschließlich erbrechtlich und nicht auch noch nach §§ 27, 25 HGB begründet ist. Zu prüfen sind daher die Tatbestandsvoraussetzungen der handelsrechtlichen Erbenhaftung. Sie sind zunächst erfüllt, da Schmidt das einzelkaufmännisch betriebene Feinkostgeschäft als Alleinerbe unter der bisherigen Firma fortgeführt hat. Fraglich ist allerdings, ob die handelsrechtliche Haftung nach § 27 Abs. 2 HGB aufgrund der Veräußerung des Geschäfts ausgeschlossen ist (vgl. *Müller-Laube*, 20 Probleme, Problem 2, S. 4 ff.). Nach h. M. bildet die Veräußerung eines Handelsgeschäfts mit Firma jedoch keine Einstellung des Handelsgeschäfts i. S. d. § 27 Abs. 2 HGB. Denn die Veräußerung durch den Erben würde gerade der Weiterführung (wenn auch nicht mehr durch den Erben) dienen.

§ 19. Der Inhaberwechsel beim kaufmännischen Unternehmen 127

Die Firmenfortführung signalisiere den Gläubigern auch hier Haftungskontinuität. Die unbeschränkbare Erbenhaftung sei dem Erben schließlich zumutbar, da er aus der Veräußerung des laufenden Geschäfts mit Firma regelmäßig einen größeren Vorteil ziehen werde als aus der Realisierung der Zerschlagungswerte. Außerdem könne er mit dem Erwerber auch eine interne Schuldenbefreiung vereinbaren (vgl. RGZ 56, 196, 199). Die Gegenmeinung lässt eine Veräußerung innerhalb der Bedenkzeit ausreichen, da jedenfalls der Erbe die Fortführung eingestellt habe und der Erbe damit zu Recht nicht mehr als Unternehmensträger, sondern nur noch als gewöhnlicher Erbe hafte (vgl. *K. Schmidt*, Handelsrecht, § 8 Rn. 150 ff.).

**(4) Voraussetzungen des § 25 HGB**

§ 27 Abs. 1 HGB ist nach h. M. eine umfassende **Rechtsgrundverweisung** 20 (a. A. *K. Schmidt*, Handelsrecht, § 8 Rn. 131). Die handelsrechtlich begründete Haftung des Erben tritt daher nur unter den zusätzlichen Voraussetzungen des § 25 HGB ein. Der Erbe muss danach entweder die Firma im Wesentlichen unverändert fortführen (vgl. Rn. 9) oder einen besonderen Haftungstatbestand i. S. v. § 25 Abs. 3 HGB erfüllen. Nur in diesen Fällen besteht ein Grund, die Geschäftsgläubiger anders als die sonstigen Nachlassgläubiger zu behandeln. Nach h. M. gilt der Verweis des § 27 Abs. 1 HGB auch für die **entsprechende Anwendung des § 25 Abs. 2 HGB**. Damit kann sich der Erbe die erbrechtlichen Möglichkeiten der Haftungsbeschränkung für alte Geschäftsschulden auch dadurch erhalten, dass er den Ausschluss der handelsrechtlich begründeten Haftung bzw. die Beschränkung der Erbenhaftung in das Handelsregister eintragen und bekanntmachen lässt bzw. den alten Geschäftsgläubigern mitteilt (sog. „Angstruf"; vgl. *Müller-Laube*, 20 Probleme, Problem 3, S. 7 ff.).

**Beispielsfall:** Hein Schmidt möchte das ererbte Feinkostgeschäft selbst fortführen. Er meldet daher die Fortführung des Handelsgeschäfts unter der bisherigen Firma „Herbert Schmidt Kolonialwaren e. K." zum Handelsregister an (§ 31 Abs. 1 HGB). Außerdem möchte er durch einen Vermerk im Handelsregister kundtun, dass er die alten Geschäftsverbindlichkeiten nicht übernommen habe und für sie nur beschränkt als Erbe hafte. Der Registerführer verweigert die Eintragung des Haftungsausschlusses, da es sich seiner Ansicht nach um eine nicht eintragungsfähige Tatsache handelt.
Die Ansicht des Registerführers wäre zutreffend, wenn der Verweis in § 27 Abs. 1 HGB nicht auch eine „entsprechende Anwendung" des § 25 Abs. 2 HGB ermöglichen würde. Dies wird jedoch nur von einer Mindermeinung angenommen, die zunächst damit begründet wird, dass die gesetzlichen Erben und Testamentserben mit dem Erblasser keine „Vereinbarung" i. S. v. § 25 Abs. 2 HGB getroffen haben können. Außerdem widerspräche es dem vermeintlichen Normzweck des § 27 HGB, der die Altgläubiger den Neugläubigern gleichstellen wolle, wenn die Altgläubiger durch einen einseitig begründeten Haftungsausschluss wieder benachteiligt werden könnten (vgl. *K. Schmidt*, Handelsrecht, § 8 Rn. 146 f.). Die h. M. befürwortet jedoch eine entsprechende Anwendung des § 25 Abs. 2 HGB. § 27 Abs. 1 HGB verweise ausdrücklich nicht nur auf § 25 Abs. 1 S. 1 HGB, sondern auf die „Vorschrift*en* des § 25". Eine Vereinbarung mit dem Erblasser sei nicht erforderlich, da in § 27 Abs. 1 HGB nur von einer „entsprechenden Anwendung" die Rede sei. Die Interessenlage bei der Vererbung eines Handelsgeschäfts

entspräche im Übrigen derjenigen bei einem Inhaberwechsel unter Lebenden. An die Stelle der dort gegebenen fortdauernden Haftung des alten Inhabers trete hier lediglich die erbrechtlich begründete Erbenhaftung (vgl. *Canaris*, § 7 Rn. 111; Großkomm/ *Burgard*, § 27 Rn. 52 ff.).

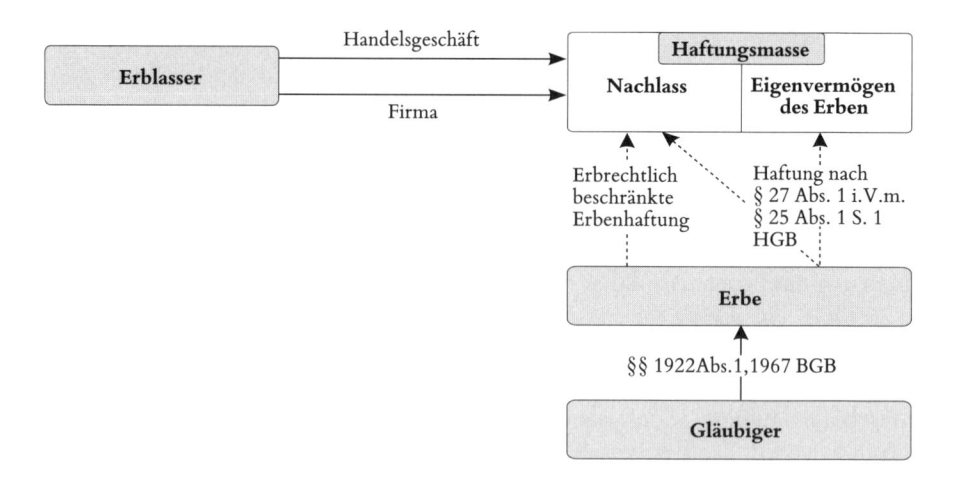

```
                        Handelsgeschäft              ┌─────────────────────────────┐
┌──────────────┐                                     │        Haftungsmasse        │
│   Erblasser  │ ──────────────────────────────────► ├──────────────┬──────────────┤
└──────────────┘                                     │   Nachlass   │ Eigenvermögen│
                            Firma                    │              │  des Erben   │
                                                     └──────▲───────┴──────▲───────┘
                                                            │              │
                                                      Erbrechtlich    Haftung nach
                                                      beschränkte     § 27 Abs. 1 i.V.m.
                                                      Erbenhaftung    § 25 Abs. 1 S. 1
                                                                      HGB
                                                          ┌──────────────────┐
                                                          │       Erbe       │
                                                          └──────────────────┘
                                                         §§ 1922 Abs. 1, 1967 BGB
                                                          ┌──────────────────┐
                                                          │    Gläubiger     │
                                                          └──────────────────┘
```

## D. Einbringung eines Handelsgeschäfts in eine Personenhandelsgesellschaft

21  Der Wortlaut des **§ 28 Abs. 1 S. 1 HGB** ist juristisch ungenau. Der „Eintritt" in das Geschäft eines Einzelkaufmanns als persönlich haftender Gesellschafter oder als Kommanditist kann nämlich nur durch die Gründung einer OHG bzw. KG zwischen dem (ehemaligen) Einzelkaufmann und dem „Eintretenden" unter Einbringung des Handelsgeschäfts in das Vermögen der Gesellschaft vollzogen werden. § 28 HGB ist ein **Sonderfall des § 25 HGB**, da er ebenfalls einen Inhaberwechsel unter Lebenden vom Einzelkaufmann auf die Personenhandelsgesellschaft betrifft.

### I. Voraussetzungen

### (1) Handelsgeschäft eines „Einzelkaufmanns"

22  Nach dem Wortlaut des § 28 Abs. 1 S. 1 HGB muss der bisherige Inhaber des Handelsgeschäfts ein „Einzelkaufmann" sein. Nach h. M. schränkt dies den Anwendungsbereich der Vorschrift jedoch zu sehr ein, so dass zu den Einzelkaufleuten i. S. d. § 28 HGB zumindest auch die juristischen Personen (so z. B. Oetker/*Vossler*, § 28 Rn. 15) und gegebenenfalls sogar die Gesamthandsgemeinschaften (so z. B. Heymann/*Emmerich*, § 28 Rn. 10) mit Kaufmannseigenschaft gezählt werden. Darüber hinaus wird man die Norm sogar dann anzuwenden haben, wenn ein nichtkaufmännisches Kleingewerbe in eine Personenhandelsgesellschaft, und sei es auch nur in eine solche nach § 105 Abs. 2 HGB, eingebracht wird (str.; wie hier *Bülow/Artz*, Rn. 250 ff. und KKRD/*Roth*, § 28 Rn. 5).

### § 19. Der Inhaberwechsel beim kaufmännischen Unternehmen

**(2) Gründung einer Personenhandelsgesellschaft**

Es muss eine Personenhandelsgesellschaft gegründet werden (h. M.). Erfasst wird mithin nur die Einbringung in eine OHG oder KG und nicht in eine BGB-Gesellschaft (BGHZ 157, 361, 366; *BGH* NJW-RR 2012, 239; KKRD/*Roth*, § 28 Rn. 5; a. A. *K. Schmidt*, Handelsrecht, § 8 Rn. 104) oder (Vor-)Kapitalgesellschaft (für diese gilt § 25 HGB; zur Unanwendbarkeit von § 28 HGB bei Einbringung in eine Vor-GmbH *BGH* NJW 2000, 1193 f.). Nach h. M. kommt § 28 HGB auch bei einer fehlerhaften Gesellschaftsgründung zur Anwendung (RGZ 89, 97, 98; *BGH* NJW 1972, 1466, 1467; a. A. *Canaris*, § 7 Rn. 89 f.). Auf bloße Scheingesellschaften ist § 28 HGB jedoch nicht anwendbar (*BGH* WM 1964, 296, 298).

**(3) Einbringung und Fortführung des Handelsgeschäfts**

Das einzelkaufmännische Handelsgeschäft muss in die gegründete Gesellschaft eingebracht und von dieser fortgeführt werden. Die Einbringung kann nicht nur durch eine Übertragung in das Gesellschaftsvermögen, sondern nach ganz h. M. auch zur Nutzung (z. B. Pachtvertrag) erfolgen. Veränderungen des Handelsgeschäfts im Zuge der Einbringung und insbesondere eine Geschäftsausweitung sind ebenso unschädlich wie eine spätere Einstellung des eingebrachten Handelsgeschäfts (Heidel/Schall/*Schall/Ammon*, § 28 Rn. 12). Lediglich bei einer endgültigen Einstellung des Handelsgeschäfts unmittelbar nach der Einbringung scheidet eine Haftung nach § 28 Abs. 1 S. 1 HGB aus (Großkomm/*Burgard*, § 28 Rn. 35; Heidel/Schall/*Schall/Ammon*, § 28 Rn. 12). Darüber hinaus ist eine **Firmenfortführung** im Gegensatz zu § 25 HGB **nicht erforderlich** (§ 28 Abs. 1 S. 1 HGB: „auch wenn sie die frühere Firma nicht fortführt").

**(4) Fehlen einer abweichenden Vereinbarung**

Die Gesellschafter dürfen keine abweichende Vereinbarung getroffen haben, die aufgrund ihrer Eintragung und Bekanntmachung oder ihrer Mitteilung einem Dritten entgegengehalten werden kann (§ 28 Abs. 2 HGB). Die Regelung entspricht § 25 Abs. 2 HGB (vgl. Rn. 11).

## II. Rechtsfolgen

Die neu gegründete **Personenhandelsgesellschaft haftet** unbeschränkt 23 und gesamtschuldnerisch neben dem bisherigen Alleininhaber für alle in dem einzelkaufmännischen Handelsgeschäft entstandenen Verbindlichkeiten (§ 28 Abs. 1 S. 1 HGB). Damit haften auch die „eintretenden" Gesellschafter nach §§ 128, 161 Abs. 2, 171 ff. HGB. Wurde der bisherige Geschäftsinhaber Kommanditist, wird dessen Nachhaftung in entsprechender Anwendung des § 26 HGB auf fünf Jahre befristet (§ 28 Abs. 3 S. 1 HGB). Die Haftung als Kommanditist für die Schuld der neuen Gesellschaft (§§ 171 ff. HGB) bleibt jedoch unberührt (§ 28 Abs. 3 S. 3 HGB).

Die in dem einzelkaufmännischen Handelsgeschäft begründeten **Forderungen gelten** den Schuldnern gegenüber als auf die Personenhandelsgesellschaft **übergegangen** (§ 28 Abs. 1 S. 2 HGB). Diese Regelung entspricht § 25 Abs. 1 S. 2 HGB (vgl. Rn. 12 ff.).

**Beispielsfall:** Die „Klotz Schreibwaren GmbH" mit dem Alleingesellschafter Karl Klotz und die im Geschäftsverkehr unter „Meyer Bürobedarf" auftretende Nichtkauffrau Meyer vereinigen ihre Schreibwarengeschäfte in einer als „Marburger Schreibwaren GmbH & Co. KG" im Handelsregister eingetragenen Kommanditgesellschaft, als deren Kommanditisten Karl Klotz und Monika Meyer fungieren. Wegen seiner in dem früheren Geschäft von Monika Meyer begründeten Kaufpreisforderung möchte der Lieferant Herbert Läufer die neue Gesellschaft und den Kommanditisten Klotz in Anspruch nehmen.

Ein Anspruch des Altgläubigers Läufer gegen die „Marburger Schreibwaren GmbH & Co. KG" könnte sich nur aus § 433 Abs. 2 BGB i. V. m. § 28 Abs. 1 S. 1 HGB ergeben. Auch wenn der ohnehin missglückte Wortlaut des § 28 HGB von dem „Eintritt" in das Geschäft eines „Einzelkaufmanns" spricht, erfasst die Vorschrift auch den Fall der Vereinigung mehrerer Unternehmen durch deren Einbringung in eine Personenhandelsgesellschaft. In der ungenauen Sprache des § 28 HGB könnte man auch sagen, dass hier zugleich die „Klotz Schreibwaren GmbH" in das Geschäft der Monika Meyer und Monika Meyer in das Geschäft der „Klotz Schreibwaren GmbH" „eingetreten" ist. Die Anwendung des § 28 HGB scheitert auch nicht an dem Umstand, dass an der „Fusion" lediglich eine GmbH und eine Nichtkauffrau beteiligt sind. Denn beide sind nach h. M. „Einzelkaufleute" i. S. d. § 28 HGB (str., vgl. Rn. 22). Beide Unternehmen sind von einer Personenhandelsgesellschaft, der „Marburger Schreibwaren GmbH & Co. KG", in nunmehr kaufmännischem Umfang fortgeführt worden. Die Umfirmierung und die Geschäftsausweitung stehen der Anwendung des § 28 HGB nicht entgegen. Eine abweichende Haftungsvereinbarung wurde weder eingetragen und bekannt gemacht noch dem Läufer mitgeteilt (§ 28 Abs. 2 HGB). Damit ist eine Haftung der „Marburger Schreibwaren GmbH & Co. KG" nach § 28 Abs. 1 S. 1 HGB begründet. Für diese Gesellschaftsschuld haftet Karl Klotz zudem als Kommanditist nach § 171 Abs. 1 HGB bis zur Höhe seiner Einlage (Haftsumme) unmittelbar, sofern er seine Einlage noch nicht geleistet haben sollte.

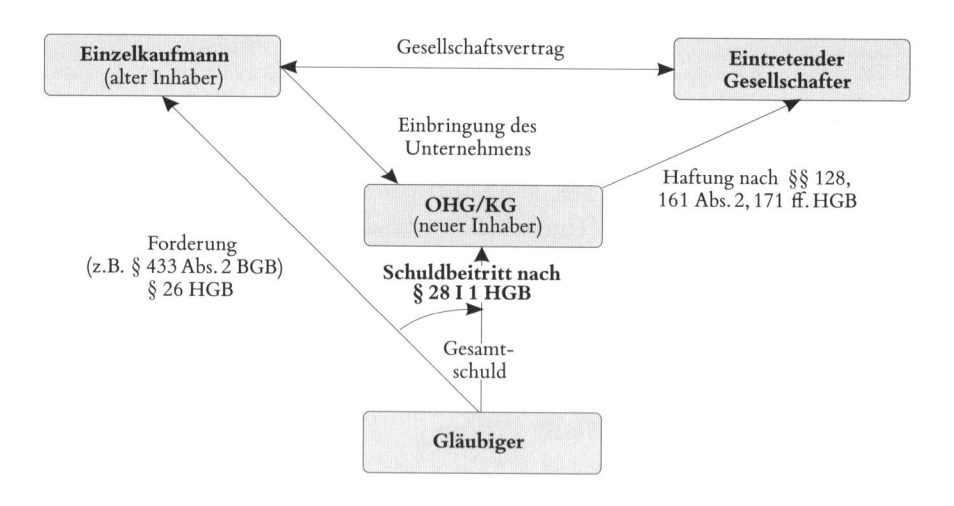

## E. Normzwecke der §§ 25 ff. HGB

Die Normzwecke der §§ 25 ff. HGB sind sehr **umstritten**. Unstreitig ist 24 nur, dass die Regelungen in verschiedener Weise dem Verkehrsschutz in einer schwierigen Übergangsphase des Handelsgeschäfts dienen (weiterer Zugriff der Geschäftsgläubiger auf die bisherige Haftungsmasse, Gläubigerstellung des Erwerbers gegenüber den Geschäftsschuldnern). Ein einheitlicher Grund für diesen Schutz ist aber kaum zu benennen, da die unterschiedlichen Tatbestandsvoraussetzungen und Rechtsfolgen nur schwer auf einen einheitlichen Rechtsgedanken zurückgeführt werden können. Die §§ 25 ff. HGB werden daher vielfach als systemwidrig, inkonsequent, unvollkommen und reformbedürftig angesehen (vgl. v. a. *Canaris*, § 7 Rn. 16 und *K. Schmidt*, Handelsrecht, § 7 Rn. 11 ff.). Die einzelnen Erklärungsansätze, die zumeist kombiniert und auf die einzelnen Normen zugeschnitten werden, sollen in der folgenden Übersicht kurz zusammengefasst werden:

| Erklärungsansatz | Rechtsgedanke | Hauptkritikpunkte |
|---|---|---|
| **Erklärungstheorie** (z. B. *BGH* NJW 2001, 1352; *Säcker*, ZGR 1973, 261, 272 ff.) | Mit der Fortführung des Handelsgeschäfts unter der bisherigen Firma erklärt der Erwerber durch sozialtypisches Verhalten, dass er das Handelsgeschäft mit allen Aktiva und Passiva übernommen habe. | Dem neuen Inhaber muss eine derartige Willenserklärung regelmäßig unterstellt werden (Willensfiktion). § 28 HGB erfordert keine Firmenfortführung. |
| **Rechtsscheinlehre** (RGZ 169, 133, 138; BGHZ 22, 234, 239) | Die Altgläubiger und Altschuldner sind schutzwürdig, da sie insbesondere bei einer Firmenfortführung auf die Kontinuität der Haftungsmasse und die Gläubigerstellung des jeweiligen Geschäftsinhabers vertrauen. | Die Tatbestände der §§ 25 ff. HGB erfordern keine Gutgläubigkeit und keine Betätigung von Vertrauen. Ein Nachfolgezusatz würde zwar beispielsweise den Rechtsschein, nicht aber die Rechtsfolgen der §§ 25 Abs. 1 und 27 Abs. 1 HGB beseitigen. |
| **Kontinuitätstheorie** (z. B. *K. Schmidt*, Handelsrecht, § 7 Rn. 32 ff.) | Die §§ 25 ff. HGB sind ein Ausgleich für die fehlende Rechtsfähigkeit des Unternehmens, indem sie die „Rechtsverhältnisse des Unternehmens" dem jeweiligen Unternehmensträger und damit weiterhin indirekt dem Unternehmen zuweisen. | Die durch die Tatbestände der §§ 25 ff. HGB bedingten Einschränkungen des Kontinuitätsgedankens (v. a. Erfordernis der Firmenfortführung, mögliche Haftungsausschlüsse nach §§ 25 Abs. 2 bzw. 28 Abs. 2 HGB) lassen sich auf diese Weise nicht erklären. |

| Erklärungsansatz | Rechtsgedanke | Hauptkritikpunkte |
|---|---|---|
| **Haftungsfonds-theorie** (z. B. *Schricker*, ZGR 1972, 121, 150 ff. – in Kombination mit Verkehrsschutzer-wägungen) | Die Altgläubiger sollen auch weiterhin auf die ursprüng-liche, von dem Erwerber bzw. der Personenhandels-gesellschaft übernommene Haftungsmasse zugreifen können, da die Schulden ein Teil des Vermögens darstel-len oder diesem zumindest anhaften. | Die Regelung des § 25 Abs. 1 S. 2 HGB und die möglichen Haftungsausschlüsse nach §§ 25 Abs. 2 bzw. 28 Abs. 2 HGB wer-den ebenso wenig erklärt wie die Erfordernisse der Geschäfts- und Firmenfortführung. Die unbe-schränkte Haftung des Erwer-bers erscheint als ein schwer zu rechtfertigendes „Geschenk" an die Gläubiger. |
| **Lehre von der Au-ßenwirkung des internen Regel-verhältnisses** (z. B. E/B/J/S/*Reuschle*, § 28 Rn. 12) | Die §§ 25 ff. HGB verlei-hen einem internen Re-geltatbestand (Übernahme des Handelsgeschäfts mit allen Aktiva und Passiva) in dispositiver Form (z. B. § 25 Abs. 2 HGB) Außenwirkung, sofern der Erwerber die Firma als äußeres Zeichen der Unternehmenskontinu-ität fortführt bzw. der alte Inhaber als Gesellschafter einer Personenhandelsgesell-schaft „im Unternehmen" verbleibt. | Ein interner Regeltatbestand kann nicht ohne Rechtfer-tigungsgrund auch dann im Außenverhältnis Geltung bean-spruchen, wenn er im Innenver-hältnis ausnahmsweise einmal nicht gegeben ist. Die Lehre hat daher keine eigenständige Bedeutung und muss mit anderen Erklärungsansätzen kombiniert werden. |

# § 20. Wiederholung

## A. Zusammenfassung

☐ Unternehmen = Organisierte Einheit sachlicher und personeller Mittel, mit deren Hilfe der Unternehmensträger selbständig und auf Dauer angelegt am Wirtschaftsverkehr teilnimmt

☐ **Unternehmensbestandteile:**
- Hauptniederlassung
- Zweigniederlassung(en)
- Betrieb(e)

☐ Das Unternehmen ist im Gegensatz zu seinem Träger (natürliche Person, juristische Person oder Gesamthandsgemeinschaft) selbst **kein Rechtssub-jekt.** Das bedeutet:

## § 20. Wiederholung

- Das Unternehmensvermögen ist dem Unternehmensträger neben dessen Privatvermögen (Einzelkaufmann) oder als Gesellschaftsvermögen (Gesellschaft) zugeordnet.
- Die Firma ist der Name des Unternehmensträgers und nicht des Unternehmens.
- Aus den für das Unternehmen getätigten Rechtsgeschäften wird der jeweilige Unternehmensträger berechtigt und verpflichtet. Dieser muss zwar nicht im Rechts-, wohl aber im Prozessverkehr genau bezeichnet werden.

☐ Im **Schuldrecht** (z. B. Unternehmenskauf, Unternehmenspacht) kann das Unternehmen als einheitlicher Rechtsgegenstand behandelt werden. Beim Kauf eines Unternehmens hat man zwischen dem Kauf des Unternehmens als rechtlicher Einheit mit Wechsel des Unternehmensträgers (*asset deal*) und dem bloßen Beteiligungskauf (*share deal*) zu unterscheiden.

☐ Im **Sachenrecht** bildet das Unternehmen aufgrund des Spezialitätsgrundsatzes keine Einheit. Die Verfügungsgeschäfte (z. B. Übereignung, Verpfändung) sind daher grundsätzlich einzeln nach den jeweiligen Vorschriften (§§ 873, 925, 929 ff., 398 ff., 413 BGB) vorzunehmen.

☐ Der **Inhaberwechsel** im kaufmännischen Unternehmen wird in den **§§ 25 ff. HGB** einer bedeutsamen Sonderregelung unterworfen, deren Systematik sich folgendermaßen darstellt:

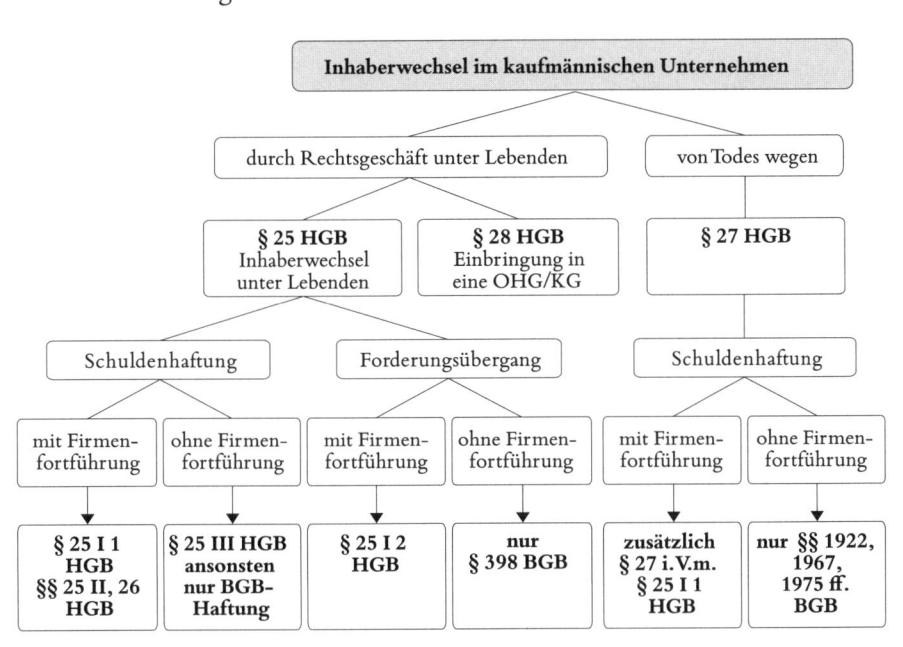

```
                    Inhaberwechsel im kaufmännischen Unternehmen
                    ┌──────────────────────────────┬──────────────────┐
            durch Rechtsgeschäft unter Lebenden          von Todes wegen
            ┌──────────────┬──────────────┐              │
              § 25 HGB         § 28 HGB                § 27 HGB
           Inhaberwechsel   Einbringung in
           unter Lebenden   eine OHG/KG
                │                │                        │
          Schuldenhaftung   Forderungsübergang       Schuldenhaftung
          ┌────┴────┐       ┌────┴────┐              ┌────┴────┐
        mit      ohne      mit      ohne           mit       ohne
       Firmen-  Firmen-   Firmen-  Firmen-        Firmen-   Firmen-
      fortführung fortführung fortführung fortführung fortführung fortführung
         │         │         │        │              │          │
      § 25 I 1  § 25 III HGB § 25 I 2  nur        zusätzlich  nur §§ 1922,
       HGB      ansonsten     HGB    § 398 BGB    § 27 i.V.m.   1967,
     §§ 25 II, 26 nur BGB-                         § 25 I 1    1975 ff.
       HGB      Haftung                              HGB        BGB
```

| Regelung | § 25 Abs. 1 S. 1 HGB | § 25 Abs. 1 S. 2 HGB | § 27 HGB | § 28 Abs. 1 S. 1 HGB |
|---|---|---|---|---|
| Voraussetzungen | • kaufmännisches Handelsgeschäft<br>• dauerhafter oder vorübergehender tatsächlicher Inhaberwechsel unter Lebenden<br>• tatsächliche Firmenfortführung<br>• kein Haftungsausschluss nach § 25 Abs. 2 HGB | • kaufmännisches Handelsgeschäft<br>• dauerhafter oder vorübergehender tatsächlicher Inhaberwechsel unter Lebenden<br>• tatsächliche Firmenfortführung mit Einwilligung des bisherigen Inhabers<br>• formfrei übertragbare Geschäftsforderung<br>• keine abweichende Vereinbarung i. S. v. § 25 Abs. 2 HGB | • einzelkaufmännisches Handelsgeschäft ist Teil des Nachlasses<br>• Fortführung des Handelsgeschäfts durch den Erben<br>• keine Einstellung des Geschäfts innerhalb der Bedenkzeit (§ 27 Abs. 2 HGB)<br>• Firmenfortführung oder Haftungsmitteilung<br>• keine Haftungsbeschränkung entsprechend § 25 Abs. 2 HGB (h. M.) | • Gründung einer OHG/KG unter Einbringung eines fortgeführten „einzelkaufmännischen" Unternehmens<br>• kein Haftungsausschluss nach § 28 Abs. 2 HGB |
| Rechtsfolgen | Gesetzlicher Schuldbeitritt (Gesamtschuld) des Erwerbers in Bezug auf alle alten Geschäftsschulden; Nachhaftungsbegrenzung zugunsten des Veräußerers (§ 26 HGB) | Forderungsübergang auf den Erwerber mit relativer Wirkung gegenüber den Schuldnern; Bereicherungsausgleich ggf. nach § 816 Abs. 2 BGB | Unbeschränkte Erbenhaftung für alle alten Geschäftsschulden | Gesetzlicher Schuldbeitritt (Gesamtschuld) der OHG/KG in Bezug auf alle alten Geschäftsschulden; Gesellschafterhaftung über §§ 128, 161 Abs. 2, 171 ff. HGB; ggf. Nachhaftungsbegrenzung (§ 28 Abs. 3 HGB) |
| Merksatz | Beim Inhaberwechsel unter Lebenden signalisiert die Firmenfortführung den Altgläubigern Haftungskontinuität. | Beim Inhaberwechsel unter Lebenden signalisiert die Firmenfortführung mit Einwilligung des bisherigen Inhabers den Altschuldnern die Gläubigerstellung des Erwerbers. | Wird ein einzelkaufmännisches Handelsgeschäft durch den Erben unter der bisherigen Firma fortgeführt, haftet der Erbe zumindest kraft Handelsrechts für die alten Geschäftsschulden unbeschränkt. | Die Beteiligung des alten Geschäftsinhabers an der das Geschäft fortführenden Personenhandelsgesellschaft signalisiert den Altgläubigern auch ohne Firmenfortführung Haftungskontinuität. |

## § 20. Wiederholung

## B. Klausurfall 3 (Ein Erbe in Nöten)

Bearbeitungszeit: 120 Minuten

### Sachverhalt

Volker Vetter, der nicht im Handelsregister eingetragen war, betrieb in Halle eine Großmetzgerei. Verkaufs- und Büroräume sowie ein Kühlhaus hatte er durch unbefristeten Mietvertrag vom 31. 8. 2010 von der Immo Kaiser GmbH zu einem monatlichen Mietzins von 500,– € gemietet. Im Geschäftsverkehr verwendete Vetter stets die Bezeichnung „Fleischwaren V. Vetter". Vetter verstarb am 30. 11. 2018, nachdem er aufgrund Geschäftsrückgangs in zunehmende finanzielle Schwierigkeiten geraten war und u. a. den Mietzins seit Juni 2018 nicht mehr entrichtet hatte. Die Immo Kaiser GmbH hatte den Mietvertrag deshalb am 31. 10. 2018 fristlos gekündigt.

Als Alleinerbe hat Vetter durch Testament seinen langjährigen Freund Fridolin Freundlich eingesetzt. Dieser erfährt davon am 2. 12. 2018 und beschließt daraufhin sogleich, das Metzgereigeschäft aufrechtzuerhalten, das Fleischwarenangebot jedoch einerseits auf Wurst und Aufschnitt zu reduzieren und andererseits Feinkostartikel hinzuzunehmen. Freundlich gestaltet die Geschäftsräume entsprechend um und meldet die Firma „Wurstwaren und Feinkost Volker Vetter e.K." zur Eintragung in das Handelsregister an, die noch im Dezember 2018 erfolgt. Freundlich hat auch bereits Anfang Dezember Nachlassverwaltung beantragt, die am 15. 1. 2019 angeordnet wird. Die Beschränkung der Erbenhaftung wird auf Antrag des Freundlich am 31. 1. 2019 in das Handelsregister eingetragen. Aufgrund eines Versehens unterbleibt jedoch ihre Bekanntmachung.

Der Geschäftsführer der Immo Kaiser GmbH, der sich am 1. 2. 2019 durch Einsichtnahme in das Handelsregister Klarheit über die Verhältnisse verschafft, tritt an Freundlich heran und verlangt die Zahlung des rückständigen Mietzinses für die Monate Juni bis einschließlich Oktober 2018. Dieser verweist auf die beschränkte Haftung und verweigert jegliche Zahlung. Da ihn aber plötzlich das Gefühl beschleicht, durch die geschäftlichen Angelegenheiten überfordert zu sein, veräußert er das Handelsgeschäft am 15. 2. 2019 an Paul Perle. Im Rahmen der Verkaufsverhandlungen einigen sich die beiden darauf, dass Freundlich die bestehenden Altschulden begleichen soll und dafür von Perle einen entsprechend höheren Kaufpreis erhält, was dem Freundlich aus einem akuten Liquiditätsengpass heraushilft. Perle meldet sodann die Fortführung des Handelsgeschäfts unter der bisherigen Firma „Wurstwaren und Feinkost Volker Vetter e.K." zum Handelsregister an. Nachdem die Eintragung erfolgt ist, wendet sich der Geschäftsführer der Immo Kaiser GmbH an Perle und schließt mit diesem einen neuen Mietvertrag zum 15. 2. 2019 ab. Darüber hinaus verlangt sie von ihm Zahlung von 1.750,– € für die Nutzung der Räumlichkeiten in der Zeit vom 1. 11. 2018 bis 14. 2. 2019. Perle weist die Forderung als unberechtigt zurück, weil für diesen Zeitraum ein Mietvertrag schon mit Freundlich nicht bestanden habe und allenfalls Freundlich hafte.

Stehen der Immo Kaiser GmbH die von ihr geltend gemachten Ansprüche gegen Freundlich und Perle zu?

Welche Ansprüche hat Perle gegen Freundlich, wenn er dem Zahlungsverlangen der Immo Kaiser GmbH nachkommt?

## Lösung

### A. Anspruch der Immo Kaiser GmbH gegen Freundlich auf Zahlung von 2.500,– € gem. § 535 Abs. 2 BGB i. V. m. §§ 1922, 1967 BGB

#### I. Anspruchsvoraussetzungen

**1. Mietzinsforderungen für Juni bis Oktober 2018 (+)**

Vetter und die Immo Kaiser GmbH haben am 31. 8. 2010 einen wirksamen Mietvertrag über die Verkaufs- und Büroräume sowie das Kühlhaus geschlossen. Danach stand der Immo Kaiser GmbH ein Anspruch auf einen monatlichen Mietzins in Höhe von 500,– € zu. Da Vetter diese Mietzinszahlungen für die Monate Juni bis Oktober 2018 nicht geleistet hat, stehen der Immo Kaiser GmbH noch offene Mietzinsansprüche von insgesamt 2.500,– € zu.

**2. Haftung des Freundlich gem. §§ 1922, 1967 BGB (–)**

**a) Gesamtrechtsnachfolge gem. § 1922 BGB (+)**

Aufgrund der testamentarischen Einsetzung zum Alleinerben ist Freundlich Gesamtrechtsnachfolger von Vetter gem. § 1922 BGB.

**b) Haftung gem. § 1967 BGB (–)**

Als Alleinerbe haftet Freundlich grundsätzlich gem. § 1967 Abs. 1 BGB für die Nachlassverbindlichkeiten. Dazu gehören gem. § 1967 Abs. 2 BGB die vom Erblasser herrührenden Schulden, also auch die Verbindlichkeiten aus dem Mietvertrag mit der Immo Kaiser GmbH. Auf Antrag des Freundlich ist jedoch gem. § 1981 BGB Nachlassverwaltung angeordnet worden. Damit beschränkt sich die Haftung des Freundlich für diese Forderungen der Immo Kaiser GmbH gem. § 1975 BGB auf den Nachlass, er haftet also nicht mit seinem sonstigen Vermögen. Außerdem können diese Ansprüche gem. § 1984 Abs. 1 S. 3 BGB nur noch gegenüber dem Nachlassverwalter geltend gemacht werden. Dem Freundlich fehlt also auch die Passivlegitimation.

#### II. Ergebnis (–)

Die Immo Kaiser GmbH kann von Freundlich nicht die Zahlung des rückständigen Mietzinses gem. § 535 Abs. 2 BGB i. V. m. §§ 1922, 1967 BGB verlangen, da Freundlich nach Anordnung der Nachlassverwaltung die Einrede der beschränkten Erbenhaftung erhebt und ihm die erforderliche Passivlegitimation fehlt.

### B. Anspruch der Immo Kaiser GmbH gegen Freundlich auf Zahlung von 2.500,– € gem. § 535 Abs. 2 BGB i. V. m. § 27 HGB

#### I. Anspruchsvoraussetzungen

**1. Mietzinsforderungen für die Monate Juni bis Oktober 2018 (+)**

Der Immo Kaiser GmbH stehen Mietzinsansprüche von insgesamt 2.500,– € für die Monate Juni bis Oktober 2018 zu (s. o.).

**2. Haftung des Freundlich gem. § 27 HGB (+)**

**a) Einzelkaufmännisches Handelsgewerbe im Nachlass (+)**

Die Großmetzgerei des Vetter stellte ein Handelsgewerbe i. S. d. § 1 HGB dar, das der Vetter als Einzelkaufmann betrieb.

## b) Fortführung des Handelsgewerbes durch Freundlich (+)

Freundlich hat das Handelsgewerbe des Vetter als dessen Erbe fortgeführt. Die Tatsache, dass er das von Vetter gepflegte Warenangebot geändert und die Geschäftsräume umgestaltet hat, ändert an dieser Bewertung nichts. Denn er hat einen wesentlichen Teil des Fleischhandels, nämlich den gesamten Bereich Wurst und Aufschnitt, in denselben Räumen und unter derselben Anschrift und mit demselben Personal fortgeführt (vgl. *BGH* NJW 1992, 911 f.). Es ist nicht erforderlich, dass das Geschäft in seinen sämtlichen Teilen übernommen wird. Von einer Fortführung des Handelsgewerbes ist vielmehr auch dann auszugehen, wenn einzelne Vermögensbestandteile oder Betätigungsfelder von der Übernahme ausgenommen werden, solange nur der den Schwerpunkt des Unternehmens bildende wesentliche Kern übernommen wird (BGHZ 18, 248, 250; *BGH* NJW 1992, 911).

## c) Firmenfortführung (+)

Freundlich hat im Sinne der §§ 27 Abs. 1, 25 HGB die Firma des Vetter fortgeführt. Zwar wäre die Bezeichnung „Fleischwaren V. Vetter" nach § 18 Abs. 1 HGB a. F. keine zulässige Firma gewesen, weil der Vorname des Vetter abgekürzt war. Das Tatbestandsmerkmal der Firmenfortführung setzt jedoch nicht voraus, dass die verwendete Bezeichnung eine zulässige Firma ist. Für die Frage der Firmenfortführung ist vielmehr die Sicht des maßgeblichen Verkehrs entscheidend, für die es aber auf die firmenrechtliche Zulässigkeit der alten oder der neuen oder beider Firmen gerade nicht ankommt. Maßgebend ist, dass die vom bisherigen Inhaber tatsächlich geführte und von dem Erwerber weitergeführte Firma derart prägend ist, dass der Verkehr sie mit dem Unternehmen gleichsetzt (BGHZ 146, 374, 376).

Die Firmenfortführung durch Freundlich steht auch nicht deshalb in Frage, weil er die von Vetter verwendete Bezeichnung „Fleischwaren V. Vetter" in „Wurstwaren und Feinkost Volker Vetter e.K." abgeändert hat. Unwesentliche Änderungen in der Firmierung stehen der Anwendung der §§ 27, 25 HGB nicht entgegen. Ausschlaggebend ist, dass der Firmenkern beibehalten und dadurch die Kontinuität des Unternehmens beim Wechsel des Unternehmensträgers hervorgehoben wird. Denn der tragende Grund für die Haftung des Nachfolgers für die im Betrieb des Unternehmens begründeten Verbindlichkeiten seines Vorgängers liegt in der Kontinuität des Unternehmens, die durch die Fortführung der bisherigen Firma lediglich nach außen in Erscheinung tritt. Deshalb kommt es allein darauf an, dass nach der maßgeblichen Sicht des Verkehrs trotz vorgenommener Änderungen noch eine Fortführung der Firma gegeben ist (BGHZ 146, 374, 376). Dies gilt etwa auch dann, wenn neben der Weiterführung des Vor- und Familiennamens des bisherigen Geschäftsinhabers eine lediglich konkretisierende Veränderung der bisherigen Bezeichnung des Geschäftszweigs vorgenommen wurde (statt bislang Fleischwaren nunmehr Wurstwaren und Feinkost; vgl. *OLG Hamm* ZIP 1998, 2092, 2093 f.).

## d) Begründung der Altverbindlichkeit im Geschäftsbetrieb (+)

Die Mietzinsverbindlichkeiten für die Monate Juni bis Oktober 2018 sind auch im Geschäftsbetrieb entstanden, denn sie entspringen dem zwischen Vetter und der Immo Kaiser GmbH geschlossenen Mietvertrag über das Kühlhaus sowie die Büro- und Geschäftsräume, in denen Vetter die Großmetzgerei betrieb.

## e) Keine Einstellung während der Bedenkzeit (+)

Freundlich hat die Fortführung des Geschäfts nicht innerhalb der dreimonatigen Bedenkzeit des § 27 Abs. 2 HGB eingestellt. Zwar hat Freundlich das Handelsgeschäft am 15. 2. 2019, also nur zweieinhalb Monate nachdem er von dem Anfall der Erbschaft erfahren hat, an Perle veräußert. Die Veräußerung des zunächst unter der alten Firma fortgeführten Handelsgeschäfts mit der Firma stellt jedoch keine Einstellung i. S. d. § 27 Abs. 2 HGB dar (RGZ 56, 196, 199; dazu bereits näher Rn. 19) und entbindet den Freundlich daher nicht von seiner Haftung für die offenen Mietzinsschulden nach § 25 HGB.

**f) Kein Ausschluss der Haftung gem. §§ 27 Abs. 1, 25 Abs. 2 HGB (+)**

Auf Antrag des Freundlich ist gem. § 1981 BGB Nachlassverwaltung angeordnet worden. Damit beschränkt sich die erbrechtliche Haftung des Freundlich für die Mietzinsforderungen der Immo Kaiser GmbH gem. § 1975 BGB auf den Nachlass (s. o.). Gegenüber der handelsrechtlichen Haftung nach §§ 27 Abs. 1, 25 HGB kann Freundlich sich jedoch grundsätzlich nicht auf die Einrede der beschränkten Erbenhaftung berufen.

Die Beschränkung der Erbenhaftung ist allerdings auf Antrag des Freundlich am 31. 1. 2019, also vor Geltendmachung der Mietzinsforderungen durch die Immo Kaiser GmbH, in das Handelsregister eingetragen worden. Gem. §§ 27 Abs. 1, 25 Abs. 2 HGB kann sich der Erbe die erbrechtlichen Möglichkeiten der Haftungsbeschränkung auch für die handelsrechtliche Haftung dadurch erhalten, dass er die Beschränkung der Erbenhaftung in das Handelsregister eintragen und bekanntmachen lässt. Die Vorschrift des § 27 Abs. 1 HGB enthält nach h. M. eine umfassende Rechtsgrundverweisung, der Verweis des § 27 Abs. 1 HGB gilt daher auch für eine entsprechende Anwendung des § 25 Abs. 2 HGB (dazu näher Rn. 20). Die beschränkte Erbenhaftung des Freundlich war aber nur in das Handelsregister eingetragen, aufgrund eines Versehens hingegen nicht bekannt gemacht worden. Die Bestimmung des § 25 Abs. 2 HGB verlangt aber Eintragung *und* Bekanntmachung der Haftungsbeschränkung. Fehlt die Bekanntmachung, wirkt der Haftungsausschluss auch nicht gegenüber solchen Gläubigern, die ihn kennen (BGHZ 29, 1, 4; zweifelnd und jedenfalls ablehnend in Fällen von §§ 138, 826 BGB Ba/Ho/*Hopt*, § 25 Rn. 14; a. A. *Canaris*, § 7 Rn. 36). Freundlich kann sich daher nicht auf die beschränkte Erbenhaftung berufen, obwohl diese in das Handelsregister eingetragen ist und der Geschäftsführer der Immo Kaiser GmbH in das Handelsregister Einsicht genommen hat.

**II. Ergebnis (+)**

Die Immo Kaiser GmbH hat gegen Freundlich einen Anspruch auf Zahlung des rückständigen Mietzinses für die Monate Juni bis Oktober 2018 in Höhe von 2.500,– € gem. § 535 Abs. 2 BGB i. V. m. § 27 HGB.

**C. Anspruch der Immo Kaiser GmbH gegen Perle auf Zahlung von 1.750,– € gem. § 535 Abs. 2 BGB i. V. m. § 25 Abs. 1 HGB**

**I. Anspruchsvoraussetzungen**

Die Immo Kaiser GmbH kann nur dann die Zahlung des rückständigen Mietzinses für die Zeit vom 1. 11. 2018 bis 14. 2. 2019 gem. § 535 Abs. 2 BGB verlangen, wenn in dieser Zeit ein Mietvertrag über die Büro- und Geschäftsräume sowie das Kühlhaus bestand. Sie hatte den Mietvertrag mit Vetter vom 31. 8. 2010 jedoch am 31. 10. 2018 fristlos gekündigt. Die fristlose Kündigung war auch gem. § 543 Abs. 2 Nr. 3 lit. a BGB wirksam, da Vetter sich zu diesem Zeitpunkt bereits mit mehr als zwei Monatsmieten in Folge im Rückstand befand. Einen neuen Mietvertrag mit Perle schloss die Immo Kaiser GmbH erst mit Wirkung vom 15. 2. 2019 ab. Für den Zeitraum vom 1. 11. 2018 bis 14. 2. 2019 bestand somit kein wirksamer Mietvertrag über die betreffenden Räumlichkeiten.

**II. Ergebnis (–)**

Ein Anspruch auf Zahlung rückständigen Mietzinses für die Zeit vom 1. 11. 2018 bis 14. 2. 2019 gem. § 535 Abs. 2 BGB i. V. m. § 25 Abs. 1 HGB besteht nicht.

## D. Anspruch der Immo Kaiser GmbH gegen Perle auf Zahlung von 1.750,– € gem. § 546a Abs. 1 BGB i. V. m. 25 Abs. 1 HGB

### I. Anspruchsvoraussetzungen

**1. Anspruch auf Nutzungsentschädigung gem. 546a Abs. 1 BGB (+)**

Die Immo Kaiser GmbH besaß gegen Vetter, der das Kühlhaus sowie die Büro- und Geschäftsräume auch nach Beendigung des Mietverhältnisses durch die fristlose Kündigung am 31. 10. 2018 weiternutzte, gem. § 546a Abs. 1 BGB einen Anspruch auf Nutzungsentschädigung für den Monat November 2018 in Höhe von 500,– €. Die Höhe der geschuldeten Nutzungsentschädigung entspricht im Zweifel dem für die Zeit des bestehenden Mietverhältnisses vereinbarten Mietzins (Palandt/*Weidenkaff*, § 546a Rn. 11). Der Immo Kaiser GmbH stand ferner auch ein Anspruch auf Nutzungsentschädigung in Höhe von 1.250,– € für die Zeit vom 1. 12. 2018 bis 14. 2. 2019 gegen den das Handelsgeschäft in denselben Räumlichkeiten fortführenden Freundlich zu. Denn die Verpflichtung zur Zahlung einer Nutzungsentschädigung besteht auch dann, wenn der das Handelsgeschäft Übernehmende den Betrieb in den ehemaligen Mieträumen trotz wirksamer Kündigung seitens des Vermieters fortsetzt (*BGH* NJW 1982, 577, 578).

**2. Haftung des Perle gem. § 25 Abs. 1 HGB (+)**

**a) Handelsgeschäft (+)**

Sowohl die von Vetter betriebene Großmetzgerei als auch ihre Fortführung durch Freundlich als Wurstwaren- und Feinkosthandel stellten ein Handelsgewerbe i. S. d. § 1 HGB dar.

**b) Fortführung des Handelsgewerbes durch Perle (+)**

Perle hat den Wurstwaren- und Feinkosthandel des Freundlich tatsächlich fortgeführt.

**c) Firmenfortführung (+)**

Perle hat auch die von Freundlich geführte Firma „Wurstwaren und Feinkost Volker Vetter e.K." fortgeführt.

**d) Begründung der Altverbindlichkeit im Geschäftsbetrieb (+)**

Die von der Immo Kaiser GmbH geltend gemachte Nutzungsentschädigung stellt keine vertraglich begründete Verbindlichkeit dar, weshalb man Zweifel daran haben könnte, ob sie dem Geschäftsbetrieb entspringt. Die Haftung unter dem Gesichtspunkt der Firmenfortführung erstreckt sich jedoch auch auf die Verpflichtung zur Zahlung einer Nutzungsentschädigung. Denn dieser Anspruch steht mit dem Geschäftsbetrieb in solch enger Verbindung, dass er als Folge dieses Geschäftsbetriebs erscheint (*BGH* NJW 1982, 577, 578). Die Verbindlichkeit ist auch in voller Höhe im Geschäftsbetrieb des Vorinhabers Freundlich entstanden. Zwar beruht die gegenüber Perle geltend gemachte Altverbindlichkeit in Höhe von 500,– € auf einer Nutzung der Büro- und Geschäftsräume sowie des Kühlhauses durch den verstorbenen Unternehmensträger Vetter im November 2018, doch ist diese Verbindlichkeit bereits nach § 27 Abs. 1 HGB i. V. m. § 25 Abs. 1 S. 1 HGB auf den das Handelsgeschäft unter der angestammten Firma zwischenzeitlich fortführenden Freundlich übergegangen (vgl. dazu oben unter B I 2).

**e) Kein Haftungsausschluss gem. § 25 Abs. 2 HGB (+)**

Perle kann sich gegenüber der Immo Kaiser GmbH auch nicht gem. § 25 Abs. 2 HGB auf die zwischen ihm und Freundlich getroffene Vereinbarung berufen, wonach allein der Freundlich die bestehenden Altschulden begleichen sollte. Denn diese Vereinbarung ist weder in das Handelsregister eingetragen und bekannt gemacht worden noch haben Freundlich oder Perle der Immo Kaiser GmbH davon Mitteilung gemacht.

140     Kapitel 5. Das Unternehmen im Handelsrecht

**II. Ergebnis (+)**

Die Immo Kaiser GmbH hat gegen Perle einen Anspruch auf Zahlung einer Nutzungsentschädigung in Höhe von 1.750,- € für die Zeit vom 1. 11. 2018 bis 14. 2. 2019 gem. § 546a Abs. 1 BGB i. V. m. § 25 Abs. 1 HGB.

### E. Anspruch des Perle gegen Freundlich auf Zahlung von 1.750,- € gem. § 426 Abs. 1 BGB

**I. Anspruchsvoraussetzungen**

**1. Gesamtschuld (+)**

Die Bestimmung des § 25 Abs. 1 HGB regelt einen Fall des gesetzlichen Schuldbeitritts. Der frühere Geschäftsinhaber Freundlich und der neue Geschäftsinhaber Perle haften daher für die im Geschäftsbetrieb begründeten Altverbindlichkeiten, also auch für die den Zeitraum vom 1. 11. 2018 bis 14. 2. 2019 betreffende Nutzungsentschädigung, als Gesamtschuldner.

**2. Volle Haftung des Freundlich im Innenverhältnis (+)**

Gem. § 426 Abs. 1 S. 1 HS 1 BGB sind die Gesamtschuldner im Innenverhältnis grundsätzlich zu gleichen Anteilen verpflichtet. Danach könnte Perle im Anschluss an eine Zahlung der 1.750,- € an die Immo Kaiser GmbH bei Freundlich nur in Höhe von 875,- € Regress nehmen. Gesamtschuldner können jedoch für den Innenausgleich untereinander auch eine andere Vereinbarung treffen (§ 426 Abs. 1 S. 1 HS 2 BGB). Dies haben Freundlich und Perle hier getan, indem sie sich darauf geeinigt haben, dass Freundlich alle Altschulden begleichen solle, wofür Perle im Gegenzug einen höheren Kaufpreis für das Handelsgeschäft gezahlt hat. Aufgrund dieser Vereinbarung kann Perle nach Zahlung an die Immo Kaiser GmbH in voller Höhe von 1.750,- € bei Freundlich Rückgriff nehmen.

**II. Ergebnis (+)**

Perle hat gegen Freundlich einen Anspruch auf Zahlung von 1.750,- € gem. § 426 Abs. 1 BGB.

### F. Anspruch des Perle gegen Freundlich auf Zahlung von 1.750,- € gem. § 426 Abs. 2 BGB i. V. m. § 546a Abs. 1 BGB

**I. Anspruchsvoraussetzungen**

**1. Gesamtschuld (+)**

Freundlich und Perle haften als Gesamtschuldner für die Nutzungsentschädigung (s. o.).

**2. Forderungsübergang (+)**

Nach Zahlung der Nutzungsentschädigung durch Perle an die Immo Kaiser GmbH geht dieser Anspruch gem. § 426 Abs. 2 BGB in der Höhe auf Perle über, in der er auch im Innenverhältnis zu Freundlich nach § 426 Abs. 1 S. 1 BGB zum Rückgriff berechtigt ist, also in voller Höhe von 1.750,- €.

**II. Ergebnis (+)**

Perle hat gegen Freundlich auch einen Anspruch auf Zahlung von 1.750,- € gem. § 426 Abs. 2 BGB i. V. m. § 546a Abs. 1 BGB.

## C. Kontrollfragen

1. Warum ist der Begriff des Handelsgeschäfts enger als der des Unternehmens?
2. Gerhard Groß betreibt unter der Firma „Gerhard Groß Südfrüchte e.K." ein Südfrüchte-Importgeschäft mit Hauptniederlassung in Hamburg und Zweigniederlassung in Bremen. Die Kauffrau Klein schließt in der Bremer Zweigniederlassung des Groß mit dem Prokuristen Pfeiffer einen Kaufvertrag über 10 dz Bananen, die Groß an ihre diversen Geschäfte in Bremen liefern soll. Groß verweigert die Vertragserfüllung mit der Begründung, er habe Pfeiffer die Prokura nur für die Hamburger Hauptniederlassung erteilt. Kann Klein gegen Groß in Bremen mit Erfolg auf Erfüllung der Lieferverpflichtung klagen?
3. Viktoria Velten verkauft ihre Modeboutique an Herbert Klotz, wobei sie auch ihre Rechte und Pflichten aus dem kürzlich mit dem Vermieter Dreier auf 10 Jahre geschlossenen Geschäftsraummietvertrag auf Klotz überträgt. Da Dreier die zur Übertragung der Mietrechte erforderliche Zustimmung verweigert, fragt Klotz seinen Rechtsanwalt Rasch, ob er den Kaufvertrag rückgängig machen oder Schadensersatz verlangen könne. Was wird Rasch ihm antworten?
4. Die Gesellschafter der Leipziger Bau und Boden GmbH, zu deren Gesellschaftsvermögen zahlreiche Grundstücke gehören, verpflichten sich in einem schriftlich abgefassten Vertrag zur Übertragung aller Geschäftsanteile an den Münchener Immobilienunternehmer Immel. Ist der Vertrag wirksam?
5. Was meint das Gesetz, wenn es in § 25 Abs. 1 S. 1 HGB von dem „Erwerb" eines Handelsgeschäfts spricht?
6. Beim Verkauf von Viktoria Veltens Modeboutique an Herbert Klotz (Frage 3) nehmen Velten und Klotz einen Schadensersatzanspruch gegen Dreier aus dem Mietverhältnis ausdrücklich vom Forderungsübergang aus. Dreier leistet angesichts der mit Einwilligung der Velten von Klotz fortgeführten Firma an Klotz. Wird er dadurch von seiner Schadensersatzverpflichtung nach §§ 407 ff. BGB bzw. § 25 Abs. 1 S. 2 HGB befreit?
7. Auf welche Weise kann sich der Erbe eines einzelkaufmännischen Unternehmens die Möglichkeit erhalten, seine Haftung für Altschulden nach den im Erbrecht dafür vorgesehenen Verfahren auf den Nachlass zu beschränken?
8. Warum ist § 28 HGB keine firmenrechtliche Vorschrift?
9. Worin unterscheidet sich § 28 Abs. 1 S. 1 HGB von den §§ 130, 161 Abs. 2, 173, 176 Abs. 2 HGB?

# Kapitel 6. Die Hilfspersonen des Kaufmanns

**Literatur:** *Behrendt*, Aktuelle handelsvertreterrechtliche Fragen in Rechtsprechung und Praxis, NJW 2003, 1563 ff.; *Dück*, Zivil- und kartellrechtliche Grenzen eines nachvertraglichen Wettbewerbsverbots für Handelsvertreter, NJW 2016, 368 ff.; *Emde*, Die Verjährung der dem Handelsvertreter zustehenden Informationsrechte aus § 87c HGB, VersR 2009, 889 ff.; *ders.*, Das Handelsvertreterausgleichsrecht muss neu geschrieben werden – Folgen des EuGH-Urteils vom 26. 3. 2009, DStR 2009, 1478 ff.; *ders.*, Die Konkurrenz zwischen Ausgleichs- und Kündigungsschadensersatzansprüchen des Handelsvertreters, EuZW 2016, 218 ff.; *Emmerich*, Franchising, JuS 1995, 761 ff.; *Fischer*, Der Handelsvertreter im deutschen und europäischen Recht, ZVglRWiss 101 (2002), 143 ff.; *ders.*, Moderne Vertriebsformen und Einzelheiten ihrer handelsrechtlichen Zulässigkeit, ZIP 1996, 1809 ff.; *Flohr*, Aktuelle Tendenzen im Franchiserecht, BB 2006, 389 ff.; *Hombrecher*, Der Vertrieb über selbständige Absatzmittler – Handelsvertreter, Vertragshändler, Franchisenehmer & Co, Jura 2007, 690 ff.; *Hopt*, Handelsvertreterrecht, 6. Aufl., 2019; *ders.*, Das Vertragsverhältnis zwischen Verlag und Pressegrossisten – Ein Beispiel für einen Kommissionsagentenvertrag, FS Hadding 2004, S. 443 ff.; *Kapp/Andresen*, Der Handelsvertreter im Strudel des Kartellrechts, BB 2006, 2253 ff.; *Kindler/Menges*, Die Entwicklung des Handelsvertreter- und Vertragshändlerrechts seit 2005, DB 2010, 1109 ff.; *Koller*, Haftungsbeschränkungen zu Gunsten selbständiger Hilfspersonen und zu Lasten Dritter im Transportrecht, TranspR 2015, 409 ff.; *Küstner/Thume*, Handbuch des gesamten Vertriebsrechts, Bd. I: Handelsvertreter, 5. Aufl., 2016, Bd. II: Der Ausgleichsanspruch des Handelsvertreters (Warenvertreter, Versicherungs- und Bausparkassenvertreter), 9. Aufl., 2014, Bd. III: Besondere Vertriebsformen, 4. Aufl., 2014; *Martinek*, Vom Handelsvertreterrecht zum Recht der Vertriebssysteme, ZHR 161 (1997), 67 ff.; *Martinek/Semler/Flohr*, Handbuch des Vertriebsrechts, 4. Aufl., 2016; *Penners*, Die Bemessung des Ausgleichsanspruchs im Handelsvertreter- und Franchiserecht, 2014; *Prasse*, Der Ausgleichsanspruch des Franchisenehmers, MDR 2008, 122 ff.; *Schipper*, Verletzung vorvertraglicher Wahrheits- und Aufklärungspflichten des Unternehmers bei Handelsvertreterverträgen und ihre Folgen, NJW 2007, 734 ff.; *K. Schmidt*, Handelsgehilfenrecht und Handelsgesetzbuch – eine Skizze zum Abschied des HGB vom Arbeitsrecht, FS Söllner zum 70. Geburtstag, 1047 ff.; *Schultze/Wauschkuhn/Spenner/Dau/Kübler*, Der Vertragshändlervertrag, 5. Aufl., 2015; *Siegert*, Der Ausgleichsanspruch des Kfz-Vertragshändlers – Fällt die analoge Anwendung des § 89b HGB?, NJW 2007, 188 ff.; *Ströbl/Stumpf*, Der Ausgleichsanspruch des Kfz-Vertragshändlers, MDR 2004, 1209 ff.; *Ströbl*, Der Ausgleichsanspruch gem. § 89b HGB in der Telekommunikationsbranche, BB 2013, 1027 ff.; *Thume*, Der neue § 89b Abs. 1 HGB und seine Folgen, BB 2009, 2490 ff.; *ders.*, Zur richtlinienkonformen Anwendung der §§ 84 ff. HGB im gesamten Vertriebsrecht, BB 2011, 1800 ff.; *ders.*, Der Ausgleichsanspruch des Handelsvertreters beim Vertrieb von Dauerverträgen, BB 2015, 387 ff.; *Tscherwinka*, Das Recht des Handelsvertreters, JuS 1991, 110 ff.; *Versin*, Der Ausgleichsanspruch nach § 89b HGB unter Einfluss der EG-Handelsvertreter-Richtlinie und aktueller EuGH-Rechtsprechung, 2015; *Wank*, Arbeitsrecht und Handelsrecht im HGB, JA 2007, 321 ff.; *Weber*, Franchising – ein neuer Vertragstyp im Handelsrecht, JA 1983, 347 ff.; *Wolff*, Der Ausgleichsanspruch nach § 89b HGB bei Insolvenz des Handelsvertreters/Vertragshändlers, ZVI 2008, 1 ff.

## § 21. Grundlagen

1   Die kaufmännischen Hilfspersonen **unterstützen** den Kaufmann beim Betrieb seines Handelsgewerbes **in kaufmännischer Hinsicht**. In Anlehnung an das Arbeitsrecht unterscheidet man unselbständige kaufmännische Hilfspersonen (Arbeitnehmer des Kaufmanns) und selbständige kaufmännische Hilfspersonen (zumeist ihrerseits Kaufleute). Als selbständige kaufmännische Hilfspersonen können auch Handelsgesellschaften fungieren.

Das Abgrenzungsmerkmal der **Selbständigkeit** wird in § 84 Abs. 1 S. 2 HGB näher umschrieben: „Selbständig ist, wer im wesentlichen frei seine Tätigkeit gestalten und seine Arbeitszeit bestimmen kann". Für die Zuordnung des kaufmännischen Personals zur einen oder anderen Gruppe kommt es dabei auf eine Gesamtbetrachtung aller Umstände des Einzelfalls an. Wichtige Indizien für die Selbständigkeit sind eine weitgehende Weisungsfreiheit, die Freiheit im Einsatz der eigenen Arbeitskraft, das Bestehen eines eigenen Unternehmens (z. B. eigene Geschäftsräume, eigene Mitarbeiter, eigener Kundenstamm, eigene Buchführung) sowie das Vorhandensein eines eigenen Unternehmerrisikos (vgl. *BAG* DB 1966, 546 ff.; siehe auch bereits Kap. 2 Rn. 6). Hinsichtlich der Einzelheiten ist auf das Arbeitsrecht zu verweisen (vgl. u. a. *Reichold*, Arbeitsrecht, 5. Aufl., 2016, § 2 Rn. 15 ff.).

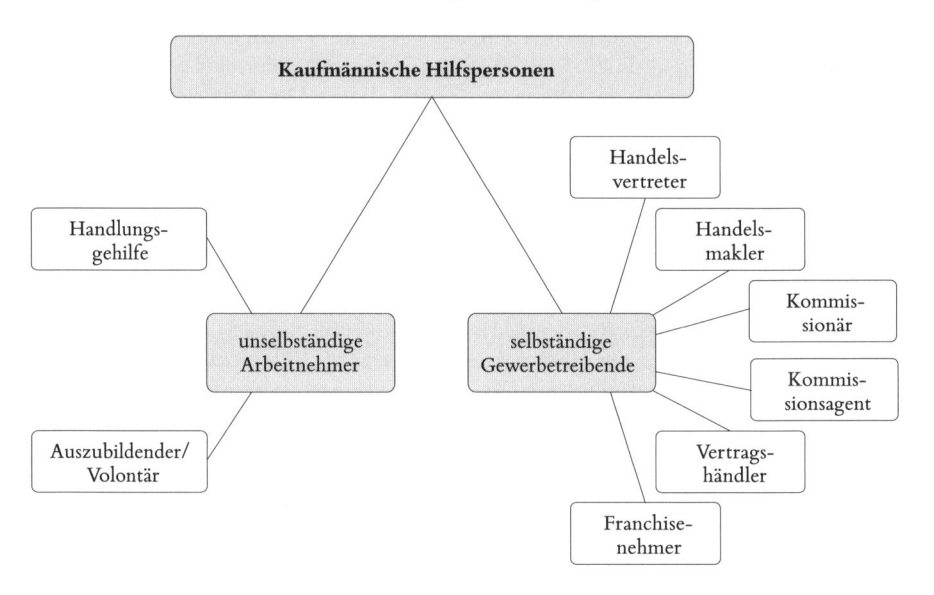

## § 22. Die einzelnen Hilfspersonen

### A. Die unselbständigen kaufmännischen Hilfspersonen

**Lernhinweis:** Das Recht der unselbständigen kaufmännischen Hilfspersonen bildet eine Sondermaterie des Arbeitsrechts und sollte daher im Zusammenhang mit diesem betrachtet und gelernt werden.

### I. Der Handlungsgehilfe (§§ 59 ff. HGB)

#### 1. Begriff des Handlungsgehilfen

Handlungsgehilfe ist nach der **Legaldefinition** des § 59 HGB, wer in einem Handelsgewerbe zur Leistung kaufmännischer Dienste gegen Entgelt angestellt ist.

Im allgemeinen Sprachgebrauch wird der Handlungsgehilfe zumeist als kaufmännischer Angestellter bezeichnet. Als Angestellter eines Kaufmanns im Sinne der §§ 1–6 HGB hat er diesem weisungsgebunden nicht Dienste irgendwelcher Art (§ 611 Abs. 2 BGB), sondern **kaufmännische Dienste** zu leisten. Diese bestehen in Abgrenzung zu den mechanischen oder technischen Diensten der gewerblichen Arbeitnehmer in einer nach der Verkehrsanschauung überwiegend gedanklich-geistigen Tätigkeit (vgl. *BAG NJW* 1954, 1860, 1861).

**Beispiele:** Buchhalter, Bürovorsteher, Dekorateur, Kontrolleur, Verkaufsfahrer, fest angestellter Vertreter.

Der Prokurist, der Handlungsbevollmächtigte, der Bankkassierer und der Ladenangestellte sind Handlungsgehilfen, die im Außenverhältnis mit besonderen handelsrechtlichen Vollmachten ausgestattet sind.

#### 2. Recht des Handlungsgehilfen

Der Handlungsgehilfe unterliegt neben den arbeitsrechtlichen Sonderregelungen der §§ 59 ff. HGB dem allgemeinen **Arbeitsrecht** (§§ 611 ff. BGB, TVG, BUrlG, BetrVG etc.). Auf Personen, die in einem nichtkaufmännischen Unternehmen kaufmännische Dienste leisten, können die §§ 59 ff. HGB im Einzelfall analoge Anwendung finden (so etwa für §§ 60 f. HGB und einen angestellten Rechtsanwalt *BAG NJW* 2008, 392, 393).

Die handelsrechtlich bedeutendste Sonderregelung bildet das gesetzliche **Wettbewerbsverbot** des § 60 Abs. 1 HGB (näher *K. Schmidt*, Handelsrecht, § 17 Rn. 16 ff.). Danach ist es dem Handlungsgehilfen untersagt, während der Dauer des Arbeitsverhältnisses ohne Einwilligung des Prinzipals ein Handelsgewerbe zu betreiben oder im Handelszweig des Arbeitgebers Geschäfte für eigene bzw. fremde Rechnung zu machen. Bei einem Verstoß ist der Handlungsgehilfe dem Prinzipal zum Schadensersatz (§ 61 Abs. 1 HS 1 HGB) oder zur Herausgabe des Gewinns aus dem verbotswidrigen Geschäft (§ 61 Abs. 1

HS 2 HGB) verpflichtet. Der Wortlaut des § 60 Abs. 1 HGB ist jedoch viel zu weit geraten. Die erste Variante ist daher verfassungskonform (Art. 3, 12 GG) auf diejenigen Tätigkeiten zu beschränken, die dem Handelsgewerbe des Arbeitgebers schaden können. Von der zweiten Variante sind insbesondere rein private Geschäfte auszunehmen.

> **Beispielsfall:** Haller ist Handlungsgehilfe des Antiquitätenhändlers Alt. Wenn Haller in einem eigenen Laden durch Angestellte Wein verkaufen lässt oder eine geerbte Biedermeierkommode auf einem Flohmarkt verkauft, wird dies nach allgemeiner Ansicht von § 60 HGB nicht erfasst. Würde Haller allerdings mit Antiquitäten handeln, müsste er dem Alt nach § 61 Abs. 1 HGB den diesem aus einem etwaigen Umsatzrückgang entstehenden Schaden ersetzen oder seinen eigenen Verkaufserlös gegen Erstattung der gemachten Aufwendungen und damit im Ergebnis seinen eigenen Gewinn herausgeben.

Nach Beendigung des Arbeitsverhältnisses besteht im Rahmen der allgemeinen Grenzen (nachwirkende Treuepflicht, § 826 BGB sowie §§ 3 und 17 UWG) freier Wettbewerb, sofern nicht gegen eine sog. Karenzentschädigung ein nachvertragliches Wettbewerbsverbot gem. §§ 74 ff. HGB vereinbart wurde (zur Nichtigkeit eines entschädigungslosen nachvertraglichen Wettbewerbsverbots *BAG* NJW 2017, 2263).

### II. Der kaufmännische Auszubildende und der Volontär (§ 82a HGB)

4 Nachdem das früher in den §§ 76–82 HGB a. F. geregelte Recht der Handlungslehrlinge im Auszubildendenrecht des Berufsbildungsgesetzes (BBiG) aufgegangen ist, findet sich nur noch eine Sonderregelung für das Wettbewerbsverbot des Volontärs in § 82a HGB. Auch diese Regelung ist inzwischen nach h. M. durch das Gebot einer „angemessenen Vergütung" (§§ 17 Abs. 1, 26 BBiG) und die gesetzliche Nichtigerklärung von Wettbewerbsverboten (§§ 12 Abs. 1, 26 BBiG) gegenstandslos geworden. Für den kaufmännischen Volontär gelten jedoch neben dem allgemeinen Arbeitsrecht und einzelnen Vorschriften des BBiG die §§ 60–62 und 75 f. HGB (näher Ba/Ho/*Roth*, § 82a Rn. 1 ff.).

> **Merksatz:** Das Recht der unselbständigen kaufmännischen Hilfspersonen ist eine Sondermaterie des Arbeitsrechts.

## B. Die selbständigen kaufmännischen Hilfspersonen

5 Das Recht der selbständigen kaufmännischen Hilfspersonen gehört systematisch eigentlich in das Vierte Buch des HGB. Denn es besteht kein sachlicher Unterschied zwischen dem Handelsvertreter (§§ 84 ff. HGB) oder Handelsmakler (§§ 93 ff. HGB) einerseits und dem Kommissionär (§§ 383 ff. HGB), Frachtführer (§§ 407 ff. HGB), Spediteur (§§ 453 ff. HGB) oder Lagerhalter (§§ 467 ff. HGB) andererseits. In allen diesen Fällen wird zwar auch ein bestimmter Typus eines Gewerbetreibenden beschrieben, doch geht es in erster

§ 22. Die einzelnen Hilfspersonen 147

Linie darum, das jeweilige Handelsrechtsverhältnis (z. B. Handelsvertreterverhältnis, Frachtgeschäft) einer Sonderregelung zu unterwerfen.

## I. Der Handelsvertreter
### 1. Begriff und Abgrenzungen

Nach der **Legaldefinition** des § 84 Abs. 1 HGB ist der Handelsvertreter als selbständiger Gewerbetreibender ständig damit betraut, für einen anderen Unternehmer Geschäfte zu vermitteln oder in dessen Namen abzuschließen.

- **Selbständiger Gewerbetreibender** ist der Betreffende, wenn er seine Tätigkeit und Arbeitszeit im Wesentlichen frei bestimmen kann (§ 84 Abs. 1 S. 2 HGB) und ein eigenes Gewerbe (dazu Kap. 2 Rn. 5 ff.) mit Unternehmerrisiko betreibt (vgl. Rn. 1). Anderenfalls ist der Handelsvertreter bloßer Handlungsgehilfe (vgl. Ba/Ho/*Hopt*, § 84 Rn. 33 ff.). Die Festlegung von Öffnungszeiten (*OLG Köln* EWiR 2003, 1149, 1149: 24-stündiger Tankstellenbetrieb), ein bestehendes fachliches Weisungsrecht sowie eine fehlende eigene Organisation und Kapitalausstattung (*BAG* DB 2001, 280, 280 f.) müssen der Qualifikation als selbständiger Gewerbetreibender nicht entgegenstehen. Handelsvertreter in Gesellschaftsform sind stets selbständig (*BGH* NJW 2015, 1754).
- Im Gegensatz zum Groß- und Einzelhändler sowie zum Handelsmakler ist der Handelsvertreter in das Absatz- und Vertriebssystem eines oder mehrerer Unternehmen durch einen **auf Dauer** und auf eine unbestimmte Vielzahl von Abschlüssen angelegten Geschäftsbesorgungsvertrag (§§ 675, 611 ff. BGB) integriert („betraut"; vgl. Ba/Ho/*Hopt*, § 84 Rn. 41 ff.).
- Die **Tätigkeit** des Handelsvertreters besteht in der Vermittlung von Geschäften für den Unternehmer oder im Abschluss von Geschäften **im fremden Namen**. Wer im eigenen Namen handelt, ist nicht Handelsvertreter, sondern Kommissionär, Kommissionsagent, Vertragshändler, Franchisenehmer oder Eigenhändler. Vorausgesetzt ist die zumindest mitursächliche Förderung des Geschäftsabschlusses durch eine Einwirkung auf den Dritten. Der bloße Nachweis der Gelegenheit zu einem Vertragsschluss genügt anders als beim Zivilmakler (§ 652 BGB) ebenso wenig wie die reine Werbetätigkeit z. B. eines Pharmareferenten (vgl. *K. Schmidt*, Handelsrecht, § 27 Rn. 6).
- Da das Gesetz seit einer Novelle von 1953 bewusst von dem „**anderen Unternehmer**" spricht, kann der Handelsvertreter nicht nur Hilfsperson eines Kaufmanns, sondern jeder anderen Person sein, die privatrechtlich einen Erwerbszweck verfolgt (vgl. *K. Schmidt*, Handelsrecht, § 27 Rn. 5). Das Tätigkeitsfeld des Handelsvertreters ist daher sehr weit gespannt und sein Berufsbild uneinheitlich.

**Beispiele:** Warenimport und -export, Reisevermittlung, Tankstellenbetrieb, Konzertkartenvorverkauf, Versicherungsvermittlung, Lottoscheinverkauf, Künstlermanagement.

6

**Merksatz:** Der Handelsvertreter ist als selbständiger Gewerbetreibender ständig damit betraut, für einen anderen Unternehmer Geschäfte zu vermitteln oder in dessen Namen abzuschließen (§ 84 Abs. 1 HGB).

Der Handelsvertreter ist **Kaufmann, wenn** sein Gewerbe eine kaufmännische Einrichtung erfordert oder er in das Handelsregister eingetragen ist. Die §§ 84 ff. HGB sind gem. § 84 Abs. 4 HGB aber auch auf kleingewerbliche Handelsvertreter anwendbar. Bei fehlender Kaufmannseigenschaft kommt im Übrigen aber allenfalls eine analoge Anwendung handelsrechtlicher Bestimmungen in Betracht, da § 84 Abs. 4 HGB anders als etwa § 407 Abs. 3 S. 2 HGB nicht auf die §§ 343 ff. HGB verweist (vgl. KKRD/*Roth*, § 84 Rn. 1).

**2. Arten**

7   Der Handelsvertreter kann mit der bloßen Vermittlung (**Vermittlungsvertreter**) oder auch mit dem Abschluss von Geschäften (**Abschlussvertreter**) betraut sein (vgl. auch §§ 86a Abs. 2, 91 und 91a HGB). Im Zweifel ist der Handelsvertreter lediglich Vermittlungsvertreter. Als Abschlussvertreter bedarf er im Innenverhältnis eines besonderen Auftrages und im Außenverhältnis einer gegebenenfalls konkludent im Abschlussvertretervertrag enthaltenen Handlungsvollmacht gem. § 54 HGB (dazu Kap. 7 Rn. 19 ff.). Nach § 91 Abs. 1 HGB gilt § 55 HGB auch für den Abschlussvertreter eines nichtkaufmännischen Unternehmers.

Von Bedeutung ist zudem die Unterscheidung zwischen dem Einfirmen- und dem Mehrfirmenvertreter (zur Abgrenzung *BGH* NJW-RR 2013, 1511). Der **Einfirmenvertreter** (§ 92a HGB), der hauptberuflich nur für ein Unternehmen tätig wird, unterliegt der Gefahr einer übermäßigen wirtschaftlichen Abhängigkeit von seinem einzigen Unternehmer und kann daher als arbeitnehmerähnliche Person (§ 5 Abs. 1 S. 2 und Abs. 3 ArbGG) im Einzelfall arbeitsrechtlichen Bestimmungen (z. B. § 2 BUrlG) unterliegen (*BGH* NJW-RR 2015, 289; *Reichold*, Arbeitsrecht, 5. Aufl., 2016, § 2 Rn. 24 f.; verneinend für einen lediglich im Nebenberuf als Einfirmenvertreter tätigen Handelsvertreter *OLG Karlsruhe* NZA-RR 1998, 463 f.).

Auf die im Handelsvertretervertrag ausdrücklich als **Handelsvertreter im Nebenberuf** Bezeichneten und als solche nach der Verkehrsauffassung Tätigen (§ 92b HGB) finden die nur für die hauptberuflichen Handelsvertreter geltenden §§ 89 und 89b HGB (Kündigung und Ausgleichsanspruch) keine Anwendung (näher *Baums*, BB 1986, 891 ff.). Sie sind allenfalls als arbeitnehmerähnliche Personen einzustufen (ablehnend für einen im Nebenberuf eine Postagentur führenden Kioskbetreiber *OLG Karlsruhe* NZA-RR 1998, 463 f.).

Aus § 84 Abs. 3 HGB ergibt sich schließlich die Möglichkeit zu mehrstufigen Handelsvertreterverhältnissen, bei denen ein **Generalvertreter** seinerseits im eigenen Namen **Untervertreter** mit Handelsvertreteraufgaben betraut (vgl. *K. Schmidt*, Handelsrecht, § 27 Rn. 100 ff.).

## 3. Das Handelsvertreterverhältnis

Der Handelsvertretervertrag begründet ein auf Dauer angelegtes **Ge-** **8** **schäftsbesorgungsverhältnis** (§§ 675, 611 ff. BGB) zwischen dem Handelsvertreter und dem Unternehmer (vgl. *K. Schmidt*, Handelsrecht, § 27 Rn. 36 ff.). Der Vertragsschluss ist grundsätzlich formlos und damit auch stillschweigend möglich (Ausnahmen: §§ 85, 86b Abs. 1 S. 3 und 90a Abs. 1 S. 1 HGB). Auf Formularverträge sind die §§ 305 ff. BGB nach Maßgabe des § 310 BGB anwendbar (vgl. *v. Westphalen*, DB 1984, 2335 ff. und 2392 ff.).

Die gesetzliche Sonderregelung des Handelsvertreterverhältnisses (§§ 84 ff. HGB) ist in weiten Teilen zwingend (vgl. z. B. §§ 86 Abs. 4 und 87c Abs. 5 HGB; siehe auch *Thume*, BB 2012, 975 ff.; zur Ausnahme nach § 92c HGB *Thume*, IHR 2014, 52 ff.). Sie wurde in Einzelheiten durch das Gesetz vom 23. 10. 1989 in überschießender Weise an die Richtlinie 86/653/EWG zur Angleichung des Rechts der Handelsvertreter angepasst (dazu näher *Lüke*, JuS 1990, 593; zur richtlinienkonformen Auslegung des Handelsvertreterrechts im Überblick *Oetker*, Handelsrecht, § 6 Rn. 9; zur international zwingenden Anwendung von Bestimmungen der Richtlinie 86/653/EWG nach den EuGH-Entscheidungen Rs. C-381/98 [Ingmar] und Rs. C-184/12 [Unamar] *Lüttringhaus*, IPRax 2014, 146 ff.). Der Handelsvertreter hat sich danach insbesondere unter Wahrung der Unternehmerinteressen aktiv um die Vermittlung oder den Abschluss von Geschäften mit Dritten zu bemühen (sog. **Bemühenspflicht**) und hiervon den Unternehmer zu unterrichten (§ 86 HGB). Demgegenüber ist der Unternehmer zur Information des Handelsvertreters (§ 86a HGB; zur eingeschränkten Möglichkeit, für die Bereitstellung eines multifunktionalen Kassensystems gleichwohl eine Vergütung zu verlangen OLG Schleswig ZVertriebsR 2016, 178) sowie insbesondere zur **Provisionszahlung** (§§ 87–87c HGB) verpflichtet, sofern die betreffenden Geschäfte während der Dauer des Handelsvertreterverhältnisses abgeschlossen wurden und auf seine Vermittlung zurückzuführen sind oder mit Dritten abgeschlossen wurden, die der Handelsvertreter als Kunden für derartige Geschäfte geworben hat. Schließt der Handelsvertreter das Geschäft selbst mit dem Unternehmer ab, steht ihm nach h. M. kein Provisionsanspruch zu, da er nicht auf die Abschlussbereitschaft eines Dritten eingewirkt hat (*Giedinghagen*, NJW Spezial 2011, 655 f.). Der Provisionsanspruch entfällt im Falle der Nichtausführung, wenn und soweit diese auf Umständen beruht, die vom Unternehmer nicht zu vertreten sind (§ 87a Abs. 3 S. 2 HGB; dazu für unvorhersehbare Betriebsstörungen oder rechtswidrige Eingriffe von hoher Hand *BGH* NJW 2017, 3521; vgl. zur anteiligen Rückzahlung der Provision bei teilweiser Nichtausführung auch EuGH Rs. C-48/16 – ERGO; zur Nichtigkeit einer sog. Sprunghaftungsklausel, wonach der Provisionsanspruch auch dann vollständig und nicht nur anteilig ausgeschlossen sein soll, wenn der Kunde den Vertrag nur teilweise erfüllt hat, *BGH* NJW 2015, 1754 ff. und *Dänekamp/Kölln*, NJW 2015, 3126 ff.). Zu vertreten hat der Unternehmer nicht nur ein Verschulden (§§ 276, 278 BGB), sondern alle

Umstände, die in seinen unternehmerischen oder betrieblichen Risikobereich fallen (*BGH* NJW 2014, 930). Während der Vertragszeit besteht ein Wettbewerbsverbot, das allerdings gesetzlich nicht gesondert geregelt ist (vgl. lediglich § 90 HGB; BGHZ 112, 218; näher *Canaris*, § 15 Rn. 41 ff.). Nachvertragliche Wettbewerbsbeschränkungen können nach Maßgabe des § 90a HGB vereinbart werden (dazu auch *BGH* NJW 2016, 401 ff.; *BGH* NJW 2013, 2027 ff.; *Dück*, NJW 2016, 368 ff.). Die Verletzung der Wettbewerbsverbote kann zu einer Schadensersatzpflicht des Handelsvertreters führen (*BGH* WM 2013, 2163 ff.). Dem Unternehmer steht zur Vorbereitung der Geltendmachung des Anspruchs auf Ersatz des entgangenen Gewinns ein Anspruch nach § 242 BGB gegen den Handelsvertreter auf Auskunft über die verbotswidrig für Konkurrenzunternehmen vermittelten Geschäfte zu, da der verbotswidrig für Konkurrenzunternehmen vermittelte Umsatz als Grundlage einer Schadensschätzung nach § 287 ZPO dienen kann (*BGH* NJW 2014, 381).

**4. Vertragsbeendigung und Ausgleichsanspruch**

9   Das Handelsvertreterverhältnis **endet** wie jedes andere Dauerschuldverhältnis durch Zeitablauf, durch eine ordentliche fristgebundene (§ 89 HGB) oder eine außerordentliche Kündigung aus wichtigem Grund (§ 89a HGB). Wichtige Gründe für eine außerordentliche Kündigung von Handelsvertreterverträgen können z. B. ein fortgesetzter Wettbewerbsverstoß (*BGH* NJW 2011, 3361 ff.), die Missachtung eines Wettbewerbsverbots (*BGH* NJW-RR 2003, 981 ff.), die Insolvenz des Handelsvertreters (*OLG Hamm* NJW-RR 2004, 1554) oder die anhaltende erhebliche Verfehlung von Umsatzzielen nach vorheriger Abmahnung (dazu näher *Budde/Gruppe*, ZVertriebsR 2014, 71 ff.) sein. Auch die Insolvenz des Unternehmers ist ein Beendigungsgrund (§ 116 InsO). Besteht der wichtige Grund in einer Pflichtverletzung des Handelsvertreters, bedarf es grundsätzlich einer Abmahnung (§ 314 Abs. 2 BGB), sofern das Fehlverhalten die Vertrauensgrundlage nicht in einer besonders schwerwiegenden Weise erschüttert hat (*BGH* BB 2001, 645, 646).

Der Handelsvertreter hat nach Beendigung des Vertragsverhältnisses gem. § 89b HGB einen **Ausgleichsanspruch** bis zur Höhe von grundsätzlich einer Jahresprovision (*Pauly*, MDR 2013, 694 ff.; allgemein zur Bemessung des Ausgleichsanspruchs *Penners*, Die Bemessung des Ausgleichsanspruchs im Handelsvertreter- und Franchiserecht, 2014). Es handelt sich um eine praktisch sehr bedeutsame Sondervergütung und nicht um einen Schadensersatzanspruch (zur Möglichkeit des ergänzenden Ersatzes von durch den Ausgleichsanspruch nicht abgedeckten Schäden vor dem Hintergrund der in Art. 17 RL 86/653/EWG vorgesehenen Alternativität von Ausgleichsanspruch und Schadensersatzanspruch *EuGH* Rs. C-338/14 EuZW 2016, 221 – Quenon K; dazu *Emde*, EuZW 2016, 218 ff.). Der Ausgleichsanspruch ist gerechtfertigt, da der Handelsvertreter an der Schaffung und Pflege eines wirtschaftlich wertvollen Kundenstamms mitgewirkt hat und dies durch die Provisionszahlungen nicht abgegolten wurde (*Christoph*, NJW 2010, 647). Der Anspruch besteht unter den folgenden positiven und negativen Voraussetzungen, die aufgrund ihrer Unbestimmtheit zwischen den Parteien vielfach heftig umstritten sind (näher *Tscherwinka*, JuS 1991, 110, 115; siehe auch noch Rn. 16):

- Zunächst muss der **Handelsvertretervertrag beendet** sein, wobei der Grund (Zeitablauf, Kündigung, auflösende Bedingung, Tod) und Zeitpunkt (zur Rechtfertigung des Ausgleichs auch bei Beendigung in der Probezeit *EuGH* Rs. C-645/16 EuZW 2018, 829 – CMR) prinzipiell keine Rolle spielen (siehe aber noch die Ausschlusstatbestände in § 89b Abs. 3 HGB). Nach h. M. besteht der Anspruch auch dann, wenn der Vertrag nichtig ist oder mit Wirkung ex tunc angefochten wurde (*BGH* NJW 1997, 655; BGHZ 129, 290; *K. Schmidt*, Handelsrecht, § 27 Rn. 74).
- Sodann kann der Ausgleich nur verlangt werden, wenn und soweit der Unternehmer aus Geschäftsverbindungen, die der Handelsvertreter zu **neu geworbenen Kunden** hergestellt (§ 89b Abs. 1 S. 1 Nr. 1 HGB; sog. neugeworbener Stammkunde) oder zu **Altkunden wesentlich erweitert** (§ 89b Abs. 1 S. 2 HGB; sog. intensivierter Altkunde) hat, auch nach der Beendigung des Handelsvertreterverhältnisses noch **erhebliche Vorteile** (Chance auf Abschluss weiterer Geschäfte, Steigerung des Unternehmenswerts) zieht (näher *Gräfe/Boerner*, ZVertriebsR 2017, 282 ff.). Das ist nur bei Stammkunden möglich, wobei umstritten ist, ob auch der einmalige Abschluss eines sich über die Beendigung des Handelsvertreterverhältnisses hinaus erstreckenden Dauerschuldverhältnisses zu einem Ausgleichsanspruch führen kann (so *Thume*, BB 2015, 387 ff.) oder die vom Unternehmer erlangten Vorteile bereits durch die für dieses Geschäft zu zahlende Provision abgegolten sind (so *Gräfe/Boerner*, ZVertriebsR 2017, 282, 285). Einen neuen Kunden hat der Handelsvertreter geworben, wenn er an der Entstehung der Stammkundenbeziehung ursächlich mitgewirkt hat. Während hierzu die Werbung für ein ausgeweitetes Sortiment gleichartiger Waren und Leistungen nicht ausreicht, soll es sich um die Werbung eines Neukunden (und nicht die erhebliche Erweiterung einer Altkundenbeziehung) handeln, wenn für den Vertrieb anderer Waren und Leistungen an schon vorhandene Kunden von Seiten des Handelsvertreters besondere Vermittlungsbemühungen und Verkaufsstrategien im Hinblick auf die Begründung einer „speziellen Geschäftsverbindung" mitursächlich waren (*EuGH* Rs. C-315/14, NJW 2016, 2244 – Marchon; BGHZ 212, 201, 204 ff.). Die mitursächliche wesentliche Erweiterung der Geschäftsbeziehung zu einem Altkunden kann quantitativer (gleichartige Waren und Leistungen) oder qualitativer (andere Waren und Leistungen) Natur sein. Noch unklar ist, ob von einer wesentlichen Erweiterung bereits bei einer Umsatzsteigerung von mehr als 50% (so unter Hinweis auf eine richtlinienkonforme Auslegung *OLG Celle* ZVertriebsR 2017, 230, 232) oder erst von mehr als 100% (so noch vor Inkrafttreten der RL 86/653/EWG *BGH* NJW 1971, 1611 und später OLGR Hamm 1993, 78) gesprochen werden kann.

- Der Ausgleichsanspruch besteht zudem nur, wenn und soweit die Zahlung eines Ausgleichs unter Berücksichtigung aller Umstände, insbesondere der dem Handelsvertreter aus Geschäften mit den betreffenden Kunden entgehenden Provisionen, der **Billigkeit** entspricht (§ 89b Abs. 1 S. 1 Nr. 2 HGB). Anders als nach der bis zur Neuformulierung der Vorschrift im Jahre 2009 bestehenden Rechtslage (zu deren Unvereinbarkeit mit Art. 17 Abs. 2 lit. a der Handelsvertreterrichtlinie 86/653/EWG *EuGH* Rs. C-348/07 EuZW 2009, 304 ff. – Turgay Semen/Deutsche Tamoil GmbH; näher *Steinhauer*, EuZW 2009, 887 ff.; *Thume*, BB 2009, 2490 ff.) ist damit der hypothetische Verlust von Vermittlungs- und Abschlussprovisionen (nicht z. B. Verwaltungs-, Inkasso- oder Delkredereprovisionen) nicht mehr eine gesonderte Voraussetzung des Ausgleichsanspruchs, sondern nur noch ein allerdings wichtiger Gesichtspunkt im Rahmen der billigkeitsorientierten Gesamtabwägung. Damit kann der Ausgleichsanspruch zugunsten des Handelsvertreters im Einzelfall die aufgrund des Vertragsendes entstehenden Provisionsverluste (zu deren möglicher Schätzung auf der Grundlage von Stichproben nach § 287 Abs. 2 ZPO *BGH* NJW 1985, 860) übersteigen (vgl. BT-Drs. 16/13672, S. 22). Weitere Aspekte der Billigkeitsprüfung sind etwa der Grad der Mitursächlichkeit der Handelsvertreterbemühungen (zur sog. Sogwirkung der Waren und Leistungen des Unternehmers auch Rn. 16), der vom Handelsvertreter betriebene Aufwand oder die Aufnahme einer Konkurrenztätigkeit nach Ende des Handelsvertretervertrages (*OLG Rostock* NJW-RR 2009, 1631). Es kommen allerdings nur vertragsbezogene Umstände in Betracht, sodass die persönlichen Verhältnisse der Parteien (z. B. Alter oder Bedürftigkeit des Handelsvertreters, Vermögenslage des Unternehmers) grundsätzlich ohne Bedeutung sind (Ba/Ho/*Hopt,* § 89b Rn. 25).
- Der **Ausgleichsanspruch entfällt** nach § 89b Abs. 3 HGB bei einer nicht herausgeforderten Kündigung durch den Handelsvertreter (Nr. 1), einer durch schuldhaftes Verhalten des Handelsvertreters unmittelbar bedingten Kündigung des Prinzipals aus wichtigem Grund (Nr. 2; dazu *EuGH* NJW-RR 2011, 255 ff. und *Guski*, GPR 2009, 286 ff.; vgl. auch *BGH* NJW-RR 2011, 614) oder bei einem zwischen Unternehmer und Handelsvertreter vereinbarten Eintritt eines Dritten in das Handelsvertreterverhältnis mit dem Unternehmer (Nr. 3). Die Ausschlusstatbestände von § 89b Abs. 3 HGB sind abschließend und eng auszulegen (BGHZ 45, 385, 387). Möglich ist aber auch noch eine Verwirkung des Ausgleichsanspruchs des Handelsvertreters (*OLG Köln*, Beschluss vom 8.11.2012 – 19 U 126/12). Umstände, die zwar nicht zu einem Ausschluss des Anspruchs führen, können noch im Rahmen der Billigkeitsprüfung anspruchsmindernd berücksichtigt werden. So kommt es etwa nach ständiger Rechtsprechung im Rahmen von § 89b Abs. 3 Nr. 2 HGB entgegen § 278 BGB und anders als bei § 89a Abs. 2 HGB nur auf ein persönliches Verschulden des Handelsvertreters an (*BGH* NJW 2007,

3068 f.). Das schuldhafte Verhalten von Hilfspersonen und dessen mögliche Zurechnung sind allerdings ggf. im Rahmen der Gesamtabwägung unter dem Gesichtspunkt der Billigkeit des Ausgleichs (§ 89b Abs. 1 S. 1 Nr. 2 HGB) zu Lasten des Handelsvertreters zu berücksichtigen (BGHZ 29, 275, 280). Hat der Handelsvertreter die Beendigung des Handelsvertreterverhältnisses aufgrund anderer Umstände als einer Kündigung zu vertreten (z. B. Tod bei einer Trunkenheitsfahrt oder durch Selbstmord) kann dies ebenfalls in die Billigkeitsprüfung einfließen (BGHZ 41, 129; BGHZ 45, 385).

- Der Ausgleichsanspruch ist schließlich innerhalb der **Ausschlussfrist von einem Jahr** nach Beendigung des Vertragsverhältnisses geltend zu machen (§ 89b Abs. 4 S. 2 HGB). Mit Ablauf der vertraglich lediglich verlängerbaren Frist geht der Anspruch kraft Gesetzes unter. Daneben untersteht er noch der mittels Einrede geltend zu machenden Regelverjährung von drei Jahren (Ba/Ho/*Hopt*, § 89b Rn. 77).

- Der **Ausgleichsanspruch ist in der Höhe** in zweifacher Hinsicht **begrenzt**: Er darf zum einen die nachvertraglichen Vorteile des Unternehmers (§ 89b Abs. 1 S. 1 HGB: „soweit") und zum anderen eine nach dem Durchschnitt der letzten fünf Jahre (bei kürzerer Laufzeit des Vertrags entsprechend kürzer) berechnete Jahresprovision (§ 89b Abs. 2 HGB) nicht übersteigen. Der Ausgleichsanspruch kann **im Voraus nicht ausgeschlossen** oder sonst in einer für den Handelsvertreter nachteiligen Weise modifiziert werden (§ 89b Abs. 4 S. 1 HGB; *OLG München* NJW-RR 2005, 1062; vgl. auch *BGH* NJW 1996, 2867, 2868). Es kann lediglich zur Vermeidung einer Doppelbelastung des Unternehmers vereinbart werden, dass die Geltendmachung des unverzichtbaren Ausgleichsanspruchs zum Ausschluss anderer verzichtbarer Ansprüche wie z. B. auf eine vom Unternehmer finanzierte besondere Altersvorsorgeleistung führt (vgl. *BGH* NJW-RR 2017, 229). Grundsätzlich zulässig und in der Praxis vielfach üblich ist es zudem, die von dem Unternehmer geschuldete Ausgleichszahlung im Ergebnis dem Nachfolgevertreter in Form einer in Raten zu leistenden Einstandszahlung aufzubürden (näher *Westphal*, MDR 2005, 421 ff.).

## II. Der Handelsmakler

### 1. Begriff und Abgrenzungen

Nach der **Legaldefinition** des § 93 Abs. 1 HGB ist Handelsmakler, wer gewerbsmäßig für andere Personen die Vermittlung von Verträgen über bewegliche Gegenstände des Handelsverkehrs übernimmt, ohne von ihnen ständig damit betraut zu sein. Damit ist der Begriff des Handelsmaklers enger gefasst als der des Zivilmaklers:

- Die Handelsmaklertätigkeit ist zunächst durch ihre **Gewerbsmäßigkeit** (dazu Kap. 2 Rn. 5 ff.) gekennzeichnet. Der Gelegenheitsmakler ist unabhängig vom Gegenstand seiner Tätigkeit bloßer Zivilmakler (§§ 652 ff. BGB).

10

- Die vom Handelsmakler zu leistende **Vermittlung** von Verträgen erfordert ein Einwirken auf die Abschlussbereitschaft des Dritten und damit mehr als die Leistung des zivilen Nachweismaklers, der sich mit dem bloßen Nachweis von Gelegenheiten zum Vertragsschluss begnügen kann, und weniger als die Leistung des Abschlussvertreters, der den Vertrag im fremden Namen selbst zu schließen hat. Allerdings kann der Handelsmakler durchaus die von ihm vermittelten Kontrakte auch selbst abschließen, sofern ihm hierzu eine gesonderte Vertretungsmacht erteilt wurde (vgl. *K. Schmidt*, Handelsrecht, § 26 Rn. 6 f.).
- Gegenstand eines Handelsmaklervertrages können nur **bewegliche Gegenstände des Handelsverkehrs** sein. Die nicht abschließende Aufzählung in § 93 Abs. 1 HGB nennt Waren, Wertpapiere, Versicherungen, Güterbeförderungen und die Schiffsmiete. Der Grundstücksmakler (§ 93 Abs. 2 HGB), der Unternehmensmakler (h. M., da mit ganzen Unternehmen und nicht verbrieften Unternehmensanteilen nicht „gehandelt" wird) und der Ehemakler (§ 656 BGB) sind daher bloße Zivilmakler. Ein Handelsmakler, der seine Tätigkeit auch auf andere als bewegliche Gegenstände des Handelsverkehrs erstreckt, ist zugleich Zivilmakler.

> **Beispielsfall:** Schiffsmakler Schmidt vermittelt neben Schiffschartervertägen auch Verträge über Hafengrundstücke. Hinsichtlich der Charterverträge finden die §§ 93 ff. HGB und hinsichtlich der Grundstücksverträge die §§ 652 ff. BGB Anwendung (§ 93 Abs. 2 HGB).

- Im Unterschied zum Handelsvertreter ist der Handelsmakler **nicht** verpflichtet, **ständig** für einen Unternehmer tätig zu sein (zu den Kriterien der Abgrenzung im Einzelfall *OLG Düsseldorf*, IHR 2013, 36 ff. und *OLG Düsseldorf* NJW-RR 2016, 1315 ff.). Vertraglich gesehen, ist der Handelsmakler „Augenblicksvermittler" für bestimmte Geschäfte und keinesfalls in das Vertriebssystem des Auftraggebers auf Dauer eingebunden. Dies schließt allerdings nicht aus, dass er zu einem Geschäftspartner dauerhafte Beziehungen unterhält. Auftraggeber des Handelsmaklers kann jede Person und mithin nicht nur ein Unternehmer oder gar ein Kaufmann sein (vgl. *K. Schmidt*, Handelsrecht, § 26 Rn. 6 f.).

**Beispiele:** Versicherungsmakler, Finanzmakler, Schiffsmakler.

> **Merksatz:** Der Handelsmakler übernimmt gewerbsmäßig für andere Personen die Vermittlung von Verträgen über bewegliche Gegenstände des Handelsverkehrs, ohne von ihnen ständig damit betraut zu sein (§ 93 Abs. 1 HGB).

Der Handelsmakler ist wie der Zivilmakler **Kaufmann, wenn** sein Gewerbe eine kaufmännische Einrichtung erfordert oder in das Handelsregister eingetragen ist. Die §§ 93 ff. HGB sind gem. § 93 Abs. 3 HGB aber auch auf kleingewerbliche Handelsmakler anwendbar. Bei fehlender Kaufmannseigenschaft kommt im Übrigen aber allenfalls eine analoge Anwendung handelsrechtlicher

§ 22. Die einzelnen Hilfspersonen

Bestimmungen in Betracht, da § 93 Abs. 3 HGB anders als etwa § 407 Abs. 3 S. 2 HGB nicht auf die §§ 343 ff. HGB verweist (vgl. KKRD/*Roth*, § 93 Rn. 7).

## 2. Das Handelsmaklerverhältnis

Der Maklervertrag bedarf keiner Form und kann auch durch Schweigen auf ein Angebot nach § 362 HGB (dazu Kap. 9 Rn. 16) zustande kommen. Neben den vorrangigen Sonderregelungen der §§ 93 ff. HGB sind die allgemeinen Vorschriften der §§ 652 ff. BGB anwendbar. Sofern vertraglich nichts anderes vereinbart wurde, trifft den Handelsmakler keine Pflicht zum Tätigwerden (vgl. Ba/Ho/*Roth,* § 93 Rn. 23 ff.). Als ehrlicher Makler hat er die Interessen beider Parteien zu wahren (§ 98 HGB). Die Provision kann der Handelsmakler mangels besonderer Absprachen daher auch bei einseitiger Auftragserteilung (h. L.) von jeder Vertragspartei zur Hälfte verlangen (§ 99 HGB), sofern er zumindest die Mitursächlichkeit seiner Tätigkeit für den entsprechenden Vertragsschluss nachweist (§ 652 Abs. 1 BGB). Der Provisionsanspruch besteht auch dann, wenn der wirksam zustande gekommene Vertrag nicht durchgeführt (*BGH* NJW 1986, 1165, 1166) oder rückabgewickelt wird (*BGH* NJW-RR 1993, 248, 249). Einen Aufwendungsersatzanspruch hat der Handelsmakler nur bei besonderer Vereinbarung (§ 652 Abs. 2 BGB). **11**

## III. Der Kommissionär

Der Kommissionär ist nach §§ 383, 406 HGB ein Gewerbetreibender, der es übernimmt, Geschäfte im eigenen Namen, aber für fremde Rechnung abzuschließen. Das Kommissionsrecht wird in Kap. 11 noch näher erläutert werden. **12**

**Beispiele:** Kommission im Gebrauchtwagenhandel, im Wertpapierhandel und im Kunsthandel.

## IV. Der Frachtführer, Spediteur und Lagerhalter

Nach § 407 HGB übernimmt der Frachtführer als Gewerbetreibender die Beförderung von Gütern zu Lande, in der Luft oder auf Binnengewässern. Der Spediteur ist ein Gewerbetreibender, der es nach § 453 Abs. 1 HGB übernimmt, durch den Abschluss von Verträgen mit Dritten im eigenen oder fremden Namen (§ 454 Abs. 3 HGB) die Versendung von Gütern zu besorgen. Als Lagerhalter bezeichnet man in Anlehnung an § 467 HGB einen Gewerbetreibenden, der die Lagerung und Aufbewahrung von Gütern als Hauptpflicht übernimmt. Das Fracht-, Speditions- und Lagergeschäft werden in Kap. 12 noch näher erläutert werden. **13**

## V. Weitere selbständige Hilfspersonen

Die folgenden selbständigen Hilfspersonen sind keiner eigenen handelsrechtlichen Regelung unterworfen. Es handelt sich vielmehr um **typengemischte Formen**, auf die im Einzelfall u. a. das Handelsvertreterrecht zur analogen Anwendung kommen kann.

Kapitel 6. Die Hilfspersonen des Kaufmanns

**1. Der Kommissionsagent**

14   Der Kommissionsagent ist ein selbständiger Gewerbetreibender, der ständig damit betraut ist, im eigenen Namen, aber für Rechnung eines anderen Unternehmers, Waren zu kaufen und zu verkaufen (dazu auch am Beispiel eines Pressegrossisten *Hopt*, FS Hadding, 2004, 443 ff.). Es mischen sich hier folglich Elemente der Handelsvertreterstellung im Innenverhältnis (z. B. analoge Anwendung der §§ 89, 89a, 89b, 90 und 90a HGB auf den Agenturvertrag) mit denen der Kommissionärsstellung im Außenverhältnis (Geschäftsabwicklung nach Kommissionsrecht).

> **Beispielsfall:** Bäckermeister Breit verkauft in seiner Bäckerei gegen Provision auch sämtliche Kaffeeprodukte des Rösters Roth zu einem von Roth bestimmten Preis. An der ihm von Roth gelieferten Ware erwirbt Breit zwar kein Eigentum, er ist jedoch zur Weiterveräußerung ermächtigt. Etwaige Restbestände werden von Roth zurückgenommen. Breit steht auch ein Ausgleichsanspruch in entsprechender Anwendung von § 89b HGB zu, weil er bei Beendigung des Vertragsverhältnisses dem Röster Roth den geworbenen Kundenstamm nach § 384 Abs. 2 HGB zu überlassen hat (vgl. *BGH* NJW 2017, 475, 477 ff.).

**2. Der Vertragshändler**

15   Der Vertragshändler kauft und verkauft wie ein **Eigenhändler** im eigenen Namen und für eigene Rechnung, wobei er jedoch aufgrund eines dauernden Rahmenvertrages wie der **Handelsvertreter** in das Vertriebs- und Marketingsystem eines Herstellers oder Lieferers eingegliedert ist.

Der Vertragshändlervertrag ist ein dem Handelsvertretervertrag ähnlicher Geschäftsbesorgungsvertrag, in dessen Rahmen die einzelnen Kaufverträge über die Lieferung der Vertragsware abgeschlossen werden. Deshalb befürwortet die herrschende Meinung auch hier die entsprechende Anwendung der §§ 86, 86a, 89, 89a, 89b und 90 HGB, wenn sich das Händler-Lieferanten-Verhältnis nicht in einer bloßen Käufer-Verkäufer-Beziehung erschöpft und wenn der Händler in erheblichem Umfang Aufgaben zu erfüllen hat, die sonst einem Handelsvertreter obliegen (*BGH* NJW 2011, 848; *K. Schmidt*, Handelsrecht, § 28 Rn. 42 ff.; speziell zur Kündigung *Schwytz*, BB 1997, 2385 ff.). Was die seit 1982 in ständiger Rechtsprechung (*BGH* BB 2010, 386; *BGH* NJW-RR 2004, 898) erfolgende analoge Anwendung des Ausgleichsanspruchs nach § 89b HGB anbetrifft, so stellt sich seit Inkrafttreten der Kfz-GVO EG/1400/2002 (jetzt Kfz-GVO EU/461/2010) für Automobilvertragshändler die Frage, ob insoweit die Analogievoraussetzungen noch gegeben sein können, weil die Automobilvertragshändler nunmehr kartellrechtlich kaum noch wie Handelsvertreter in die Absatzorganisation eingebunden werden können (näher *Siegert*, NJW 2007, 188 ff.; *M. Lorenz*, Der Ausgleichsanspruch des Kfz-Vertragshändlers gemäß § 89b HGB analog, 2009).

**Beispielsfall:** Herbert Schmidt war seit der „Wende" Renault-Händler im Raum  **16**
Leipzig und erschloss mit einer eigenen Vertriebsorganisation den dortigen Markt,
wobei er die Interessen und Richtlinien von Renault in vielfacher Weise zu berücksichtigen hatte. Insbesondere sollte er sich gegenüber seinen Kunden unter Wahrung
des Markenbildes stets als Renault-Händler zu erkennen geben, keine Fremdfabrikate
vertreiben, jährlich eine Mindestabnahmeerklärung abgeben und die an ihn gelieferten
Kraftfahrzeuge grundsätzlich zu einem empfohlenen Listenpreis verkaufen. Nach Zulassung eines verkauften Neuwagens sollte Schmidt die persönlichen Daten des jeweiligen Käufers für die „Statistik und Planung" an Renault übermitteln. Schmidt erzielte
von 2012–2018 einen durchschnittlichen Verkaufserlös von jährlich 500.000,– €. Der
Händlervertrag wurde von Schmidt im Frühjahr 2018 zum 31. 12. 2018 gekündigt, da
er durch die Zusammenarbeit von Renault mit einem weiteren Händler im Raum Leipzig nicht unerhebliche Umsatzeinbußen hinzunehmen hatte und fortan für eine andere
Automarke tätig sein wollte. Schmidt verlangt im Juli 2019 von Renault 130.000,– €
als Ausgleich für den von ihm aufgebauten Kundenstamm.

Als Anspruchsgrundlage kommt allein § 89b HGB in Betracht. Diese Vorschrift
gilt unmittelbar aber nur für den Handelsvertreter. Schmidt ist jedoch kein Handelsvertreter i. S. v. § 84 Abs. 1 S. 1 HGB, da er die Kraftfahrzeuge an seine Kunden im
eigenen Namen als Vertragshändler verkauft hat. Die Tatsache, dass er u. a. durch die
Verwendung des Markensymbols als Renault-Händler aufgetreten ist, führt noch
nicht zu der Annahme, er habe die einzelnen Kaufverträge auch im Namen und mit
Wirkung für Renault abgeschlossen. Vertragspartner der Kunden war vielmehr allein
Schmidt. Fraglich ist jedoch, ob der Ausgleichsanspruch des § 89b HGB analog auch
dem Vertragshändler zugute kommen kann (näher *Niebling*, BB 1997, 2388 ff.). Die
Rechtsprechung (u. a. *BGH* NJW 1982, 2819 f.; *BGH* BB 2016, 845) hat nach anfänglichem Zögern die **analoge Anwendung des § 89b HGB** befürwortet, wenn sich das
Rechtsverhältnis zwischen dem Händler und seinem Lieferanten nicht in einer bloßen
Käufer-Verkäufer-Beziehung erschöpfte, sondern der Händler aufgrund eines Rahmenvertrages so in die Absatzorganisation seines Lieferanten eingliedert war, dass er
wirtschaftlich in erheblichem Umfang dem Handelsvertreter vergleichbare Aufgaben
zu erfüllen hatte (krit. *Fröhlich*, ZVertriebsR 2015, 280 ff.). Darüber hinaus ist erforderlich, dass der Händler bei Beendigung des Vertragsverhältnisses verpflichtet war,
seinem Lieferanten den gesamten Kundenstamm zur sofortigen Nutzbarmachung zu
überlassen (vgl. *BGH* ZIP 1994, 126, 126; *BGH* NJW 2015, 1300, 1301).

Schmidt war hier wie ein Handelsvertreter in die Vertriebsorganisation von Renault eingegliedert (Auftreten als Renault-Händler, Interessenwahrung, Mindestabnahmeerklärung, keine Fremdfabrikate). Durch die Übermittlung der persönlichen
Kundendaten konnte sich Renault den von Schmidt im Raum Leipzig aufgebauten
Kundenstamm zudem ohne weiteres nutzbar machen. Es ist unerheblich, dass diese
Nutzungsmöglichkeit bereits während der Vertragsdauer bestand und nicht erst nach
Vertragsbeendigung etwa durch Überlassung einer Kundenkartei entstanden ist (*BGH*
NJW-RR 1994, 99, 100). Auch auf die Frage, ob Renault sich die Kundendaten auch
tatsächlich nutzbar gemacht hat, kommt es nicht an (vgl. *BGH* NJW 1983, 2877, 2879).

Die eigentlichen **Tatbestandsvoraussetzungen** von § 89b Abs. 1 HGB, der auch in
Vertragshändlerverträgen ex ante nicht ausschließbar ist (zur analogen Anwendbarkeit
von § 89b Abs. 4 S. 1 HGB *BGH* NJW 2016, 1885), sind gegeben: Das Vertragsverhältnis
endete am 31. 12. 2018 durch fristgemäße Kündigung (§ 89 Abs. 1 HGB). Renault kann
aus dem von Schmidt aufgebauten Kundenstamm („neue" Kunden i. S. v. § 89b Abs. 1
S. 1 Nr. 1 HGB sind auch Altkunden, zu denen neu eine „spezielle Geschäftsbeziehung"

aufgebaut wurde; diesen Neukunden sind zudem sog. intensivierte Altkunden nach § 89b Abs. 1 S. 2 HGB gleichgestellt; eine Mitursächlichkeit des Vertreterhandelns ist ausreichend; näher Rn. 9) aufgrund der durchschnittlichen Automobilmarkentreue von ca. 40 % auch noch nach Beendigung des Vertragsverhältnisses erhebliche Vorteile ziehen, während andererseits Schmidt durch die Kündigung des Vertragshändlervertrages entsprechende Provisionen entgehen (Schätzung nach § 287 Abs. 2 ZPO). Der Anspruch wurde rechtzeitig geltend gemacht (§ 89b Abs. 4 S. 2 HGB). Fraglich ist allerdings, ob die Ausgleichszahlung durch die Kündigung des Schmidt gem. § 89b Abs. 3 Nr. 1 HGB ausgeschlossen ist. Aufgrund ihres Ausnahmecharakters und der Entgeltfunktion der Ausgleichszahlung ist diese Vorschrift jedoch vor dem Hintergrund von Art. 12 Abs. 1 GG (Berufsfreiheit) und Art. 18 lit. b der Handelsvertreterrichtlinie 86/653/EWG eng auszulegen (vgl. *BVerfG* NJW 1996, 381 und *Noetzel*, DB 1993, 1557). Im vorliegenden Fall wird man daher davon auszugehen haben, dass Renault durch die einen Absatzrückgang bewirkende Konkurrenzsituation Schmidt einen begründeten Anlass zur Kündigung gegeben hat (näher Ba/Ho/*Hopt*, § 89b Rn. 52 ff.). Die Tatsache, dass Schmidt letztendlich das Vertragsverhältnis beendet hat, kann allerdings im Rahmen der **Billigkeitsprüfung** (§ 89b Abs. 1 S. 1 Nr. 2 HGB) ebenso Berücksichtigung finden wie die Schmidt zugute gekommene sog. Sogwirkung der Automobilmarke Renault oder die Tatsache, dass Schmidt einen Teil seines Kundenstamms in das neue Vertragshändlerverhältnis einbringen wird (vgl. *BGH* NJW 1982, 2819, 2820 und *BGH* NJW 1995, 1958). Eine Zahlung von 130.000,– € dürfte aber auch unter Berücksichtigung der vorzunehmenden Abzinsung und nach Abzug der ersparten Vermittlungs- und Abschlusskosten sowie besonderer Betriebsunkosten (vgl. BGHZ 29, 83, 93) dennoch angemessen und billig sein, wenn man annimmt, dass zumindest ca. 10 % der Kunden durch den persönlichen Einsatz des Schmidt gewonnen wurden (zu Einzelheiten der Berechnung vgl. Ba/Ho/*Hopt*, § 89b Rn. 45 ff.; zur sog. „Münchener Formel" *Kainz/ Lieber/Puszkajler*, BB 1999, 434 ff. und krit. *Reufels/Lorenz*, BB 2000, 1586 ff.).

### 3. Der Franchisenehmer

**17** Der Franchisenehmer bietet als selbständiger Gewerbetreibender im eigenen Namen und für eigene Rechnung Erzeugnisse und/oder Dienstleistungen an, wobei er sich Erzeugnisse, Produktideen sowie das Vertriebs- und Marketingsystem des Franchisegebers (Markenimage, Symbole, Warenzeichen, Ausstattungen etc.) zunutze macht.

> **Beispielsfall:** Herr Rasch möchte sich selbständig machen und schließt mit der McFix-GmbH einen Vertrag, wonach er sein Schnellrestaurant unter der Kettenbezeichnung McFix mit den dazugehörigen Symbolen und einer vorgegebenen Innenausstattung sowie unter ausschließlicher Verwendung des Speisen- und Getränkeangebots von McFix zu betreiben hat. Die Bewirtungsverträge kommen hier als unternehmensbezogene Geschäfte (Kap. 5 Rn. 2) zwischen Rasch und den Kunden zustande, obwohl diese glauben, mit McFix zu kontrahieren. Auch die Verwendung von Symbolen und Firmenbestandteilen des Franchisegebers durch den Franchisenehmer erzeugt hier keinen hinreichend starken gegenteiligen Rechtsschein im Hinblick auf eine etwaige Stellvertretung des Franchisegebers durch den Franchisenehmer (*BGH* NJW 2008, 1214, 1215).

§ 23. Wiederholung 159

Das Franchising ist kein Rechtsbegriff und kann daher in seinen verschiedenen Erscheinungsformen (näher *Martinek*, Franchising, 1987, S. 231 ff.) auch nicht klar vom Handelsvertreter-, Vertragshändler- oder Kommissionsagentenverhältnis abgegrenzt werden. Beim sog. Absatzmittlungs-Franchising (auch Subordinationsfranchising) ist der Franchisevertrag im Vergleich zu den genannten Vertragsarten durch seine lizenzvertraglichen Elemente und die bisweilen im Interesse eines einheitlichen Marktauftritts sehr weit reichende Einflussnahme des Franchisegebers, die den Franchisenehmer in die Nähe eines unselbständigen Filialleiters rückt (näher zu dieser Problematik *Horn/Henssler*, ZIP 1998, 589 ff.; vgl. auch bereits Kap. 2 Rn. 6), gekennzeichnet.

**Beispielsfälle:** Nach dem mit der McFix GmbH geschlossenen Vertrag hat Rasch sein Restaurant nach den in einem Betriebshandbuch detailliert niedergelegten Grundsätzen des McFix-Systems zu führen. Er ist danach u. a. dazu verpflichtet, 200g-Steaks zu dem von McFix festgesetzten Preis anzubieten und diese in einer bestimmten Weise zuzubereiten. Nach Ansicht des BGH ist Rasch Kaufmann (vgl. *BGH* NJW 1985, 1894 f.).
Kühl verpflichtet sich aufgrund eines Rahmenvertrages mit der Eisbär GmbH, Tiefkühlkost der Eisbär GmbH auf der Grundlage der jeweils gültigen Preisliste und allgemeinen Vertragsbedingungen zu beziehen und unter genauer Beachtung des Eisbär-Vertriebssystems in der ihm zur Verfügung gestellten Berufskleidung direkt an Haushalte im Vertragsgebiet zu vertreiben. Hierdurch wird die Arbeitszeit von Kühl vollständig in Anspruch genommen. Nach Ansicht des *BGH* ist Kühl aufgrund seiner wirtschaftlichen Abhängigkeit von der Eisbär GmbH und einer entsprechenden Schutzbedürftigkeit zumindest als arbeitnehmerähnliche Person anzusehen (*BGH* NJW 1999, 218, 220).

Für die Anwendung des Handelsvertreterrechts gilt das zum Vertragshändler Gesagte (vgl. Rn. 15 f.) entsprechend (siehe etwa zur analogen Anwendung von § 89 HGB *BGH* NJW-RR 2002, 1554 ff.; gegen eine analoge Anwendung von § 89b HGB auf Franchiseverträge, welche ein im Wesentlichen anonymes Massengeschäft betreffen – im konkreten Fall ging es um den Betreiber von zwei Backshops einer Kette von 930 Handwerksbäckereien in Deutschland –, allerdings *BGH* NJW 2015, 945).

## § 23. Wiederholung

### A. Zusammenfassung

- Die **kaufmännischen Hilfspersonen** unterstützen den Kaufmann beim Betrieb seines Handelsgewerbes in kaufmännischer Hinsicht durch eine überwiegend geistiggedankliche Tätigkeit.
- Der **Handlungsgehilfe** und der **Volontär** sind Arbeitnehmer des Kaufmanns, für die neben der Sonderregelung in den §§ 59 ff. HGB das allgemeine Arbeitsrecht gilt.

□ Der **Handelsvertreter** (§§ 84 ff. HGB), **Handelsmakler** (§§ 93 ff. HGB), **Kommissionär** (§§ 383 ff. HGB), **Kommissionsagent, Vertragshändler** und **Franchisenehmer** sind selbständige Gewerbetreibende und unter den Voraussetzungen der §§ 1–6 HGB auch Kaufleute. Sie gestalten ihre Tätigkeit im Wesentlichen frei (§ 84 Abs. 1 S. 2 HGB) und werden für den Kaufmann im Rahmen eines durch handelsrechtliche Sondervorschriften jeweils unterschiedlich ausgestalteten Geschäftsbesorgungsvertrages nach § 675 BGB tätig.

|  | Handlungsgehilfe | Handelsvertreter | Vertragshändler | Kommissionär | Handelsmakler |
|---|---|---|---|---|---|
| **Regelung** | §§ 59 ff. HGB | §§ 84 ff. HGB | §§ 86, 86a, 89, 89a, 89b und 90 HGB | §§ 383 ff. HGB | §§ 93 ff. HGB |
| **Status** | unselbständiger Angestellter | selbständiger Gewerbetreibender | selbständiger Gewerbetreibender | selbständiger Gewerbetreibender | selbständiger Gewerbetreibender |
| **Tätigkeit** | auf Dauer für den Arbeitgeber | auf Dauer für ein oder mehrere Unternehmen | auf Dauer im Vertriebssystem eines Lieferanten | nicht ständig für einen, aber grds. gewerbsmäßig | nicht ständig für einen, aber gewerbsmäßig |
| **Handeln** | im fremden Namen | im fremden Namen | im eigenen Namen | im eigenen Namen | im Interesse beider Parteien |
| **für Rechnung** | auf fremde Rechnung | auf fremde Rechnung | auf eigene Rechnung | auf fremde Rechnung | Vertragswirkungen für und gegen die Parteien |
| **Vertragstyp** | Dienstvertrag | Geschäftsbesorgung | Geschäftsbesorgung | Geschäftsbesorgung | Maklervertrag |
| **bedeutsamste Pflichten** | Leistung von Diensten kaufmännischer Art | Bemühen um den Abschluss oder die Vermittlung von Geschäften | Bemühen um den Abschluss von eigenen Geschäften | Durchführung der Kommission im Interesse des Kommittenten | Bemühen um die Vermittlung von Verträgen; grds. keine Tätigkeitspflicht |
| **bedeutsamste Rechte** | Vergütungsanspruch, Fürsorgeanspruch etc. | Provisionsansprüche, Ausgleichsanspruch | Anspruch auf Unterstützung beim Vertrieb | Provisionsansprüche | Provisionsanspruch gegen beide Parteien |

## B. Kontrollfragen

1. Haller ist von Klotz als „Handelsvertreter" und „Hauptvertreter" eingestellt. Er kann seine Tätigkeit und Arbeitszeit im Wesentlichen frei gestalten. Die Kunden seines Bezirks muss er allerdings regelmäßig besuchen und Klotz hierüber Bericht erstatten. Neben Provisionen erhält Haller von Klotz einen Zuschuss zum Unterhalt seines Kraftfahrzeuges. Die Zahlungen von Klotz bilden das wesentliche Einkommen des Haller, der zu über 90 % für Klotz arbeitet. Ist Haller Handelsvertreter oder Handlungsgehilfe?
2. Habig ist als Handelsvertreter allein für die X-GmbH tätig (Einfirmenvertreter) und hat hierfür im Durchschnitt der letzten sechs Monate monatlich 900,– € an Vergütungen erhalten. Vor welchem Gericht muss A ausstehende Provisionen einklagen?
3. Was unterscheidet den Handelsmakler vom Zivilmakler?
4. Welche zivilrechtlichen Vorschriften gelten für die Tätigkeit eines größeren Immobilienmaklers?
5. Warum verbinden sich beim Kommissionsagenten Elemente der Handelsvertretung und der Kommission?

# Kapitel 7. Die Vertretung des Kaufmanns

**Literatur:** *L. Beck*, Zur Funktionsweise der Prokura als handelsrechtlicher Vollmacht, Jura 2016, 969 ff.; *Bork*, Notiz zur Dogmatik des § 54 HGB, JA 1990, 249 ff.; *Drexl/Mentzel*, Handelsrechtliche Besonderheiten der Stellvertretung, Jura 2002, 289 ff. und 375 ff.; *Häublein*, Die Ladenvollmacht, JuS 1999, 624 ff.; *Hofmann/Fladung/Ghemen*, Der Prokurist, 8. Aufl., 2007; *Th. Honsell*, Die Besonderheiten der handelsrechtlichen Stellvertretung, JA 1984, 17 ff.; *Köhl*, Der Prokurist in der unechten Gesamtvertretung, NZG 2005, 197 ff.; *Krebs*, Ungeschriebene Prinzipien der handelsrechtlichen Stellvertretung als Schranken der Rechtsfortbildung – speziell für Gesamtvertretungsmacht und Generalvollmacht, ZHR 159 (1995), 635 ff.; *Merkt*, Die dogmatische Zuordnung der Duldungsvollmacht zwischen Rechtsgeschäft und Rechtsscheinstatbestand, AcP 2004, 638 ff.; *Möller*, Der Franchisevertrag im Bürgerlichen Recht, AcP 203 (2003), 319 ff.; *Müller*, Prokura und Handlungsvollmacht, JuS 1998, 1000 ff.; *Petersen*, Bestand und Umfang der Vertretungsmacht, Jura 2004, 310 ff.; *Schroeder/Oppermann*, Die Eintragungsfähigkeit der kaufmännischen Generalvollmacht in das Handelsregister, JZ 2007, 176 ff.; *Grooterhorst*, Vollmachten im Unternehmen – Handlungsvollmacht – Prokura – Generalvollmacht, 6. Aufl., 2014; *H. P. Westermann*, Mißbrauch der Vertretungsmacht, JA 1981, 521 ff.

## § 24. Überblick

Den Umfang der durch einseitiges Rechtsgeschäft erteilten Vertretungsmacht kann der Nichtkaufmann nach bürgerlichem Recht individuell und frei bestimmen. Die Wirkungen eines Rechtsgeschäfts treten nach **§ 164 BGB** nur dann für und gegen den Vertretenen ein, wenn der Vertreter innerhalb der konkreten Vertretungsmacht gehandelt hat oder der Vertretene das (zweiseitige) Rechtsgeschäft genehmigt. Das Vertrauen der Geschäftspartner in die Vertretungsmacht des Stellvertreters wird nach bürgerlichem Recht allein in den gesetzlich geregelten (§§ 170–173 BGB) sowie darüber hinaus durch Richterrecht anerkannten Ausnahmefällen der Duldungs- und Anscheinsvollmacht geschützt (näher MüKoBGB/*Schubert*, 8. Aufl., 2018, § 167 Rn. 93 ff.).

1

Im Handelsverkehr mit seinem Bedürfnis nach Rechtsklarheit und rascher Geschäftsabwicklung (vgl. Kap. 1 Rn. 6) ist ein **stärkerer Verkehrsschutz** erforderlich, zumal hier eine rechtsgeschäftliche Vertretung wesentlich weiter verbreitet ist als im übrigen Privatrechtsverkehr. Das Handelsrecht hat daher drei typisierte rechtsgeschäftliche Vertretungsformen herausgebildet, deren Umfang sich zum Schutze Dritter weitgehend aus dem Gesetz ergibt:

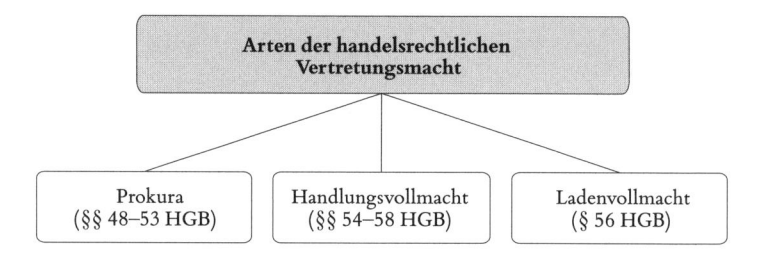

Kapitel 7. Die Vertretung des Kaufmanns

```
                    ┌─────────────────────────────┐
                    │  Arten der handelsrechtlichen │
                    │      Vertretungsmacht         │
                    └─────────────────────────────┘
                  ┌──────────────┼──────────────┐
        ┌─────────┴────┐  ┌──────┴───────┐  ┌───┴──────────┐
        │   Prokura    │  │Handlungsvollmacht│  │Ladenvollmacht│
        │ (§§ 48–53 HGB)│  │ (§§ 54–58 HGB) │  │  (§ 56 HGB)  │
        └──────────────┘  └──────────────┘  └──────────────┘
```

Die Typisierung des Umfangs dieser Vollmachten kommt auch dem Kaufmann selbst zugute, da sie ihm regelmäßig lästige Rückfragen des Geschäftspartners über das Vertretungsverhältnis erspart und somit das arbeitsteilige Handeln erleichtert.

## § 25. Prokura

### A. Das Wesen der Prokura

2   Die Prokura ist eine in den §§ 48–53 HGB geregelte **Sonderform der Vollmacht** i. S. v. § 166 Abs. 2 BGB. Die §§ 164 ff. BGB sind daher auf die Prokura subsidiär anwendbar. Das allgemeine Stellvertretungsrecht wird jedoch in vielerlei Hinsicht abgewandelt oder ergänzt, um den spezifischen Bedürfnissen des Handelsverkehrs besser Rechnung tragen zu können.

Bei der Prokura wird die für das deutsche Stellvertretungsrecht charakteristische Trennung zwischen **Außen- und Innenverhältnis** besonders deutlich. Die Prokura ist zunächst in ihrer Entstehung als rechtsgeschäftliche Vertretungsmacht nach außen unabhängig von dem zugrunde liegenden Innenrechtsverhältnis (Dienstvertrag, Auftrag, Gesellschaftsverhältnis, Ehegattenverhältnis). Lediglich das Erlöschen der Prokura kann sich nach der Regelung im Innenverhältnis richten (vgl. § 168 S. 1 BGB; Rn. 18).

Der aus Gründen des Verkehrsschutzes typisierte Umfang der Prokura (§§ 49 und 50 HGB; näher Rn. 10 f.) kann darüber hinaus zu einer starken Diskrepanz zwischen gesetzlichem Können im Außenverhältnis und vertraglich geregeltem Dürfen im Innenverhältnis führen. Bei internen Beschränkungen der Vertretungsmacht besteht eine nicht unerhebliche **Missbrauchsgefahr**.

> **Beispielsfall:** Kaufmann Klotz hat dem Pfeiffer Prokura für Geschäfte bis zu einem Wert von 50.000,– € erteilt. Pfeiffer schließt mit dem Lieferanten Läufer einen Kaufvertrag zu einem Kaufpreis von 60.000,– € ab. Die wertmäßige Beschränkung der Prokura ist nach außen unwirksam (§ 50 Abs. 1 HGB), so dass Klotz zur Kaufpreiszahlung an Läufer verpflichtet ist. Klotz kann jedoch bei Pfeiffer nach § 280 Abs. 1 BGB i. V. m. § 241 Abs. 2 BGB Regress nehmen, wenn ihm aufgrund des Geschäftsabschlusses ein Vermögensschaden entstanden ist.

## B. Die Voraussetzungen der Prokuraerteilung

(1) Die Prokura kann nur von einem **Kaufmann** erteilt werden. Hierzu zählen selbstverständlich auch die Handelsgesellschaften nach § 6 Abs. 1 HGB und die Genossenschaften (vgl. § 42 Abs. 1 GenG). Bei Verleihung durch einen Nichtkaufmann ist zunächst aber immer zu prüfen, ob nicht der Nichtkaufmann durch die Prokuraerteilung den Rechtsschein der Kaufmannseigenschaft erweckt hat (dazu Kap. 2 Rn. 36 ff.) und sich daher an der scheinbar wirksamen Prokuraerteilung festhalten lassen muss. Eine weder von einem Kaufmann noch von einem Scheinkaufmann erteilte Prokura kann schließlich unter Umständen in eine gewöhnliche Vollmacht umgedeutet werden (§ 140 BGB). Auch in denjenigen Fällen, in denen ein Kaufmann die Kaufmannseigenschaft verliert, wird man die ehemals von ihm wirksam erteilte Prokura in Gestalt einer BGB-Vollmacht aufrechterhalten. 3

(2) Der Kaufmann hat die Prokura grundsätzlich **persönlich** zu erteilen (§ 48 Abs. 1 HGB). Lediglich bei Handelsgesellschaften und beschränkt geschäftsfähigen Geschäftsinhabern wird die Prokura von den organschaftlichen bzw. gesetzlichen Vertretern verliehen. Der gesetzliche Vertreter eines Minderjährigen bedarf dabei der Genehmigung des Familiengerichts (§§ 1643 Abs. 1, 1822 Nr. 11, 1831, 1915 BGB). Die Erteilung der Prokura durch einen rechtsgeschäftlichen Vertreter ist damit ebenso ausgeschlossen wie die Erteilung einer Unterprokura. 4

(3) Die Prokura muss durch eine **ausdrückliche** empfangsbedürftige Willenserklärung begründet werden (§ 48 Abs. 1 HGB). Die ausdrückliche Erwähnung des Wortes Prokura ist allerdings nicht erforderlich, sofern diese zweifelsfrei gemeint ist. Vollmachten eines Kaufmanns, die in ihrer Reichweite der Prokura entsprechen oder über diese noch hinausgehen (bei einer sog. Grundstücksklausel; dazu Rn. 11 a.E.) und in der Praxis gerne als Generalvollmachten bezeichnet werden (z. B. ehemals Berthold Beitz als Generalbevollmächtigter des Krupp-Konzerns), können daher ohne weiteres ebenfalls dem Recht der Prokura unterstellt werden (für eine allerdings nur analoge Anwendung auch *Canaris*, § 12 Rn. 12). Eine derartige Generalvollmacht als „Prokura plus" darf allerdings trotz der Namensverwandtschaft nicht mit der bloßen Generalhandlungsvollmacht (dazu Rn. 22 ff.) als „kleiner Prokura" verwechselt werden. 5

> **Beispielsfall:** Kaufmann Klotz spricht gegenüber seiner Angestellten Probst eine Beförderung aus und erklärt, dass sie ihn nunmehr in allen gerichtlichen und außergerichtlichen Angelegenheiten vertreten könne. Dies wolle er auch in das Handelsregister eintragen lassen.

Allerdings scheidet damit eine konkludente Prokuraverleihung ebenso aus wie das Bestehen einer Prokura kraft Duldung. Eine Prokura kraft Rechtsscheins gegenüber einem bestimmten gutgläubigen Geschäftspartner ist hingegen unter den allgemeinen Voraussetzungen möglich.

> **Beispielsfall:** Der Angestellte Pfeiffer des Kaufmanns Klotz zeichnet mehrere Verträge mit „ppa." (= *per procura*), was Klotz hinnimmt, da er Pfeiffer als Mitarbeiter nicht verlieren möchte. Die Duldung enthält keine ausdrückliche empfangsbedürftige Willenserklärung. Es besteht daher lediglich die Möglichkeit, Pfeiffer als Handlungsbevollmächtigten des Klotz kraft Duldung zu betrachten (vgl. Ba/Ho/Hopt, § 48 Rn. 3). Auch der Angestellte Albrecht möchte Pfeiffer nacheifern und tritt gegenüber dem gutgläubigen Lieferanten Läufer mehrfach als Prokurist von Klotz auf. Klotz weiß hiervon nichts, da er sich in letzter Zeit nicht mehr so genau um sein Handelsgewerbe kümmert. Hier sind nach den Grundsätzen der Rechtsscheinhaftung im konkreten Fall die Voraussetzungen einer Anscheinsprokura gegenüber Läufer gegeben. Dies führt jedoch nicht zu einer Anscheinsprokura gegenüber jedermann, auf die sich etwa auch ein bösgläubiger Dritter berufen könnte.

Wie jede andere Vollmacht kann die Prokura nicht nur wie im Normalfall als sog. Innenvollmacht durch Erklärung gegenüber dem zu Bevollmächtigenden erteilt werden. Sie kann nach h. L. auch durch Mitteilung gegenüber dem jeweiligen Geschäftspartner (§ 167 Abs. 1 Alt. 2 BGB, sog. Außenvollmacht) oder durch eine öffentliche Bekanntmachung (§ 171 Abs. 1 BGB) entstehen (a. A. *Honsell*, JA 1984, 17, 18).

> **Beispiele:** Rundschreiben an alle Geschäftspartner, Bekanntmachung der Handelsregistereintragung.

6 (4) Die Prokuristenstellung ist wegen des ihr zugrunde liegenden Vertrauensverhältnisses **höchstpersönlich**. Sie kann daher selbst mit Zustimmung des Prinzipals nicht auf Dritte übertragen werden (§ 52 Abs. 2 HGB). Es bleibt nur der Widerruf der alten und die Bestellung einer neuen Prokura. Nach traditioneller Auffassung kann wegen des erforderlichen Vertrauensverhältnisses auch immer nur eine natürliche Person und nicht auch eine juristische Person mit wechselnden Vertretungsberechtigten Prokurist sein (*KG* MDR 2002, 402; näher *Beck*, Jura 2016, 969, 972 f.).

7 (5) Der Prokurist darf mit dem Prinzipal schließlich **nicht identisch** sein. Praktische Bedeutung hat diese eigentlich selbstverständliche Voraussetzung im Zusammenhang mit der Frage, ob eine juristische Person bzw. eine Gesamthand einen ihrer Gesellschafter oder Organmitglieder zum Prokuristen bestellen kann. Dies wird von der h. M. für die von der Geschäftsführung ausgeschlossenen Gesellschafter bejaht und für die organschaftlichen Vertreter verneint (vgl. Ba/Ho/*Hopt*, § 48 Rn. 2; z. T. a. A. *K. Schmidt*, Handelsrecht, § 16 Rn. 22 f.).

> **Merksatz:** Die Prokura muss von einem Kaufmann persönlich und ausdrücklich erteilt werden.

## C. Die Eintragung der Prokura in das Handelsregister

Die Eintragung der Prokuraerteilung in das Handelsregister ist zwar Pflicht **8**
(§ 53 Abs. 1 HGB), aber lediglich **deklaratorisch** und damit keine Wirksamkeitsvoraussetzung. Denn nach dem Wortlaut des § 53 Abs. 1 HGB ist nicht die Absicht, eine Prokura zu erteilen, sondern die bereits erfolgte Erteilung selbst zur Eintragung anzumelden. Die Anmeldung zur Eintragung hat wie die Erteilung durch den Kaufmann selbst bzw. seine bereits bestellten Vertreter zu erfolgen. Der betroffene Prokurist kann weder als Einzel- noch als Gesamtprokurist (Rn. 13 ff.) die Anmeldung vornehmen (*OLG Frankfurt/M.* NZG 2005, 765).

Das Erlöschen der Prokura ist nach § 53 Abs. 2 HGB ebenfalls mit rein deklaratorischer Wirkung in das Handelsregister einzutragen. Dies gilt auch dann, wenn die Eintragung der Erteilung unterblieben ist (näher Kap. 3 Rn. 12, sog. sekundäre Unrichtigkeit des Handelsregisters). Gutgläubige Dritte werden bis zur Eintragung in ihrem Vertrauen auf den Fortbestand der einmal wirksam erteilten Prokura daher insbesondere durch § 15 Abs. 1 HGB geschützt (näher Kap. 3 Rn. 12 ff.). Daneben gelten aber auch die allgemeinen Rechtsscheintatbestände der §§ 170–173 BGB (vgl. auch Kap. 3 Rn. 20).

> **Beispielsfall:** Kauffrau Dr. Klöbner hat ihrer Angestellten Probst Prokura erteilt und dies in das Handelsregister eintragen und bekanntmachen lassen. Nach einem heftigen Streit mit Probst widerruft sie jedoch wenig später die Prokura. Probst schließt noch vor Eintragung und Bekanntmachung des Widerrufs mit dem Lieferanten Läufer, der lediglich von dem Streit erfahren hat, einen Kaufvertrag. Aufgrund der negativen Publizität des Handelsregisters kann Klöbner dem Läufer, der keine positive Kenntnis von dem Widerruf der Prokura selbst hat (näher Kap. 3 Rn. 15), die fehlende Vertretungsmacht der Probst nicht entgegenhalten (§ 15 Abs. 1 HGB). Im vorliegenden Fall zeigt sich besonders gut die Stärke des registerrechtlichen Publizitätsschutzes. Denn wegen der Fahrlässigkeit des immerhin über den Streit informierten Läufer würde der durch die Bekanntmachung grundsätzlich ebenfalls begründete Schutz nach § 171 Abs. 1 BGB nicht eingreifen (§ 173 BGB i. V. m. § 122 Abs. 2 BGB).

Neben der Erteilung und dem Erlöschen sind auch die zulässigen Beschränkungen der Prokura wie das Bestehen einer Gesamtprokura (§ 53 Abs. 1 S. 2 HGB) oder Filialprokura (§ 50 Abs. 3 HGB) eintragungspflichtig. Die möglichen Erweiterungen der Prokura wie die Gestattung des Selbstkontrahierens (*BayObLG* BB 1980, 1487, 1487) oder das Bestehen einer Grundstücksklausel (*BayObLG* BB 1971, 844, 845) sind eintragungsfähig.

## D. Das Handeln mit Prokura

§ 51 HGB enthält eine Sonderregelung des Offenkundigkeitsprinzips. Danach soll der Prokurist sein Vertretungsverhältnis dadurch offen legen, dass er **9**
unter der Firma seines Prinzipals mit seinem Namen und einem die Prokura

andeutenden Zusatz (zumeist „ppa." = *per procura*) zeichnet. § 51 HGB ist jedoch nur eine Ordnungsvorschrift (Ba/Ho/*Hopt*, § 51 Rn. 1). Unterschreibt der Prokurist z. B. allein mit seinem Namen, ist die abgegebene Willenserklärung dennoch nicht ohne Rechtswirkungen für den Vertretenen. Wie jeder andere Vertreter einer Kapitalgesellschaft hat der Prokurist jedoch darauf zu achten, dass er den Rechtsformzusatz der Firma der vertretenen Gesellschaft korrekt verwendet, da ihm anderenfalls eine verschuldensunabhängige Rechtsscheinhaftung nach § 179 Abs. 1 BGB analog droht, wenn er durch eine Falschfirmierung zurechenbar den Rechtsschein einer eigenen Unternehmensträgerschaft oder des Vorhandenseins persönlich und unbeschränkt haftender Gesellschafter erweckt (vgl. BGHZ 64, 11; *BGH* NJW 1990, 2678, 2679; näher und einschränkend für Falschfirmierungen im elektronischen Geschäftsverkehr *Beurskens*, NJW 2017, 1265 ff.).

## E. Der Umfang der Prokura im Außenverhältnis

### I. Grundsatz

**10** Der Umfang der Prokura ist in den §§ 49 und 50 HGB **zwingend** festgelegt. Die Normierung der sehr großen Reichweite der Vertretungsmacht eines Prokuristen dient dem typisch handelsrechtlichen Verkehrsschutz.

Von der Vertretungsmacht eines Prokuristen sind nach § 49 Abs. 1 HGB alle Rechtsgeschäfte und Prozesshandlungen gedeckt, die der **Betrieb *irgendeines* Handelsgewerbes mit sich bringt**.

**Beispiele:** Darlehensaufnahme, Personaleinstellung, Errichtung einer Zweigniederlassung, Erteilung einer Handlungsvollmacht, Beteiligungserwerb, Schenkungen, Klageerhebung, gerichtlicher Vergleichsschluss, Entgegennahme von Zustellungen (§ 173 ZPO).

Abgestellt wird also im Gegensatz zur Handlungsvollmacht nicht auf das spezielle vom Prinzipal des Prokuristen betriebene Handelsgewerbe oder branchenübliche Geschäfte, sondern allgemein auf Geschäfte, die irgendein Handelsgewerbe mit sich bringen kann.

**Beispielsfall:** Klotz betreibt einen kaufmännischen Handel mit Antiquitäten. Sein Prokurist Pfeiffer kann für Klotz nicht nur alte Gemälde und Stilmöbel erwerben, sondern beispielsweise auch eine LKW-Ladung französischen Käse, da dies der Betrieb eines Käse-Großhandelsgewerbes mit sich bringt.

**Merksatz:** Der Umfang der Prokura ist gesetzlich festgelegt und umfasst grundsätzlich alle Rechtshandlungen, die der Betrieb irgendeines Handelsgewerbes mit sich bringt.

## II. Gesetzliche Grenzen der Prokura

Der umfassenden Reichweite der Prokura sind jedoch zunächst gewisse gesetzliche Grenzen gesetzt. Der Prokurist kann daher die folgenden Geschäfte **nicht** mit Wirkung für und gegen den Prinzipal tätigen: **11**

- **Privatgeschäfte**, die vom Prinzipal höchstpersönlich vorzunehmen sind, wie z. B. die Testamentserrichtung (§ 2064 BGB) oder die Eheschließung (§ 1311 S. 1 BGB);
- **Inhabergeschäfte**, die dem Kaufmann kraft Gesetzes selbst vorbehalten sind wie z. B. die Unterschrift unter den Jahresabschluss (§ 245 HGB) oder die Prokuraerteilung (§ 48 Abs. 1 HGB);
- **Grundlagengeschäfte**, die nicht zum Geschäftsverkehr und damit nicht zum „Betrieb" eines Handelsgewerbes gehören wie z. B. die Veräußerung, Verpachtung oder Einstellung des Handelsgeschäfts, die Änderung der Firma, die Verlegung der Handelsniederlassung bzw. des Sitzes (str.; vgl. *KG* NZG 2014, 150: bloße Änderung der Geschäftsanschrift unter Beibehaltung des Sitzes kein Grundlagengeschäft) oder die Aufnahme eines Gesellschafters. Umstritten ist, ob auch die Änderung des bisherigen Geschäftsgegenstands zu diesen Grundlagengeschäften zu zählen ist. Dies wird man verneinen müssen, da sich die faktische Änderung des Geschäftsgegenstands auch schrittweise durch den Abschluss von mehreren für das konkrete Handelsgewerbe untypischen, aber dennoch gerade von der Prokura gedeckten Rechtsgeschäften vollziehen kann (vgl. Rn. 10). Die formelle Veränderung des Geschäftsgegenstandes von Gesellschaften kann allerdings nur durch die Gesellschafter in Form einer Vertrags- bzw. Satzungsänderung herbeigeführt werden.

> **Querverweis:** Auch die organschaftliche Vertretungsmacht nach § 126 Abs. 1 HGB umfasst keine Grundlagengeschäfte (Ba/Ho/*Roth*, § 126 Rn. 3).

- Zur **Veräußerung und Belastung von Grundstücken** bedarf der Prokurist einer besonderen Befugnis (§ 49 Abs. 2 HGB). Unter die Begriffe „Veräußerung und Belastung" fallen dabei nach allgemeiner Ansicht auch die hierauf gerichteten Verpflichtungsgeschäfte, da anderenfalls der bezweckte Schutz des Prinzipals ins Leere liefe (teleologische Extension). Keiner besonderen Befugnis bedürfen nach dem eindeutigen Wortlaut des § 49 Abs. 2 HGB hingegen der Erwerb, die Vermietung oder die Verpachtung eines Grundstücks sowie die Verfügung über bereits bestehende Belastungen wie z. B. die Abtretung einer Eigentümergrundschuld. Auch ein zur Veräußerung etc. von Grundstücken gesondert bevollmächtigter Vertreter kann sich durch einen Prokuristen vertreten lassen, ohne dass dieser einer besonderen Ermächtigung i. S. v. § 49 Abs. 2 HGB bedürfte (*LG Chemnitz* NotBZ 2008, 241). Die Bestellung einer Restkaufgeldhypothek oder -grundschuld im Zusammenhang mit dem Erwerb eines Grundstücks ist dem Prokuristen nach allgemeiner Ansicht ebenfalls möglich. Dies ergibt sich aus einer entsprechenden teleologischen Reduktion des § 49 Abs. 2 HGB.

> **Beispielsfall:** Prokurist Pfeiffer vertritt Kaufmann Klotz beim Erwerb eines Grundstücks von Volz zum Preis von 500.000,– €. Da Klotz dem Volz bei Auflassung nur 250.000,– € zahlen möchte, bestellt Pfeiffer zugleich eine Restkaufpreisgrundschuld zugunsten des Volz. Betrachtet man die einzelnen von Pfeiffer getätigten Geschäfte isoliert, so könnte man zu der Auffassung gelangen, dass Pfeiffer den Klotz zwar beim Kauf und bei der Auflassung, nicht aber beim Versprechen und der Bestellung der Grundschuld wirksam vertreten konnte. Dieser Formalismus kann vermieden werden, wenn man § 49 Abs. 2 HGB, der Klotz lediglich vor Vermögenseinbußen schützen soll, aufgrund einer wirtschaftlichen Gesamtbetrachtung einschränkend auslegt. Denn Klotz steht sich hier wirtschaftlich nicht schlechter als bei einem dem Pfeiffer ohne weiteres möglichen Erwerb eines bereits belasteten Grundstücks. Es handelt sich mithin um eine bloße Erwerbsmodalität.

- Die besondere Befugnis i. S. v. § 49 Abs. 2 HGB muss dem Prokuristen nach den Regeln der Prokura ausdrücklich erteilt werden (vgl. Rn. 5), da es sich nicht um eine gesonderte schlichte Vollmacht, sondern um eine besondere Umschreibung der Prokura handelt (Großkomm/*Joost*, § 49 Rn. 36; Oetker/*Schubert*, § 49 Rn. 30). Dies kann jedoch auch allgemein und im Voraus geschehen (Prokura mit sog. **Grundstücksklausel**). Außerdem kann eine lediglich konkludente Willenserklärung gegebenenfalls nach § 140 BGB in die Erteilung einer Handlungsvollmacht mit Grundstücksklausel oder eine entsprechende rechtsgeschäftliche Vollmacht i. S. v. § 166 Abs. 2 BGB umgedeutet werden (Oetker/*Schubert*, § 49 Rn. 30).

### III. Rechtsgeschäftliche Grenzen der Prokura

12 Rechtsgeschäftlich festgesetzte Grenzen der Prokura können einem Dritten grundsätzlich nicht entgegengehalten werden (§ 50 Abs. 1 und 2 HGB). Lediglich die **Sonderformen** der Prokura, die Gesamt- und die Filialprokura, bilden eine zulässige rechtsgeschäftliche Beschränkung der Vertretungsmacht in funktioneller bzw. sachlicher Hinsicht (dazu Rn. 13 ff.).

Andere einschränkende Vereinbarungen sind grundsätzlich nur im Innenverhältnis zwischen Prokurist und Prinzipal von Bedeutung. Ein Dritter muss sie nur dann ausnahmsweise gegen sich gelten lassen, wenn es sich um einen **offensichtlichen Missbrauch** der Vertretungsmacht durch den Prokuristen handelt. Nach Ansicht der Rechtsprechung und eines Teils der Lehre ist ein Missbrauch der Prokura entsprechend dem Wortsinn nur dann gegeben, wenn sich der Prokurist der Pflichtwidrigkeit seines Handelns bewusst ist (*BGH* NJW 1990, 384, 385; *Canaris*, § 12 Rn. 37). Mit der h. L. sollte es hingegen wie bei einfachen rechtsgeschäftlichen (*BGH* NJW 1988, 3012, 3013) oder organschaftlichen (*BGH* NJW 1988, 2241, 2243) Vertretungsbefugnissen nicht auf die innere Einstellung des Prokuristen, sondern allein auf die objektive Pflichtwidrigkeit und die Bösgläubigkeit des Dritten ankommen (*K. Schmidt*, Handelsrecht, § 16 Rn. 73).

§ 25. Prokura  171

In jedem Fall muss sich die Berufung des Dritten auf die Vertretungsmacht im konkreten Fall wegen seiner Bösgläubigkeit als ein Verstoß gegen die guten Sitten oder gegen Treu und Glauben darstellen (§§ 138 und 242 BGB). Dies ist in folgenden Fällen gegeben:

- bei einem arglistigen Zusammenwirken zwischen Prokurist und Geschäftspartner zum Nachteil des Prinzipals **(Kollusion)**;
- bei positiver **Kenntnis** des Geschäftspartners vom Missbrauch der Vertretungsmacht;
- nach h. M. schließlich auch bei einer grob fahrlässigen Unkenntnis bzw. einer Evidenz des Missbrauchs (sog. **Evidenztheorie**; dazu nur generell für Fälle des Missbrauchs einer Vollmacht BGHZ 127, 239, 241, *BGH* NJW 1999, 2883 f. und *BGH* NJW-RR 2016, 1138 f.). Mit Recht lässt die h. L. jedoch eine nur leicht fahrlässige Unkenntnis nicht genügen (a. A. offenbar BGHZ 50, 112, 114). Erforderlich sind daher massive Verdachtsmomente für einen Missbrauch (vgl. dazu den Fall *BGH* NJW 1999, 2883 f.). Anderenfalls würde der von § 50 Abs. 1 HGB bezweckte Verkehrsschutz zu sehr unterlaufen. Handelt der Prokurist ersichtlich und objektiv zum Nachteil des Prinzipals, so ist dies ein Indiz dafür, dass sich der Missbrauch dem Geschäftspartner hat aufdrängen müssen (vgl. für einen GmbH-Geschäftsführer *BGH* ZIP 2006, 1391). Steht der auf die Vertretungsmacht des Prokuristen vertrauende Dritte ausnahmsweise bereits in einem Vertragsverhältnis zu dem Vertretenen, stellt sich bei einem lediglich einfach fahrlässigen Verhalten des Dritten, welches das wirksame Zustandekommen des Vertretungsgeschäfts nach der Evidenztheorie nicht hindert, noch die Frage, ob der Dritte dem Vertretenen aufgrund einer einfach fahrlässigen Verletzung des Vertragsverhältnisses zum Schadensersatz verpflichtet ist (verneinend und auch insoweit auf die fehlende Evidenz des Missbrauchs abstellend *BGH* NJW 2017, 3373 f.).

Die **Rechtsfolgen** eines derartigen Missbrauchs der Vertretungsmacht sind umstritten. Nach traditioneller Auffassung (etwa BGHZ 50, 112, 114 f.) handelt der Prokurist zwar im Außenverhältnis mit Vertretungsmacht, doch kann der Prinzipal dem Geschäftspartner, der sich auf die Wirksamkeit des Rechtsgeschäfts beruft und etwa einen vertraglichen Erfüllungsanspruch geltend macht, den Einwand der Sittenwidrigkeit (§ 138 BGB bei Kollusion; vgl. *BGH* ZIP 2014, 615) bzw. des Rechtsmissbrauchs (§ 242 BGB bei Kenntnis oder Evidenz) entgegenhalten. Teilweise wird dieser Einwand als Einrede betrachtet (z. B. *Löhnig*, Treuhand, S. 655), sodass der entsprechende Anspruch des Geschäftspartners nicht durchsetzbar ist, wenn der Vertretene, dem damit nach Art von § 177 Abs. 1 BGB im Ergebnis ein Wahlrecht zusteht, die Einrede erhebt. Nach allgemeiner Dogmatik ist der Einwand des Rechtsmissbrauchs bzw. der Sittenwidrigkeit jedoch von Amts wegen zu beachten. Nach anderer Ansicht steht das missbräuchliche Prokuristenhandeln einem Handeln ohne Vertretungsmacht gleich. Die Rechtsfolgen des Prokuristenhandelns bestimmen sich danach in

Analogie zu den §§ 177 ff. BGB (vgl. zum Ganzen *Canaris*, § 12 Rn. 40 ff. und *K. Schmidt*, Handelsrecht, § 16 Rn. 67 ff.).

> **Beispielsfall** (nach BGHZ 50, 112 ff.): Entgegen einer ausdrücklichen internen Beschränkung zeichnet der von Klotz zum Prokuristen bestellte Pfeiffer bewusst zum Nachteil von Klotz mehrere Wechsel, die Klotz als Aussteller, Bezogenen und Akzeptant ausweisen. Als legitimierter Inhaber der Wechsel klagt der unwissende Bankier Blank auf Zahlung der Wechselsumme, obwohl er den Missbrauch der Prokura durch Pfeiffer bei Anwendung der im Bankverkehr erforderlichen Sorgfalt ohne weiteres hätte erkennen können. Blank meint, dass Klotz den Missbrauch seinerseits wegen schlechter Überwachung Pfeiffers zu verantworten habe.
> Nach § 50 Abs. 1 HGB kann Klotz dem Blank die interne Beschränkung der Prokura grundsätzlich nicht entgegenhalten. Verpflichtungen von Klotz aus der Wechselzeichnung durch Pfeiffer bestünden jedoch nicht, wenn die Berufung des Blank auf die Prokura Pfeiffers rechtsmissbräuchlich wäre. Dies ist anzunehmen, da die Unkenntnis des Blank von dem offensichtlichen Missbrauch der Prokura auf grober Fahrlässigkeit beruhte. Auch ein Anspruch gegen Pfeiffer würde wegen der groben Fahrlässigkeit des Blank an § 179 Abs. 3 S. 1 BGB scheitern. Der BGH hat allerdings wegen des Überwachungsverschuldens des Prinzipals (hier: Klotz) einen Erfüllungsanspruch des Geschäftspartners (hier: Blank) gegen den Prinzipal bejaht und ihn lediglich gem. § 254 BGB „nach Maßgabe des auf jeder Seite obwaltenden Verschuldens" gemindert (BGHZ 50, 112, 114 f.). Dies ist dogmatisch bedenklich. Denn die Anwendung des § 254 BGB würde einen der Höhe nach teilbaren Schadensersatzanspruch des Klotz gegen Blank erfordern. Klotz hat hier jedoch keinen Schadensersatzanspruch erlangt, sondern lediglich eine Inanspruchnahme durch Blank aus den Vertretungsgeschäften Pfeiffers durch Berufung auf den offensichtlichen Missbrauch der Prokura abgewendet. Das Überwachungsverschulden von Klotz begründet vielmehr einen eigenen Anspruch des Blank auf Ersatz des diesem durch das Verhalten von Pfeiffer entstandenen Schadens aus § 280 Abs. 1 BGB i. V. m. §§ 311 Abs. 2 Nr. 2, 241 Abs. 2 BGB (*c.i.c.*). Die grobe Fahrlässigkeit von Blank steht diesem Anspruch zwar nicht entgegen (§ 179 Abs. 3 BGB betrifft nur die Haftung des Vertreters nach § 179 Abs. 1 BGB), doch wird man sie nun ihrerseits nach § 254 BGB haftungsmindernd zu berücksichtigen haben (näher *Heckelmann*, JZ 1970, 62 ff.).

## F. Sonderformen der Prokura

### I. Die Gesamtprokura

#### 1. Begriff und Arten der Gesamtprokura

13   Die Gesamtprokura (**§ 48 Abs. 2 HGB**) ist eine Sonderform der **Gesamtvertretungsmacht**. Eine sog. echte und allseitige Gesamtprokura liegt vor, wenn die Prokura im Außenverhältnis nur durch mehrere (zumeist zwei) Prokuristen gemeinsam ausgeübt werden darf. Es handelt sich mithin um eine funktionelle Beschränkung der Prokura, durch die die Prokuristen einer gegenseitigen Kontrolle unterworfen werden sollen. Die Tatsache, dass die Prokura als Gesamtprokura erteilt wurde, ist eintragungspflichtig (§ 53 Abs. 1 S. 2 HGB).

## § 25. Prokura

**Lernhinweis:** Die Gesamtprokura kann als ein Modell für die im Gesellschaftsrecht häufig angeordnete Gesamtvertretungsmacht (vgl. § 125 Abs. 2 S. 1 HGB und § 78 Abs. 2 S. 1 AktG) betrachtet werden. Die mit ihr verbundenen Rechtsprobleme sollten daher an dieser Stelle exemplarisch gelernt werden.

Die Gesamtprokura ist zu unterscheiden von der Einzelprokura, bei der der Prokurist lediglich im Innenverhältnis zum Prinzipal bestimmte Zustimmungserfordernisse zu beachten hat. Die Gesamtprokura erfordert vielmehr ein gemeinschaftliches Handeln der Prokuristen auch im Außenverhältnis. Dies bedeutet aber nicht, dass sie notwendig gleichzeitig oder in gleicher Weise agieren müssen.

Die Gesamtprokura kann auch „**halbseitig**" durch eine Kombination von Einzel- und Gesamtprokura angeordnet werden. Dies führt dazu, dass der Prokurist P-1 als Einzelprokurist den Kaufmann auch alleine vertreten kann, während der Prokurist P-2 auf die Mitwirkung von P-1 angewiesen ist. Darüber hinaus besteht bei den Handelsgesellschaften auch die Möglichkeit zu einer sog. **gemischten** Gesamtprokura, bei welcher der Prokurist gemeinsam mit einem organschaftlichen Vertreter (Vorstand, Geschäftsführer, vertretungsberechtigter Gesellschafter) der die Prokura erteilenden Gesellschaft (nicht einer Drittgesellschaft wie insbesondere der Komplementär-GmbH einer GmbH & Co. KG; vgl. *OLG Frankfurt/M.* NZG 2001, 222) handeln muss (vgl. § 125 Abs. 3 HGB und § 78 Abs. 3 AktG). Schließlich ist eine Kombination dieser Sonderformen als gemischt halbseitige Gesamtprokura zulässig. In einem solchen Fall ist der Prokurist zwar an die Mitwirkung des organschaftlichen Vertreters gebunden, dieser kann aber auch ohne den Prokuristen auftreten (dazu etwa BGHZ 62, 166).

Bei der gemischten Prokura muss aber immer gewährleistet sein, dass die Gesellschaftsorgane die Gesellschaft auch ohne Mitwirkung des Prokuristen vertreten können (*OLG München* ZIP 2017, 1855). Anderenfalls wäre die Organvertretung zu sehr eingeschränkt, was nicht nur bei den Personenhandelsgesellschaften zu einem Konflikt mit dem Grundsatz der Selbstorganschaft (dazu *K. Schmidt*, Gesellschaftsrecht, § 14 II 2) führen würde, sondern etwa auch den Widerruf der Prokura faktisch unmöglich machen würde.

**Beispielsfall:** Pfeiffer ist Prokurist der A&B-OHG und nur gemeinsam mit dem Gesellschafter A vertretungsberechtigt. Dies ist unproblematisch, wenn nur Pfeiffer, nicht aber A an die Mitwirkung des jeweils anderen gebunden ist (halbseitig gemischte Gesamtprokura). Dies würde auch dann gelten, wenn A seinerseits nur gemeinsam mit dem anderen Gesellschafter B geschäftsführungsbefugt wäre. Denn wegen der Halbseitigkeit wäre die Handlungsfähigkeit der OHG durch die Gesamtprokura auch hier nicht eingeschränkt (vgl. BGHZ 99, 76 ff.).
Wenn aber auch A nur gemeinsam mit Pfeiffer handeln könnte (allseitig gemischte Gesamtprokura), wäre zu unterscheiden: Sind A und B nach dem Gesellschaftsvertrag organschaftlich gesamtvertretungsberechtigt und tritt die Gesamtprokura des A mit Pfeiffer damit als Erweiterung der Vertretungsmöglichkeiten neben die organschaft-

> liche Gesamtvertretung, wäre gegen eine allseitig gemischte Gesamtprokura nichts einzuwenden, da die OHG noch immer durch A und B ohne Mitwirkung von Pfeiffer vertreten werden könnte. Möglich wäre sie auch im Falle der Einzelvertretungsmacht von A und B, sofern die Bindung des A an Pfeiffer bereits im Gesellschaftsvertrag vereinbart wurde. Unzulässig wäre eine allseitig gemischte Gesamtprokura hingegen, wenn A der einzige zur Geschäftsführung berechtigte Gesellschafter wäre.

**Unzulässig** ist die Erteilung einer „Gesamtprokura" zwischen einem Prokuristen und einem sonstigen Bevollmächtigten (v. a. Handlungsbevollmächtigten) oder außenstehenden Dritten. Auch die Bindung des Prokuristen an die nicht nur interne Mitwirkung des einzelkaufmännischen Prinzipals („Gesamtprokura" mit dem Einzelkaufmann) ist nach h. M. mit dem Wesen der Prokura als einer im Außenverhältnis generell unbeschränkbaren Vertretungsmacht unvereinbar (näher *Canaris*, § 12 Rn. 29 ff.).

### 2. Rechtliche Besonderheiten der Gesamtprokura

15 Der **Umfang** der Gesamtprokura richtet sich nach dem stärksten Glied und kann daher insbesondere bei der gemischten Gesamtprokura auch über den Rahmen des § 49 HGB hinausgehen.

> **Beispielsfall:** Prokurist Pfeiffer ist nur gemeinsam mit der OHG-Gesellschafterin Gerk vertretungsberechtigt (§ 125 Abs. 3 HGB). Die Reichweite dieser Gesamtprokura richtet sich nach der Reichweite der Vertretungsmacht der Gerk gem. § 126 HGB. Pfeiffer kann gemeinsam mit Gerk daher beispielsweise auch ein Grundstück veräußern.

Besteht Gesamtprokura, genügt es im Rahmen von § 166 Abs. 1 BGB, wenn der Willensmangel, die Kenntnis oder das Kennenmüssen in der Person eines einzigen Prokuristen gegeben ist (BGHZ 62, 166, 173).

16 Die Gesamtprokura kann nur dann von einem Prokuristen allein ausgeübt werden, wenn er dazu ermächtigt wurde. Die erforderliche **Ermächtigung** darf dabei nicht allgemein, sondern nur für einzelne oder der Gattung nach genau bestimmte Geschäfte erteilt werden. Die Ermächtigung kann der andere Prokurist nicht alleine abgeben, da er auch hierfür der Mitwirkung des zu ermächtigenden anderen Prokuristen bedarf. Für den betroffenen Prokuristen stellt die Ermächtigung folglich ein In-Sich-Geschäft gem. § 181 BGB dar, das der Kaufmann aber regelmäßig stillschweigend gestattet haben dürfte.

Die Rechtsfolgen für die Fälle, in denen der Gesamtprokurist alleine tätig wird, ergeben sich aus der folgenden Übersicht (näher *Hofmann*, F II 1 c bb). Dabei ist zunächst danach zu differenzieren, ob der Prokurist eine Willenserklärung abgibt (Aktivvertretung) oder entgegennimmt (Passivvertretung):

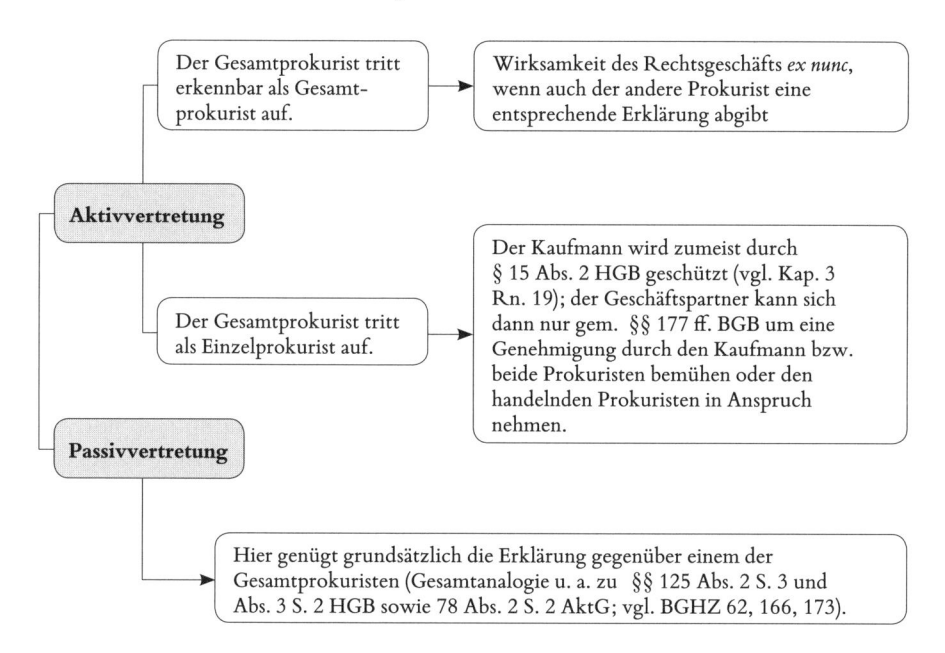

## Aktivvertretung

- Der Gesamtprokurist tritt erkennbar als Gesamtprokurist auf. → Wirksamkeit des Rechtsgeschäfts *ex nunc*, wenn auch der andere Prokurist eine entsprechende Erklärung abgibt
- Der Gesamtprokurist tritt als Einzelprokurist auf. → Der Kaufmann wird zumeist durch § 15 Abs. 2 HGB geschützt (vgl. Kap. 3 Rn. 19); der Geschäftspartner kann sich dann nur gem. §§ 177 ff. BGB um eine Genehmigung durch den Kaufmann bzw. beide Prokuristen bemühen oder den handelnden Prokuristen in Anspruch nehmen.

## Passivvertretung

Hier genügt grundsätzlich die Erklärung gegenüber einem der Gesamtprokuristen (Gesamtanalogie u. a. zu §§ 125 Abs. 2 S. 3 und Abs. 3 S. 2 HGB sowie 78 Abs. 2 S. 2 AktG; vgl. BGHZ 62, 166, 173).

## II. Die Filialprokura

Die sog. Filialprokura (**§ 50 Abs. 3 HGB**) ist sachlich auf den Betrieb einer einzigen von mehreren Niederlassungen eines Handelsgewerbes beschränkt. Voraussetzung für die Zulässigkeit dieser rechtsgeschäftlichen Einschränkung der Vertretungsmacht ist jedoch, dass die Niederlassung eine eigene Firma hat. Denn nur dann ist für die Geschäftspartner nach außen hin erkennbar, dass es sich um eine weitgehend eigenständige Niederlassung handelt. Die Prokura kann nicht nur auf Zweigniederlassungen, sondern auch auf die Hauptniederlassung beschränkt werden. Die Bezeichnung „Filialprokura" erfasst also streng genommen nur einen Teil der möglichen Fälle. Allerdings darf es sich bei der „Niederlassung" nicht um ein gesondertes Unternehmen handeln. Kein Fall der Filialprokura ist mithin gegeben, wenn der Kaufmann mehrere organisatorisch selbständige Handelsgewerbe betreibt und für jedes jeweils einen Prokuristen bestellt.

**Beispielsfall:** Pfeiffer ist Prokurist der als „Mercedes-Benz Niederlassung Hamburg" firmierenden Hamburger Zweigniederlassung der Daimler AG, Stuttgart.

## G. Erlöschen der Prokura

Die Prokura erlischt:

- durch **Beendigung des Grundverhältnisses** (z. B. Dienstvertrag, Auftrag) wegen Zeitablaufs, Kündigung oder Vertragsaufhebung (§ 168 S. 1 BGB);
- durch **Widerruf** der Prokura (§ 52 Abs. 1 HGB i. V. m. § 168 S. 2 und 3 BGB), wobei der formlos mögliche Widerruf nicht nur gegenüber dem Pro-

kuristen, sondern auch gegenüber Dritten erklärt werden kann; grundsätzlich kann das jederzeit ausübbare Widerrufsrecht vertraglich weder ausgeschlossen noch beschränkt werden; lediglich bei von der Geschäftsführung ausgeschlossenen Gesellschaftern mit Prokurastellung ist eine Beschränkung auf den Widerruf aus wichtigem Grund möglich (vgl. BGHZ 17, 392, 394 f.);
- bei **Verlust der Kaufmannseigenschaft** des Erteilers, wobei die Prokura allerdings als BGB-Vollmacht oder gar als Prokura kraft Rechtsscheins fortbestehen kann (vgl. Rn. 3);
- bei **Verlust der Geschäftsinhaberschaft** des Erteilers durch Einstellung oder Veräußerung des Handelsgewerbes;
- durch die **Insolvenz** des Erteilers (§ 117 InsO);
- durch den **Tod des Prokuristen**, da die Prokuristenstellung eine höchstpersönliche und unübertragbare (§ 52 Abs. 2 HGB) ist (*Canaris*, § 12 Rn. 8; einschränkend *Beck*, Jura 2016, 969, 977 f.);
- bei Erwerb des Handelsgewerbes oder einer Organstellung in demselben durch den Prokuristen, da der **Prokurist mit dem Geschäftsinhaber** oder einem seiner Organe nicht **identisch** sein darf (vgl. Rn. 7).

Die Prokura erlischt allerdings **nicht** beim Tod des Erteilers (§ 52 Abs. 3 HGB). Denn im Erbfall soll der Prokurist als umfassend Vertretungsberechtigter zumindest bis zu einem etwaigen Widerruf durch die Erben für die Fortführung des Handelsgewerbes in der Übergangszeit sorgen. Das gilt auch für die Auflösung einer Gesellschaft. Zwar verfolgt die Gesellschaft mit der Auflösung nicht mehr ihren ursprünglichen Zweck, sondern nur noch das Ziel ihrer eigenen Abwicklung, doch lässt dies ihre Rechtspersönlichkeit und ihren Status als Handelsgesellschaft unberührt (so für eine Personenhandelsgesellschaft *OLG München*, NZG 2011, 1183). Die Prokura erlischt vielmehr erst mit der Beendigung des Liquidationsverfahrens.

Das Erlöschen der Prokura ist, wie bereits erwähnt, eine in das Handelsregister einzutragende Tatsache (§ 53 Abs. 2 HGB).

## § 26. Handlungsvollmacht

### A. Begriff der Handlungsvollmacht

19  Handlungsvollmacht ist nach § 54 Abs. 1 HGB jede von einem Kaufmann im Rahmen seines Handelsgewerbes erteilte Vollmacht, die keine Prokura darstellt. Handlungsbevollmächtigter ist danach jeder, der für das Handelsgewerbe als Vertreter im Handelsverkehr auftreten kann, sofern er hierzu nicht gesetzlich, organschaftlich oder durch Prokura ermächtigt ist. Die Handlungsvollmacht nimmt eine **Zwischenstellung** zwischen der Prokura und der einfachen BGB-Vollmacht ein.

§ 26. Handlungsvollmacht    177

**Beispiele:** Filialleiter ohne Prokura (Generalvollmacht), Ein- und Verkäufer (Gattungsvollmacht), Kassiererin im Kaufhaus (Gattungsvollmacht), Kellner (Gattungsvollmacht), Beauftragung eines Buchhalters zum Verkauf von Waren auf einer bestimmten Verkaufsausstellung (Spezialvollmacht).

Entgegen verbreiteter Auffassung wird durch § 54 Abs. 1 HGB zugleich klargestellt, dass der Kaufmann den in den Betrieb seines Handelsgewerbes eingegliederten Hilfspersonen zumindest keine über ein einzelnes Geschäft hinausreichende schlichte BGB-Vollmacht erteilen kann. Anderenfalls könnte auch der durch die §§ 49 f. und 54 HGB bezweckte Verkehrsschutz unterlaufen werden (zutreffend MüKoHGB/*Krebs*, Vor § 48 Rn. 84 ff.; a. A. *Oetker*, Handelsrecht, § 5 Rn. 6).

Der Handlungsbevollmächtigte muss zwar nicht, wird aber regelmäßig Handlungsgehilfe (dazu Kap. 6 Rn. 2 f.) des Prinzipals sein. Er soll nach § 57 HGB mit einem das Vollmachtsverhältnis ausdrückenden Zusatz („i. V.", „i. A." oder „per") zeichnen und sich dabei jedes eine Prokura andeutenden Zusatzes enthalten (Ordnungsvorschrift). Die Tatsache der Erteilung oder des Erlöschens einer Handlungsvollmacht ist nach dem Gesetz im Handelsregister weder eintragungspflichtig noch eintragungsfähig. Lediglich für die Generalvollmacht wird vereinzelt eine analoge Anwendung des § 53 Abs. 1 und 2 HGB erwogen, um eine Umgehung der Prokuraregelungen zu vermeiden (dazu *Canaris*, § 4 Rn. 11; ablehnend: *OLG Hamburg* OLGR Hamburg 2009, 139 ff.).

**Merksatz:** Handlungsvollmacht ist jede von einem Kaufmann im Rahmen seines Handelsgewerbes erteilte Vollmacht, die keine Prokura darstellt.

## B. Erteilung der Handlungsvollmacht

Die Erteilung der Handlungsvollmacht bestimmt sich ausschließlich nach 20 den **allgemeinen Regeln** der §§ 167, 171 BGB. Es genügt mithin eine einseitige, empfangsbedürftige Willenserklärung, die grundsätzlich keiner besonderen Form bedarf und auch gegenüber Dritten abgegeben werden kann. Im Gegensatz zur Prokura ist die Erteilung auch konkludent oder durch Duldung (Duldungshandlungsvollmacht) möglich. Hierzu genügt es, wenn einer Person eine verkehrstypisch mit Handlungsvollmacht verbundene Stellung bzw. Aufgabe übertragen wird (*BGH* NJW 2015, 2584, 2588).

**Beispielsfall:** Kauffrau Dr. Klöbner stellt Herrn Kaiser in ihrem Gaststättengewerbe als Kellner ein. Hierdurch wird Herrn Kaiser konkludent die Gattungsvollmacht zum Abschluss und zur Abwicklung der entsprechenden Bewirtungsverträge erteilt. Hat sich Frau Dr. Klöbner jedoch beispielsweise den Einzug von Forderungen vorbehalten, käme eine Bevollmächtigung von Kaiser insoweit nur dann in Betracht, wenn Frau Dr. Klöbner in der Folge das Kassieren durch Kaiser mehrfach geduldet hätte.

Abweichend von der Prokura können auch juristische Personen als Handlungsbevollmächtigte fungieren (h. M.; Oetker/*Schubert*, § 54 Rn. 11; einschränkend *K. Schmidt*, Handelsrecht, § 16 Rn. 89). Die Handlungsvollmacht muss zwar von einem Kaufmann erteilt werden (vgl. § 54 HGB: „Handelsgewerbe"; Ausnahme: § 91 Abs. 1 HGB), doch kann dieser sich anders als bei der Prokura von einem rechtsgeschäftlichen Vertreter (Prokurist, anderer Handlungsbevollmächtigter) vertreten lassen. Damit ist auch die Begründung einer Unterhandlungsvollmacht möglich.

## C. Umfang und Arten der Handlungsvollmacht

21   Mit der Regelung des Umfangs der Handlungsvollmacht in § 54 HGB wird ein Mittelweg zwischen Prokura und BGB-Vollmacht beschritten. Hierin liegen die Besonderheiten der Handlungsvollmacht. Der grundsätzliche Umfang der Handlungsvollmacht wird durch § 54 Abs. 1 HGB in **drei typisierten Formen** (General-, Gattungs- und Spezialhandlungsvollmacht) umschrieben. Der die Handlungsvollmacht erteilende Kaufmann bestimmt zunächst die Art der Handlungsvollmacht. Das Gesetz stellt dann nach § 54 Abs. 1 HGB eine **Vermutungsregel** auf, wonach jeder gutgläubige Dritte bei der Prüfung des Umfangs des jeweiligen Handlungsvollmachtstyps von dem Gewöhnlichen ausgehen darf. Letztlich hängt der Umfang der Handlungsvollmacht im Einzelfall aber nicht nur von der durch den Prinzipal bestimmten Art der Handlungsvollmacht, sondern auch von der Kenntnis oder dem Kennenmüssen des Geschäftspartners von den konkret im Innenverhältnis vereinbarten rechtsgeschäftlichen Beschränkungen ab (§ 54 Abs. 3 HGB; vgl. Rn. 24). Der Umfang der Handlungsvollmacht wird mithin abweichend von der Prokura durch § 54 Abs. 1 HGB **nicht zwingend** festgelegt (vgl. *Bork*, JA 1990, 249 ff.).

§ 54 HGB enthält auch nur eine Vermutung und damit eine Beweiserleichterung hinsichtlich des Umfangs, nicht aber auch eine Vermutung hinsichtlich des Bestehens einer bestimmten Art oder des Bestehens der Handlungsvollmacht überhaupt (näher *Canaris*, § 13 Rn. 4 ff.).

> **Beispielsfall:** Spekulant Sturm beauftragt den Bankkaufmann Blei, den er für den Filialleiter der B-Bank in Freiburg hält, mit dem Verkauf von Wertpapieren (Kommissionsvertrag). Die B-Bank trägt in einem gegen sie gerichteten Rechtsstreit über mangelhafte Vertragserfüllung vor, dass Blei weder Prokurist noch Filialleiter der B-Bank in Freiburg sei, sondern lediglich für den Zahlungsverkehr der Freiburger Filiale verantwortlich zeichne. Sofern hier Sturm nicht das Gegenteil beweisen kann, ist lediglich eine Gattungshandlungsvollmacht des Blei dargetan, die das konkrete Geschäft nicht deckt. Dem gutgläubigen Sturm könnten dann allenfalls noch die allgemeinen Regeln über die Duldungs- oder Anscheinsvollmacht helfen.
>
> **Merksatz:** Der Umfang der drei Arten der Handlungsvollmacht wird gesetzlich nur vermutet.

## § 26. Handlungsvollmacht

### I. Grundsatz

Das folgende Schaubild verdeutlicht den durch § 54 Abs. 1 HGB vermuteten 22 grundsätzlichen Umfang der verschiedenen Arten der Handlungsvollmacht:

| Art der Handlungsvollmacht | Umfang |
| --- | --- |
| Generalhandlungsvollmacht | Sie berechtigt als „kleine Prokura" grundsätzlich zu sämtlichen Rechtsgeschäften, die der gesamte Betrieb des bestimmten Handelsgewerbes gewöhnlich zur Folge hat (gewöhnliche **branchenübliche Rechtsgeschäfte**). |
| Gattungshandlungsvollmacht | Sie berechtigt als die praktisch häufigste Form der Handlungsvollmacht zur Vornahme aller Rechtsgeschäfte, die eine bestimmte Art von Geschäften des konkreten Handelsgewerbes gewöhnlich mit sich bringt (gewöhnliche **arttypische Rechtsgeschäfte**). |
| Spezialhandlungsvollmacht | Sie berechtigt nur zur Vornahme aller Rechtsgeschäfte, die ein einzelnes **bestimmtes Geschäft** gewöhnlich mit sich bringt. |

Die Handlungsvollmacht wird in all ihren Formen durch den Gesichtspunkt der **Gewöhnlichkeit** des Geschäfts für das bestimmte Handelsgewerbe, die bestimmte Geschäftsgattung oder das konkrete Geschäft eingeschränkt.

**Beispielsfall:** Frau Edel ist Einkäuferin in dem Weingroßhandel des Groß und verfügt als solche über eine Gattungshandlungsvollmacht. Über die Frage, ob Frau Edel damit nicht nur Rot- und Weißweine, sondern auch Spirituosen, alkoholfreie Weine oder Fruchtsäfte mit Wirkung für und gegen Groß einkaufen kann, entscheidet allein der bisherige Geschäftsgang und der Grad der Abweichung des konkreten Geschäfts von diesem.

### II. Gesetzliche Grenzen

Wie die Prokura (vgl. Rn. 11) berechtigt auch die Handlungsvollmacht nicht 23 zur Vornahme von Privatgeschäften des Kaufmanns, zu Inhabergeschäften oder zu Grundlagengeschäften.

Darüber hinaus werden von der Handlungsvollmacht nach **§ 54 Abs. 2 HGB** nicht mehr gedeckt:
- die Veräußerung oder Belastung von Grundstücken (vgl. Rn. 11);
- die Aufnahme von Darlehen;
- die Eingehung von Wechselverbindlichkeiten;
- die Prozessführung.

Zur Vornahme dieser durch § 54 Abs. 2 HGB ausgenommenen Geschäfte bedarf es einer gesonderten Vollmacht, die aber auch stillschweigend erteilt werden kann (Oetker/*Schubert*, § 54 Rn. 31).

### III. Rechtsgeschäftliche Grenzen

24 Die zwischen dem Prinzipal und seinem Handlungsbevollmächtigten vereinbarten Grenzen der Vertretungsmacht braucht ein Dritter nur dann gegen sich gelten zu lassen, wenn er sie kannte oder kennen musste (§ 54 Abs. 3 HGB; siehe dazu auch *BGH* NJW-RR 2002, 967 f.). Dabei trifft den Dritten hinsichtlich derartiger Beschränkungen keine Nachforschungspflicht (Ba/Ho/ *Hopt,* § 54 Rn. 19).

> **Beispielsfall:** Kaufmann Klotz stellt Herrn Eder als Einkäufer ein, beschränkt die diesem hiermit erteilte Gattungsvollmacht jedoch auf Einkäufe bis zu einem Wert von 50.000,– €. Schließt Eder mit dem Lieferanten Läufer einen für das Handelsgewerbe von Klotz durchaus üblichen Kaufvertrag über 100.000,– € ab, wird Klotz hieraus nur dann berechtigt und verpflichtet, wenn Läufer die Beschränkung weder kannte noch kennen musste (vgl. § 122 Abs. 2 BGB). Entscheidend für die Beurteilung des Kennenmüssens ist das jeweilige Ausmaß der Erkundigungspflicht des Geschäftspartners. Obwohl wertmäßige Beschränkungen der Vertretungsmacht verhältnismäßig verbreitet sind, musste Läufer sich mangels konkreter Anhaltspunkte jedoch nicht nach der Existenz und dem Umfang einer solchen Beschränkung erkundigen.

## D. Sonderformen

### I. Gesamthandlungsvollmacht

25 Als Sonderform der Gesamtvertretung kann auch eine Gesamthandlungsvollmacht erteilt werden. Der Handlungsbevollmächtigte kann dann nur gemeinsam mit einem anderen Handlungsbevollmächtigten tätig werden. Problematisch ist in diesem Zusammenhang einzig, ob der Dritte gegen diese funktionelle Beschränkung der Handlungsvollmacht den Vertrauensschutz des § 54 Abs. 3 HGB genießt (bejahend *Canaris*, § 13 Rn. 10).

### II. Abschlussvertreter

26 **§ 55 HGB** erweitert den Anwendungsbereich des § 54 HGB auf Handlungsbevollmächtigte, die Handelsvertreter sind (§ 84 HGB; vgl. Kap. 6 Rn. 6 ff.) oder als Handlungsgehilfen (§ 59 HGB; vgl. Kap. 6 Rn. 2 f.) damit betraut sind, außerhalb des Betriebs des Prinzipals Geschäfte in dessen Namen abzuschließen. § 54 HGB gilt mithin nicht nur im Innendienst, sondern auch im **Außendienst** des Kaufmanns bzw. (vgl. § 91 Abs. 1 HGB) Unternehmers für dessen Abschlussvertreter (nicht bloße Vermittlungsvertreter). Allerdings wird der Umfang der Handlungsvollmacht im Außendienst im Vergleich zu der im Innendienst durch Sonderregelungen (§ 55 Abs. 2–4 HGB) weiter **eingeschränkt**.

## E. Erlöschen der Handlungsvollmacht

Das Erlöschen der Handlungsvollmacht bestimmt sich wie die Erteilung vor allem nach den **allgemeinen Regeln** der §§ 168 ff. BGB. Hinzu tritt als spezieller Erlöschensgrund noch der Verlust der Kaufmannseigenschaft des Erteilers. Im Gegensatz zur Prokura ist eine vertragliche Einschränkung der Widerruflichkeit grundsätzlich ebenso möglich wie die Vereinbarung des ausnahmsweisen Erlöschens der Vertretungsmacht beim Tode des Kaufmanns (vgl. Ba/Ho/*Hopt,* § 54 Rn. 21). Außerdem kann die Handlungsvollmacht mit Zustimmung des Geschäftsinhabers übertragen werden (*argumentum e contrario* aus § 58 HGB), da sie anders als die Prokura nicht streng höchstpersönlich ist.

# § 27. Stellvertretung durch Ladenangestellte

## A. Rechtsnatur der Ladenvollmacht

Nach § 56 HGB gelten Angestellte in einem Laden oder einem offenen Warenlager als ermächtigt zu Verkäufen und Empfangnahmen, die in einem derartigen Laden oder Warenlager gewöhnlich geschehen. Die dogmatische Einordnung dieser Vorschrift ist umstritten (vgl. MüKoHGB/*Krebs*, § 56 Rn. 3 ff.). Nach h. L. handelt es sich um eine Sonderregelung der **Anscheinsvollmacht**. § 56 HGB greift danach nur dann ein, wenn es an einer ausdrücklich, konkludent oder durch Duldung erteilten Handlungsvollmacht des Angestellten nach § 54 HGB für das konkrete Geschäft ausnahmsweise fehlt (vgl. *Canaris*, § 14 Rn. 1 ff.; a. A. *K. Schmidt*, Handelsrecht, § 16 Rn. 123). Während also § 54 HGB eine Vermutung über den Umfang einer tatsächlich erteilten Vollmacht enthält, begründet § 56 HGB die **unwiderlegliche Vermutung**, dass eine Vollmacht bestimmten Inhalts überhaupt erteilt wurde (str.).

**Beispielsfall:** Angermann ist Angestellter in dem offenen Möbellager des Klotz und von diesem durch Gattungshandlungsvollmacht zum Verkauf von Möbeln, aber ausdrücklich nicht zur Entgegennahme von Zahlungen ermächtigt. Hier greift § 56 HGB allein bei der Empfangnahme von Waren oder Geld, nicht aber beim Verkauf von Möbeln durch Angermann ein. Denn der Verkauf von Möbeln ist bereits durch die Gattungshandlungsvollmacht (§ 54 HGB) gedeckt, so dass es insoweit eines Rückgriffs auf § 56 HGB nicht mehr bedarf.

**Klausurhinweis:** In der Fallprüfung kann man sich allerdings unter Umständen die streng genommen vorrangige Prüfung, ob das von dem Ladenangestellten vorgenommene Rechtsgeschäft bereits durch eine gegebenenfalls nur konkludent oder durch Duldung erteilte Handlungsvollmacht gedeckt ist, durch einen Hinweis auf § 56 HGB ersparen („Es kann dahingestellt bleiben, ob dem Angermann von Klotz eine auch die

Entgegennahme von Geld umfassende Handlungsvollmacht erteilt wurde, da eine entsprechende Vertretungsmacht jedenfalls nach § 56 HGB unwiderleglich zu vermuten ist. Denn …"). Wie stets bei einem solchen „Überspringen" logisch vorrangiger Probleme ist jedoch Vorsicht geboten, da der Aufgabensteller, der hier vielleicht gerade das Wissen um die Voraussetzungen der Duldungsvollmacht prüfen wollte, eine derartige „Souveränität" nicht immer gutheißen wird.

## B. Voraussetzungen der Ladenvollmacht

29   § 56 HGB erfordert zunächst das Handeln durch einen Angestellten **in einer Verkaufsstätte** (Laden, Warenlager), die zum freien Eintritt für das Publikum und zum Abschluss von Geschäften bestimmt ist. Der Begriff des Angestellten ist nicht streng arbeitsrechtlich zu verstehen. Angestellt im Sinne der Vorschrift ist vielmehr jede Person, die **mit Wissen und Wollen** des Ladeninhabers in dem Laden zu Verkaufszwecken **tätig** wird. Dabei ist es gleichgültig, ob hierin der Schwerpunkt der Tätigkeit des Betreffenden liegt oder ob es sich um einen Einzelfall bei einem im Übrigen anderen Aufgabenfeld handelt (*BGH* NJW 1975, 2191).

**Beispiele:** Textilverkäuferin, aushelfendes Familienmitglied, Verkauf nach einer Betriebsbesichtigung im Verkaufsraum durch die Führerin, Verkauf durch den Buchhalter nach Feierabend des Verkäufers; *nicht jedoch:* Verkauf oder Empfangnahmen durch Packer oder Raumpfleger (keine Anstellung zu Verkaufszwecken).

Da die Ladenvollmacht als Unterform der Handlungsvollmacht betrachtet wird, setzt die direkte Anwendung des § 56 HGB die Kaufmannseigenschaft des Prinzipals voraus. Auf andere Unternehmer ist die Vorschrift jedoch analog anwendbar.

Hinsichtlich der **Gewöhnlichkeit** des Rechtsgeschäfts kann auf die obigen Ausführungen zur Handlungsvollmacht (Rn. 22) verwiesen werden. Voraussetzung ist schließlich noch, dass das Rechtsgeschäft in dem Laden oder Warenlager zumindest angebahnt wurde (**örtlicher Zusammenhang**; vgl. § 56 HGB: „in" und RGZ 108, 48, 49) und dass der Geschäftspartner die fehlende Vertretungsmacht weder kannte noch kennen musste (**Gutgläubigkeit**; *argumentum e* § 173 BGB und § 54 Abs. 3 HGB; *OLG Düsseldorf* NJW-RR 2009, 1043, 1044).

## C. Umfang der Ladenvollmacht

30   Der Ladenangestellte gilt als ermächtigt zu Verkäufen und Empfangnahmen. Der Begriff „Verkäufe" ist untechnisch zu verstehen und umfasst auch die Übereignung, die Vermittlung eines Verkaufs, den Abschluss eines Werk- oder Werklieferungsvertrags sowie die Entgegennahme von Mängelrügen. Mit „Empfangnahmen" ist insbesondere die Entgegennahme von Zahlungen

gemeint. Auf Ankäufe ist § 56 HGB hingegen nicht (auch nicht analog) anwendbar (*BGH* NJW 1988, 2109 f.; Oetker/*Schubert*, § 56 Rn. 15).

# § 28. Wiederholung

## A. Zusammenfassung

|  | BGB-Vollmacht | Prokura | Handlungsvollmacht | Ladenvertretung |
|---|---|---|---|---|
| **Regelung** | §§ 164 ff. BGB | §§ 48 ff. HGB | §§ 54 f. HGB | § 56 HGB |
| **Prinzipal** | Jedermann | Kaufmann | Kaufmann | Kaufmann |
| **Bevollmächtigter** | jede natürliche oder juristische Person | keine juristische Person; kein Organ | jede natürliche oder juristische Person | jede natürliche Person |
| **Erteilung** | auch konkludent oder durch Duldung; rechtsgeschäftliche Vertretung möglich | nur ausdrücklich und durch Prinzipal oder seine gesetzlichen bzw. organschaftlichen Vertreter | auch konkludent oder durch Duldung; rechtsgeschäftliche Vertretung möglich | keine rechtsgeschäftliche Erteilung, da Form der Anscheinsvollmacht; Begründung durch faktische Anstellung |
| **Übertragung** | möglich | unmöglich (§ 52 Abs. 2 HGB) | möglich mit Zustimmung des Prinzipals (*argumentum e contrario* aus § 58 HGB) | faktisch gegeben, wenn der Nachfolger mit Wissen und Wollen des Prinzipals im Laden tätig wird |
| **Untervollmacht** | möglich (Auslegungsfrage) | unmöglich | möglich (Auslegungsfrage) | es können lediglich mehrere Personen nebeneinander mit Wissen und Wollen des Prinzipals im Laden tätig werden |
| **grundsätzlicher Umfang** | individuell festgelegt | zwingend fast alle gerichtlichen und außergerichtlichen Rechtshandlungen, die im Betrieb irgendeines Handelsgewerbes anfallen (§ 49 Abs. 1 HGB) | Vermutung, dass der Bevollmächtigte einzelne oder der Art nach bestimmte oder alle Rechtshandlungen, die in einem derartigen Handelsgewerbe gewöhnlich anfallen, vornehmen kann (§ 54 Abs. 1 HGB) | ladenübliche Verkäufe und Empfangnahmen (§ 56 HGB) |

|  | BGB-Vollmacht | Prokura | Handlungsvollmacht | Ladenvertretung |
| --- | --- | --- | --- | --- |
| gesetzliche Beschränkungen | keine höchstpersönlichen Geschäfte (z. B. Eheschließung, Testamentserrichtung) | keine Privat-, Inhaber- und Grundlagengeschäfte; keine Belastung und Veräußerung von Grundstücken (§ 49 Abs. 2 HGB) | keine Privat-, Inhaber- und Grundlagengeschäfte; keine Belastung und Veräußerung von Grundstücken, Wechselverbindlichkeiten, Darlehensaufnahme, Prozessführung (§ 54 Abs. 2 HGB) | keine Ankäufe |
| rechtsgeschäftliche Beschränkungen | individuell festzulegen | grundsätzlich im Außenverhältnis ohne Bedeutung (§ 50 Abs. 1, 2 HGB); Missbrauchsgrenzen | individuelle Beschränkungen gem. § 54 Abs. 3 HGB möglich und bei Kenntnis bzw. Kennenmüssen des Dritten auch wirksam | grundsätzlich unbeachtlich; Ausnahmen bei Kenntnis oder Kennenmüssen des Geschäftspartners (Rechtsgedanke des § 173 BGB und des § 54 Abs. 3 HGB) |
| Schutz Dritter | Duldungs- und Anscheinsvollmacht | Umfang der Prokura zwingend (§ 50 Abs. 1 HGB) | gesetzlich vermuteter Umfang zwar abdingbar, aber Schutz des guten Glaubens (§ 54 Abs. 3 HGB) | Sonderfall der Anscheinsvollmacht mit einem nach § 56 HGB festgelegten Umfang |
| Widerruflichkeit | kann grundsätzlich eingeschränkt werden | kann grundsätzlich nicht eingeschränkt werden (§ 52 Abs. 1 HGB) | kann grundsätzlich eingeschränkt werden | kann grundsätzlich eingeschränkt werden |
| Handelsregistereintragung | keine | zwingend (§ 53 HGB) | keine | keine |

## B. Kontrollfragen

1. Prokurist Pfeiffer bewegt sich auf dem Bundespresseball in höheren Sphären. Auf die Frage der interessierten Handelsrichterin Roth nach seinem Beruf antwortet er, dass er Prokurist sei. Roth hilft das nur wenig weiter. Warum?
2. Ist die Prokura eine gesetzliche Vertretungsmacht?
3. Welche gesetzlichen Schranken begrenzen den Umfang der Prokura?
4. Frau Probst meldet als Prokuristin der ABC-OHG folgende Tatsachen zur Eintragung in das Handelsregister an: Die Verlegung des Sitzes der OHG von München nach Hamburg, die Aufnahme des Gesellschafters Reich und die Erteilung einer weiteren Prokura an Helmut Pfeiffer. Rechtspfleger Rasch verweigert die Eintragungen. Mit Recht?

5. Inwieweit sind bei der Prokura rechtsgeschäftliche Beschränkungen beachtlich?
6. Probst ist als Prokuristin der ABC-KG an die Mitwirkung des Kommanditisten König gebunden. Ist dies zulässig?
7. Wie wird die Filialprokura in das Handelsregister eingetragen?
8. Was ist ein Abschlussvertreter?
9. Was muss der Geschäftsinhaber beweisen, wenn er das von einem Generalhandlungsbevollmächtigten abgeschlossene Rechtsgeschäft, das sich im Rahmen des für das konkrete Handelsgewerbe Üblichen bewegt, nicht gegen sich gelten lassen will?
10. Warum kann man § 56 HGB als einen gesetzlich geregelten Fall der Anscheinsvollmacht begreifen?

# Kapitel 8. Die handelsrechtliche Rechnungslegung

**Literatur:** *Adolphsen*, Grenzen der internationalen Harmonisierung der Rechnungslegung durch Übernahme internationaler privater Standards, RabelsZ 68 (2004), 154 ff.; *Bähr/Fischer-Winkelmann/List*, Buchführung und Jahresabschluss, 9. Aufl., 2006; *Böcking*, Zur Notwendigkeit des Bilanzrechtsmodernisierungsgesetzes, Wistra 2008, 441 ff.; *Böckli*, Einführung in die IFRS/IAS, 2. Aufl., 2005; *Buchner/Ernstberger/Friedl*, Das Handelsrecht im Wandel – Eine Betrachtung der nationalen Bilanzrechtsentwicklung und ihrer Folgen, DStR-Beih 2016, 11 ff.; *Crezelius*, Einführung in das Handelsbilanzrecht, JA 1990, 366 ff. und 1991, 1 ff.; *Dettmeier/Pöschke*, Einführung in das „internationale" Bilanzrecht – IAS/IFRS: Ein Fall für Juristen?, JuS 2007, 313 ff.; *Dörfler/Adrian*, Zur Umsetzung der HGB-Modernisierung durch das BilMoG: steuerbilanzrechtliche Auswirkungen, DB 2009, 58 ff.; *Göllert*, Auswirkungen des Bilanzrechtsmodernisierungsgesetzes (BilMoG) auf die Bilanzpolitik, DB 2008, 1165 ff.; *Großfeld/Luttermann*, Bilanzrecht, 4. Aufl., 2005; *Großfeld*, Bilanzrecht für Juristen, NJW 1986, 955; *ders.*, Immer langsam voran – aber doch weiter – Bilanzrechtsreformgesetz, NZG 2004, 393 ff.; *Hell*, Grundsatzfragen der Ausgestaltung der nichtfinanziellen Unternehmenspublizität, EuZW 2018, 1015 ff.; *Hopt/Merkt*, Bilanzrecht, 2010; *v. Kanitz*, Bilanzkunde für Juristen, 3. Aufl., 2014; *Hofmann/Zülch*, Bilanzrechtsmodernisierungsgesetz: Wesentliche Änderungen des Regierungsentwurfs gegenüber dem Referentenentwurf, BB 2008, 1272 ff.; *Lange/Pyschny*, Einführung in das Recht der Bilanzierung, Jura 2005, 768 ff.; *Luttermann*, Zum Gesetz zur Modernisierung des Bilanzrechts, ZIP 2008, 1605 ff.; *Meyer*, Gesetz zur Modernisierung des Bilanzrechts (Bilanzrechtsmodernisierungsgesetz – BilMoG) – die wesentlichen Änderungen, DStR 2009, 762 ff.; *Müller/Wulf*, Jahresabschlusspolitik nach HGB, IAS und US-GAAP, BB 2001, 2206 ff.; *Oser/Orth/Wirtz*, Das Bilanzrichtlinie-Umsetzungsgesetz (BilRUG) – Wesentliche Änderungen und Hinweise zur praktischen Umsetzung, DB 2015, 1729 ff.; *Petersen/Zwirner*, Bilanzrechtsmodernisierungsgesetz – BilMoG (Gesetze, Materialien, Erläuterungen), 2009; *Schön*, Entwicklung und Perspektiven des Handelsbilanzrechts: vom ADHGB zum IASC, ZHR 161 (1997), 133 ff.; *Schmid*, Synoptische Darstellung der Rechnungslegung nach HGB und IAS/IFRS, DStR 2005, 80 ff.; *Wöhe/Mock*, Die Handels- und Steuerbilanz, 6. Aufl., 2010; *Zwirner/Kähler*, Befreiung von der Pflicht zur Buchführung und Erstellung eines Inventars nach § 241a HGB – Notwendige Anmerkungen für die Bilanzierungspraxis, DStR 2015, 2732 f.

> **Lernhinweis:** Die handelsrechtliche Rechnungslegung ist zumindest für Pflichtfachstudenten kein Prüfungsstoff. Der wirtschaftsrechtlich orientierte Jurist sollte sich aber wenigstens mit den Grundzügen dieses in der Unternehmenspraxis äußerst bedeutsamen Rechtsgebiets vertraut machen.

Kapitel 8. Die handelsrechtliche Rechnungslegung

## § 29. Einführung

### A. Gegenstand und Zweck der Rechnungslegung

1   Zur **handelsrechtlichen Rechnungslegung** (auch Handelsbücher im weiteren Sinne) gehören die Handelsbücher im eigentlichen Sinne (§ 238 Abs. 1 HGB), die Handelsbriefe (§§ 238 Abs. 2, 257 Abs. 2 HGB), das Inventar (§ 240 HGB), die Handelsbilanz (§ 242 Abs. 1 HGB), die Gewinn- und Verlustrechnung (§ 242 Abs. 2 HGB) sowie bei Kapitalgesellschaften und Kapitalgesellschaften & Co. regelmäßig der Anhang (§§ 264 Abs. 1, 264a Abs. 1, 284 ff. HGB) und der Lagebericht (§§ 264 Abs. 1 S. 1, 264a Abs. 1, 289, 315 HGB). Zur handelsrechtlichen Rechnungslegung sind **grundsätzlich alle Kaufleute** gesetzlich verpflichtet. Eine Ausnahme hiervon statuiert allein der durch das Bilanzrechtsmodernisierungsgesetz (BilMoG) eingeführte § 241a HGB, der für Einzelkaufleute eine Befreiung von der Pflicht zur Buchführung vorsieht, wenn an den Abschlussstichtagen von zwei aufeinander folgenden Geschäftsjahren kumulativ der Umsatzerlös nicht mehr als 600.000 € und der Jahresüberschuss nicht mehr als 60.000 € beträgt (zur praktischen Ermittlung der Schwellenwerte vgl. *Zwirner/Kähler*, DStR 2015, 2732 f.). Hauptzweck dieser Ausnahmeregelung ist die Kostensenkung zugunsten kleinerer und mittlerer Unternehmen (vgl. BT-Drs. 16/10067, S. 2). Bei den Handelsgesellschaften und eingetragenen Genossenschaften sind die zuständigen Organe für die Rechnungslegung verantwortlich (z. B. § 114 HGB, § 91 Abs. 1 AktG, § 41 GmbHG und § 33 GenG).

2   Neben der handelsrechtlichen besteht darüber hinaus eine **steuerrechtliche Rechnungslegungspflicht** (§§ 140 ff. AO), die auch Nichtkaufleute treffen kann (§ 141 AO). Sie beinhaltet u. a. die Aufstellung einer an den Interessen des Fiskus ausgerichteten Steuerbilanz (§§ 4, 5 ff. EStG). Die handelsrechtliche und die steuerrechtliche Rechnungslegung sind durch den Grundsatz der **Maßgeblichkeit** miteinander verbunden. Aufgrund der sog. materiellen Maßgeblichkeit gelten die handelsrechtlichen Grundsätze ordnungsmäßiger Buchführung (dazu Rn. 5) auch für das Steuerrecht (§ 5 Abs. 1 S. 1 EStG). Der früher in § 5 Abs. 1 S. 2 EStG a. F. normierte Grundsatz der sog. umgekehrten Maßgeblichkeit, wonach steuerrechtliche Wahlrechte in Übereinstimmung mit der handelsrechtlichen Jahresbilanz auszuüben waren und ein Steuerpflichtiger die durch Ausübung eines Wahlrechts zu erlangenden Steuervergünstigungen daher nur beanspruchen konnte, wenn er im handelsrechtlichen Jahresabschluss diesen steuerrechtlichen Vorschriften gemäß bilanzierte, wurde durch das BilMoG aufgehoben. Hierdurch soll die Aussagekraft des handelsrechtlichen Jahresabschlusses insbesondere durch die Verminderung stiller Reserven (Rn. 14 a. E.) erhöht werden.

3   Die Rechnungslegung **dient** zunächst dem Kaufmann selbst, da sie ihm bzw. seinen geschäftsführenden Organen einen Überblick über die Lage des

§ 29. Einführung 189

Unternehmens verschafft und Daten für die unternehmerische Planung liefert. Daneben soll durch die Rechnungslegungsvorschriften aber auch der Schutz der Gläubiger (Lieferanten, Kreditgeber etc.), der Belegschaft und der (Mit-)Gesellschafter (vgl. §§ 118, 166, 233 HGB) gewährleistet werden. Schließlich hat auch der Fiskus ein Interesse an einer ordnungsgemäßen Rechnungslegung als Grundlage für die Besteuerung.

## B. Rechtsgrundlagen der handelsrechtlichen Rechnungslegung

Bis 1985 war die allgemeine Führung der Handelsbücher in nur wenigen Vorschriften als eine der Pflichten des Kaufmanns (neben Handelsregistereintragung und Anmeldung der Firma) geregelt (§§ 38–47b HGB a. F.). Durch das **Bilanzrichtliniengesetz** vom 19. 12. 1985 (BiRiLiG), das insbesondere auch der Umsetzung der die Kapitalgesellschaften betreffenden Vierten, Siebten und Achten Richtlinie zur Koordinierung des Gesellschaftsrechts diente, wurde das Recht der Rechnungslegung erheblich vereinheitlicht, erweitert und reformiert. Seither ist es vornehmlich unter dem Titel „Handelsbücher" im **Dritten Buch des HGB** (§§ 238–342e HGB) enthalten (zur weiteren Entwicklung *Buchner/Ernstberger/Friedl*, DStR-Beih 2016, 11 ff.). Die Regelungen sind mit Wirkung zum 1. 1. 2005 durch das Gesetz zur Einführung internationaler Rechnungslegungsstandards und zur Sicherung der Qualität der Abschlussprüfung (Bilanzrechtsreformgesetz, BilReG) sowie das Gesetz zur Kontrolle von Unternehmensabschlüssen (Bilanzkontrollgesetz, BilKoG) in zahlreichen Einzelheiten reformiert worden. Hierdurch wurden das deutsche Recht an die IAS-Verordnung (EG/1606/2002) angepasst und die Pflichtvorschriften verschiedener EU-Richtlinien zur Rechnungslegung umgesetzt. Durch das am 29. 5. 2009 in Kraft getretene **Bilanzrechtsmodernisierungsgesetz** wurden die Richtlinien 2006/46/EG und 2006/43/EG umgesetzt und damit die handelsrechtliche Rechnungslegung zugleich an die International Financial Reporting Standards (IFRS) angenähert (näher Ba/Ho/*Merkt*, Einl v § 238 Rn. 26 ff.). Aufgrund der Aufhebung des Grundsatzes der umgekehrten Maßgeblichkeit haben die steuerlichen Wertansätze seither auch keine Geltung mehr für die handelsrechtliche Rechnungslegung (dazu bereits Rn. 2). Mit dem BilMoG ging schließlich eine umfassende Deregulierung der handelsrechtlichen Buchführungs- und Bilanzierungspflichten für Einzelkaufleute einher (vgl. §§ 241a, 242 Abs. 4 HGB). Am 23. 7. 2015 ist das Gesetz zur Umsetzung der Bilanzrichtlinie 2013/34/EU (Bilanzrichtlinie-Umsetzungsgesetz, BilRUG) in Kraft getreten, mit dem vor allem die Vergleichbarkeit von Abschlüssen innerhalb der EU erhöht sowie kleine und mittlere Unternehmen entlastet werden sollen. Da die Bilanz-RL 2013/34/EU durch die CSR-RL 2014/95/EU noch um die Anforderung ergänzt wurde, dass bestimmte große Unternehmen im Interesse der **Corporate Social Responsibility** (CSR) eine nichtfinanzielle Erklärung zu Umwelt-, Sozial- und Arbeitnehmerbelangen,

# Kapitel 8. Die handelsrechtliche Rechnungslegung

zur Achtung der Menschenrechte sowie zur Bekämpfung der Korruption und Bestechung in den (Konzern-)Lagebericht aufnehmen müssen (Art. 19a, 29a RL 2013/34/EU n. F.; zu Grundsatzfragen *Hell*, EuZW 2018, 1015 ff.), wurden mit dem CSR-RUG vom 11. 4. 2017 die §§ 289a ff. und 315a ff. HGB eingefügt (näher *Kajüter*, DB 2017, 617 ff.). Auch beim Rechtsrahmen für die **Abschlussprüfung** kam es bedingt durch das EU-Recht (RL 2014/56/EU und VO EU/537/2014 sowie die Umsetzungs- bzw. Ausführungsgesetze APAReG und AReG) zu Reformen insbesondere in den §§ 316 ff. HGB (näher *Lenz*, DB 2016, 875 ff. bzw. *Quick*, DB 2016, 1205 ff.).

Die Systematik der **Rechnungslegungsvorschriften** ist die folgende:

| | |
|---|---|
| Vorschriften *für alle Kaufleute* | HGB Drittes Buch – Erster Abschnitt: §§ 238–263 HGB |
| Ergänzende Vorschriften für grundsätzlich *alle Kapitalgesellschaften und Kapitalgesellschaften & Co.* | HGB Drittes Buch – Zweiter Abschnitt: §§ 264, 265–335b HGB |
| Ergänzende Vorschriften für *bestimmte Gesellschaftsformen* | Ergänzende Vorschriften für Kapitalgesellschaften & Co. und kapitalmarktorientierte Kapitalgesellschaften: §§ 264a–264d HGB |
| | Ergänzende Vorschriften für *Genossenschaften*: §§ 336–339 HGB, § 33 GenG |
| | Ergänzende Vorschriften für *Aktiengesellschaften*: §§ 91 Abs. 1, 150–178 AktG |
| | Ergänzende Vorschriften für *Gesellschaften mbH*: §§ 41–42a, 57d ff., 58e, 71 GmbHG |
| Ergänzende Vorschriften für *bestimmte Geschäftszweige* | Ergänzende Vorschriften für *Kreditinstitute* bzw. *Versicherungsunternehmen, Pensionsfonds* und bestimmte Unternehmen des *Rohstoffsektors*: HGB Drittes Buch – Vierter Abschnitt (§§ 340–341y HGB) |
| Vorschriften zur Kontrolle | Vorschriften zur Einrichtung und Anerkennung von Beratungs- und Prüfstellen (sog. Enforcement): §§ 342–342e HGB |

5   Die gesamte Rechnungslegung und nicht nur die eigentliche Buchführung hat sich darüber hinaus an den sog. Grundsätzen ordnungsmäßiger Buchführung **(GoB)** auszurichten (vgl. §§ 238 Abs. 1 S. 1, 243 Abs. 1, 264 Abs. 2 HGB). Dabei handelt es sich um Regeln, nach denen ein um sachgerechte Rechnungslegung bemühter Kaufmann verfährt, um jederzeit einen Überblick über die Geschäfte und die Lage seines Handelsgewerbes zu haben. Soweit die GoB im Jahre 1985 nicht Eingang in das Gesetz gefunden haben, sind sie nach h. L. Handelsbräuche, von denen einzelne sich bereits zu Gewohnheitsrecht verfestigt haben mögen (vgl. *K. Schmidt*, Handelsrecht, § 15 Rn. 15; Ba/Ho/*Merkt*, § 238 Rn. 12). Die GoB werden durch die Rechtsprechung, die wissenschaftliche Diskussion sowie die Fachgutachten und Stellungnahmen des Instituts der Wirt-

§ 29. Einführung   191

schaftsprüfer in Deutschland (IDW) konkretisiert und fortgebildet. Für Unternehmen, die sich über Kapitalmärkte finanzieren, gewinnen darüber hinaus ausländische (v. a. *US-Generally Accepted Accounting Principles*, **US-GAAP**) und internationale Rechnungslegungsstandards (*International Accounting Standards*, **IAS**; *International Financial Reporting Standards*, **IFRS**) immer mehr an Bedeutung. Daher wurden auch die HGB-Rechnungslegungsvorschriften durch das BilMoG an die IFRS angenähert (vgl. BT-Drs. 16/10067, S. 32). Aufgrund der sog. IAS-Verordnung (EG/1606/2002) müssen die Konzernabschlüsse aller in der EU kapitalmarktorientierten Mutterunternehmen nach den IAS/IFRS aufgestellt werden (dazu auch § 315e Abs. 1 und 2 HGB). Mutterunternehmen, die mangels Kapitalmarktorientierung nicht unter die IAS-Verordnung fallen, können den Konzernabschluss freiwillig nach IAS/IFRS aufstellen (§ 315e Abs. 3 HGB). Die IAS/IFRS-Rechnungslegung orientiert sich anders als die tradierte HGB-Rechnungslegung nicht primär am Gläubigerschutz durch Kapitalerhaltung und dem damit verbundenen Vorsichtsprinzip, sondern verfolgt das Ziel, dem Investor einen möglichst zutreffenden Eindruck von der finanziellen Lage und wirtschaftlichen Ertragskraft eines Unternehmens zu vermitteln.

## C. Durchsetzung der Rechnungslegungspflichten

Die Rechnungslegungspflichten sind nach h. L. **öffentlich-rechtlicher** 6
**Natur**. Sie gehören damit streng genommen gar nicht zum eigentlichen Handelsrecht, das sich als das Sonderprivatrecht der Kaufleute definiert (vgl. Kap. 1 Rn. 1). Ein Verstoß gegen die Rechnungslegungspflichten wird keineswegs in jedem Falle sanktioniert (vgl. *K. Schmidt*, Handelsrecht, § 15 Rn. 29 ff.). So können das Registergericht bzw. die Steuerbehörden lediglich unter den Voraussetzungen der §§ 14, 335 HGB bzw. §§ 328 ff. AO Zwangsmittel anwenden. Eine Ahndung durch das Straf- oder Ordnungswidrigkeitenrecht erfordert die Verwirklichung eines Tatbestandes der §§ 331 ff. HGB (Straf- und Bußgeldvorschriften für Organmitglieder von Kapitalgesellschaften), § 283 StGB (Bankrott), § 283b StGB (Verletzung der Buchführungspflicht bei Insolvenz) und § 370 AO (Steuerhinterziehung).

Die Einhaltung der Rechnungslegungsvorschriften durch **börsennotierte Gesellschaften** kann seit 2005 auch von einer privatrechtlich organisierten und staatlich anerkannten Prüfstelle (Deutsche Prüfstelle für Rechnungslegung) sowie grundsätzlich subsidiär auch von der Bundesanstalt für Finanzdienstleistungsaufsicht (BaFin) überwacht werden. Dieses durch das Bilanzkontrollgesetz (BilKoG) eingeführte zweistufige Verfahren ist eines der wichtigsten Elemente des „10-Punkte-Programms zur Stärkung der Unternehmensintegrität und des Anlegerschutzes". Es entspricht zudem den EU-Grundsätzen zum Enforcement.

Auch **von privater Seite** sind die Rechnungslegungspflichten nur begrenzt durchsetzbar. Gesellschafter haben unter Umständen gesellschaftsrechtlich die

Möglichkeit, auf die zuständigen Organmitglieder einzuwirken (z. B. §§ 37 Abs. 1 und 38 Abs. 2 GmbHG, *actio pro socio*). Die Gesellschaft selbst hat gegen die verantwortlichen Organmitglieder einen Anspruch auf Ersatz des durch die nicht ordnungsgemäße Buchführung entstandenen Schadens (§§ 41 und 43 Abs. 2 GmbHG bzw. §§ 91 Abs. 1 und 93 Abs. 2 AktG). Den Gesellschaftern oder gar Dritten stehen hingegen grundsätzlich keine Schadensersatzansprüche zu, da die öffentlich-rechtlichen Rechnungslegungsvorschriften nur dann Schutzgesetze i. S. v. § 823 Abs. 2 BGB darstellen, wenn sie strafbewehrt sind und dem Schutz von Individualinteressen dienen (*BGH* DB 1964, 1585).

### D. Handelsbücher im Rechtsstreit

7   Die Handelsbücher (vgl. Rn. 1) werden im Zivilprozess als **Privaturkunden** gewürdigt (§§ 416, 286 ZPO). Der Beweis wird grundsätzlich durch die Vorlegung der Urkunde angetreten (§§ 420 ff. ZPO). Das Gericht kann die Vorlegung der Handelsbücher aber auch von Amts wegen anordnen (§ 258 Abs. 1 HGB). Die Einsicht in Handelsbücher erfolgt unter Zuziehung der Parteien grundsätzlich nur insoweit, als es den Streitpunkt betrifft (§§ 259 f. HGB). Bei ordnungsgemäß geführten Büchern besteht eine hohe Wahrscheinlichkeit für die Vollständigkeit und Richtigkeit der Eintragungen (vgl. Ba/Ho/*Merkt*, § 238 Rn. 3).

## § 30. Die handelsrechtlichen Rechnungslegungspflichten

### A. Pflicht zur Buchführung

8   Grundsätzlich jeder Kaufmann ist zunächst verpflichtet, fortlaufende Aufzeichnungen über seine Handelsgeschäfte und die Lage seines Geschäftsvermögens zu tätigen (§ 238 Abs. 1 HGB). Unter den Voraussetzungen von § 241a HGB (nicht mehr als 600.000 € Umsatzerlöse und 60.000 € Jahresüberschuss an zwei aufeinander folgenden Abschlussstichtagen) sind Einzelkaufleute allerdings von der Buchführungs- und Rechnungslegungspflicht befreit und brauchen dann lediglich eine Einnahmen-Überschuss-Rechnung (§ 4 Abs. 3 EStG) zu erstellen. Betriebswirtschaftlich ist die Buchführung neben der Kostenrechnung, der Statistik und der Planung ein Teil des Rechnungswesens. Gegenstand der kaufmännischen Buchführungspflicht ist entgegen dem missverständlichen Wortlaut des § 238 Abs. 1 S. 1 HGB nicht die Erfassung der Abschlüsse von Handelsgeschäften i. S. d. §§ 343 ff. HGB bzw. die Darstellung der Gesamtvermögenslage des Kaufmanns, sondern die **Aufzeichnung aller** Geschäftsvorfälle, d. h. der nur das Handelsgewerbe (nicht auch das Privatvermögen) betreffenden **Vermögensveränderungen** (und nicht schon die Handelsgeschäfte selbst).

### § 30. Die handelsrechtlichen Rechnungslegungspflichten

**Beispiel:** Der Verkäufer verbucht nicht den Kaufvertragsschluss mit seinen schuldrechtlichen Beziehungen, sondern die Lieferung der Ware (Abgang) und den Erhalt des Kaufpreises bzw. (bei Lieferung vor Zahlung) das Entstehen der erst jetzt buchbaren Kaufpreisforderung (Zugang).

Die **Art und Weise** der Buchführung soll es einem sachverständigen Dritten innerhalb angemessener Zeit ermöglichen, einen Überblick über die Geschäftsvorfälle und über die Lage des Unternehmens zu gewinnen (§ 238 Abs. 1 S. 2 HGB). Diese Generalklausel wird durch gesetzliche Bestimmungen (§§ 238 Abs. 1 S. 3, 239 HGB) und im Einzelfall durch die GoB (§ 238 Abs. 1 S. 1 HGB) konkretisiert. Danach muss beispielsweise jeder Buchungsvorgang auf einem aufzubewahrenden (§ 257 Abs. 1 Nr. 4 und Abs. 3 HGB) Beleg beruhen. Der inzwischen übliche Einsatz von EDV (z. B. mit Hilfe des Finanzbuchführungsprogramms FIBU der DATEV) ist nach § 239 Abs. 4 HGB ausdrücklich zugelassen.

Die Buchführung erfolgt weitgehend mit Hilfe von Konten, d. h. zweiseitigen Rechnungen, die links das Soll und rechts das Haben ausweisen. Die Bezeichnungen „Soll" und „Haben" sind aus dem Forderungskonto abgeleitet, wo die Forderungen links („der Schuldner *soll* zahlen") und die eingegangenen Tilgungen rechts („wir *haben* erhalten") ausgewiesen werden. Für alle anderen Konten haben sie jedoch ihren unmittelbaren Erklärungswert verloren. Es gibt **zwei Buchführungssysteme**: die einfache und die doppelte Buchführung (vgl. *K. Schmidt*, Handelsrecht, § 15 Rn. 38 ff.; näher *Bähr/Fischer-Winkelmann/List*, Buchführung und Jahresabschluss, 9. Aufl., S. 173 ff.). Die **einfache Buchführung** hat heute nur noch für die freiwillige oder steuerrechtlich gebotene Buchführung von Nichtkaufleuten (vgl. Rn. 1 f.) praktische Bedeutung, da sie weder den Anforderungen des § 238 Abs. 1 HGB entspricht noch Grundlage des nach § 242 HGB geforderten Jahresabschlusses sein kann. Die einfache Buchführung erfolgt mit Hilfe eines sog. Grundbuchs und verschiedenen Personenkonten. Das Grundbuch besteht regelmäßig aus einem Tagebuch, in dem alle Geschäftsvorfälle allein in chronologischer und nicht auch in sachlicher Ordnung verzeichnet werden, sowie zusätzlich einem Kassenbuch speziell für die baren Geschäftsvorfälle. Die Personenkonten (für Kunden, Lieferanten etc.) weisen die Forderungen und Verbindlichkeiten für jeden Geschäftspartner getrennt aus.

**Beispielsfall:** Kauffrau Kern erhält am 1. 2. 2019 von ihrem Lieferanten Herbert Läufer Ware. Den Rechnungsbetrag von 10.000,– € zahlt sie am 15. 2. 2019 bar an Läufer. Diese Vorgänge werden von Kern bei einfacher Buchführung lediglich chronologisch im Grundbuch und auf dem Lieferantenkonto von Läufer vermerkt:

## Kapitel 8. Die handelsrechtliche Rechnungslegung

| Tagebuch | | | |
|---|---|---|---|
| Datum | Vorgang | Beleg | Umsatz |
| 01.02.19 | Warenlieferung lt. Lieferschein Nr. 9453 | 007 | 10.000,– |
| 15.02.19 | Barzahlung auf Rechnung Nr. 9832 | 019 | 10.000,– |

| Lieferantenkonto Herbert Läufer | | | | |
|---|---|---|---|---|
| **Soll** | | | **Haben** | |
| | | 01.02.19 | Warenlieferung lt. Lieferschein Nr. 9453 | 10.000,– |
| 15.02.19 | Barzahlung auf Rechnung Nr. 9832 | 10.000,– | | |

11   Bei der **doppelten Buchführung** werden mit unterschiedlichen Methoden alle Geschäftsvorfälle nicht nur chronologisch (Grundbuch) und personell (Kontokorrentbuch mit Personenkonten), sondern zusätzlich sachlich nach den einzelnen Bilanz- und Erfolgsposten (vgl. Rn. 15 f.) in sog. **Sachkonten** (Hauptbuch) geordnet. Auf diesen Sachkonten muss jeder Geschäftsvorfall (mindestens) einmal im Haben des einen Sachkontos und einmal im Soll eines anderen Sachgegenkontos (doppelt) gebucht werden. Entsprechend der zweifachen Aufgabe der Buchführung nach § 238 Abs. 1 S. 1 HGB und der Unterteilung des Jahresabschlusses in Bilanz sowie Gewinn- und Verlustrechnung (dazu Rn. 15 f.) unterscheidet man zwei Grundarten von Sachkonten (näher *Bähr/Fischer-Winkelmann/List*, Buchführung und Jahresabschluss, 9. Aufl., S. 33 ff. und 46 ff.): Die **Bestandskonten** dienen der Dokumentation des Vermögensbestands und damit der Erstellung der Bilanz. Für jeden Bilanzposten (dazu Rn. 15) wird ein Bestandskonto geführt. Bei den aktiven Bestandskonten, die einen aktiven Bilanzposten betreffen (z. B. Warenkonto), werden der Anfangsbestand und die Zugänge im Soll gebucht, während die Abgänge im Haben ausgewiesen werden. Bei einem passiven Bestandskonto (z. B. Darlehenskonto) verhält es sich genau umgekehrt. Durch Saldierung wird der Unterschied zwischen den beiden Seiten des Kontos ermittelt. Der Saldo (Abschlussbestand) wird anschließend auf der kleineren Seite des Kontos eingetragen, um die Summengleichheit von Soll- und Habenseite zu erzielen. Ein Bestandskonto ist mithin (wie übrigens auch die Bilanz) bei Kontenschluss immer ausgeglichen. Die **Erfolgskonten** (Aufwands- und Ertragskonten) dienen der Dokumentation von Vermögensveränderungen durch Geschäftsvorfälle (z. B. Lohnzahlungen, Umsatzerlöse) und damit der Erstellung der Gewinn- und Verlustrechnung (dazu Rn. 16).

§ 30. Die handelsrechtlichen Rechnungslegungspflichten    195

**Beispielsfall:** Die Vorjahresbilanz des Kaufmanns Klotz weist unter der Rubrik Aktiva einen Grundstücksbestand im Wert von 800.000,– € und unter der Rubrik Passiva Verbindlichkeiten aus Lieferungen und Leistungen in Höhe von 50.000,– € aus. Aus laufenden Einnahmen begleicht Klotz im aktuellen Geschäftsjahr diese Verbindlichkeiten. Kurz vor dem Bilanzstichtag erwirbt er noch ein Grundstück, dessen Kaufpreis von 500.000,– € erst im kommenden Geschäftsjahr zu bezahlen ist. Klotz wird diese Bestandsveränderungen auf den Bestandskonten „Grundstücke" und „Verbindlichkeiten aus Lieferungen und Leistungen" wie folgt verbuchen:

| Aktivkonto Grundstücke | | | | Passivkonto Verbindlichkeiten aus Lieferungen und Leistungen | | | |
|---|---|---|---|---|---|---|---|
| Soll | | Haben | | Soll | | Haben | |
| Anfangsbestand | 800.000,– | | | Abgänge (an Bank) | 50.000,– | Anfangsbestand | 50.000,– |
| Zugänge | 500.000,– (an Verbindlichkeiten) | | | | | Zugänge | 500.000,– (per Grundstücke) |
| | | Schlussbestand (Saldo) | 1.300.000,– | Schlussbestand (Saldo) | 500.000,– | | |

## B. Pflicht zur Inventarerrichtung

Das Inventar ist ein Verzeichnis aller Vermögensgegenstände (Aktiva) und 12
Verbindlichkeiten (Passiva) des kaufmännischen Handelsgewerbes nach Art,
Menge und Wert. Es ist zu Beginn des Handelsgewerbes und für den Schluss
eines jeden Geschäftsjahres zu errichten (§ 240 HGB), sofern nicht die Befreiungsregelung von § 241a HGB zugunsten von Einzelkaufleuten (Rn. 8) eingreift. Die Aufstellung des Inventars (**Inventur**) erfolgt grundsätzlich durch
eine körperliche Bestandsaufnahme der Vermögensgegenstände und Verbindlichkeiten zum Bilanzstichtag (sog. Stichtagsinventur). Das Gesetz ermöglicht
aber auch vereinfachte Inventurverfahren (§§ 240 Abs. 3 und 4, 241 HGB). Die
Art und Weise der Inventaraufstellung hat ebenfalls den GoB (hier: Grundsätze
ordnungsmäßiger Inventur) zu entsprechen.

## C. Pflicht zur Aufstellung des Jahresabschlusses

Der Jahresabschluss besteht aus der Handelsbilanz sowie der Gewinn- und 13
Verlustrechnung (§ 242 Abs. 3 HGB) und bei Kapitalgesellschaften und Kapitalgesellschaften & Co. zusätzlich aus einem Anhang (§§ 264 Abs. 1 S. 1,
264a Abs. 1 HGB). Er ist vom Kaufmann bzw. allen persönlich haftenden
Gesellschaftern bzw. den zuständigen Organmitgliedern zu unterzeichnen
(§ 245 HGB). Einzelkaufleute, welche die Voraussetzungen von § 241a HGB
erfüllen, sind nach § 242 Abs. 4 HGB von der Pflicht zur Aufstellung eines
Jahresabschlusses befreit. Bei den Handelsgesellschaften muss man zwischen

196    Kapitel 8. Die handelsrechtliche Rechnungslegung

der **Aufstellung** durch die geschäftsführenden Organe (§§ 114, 164, 264 Abs. 1 S. 1 HGB, § 91 Abs. 1 AktG, § 41 GmbHG) und der verbindlichen **Feststellung** des Jahresabschlusses durch die Gesellschafter bzw. den Aufsichtsrat (§§ 172 f. AktG und §§ 42a, 46 Nr. 1 GmbHG) unterscheiden. Die Feststellung ist eine gesellschaftsinterne Billigung des Jahresabschlusses und kann bei mittelgroßen und großen Kapitalgesellschaften bzw. Kapitalgesellschaften & Co. (§ 267 HGB) bzw. größeren Personenhandelsgesellschaften (§§ 1, 3 PublG) erst nach seiner **Prüfung** (§§ 316 ff., 264a Abs. 1 HGB und § 6 PublG) erfolgen. Unter den Voraussetzungen und nach Maßgabe der §§ 325 ff. HGB und § 9 PublG ist der Jahresabschluss schließlich offen zu legen (vgl. Rn. 20).

## I. Grundsätze für die Aufstellung des Jahresabschlusses

14    Der Jahresabschluss ist nach den gesetzlichen Vorgaben (§§ 243 ff. HGB) und den GoB (§ 243 Abs. 1 HGB) zu erstellen. Im Einzelnen gelten danach die folgenden formellen und materiellen Grundsätze (vgl. *K. Schmidt*, Handelsrecht, § 15 Rn. 64 ff.):

- Nach dem Grundsatz der **Klarheit** muss der Jahresabschluss klar und übersichtlich sein (§ 243 Abs. 2 HGB). Er ist mit der genauen Bezeichnung der einzelnen Posten in deutscher Sprache und mit Wertangaben in Euro zu verfassen (§ 244 HGB). Er darf insbesondere keine Verrechnungen enthalten (§ 246 Abs. 2 HGB) und muss hinreichend aufgegliedert sein (vgl. § 247 Abs. 1 HGB sowie für Kapitalgesellschaften und Kapitalgesellschaften & Co. §§ 265 f., 264a Abs. 1 HGB).
- Der Grundsatz der **Wahrheit** besagt, dass der Jahresabschluss vollständig (§ 246 Abs. 1 HGB) und inhaltlich richtig sein muss. Unter der Richtigkeit ist nicht die objektive Übereinstimmung mit der Wirklichkeit zu verstehen, da diese angesichts der zahlreichen Bilanzierungs- und Bewertungsprobleme nicht erreicht werden kann. Gemeint ist vielmehr die Übereinstimmung mit den gesetzlichen Regelungen und den GoB.
- Unter dem Grundsatz der **Kontinuität** werden die Bilanzidentität (Übereinstimmung der Wertansätze der Eröffnungsbilanz eines Geschäftsjahres mit denen der Schlussbilanz des vorangegangenen Geschäftsjahres; vgl. § 252 Abs. 1 Nr. 1 HGB) sowie die formelle (Beibehaltung der äußeren Gestaltung und der Bezeichnungen; vgl. für Kapitalgesellschaften ausdrücklich § 265 Abs. 1 HGB) und materielle Bilanzkontinuität (Beibehaltung der Bewertungsmethoden; vgl. § 252 Abs. 1 Nr. 6 HGB) zusammengefasst. Hierdurch wird die Vergleichbarkeit der Jahresbilanzen gewährleistet.
- Der Jahresabschluss ist jeweils für ein Geschäftsjahr zu erstellen, das 12 Monate nicht überschreiten darf. Dies erfordert einen willkürlichen Schnitt durch die zum Teil zeitraumübergreifende Unternehmenstätigkeit (**Periodenabgrenzung**). Die Aufwands- und Ertragskonten des Unternehmens werden daher am Stichtag in aller Regel Beträge enthalten, die zwar auf-

§ 30. Die handelsrechtlichen Rechnungslegungspflichten 197

grund erfolgter Zahlungen (und damit Buchungen) formell diesem Geschäftsjahr, wirtschaftlich betrachtet aber ganz bzw. teilweise dem vorangegangenen oder folgenden Geschäftsjahr zuzurechnen sind. Die erforderliche zeitraumgerechte Verteilung aller Aufwendungen und Erträge (§ 252 Abs. 1 Nr. 5 HGB) kann in diesen Fällen nur durch aktive oder passive sog. Rechnungsabgrenzungsposten (§ 250 HGB) erfolgen, die die Gewinn- und Verlustrechnung sowie die Bilanz entsprechend korrigieren. Hat beispielsweise ein Einzelkaufmann als Bilanzstichtag den 31.12. gewählt und am 1. 7. 2015 für die Zeit vom 1. 7. 2015 bis 30. 6. 2016 eine Miete von 10.000,– € vereinnahmt, muss er diesen Mietertrag auf dem Mietertragskonto durch eine Buchung von 5.000,– € zugunsten des passiven Rechnungsabgrenzungspostens mindern. Damit weist die Gewinn- und Verlustrechnung den tatsächlich bis zum 31. 12. 2015 erwirtschafteten Ertrag und die Bilanz den tatsächlichen Vermögensbestand zum 31. 12. 2015 aus. Im folgenden Geschäftsjahr werden schließlich die auf 2016 entfallenden Mieteinnahmen durch eine Rückbuchung von 5.000,– € auf das Mietertragskonto und damit eine Auflösung des passiven Rechnungsabgrenzungspostens ertragswirksam. Neben den Rechnungsabgrenzungsposten dient auch die im Verursachungszeitraum erfolgende Bildung von Rückstellungen (dazu sogleich) für ungewisse künftige Zahlungsabflüsse, die ihre Ursache im Geschäftsjahr haben, der Periodenabgrenzung.

- Der Grundsatz der **Vorsicht** ist insbesondere für die Bewertung maßgeblich (§ 252 Abs. 1 Nr. 4 HGB; zur Erosion des Prinzips *Moxter/Ciric*, BB 2014, 489ff.). Er kommt aber auch in den gesetzlichen Aktivierungsverboten (vgl. § 248 Abs. 1 und Abs. 2 S. 2 HGB; zu der durch das BilMoG erfolgten Einschränkung dieser Verbote zugunsten der Informationsfunktion Ba/Ho/ *Merkt*, § 243 Rn. 9 und § 248 Rn. 3) zum Ausdruck. Dem Vorsichtsprinzip entsprechen außerdem das Realisationsprinzip, demgemäß Gewinne erst nach ihrer Realisierung auszuweisen sind, sowie das Imparitätsprinzip, nach dem andererseits vorhersehbare Verluste und Risiken, die bis zum Abschlussstichtag entstanden sind, schon vor ihrer Realisierung ausgewiesen werden müssen (§ 252 Abs. 1 Nr. 4 HGB). Für dem Grunde und/oder der Höhe nach ungewisse Verbindlichkeiten (z. B. Bürgschafts- und Schadensersatzrisiken), die mit einiger Wahrscheinlichkeit eine Inanspruchnahme erwarten lassen, sind in der Bilanz für den Zeitraum ihrer Verursachung entsprechende Rückstellungen auf der Passivseite auszuweisen (§ 249 HGB). Rückstellungen sind aber nur zur Absicherung von Risiken zulässig und dürfen nicht zu Thesaurierungszwecken missbraucht werden (§ 249 Abs. 2 S. 1 HGB). Fällt das Risiko endgültig ganz oder teilweise weg, ist die Rückstellung entsprechend aufzulösen (§ 249 Abs. 2 S. 2 HGB). Die IAS/IFRS sind dem Vorsichtsprinzip weniger verhaftet als das HGB, was etwa in einer Aktivierungsfähigkeit von Teilrealisierungen nach der sog. *Percentage of Completion*-Methode gem. IFRS 15.73 ff. sowie in der Unzulässigkeit von

Aufwandsrückstellungen nach IAS 37.14 (1998) und IAS 37.27 (1998) zum Ausdruck kommt. Selbst geschaffener Geschäftswert darf aber auch nach IAS/IFRS nicht aktiviert werden, IAS 38.48 (2004).

- Für die Ermittlung möglichst realitätsnaher Wertansätze gelten vor dem Hintergrund des Vorsichtsprinzips die folgenden **Bewertungsgrundsätze:** Bei der Bewertung der Vermögensgegenstände ist grundsätzlich von der Fortführung des Unternehmens und nicht von seiner Liquidation auszugehen (sog. *going concern*-Prinzip; vgl. § 252 Abs. 1 Nr. 2 HGB). Die Bewertung hat grundsätzlich zum Abschlussstichtag einzeln (§ 252 Abs. 1 Nr. 3 HGB; Ausn.: § 256 S. 2 HGB) sowie auf der Basis und mit der Methode des vorangegangenen Jahresabschlusses (Kontinuitätsprinzip; s. o.) zu erfolgen. Dabei ist der Nominalwertgrundsatz („Euro gleich Euro") zu beachten, so dass Inflationsverluste nicht berücksichtigt werden können. Aufgrund des Niederstwertprinzips ist von mehreren möglichen Werten der niedrigste auszuweisen (vgl. u. a. § 253 Abs. 4 HGB). Nach dem Anschaffungswertprinzip (§ 253 Abs. 1 HGB) sind Vermögensgegenstände höchstens mit ihren Anschaffungs- oder Herstellungskosten (§ 255 HGB), vermindert um etwaige **Abschreibungen**, auszuweisen (anders IAS-Regel 16.31: wahlweise Maßgeblichkeit des Zeitwerts bei Neubewertung). Sog. planmäßige Abschreibungen sind bei Vermögensgegenständen des Anlagevermögens, deren Nutzung zeitlich begrenzt ist, nach Maßgabe der voraussichtlichen Nutzungsdauer vorzunehmen (§ 253 Abs. 3 S. 1 und 2 HGB). Sie werden über die Abschreibungszeit hinweg entweder mit einem gleichbleibenden Prozentsatz vom ursprünglichen Wert (linear) oder vom jeweiligen Restbuchwert (degressiv) vorgenommen. Außerplanmäßige Abschreibungen sind bei Vermögensgegenständen des Anlagevermögens zwingend erforderlich, wenn diese voraussichtlich dauerhaft im Wert gemindert sind (§ 253 Abs. 3 S. 5 HGB). Fehlt die dauerhafte Wertminderung des Vermögensgegenstandes, ist eine außerplanmäßige Abschreibung dagegen nur bei Finanzanlagen (zum Begriff vgl. § 266 Abs. 2 HGB) möglich (§ 253 Abs. 3 S. 6 HGB). Bei Gegenständen des Umlaufvermögens gebietet das strenge Niederstwertprinzip bei Wertminderungen ebenfalls Abschreibungen (§ 253 Abs. 4 HGB). Zusätzliche oder überhöhte Abschreibungen führen dazu, dass der wahre Wert des Unternehmens höher ist als sein Buchwert (z. B. der bereits abgeschriebene Gegenstand ist in Wahrheit noch nutzbar) und damit sog. stille Reserven gebildet werden. Mit der Abschaffung der §§ 253 Abs. 4, 254 und 279 f. HGB a. F. durch das BilMoG wurden die bis dahin insbesondere für Einzelkaufleute und Personenhandelsgesellschaften bestehenden Möglichkeiten zur Bildung stiller Reserven erheblich eingeschränkt. In der Bilanz werden Abschreibungen entweder direkt als Minderung des entsprechenden Aktivpostens oder mit Hilfe einer Wertberichtigung erfasst. Sie mindern auf diese Weise das Jahresergebnis. Auch Vermögensgegenstände, die vollständig abgeschrieben sind, müssen noch mit einem Erinnerungswert in die

Bilanz aufgenommen werden, um deren Vollständigkeit (s. o.) zu gewährleisten.
- Bei Kapitalgesellschaften und Kapitalgesellschaften & Co. muss der Jahresabschluss in jedem Fall ein den tatsächlichen Verhältnissen entsprechendes Bild der Vermögens-, Finanz- und Ertragslage vermitteln (Grundsatz des *true and fair view*, §§ 264 Abs. 2, 264a Abs. 1 HGB; vgl. auch etwa IAS-Regel 1.13).

## II. Inhalt des Jahresabschlusses
### 1. Handelsbilanz

Die Handelsbilanz enthält die **Gegenüberstellung** des Vermögens (Aktiva) und des Kapitals (Passiva) des Unternehmens und ist mit Beginn des Handelsgewerbes (Eröffnungsbilanz) sowie für den Schluss eines jeden Geschäftsjahres (Jahresbilanz) aufzustellen (§ 242 Abs. 1 S. 1 HGB). Ihr Inhalt entspricht mithin dem Inventar, von dem die Bilanz sich allerdings in der Art der Darstellung (Zusammenfassung der Posten in Kontenform, Wert- statt Mengenangaben) deutlich unterscheidet. Die Passivseite der Bilanz bezeichnet die Mittelherkunft von den Gesellschaftern (Eigenkapital) und Gesellschaftsgläubigern (Fremdkapital), während die Aktivseite die Mittelverwendung im Anlage- und Umlaufvermögen ausweist. Sowohl der Gewinn als auch der Verlust (als Negativposten) werden unter der Rubrik Eigenkapital auf der Passivseite vermerkt. Damit ist die Bilanz im Ergebnis immer ausgeglichen („balanciert").

Die Gliederung der Bilanz (vgl. §§ 247 Abs. 1 und 266 HGB) soll am Beispiel einer nach der Ergebnisverwendung (vgl. § 268 Abs. 1 HGB) aufgestellten Bilanz einer Kapitalgesellschaft (ohne die Vorjahresbeträge) verdeutlicht werden:

| Aktiva | TEUR | Passiva | TEUR |
|---|---|---|---|
| **A. Anlagevermögen** (Wirtschaftsgüter, die *dauernd* den Zwecken des Betriebes zu dienen bestimmt sind) | | **A. Eigenkapital** (Betrag, um den die ausgewiesenen Vermögenswerte die Schulden des Geschäftsinhabers übersteigen) | |
| I. Immaterielles Vermögen (aktivierbar nur, soweit entgeltlich erworben; z.B. erworbene Lizenz) | 91 | I. Gezeichnetes Kapital (§ 272 Abs. 1 S. 1 HGB) | 135.000 |
| II. Sachanlagen (z.B. Grundstücke, Maschinen) | 816.694 | II. Kapitalrücklage (§ 272 Abs. 2 Nr. 1–4 HGB) | 167.000 |
| III. Finanzanlagen (z.B. dauerhafte Beteiligungen an anderen Unternehmen) | 457.997 | III. Gewinnrücklagen (§ 272 Abs. 3 u. 4 HGB) | 161.000 |
| | 1.274.782 | IV. Bilanzgewinn davon Gewinnvortrag aus dem Vorjahr (vgl. § 174 Abs. 2 Nr. 4 AktG) 123.000,– € | 37.891 |
| **B. Umlaufvermögen** (Wirtschaftsgüter, die zum Verbrauch, zur Be- bzw. Verarbeitung oder zur Veräußerung bestimmt sind) | | | 500.891 |
| | | **B. Rückstellungen** (§ 249 HGB) | |
| I. Vorräte (z.B. Rohstoffe, Fertigprodukte) | 57.821 | I. Pensionsrückstellungen | 141.725 |
| | | II. Steuerrückstellungen | 232.441 |
| II. Forderungen und sonstige Vermögensgegenstände (z.B. Kundenforderungen, Schadensersatzforderungen) | 462.019 | III. Sonstige Rückstellungen | 108.696 |
| | | | 482.862 |
| | | **C. Verbindlichkeiten** (tatsächliche Verpflichtungen gegenüber den Gläubigern wie Kreditinstituten, Lieferanten oder Fiskus) | |
| III. Wertpapiere (z.B. vorübergehend gehaltene Anteile an anderen Unternehmen, Warenwechsel) | 994 | | 843.828 |
| IV. Flüssige Mittel (z.B. Kassenbestand, Bankguthaben) | 24.389 | **D. Rechnungsabgrenzungsposten** (§ 250 Abs. 2 HGB) | 905 |
| | 545.223 | | |
| **C. Rechnungsabgrenzungsposten** (§ 250 Abs. 1 HGB) | 8.481 | | |
| **Bilanzsumme** | 1.828.486 | **Bilanzsumme** | 1.828.486 |

## 2. Gewinn- und Verlustrechnung

**16** In der Gewinn- und Verlustrechnung werden die **Aufwendungen und Erträge** für den Schluss eines jeden Geschäftsjahrs gegenübergestellt (§§ 242 Abs. 2, 275 HGB; Bsp. bei K. Schmidt, Handelsrecht, § 15 Rn. 83). Sie dient

§ 30. Die handelsrechtlichen Rechnungslegungspflichten 201

nicht nur der Ermittlung des Gewinns (Jahresüberschuss) bzw. Verlusts (Jahresfehlbetrag), der auch aus der Bilanz ersichtlich wäre, sondern insbesondere der detaillierten Information darüber, auf welche Weise der Gewinn oder Verlust zustande gekommen ist (Ertragslage des Unternehmens). Die Gewinn- und Verlustrechnung ist daher keine Einnahmen- und Ausgabenrechnung, sondern eine Zusammenstellung der Erfolgskomponenten des Unternehmens (z. B. Umsatzerlöse und Materialaufwand). Sie ist zumindest von Kapitalgesellschaften und Kapitalgesellschaften & Co. nicht in Kontenform, sondern in Staffelform (d. h. durch Auflistung der einzelnen Posten untereinander) nach dem Gesamtkostenverfahren oder dem Umsatzkostenverfahren aufzustellen (§§ 275, 264a Abs. 1 HGB).

### 3. Anhang

Kapitalgesellschaften und Kapitalgesellschaften & Co. haben nach §§ 264 Abs. 1 S. 1, 264a Abs. 1 HGB zusätzlich einen Anhang mit **Erläuterungen** zum Jahresabschluss zu verfassen (§§ 284 ff. HGB). In diesem Anhang ist außerdem auf besondere Umstände (z. B. außerordentliche Erträge durch die Veräußerung von Anlagevermögen) hinzuweisen, die dazu geführt haben, dass der Jahresabschluss ein den tatsächlichen Verhältnissen entsprechendes Bild nicht vermittelt (§ 264 Abs. 2 S. 2 HGB). 17

## D. Pflicht zur Erstellung eines Lageberichts

Mittelgroße und große Kapitalgesellschaften bzw. Kapitalgesellschaften & Co. (Umschreibung der Größenklassen in § 267 HGB) sowie Konzernmutterunternehmen (§ 290 Abs. 1 HGB) haben neben dem Jahresabschluss noch einen Lagebericht aufzustellen (§§ 264 Abs. 1, 264a Abs. 1, 289, 315 HGB), der u. a. eine Darstellung des Geschäftsverlaufs, der Lage und der Risiken der künftigen Entwicklung der Gesellschaft enthält. Der Lagebericht wird bei großen Aktiengesellschaften regelmäßig in einen Wirtschafts- und Sozialbericht aufgegliedert. 18

## E. Pflicht zur Aufbewahrung

Die Handelsbücher im engeren Sinne, die Inventare und Bilanzen sind einschließlich der Buchungsbelege zehn Jahre, die Handelsbriefe sechs Jahre geordnet aufzubewahren (§ 257 Abs. 1 und 4 HGB). Handelsbriefe sind nach der Legaldefinition des § 257 Abs. 2 HGB Schriftstücke, die ein Handelsgeschäft betreffen (z. B. Vertragsangebot, Bestätigungsschreiben, Mängelrüge). Werden sie abgesendet, ist eine Zweitausfertigung aufzubewahren (§ 238 Abs. 2 HGB). 19

## F. Pflicht zur Offenlegung

**20** Für Kapitalgesellschaften und Kapitalgesellschaften & Co. (§§ 325 ff., 264a Abs. 1 HGB) und Genossenschaften (§ 339 HGB) sowie für größere einzelkaufmännische Handelsgewerbe, Personenhandelsgesellschaften, Vereine, Stiftungen und juristische Personen des öffentlichen Rechts (§§ 1, 3 und 9 PublG) bestehen größenabhängig gestaffelte Pflichten, bestimmte Unterlagen der Rechnungslegung beim Betreiber des elektronischen Bundesanzeigers einzureichen und über diesen im Bundesanzeiger und im Unternehmensregister (§ 8b Abs. 2 Nr. 4 HGB; näher Kap. 3 Rn. 31) elektronisch bekannt zu machen. Bei angestrebter bzw. bereits bestehender Börsennotierung kommen noch die kapitalmarktrechtlichen Publizitätspflichten hinzu. Die Steuerbilanz ist nur dem Finanzamt vorzulegen und unterliegt dem Steuergeheimnis.

# § 31. Wiederholung

## A. Zusammenfassung

- Die kaufmännische **Rechnungslegung** ist seit dem Bilanzrichtliniengesetz von 1985 vor allem im Dritten Buch des HGB (§§ 238–342e HGB) geregelt. Sofern nicht eine Befreiung nach §§ 241a, 242 Abs. 4 HGB eingreift, sind alle Kaufleute kraft Gesetzes zumindest
  - zur Führung von Handelsbüchern (§ 238 Abs. 1 HGB),
  - zur Aufstellung eines Inventars (§ 240 HGB) und eines Jahresabschlusses (§ 242 HGB) sowie
  - zur geordneten Aufbewahrung (§ 257 HGB) dieser und der dazugehörigen Dokumente verpflichtet.
- Die Rechnungslegung nach den gesetzlichen Vorschriften und den Grundsätzen ordnungsmäßiger Buchführung (GoB) **ermöglicht es** dem Kaufmann bzw. seinen geschäftsführenden Organen sowie anderen Interessenten (Gläubigern, Mitarbeitern, Mitgesellschaftern), den erforderlichen Einblick in die wirtschaftliche Situation des Unternehmens zu gewinnen. Die Interessen des Fiskus werden durch die steuerrechtliche Rechnungslegung gewahrt.
- Die heute regelmäßig doppelte Buchführung in Konten (§ 238 f. HGB) und die Aufstellung eines Inventars (§ 240 HGB) dienen insbesondere der nach bestimmten Grundsätzen (dazu Kontrollfrage 7) erfolgenden Erstellung des **Jahresabschlusses**, der sich aus der Handelsbilanz und der Gewinn- und Verlustrechnung sowie bei Kapitalgesellschaften und Kapitalgesellschaften & Co. zusätzlich aus einem Anhang mit Erläuterungen zum Jahresabschluss zusammensetzt (§§ 242 Abs. 3, 264 Abs. 1 S. 1, 264a Abs. 1 HGB).

§ 31. Wiederholung 203

☐ Die im Ergebnis immer ausgeglichene **Handelsbilanz** zeigt auf der Passivseite die Mittelherkunft von den Gesellschaftern (Eigenkapital) und Gesellschaftsgläubigern (Fremdkapital) sowie auf der Aktivseite die Mittelverwendung im Anlage- und Umlaufvermögen (vgl. für Kapitalgesellschaften und Kapitalgesellschaften & Co. §§ 266, 264c HGB).

☐ In der **Gewinn- und Verlustrechnung** werden die Aufwendungen und Erträge für den Schluss eines jeden Geschäftsjahres gegenübergestellt; sie ist zumindest von Kapitalgesellschaften und Kapitalgesellschaften & Co. in Staffelform aufzustellen (§§ 242 Abs. 2, 275, 264a Abs. 1 HGB).

☐ Durch das **BilMoG** vom 29. 5. 2009 wurde insbesondere der Grundsatz der umgekehrten Maßgeblichkeit aufgehoben und eine Annäherung an die internationalen Rechnungslegungsstandards vollzogen. Zudem wurde in bestimmtem Fällen eine Befreiung von der Rechnungslegungspflicht vorgesehen (§§ 241a, 242 Abs. 4 HGB).

## B. Kontrollfragen

1. Wie ist das Dritte Buch des HGB aufgebaut?
2. Welches Verhältnis besteht zwischen handelsrechtlicher und steuerrechtlicher Rechnungslegung?
3. Was versteht man unter den Grundsätzen ordnungsmäßiger Buchführung (GoB)?
4. Was ist Gegenstand der Buchführungspflicht?
5. Was haben Inventar und Handelsbilanz gemein und worin unterscheiden sie sich?
6. An welcher Stelle der Bilanz wird der Jahresüberschuss des Handelsgewerbes ausgewiesen?
7. Nach welchen Grundsätzen ist der Jahresabschluss zu erstellen?
8. Welche Arten und Methoden der Abschreibung kennen Sie?

# Kapitel 9. Die allgemeine Handelsgeschäftslehre

**Literatur:** *Axer*, Rechtfertigung und Reichweite der AGB-Kontrolle im unternehmerischen Geschäftsverkehr, 2012; *Blaurock*, Das Kontokorrent, JA 1980, 691 ff.; *Deckert*, Das kaufmännische und berufliche Bestätigungsschreiben, JuS 1998, 121 ff.; *Diederichsen*, Der „Vertragsschluss" durch kaufmännisches Bestätigungsschreiben, JuS 1966, 129 ff.; *Hellwege*, Handelsbrauch und Verkehrssitte, AcP 214 (2014), 853 ff.; *Helm*, Zur Inhaltskontrolle von Allgemeinen Geschäftsbedingungen bei Verwendung gegenüber Kaufleuten, BB 1977, 1109 ff.; *Kaeding*, Die Inhaltskontrolle von Geschäftsbedingungen im unternehmerischen Geschäftsverkehr, BB 2016, 450 ff.; *Lettl*, Das kaufmännische Bestätigungsschreiben, JuS 2008, 849 ff.; *Maier*, Das Kontokorrent, JuS 1988, 196 ff.; *Mues*, Die Irrtumsanfechtung im Handelsverkehr, 2004; *Petersen*, Der gute Glaube an die Verfügungsmacht im Handelsrecht, Jura 2004, 247 ff.; *ders.*, Schweigen im Rechtsverkehr, Jura 2003, 687 ff.; *G. Pfeiffer*, Die laufende Rechnung (Kontokorrent), JA 2006, 105 ff.; *T. Pfeiffer*, Handbuch der Handelsgeschäfte, 1999; *Schärtl*, Das kaufmännische Bestätigungsschreiben, JA 2007, 567 ff.; *K. Schmidt*, Schützt § 366 I HGB den guten Glauben an die Vertretungsmacht?, JuS 1987, 936 ff.; *Sonnenberger*, Verkehrssitten im Schuldvertrag, 1970; *Wiegand*, Fälle des gutgläubigen Erwerbs außerhalb der §§ 932 ff. BGB, JuS 1974, 545 ff.

## § 32. Rechtsquellen der Handelsgeschäftslehre

Im Recht der Handelsgeschäfte wird der Charakter des Handelsrechts als 1 einem Sonderprivatrecht der Kaufleute (vgl. Kap. 1 Rn. 1) besonders deutlich. Das Sonderrecht der Handelsgeschäfte, das eine Abwandlung und Ergänzung der ersten drei Bücher des BGB darstellt, findet sich zunächst im **vierten Buch** des HGB. Dabei werden in einem ersten Abschnitt (§§ 343–372 HGB) einige nur wenig zusammenhängende Vorschriften, die grundsätzlich für Handelsgeschäfte aller Art gelten, „vor die Klammer gezogen". Im zweiten bis sechsten Abschnitt (§§ 373–475 h HGB) werden anschließend einzelne Handelsgeschäfte, die systematisch in den besonderen Teil des Schuldrechts gehören, geregelt. Streng genommen zählen auch die Vorschriften über den Handelsvertreter (§§ 84 ff. HGB) und den Handelsmakler (§§ 93 ff. HGB) zum Sonderrecht der Handelsgeschäfte (vgl. Kap. 6 Rn. 6 ff.). Das 2013 grundlegend reformierte Seehandelsrecht ist im **fünften Buch** des HGB geregelt (§§ 476–619 HGB).

Wichtige Sonderregelungen für Handelsgeschäfte finden sich daneben **außerhalb des HGB**. Dies gilt insbesondere für die handelsrechtlichen Sondermaterien des Bank- und Versicherungsrechts, aber auch für typengemischte Vertragstypen wie den Mietkauf, das Leasing oder den Lizenzvertrag. Angesichts der Lückenhaftigkeit der handelsrechtlichen Sonderregelungen ist schließlich immer wieder ergänzend auf die Normen des bürgerlichen Rechts zurückzugreifen (vgl. Kap. 1 Rn. 10).

206    Kapitel 9. Die allgemeine Handelsgeschäftslehre

| Sachverhalt |

| Sonderregelungen für einzelne Handelsgeschäfte im HGB | Sonderregelungen für einzelne Handelsgeschäfte außerhalb des HGB |
|---|---|
| Handelskauf §§ 373–382 / Kommission §§ 383–406 / Frachtgeschäft §§ 407–452d / Spedition §§ 453–466 / Lagergeschäft §§ 467–475h / Seehandelsgeschäfte §§ 476–619 | Bankgeschäfte / Versicherungsgeschäfte / Leasinggeschäfte / Lizenzgeschäfte |

Allgemeine Handelsgeschäftslehre (§§ 343–372 HGB)

Allgemeine BGB-Regeln

| Falllösung |

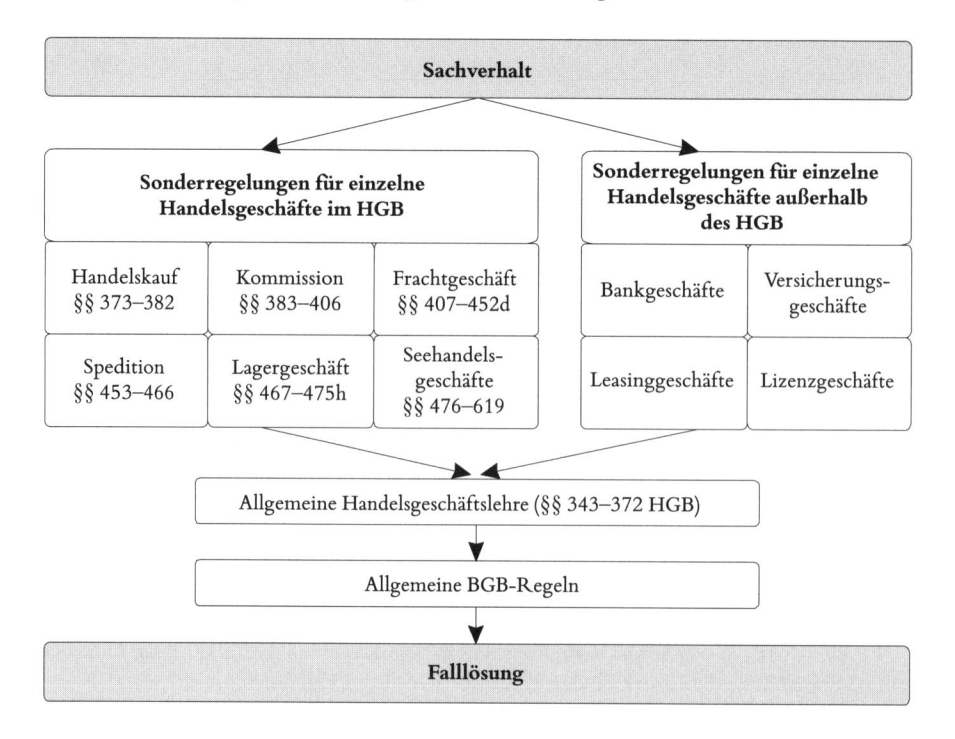

**Lernhinweis:** Das Sonderrecht der Handelsgeschäfte erschließt sich am besten, wenn man sich immer wieder die entsprechenden allgemeinen Regelungen im BGB und den Grund für ihre handelsrechtliche Ergänzung oder Abwandlung (z. B. Vertrauensschutz, Schnelligkeit der Geschäftsabwicklung) vergegenwärtigt. Dabei kann man zugleich die Tatbestandsvoraussetzungen und Rechtsfolgen wichtiger BGB-Normen wiederholen. Das immer wieder zu beobachtende Übergehen handelsrechtlicher Sonderregelungen in der Falllösung kann durch einen Paragrafenverweis am Rand der jeweiligen BGB-Norm vermieden werden, sofern dies nach der für Sie geltenden Prüfungsordnung zulässig ist.

## § 33. Begriff und Arten des Handelsgeschäfts

### A. Begriffsmerkmale

2   Handelsgeschäfte sind nach § 343 Abs. 1 HGB alle Geschäfte eines Kaufmanns, die zum Betriebe seines Handelsgewerbes gehören. Unter dem Begriff „Handelsgeschäft" wird dabei das einzelne (Rechts-)Geschäft und nicht wie in den §§ 22–28 HGB das Handelsgewerbe insgesamt verstanden. Aus der Legaldefinition des § 343 Abs. 1 HGB ergeben sich drei Begriffsmerkmale:

§ 33. Begriff und Arten des Handelsgeschäfts

```
            Handelsgeschäft
        /         |          \
   Geschäft   Kaufmannseigenschaft   Betriebsbezogenheit
              zumindest einer Partei
```

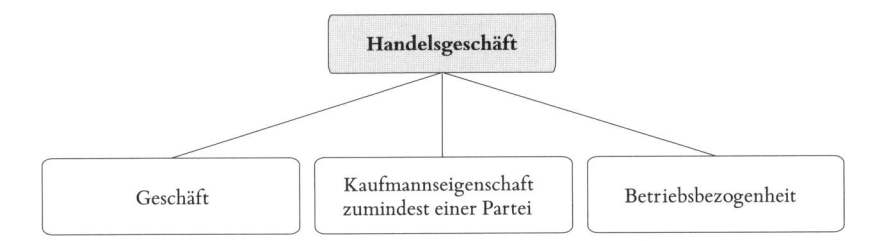

## I. Geschäft

Der Begriff des Geschäfts i. S. d. §§ 343 ff. HGB umfasst mehrseitige (z. B. 3
Kaufvertragsschluss, Übereignung) und einseitige (z. B. Kündigung, Rücktritt) Rechtsgeschäfte (vgl. § 344 Abs. 1 HGB) sowie rechtsgeschäftsähnliche Handlungen und Unterlassungen (z. B. Mahnung, Fristsetzung, Mitteilung, Schweigen im Handelsverkehr, GoA) mit Ausnahme der Organisationsakte (z. B. Gesellschaftsvertragsänderung). Nach h. M. sind Realakte (z. B. unerlaubte Handlungen, Wettbewerbshandlungen, Verbindung, Vermischung, Verarbeitung) auch dann nicht erfasst, wenn sie vorsätzlich begangen werden und im Zusammenhang mit einem (beiderseitigen) Handelsgeschäft stehen (so ausdrücklich für § 353 HGB und unerlaubte Handlungen BGHZ 217, 374 m. w. N. zum Meinungsstreit).

## II. Kaufmannseigenschaft einer oder mehrerer Parteien

Es kommt nach § 343 Abs. 1 HGB grundsätzlich nicht darauf an, dass die 4
Geschäfte objektiv einen bestimmten Inhalt aufweisen, sondern dass sie zum Handelsgewerbe zumindest eines Kaufmanns gehören. Hier wird die Prägung des deutschen Handelsrechts durch das subjektive System (dazu Kap. 1 Rn. 1) besonders deutlich. Als Kaufleute i. S. d. §§ 343 ff. HGB gelten alle Kaufleute der **§§ 1–6 HGB**. Die Sonderregelungen für Handelsgeschäfte sind auch auf eine von Kaufleuten gebildete Außengesellschaft bürgerlichen Rechts anwendbar. Zwar ist die Gesellschaft gegenüber ihren Gesellschaftern im Rechtsverkehr verselbständigt (BGHZ 146, 341), doch muss sie sich die Kaufmannseigenschaft ihrer Gesellschafter im Rahmen einer dem Normzweck entsprechenden Rechtsanwendung zurechnen lassen (so im Ergebnis auch im Rahmen von § 377 HGB *OLG Brandenburg* NJW 2012, 2124).

Maßgeblich für die Feststellung der Kaufmannseigenschaft ist der Zeitpunkt 5
der Vornahme des Geschäfts. Der Verlust der Kaufmannseigenschaft einer Vertragspartei zwischen Abgabe und Zugang einer Willenserklärung ist unschädlich (§§ 130 Abs. 2, 153 BGB analog; *Canaris*, § 20 Rn. 3 f.). Andererseits ist es ausreichend, wenn die Kaufmannseigenschaft zwar erst nach der Abgabe der Willenserklärung, jedoch vor ihrem Zugang und damit ihrem Wirksamwerden erworben wird (GK/*B. Schmidt*, § 343 Rn. 5; a. A. *Canaris*, § 20 Rn. 4). Bei wirksamer Stellvertretung kommt es auf die Kaufmannseigenschaft des Vertretenen an. Wird jedoch ein Stellvertreter ohne Vertretungsmacht in An-

spruch genommen, und kommt es dabei auf eine handelsgeschäftliche Sonderregelung an, ist zumindest für Erfüllungsansprüche die Kaufmannseigenschaft des Stellvertreters erforderlich.

**Beispielsfall:** Viktoria Velten vertritt Kaufmann Klotz bei einer mündlichen Bürgschaftserklärung gegenüber der B-Bank, ohne hierzu bevollmächtigt zu sein. Aufgrund der mündlichen Bürgschaftserklärung kann die B-Bank nur dann von Velten gem. § 179 Abs. 1 BGB Erfüllung verlangen, wenn Velten Kauffrau ist (§ 350 HGB).

6   Die §§ 346 ff. HGB können aber auch **für Nichtkaufleute Bedeutung** erlangen, wenn:
- die betreffende Norm lediglich ein einseitiges Handelsgeschäft (Rn. 10) voraussetzt (§ 345 HGB),
- die §§ 346 ff. HGB mit Ausnahme der §§ 348–350 HGB in Ansehung des jeweiligen traditionellen Grundhandelsgeschäfts kraft ausdrücklicher gesetzlicher Regelung für die nicht eingetragenen kleingewerblichen Kommissionäre (§ 383 Abs. 2 S. 2 HGB), Frachtführer (§ 407 Abs. 3 S. 2 HGB), Spediteure (§ 453 Abs. 3 S. 2 HGB) und Lagerhalter (§ 467 Abs. 3 S. 2 HGB) anwendbar sind,
- jemand als Scheinkaufmann auftritt und zumindest die dispositiven handelsgeschäftlichen Sonderregelungen gegen sich gelten lassen muss, die für ihn ungünstig sind (näher Kap. 2 Rn. 47),
- im Einzelfall die entsprechende Anwendung bestimmter Sonderregelungen auf sonstige Kleingewerbetreibende, Angehörige der freien Berufe oder nicht eingetragene Land- bzw. Forstwirte in Betracht kommt (vgl. z. B. Rn. 19; näher zum Problem der analogen Anwendung handelsrechtlicher Normen *K. Schmidt*, Handelsrecht, § 18 Rn. 10 f. und § 2 Rn. 20 ff. sowie *Canaris*, § 21).

### III. Betriebsbezogenheit

7   Erforderlich ist zudem ein Funktionszusammenhang des Geschäfts mit dem von dem Kaufmann betriebenen Handelsgewerbe. Hierfür genügt ein mittelbarer oder auch nur entfernter Zusammenhang mit dem Zweck oder Gegenstand des Handelsgewerbes (*BGH* ZIP 1997, 836, 837).

**Beispiele:** Hilfsgeschäfte (z. B. Kreditaufnahme, Einstellung von Personal, Materialbeschaffung), vorbereitende Geschäfte (z. B. Anmietung von Geschäftsräumen, Erwerb eines Patents) und Abwicklungsgeschäfte (z. B. Verkauf des Unternehmens).

8   Durch das Kriterium der Betriebsbezogenheit werden die Handelsgeschäfte von den Privatgeschäften des Kaufmanns abgegrenzt.

**Beispielsfall:** Groß ist Inhaber eines Schreibwarengroßhandels. Wenn Groß bei dem Vertragshändler Verdes einen PKW erwirbt, ist beispielsweise die Anwendbarkeit des § 352 Abs. 1 HGB davon abhängig, ob Groß eine für Verdes erkennbare private oder eine betriebliche Nutzung des PKW beabsichtigt.

§ 33. Begriff und Arten des Handelsgeschäfts 209

Das Abgrenzungsproblem stellt sich nur bei den natürlichen Personen und nicht bei den Handelsgesellschaften, da diese keine Privatsphäre haben und daher alle Geschäfte zwingend im Rahmen des von ihnen betriebenen Handelsgewerbes tätigen. Hier kann allenfalls noch fraglich sein, ob es sich um ein Geschäft der Gesellschaft oder um ein Privatgeschäft eines Gesellschafters handelt.

> **Beispielsfall:** König ist Komplementär einer KG und verbürgt sich für seinen Freund Klamm gegenüber der B-Bank. Um ein Handelsgeschäft (der KG) würde es sich hier nur handeln, wenn König im Namen der KG gehandelt hat. Die Betriebsbezogenheit wäre dann aber unproblematisch gegeben.

Die Feststellung der Betriebszugehörigkeit kann im Einzelfall Schwierigkeiten bereiten. Das Gesetz stellt daher zwei **Vermutungen** hinsichtlich der Betriebsbezogenheit auf (§ 344 HGB), die die Darlegung und den Beweis der Betriebsbezogenheit erleichtern: 9

(1) Zum einen gelten die „von einem Kaufmanne vorgenommenen Rechtsgeschäfte im Zweifel als zum Betriebe seines Handelsgewerbes gehörig" (§ 344 Abs. 1 HGB). Durch diese widerlegbare Vermutung wird mithin eine Beweislastumkehr zu Lasten des Kaufmanns begründet. Der Beweis des Gegenteils ist dem Kaufmann darüber hinaus nach allgemeiner Ansicht nur dann möglich, wenn er zudem darlegt, dass die private Natur des Rechtsgeschäfts dem Geschäftspartner auch erkennbar war (*BGH* WM 1976, 424, 425). Sofern sich der Charakter als Privatgeschäft nicht eindeutig aus den äußeren Umständen ergibt (z. B. Kaufmann Klotz kauft sich ein Eis), wird der Kaufmann seinen Geschäftspartner hierauf folglich ausdrücklich hinzuweisen haben.
(2) Zum anderen gelten die von einem Kaufmann gezeichneten Schuldscheine unwiderleglich als im Betriebe seines Handelsgewerbes gezeichnet, sofern sich nicht aus der Urkunde das Gegenteil ergibt (§ 344 Abs. 2 HGB).

> **Klausurhinweis:** Denken Sie bei einer Prüfung der §§ 346 ff. HGB nicht nur an das Tatbestandsmerkmal der Kaufmannseigenschaft zumindest eines der Beteiligten, sondern auch an das Erfordernis eines (zumeist allerdings unproblematisch gegebenen) betriebsbezogenen Handelns i. S. v. §§ 343 f. HGB.

## B. Arten des Handelsgeschäfts

Für die Anwendung der handelsgeschäftlichen Sonderregelungen ist die Unterscheidung zwischen mehrseitigen und einseitigen Handelsgeschäften von großer Bedeutung. 10

Ein **beiderseitiges Handelsgeschäft** ist gegeben, wenn beide Parteien Kaufleute sind und das Geschäft zum Betrieb ihres jeweiligen Handelsgewerbes gehört.

Kapitel 9. Die allgemeine Handelsgeschäftslehre

**Beispiel:** Fabrikantin Felber nimmt bei der B-Bank einen Geschäftskredit auf.

Ein **einseitiges Handelsgeschäft** liegt vor, wenn das Geschäft nur für einen der Beteiligten ein Handelsgeschäft darstellt, da der Geschäftspartner entweder kein Kaufmann ist und nicht den §§ 383 Abs. 2 S. 2, 407 Abs. 3 S. 2, 453 Abs. 3 S. 2, 467 Abs. 3 S. 2 HGB unterfällt oder ein Privatgeschäft tätigt.

**Beispiele:** Student Schneider bestellt im Versandhandel eine HiFi-Anlage. Kaufmann Klotz erledigt im Supermarkt seine Lebensmitteleinkäufe für das Wochenende.

Die Sonderregeln der §§ 346 ff. HGB gelten grundsätzlich für alle Parteien des betreffenden Handelsgeschäfts, auch wenn es sich nur um ein einseitiges handelt (§ 345 HGB). Nur ausnahmsweise ist ein beiderseitiges Handelsgeschäft erforderlich, wenn dies das Gesetz durch Formulierungen wie „bei beiderseitigen Handelsgeschäften" (§ 352 Abs. 1 HGB; ähnlich §§ 354a Abs. 1 und 377 HGB) oder „unter Kaufleuten" (§ 346 HGB; ähnlich §§ 353 und 369 ff. HGB) ausdrücklich normiert. Darüber hinaus sind bestimmte Vorschriften auch nur dann anwendbar, wenn das Geschäft zumindest für die durch die Sonderregelung belastete Partei ein Handelsgeschäft darstellt (qualifizierte Einseitigkeit; vgl. §§ 347–350 und 362 HGB).

**Merksatz:** Die handelsgeschäftlichen Sonderregelungen gelten grundsätzlich auch für einseitige Handelsgeschäfte.

## § 34. Sonderregelungen für alle Handelsgeschäfte

Die §§ 346–372 HGB enthalten verschiedene Sonderregelungen, die allgemein für Handelsgeschäfte gelten (Allgemeiner Teil der Handelsgeschäftslehre).

### A. Der Handelsbrauch

11 Die Handelsbräuche sind die **Verkehrssitten des Handelsverkehrs**. Sie beruhen wie alle anderen Verkehrssitten auf der gleichmäßigen, einheitlichen und freiwilligen tatsächlichen Übung der beteiligten Verkehrskreise über einen angemessenen Zeitraum hinweg (*BGH* WM 1984, 1000, 1002; *BGH* NJW 2001, 2464 f.). Handelsbräuche dienen insbesondere der Auslegung von Willenserklärungen und der Ergänzung unvollständiger Vertragsregelungen (§§ 157, 242 BGB). Sie können dabei auch dispositives Recht verdrängen. Hinter dem zwingenden Recht müssen die Handelsbräuche allerdings zurücktreten (BGHZ 62, 82).

**Beispiele:** Handelsbräuche betreffend die Konkretisierung des Leistungszeitpunkts (§ 359 Abs. 1 HGB), die Kaufpreisbestimmung nach dem Gewicht der Ware (§ 380 HGB) oder die Kaufpreisstundung (§ 393 Abs. 2 HGB); einige Grundsätze ordnungsmäßiger Buchführung (GoB, vgl. Kap. 8 Rn. 5); Bedeutungsinhalte abgekürzter Vertragsklauseln, die allein auf-

§ 34. Sonderregelungen für alle Handelsgeschäfte          211

grund Handelsbrauchs feststehen (z. B. „Kasse gegen Dokumente", „Freibleibend"); zum internationalen Handelsbrauch vgl. Kap. 13 Rn. 20.

Die Handelsbräuche sind nach h. M. **keine Rechtsnormen**. Eine rechtlich 12 bindende Wirkung erhalten sie aber auch ohne Kenntnis oder Unterwerfungswillen der Parteien durch die allgemeine Transformationsnorm des **§ 346 HGB**, durch gesetzliche Sonderregelungen (vgl. §§ 359 Abs. 1, 380 und 393 Abs. 2 HGB) oder eine ausdrückliche vertragliche Vereinbarung. Eine Irrtumsanfechtung wegen Unkenntnis eines Handelsbrauchs ist nicht möglich (str., vgl. *Canaris*, § 22 Rn. 30 f.).

Die Handelsbräuche **unterscheiden sich vom Gewohnheitsrecht** dadurch, dass sie nur eine dauernde Übung voraussetzen und nicht von einer entsprechenden Rechtsüberzeugung der beteiligten Kreise begleitet werden müssen. Sie weisen folglich keinen Rechtsnormcharakter auf. Handelsbräuche werden allerdings dann zu Gewohnheitsrecht, wenn sie wie beispielsweise im Rahmen der Lehre vom kaufmännischen Bestätigungsschreiben von einer entsprechenden Rechtsüberzeugung getragen werden. Im Gegensatz zu den **Allgemeinen Geschäftsbedingungen** müssen sie nicht ausdrücklich oder stillschweigend durch eine „Unterwerfungserklärung" in den Vertrag einbezogen werden, sondern sind nach § 346 HGB ohne weiteres für die von ihnen erfassten Verträge verbindlich (Ba/Ho/*Hopt*, § 346 Rn. 8). Wer einen Handelsbrauch nicht gegen sich gelten lassen will, muss dies daher bei Vertragsschluss klar zum Ausdruck bringen (*BGH* NJW 1966, 502).

|  | Handelsbrauch | Gesetz | Gewohnheitsrecht | AGB |
|---|---|---|---|---|
| **Geltungsgrund** | Dauernde Übung der beteiligten Verkehrskreise | Gesetzgebungsgewalt der Legislative | Dauernde Übung begleitet von einer entsprechenden Rechtsüberzeugung | Einbeziehung in den Vertrag (Unterwerfungserklärung) |
| **Charakter** | Tatsächliche Verkehrssitte; keine Rechtsnorm | Rechtsnorm | Rechtsnorm | Vertragsklausel |
| **Rechtswirkungen** | Geltung für den Verkehrskreis; keine Verdrängung zwingenden Rechts | Allgemeine Geltung; dispositiv oder zwingend | Geltung für den Verkehrskreis; dispositiv oder zwingend | Geltung unter den Vertragsparteien; keine Verdrängung zwingenden Rechts |

Handelsbräuche gelten nach § 346 HGB als solche nur „**unter Kaufleuten**". 13 Dies schließt jedoch nicht aus, dass sie als herkömmliche Verkehrssitten auch gegenüber Nichtkaufleuten zur Anwendung gelangen, sofern nur in dem entsprechenden Verkehrskreis ein derartiger Brauch besteht.

**Beispiel:** Die „Tegernseer Gebräuche über Holzhandel und Holzkauf" gelten bundesweit in den beteiligten Verkehrskreisen. Gegenüber einem kleingewerblich tätigen Schreinermeister kommen sie zwar nicht als Handelsbrauch, wohl aber als allgemeine Verkehrssitte zur Anwendung (vgl. *OLG Koblenz* NJW-RR 1988, 1306).

Handelsbräuche sind zumeist auf einen bestimmten Geschäftszweig (z. B. Kunsthandel), eine bestimmte Personengruppe (z. B. hanseatische Kaufleute) oder einen bestimmten Ort (z. B. Börsenplatzusancen, nationale Handelsbräuche) beschränkt. Für Vertragsleistungen gelten grundsätzlich die Handelsbräuche am Erfüllungsort (vgl. z. B. § 380 HGB).

14  Handelsbräuche sind nach ganz h. M. **Tatsachen** (*BGH* NJW 2001, 2464, 2465; *K. Schmidt*, Handelsrecht, § 1 Rn. 56). Der Richter braucht sie nicht zu kennen. Wer sich auf einen Handelsbrauch beruft, muss sein Bestehen und seinen Inhalt behaupten sowie gegebenenfalls beweisen („*Da mihi facta, dabo tibi ius!*"). Fehlt dem Gericht der entsprechende Sachverstand zur Feststellung eines bestrittenen Handelsbrauchs (vgl. § 114 GVG), holt es hierzu ein Sachverständigengutachten ein, das regelmäßig von der Industrie- und Handelskammer erstattet wird. Als Tatfrage unterliegt die Feststellung eines Handelsbrauchs keiner inhaltlichen Nachprüfung in der Revisionsinstanz.

## B. Das Zustandekommen von Handelsgeschäften durch Schweigen

15  Handelsgeschäfte, die Verträge sind, kommen grundsätzlich nach den allgemeinen Vorschriften der §§ 145 ff. BGB durch zwei übereinstimmende und zumindest konkludent geäußerte Willenserklärungen zustande. Wie im bürgerlichen Recht (*Wolf/Neuner*, BGB AT, 11. Aufl., 2016, § 31 Rn. 11 ff.) hat das Schweigen auch im Handelsrecht grundsätzlich keinen Erklärungswert. Von diesem Grundsatz gibt es im Interesse des handelsrechtlichen Vertrauensschutzes und eines erleichterten Vertragsschlusses jedoch zwei bedeutsame handelsrechtliche Ausnahmen:

### I. Das Schweigen auf ein Angebot zur Geschäftsbesorgung

16  Einen gesetzlich normierten Erklärungswert hat das Schweigen zunächst gem. **§ 362 HGB**. Danach muss ein „Kaufmann" unter bestimmten Voraussetzungen auf ein Angebot zum Abschluss eines Geschäftsbesorgungsvertrages unverzüglich (§ 121 Abs. 1 S. 1 BGB: ohne schuldhaftes Zögern) antworten, wenn sein Schweigen nicht als Annahme gelten soll. Hierbei sind für die Bemessung der angemessenen Antwortfrist die Besonderheiten des Handelsverkehrs zu berücksichtigen (Oetker/*Maultzsch*, § 362 Rn. 24). Hatte der Empfänger keine Kenntnis von dem Angebot und beruhte diese Unkenntnis nicht auf Fahrlässigkeit (z. B. eigenes Organisationsverschulden, Zurechnung des Verschuldens von Mitarbeitern nach § 278 BGB), fehlt es an einem schuldhaften Zögern. Obwohl § 362 HGB ausdrücklich die Kaufmannseigenschaft

## § 34. Sonderregelungen für alle Handelsgeschäfte

voraussetzt und nur die §§ 383 Abs. 2 S. 2, 407 Abs. 3 S. 2, 453 Abs. 3 S. 2, 467 Abs. 3 S. 2 HGB für bestimmte Kleingewerbetreibende auf die Vorschrift verweisen, ist sie nach h. M. auch analog anwendbar auf kleingewerblich tätige Handelsvertreter und -makler sowie auf andere in kaufmannsähnlicher Weise am Geschäftsverkehr teilnehmende Personen (KKRD/*Roth*, § 362 Rn. 5; a. A. E/B/J/S/*Eckert*, § 362 Rn. 10). Dem Kaufmann schadet nur sein Schweigen. Bei einer unklaren Antwort oder einer Antwort, die die Vertragsverhandlungen in der Schwebe hält, ist § 362 HGB bereits unanwendbar (vgl. *BGH* NJW 1984, 866, 867). Die Struktur der Vorschrift, die zwei auf Handelsbräuchen beruhende Tatbestände enthält, erschließt sich am besten durch einen Vergleich mit der in § 663 BGB getroffenen andersartigen Regelung:

|  | § 362 Abs. 1 S. 1 HGB | § 362 Abs. 1 S. 2 HGB | § 663 BGB |
|---|---|---|---|
| **Beispiel** | Beauftragung der Depotbank mit einem Aktienverkauf | Eine Bauträgergesellschaft erhält nach Versendung einer Werbedrucksache an bestimmte Adressaten einen Auftrag. | Ein Immobilienmakler wirbt für seine Dienste durch ein Schild an seinem Büro und erhält einen sog. Suchauftrag. |
| **Voraussetzungen** | Antrag auf Abschluss eines Geschäftsbesorgungsvertrags (§ 675 BGB) | Antrag auf Abschluss eines Geschäftsbesorgungsvertrags (§ 675 BGB) | Antrag auf Abschluss eines Geschäftsbesorgungsvertrags (§ 675 BGB) oder Auftrags (§ 662 BGB) |
| **Voraussetzungen** | Antragsempfänger ist ein Kaufmann oder kaufmannsähnlicher Geschäftsteilnehmer, dessen Geschäftsbetrieb die Besorgung von Geschäften für andere mit sich bringt (z. B. Handelsvertreter, Spediteur, Makler, Bank). | Antragsempfänger ist (irgendein) Kaufmann oder kaufmannsähnlicher Geschäftsteilnehmer. | Antragsempfänger ist zur Geschäftsbesorgung durch eine öffentliche Erklärung bestellt oder hat sich hierzu öffentlich bzw. gegenüber dem Antragenden erboten (z. B. Patentanwalt, Versteigerer). |
|  | Antrag im Rahmen einer bereits bestehenden und auf eine gewisse Dauer angelegten Geschäftsverbindung (keine Spontanbeziehung) | Antrag als Reaktion auf eine invitatio ad offerendum an bestimmte Adressaten | Antrag als Reaktion auf eine invitatio ad offerendum (auch bei unbestimmtem Adressatenkreis) |
|  | Üblichkeit des Geschäfts für den Antragsempfänger | Antrag im Rahmen der invitatio ad offerendum | Antrag im Rahmen der invitatio ad offerendum |

|  | § 362 Abs. 1 S. 1 HGB | § 362 Abs. 1 S. 2 HGB | § 663 BGB |
| --- | --- | --- | --- |
| Rechtsfolge | Pflicht zur unverzüglichen Antwort auf das Angebot; anderenfalls gilt das Schweigen als Annahme, durch die der Vertrag unter den übrigen Voraussetzungen mit dem Inhalt des Antrags zustande kommt (nach h. L. Fiktion) | Pflicht zur unverzüglichen Antwort auf das Angebot; anderenfalls gilt das Schweigen als Annahme, durch die der Vertrag unter den übrigen Voraussetzungen mit dem Inhalt des Antrags zustande kommt (nach h. L. Fiktion) | Pflicht zur unverzüglichen Ablehnung; anderenfalls lediglich Ersatz des Vertrauensschadens nach § 280 Abs. 1 BGB (gesetzlich geregelter Fall der *c.i.c.*) |

Die Vorschrift des § 663 BGB ist gegenüber der weitergehenden Regelung des § 362 HGB subsidiär. Sind beide Regelungen unanwendbar, kann immer noch ein allgemeiner Schadensersatzanspruch aus § 280 Abs. 1 BGB i. V. m. §§ 311 Abs. 2, 241 Abs. 2 BGB *(c.i.c.)* gegeben sein (vgl. *BGH* NJW 1984, 866, 867).

## II. Das Schweigen auf ein kaufmännisches Bestätigungsschreiben

> **Lernhinweis:** Die Lehre vom kaufmännischen Bestätigungsschreiben ist klausurrelevant und sollte daher gut beherrscht werden.

### 1. Begriff und Rechtsnatur

17 Das kaufmännische Bestätigungsschreiben ist ein von dem einen Vertragspartner an den anderen gerichtetes Schreiben, in dem der Bestätigende seine Auffassung über das Zustandekommen und den Inhalt eines mündlich, telefonisch, telegrafisch oder fernschriftlich geschlossenen Vertrages kundtut. Es kann innerhalb gewisser Grenzen Ergänzungen oder Abweichungen gegenüber dem Ergebnis der Vertragsverhandlungen enthalten. Der Empfänger eines solchen Schreibens muss unverzüglich widersprechen, wenn er vermeiden will, dass sein Schweigen als Annahme betrachtet wird und der Vertrag zu den in dem Bestätigungsschreiben genannten Bedingungen zustande kommt (st. Rspr., vgl. nur BGHZ 7, 187, 189 f.; zu einer berechtigten Kritik des Rechtsinstituts *F. Bydlinski*, FS Flume Bd. 1, S. 335 ff.).

Die **gewohnheitsrechtlich** anerkannte Lehre vom Erklärungswert des Schweigens auf ein kaufmännisches Bestätigungsschreiben beruht auf dem Gedanken des handelsrechtlichen Vertrauensschutzes (vgl. nur MüKoHGB/ *K. Schmidt*, § 346 Rn. 143) und auf dem Zusammentreffen dreier **Handelsbräuche** (§ 346 HGB):

- Im Handelsverkehr werden mündliche Vertragsverhandlungen zu Beweiszwecken und gegebenenfalls zur Konkretisierung einzelner Punkte regelmäßig schriftlich bestätigt.

- Das Bestätigungsschreiben wird von dem Geschäftspartner für gewöhnlich erwartet und unverzüglich zur Kenntnis genommen.
- Der Empfänger eines Bestätigungsschreibens widerspricht unverzüglich, wenn er mit dessen Inhalt nicht einverstanden ist.

Die Lehre vom kaufmännischen Bestätigungsschreiben weist Parallelen zu den soeben behandelten Regelungen des § 362 HGB und zur Rügepflicht beim Handelskauf (§ 377 HGB; dazu Kap. 10 Rn. 8 ff.) auf.

## 2. Arten

Man unterscheidet folgende Arten eines kaufmännischen Bestätigungsschreibens: 18

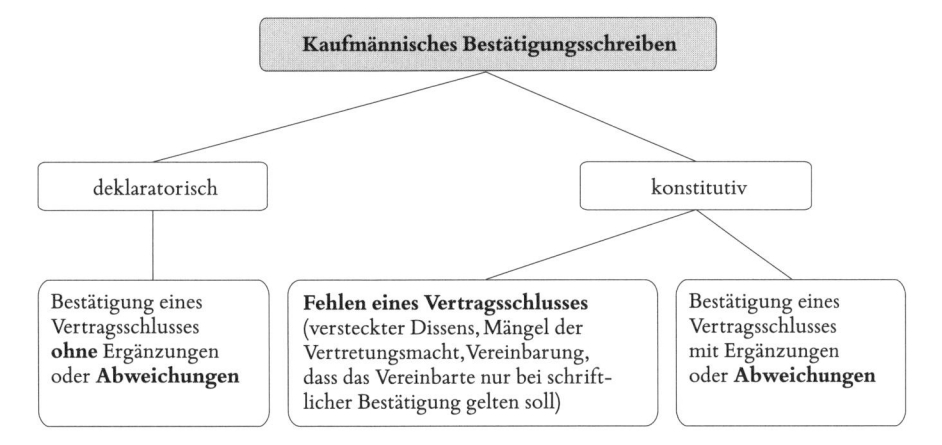

```
                    Kaufmännisches Bestätigungsschreiben
                    /                                    \
            deklaratorisch                          konstitutiv
```

| Bestätigung eines Vertragsschlusses **ohne** Ergänzungen oder **Abweichungen** | **Fehlen eines Vertragsschlusses** (versteckter Dissens, Mängel der Vertretungsmacht, Vereinbarung, dass das Vereinbarte nur bei schriftlicher Bestätigung gelten soll) | Bestätigung eines Vertragsschlusses mit Ergänzungen oder **Abweichungen** |

## 3. Voraussetzungen

Die Lehre vom kaufmännischen Bestätigungsschreiben hat sechs Voraussetzungen: 19

(1) Die Regeln über das Bestätigungsschreiben als Handelsbrauch galten ursprünglich nur unter Kaufleuten. Heute wird es allgemein als ausreichend betrachtet, wenn beide **Parteien ähnlich einem Kaufmann** in größerem Umfang am Geschäftsverkehr teilnehmen, so dass ihre Kenntnis der der Lehre vom Bestätigungsschreiben zugrunde liegenden Handelsbräuche (vgl. Rn. 17) unterstellt werden kann (vgl. BGHZ 40, 42, 43 f.; *BGH* NJW 1987, 1940, 1941; *OLG Düsseldorf* ZIP 2004, 1211, 1211).

**Beispiele:** Großhandelskaufmann, kleingewerblich tätiger Grundstücksmakler, Architekt, Rechtsanwalt, GmbH-Geschäftsführer (*OLG Düsseldorf* EWiR 2004, 707, 707).

Teilweise wird es sogar unter Hinweis auf § 345 HGB und in Analogie zu § 362 HGB für ausreichend gehalten, wenn lediglich der Empfänger kaufmannsähnlich im Geschäftsverkehr auftritt, der Bestätigende aber ein reiner Privatmann ist (*Canaris*, § 23 Rn. 45; kritisch *Kollrus*, BB 2014, 779, 784).

(2) Es müssen in irgendeiner Form Vertragsverhandlungen stattgefunden haben, die zwar gar nicht oder zumindest nicht vollständig bzw. nur von einer Seite schriftlich festgehalten wurden, die aber tatsächlich oder zumindest aus der Sicht des Bestätigenden scheinbar zu einem **Vertragsschluss** geführt haben (vgl. BGHZ 54, 236, 240).

> **Beispielsfall:** Eisenwarenhändler Eisele bestellt bei Großhändler Groß eine größere Menge Werkzeuge, indem er auf dessen Anrufbeantworter spricht. Nachdem Groß per Fax die Lieferung zugesagt hat, schickt Eisele ein Bestätigungsschreiben, das zusätzlich eine handelsübliche Skontoklausel enthält. Will Groß einen etwaigen Skontoabzug durch Eisele vermeiden, muss er unverzüglich reagieren, da auf der Seite Eiseles die Vertragsverhandlungen noch nicht schriftlich fixiert waren.

Die genannte Voraussetzung unterscheidet das Bestätigungsschreiben von der Auftragsbestätigung. Während das Bestätigungsschreiben stets das Ergebnis von Vertragsverhandlungen, die zumindest aus der Sicht des Bestätigenden zu einem scheinbaren Vertragsschluss geführt haben, wiedergeben will, stellt die Auftragsbestätigung eine besondere Form der Annahme eines gemachten Angebots („Auftrag") dar, durch die der Vertrag erstmalig zustande kommen soll. Weicht die Auftragsbestätigung von dem Angebot ab, gilt dies als Ablehnung und neuer Antrag (§ 150 Abs. 2 BGB), zu dessen Annahme ein bloßes Schweigen grundsätzlich nicht genügt.

> **Beispielsfall** (nach BGHZ 61, 282 ff.): Die Kaufleute Abele und Best hatten sich nach längeren Vertragsverhandlungen in allen wesentlichen Punkten über die Lieferung zweier Wärmehaltesilos geeinigt, wobei Abele sich die endgültige Entscheidung über den Vertragsschluss allerdings noch vorbehalten hatte. Wenig später bestellte Abele jedoch bei Best die Silos unter Bezugnahme auf seine umseitig abgedruckten Einkaufsbedingungen. Diese enthielten u. a. einen Verweis auf die gesetzlichen Verzugsvorschriften und eine sog. Abwehrklausel, die die Geltung anders lautender formularmäßiger Bedingungen des Lieferanten unter den Vorbehalt der schriftlichen Anerkennung stellte. Best bestätigte den Auftrag und verwies seinerseits auf seine beigefügten Verkaufsbedingungen, die im Gegensatz zu den Einkaufsbedingungen Abeles Schadensersatzansprüche wegen verspäteter Lieferung ausschlossen. Erst als Best nicht termingerecht lieferte, beriefen sich die Parteien jeweils auf ihre sich widersprechenden AGB. Abele nahm zwar die verspätet gelieferten Silos in Betrieb, behielt aber ein Drittel des vereinbarten Kaufpreises als Verzugsschaden ein. Best klagte daraufhin auf Zahlung des Restkaufpreises.
> Hier war aus der Sicht beider Parteien zunächst noch kein wirksamer Vertrag zustande gekommen. Die Bestätigung der Bestellung Abeles durch Best bildete mithin kein kaufmännisches Bestätigungsschreiben. Aufgrund der inhaltlichen Abweichung handelte es sich auch um keine Annahme der Bestellung Abeles. Vielmehr ist die Auftragsbestätigung des Best nach § 150 Abs. 2 BGB als ein neues Angebot zu qualifizieren, das von Abele durch sein bloßes Schweigen nicht angenommen wurde. Auch die Inbetriebnahme der Silos kann angesichts des ausdrücklichen Protests Abeles (Abwehrklausel, gleichzeitige Geltendmachung eines

## § 34. Sonderregelungen für alle Handelsgeschäfte

> Verzugsschadens) nicht als eine stillschweigende Annahme dieses neuen Angebots unter *Einschluss* der Verkaufsbedingungen des Best aufgefasst werden. Der Vertrag kommt allerdings wegen der Inbetriebnahme der Silos durch Abele nach ganz h.M. unter *Ausschluss* der sich widersprechenden AGB zustande (sog. Theorie der Kongruenzgeltung). Dies ergibt sich entweder aus den Grundsätzen zum Dissens (vgl. Palandt/*Grüneberg*, § 305 Rn. 54) oder aus einer Einschränkung der Berufung auf § 150 Abs. 2 BGB unter dem Gesichtspunkt von Treu und Glauben (vgl. BGHZ 61, 282, 287 ff.). An die Stelle der sich widersprechenden AGB treten gem. § 306 Abs. 2 BGB die gesetzlichen Vorschriften (vgl. *Musielak/Mayer*, Examenskurs BGB, 4. Aufl., 2019, Rn. 87). Danach hat Abele einen Anspruch auf Ersatz des ihm entstandenen Verzugsschadens.

(3) In dem Bestätigungsschreiben muss der behauptete konkrete Vertragsschluss eindeutig, endgültig und in seinem wesentlichen **Inhalt** wiedergegeben sein. Die Bezeichnung des Schreibens als Bestätigungsschreiben ist dabei weder erforderlich noch als solche ausreichend (vgl. BGHZ 54, 236, 239).

(4) Das Bestätigungsschreiben muss dem Vertragspartner **unverzüglich** nach Abschluss der Vertragsverhandlungen **zugehen** (*BGH* NJW-RR 2001, 680). Die zu § 130 BGB entwickelten Regeln gelten hierbei entsprechend (vgl. zu den Zugangsvoraussetzungen allgemein *Wolf/Neuner*, BGB AT, 11. Aufl., 2016, § 33 Rn. 10 ff.).

(5) Der **Bestätigende** muss **schutzwürdig** sein. Dies ist nur dann gegeben, wenn er unter Berücksichtigung von Treu und Glauben das Schweigen des Empfängers als Einverständnis mit dem Inhalt des Bestätigungsschreibens auffassen durfte (vgl. *Walchshöfer*, BB 1975, 719 ff.).

Daran fehlt es zunächst, wenn der Bestätigende oder eine seiner maßgeblichen Hilfspersonen (§ 166 BGB) nicht **redlich** handelt. Die Unredlichkeit des Absenders ist gegeben, wenn er das Vereinbarte in nicht nur unbedeutenden Nebenpunkten bewusst unrichtig wiedergibt und darauf vertraut, dass der Empfänger nicht rechtzeitig widersprechen wird.

> **Beispielsfall:** Best bestätigt gegenüber Fabrikantin Felber den Abschluss mündlicher Vertragsverhandlungen in den Werksferien der Felber, wobei er den vereinbarten Kaufpreis um 10 % erhöht.

Aber auch bei redlichem Verhalten des Bestätigenden dürfen die inhaltlichen **Abweichungen** oder Ergänzungen des Bestätigungsschreibens gegenüber dem Ergebnis der Vertragsverhandlungen **nicht** derart **gravierend** sein, dass der Bestätigende nach Treu und Glauben nicht mehr mit einer widerspruchslosen Hinnahme durch den Empfänger rechnen durfte (§ 242 BGB). Die Abweichung ist vom Empfänger darzulegen und zu beweisen (*BGH* NJW-RR 2001, 680, 681). Die ergänzende Einführung branchenüblicher AGB wird von der h.M. dabei noch als zulässig erachtet.

Hier liegt auch das Hauptanwendungsgebiet der Lehre vom kaufmännischen Bestätigungsschreiben. Allerdings darf sich der Vertragspartner nicht bereits zuvor gegen die Verwendung der entsprechenden AGB verwahrt haben. Bei sich **kreuzenden Bestätigungsschreiben** darf der Bestätigende ebenfalls nicht mit einem Einverständnis des Empfängers rechnen, da er aus den voneinander abweichenden Inhalten der Bestätigungsschreiben entnehmen kann, dass die Gegenseite mit dem eigenen Bestätigungsschreiben nicht einverstanden ist.

Problematisch sind in diesem Zusammenhang auch die Fälle, in denen der bestätigte Vertragsschluss lediglich an der fehlenden Vertretungsmacht einer Hilfsperson des Empfängers des Bestätigungsschreibens gescheitert ist. Schutzwürdig dürfte der Bestätigende hier nur sein, wenn er das Bestätigungsschreiben ausdrücklich an den anderen Kaufmann selbst, ein geschäftsführendes Organ oder einen Prokuristen adressiert hat (*BGH* NJW 2007, 987, 988 f.; *Canaris*, § 23 Rn. 37).

(6) Ein kaufmännisches Bestätigungsschreiben kann seine Rechtswirkungen schließlich nur dann entfalten, wenn sein Empfänger **nicht unverzüglich widerspricht**. Der Widerspruch nach mehr als einer Woche ist in der Regel verspätet (vgl. *BGH* BB 1969, 933, 933).

### 4. Rechtsfolgen

20  Der Vertrag gilt als mit dem Inhalt des Bestätigungsschreibens zustande gekommen. Darüber hinaus wird vermutet, dass das Bestätigungsschreiben die Parteivereinbarungen auch vollständig wiedergibt (§ 416 ZPO; zur Beweiskraft eines kaufmännischen Bestätigungsschreibens als Privaturkunde näher *Kollrus*, BB 2014, 779 ff.). Den Parteien bleibt jedoch zur Widerlegung dieser Vermutung der Nachweis unbenommen, dass weitere Absprachen getroffen wurden, die zwar nicht im Bestätigungsschreiben enthalten sind, dessen Inhalt aber auch nicht widersprechen. Ob diese Absprachen letztlich die im Bestätigungsschreiben niedergelegten Grundsätze tatsächlich ergänzen sollten, ist dann nach den Umständen des Einzelfalls zu beurteilen (vgl. *BGH* NJW 1964, 589).

### III. Anfechtbarkeit des Schweigens mit Erklärungswert

21  Im Hinblick auf die prüfungsrelevante Frage, ob das Schweigen, das nach § 362 HGB bzw. nach den Grundsätzen über das kaufmännische Bestätigungsschreiben zum Vertragsschluss führt, analog §§ 119 ff. BGB angefochten werden kann (*Mues*, Irrtumsanfechtung, S. 159 ff.), ist zu differenzieren:

- Irrte der Schweigende lediglich über die rechtlich bindende **Wirkung seines Schweigens** oder über die **Abweichung** des Bestätigungsschreibens vom Inhalt der Vertragsverhandlungen, ist ihm nach allgemeiner Ansicht die Anfechtung verwehrt. Anderenfalls würde der durch § 362 HGB und die Lehre vom kaufmännischen Bestätigungsschreiben bezweckte Vertrauensschutz wieder durchbrochen (vgl. BGHZ 11, 1, 5).

**Beispielsfall** (nach *BGH* NJW 1969, 1711): Vossen veranstaltet als eingetragener Kaufmann in Hamburg Kammerkonzerte. Mit dem Künstleragenten Köster vereinbart er auf einem Empfang mündlich, dass das von Köster gemanagte „Bosart-Trio an zwei Abenden in der Musikhalle Konzerte für ein Honorar von 15.000,– €" gibt. Die Doppeldeutigkeit dieser Vereinbarung fiel dabei keinem der Vertragspartner auf. Am folgenden Werktag bestätigt Köster schriftlich das „Engagement des Bosart-Trios für zwei Konzerte zum Gesamthonorar von 30.000,– €". Vossen widerspricht nicht. Denn er glaubt, dass das bloße Schweigen auf ein Schreiben, das den aus seiner Sicht zum Gesamthonorar von 15.000,– € mündlich geschlossenen Vertrag gänzlich unrichtig wiedergibt, keinen Erklärungswert besitzt und für ihn daher keine negativen Folgen haben kann. Nach der Lehre vom kaufmännischen Bestätigungsschreiben wurde hier ein Gesamthonorar von 30.000,– € vereinbart. Denn aus der Sicht des Köster, der ein Gesamthonorar von 30.000,– € bereits mündlich für vereinbart hielt, weicht das Bestätigungsschreiben nicht derart gravierend (nämlich überhaupt nicht) vom bestätigten Vertrag ab, dass er mit einer widerspruchslosen Hinnahme des Inhalts durch Vossen nicht mehr rechnen konnte (vgl. Rn. 19). Vossen kann sein Schweigen auch nicht in Analogie zu § 119 Abs. 1 BGB anfechten. Denn das Bestätigungsschreiben diente objektiv der Klarstellung des bis dahin nicht eindeutigen Inhalts eines mündlich geschlossenen Vertrags. Diese Funktion der Klarstellung und Streitvermeidung würde das kaufmännische Bestätigungsschreiben verlieren, wenn Vossen zur Anfechtung berechtigt wäre, weil er sich über die Stärke der Abweichung des Bestätigungsschreibens vom bestätigten Vertragsschluss oder über den Erklärungswert seines Schweigens überhaupt geirrt hat (vgl. *BGH* NJW 1969, 1711 f.).

- Irrte der Schweigende hingegen über den **Inhalt** des Antrags bzw. des Bestätigungsschreibens als solches, ist eine Anfechtung in analoger Anwendung der §§ 119 ff. und 142 ff. BGB nach h. M. grundsätzlich möglich. Denn das Vertrauen des Geschäftspartners, dass das Schweigen des Empfängers nicht durch Willensmängel beeinflusst ist, verdient prinzipiell keinen stärkeren Schutz als nach den allgemeinen Regelungen. Allerdings ist dem Empfänger des Antrags bzw. Bestätigungsschreibens nach h. M. die Anfechtung des Schweigens dann zu versagen, wenn sein Irrtum darauf beruht, dass er bei der Durchsicht des Bestätigungsschreibens die gebotene kaufmännische Sorgfalt nicht beachtet hat. Denn anderenfalls würde auch in diesem Fall der Zweck des § 362 HGB bzw. des Bestätigungsschreibens durch die Anfechtungsmöglichkeit unterlaufen (vgl. *K. Schmidt*, Handelsrecht, § 19 Rn. 63 f. und 135 ff.; a. A. *Canaris*, § 23 Rn. 38).

**Beispielsfall:** Vossen glaubte, für 30.000,– € das bekannte Beaux-Arts-Trio engagiert zu haben, und hielt die Bestätigung des Engagements des Bosart-Trios durch Köster für einen Schreibfehler. Dieser error in persona berechtigt Vossen grundsätzlich zur Anfechtung nach § 119 Abs. 1 Alt. 1 BGB analog. Es müsste nach h. M. allerdings noch geklärt werden, ob dem Vossen wegen Missachtung der im Verkehr erforderlichen Sorgfalt ausnahmsweise eine Anfechtung zu versagen ist. Dies wäre beispielsweise der Fall, wenn sich auch das Bosart-Trio in der Kammermusikszene bereits einen Namen gemacht hätte und Vossen daher zur Klärung der Identität des engagierten Trios verpflichtet gewesen wäre.

- Wurde der Empfänger eines Antrags nach § 362 HGB von dem Antragenden **arglistig getäuscht**, ist er zur Anfechtung seines Schweigens gem. §§ 123 f. und 142 ff. BGB analog berechtigt. Nach der Lehre vom kaufmännischen Bestätigungsschreiben besitzt das Schweigen bei Arglist des Bestätigenden ohnehin keinen Erklärungswert (vgl. Rn. 19), so dass insoweit eine Anfechtung entbehrlich ist.

## C. Besonderheiten bei der Anwendung der §§ 305 ff. BGB

22    Nach **§ 310 Abs. 1 S. 1 BGB** finden § 305 Abs. 2 und 3 BGB sowie die §§ 308 Nr. 1, 2 bis 8 und 309 BGB keine Anwendung auf allgemeine Geschäftsbedingungen, die **gegenüber einem Unternehmer**, einer juristischen Person des öffentlichen Rechts oder einem öffentlich-rechtlichen Sondervermögen verwendet werden (generell kritisch zur Anwendung der §§ 305 ff. BGB im reinen Unternehmensverkehr *Axer*, Rechtfertigung, 2012). Unternehmer ist nach der Legaldefinition des § 14 Abs. 1 BGB eine natürliche oder juristische Person oder eine rechtsfähige Personengesellschaft i. S. v. § 14 Abs. 2 BGB, die bei Abschluss des Vertrages in Ausübung ihrer gewerblichen oder selbständigen beruflichen Tätigkeit handelt (vgl. dazu bereits Kap. 1 Rn. 1). Die §§ 305 ff. BGB gelten damit gegenüber einem ein betriebsbezogenes Geschäft tätigenden Kaufmann wie auch gegenüber anderen Unternehmern nur eingeschränkt:

- Für die **Einbeziehung** von AGB in den Vertrag ist zwar eine entsprechende Vereinbarung erforderlich, doch genügt eine stillschweigende Willensübereinstimmung der Parteien, da § 305 Abs. 2 BGB und damit das Erfordernis eines ausdrücklichen Hinweises auf die AGB bzw. eines deutlich sichtbaren Aushangs derselben am Orte des Vertragsschlusses keine Anwendung findet. Der Verwender muss dem Vertragspartner auch nicht die Möglichkeit verschaffen, von dem Inhalt der AGB in zumutbarer Weise Kenntnis zu nehmen. Insofern ist es ausreichend, wenn der Verwender auf seine AGB (ggf. auch nur konkludent) in der Verhandlungssprache hinweist und der Vertragspartner ihrer Geltung nicht widerspricht (BGHZ 117, 190, 195; *OLG Hamm* NJOZ 2015, 1369, 1371). So können die AGB etwa auch durch den Hinweis in einer Auftragsbestätigung in den Vertrag einbezogen werden (*OLG Hamm* NJOZ 2015, 1369 ff.). Eine Übersetzung der AGB in die Verhandlungssprache oder eine Weltsprache ist nur erforderlich, wenn der Vertragspartner dies verlangt (*OLG Hamm* NJOZ 2015, 1369). Für den konkludenten Hinweis ist es ausreichend, wenn es für den Vertragspartner aufgrund der konkreten Umstände zweifelsfrei erkennbar ist, dass die AGB nach dem Willen des Verwenders in den konkreten Vertrag einbezogen werden sollten (vgl. BGHZ 117, 190, 195 – im konkreten Fall allerdings verneint). So genügt z. B. die Übergabe von AGB im Rahmen von Vorverhandlungen (*OLG Hamm* NJOZ 2015, 1369). Die bloße Bereitstellung der AGB zum Online-Abruf auf einer Homepage soll den Willen zur Einbeziehung

§ 34. Sonderregelungen für alle Handelsgeschäfte    221

in den konkreten Vertrag jedoch noch nicht hinreichend zum Ausdruck bringen (*OLG Hamburg* WM 2003, 581, 583).

- Eine **Inhaltskontrolle** kann allein auf der Grundlage des § 307 BGB sowie des § 308 Nr. 1a, Nr. 1b BGB erfolgen. Die Klauselverbote der §§ 308 Nr. 1, 2 bis 8 und 309 BGB können im Rahmen der Prüfung von § 307 BGB allerdings noch eine Indizfunktion haben (vgl. zu dieser zunehmend umstrittenen und mit BGHZ 201, 230 in Frage gestellten Ausstrahlungswirkung bzw. Gleichschrittrechtsprechung etwa *BGH* NJW 1985, 3016, 3017; *BGH* ZIP 1996, 756, 758; *v. Westphalen*, NJW 2009, 2977 ff.; vgl. auch § 310 Abs. 1 S. 2 BGB; krit. *Lenkaitis/Löwisch*, ZIP 2009, 441 ff. und mit Änderungsvorschlägen *de lege ferenda Berger*, NJW 2010, 465 ff.). In der Klausur empfiehlt es sich daher im Falle der Verwendung von AGB gegenüber einem Unternehmer, die Verbotskataloge dieser Paragrafen kurz durchzusehen und mit ihren Wertungsgesichtspunkten im Rahmen von § 307 Abs. 1 und 2 BGB zu argumentieren. Dabei sollten allerdings die im Vergleich zu Verbrauchern geringere Schutzbedürftigkeit von Unternehmern und allenfalls bestehende Handelsbräuche berücksichtigt werden, was wiederum nicht bedeutet, dass damit alle durch die §§ 308 Nr. 1, 2 bis 8 und 309 BGB erfassten Klauseln im unternehmerischen Verkehr zulässig wären (näher *Kaeding*, BB 2016, 450 ff.). Ob und inwieweit speziell Unternehmenskaufverträge der AGB-Inhaltskontrolle unterliegen und standhalten, ist umstritten (dazu *Maier-Reimer/Niemeyer*, NJW 2015, 1713 ff.).

  **Beispiel:** Die Klausel in dem zwischen einem Kreditkartenunternehmen und einem Vertragsunternehmen abgeschlossenen Akquisitionsvertrag, die das Vertragsunternehmen verschuldensunabhängig mit dem vollen Risiko einer (vom Karteninhaber ggf. auch nur behaupteten) missbräuchlichen Verwendung der Kreditkarte belastet, begründet eine Einschränkung des vertragswesentlichen Anspruchs des Vertrags- gegen das Kreditkartenunternehmen aus § 780 Abs. 1 BGB und gefährdet den Vertragszweck. Sie ist daher auch bei Verwendung gegenüber einem Unternehmer nach § 307 Abs. 1 und 2 BGB unwirksam (*BGH* NJW 2002, 2234).

Demgegenüber wird der Schutz der §§ 305 ff. BGB durch § 310 Abs. 3 BGB noch verstärkt, wenn ein Unternehmer allgemeine Geschäftsbedingungen **gegenüber einem Verbraucher** i. S. v. § 13 BGB verwendet:

- Sofern die allgemeinen Geschäftsbedingungen nicht durch den Verbraucher in den Vertrag eingeführt wurden, gelten sie als vom Unternehmer gestellt (§ 310 Abs. 3 Nr. 1 BGB i. V. m. § 305 Abs. 1 S. 1 BGB). Bedeutung hat dies insbesondere für die Einbeziehung der von einem Notar oder Makler vorgeschlagenen formularmäßigen Regelungen in den Anwendungsbereich der §§ 305 ff. BGB sowie für die Verteilung der Beweislast.
- Die §§ 305c Abs. 2, 306, 307 bis 309 BGB sind auch auf die für einen Einzelfall vorformulierten Vertragsbedingungen anwendbar, soweit der Verbraucher aufgrund der Vorformulierung auf ihren Inhalt keinen Einfluss nehmen konnte (§ 310 Abs. 3 Nr. 2 BGB). Aufgrund einer richtlinienkonformen

Auslegung gilt dies zudem für die §§ 305 Abs. 2 und 3 und 305c Abs. 1 BGB (Palandt/*Grüneberg*, § 310 Rn. 18).
- Bei der Inhaltskontrolle nach § 307 Abs. 1 und 2 BGB sind auch die den Vertragsschluss begleitenden Umstände zu berücksichtigen (§ 310 Abs. 3 Nr. 3 BGB). Dies gilt zumindest zugunsten des Verbrauchers (z. B. Überrumpelung des Verbrauchers). Umstritten ist dagegen, ob ein ausnahmsweises Fehlen der typischen Unterlegenheit des Verbrauchers zu einer Zulässigkeit der AGB führen kann (so mit der h. M. Palandt/*Grüneberg*, § 310 Rn. 21; a. A. *Michalski*, DB 1999, 677 ff.).

**Merksatz:** Gegenüber einem Unternehmer gelten die §§ 305 ff. BGB nur eingeschränkt, für Verbraucherverträge hingegen verstärkt.

## D. Sonderregelungen für die Durchführung von Handelsgeschäften

### I. Die kaufmännische Sorgfaltspflicht

23   Nach **§ 347 Abs. 1 HGB** hat der Kaufmann bei der Erfüllung von Handelsgeschäften für die Sorgfalt eines ordentlichen Kaufmanns einzustehen. Angesichts der Sachkunde und Geschäftserfahrung eines Kaufmanns bedeutet dies regelmäßig eine Verschärfung gegenüber dem allgemeinen Haftungsmaßstab des § 276 Abs. 1 S. 1 und Abs. 2 BGB. Sie gilt nach allgemeiner Ansicht auch für die Haftung aus § 280 Abs. 1 BGB i. V. m. §§ 311 Abs. 2, 241 Abs. 2 BGB *(c.i.c.)*. Es handelt sich aber letztlich nur um eine **Klarstellung**, da sich der allgemeine Sorgfaltsmaßstab ohnehin nach dem jeweiligen Verkehrskreis bzw. der jeweiligen Berufsgruppe bestimmt. Ganz in diesem Sinne ist darüber hinaus der Sorgfaltsmaßstab des ordentlichen Kaufmanns nach der Art des Handelsgeschäfts weiter auszudifferenzieren (z. B. Sorgfalt eines ordentlichen Frachtführers; Sorgfalt eines ordentlichen Bankiers).

Die nach bürgerlichem Recht möglichen Haftungsbeschränkungen auf grobe Fahrlässigkeit oder auf die Sorgfalt in eigenen Angelegenheiten können auch zugunsten eines Kaufmanns eingreifen (§ 347 Abs. 2 HGB).

### II. Das kaufmännische Vertragsstrafeversprechen

24   Eine unangemessen hohe Vertragsstrafe, die ein Kaufmann im Betrieb seines Handelsgewerbes versprochen hat, kann nicht durch Urteil auf Antrag des Schuldners nach § 343 BGB auf den angemessenen Betrag herabgesetzt werden **(§ 348 HGB)**. Denn nach Ansicht des Gesetzgebers kann ein Kaufmann die Auswirkungen einer betriebsbezogenen Vertragsstrafenvereinbarung richtig einschätzen. Allerdings kann sich auch der Kaufmann gegebenenfalls auf die Gesetz-, Sitten- oder Treuwidrigkeit der Vertragsstrafenvereinbarung (§§ 134, 138, 242 BGB), die Unangemessenheit einer formularmäßigen Vertragsstra-

fenvereinbarung (§ 307 Abs. 1 und 2 BGB; siehe z. B. BGHZ 141, 391, 397 f.: Zulässigkeit einer verschuldensunabhängigen Vertragsstrafe nur bei besonderem Bedürfnis) oder auf das Fehlen bzw. den Wegfall der Geschäftsgrundlage (§ 313 BGB) berufen (näher *Pauly*, MDR 2005, 781 ff.).

### III. Die kaufmännische Bürgschaft

Der bürgende Kaufmann kann sich bei einer Inanspruchnahme durch den Gläubiger nicht auf die Einrede der Vorausklage (§ 771 BGB) berufen, sofern die Übernahme der Bürgschaft zumindest für ihn ein Handelsgeschäft bildet (**§ 349 HGB**). Die betriebsbezogene kaufmännische Bürgschaft ist daher immer eine selbstschuldnerische Bürgschaft i. S. v. § 773 Abs. 1 Nr. 1 BGB. Auch das den Nichtkaufmann schützende Erfordernis der schriftlichen Bürgschaftserteilung (§ 766 BGB) besteht für Kaufleute nicht (**§ 350 HGB**).

### IV. Das kaufmännische Schuldversprechen und Schuldanerkenntnis

Die nach bürgerlichem Recht erforderliche Schriftform des Schuldversprechens (§ 780 BGB) und des Schuldanerkenntnisses (§ 781 S. 1 und 2 BGB) ist im Interesse der Erleichterung des Handelsverkehrs dann entbehrlich, wenn das Versprechen oder Anerkenntnis von einem Kaufmann im Rahmen seines Handelsgewerbes abgegeben wird (**§ 350 HGB**).

### V. Die Verzinsung handelsgeschäftlicher Forderungen

Aus dem handelsrechtlichen Prinzip der Entgeltlichkeit folgen einige Sonderregelungen zur Verzinsung von Forderungen aus Handelsgeschäften:

- Der gesetzliche Zinssatz innerhalb beiderseitiger Handelsgeschäfte beträgt statt allgemein 4 % (§ 246 BGB) **5 % pro Jahr** (**§ 352 HGB**), sofern sich nicht aus dem Vertrag oder dem Gesetz (v. a. für die von § 352 Abs. 1 S. 1 HGB ausdrücklich ausgenommenen Verzugszinsen nach § 288 Abs. 2 BGB) etwas anderes ergibt.
- Bei Rechtsgeschäften, an denen ein Verbraucher nicht beteiligt ist, also gerade auch bei beiderseitigen Handelsgeschäften, beträgt nach **§ 288 Abs. 2 BGB** der gesetzliche Verzugszinssatz für Entgeltzahlungen (z. B. Kaufpreisforderung) neun Prozentpunkte über dem Basiszinssatz i. S. v. § 247 BGB. Die Geltendmachung noch höherer Zinsen nach § 288 Abs. 3 und 4 BGB ist dabei auch Kaufleuten möglich. Handelt es sich nicht um eine Entgeltzahlung, sondern etwa um einen Schadensersatz-, Aufwendungsersatz- oder Rückzahlungsanspruch, so beträgt der Verzugszinssatz auch im handelsgeschäftlichen Verkehr nach § 288 Abs. 1 BGB grundsätzlich fünf Prozentpunkte über dem Basiszinssatz. Ist der in Verzug geratene Schuldner kein Verbraucher (also insbesondere ein Kaufmann), hat der Gläubiger zudem einen Anspruch auf Zahlung einer Pauschale in Höhe von 40 Euro (§ 288 Abs. 5 BGB).
- Kaufleute können aus beiderseitigen Handelsgeschäften bereits ab Fälligkeit und nicht erst mit Verzugseintritt (§ 286 BGB) bzw. Rechtshängigkeit

(§ 291 BGB) Zinsen verlangen (**§ 353 S. 1 HGB**, sog. **Fälligkeitszinsen**). Allerdings gilt auch hier grundsätzlich das Zinseszinsverbot (§ 353 S. 2 HGB und § 248 Abs. 1 BGB). Die auch aufgrund ihrer fragwürdigen *ratio legis* eng auszulegende Sonderregelung gilt nicht für Geldschulden aus unerlaubten Handlungen (vgl. auch Rn. 3), selbst wenn diese im Zusammenhang mit einem beiderseitigen Handelsgeschäft stehen (BGHZ 217, 374).

- Ein Kaufmann kann nach § 354 Abs. 2 HGB für Darlehen, Vorschüsse, Auslagen und andere Verwendungen Zinsen vom Tag der Leistung an verlangen.

## VI. Die Entgeltlichkeit der kaufmännischen Dienstleistung und Geschäftsbesorgung

28 **§ 354 Abs. 1 HGB** geht davon aus, dass Kaufleute nichts umsonst tun und dies auch allgemein bekannt ist. Ein Kaufmann, der gegenüber einem anderen Kaufmann oder einer Privatperson zur Erbringung von Diensten oder Geschäftsbesorgungen insbesondere aufgrund eines wirksamen Vertrages berechtigt ist, erhält daher hierfür auch ohne entsprechende Vereinbarung eine ortsübliche Vergütung (zum Provisionsanspruch des Zivilmaklers aus § 354 Abs. 1 HGB *Heße*, NJW 2002, 1835 ff.). Die Vorschrift ist nach §§ 383 Abs. 2 S. 2, 407 Abs. 3 S. 2, 453 Abs. 3 S. 2, 467 Abs. 3 S. 2 HGB auch auf die kleingewerblich tätigen Kommissionäre, Frachtführer, Spediteure und Lagerhalter anwendbar, nicht jedoch auf einen Scheinkaufmann.

## VII. Die Abtretung handelsgeschäftlicher Forderungen

29 Nach **§ 354a Abs. 1 HGB** kann der Gläubiger eine aus einem beiderseitigen Handelsgeschäft (krit. zu dieser Einschränkung *Canaris*, § 26 Rn. 17 und 33 ff.) stammende Geldforderung auch entgegen einem rechtsgeschäftlichen Abtretungsverbot (§ 399 Alt. 2 BGB) oder Zustimmungsvorbehalt (*BGH* ZIP 2005, 445, 447) abtreten (näher *Petersen*, Jura 2005, 680 f.; *E. Wagner*, WM 2010, 202 ff.). Hierdurch soll es dem Gläubiger ermöglicht werden, die Forderung zur Kreditsicherung oder Finanzierung abzutreten. Nach § 354a Abs. 2 HGB gilt diese Privilegierung jedoch dann nicht, wenn es sich um die Darlehensforderung eines Kreditinstituts i. S. d. KWG handelt. Praktische Bedeutung hat § 354a Abs. 1 HGB auch im Falle der Vereinbarung eines verlängerten Eigentumsvorbehalts mit Vorausabtretungsklausel, da sich die für den Fall der Weiterveräußerung des Vorbehaltsguts vereinbarte Vorausabtretung der Kaufpreisforderung dann auch gegen ein unter Umständen mit dem Drittkäufer wirksam vereinbartes Abtretungsverbot durchsetzt. Der Schuldner wird im Falle einer Abtretung dadurch geschützt, dass er anders als nach § 407 BGB selbst bei Kenntnis der Abtretung mit befreiender Wirkung an den bisherigen Gläubiger leisten kann (§ 354a Abs. 1 S. 2 HGB). Als Leistung i. S. v. § 354a Abs. 1 S. 2 HGB ist auch die Aufrechnung des Schuldners mit einer Forderung gegen den Zedenten anzusehen, wobei der Schuldner die Aufrechnung so-

wohl dem bisherigen als auch dem neuen Gläubiger gegenüber erklären kann (Heidel/Schall/*Klappstein*, § 354a Rn. 9). Da auch § 406 BGB im Rahmen von § 354a HGB wegen des durch § 354a Abs. 1 S. 2 HGB intendierten besonderen Schuldnerschutzes keine Anwendung findet, kann der Schuldner gegen den bisherigen Gläubiger auch mit einer Forderung aufrechnen, die er in Kenntnis der Abtretung erwirbt oder die erst nach Kenntnis bzw. später als die abgetretene Forderung fällig wird (*BGH* ZIP 2005, 445, 447). Dieser neuartige Schutz des Schuldners durch eine fortbestehende Erfüllungszuständigkeit des Altgläubigers gleicht im Ergebnis einer relativen Unwirksamkeit der Abtretung gegenüber dem durch ein Abtretungsverbot gesicherten Schuldner (*Wagner*, NJW 1995, 180 f.). Nach § 354a Abs. 1 S. 3 HGB handelt es sich bei den Bestimmungen des § 354a HGB um zwingendes Recht, das grundsätzlich nicht der Disposition der Parteien unterliegt. Möglich ist lediglich eine nach der Forderungsabtretung getroffene Vereinbarung des Forderungsschuldners mit dem neuen Gläubiger, Zahlungen nur an diesen zu leisten, da der Schuldner in Kenntnis der Abtretung auf den von § 354a Abs. 1 S. 2 HGB gewährten Schutz verzichten kann (BGHZ 178, 315; *BGH* NJW 2018, 2254).

## VIII. Das handelsgeschäftliche Kontokorrent
### 1. Begriff und Funktion des Kontokorrents

Ein Kontokorrent ist nach der Legaldefinition des § 355 Abs. 1 HGB gegeben, wenn jemand mit einem Kaufmann derart in Geschäftsverbindung steht, dass die aus der Verbindung entstehenden Ansprüche und Leistungen nebst Zinsen in Rechnung gestellt und in regelmäßigen Zeitabschnitten durch Verrechnung und Feststellung des für den einen oder anderen Teil sich ergebenden Überschusses ausgeglichen werden. 30

**Beispiele:** Girokonto, das aufgrund eines Zahlungsdiensterahmenvertrags (§§ 675 f. ff. BGB) vereinbarungsgemäß als Kontokorrent (§ 355 HGB) geführt wird (Palandt/*Sprau*, § 675 f Rn. 33); Verrechnungskonto zwischen Groß- und Einzelhändler oder zwischen Handelsvertreter und Unternehmer.

Vom Kontokorrent ist die offene Rechnung zu unterscheiden. Während beim Kontokorrent die Forderungen ihre Selbständigkeit verlieren und wechselseitig verrechnet werden, findet bei der offenen Rechnung lediglich eine einseitige Addierung der jederzeit vom Gläubiger noch gesondert geltend zu machenden Forderungen statt.

**Beispiele:** Privatpatientin Adriane Plusmer erhält vierteljährlich die Honorarrechnung ihres Hausarztes, die sich zumeist aus mehreren, im Rahmen verschiedener Behandlungen entstandener Einzelforderungen zusammensetzt. Rentner Rust lässt bei seinem Lebensmittelhändler bis zur nächsten Rentenzahlung „anschreiben".

Das Kontokorrent dient zunächst der **Zahlungsvereinfachung**. Denn es muss innerhalb einer laufenden Geschäftsbeziehung nicht jedes einzelne Geschäft durch Zahlung oder sonstige Leistung durchgeführt werden. Vielmehr 31 kann man sich mit entsprechenden Buchungen auf den Konten der Beteiligten und dem Ausgleich des ständig oder nach bestimmten Zeitabschnitten festgestellten Überschusses (Saldo) begnügen. Daneben wird durch das Kontokorrent eine **Vereinheitlichung** erreicht. Denn maßgeblich ist nur noch der festgestellte einheitliche Saldo und nicht mehr die einzelnen Forderungen, die nach ihrem Schuldgrund (Kauf, Werkvertrag etc.) und ihrem rechtlichen Schicksal (Verzinsung, Verjährung, Erfüllungsort etc.) ganz unterschiedlich sein können. Schließlich garantiert das Kontokorrent durch seine Forderungsverrechnung (jedenfalls bis zur Eröffnung des Insolvenzverfahrens) die Befriedigung des Gläubigers **(Sicherungsfunktion)**.

### 2. Voraussetzungen

32 (1) Zwischen den Parteien muss eine auf Dauer angelegte **Geschäftsbeziehung** bestehen, aus der von beiden Seiten Ansprüche und Leistungen erwachsen können. Dabei kommt es nicht darauf an, ob die Geschäftsverbindung tatsächlich dauerhaft ist (vgl. auch § 355 Abs. 3 HGB) und ob auf beiden Seiten tatsächlich Forderungen entstehen.

> **Beispielsfall:** Das von Klein bei der B-Bank mit einer Einzahlung von 1.000,– € eröffnete Girokonto ist als Zahlungskonto auch dann ein Kontokorrent, wenn Klein keine Abbuchungen vornimmt und er den Zahlungsdiensterahmenvertrag schon nach kurzer Zeit wieder kündigt.

(2) Die direkte Anwendung der §§ 355 ff. HGB setzt die **Kaufmannseigenschaft** oder das Eingreifen der §§ 383 Abs. 2 S. 2, 407 Abs. 3 S. 2, 453 Abs. 3 S. 2, 467 Abs. 3 S. 2 HGB sowie ein betriebsbezogenes Handeln auf zumindest einer Seite des Kontokorrentverhältnisses voraus. Die Privatautonomie gestattet es aber selbstverständlich auch zwei Nichtkaufleuten, ein Kontokorrentverhältnis zu begründen (§§ 311 Abs. 1, 241 Abs. 1 BGB; z. B. Vereinbarung einer Skatrunde über die Verrechnung der Spielschulden). Auf dieses sog. uneigentliche Kontokorrent sind nach h. M. die § 355 Abs. 2 und 3 HGB sowie §§ 356 f. HGB, nicht jedoch § 355 Abs. 1 HGB mit seiner Ausnahme vom Zinseszinsverbot des § 248 BGB (Ba/Ho/*Hopt*, § 355 Rn. 18) analog anwendbar (vgl. *K. Schmidt*, Handelsrecht, § 21 Rn. 10 f.).

(3) Schließlich ist eine sog. **Kontokorrentabrede** erforderlich, die eine Vereinbarung über die folgenden drei Punkte enthält:
- Die Ansprüche und Leistungen sollen nebst Zinsen in das Kontokorrent eingestellt und damit zu bloßen Rechnungsposten werden.
- Die beiderseitigen Ansprüche und Leistungen sollen verrechnet werden. Dabei können die Parteien bestimmen, ob diese Verrechnung laufend mit der Einstellung neuer Forderungen bzw. Leistungen (Staffelkontokorrent) oder in bestimmten Zeitabschnitten (Periodenkontokorrent) erfolgen soll. Das HGB betrachtet das Periodenkontokorrent als den Normalfall („in regelmäßigen Zeitabschnitten") und legt die Länge der

§ 34. Sonderregelungen für alle Handelsgeschäfte 227

Verrechnungsperiode mangels abweichender Parteiabsprachen auf ein Jahr fest (§ 355 Abs. 2 HGB).
- Der sich nach der Verrechnung für den einen oder anderen Teil ergebende Überschuss (Saldo) soll festgestellt und dem Partner zum Anerkenntnis mitgeteilt werden.

**Beispielsfall:** Klein unterhält bei der B-Bank ein Girokonto (§§ 675 f. ff. BGB). Er ist u. a. zu Buchungen aller Art und zum jederzeitigen Druck von Kontoauszügen berechtigt. Jeweils zum Quartalsende erhält er eine Saldomitteilung. Der Zahlungsdiensterahmenvertrag (§ 675 f Abs. 2 BGB) enthält eine Kontokorrentabrede. Die Gutschriften und Lastschriften werden nebst Zinsen in das Kontokorrent als bloße Buchungsposten eingestellt. Die Berechtigung zum jederzeitigen Druck von Kontoauszügen ist jedoch nicht als Vereinbarung eines Staffelkontokorrents zu werten. Die Kontoauszüge geben zwar den aktuellen Kontostand wieder, dienen aber lediglich der Information Kleins und enthalten keine Saldofeststellung. Diese erfolgt vielmehr vierteljährlich (Periodenkontokorrent). Der sich aus dem Kontoauszug ergebende Saldo unterliegt daher nicht dem (stillschweigenden) Anerkenntnis (h. M.; BGHZ 50, 277, 279 f.). Klein sollte den Kontoauszug lediglich sorgfältig kontrollieren, um sich nicht aufgrund einer Verletzung von Nebenpflichten aus dem Zahlungsdiensterahmenvertrag nach § 280 Abs. 1 BGB i. V. m. § 241 Abs. 2 BGB schadensersatzpflichtig zu machen (vgl. BGHZ 72, 9, 14 f.). Abweichend vom gewöhnlichen Kontokorrent ist der Kunde nach dem Zahlungsdiensterahmenvertrag allerdings zur freien Verfügung über ein etwaiges Guthaben berechtigt (vgl. Palandt/*Sprau*, § 675 f Rn. 36). Im Gegensatz zu den einzelnen Forderungen würde ein etwaiges Guthaben Kleins daher nicht von der Lähmung (vgl. Rn. 33) erfasst werden. Es könnte beispielsweise von den Gläubigern Kleins gepfändet werden (§§ 829, 835, 851 Abs. 1 ZPO; BGHZ 84, 371, 373; allgemein zu Fragen der Vollstreckung in ein Girokonto *Mikolajczak*, Die Zwangsvollstreckung in ein Girokonto, 2015).

### 3. Rechtsfolgen

Mit der **Einstellung in das Kontokorrent** verlieren die einzelnen 33 Forderungen und Leistungen ihre Eigenständigkeit und werden zu bloßen Rechnungsposten („in Rechnung gestellt"). Vielfach wird von einer „**Lähmung**" der einzelnen Forderungen gesprochen. Diese hat bedeutsame Konsequenzen:
- Der Gläubiger kann über die Einzelforderung nicht mehr verfügen. Er kann sie nicht mehr durchsetzen, verpfänden (§ 1274 Abs. 2 BGB) oder abtreten (nach h. M. kommt es im Rahmen der Kontokorrentabrede zu einem stillschweigenden Abtretungsausschluss nach § 399 Alt. 2 BGB, Oetker/*Maultzsch*, § 355 Rn. 39; nach a. A. führt die Kontokorrentbindung zu einer Inhaltsänderung der Forderung und damit zu einem Abtretungsausschluss nach § 399 Alt. 1 BGB, Staudinger/*Busche*, § 399 Rn. 55). Auch eine Aufrechnung mit der und gegen die Einzelforderung ist ausgeschlossen (§ 394 BGB i. V. m. § 851 Abs. 1 ZPO).
- Eine Pfändung der Einzelforderung durch die Gläubiger des Gläubigers ist nicht mehr möglich (§ 851 Abs. 1 ZPO i. V. m. § 399 BGB und § 357 HGB).

- Die Erfüllung der Forderung ist nicht mehr möglich. Die vom Schuldner erbrachte Leistung wird lediglich ihrerseits in das Kontokorrent eingestellt und bei der Verrechnung berücksichtigt.
- Der Schuldner kann hinsichtlich der Einzelforderung nicht mehr in Schuldnerverzug geraten.
- Die Verjährung der Forderung ist gehemmt (§ 205 BGB analog; vgl. BGHZ 49, 24, 27; *OLG München* GWR 2011, 315).

**Beispielsfall:** Klein unterhält bei der B-Bank ein Girokonto, das ein Soll von 3.000,– € aufweist. Wenn nun ein Betrag von 2.500,– € auf dem Konto eingeht, können die Gläubiger Kleins auf diese Forderung nicht zugreifen.

34 Die **Verrechnung** der einzelnen Forderungen am Ende der Rechnungsperiode erfolgt nach der Kontokorrentabsprache grundsätzlich automatisch und damit ohne eine besondere Aufrechnungserklärung (vgl. *K. Schmidt*, Handelsrecht, § 21 Rn. 25). Die Verrechnung, die vom Anerkenntnis des Saldos zu unterscheiden ist, hat **Erfüllungswirkung** und führt zur Entstehung einer kausalen **Saldoforderung**. Der Gläubiger kann über diese Saldoforderung frei verfügen, sofern die Kontokorrentvereinbarung nicht wiederum dessen Einstellung in das Kontokorrent vorsieht. Außerdem kann die Saldoforderung grundsätzlich gepfändet werden (§ 357 HGB). Der Saldo ist zu verzinsen und dies entgegen dem allgemeinen Zinseszinsverbot des § 248 Abs. 1 BGB auch dann, wenn die in das Kontokorrent eingestellten Forderungen bereits Zinsen enthalten (§ 355 Abs. 1 HGB). Die Zusammensetzung der kausalen Saldoforderung aus den einzelnen Forderungen bzw. die Art der Verrechnung ist gesetzlich nicht geregelt und daher bei fehlender vertraglicher Vereinbarung umstritten. Fraglich ist insbesondere die analoge Anwendung der §§ 366 f., 396 BGB im Hinblick auf die Rangfolge der Verrechnung (näher *Brox/Henssler*, Rn. 349 ff.).

35 Die **Anerkennung des festgestellten Saldos** ist ein Vertrag über ein abstraktes **Schuldanerkenntnis** i. S. v. § 781 BGB, das nach § 782 BGB allerdings keiner Form bedarf. Das Saldoanerkenntnis kann daher auch stillschweigend erfolgen.

**Beispielsfall:** Klein unterhält bei der B-Bank ein Girokonto. Anfang Januar erhält er auf seinem Kontoauszug eine Mitteilung mit folgendem Wortlaut: „Abschlusssaldo per 31. 12.: 1.243,– €. Der Rechnungsabschluss gilt als anerkannt, wenn Sie innerhalb von sechs Wochen nach Zugang keine schriftlichen Einwendungen erheben." (vgl. auch Nr. 7 Abs. 2 AGB Banken und Nr. 7 Abs. 3 AGB Sparkassen). Klein rührt sich nicht. Der Anerkenntnisvertrag kommt formfrei (vgl. § 782 BGB) durch vereinbartes Schweigen zustande.

Der wirksame Abschluss des Anerkenntnisvertrags begründet eine vom Schuldgrund und damit den einzelnen Forderungen losgelöste **abstrakte Saldoforderung** mit eigenem Erfüllungsort (§ 269 BGB) und einer einheitlichen

## § 34. Sonderregelungen für alle Handelsgeschäfte

Verjährung von drei Jahren (vgl. BGHZ 51, 346, 349). Damit wird das Kausalverhältnis aber nicht völlig bedeutungslos. Denn zum einen kann der Schuldner seine Anerkenntniserklärung gegebenenfalls wegen Irrtums oder arglistiger Täuschung anfechten. Zum anderen führt das Anerkenntnis grundsätzlich nicht zu einer endgültigen Änderung der Rechtslage, sondern lediglich zu einer **Umkehr der Beweislast**. Denn das Saldoanerkenntnis kann bei im Zeitpunkt seiner Abgabe unbekannten (vgl. § 814 BGB) Verrechnungsfehlern oder Einwendungen gegen die zugrunde liegenden Forderungen als rechtsgrundlos **kondiziert** werden (§ 812 Abs. 1 S. 1 Alt. 1 i. V. m. Abs. 2 BGB). Bei einer Inanspruchnahme aus dem unbekannt fehlerhaften Anerkenntnis kann der Schuldner zudem die *dolo petit*-Einrede (*dolo agit qui petit quod statim redditurus est*) erheben (vgl. *Henrich*, JA 1972, 277, 280). Insoweit trifft den Schuldner aber die Beweislast.

**Beispielsfall:** Die B-Bank hat ihrem Girokunden Klein versehentlich eine Gutschrift doppelt erteilt. Nachdem Klein den sich mit Abschluss der Kontokorrentperiode ergebenden und von der B-Bank mitgeteilten Saldo anerkannt hat, erfährt die B-Bank von ihrem Irrtum und nimmt eine sog. Berichtigungsbuchung durch entsprechende Lastschrift auf dem Girokonto von Klein vor. Hierin ist jedoch nur das Angebot der B-Bank zum Abschluss einer Stornierungsvereinbarung zu sehen. Wenn Klein hiergegen Einwendungen erhebt, muss ihm der Betrag von der B-Bank erneut gutgeschrieben werden (vgl. Nr. 8 Abs. 2 AGB-Banken). In einem solchen Fall kann die B-Bank lediglich das Anerkenntnis kondizieren (§ 812 Abs. 1 S. 1 Alt. 1 i. V. m. Abs. 2 BGB). Für die Voraussetzungen dieses Bereicherungsanspruchs hat sie dann die Beweislast zu tragen. Außerdem kann sich Klein bei Gutgläubigkeit auf den Wegfall der Bereicherung nach § 818 Abs. 3 BGB berufen. Allerdings hat der BGH den Girokunden bereits bei Erkennbarkeit der Fehlbuchung einem bösgläubigen Empfänger gleichgestellt (BGHZ 72, 9, 14).

Umstritten ist das Verhältnis der abstrakten Saldoforderung aus dem Saldoanerkenntnis zur kausalen Saldoforderung aus der Verrechnung (*K. Schmidt*, Handelsrecht, § 21 Rn. 31 ff.). Nach Ansicht der Rechtsprechung (siehe nur BGHZ 58, 257, 260) ersetzt die abstrakte die kausale Saldoforderung im Wege der **Novation** (Schuldersetzung). Nach einer im Schrifttum vorherrschenden Lehre soll die abstrakte Saldoforderung jedoch nur erfüllungshalber (§ 364 Abs. 2 BGB) neben die kausale Saldoforderung treten (siehe etwa *Canaris*, § 25 Rn. 29 ff.). Die praktischen Konsequenzen dieses Meinungsstreits sind jedoch gering (vgl. lediglich den Fall BGHZ 58, 257). Denn nach der ausdrücklichen gesetzlichen Regelung des § 356 Abs. 1 HGB bleiben die für die zugrunde liegenden Forderungen und die kausale Saldoforderung gewährten **Sicherungsrechte** bestehen, sofern sich der anerkannte Saldo und die besicherte Forderung decken. Dies gilt für akzessorische (z. B. Pfandrecht) wie nicht-akzessorische (z. B. Eigentumsvorbehalt) Sicherungsrechte.

36

**Beispielsfall:** In das Kontokorrent des Großhändlers Groß mit dem Einzelhändler Eisele wird u. a. eine Forderung des Groß gegen Eisele in Höhe von 10.000,– € eingestellt. Für diese Forderung hatte sich Bertold Büchner verbürgt. Am Ende der Rechnungsperiode erkennt Eisele einen zugunsten von Groß festgestellten Saldo in Höhe von 15.000,– € an. Ist Eisele zahlungsunfähig, kann Groß von Büchner Zahlung in Höhe von 10.000,– € verlangen (§ 765 Abs. 1 BGB i. V. m. § 356 Abs. 1 HGB):

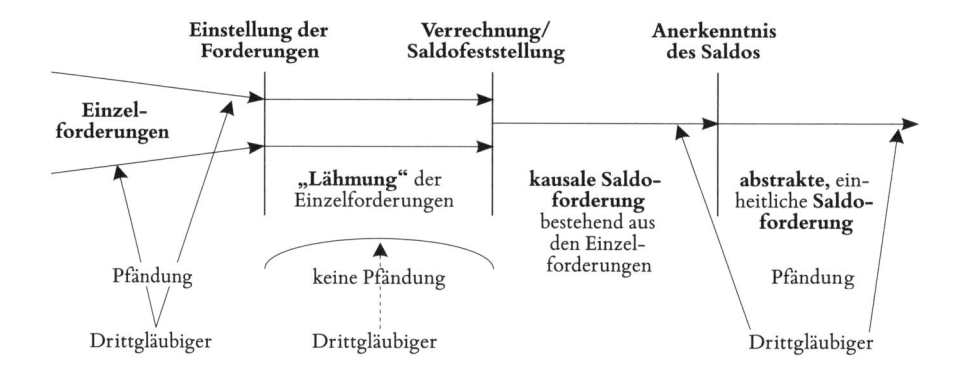

```
              Einstellung der       Verrechnung/       Anerkenntnis
              Forderungen           Saldofeststellung  des Saldos
Einzel-
forderungen
                                    „Lähmung" der      kausale Saldo-    abstrakte, ein-
                                    Einzelforderungen  forderung         heitliche Saldo-
                                                       bestehend aus     forderung
                                                       den Einzel-
           Pfändung                 keine Pfändung     forderungen       Pfändung

           Drittgläubiger           Drittgläubiger                       Drittgläubiger
```

### 4. Die Pfändung des Saldos in der Zwangsvollstreckung

37   Hinsichtlich der Pfändung des sich aus dem Kontokorrent ergebenden Saldos ist streng zwischen dem gegenwärtigen und dem künftigen Saldo zu unterscheiden: Nur die Pfändung des Saldos, der sich gegenwärtig im Zeitpunkt der Zustellung des Pfändungsbeschlusses an den Drittschuldner (§ 829 Abs. 3 ZPO i. V. m. §§ 166 ff. ZPO) ergibt (sog. Zustellungssaldo), ist in § 357 HGB geregelt („zukommt"). Die **Pfändung des Zustellungssaldos** führt danach nicht dazu, dass die Rechnungsperiode unterbrochen wird. Der pfändende Gläubiger hat auch kein eigenes Kündigungsrecht und kann daher erst nach Ablauf der Rechnungsperiode Befriedigung suchen. Die Pfändung verhindert aber zugunsten des Pfändungsgläubigers eine Minderung des aktuellen Saldos durch die Einstellung weiterer Verbindlichkeiten des Schuldners in das Kontokorrent (Konservierung des Saldos).

38   Eine Sonderform der Pfändung des Zustellungssaldos bildet die bereits erwähnte (Rn. 32) und nach h. M. zulässige Pfändung des Tagessaldos beim **Girokontokorrent** (vgl. *Müller-Laube*, 20 Probleme, Problem 9, S. 38 ff.). Hier kann der Pfändungsgläubiger den aktuellen Saldo allerdings nicht nur pfänden, sondern angesichts des nach der Girovereinbarung zugunsten des Kunden ausnahmsweise bestehenden aktuellen Auszahlungsanspruchs auch sofortige Befriedigung suchen.

Die Konservierung des Saldos verhindert aber auch eine Erfassung künftiger Habenposten. War der Zustellungssaldo niedriger als die Forderung oder gar negativ, geht der Pfändungsgläubiger damit trotz der Einstellung von Forderungen des Schuldners in das Kontokorrent und einem positiven Abschlusssaldo ganz oder teilweise leer aus. Dies kann und sollte der Pfändungsgläubiger dadurch verhindern, dass er zusätzlich den **künftigen Saldo**, der nach Rechnungsabschluss entsteht, pfändet.

**Beispielsfall:** Gläubiger Graf betreibt gegen seinen Schuldner Schneider die Zwangsvollstreckung wegen einer Kaufpreisforderung in Höhe von 30.000,– €. Hierzu pfändet er den gegenwärtigen und den künftigen Saldo aus der Kontokorrentverbindung zwischen Schneider und Dreier. Der Pfändungs- und Überweisungsbeschluss des zuständigen Vollstreckungsgerichts wird Dreier am 1.12. zugestellt. An diesem Tag weist das Kontokorrent zugunsten des Schneider einen Saldo von 5.000,– € auf. Am 15.12. wird eine Forderung des Dreier gegen Schneider in Höhe von 10.000,– € und am 20.12. eine Forderung des Schneider gegen Dreier in Höhe von 50.000,– € in das Kontokorrent eingestellt. Mit Rechnungsabschluss am 31.12. ergibt sich somit ein Habensaldo zugunsten des Schneider in Höhe von 45.000,– €. Hätte Graf nur den aktuellen Saldo gepfändet, könnte er Befriedigung nur in Höhe von 5.000,– € erlangen, denn er wäre zwar gegen die Einstellung der Forderung des Dreier gegen Schneider in Höhe von 10.000,– € gesichert (§ 357 HGB), könnte aber nicht wie bei einer Pfändung auch des künftigen Saldos auf den positiven Habensaldo bei Rechnungsschluss zugreifen.

### 5. Beendigung des Kontokorrents

Das Kontokorrent endet zum einen mit Beendigung der Geschäftsverbindung (z. B. Kündigung des Zahlungsdiensterahmenvertrags) oder durch (bloße) Kündigung der Kontokorrentabsprache, die nach § 355 Abs. 3 HGB mangels anderweitiger Vereinbarung („im Zweifel") auch während der Dauer einer Rechnungsperiode erfolgen kann. Darüber hinaus wird es auch durch die Eröffnung des Insolvenzverfahrens über das Vermögen eines Beteiligten beendigt (BGHZ 70, 86, 93). Der mit der Beendigung entstehende Saldoanspruch ist ohne Anerkenntnis fällig, abtretbar, pfändbar und verpfändbar.

## IX. Die handelsgeschäftliche Leistungszeit

Die Leistungszeit bestimmt sich auch bei Handelsgeschäften grundsätzlich nach § 271 BGB. Die Leistung ist daher im Zweifel sofort zu erbringen. **§ 358 HGB** konkretisiert das allgemeine Verbot der Leistung zur Unzeit (§ 242 BGB) jedoch dahingehend, dass die Leistung bei einem zumindest einseitigen Handelsgeschäft im Zweifel nur zur Geschäftszeit (z. B. Schalterstunden) erbracht und gefordert werden kann.

**Beispielsfall:** Kleber hat bei dem Gebrauchtwagenhändler Ganter einen PKW gekauft. Hierfür soll er u. a. seinen Altwagen in Zahlung geben. Noch am selben Abend fährt Kleber spontan mit seinem Altwagen bei Ganter vor. Ganter verweigert jedoch die Entgegennahme des Fahrzeugs, da er hierzu außerhalb seiner Geschäftszeiten aus organisatorischen Gründen nicht in der Lage sei. Auf dem Rückweg wird der Altwagen durch einen von Kleber fahrlässig verursachten Unfall zerstört. Hier ist § 300 Abs. 1 BGB unanwendbar, da Ganter wegen § 358 HGB nicht in Annahmeverzug (§§ 293 ff. BGB) geraten ist. Kleber hat die Unmöglichkeit seiner Leistung nach § 276 Abs. 1 S. 1 und Abs. 2 BGB zu vertreten.

**§ 359 HGB** enthält darüber hinaus Auslegungsregeln für bestimmte Leistungszeitvereinbarungen. Bei Uhrzeitangaben ist nach § 361 HGB im Zweifel die Zeit des Erfüllungsortes maßgeblich.

## X. Der handelsgeschäftliche Leistungsinhalt

**41** Bei **Gattungsschulden** ist nach § 243 Abs. 1 BGB eine Sache mittlerer Art und Güte zu leisten. Dieser Qualitätsstandard wird für die betriebsbezogenen Gattungsschulden eines Kaufmanns auch gegenüber privaten Gläubigern durch **§ 360 HGB** näher konkretisiert. Er hat danach Handelsgut mittlerer Art und Güte zu liefern, wie sie am Erfüllungsort üblich ist. Dies kann im Einzelfall im Vergleich zu § 243 Abs. 1 BGB einen höheren oder niedrigeren Qualitätsstandard begründen. § 360 HGB ist nicht zwingend und kann daher durch Vertragsklauseln (z. B. „fabrikneu", „tel quel", „laut Muster") abbedungen werden.

Kommt es bei der Leistung auf Maß, Gewicht, Währung, Zeitrechnung oder Entfernung an, so ist nach **§ 361 HGB** für die Auslegung der vertraglich gebrauchten und gegebenenfalls mehrdeutigen Bezeichnungen (z. B. „Pfund", „Grad") das Verständnis am **Erfüllungsort maßgeblich**.

## XI. Der handelsgeschäftliche Gutglaubensschutz

### 1. Funktion der Sonderregelung

**42** Die wichtige Sonderregelung des **§ 366 HGB** erweitert den Gutglaubensschutz der §§ 932 ff. und 1207 f. BGB. Nach bürgerlichem Recht wird der gutgläubige Erwerber bzw. Pfandgläubiger einer beweglichen Sache nur dann geschützt, wenn er den veräußernden bzw. verpfändenden Nichteigentümer für den (lastenfreien) Eigentümer hält. Demgegenüber tritt die Gutglaubenswirkung bei einem Handelsgeschäft des Veräußerers oder Verpfänders einer beweglichen Sache auch dann ein, wenn sich der **gute Glaube** des Erwerbers bzw. Pfandgläubigers **nur auf die Verfügungsbefugnis** des Veräußerers oder Verpfänders bezieht. Diese Erweiterung des Gutglaubensschutzes dient der Steigerung des handelsrechtlichen Verkehrsschutzes. Sie ist erforderlich, weil gerade im Handelsverkehr häufig kraft Verfügungsmacht im eigenen Namen über fremde bewegliche Sachen verfügt wird und der Geschäftspartner auf das Bestehen der Verfügungsmacht vertraut.

> **Beispielsfälle:** Kunsthändler Köster veräußert Bilder aus dem Eigentum des Eich als Verkaufskommissionär im eigenen Namen an Herrn Klein. Der Kommissionsvertrag und die sich aus diesem ergebende Verfügungsermächtigung (§ 185 Abs. 1 BGB) sind unwirksam. Klein weiß, dass Köster als Kommissionär handelt.
>
> Einzelhändler Eisele erwirbt von Großhändler Groß Waren, die diesem unter Eigentumsvorbehalt und ausnahmsweise ohne Ermächtigung zur Weiterveräußerung geliefert wurden. Eisele kennt den Eigentumsvorbehalt, geht aber von einer Ermächtigung des Groß aus.

**43** Sehr **umstritten** ist die (analoge) Anwendung des § 366 HGB, wenn sich der gute Glaube des Erwerbers oder Pfandgläubigers nur auf die Vertretungsmacht des Veräußerers bzw. Verpfänders bezieht.

§ 34. Sonderregelungen für alle Handelsgeschäfte   233

**Beispielsfall:** Einzelhändler Eisele erwirbt von Viktoria Velten Waren des Großhändlers Groß, wobei er Velten irrtümlich für dessen Abschlussvertreterin hält. Hier weiß Eisele, dass Velten weder Eigentümerin ist noch von Groß zur Verfügung im eigenen Namen ermächtigt wurde. Er hält Velten aber für berechtigt, die Waren im Namen des Groß zu verkaufen.

Die direkte (so *K. Schmidt*, Handelsrecht, § 23 Rn. 33 ff.) bzw. analoge (so *Brox/Henssler*, Rn. 313) Anwendung des § 366 Abs. 1 HGB auf Fälle der fehlenden Vertretungsmacht wird damit begründet, dass das HGB nicht klar zwischen der (Verfügungs-)Ermächtigung und der Vollmacht unterscheidet (vgl. z. B. §§ 49 Abs. 1, 54 Abs. 1, 56 HGB) und in der Praxis die Grenzen zwischen fehlender Verfügungs- und Vertretungsbefugnis verschwimmen, da oft nur schwer feststellbar ist, ob der Kaufmann im eigenen oder fremden Namen gehandelt hat. Für die zutreffende Gegenansicht (Oetker/*Maultzsch*, § 366 Rn. 28; KKRD/*Koller*, § 366 Rn. 2) spricht jedoch, dass der differenzierte gesetzliche Gutglaubensschutz durch eine (analoge) Anwendung des § 366 HGB zu sehr zugunsten des gutgläubigen Dritten verschoben wird. Der Dritte ist zudem hinreichend durch die Regeln über die Scheinvollmacht und das Bestätigungsschreiben geschützt (*Canaris*, § 27 Rn. 16).

Unter den Befürwortern einer (analogen) Anwendung des § 366 Abs. 1 HGB ist darüber hinaus umstritten, ob diese auf das Verfügungsgeschäft zu beschränken ist und der bisherige Eigentümer gegen den Erwerber aufgrund der Unwirksamkeit des Kausalgeschäfts (§ 177 BGB) einen Kondiktionsanspruch aus § 812 Abs. 1 S. 1 Alt. 1 BGB hat (so *Brox/Henssler*, Rn. 313) oder § 366 Abs. 1 HGB zumindest einen Behaltensgrund darstellt (so *K. Schmidt*, Handelsrecht, § 23 Rn. 37; krit. *Canaris*, § 27 Rn. 17). Mit der Anerkennung eines Kondiktionsanspruchs würde die (analoge) Anwendung von § 366 Abs. 1 HGB im Ergebnis wieder weitgehend entwertet werden.

## 2. Voraussetzungen des Gutglaubensschutzes

Die Voraussetzungen des Gutglaubensschutzes nach § 366 HGB sind: **44**

(1) Der Veräußerer bzw. Verpfänder muss **Kaufmann** nach §§ 1–6 HGB sein oder es müssen die §§ 383 Abs. 2 S. 2, 407 Abs. 3 S. 2, 453 Abs. 3 S. 2, 467 Abs. 3 S. 2 HGB eingreifen. Umstritten ist, inwieweit darüber hinaus der gute Glaube an die Kaufmannseigenschaft des Verfügenden geschützt wird (offen gelassen von *BGH* NJW 1999, 425, 426).

**Beispielsfall:** Der noch im Handelsregister eingetragene Groß veräußert nach Einstellung seines Lebensmittelgroßhandels Waren an den Einzelhändler Eisele. Eisele weiß zwar, dass die Waren noch unter dem Eigentumsvorbehalt des Herstellers Holm stehen, geht aber angesichts der Eintragung des Groß im Handelsregister und angesichts der Tatsache, dass Groß ihm die Lieferung der Waren auf seinem alten Geschäftsbogen („Firma Hugo Groß, Lebensmittelgroßhandel e.K.") angekündigt hat, davon aus, dass Groß noch Kaufmann und von Holm zur Verfügung ermächtigt ist.

> Ein gutgläubiger Erwerb Eiseles nach §§ 929 S. 1, 932 BGB scheitert zunächst wegen des fehlenden guten Glaubens an die Eigentümerstellung des Groß. Helfen könnte insoweit aber § 366 Abs. 1 HGB. Groß ist allerdings kein Kaufmann mehr. Insbesondere ist § 5 HGB hier unanwendbar, da Groß kein Gewerbe mehr betreibt (vgl. Kap. 2 Rn. 28). Fraglich ist aber, ob Eisele sich gegenüber Holm auf den Schutz des § 15 Abs. 1 HGB oder auf die Scheinkaufmannseigenschaft des Groß berufen kann. Die h. M. verneint dies mit dem Argument, dass die Rechtswirkungen des § 15 Abs. 1 HGB bzw. der Scheinkaufmannseigenschaft nur zu Lasten desjenigen eintreten dürften, in dessen Angelegenheiten die Tatsache einzutragen war bzw. der den Schein der Kaufmannseigenschaft hervorgerufen habe (*RG* LZ 1929, 778; *OLG Düsseldorf* DB 1999, 89 f.). Ein gutgläubiger Erwerb Eiseles würde hier aber lediglich zu Lasten des wahren Eigentümers Holm als einem an der Erzeugung des Rechtsscheins Unbeteiligten gehen. Damit wird der gute Glaube an die Kaufmannseigenschaft des Handelnden nach h. M. nicht geschützt (vgl. auch Kap. 2 Rn. 47 und *Brox/Henssler*, Rn. 310; a. A. *Canaris*, § 27 Rn. 5).

(2) Die Verfügung muss sich auf eine **bewegliche Sache** beziehen. Der gutgläubige Erwerb von Immobilien oder Rechten (z. B. der Nießbrauch auch an einer beweglichen Sache) ist damit ausgeschlossen.

(3) Die Verfügung muss **betriebsbezogen** („im Betriebe seines Handelsgewerbes") sein (§ 344 HGB), denn der gute Glaube an die Betriebsbezogenheit der Verfügung wird nicht geschützt.

(4) Es muss ein **im Übrigen wirksames Verfügungsgeschäft** vorliegen. Dies bedeutet, dass die Verfügung an keinem anderen Mangel als an der fehlenden Verfügungs- bzw. Vertretungsmacht des handelnden Kaufmanns leiden darf. Der gute Glaube an die Geschäftsfähigkeit des handelnden Kaufmanns oder an die Unanfechtbarkeit des Verfügungsgeschäfts wird mithin nicht geschützt.

(5) Erforderlich ist weiterhin der **gute Glaube** des Erwerbers an die rechtsgeschäftliche (§ 185 Abs. 1 BGB) oder gesetzliche (z. B. § 383 BGB und §§ 373 Abs. 2, 389 HGB) *Verfügungsbefugnis* des Veräußerers bzw. Verpfänders. Nach einer verbreiteten Ansicht genügt zudem der gute Glaube an die *Vertretungsmacht* (§ 366 Abs. 1 HGB [analog]; vgl. Rn. 43). Was die Anforderungen an die Gutgläubigkeit anbetrifft, gelten die zu § 932 Abs. 2 BGB entwickelten Grundsätze (vgl. Palandt/*Herrler*, § 932 Rn. 6 ff.) entsprechend. Der Erwerber handelt etwa grob fahrlässig und ist damit bösgläubig, wenn er von einer Verfügungsbefugnis des Veräußerers ausgeht, obwohl er nach den Umständen mit einem verlängerten Eigentumsvorbehalt des Vorlieferanten rechnen muss und weiß, dass die für die Verfügungsbefugnis bei einem verlängerten Eigentumsvorbehalt konstitutive Vorausabtretung deswegen ins Leere geht, weil er selbst seine Leistung bereits im voraus an seinen abtretungspflichtigen Vertragspartner erbracht hat (*BGH* ZIP 2003, 2211, 2212). Erfolgt die Verfügung zwar betriebsbezogen, aber dennoch

außerhalb des Handelsgewerbes, sind erhöhte Anforderungen an die Gutgläubigkeit des Erwerbers zu stellen (*BGH* NJW 1999, 425, 426).
(6) Aufgrund des Verweises auf die §§ 932 ff. bzw. 1207 f. BGB müssen schließlich die Voraussetzungen der entsprechenden Tatbestände des gutgläubigen Erwerbs gegeben sein. In der Falllösung ist § 366 HGB daher immer in Verbindung mit **§§ 932, 933, 934, 1207 oder 1208 BGB** zu prüfen. Auch die Einschränkungen des gutgläubigen Erwerbs nach **§ 935 BGB** sind zu beachten (vgl. dazu noch die Sonderregelung für bestimmte Wertpapiere in § 367 HGB).

> **Merksatz:** Im Handelsrecht wird der gute Glaube an die Eigentümerstellung oder die Verfügungsbefugnis des Veräußerers bzw. Verpfänders geschützt, nicht jedoch der gute Glaube an das Bestehen der Vertretungsmacht (str.), der Kaufmannseigenschaft (str.), der Betriebsbezogenheit oder der Geschäftsfähigkeit.

## 3. Der Inhalt des Gutglaubensschutzes

Den näheren Inhalt des handelsgeschäftlichen Gutglaubensschutzes verdeutlicht die folgende Übersicht: 45

| | § 366 Abs. 1 HGB | § 366 Abs. 2 HGB | § 366 Abs. 3 HGB | § 367 HGB |
|---|---|---|---|---|
| Modifizierte BGB-Regelung | §§ 932–934 und 1207 BGB | §§ 936 und 1208 BGB | §§ 1207 und 1257 BGB | §§ 935 Abs. 2 und 1207 BGB |
| Inhalt | Anwendbarkeit der §§ 932–934 und 1207 BGB auch bei bloßem guten Glauben an die Verfügungsbefugnis | Anwendbarkeit der §§ 936 und 1208 BGB auch bei bloßem guten Glauben an die vorbehaltlose Verfügungsbefugnis des Veräußerers bzw. Verpfänders | Die gesetzlichen Pfandrechte der §§ 397, 440, 464, 475b, 495 HGB können, sofern sie der Sicherung von mit dem jeweiligen Vertrag in Verbindung stehenden (konnexen) Forderungen dienen, auch kraft guten Glaubens an die Übergabebefugnis des Kommittenten, Absenders, Versenders bzw. Einlagerers am Eigentum Dritter entstehen (zum Erwerb eines Pfandrechts zur Sicherung inkonnexer Forderungen bei Gutgläubigkeit bzgl. des Eigentums *K. Schmidt*, NJW 2014, 1 ff.). | Widerlegbare Bösgläubigkeitsvermutung für bestimmte Fälle der Wertpapierveräußerung bzw. -verpfändung |

|  | § 366 Abs. 1 HGB | § 366 Abs. 2 HGB | § 366 Abs. 3 HGB | § 367 HGB |
|---|---|---|---|---|
| Funktion | Erweiterung des gutgläubigen Erwerbs von Eigentum bzw. vertraglichen Pfandrechten | Erweiterung des gutgläubigen Erwerbs lastenfreien Eigentums und des Vorrangs eines vertraglichen Pfandrechts | Ermöglichung des gutgläubigen Erwerbs der gesetzlichen und mit Besitz verbundenen Pfandrechte des Handelsrechts | Einschränkung des § 935 Abs. 2 BGB |

### XII. Der handelsgeschäftliche Pfandverkauf

**46** Der Verkauf einer Sache, an der ein Pfandrecht bestellt worden ist, muss nach § 1234 BGB angedroht werden. Zur Erleichterung der Pfandverwertung durch einen Kaufmann wird die gesetzliche Wartefrist zwischen Androhung und Verkauf von einem Monat (§ 1234 Abs. 2 BGB) auf eine Woche verkürzt (**§ 368 HGB**), wenn die Pfandrechtsbestellung für beide Seiten (Abs. 1) oder in bestimmten Fällen zumindest für den Pfandgläubiger (Abs. 2) ein Handelsgeschäft ist.

### XIII. Das kaufmännische Zurückbehaltungsrecht

**47** Das in den §§ 369–372 HGB geregelte Zurückbehaltungsrecht ist ein besonderes handelsrechtliches **Sicherungsmittel**, das neben die auch im Handelsverkehr geltenden Zurückbehaltungsrechte der §§ 273 Abs. 1 bzw. Abs. 2, 1000 und 2022 BGB sowie neben die Einrede des nichterfüllten Vertrags (§ 320 BGB) tritt. Während es beim allgemeinen Zurückbehaltungsrecht des § 273 Abs. 1 BGB um das Recht zur Verweigerung der eigenen geschuldeten Leistung geht, streben die §§ 369 ff. HGB eine Sicherung des Gläubigers nicht nur durch die Gewährung eines Leistungsverweigerungsrechts, sondern insbesondere durch **ein pfandartiges Befriedigungsrecht** an. Dabei geht das Gesetz davon aus, dass die im Rahmen einer wechselseitigen Geschäftsbeziehung in den Besitz des Gläubigers gelangten beweglichen Sachen oder Wertpapiere als Sicherungsmittel dienen können.

#### 1. Voraussetzungen

**48** Das kaufmännische Zurückbehaltungsrecht hat sieben Voraussetzungen:
(1) Gläubiger und Schuldner müssen **Kaufleute** sein oder den §§ 383 Abs. 2 S. 2, 407 Abs. 3 S. 2, 453 Abs. 3 S. 2, 467 Abs. 3 S. 2 HGB unterfallen. Nach h. M. sind die §§ 369 ff. HGB zudem anwendbar, wenn der Schuldner als Scheinkaufmann aufgetreten ist (MüKoHGB/*Welter*, § 369 Rn. 16).
(2) Die Forderung, wegen der der Gläubiger zurückbehält, muss grundsätzlich eine **fällige Geldforderung** sein, da das Zurückbehaltungsrecht letzt-

§ 34. Sonderregelungen für alle Handelsgeschäfte 237

lich in ein Befriedigungsrecht mündet (§ 371 HGB i. V. m. § 1228 Abs. 2 BGB). Allerdings soll es nach h. M. genügen, wenn die Forderung zumindest in eine Geldforderung übergehen kann (§ 1228 Abs. 2 S. 2 BGB), was bei den allermeisten Forderungen z. B. aufgrund von Leistungsstörungen (§§ 280 ff. BGB) der Fall ist. Auch der Herausgabeanspruch nach § 985 BGB soll sicherungsfähig sein.

(3) Die Forderung muss zudem aus einem zwischen Gläubiger und Schuldner geschlossenen **beiderseitigen Handelsgeschäft** stammen. Dies ist auch dann gegeben, wenn die Forderung lediglich der Rückabwicklung eines unwirksamen (z. B. Leistungskondiktion) oder wirksamen (z. B. Anspruch aus § 346 Abs. 1 BGB) Handelsgeschäfts dient (*Brox/Henssler*, Rn. 323). Das Zurückbehaltungsrecht besteht zudem nicht nur gegenüber dem ursprünglichen Vertragspartner („geschlossen"), sondern auch bei einem z. B. durch Schuldübernahme (§§ 414 f. BGB) oder Erbfall bedingten Schuldnerwechsel (h. M.; vgl. *KKRD/Koller*, §§ 369–372 Rn. 4). Ausgeschlossen werden damit lediglich das Zurückbehaltungsrecht im Rahmen eines Privatgeschäfts der Kaufleute sowie das Zurückbehaltungsrecht, das erst aufgrund eines durch Forderungsabtretung herbeigeführten Gläubigerwechsels begründet wird.

(4) Gegenstand des kaufmännischen Zurückbehaltungsrechts können nur **verpfändbare bewegliche Sachen oder Wertpapiere** (Inhaber- und Orderpapiere) sein. Diese Anforderung ergibt sich nach h. M. aus dem besitzrechtlichen und pfandähnlichen Charakter dieses Zurückbehaltungsrechts (vgl. § 371 HGB). Als Sicherungsobjekt ausgeschlossen werden damit nicht nur Immobilien, sondern insbesondere auch die Rektapapiere (vgl. § 952 BGB; z. B. Sparbuch, Namensaktie, Grundschuldbrief) und die Zulassungsbescheinigung Teil II (§ 952 BGB analog; Palandt/*Herrler*, § 952 Rn. 7). Möglich ist hingegen das Zurückbehalten eines Wechsels als einem Orderpapier.

**Beispielsfall:** Abele hat der B-Bank zur Sicherung einer Darlehensforderung sein Kraftfahrzeug übereignet und der B-Bank die Zulassungsbescheinigung Teil II (früher Kraftfahrzeugbrief) übergeben. Nach Tilgung des Darlehens durch Abele hält die B-Bank die Bescheinigung wegen anderer Forderungen zurück. Hierzu ist die B-Bank nicht berechtigt. Denn die Zulassungsbescheinigung Teil II ist keine selbständig verwertbare Sache. Sie bildet nur ein Annex des von ihr bescheinigten Eigentumsrechts am Kraftfahrzeug und steht einem Rektapapier gleich (§ 952 BGB analog: Das Recht an der Zulassungsbescheinigung Teil II folgt dem Recht aus dem Papier, d. h. dem Eigentumsrecht am Kraftfahrzeug, vgl. *OLG Frankfurt/M.* NJW 1969, 1719, 1720).

(5) Die zurückbehaltene Sache bzw. das Wertpapier müssen im Zeitpunkt der Entstehung (nicht der Geltendmachung; vgl. § 369 Abs. 2 HGB) des Zurückbehaltungsrechts **grundsätzlich im Eigentum des Schuldners**

stehen. Diese in § 369 Abs. 1 HGB erwähnte Voraussetzung ergibt sich ebenfalls aus dem Umstand, dass das kaufmännische Zurückbehaltungsrecht ein Befriedigungsrecht begründet. Ausnahmen bestehen nach § 369 Abs. 1 S. 2 HGB allerdings, wenn das Eigentum vom Schuldner auf den Gläubiger übergegangen, der Gläubiger aber zur Rückübertragung des Eigentums auf den Schuldner verpflichtet ist (z. B. § 346 Abs. 1 BGB) und wenn das Eigentum von einem Dritten zwar auf den Gläubiger übertragen wurde, von dem Gläubiger aber an den Schuldner weiter übereignet werden muss (z. B. Einkaufskommission; vgl. § 384 Abs. 2 a. E. HGB).

(6) Der Gläubiger muss den **Besitz mit Willen des Schuldners** handelsgeschäftlich erlangt und noch innehaben. Besitzverlust führt zum Erlöschen des Zurückbehaltungsrechts („noch im Besitze"). Es genügt Mitbesitz und (sofern ein Dritter und nicht der Schuldner unmittelbarer Besitzer ist) mittelbarer Besitz des Gläubigers an der Sache selbst oder einem zu deren Auslieferung berechtigenden Traditionspapier (§ 369 Abs. 1 S. 1 HGB nennt „insbesondere" Konnossement, Ladeschein und Lagerschein). Die Besitzerlangung muss von dem ausdrücklichen oder stillschweigenden Willen des Schuldners bzw. seines Vertreters gedeckt sein. Sie darf damit (auch bei einem bestehenden Besitzanspruch des Gläubigers) nicht eigenmächtig erfolgt sein. Der Besitzerwerb muss schließlich zumindest für den Gläubiger aufgrund eines Handelsgeschäfts erfolgen (Ba/Ho/*Hopt*, § 369 Rn. 9).

(7) Das Zurückbehaltungsrecht darf schließlich **nicht ausgeschlossen** sein. Dies ist möglich durch Parteivereinbarung (auch AGB) oder kraft Gesetzes nach § 369 Abs. 3 HGB, „wenn die Zurückhaltung des Gegenstandes der von dem Schuldner vor oder bei der Übergabe erteilten Anweisung oder der von dem Gläubiger übernommenen Verpflichtung, in einer bestimmten Weise mit dem Gegenstand zu verfahren", widerspricht.

> **Beispielsfall:** Kunsthändler Köster und Antiquitätenhändler Alt stehen in ständiger Geschäftsbeziehung. Köster beauftragt Alt, für seine Rechnung ein Gemälde im eigenen Namen zu verkaufen (Verkaufskommission). Hier soll Alt das Gemälde auf dem Kunstmarkt verkaufen und nicht zurückbehalten. Ein Zurückbehaltungsrecht von Alt wegen etwaiger Forderungen gegen Köster ist daher ausgeschlossen.

Das Zurückbehaltungsrecht kann zudem vom Schuldner durch Sicherheitsleistung **abgewendet** werden (§ 369 Abs. 4 HGB).

### 2. Rechtsfolgen

49 Das kaufmännische Zurückbehaltungsrecht gewährt dem Gläubiger ein:

- **Leistungsverweigerungsrecht** in Form einer aufschiebenden Einrede, die mithin im Prozess geltend zu machen ist. Der Gläubiger hat nach h. M. ein obligatorisches Recht zum Besitz i. S. v. § 986 Abs. 1 BGB und wird, wenn ihn der Schuldner auf Herausgabe verklagt, nur zur Leistung Zug um Zug verurteilt (*BGH* NJW 1995, 2626, 2627; a. A. *Seidel*, JZ 1993, 180 ff.). Bei

## § 34. Sonderregelungen für alle Handelsgeschäfte

Besitzverlust steht dem Gläubiger gegebenenfalls ein Anspruch nach § 1007 BGB gegen den aktuellen Besitzer zu.
- **Befriedigungsrecht** (§ 371 HGB), das vom Gläubiger auf zwei Wegen verwirklicht werden kann. Die Möglichkeit zur sog. Vollstreckungsbefriedigung besteht aufgrund des allgemeinen Zwangsvollstreckungsrechts (lediglich klarstellend § 371 Abs. 3 S. 1 HGB: „Sofern die Befriedigung nicht im Wege der Zwangsvollstreckung stattfindet ..."). Die Vollstreckungsbefriedigung vollzieht sich nach den allgemeinen Regeln. Sie erfordert daher Titel, Klausel sowie Zustellung und erfolgt durch Pfändung (§ 809 ZPO) sowie anschließende Verwertung der zurückbehaltenen Sache (§§ 814 ff. ZPO). Daneben hat der Gläubiger aber auch die besondere Möglichkeit der sog. Verkaufsbefriedigung, die sich nach § 371 Abs. 2 HGB i. V. m. § 1233 ff. BGB wie die Verwertung eines Pfandrechts vollzieht, allerdings zusätzlich einen Vollstreckungstitel gegen den Schuldner erfordert. Damit ist auch hier die Mitwirkung des Richters erforderlich.
- **Absonderungsrecht** in der Insolvenz des Schuldners (§ 51 Nr. 3 InsO).

Das kaufmännische Zurückbehaltungsrecht besteht nicht nur gegenüber dem Schuldner, sondern nach § 369 Abs. 2 HGB auch gegenüber einem nachträglich das Eigentum an dem Gegenstand erwerbenden **Dritten**, sofern auch diesem Dritten das Zurückbehaltungsrecht als Einwendung nach § 986 Abs. 2 BGB entgegengehalten werden kann, weil der Dritte das Eigentum durch Abtretung des Herausgabeanspruchs (§§ 929 S. 1, 931 BGB) oder durch Vereinbarung eines Besitzkonstituts nach §§ 929 S. 1, 930 BGB (für diese Gleichstellung mit § 931 BGB BGHZ 111, 142, 146 f.) erworben hat. Zugunsten des gutgläubigen Gläubigers gilt zudem der Schuldner weiterhin als Eigentümer, so dass er immer noch von diesem die Gestattung der Befriedigung verlangen kann (§ 372 Abs. 1 HGB). Der bei Rechtshängigkeit gutgläubige Gläubiger kann dem Erwerber schließlich ein rechtskräftiges Urteil, das in einem zwischen ihm und dem Schuldner wegen Gestattung der Befriedigung geführten Rechtsstreit ergangen ist, entgegenhalten (Rechtskrafterstreckung nach § 372 Abs. 2 HGB).

Die §§ 369 ff. HGB sind dispositiv und können von den Parteien durch abweichende Vereinbarungen gläubiger- oder schuldnerfreundlicher ausgestaltet werden.

Die Besonderheiten des kaufmännischen Zurückbehaltungsrechts macht zusammenfassend der Vergleich mit dem allgemeinen Zurückbehaltungsrecht des § 273 Abs. 1 BGB deutlich:

|  | § 369 HGB | § 273 Abs. 1 BGB |
|---|---|---|
| **Bezeichnung des Zurückbehaltungsberechtigten** | Gläubiger | Schuldner |
| **Qualität des zu sichernden Anspruchs** | Fällige oder gefährdete Geldforderung aus einem beiderseitigen Handelsgeschäft | Fälliger Anspruch jeder Art |
| **Qualität der gegenseitigen Rechtsbeziehung** | Forderungsrecht aufgrund eines beiderseitigen Handelsgeschäfts und handelsgeschäftliche Besitzerlangung mit dem Willen des Schuldners | Konnexität der Forderungsrechte, d. h. natürlicher und wirtschaftlicher Zusammenhang (z. B. dauernde Geschäftsbeziehung) |
| **Gegenstand der Zurückbehaltung** | Selbständig verwertbare bewegliche Sachen oder Wertpapiere, die grundsätzlich im Zeitpunkt der Entstehung des Zurückbehaltungsrechts im Eigentum des Schuldners stehen, die mit dem Willen des Schuldners in den Besitz des Gläubigers gelangt sind und sich dort noch befinden | Leistung jeder Art (z. B. Lieferung, Dienstleistung) |
| **Ausschluss des Zurückbehaltungsrechts** | Ausschluss durch Parteivereinbarung (auch AGB)<br><br>Ausschluss kraft Gesetzes (§ 369 Abs. 3 HGB)<br>Sicherheitsleistung (§ 369 Abs. 4 HGB) | Ausschluss durch Parteivereinbarung (z. B. Vereinbarung einer Vorleistungspflicht)<br>Ausschluss kraft Gesetzes (z. B. § 175 BGB a. E.)<br>Sicherheitsleistung (§ 273 Abs. 3 BGB) |
| **Inhalt des Zurückbehaltungsrechts** | Leistungsverweigerungsrecht Pfandartiges Befriedigungsrecht (§§ 371 f. HGB) Absonderungsrecht in der Insolvenz des Schuldners (§ 51 Nr. 3 InsO) | Leistungsverweigerungsrecht (aufschiebende Einrede) |

## § 35. Wiederholung

### A. Zusammenfassung

☐ **Handelsgeschäfte** = (Rechts-)Geschäfte eines Kaufmanns, die zum Betriebe seines Handelsgewerbes gehören (§ 343 HGB). **Gegenbegriff:** Privatgeschäfte des Kaufmanns, Geschäfte des Nichtkaufmanns
☐ **Arten:**
  - Einseitiges Handelsgeschäft (Kaufmannseigenschaft und/oder Betriebsbezogenheit nur auf einer Seite)
  - Beiderseitiges Handelsgeschäft (Kaufmannseigenschaft und Betriebsbezogenheit auf beiden Seiten)
☐ Sonderregelungen für das **Zustandekommen von Handelsgeschäften** durch Schweigen:
  - Erklärungswert des Schweigens auf ein Angebot zur **Geschäftsbesorgung** (§ 362 HGB)
  - Erklärungswert des Schweigens auf ein kaufmännisches **Bestätigungsschreiben**).
    – Voraussetzungen:
      (1) Kaufmannseigenschaft bzw. Kaufmannsähnlichkeit der Parteien
      (2) Vorausgegangene Vertragsverhandlungen, die aus der Sicht des Bestätigenden zumindest scheinbar zu einem noch nicht vollständig schriftlich fixierten Vertragsschluss geführt haben
      (3) Eindeutige und endgültige Wiedergabe des behaupteten Vertragsinhalts im Bestätigungsschreiben
      (4) Zugang des Bestätigungsschreibens unmittelbar nach Abschluss der Vertragsverhandlungen
      (5) Schutzwürdigkeit des Bestätigenden (Redlichkeit, keine gravierenden Abweichungen des Bestätigungsschreibens vom Ergebnis der Vertragsverhandlungen)
      (6) Empfänger widerspricht nicht unverzüglich.
    – Rechtsfolge: Der Vertrag kommt mit dem Inhalt des Bestätigungsschreibens zustande.
☐ Sonderregelungen für die **Einbeziehung und Inhaltskontrolle von AGB**, die gegenüber einem Unternehmer (§ 310 Abs. 1 BGB) oder von einem Unternehmer gegenüber einem Verbraucher (§ 310 Abs. 3 BGB) verwendet werden
☐ Allgemeine Sonderregelungen für die **Durchführung von Handelsgeschäften**:
  - **Kleinere Modifikationen** des bürgerlichen Schuld- und Sachenrechts:
    – § 347 HGB (Sorgfaltspflicht)
    – § 348 HGB (Vertragsstrafeversprechen)
    – §§ 349 f. HGB (Bürgschaft, Schuldversprechen und Schuldanerkenntnis)

- § 352 HGB (Zinssatz)
- § 353 HGB (Fälligkeitszinsen)
- § 354 HGB (Vergütung und Verzinsung)
- § 354a HGB (Abtretbarkeit)
- §§ 358 f. HGB (Leistungszeit)
- § 360 HGB (Gattungsschuld)
- § 361 HGB (Leistungsinhalt)
- § 368 HGB (Pfandverkauf)

• **Kontokorrent** (§§ 355 ff. HGB)
  – Voraussetzungen:
    (1) Auf Dauer angelegte Geschäftsbeziehung unter Beteiligung zumindest eines Kaufmanns
    (2) Abschluss einer Kontokorrentabrede, die auf die Einstellung und die periodische oder sofortige Verrechnung der entstehenden Forderungen sowie auf die Saldofeststellung gerichtet ist
  – Rechtsfolgen:
    (1) Lähmung der einzelnen Forderungen und Leistungen
    (2) Grundsätzlich automatische Verrechnung der einzelnen Forderungen und Leistungen am Ende der Rechnungsperiode mit Erfüllungswirkung sowie Entstehung einer eigenständigen und verzinslichen kausalen Saldoforderung
    (3) Das Saldoanerkenntnis begründet eine neue abstrakte Saldoforderung (§ 781 BGB, § 356 HGB).

• **Erweiterung des Gutglaubensschutzes** der §§ 932 ff. und 1207 f. BGB durch **§§ 366 f. HGB**: Möglichkeit des lastenfreien Eigentums- bzw. Pfandrechtserwerbs auch dann, wenn sich der gute Glaube des Erwerbers bzw. Pfandgläubigers nur auf die Verfügungsbefugnis des Veräußerers bzw. Verpfänders bezieht

• **Kaufmännisches Zurückbehaltungsrecht** (§§ 369 ff. HGB) als zusätzliches Sicherungsmittel
  – Voraussetzungen:
    (1) Fällige Geldforderung aus einem beiderseitigen Handelsgeschäft
    (2) Verpfändbare bewegliche Sache bzw. Wertpapier des Schuldners im Besitz des Gläubigers mit Willen des Schuldners (Grundsatz)
    (3) Kein Ausschluss durch Parteivereinbarung (auch AGB) oder kraft Gesetzes (§ 369 Abs. 3 HGB)
    (4) Keine Abwendung durch Sicherheitsleistung des Schuldners (§ 369 Abs. 4 HGB)
  – Rechtsfolgen:
    (1) Aufschiebendes Leistungsverweigerungsrecht (§ 369 HGB)
    (2) Absonderungsrecht in der Insolvenz des Schuldners (§ 51 Nr. 3 InsO)
    (3) Pfandartiges Befriedigungsrecht (§§ 371 f. HGB)

§ 35. Wiederholung 243

☐ Anwendung der Sonderregelungen auf **Nichtkaufleute:**
- Grundsätzliche Anwendung auf den nichtkaufmännischen Geschäftspartner eines betriebsbezogene Geschäfte tätigenden Kaufmanns (§ 345 HGB)
- Anwendung der §§ 346 ff. HGB mit Ausnahme der §§ 348–350 HGB auf die Kleingewerbebetreibenden i. S. d. der §§ 383 Abs. 2 S. 2, 407 Abs. 3 S. 2, 453 Abs. 3 S. 2, 467 Abs. 3 S. 2 HGB
- Teilweise Anwendung zu Lasten des Scheinkaufmanns
- Gegebenenfalls analoge Anwendung auf sonstige kaufmannsähnliche Geschäftsteilnehmer

**B. Kontrollfragen**

1. Warum stellt § 345 HGB eine gewisse Einschränkung des sog. subjektiven Systems des deutschen Handelsrechts dar?
2. Was muss ein Kaufmann nach allgemeiner Ansicht beweisen, wenn er der Auffassung ist, dass es sich bei dem von ihm getätigten Geschäft nicht um ein Handelsgeschäft handelt?
3. Was unterscheidet die in § 362 HGB getroffene Regelung von den §§ 151 und 663 BGB sowie vom Kontrahierungszwang?
4. Was versteht man unter einem deklaratorischen und einem konstitutiven kaufmännischen Bestätigungsschreiben?
5. Worin unterscheidet sich das kaufmännische Bestätigungsschreiben von der Auftragsbestätigung?
6. Warum ist die Schutzwürdigkeit des Absenders eine Voraussetzung für die Rechtswirkungen des Schweigens auf ein kaufmännisches Bestätigungsschreiben und in welchen Fällen fehlt sie?
7. Einzelhändler Eisele kauft bei Groß auf dem Hamburger Großmarkt mehrere Stiegen Äpfel. Die AGB des Groß, die dem Eisele aufgrund bisheriger Geschäfte bekannt sind, enthalten die Klausel „Gekauft wie gesehen". Auf dem Großmarkt ist es zudem üblich, alle Waren beim Kauf auf sichtbare Mängel zu überprüfen und den Verkäufer insoweit von der Sachmängelgewährleistung freizustellen. Beim anschließenden Verkauf in seinem Laden entdeckt Eisele, dass zahlreiche Äpfel Druckstellen aufweisen. Kann Eisele den Kaufpreis mindern?
8. Stellen Sie in einer Tabelle die allgemeinen handelsgeschäftlichen Sonderregelungen der §§ 346–372 HGB den durch sie modifizierten Vorschriften des BGB gegenüber!
9. Versuchen Sie einmal, die in diesem Kapitel der gesetzlichen Abfolge entsprechend dargestellten allgemeinen handelsgeschäftlichen Sonderregelungen (§§ 346 ff. HGB) den folgenden Normzweckkategorien zuzuordnen: Konkretisierung der Leistungspflicht, Entgeltlichkeit des kaufmännischen Handelns, handelsrechtlicher Verkehrsschutz, Sicherungsbedürfnis des Handelsverkehrs, Schnelligkeit und Leichtigkeit des Handelsverkehrs, geringere Schutzbedürftigkeit des Kaufmanns!

10. Was unterscheidet das Kontokorrent von einem Kreditverhältnis?
11. Klein ist bei Ackermann angestellt. Das Gehalt überweist Ackermann auf das Girokonto von Klein bei der B-Bank. Gläubiger Graf möchte gegen Klein die Zwangsvollstreckung wegen einer Geldforderung betreiben. Welche Möglichkeiten einer Forderungspfändung hat er?
12. Warum könnte man Zweifel an der Zulässigkeit der Pfändung des zukünftigen Kontokorrentsaldos haben?
13. Welche Reichweite hat der Gutglaubensschutz nach § 366 HGB?
14. Warum weist das Zurückbehaltungsrecht nach §§ 369 ff. HGB schuldrechtliche und dingliche Elemente auf?

# Kapitel 10. Der Handelskauf

**Literatur:** *Andreewitsch/Arbesser-Rastburg*, Rügeobliegenheit nach deutschem und österreichischem Recht – Ein Rechtsvergleich, CR 2014, 478 ff.; *Bredemeyer*, Der Anwendungsbereich von § 377 HGB im Folge- und Begleitschadensbereich, JA 2009, 161 ff.; *Brüggemann*, Das System der Gewährleistung nach bürgerlichem Recht und nach Handelsrecht, JA 1977, 49 ff., 102 ff.,198 ff. und 245 ff.; *Eckert/Maifeld/Matthiessen*, Handbuch des Kaufrechts – Der Kaufvertrag nach Bürgerlichem Recht, Handelsrecht und UN-Kaufrecht, 2. Aufl, 2014; *Emmerich*, Der Handelskauf, JuS 1997, 98 ff.; *Grunewald*, Just-in-time-Geschäfte – Qualitätssicherungsvereinbarungen und Rügelast, NJW 1995, 1777 ff.; *Hadding*, Zur Falschlieferung beim beiderseitigen Handelskauf nach „modernisiertem" Schuldrecht, FS Kollhosser, 2004, 189 ff.; *Herresthal*, Der Anwendungsbereich der Regelungen über den Fixhandelskauf (§ 376 HGB) unter Berücksichtigung des reformierten Schuldrechts, ZIP 2006, 883 ff.; *v. Hoyningen-Huene*, Der Handelskauf, Jura 1982, 8 ff.; *Huber*, Wandlungen im Recht des Handelskaufs, ZHR 161 (1997), 160 ff.; *Hüffer*, Rechtsfragen des Handelskaufs, JA 1981, 70 ff. und 143 ff.; *Lange*, Die Untersuchungs- und Rügeobliegenheit beim Streckengeschäft, JZ 2008, 661 ff.; *Leßmann*, Der Fixhandelskauf, JA 1980, 143 ff.; *Lieder/Hohmann*, Falschlieferung und Quantitätsabweichung beim Handelskauf nach § 377 HGB, Jura 2017, 1136 ff.; *Marburger*, Die Sachmängelhaftung beim Handelskauf, JuS 1983, 1 ff.; *Mock*, Der Ausschluss von Käuferrechten gemäß § 377 HGB, 2010; *G. Müller*, Zu den Auswirkungen der Schuldrechtsreform auf die Rügeobliegenheit i. S. d. § 377 HGB, WM 2011, 1249 ff.; *Oetker*, Quantitätsabweichungen beim Handelskauf nach der Schuldrechtsreform, in: Heldrich u. a. (Hrsg.), FS Canaris, Bd. 2, 2007, S. 313 ff.; *Peters*, Zum Anwendungsbereich des § 377 HGB, JZ 2006, 230 ff.; *Reinicke/Tiedtke*, Kaufrecht, 8. Aufl., 2009; *Roth*, Die Rügelast des § 377 HGB bei mehrstufigen Verkaufsketten, in: Heldrich u. a. (Hrsg.), FS Canaris, Bd. 2, 2007, S. 365 ff.; *Schaeffer*, Der Handelskauf nach der Schuldrechtsreform, 2007; *Thamm/Möffert*, Die Mängelrüge im Handelsverkehr im Lichte jüngster Rechtsprechung, NJW 2004, 2710 ff.; *Tonikidis*, Das Zusammentreffen von Verbrauchsgüterkauf (§ 474 I BGB) und Handelskauf (§§ 373 ff. HGB), Jura 2018, 556 ff.; *Winz/Scheef*, Die Rügepflicht im Anlagenbau, BauR 2013, 655 ff.; *A. Zimmermann*, Der Verbrauchsgüterhandelskauf – zum Verhältnis von Verbraucherschutz und Handelsrecht, JuS 2018, 842 ff.

## § 36. Begriff des Handelskaufs

Der Begriff des Handelskaufs wird vom Gesetz nicht eigens definiert. Aus den einzelnen Tatbeständen der §§ 373 ff. HGB und der Verweisungsvorschrift des § 381 Abs. 1 HGB ergibt sich jedoch, dass es sich um einen Kauf (§ 433 BGB) **beweglicher Sachen** („Waren") handelt, der für mindestens einen der Vertragspartner ein Handelsgeschäft (dazu Kap. 9 Rn. 2 ff.) darstellt. Der betriebsbezogene Ankauf eines Grundstücks oder einer unverbrieften Forderung durch einen Kaufmann ist mithin kein Handelskauf. Allerdings finden die

Regeln über den Handelskauf **auch Anwendung** auf den Kauf von Wertpapieren (§ 381 Abs. 1 HGB), die Lieferung herzustellender oder zu erzeugender beweglicher Sachen (Werklieferungskauf, § 381 Abs. 2 HGB) sowie den Tausch (§ 480 BGB) und die dem Kauf beweglicher Sachen ähnlichen Verträge über sonstige Gegenstände (§ 453 Abs. 1 BGB; vgl. *BGH* NJW 1985, 2417, 2418 und Kap. 2 Klausurfall 1). Ein Vertrag über die Herstellung und Lieferung von beweglichen Bau- oder Anlagenteilen unterfällt nach § 650 BGB und § 381 Abs. 2 HGB ebenfalls dem Handelskaufrecht, so dass etwa die Lieferung mangelhafter Bauteile unter den übrigen Voraussetzungen unverzüglich zu rügen ist (BGHZ 182, 140; *OLG Brandenburg* NJW 2012, 2124).

**Beispiele:** Student Starck kauft für das Wochenende im Supermarkt ein; Reeder Rossig bestellt bei der Weser-Werft ein neues Schiff; Briefmarkenhändler Braun tauscht mit Sammler Stoltz Briefmarken aus; Programmierer Bitter lädt sich ein Computerprogramm der Cyber GmbH auf seinen PC herunter.

Der Handelskauf ist das wichtigste Handelsgeschäft. Grundsätzlich genügt es, wenn ein nur einseitiger Handelskauf vorliegt (§§ 373–376, 380 HGB i. V. m. § 345 HGB). Die besonders bedeutsame Obliegenheit der Mängelrüge (§ 377 HGB) und die Aufbewahrungspflicht (§ 379 HGB) gelten jedoch nur für den beiderseitigen Handelskauf.

## § 37. Die Sonderregelungen für den Handelskauf

2   Die wenigen Sonderregelungen für den Handelskauf (§§ 373–381 HGB; zum UN-Kaufrecht näher Kap. 13 Rn. 13 ff.) dienen der Beschleunigung der Geschäftsabwicklung und stärken im Ergebnis die Rechtsstellung des Verkäufers. Diese Stärkung der Verkäuferrechte kann mit dem Bestreben nach einem effektiven Verbraucherschutz bzw. Käuferschutz kollidieren. Das gilt insbesondere für diejenigen einseitigen Handelsgeschäfte, die nur auf der Verkäuferseite Handelskaufverträge und aufgrund der Unternehmereigenschaft des Verkäufers i. S. v. § 14 BGB und der Verbrauchereigenschaft des Käufers i. S. v. § 13 BGB zugleich Verbrauchsgüterkaufverträge i. S. v. § 474 Abs. 1 BGB sind. Zum Schutz des Verbrauchers wird insoweit teilweise vertreten, dass sich der Verkäufer auf die parallel neben den §§ 474 ff. BGB anwendbaren handelsrechtlichen Sonderregelungen für einseitige Handelskaufverträge (§§ 373 bis 376, 380 HGB) nur berufen können soll, wenn er den Verbraucher bei Vertragsschluss auf deren Anwendbarkeit gesondert hingewiesen hat (*J. Hoffmann*, BB 2005, 2090 f.; gegen eine solche Informationsobliegenheit *Tonikidis*, Jura 2018, 556, 557). Im Fall einer gemischten Zwecksetzung des Käufers kann sogar ein beiderseitiger Handelskauf zugleich Verbrauchsgüterkauf sein (dazu Rn. 10).

## A. Sonderrechte des Verkäufers bei Annahmeverzug des Käufers

Die Voraussetzungen des Gläubigerverzugs des Käufers richten sich auch beim Handelskauf ausschließlich nach den §§ 293 ff. BGB. Wie § 374 HGB nochmals ausdrücklich klarstellt, ergeben sich auch die Rechtsfolgen grundsätzlich aus den §§ 300–304, 323 Abs. 6, 326 Abs. 2, 372, 383, 446 S. 3 BGB. Bei einem Annahmeverzug des Käufers im Rahmen eines zumindest einseitigen Handelskaufs wird dem Verkäufer jedoch nach § 373 HGB die **Hinterlegung und der Selbsthilfeverkauf erleichtert**, damit er sich der Ware schneller entledigen kann.

Im Einzelnen gilt im Vergleich zum BGB Folgendes:

| Hinterlegung | | |
|---|---|---|
| | **§§ 372 ff. BGB** | **§ 373 HGB** |
| Gegenstand | Geld, Wertpapiere, Urkunden, Kostbarkeiten | Waren jeder Art |
| Form | Hinterlegung ausschließlich beim Amtsgericht des Leistungsorts | Hinterlegung in einem öffentlich betriebenen Lagerhaus oder sonst in sicherer Weise |
| Wirkungen | • Bei Ausschluss des Rücknahmerechts: Erfüllungswirkung<br>• Bei bestehendem Rücknahmerecht: Leistungsverweigerungsrecht des Verkäufers; Befreiung des Verkäufers von der Kostentragung, Preisgefahrtragung und von der Pflicht zur Leistung von Zinsen bzw. der Pflicht zum Ersatz nicht gezogener Nutzungen | • Keine Erfüllungswirkung, sofern nicht zusätzlich die Voraussetzungen des § 378 BGB oder eine Parteivereinbarung gegeben sind<br>• Der Verkäufer wird lediglich von der Last der Aufbewahrung befreit, da der Käufer nunmehr die Gefahr und die Kosten der Hinterlegung zu tragen hat. |

| Selbsthilfeverkauf | | |
|---|---|---|
| | **§§ 383 ff. BGB** | **§ 373 HGB** |
| Gegenstand | Nur hinterlegungsunfähige Sachen | Waren und Wertpapiere aller Art; damit besteht ein Wahlrecht zwischen Hinterlegung und Selbsthilfeverkauf |
| Durchführung | Grundsätzlich nach rechtzeitiger Androhung im Wege der öffentlichen Versteigerung am Leistungsort; ausnahmsweise durch freihändigen Verkauf durch einen dazu öffentlich ermächtigten Handelsmakler oder eine zur öffentlichen Versteigerung ermächtigte Person | Wie nach BGB; allerdings ist der Ort des Verkaufs nicht vorgeschrieben |

| Selbsthilfeverkauf | | |
|---|---|---|
| | §§ 383 ff. BGB | § 373 HGB |
| Wirkungen des ordnungsgemäßen Selbsthilfeverkaufs | Umwandlung des Lieferanspruchs in eine Geldforderung in Höhe des Verkaufserlöses, wobei sich der Schuldner durch die Hinterlegung des Erlöses befreien kann | Durchführung des Selbsthilfeverkaufs durch den Verkäufer als einer Art Beauftragtem „für Rechnung des Käufers", d. h. Erlöschen der Lieferschuld des Verkäufers bei fortbestehendem Kaufpreisanspruch, interne Kostentragung durch den Käufer, Pflicht zur Herausgabe des Verkaufserlöses an den Käufer (Möglichkeit zur Aufrechnung mit dem Kaufpreisanspruch) |
| Wirkungen des nicht ordnungsgemäßen Selbsthilfeverkaufs | Bei fehlender Herausgabebereitschaft des Erwerbers nachträgliche subjektive Unmöglichkeit bei Stückschulden und bereits konkretisierten Gattungsschulden (§ 275 Abs. 1 BGB); bei Verschulden Schadensersatz (§§ 280 Abs. 1, 3, 283, 325 BGB) | Grds. keine Wirkung für Rechnung des Käufers und keine Erfüllungswirkung, wobei die Leistung durch den Selbsthilfeverkauf i. d. R. subjektiv unmöglich geworden sein wird (§ 275 Abs. 1 BGB); z. T. nur Schadensersatzpflicht des Verkäufers (§ 373 Abs. 5 S. 2 HGB) |

## B. Sonderregelung zum Bestimmungskauf

4   Der Bestimmungskauf ist ein Kaufvertrag über eine bewegliche Sache, deren Eigenschaften (Form, Maß, Farbe, Gewicht, Menge etc.) die Parteien bei Vertragsschluss nur zum Teil festgelegt und im Übrigen der späteren Bestimmung durch den Käufer nach §§ 315 ff. BGB vorbehalten haben (§ 375 Abs. 1 HGB). Der Bestimmungskauf ist vom Wahlkauf (vgl. §§ 262 ff. BGB) zu unterscheiden. Während der Bestimmungskauf ein Gattungskauf ist, bei dem die *eine* Ware (eines bestimmten Typs) lediglich noch *nicht* in all ihren Gattungsmerkmalen endgültig *festgelegt* ist, werden beim Wahlkauf von vornherein *mehrere* nach Gegenstand, Ort oder Zeit *verschiedene*, aber genau *bestimmte* Leistungen zur Wahl gestellt, von denen anschließend nur die ausgewählte Leistung zu erbringen ist.

> **Beispielsfall:** Automobilvertragshändler Verdes bestellt bei seinem Hersteller zehn Einheiten der Baureihe Xenia, wobei er sich die Bestimmung der Farben noch vorbehält (Bestimmungskauf). Außerdem ordert er weitere zehn Einheiten der Baureihen Yenga und Zenito in ozeanblau mit der Maßgabe, die genaue Anzahl der von jeder dieser beiden Baureihen zu liefernden Fahrzeuge erst später mitteilen zu dürfen (Wahlkauf).

5   Die Bestimmung (Spezifikation) ist eine empfangsbedürftige Willenserklärung und vom Käufer nach billigem Ermessen (§ 315 Abs. 1 BGB) vorzu-

§ 37. Die Sonderregelungen für den Handelskauf 249

nehmen. Stellt der Bestimmungskauf zumindest für eine Vertragspartei ein Handelsgeschäft dar, ist die Spezifikation nach § 375 Abs. 1 HGB nicht nur eine mitwirkende Gläubigerhandlung (vgl. §§ 295 f. BGB), sondern eine **Hauptleistungspflicht des Käufers**. Kommt der Käufer mit der Bestimmung unter den Voraussetzungen des § 286 BGB in **Schuldnerverzug**, hat der Verkäufer wahlweise die folgenden Rechte:

- Der Verkäufer kann weiterhin Erfüllung der Spezifikationspflicht und den Ersatz des Verzugsschadens nach **§ 280 Abs. 1 und 2 BGB i. V. m. § 286 BGB** verlangen.
- Der Verkäufer kann unter den zusätzlichen Voraussetzungen des **§ 323 BGB** vom Vertrag zurücktreten oder Schadensersatz statt der Leistung nach § 280 Abs. 1 und 3 BGB i. V. m. § 281 BGB verlangen (§ 375 Abs. 2 S. 1 HGB, Rechtsgrundverweisung). Trotz des Wortlauts von § 375 Abs. 2 S. 1 HGB („oder") ist angesichts der durch das Schuldrechtsmodernisierungsgesetz als *lex posterior* mit Wirkung auch für das Handelsrecht getroffenen Grundsatzregelung des § 325 BGB auch eine kumulative Geltendmachung von Rücktritt und Schadensersatz möglich (so auch *Oetker*, Handelsrecht, § 8 Rn. 26 und Heidel/Schall/*Stöber*, § 375 Rn. 16).
- Der Verkäufer kann aber die Spezifikation auch selbst vornehmen (**Selbstspezifikation**), diese dem Käufer mitteilen und ihm zugleich eine angemessene Frist zur Vornahme einer anderweitigen Bestimmung setzen (§ 375 Abs. 2 S. 1 und 2 HGB). Nimmt der Käufer nunmehr innerhalb der Frist eine Bestimmung vor, ist diese maßgeblich, anderenfalls diejenige des Verkäufers (§ 375 Abs. 2 S. 3 HGB).

Fordert der Verkäufer den Käufer vergeblich zur Spezifikation auf (vgl. § 295 BGB) oder war für die Spezifikation eine Zeit nach dem Kalender bestimmt (vgl. § 296 BGB), gerät der Käufer zudem in Gläubigerverzug. Der Verkäufer hat dann auch nach einer von ihm selbst vorgenommenen Spezifikation das Recht zur Hinterlegung bzw. zum Selbsthilfeverkauf nach §§ 373 f. HGB.

## C. Sonderregelung zum Fixhandelskauf

Der Fixhandelskauf ist ein Handelskauf, bei dem die Leistung wenigstens eines Vertragspartners „genau zu einer festbestimmten Zeit oder innerhalb einer festbestimmten Frist bewirkt werden soll" **(§ 376 Abs. 1 S. 1 HGB)**. Es handelt sich um einen **Sonderfall des relativen Fixgeschäfts** im Sinne von § 323 Abs. 2 Nr. 2 BGB. Wie dieses steht der Fixhandelskauf zwischen der bloßen Terminschuld (§ 286 Abs. 2 Nr. 1 und 2 BGB) und dem absoluten Fixgeschäft. Ein Fixhandelskauf ist nur dann gegeben, wenn die vereinbarte Leistungszeit für eine Partei erkennbar so wesentlich gewesen ist, dass mit ihrer Einhaltung oder Nichteinhaltung der ganze Vertrag *stehen oder fallen sollte* (vgl. § 323 Abs. 2 Nr. 2 BGB und BGHZ 110, 88, 96). In der Praxis bringt der Käufer die Tatsa-

6

che, dass eine spätere Lieferung für ihn nicht mehr von Interesse ist, zumeist durch Klauseln wie „fix", „exakt" oder „spätestens" zum Ausdruck. In der Praxis (und erst recht in der Klausur!) sind diese Fixklauseln jedoch lediglich ein widerlegliches Indiz für einen entsprechenden Parteiwillen (*OLG Hamm* OLGR Hamm 2003, 233). Zu bedenken bleibt ferner, dass ein ursprüngliches Fixhandelsgeschäft wieder in ein Handelsgeschäft ohne Fixcharakter umgewandelt werden kann, wenn der Käufer sein Erfüllungsbegehren – z.B. durch Setzen einer Nachfrist – sofort nach Ablauf der Fixfrist erklärt (*BGH* NJW-RR 1998, 1489 ff.). Ein wichtiges Anwendungsfeld des Fixhandelskaufs bilden die heute weit verbreiteten sog. Just-in-time-Beziehungen zwischen Herstellern und ihren Zulieferern. Ein Fixhandelskauf ist häufig indiziert, wenn verderbliche Ware oder Saisonware verkauft wird.

|  | Terminschuld | Fixhandelskauf | Absolutes Fixgeschäft |
|---|---|---|---|
| **Voraussetzung** | Vereinbarung einer bestimmten Leistungszeit nach dem Kalender | Die vereinbarte Leistungszeit ist erkennbar für eine Partei derart wesentlich, dass mit ihrer Einhaltung oder Nichteinhaltung der ganze Vertrag stehen oder fallen soll. | Die Leistungszeit ist derart wesentlich, dass die Leistung nach dem Sinn und Zweck des Vertrages überhaupt nicht mehr nachgeholt werden kann. |
| **Rechtsfolge** | Entbehrlichkeit der Mahnung (§ 286 Abs. 2 Nr. 1 BGB) | Recht auf Erfüllung nur bei entsprechender Anzeige; alternativ Recht auf Rücktritt und/oder Schadensersatz statt der Leistung (§ 376 HGB) | Mit der Nichteinhaltung des Leistungstermins wird die Leistung nachträglich unmöglich (§ 275 Abs. 1 BGB). |
| **Beispiel** | Weinhändler Weber bestellt bei Holm am 1.11. eine Palette Weißwein, „lieferbar in der 50. Kalenderwoche". | Weber bestellt bei Holm außerdem fünf Kartons Champagner, „lieferbar bis spätestens drei Werktage vor Sylvester". | Für eine Kundenveranstaltung am 10.11. zur Präsentation des neuen Beaujolais Primeur engagiert Weber eine Chansonsängerin. |

7   Mit Inkrafttreten des Schuldrechtsmodernisierungsgesetzes (SMG) im Jahre 2002 haben sich die **Rechtsfolgen** einer Säumnis des Schuldners nach § 376 HGB und nach allgemeinem Leistungsstörungsrecht im Ergebnis etwas angeglichen. Es bestehen allerdings noch einige Unterschiede, die teilweise auch auf der versäumten Abstimmung des § 376 HGB mit dem neuen Leistungsstörungsrecht beruhen:

| BGB | § 376 HGB |
|---|---|
| Rücktrittsrecht des Gläubigers bei bloßer Säumnis des Schuldners auch ohne Nachfristsetzung (§ 323 Abs. 2 Nr. 2 BGB) unter den übrigen Voraussetzungen des § 323 BGB | Rücktrittsrecht des Käufers aufgrund der bloßen Säumnis des Verkäufers und ohne Nachfristsetzung unter unmittelbarem Rückgriff auf § 376 Abs. 1 S. 1 HGB; lediglich entsprechende Geltung von § 323 Abs. 5 und 6 BGB (vgl. etwa *BGH* DB 1965, 138) |
| Bei Verzicht auf das Rücktrittsrecht behält der Gläubiger stets seinen Erfüllungsanspruch. | Bei Verzicht auf das Rücktrittsrecht behält der Käufer seinen Erfüllungsanspruch nach § 376 Abs. 1 S. 2 HGB nur, wenn er sein Erfüllungsbegehren sofort (d. h. schneller als unverzüglich) dem Verkäufer anzeigt (!). Dies kann konkludent auch durch das Setzen einer Nachfrist geschehen (*BGH* NJW-RR 1998, 1489 ff.). |
| Schadensersatz statt der Leistung nur unter den Voraussetzungen des § 280 Abs. 1, 3 BGB i. V. m. § 281 BGB; allerdings ist eine Nachfristsetzung trotz Fehlens einer dem § 323 Abs. 2 Nr. 2 BGB entsprechenden Vorschrift grundsätzlich nach § 281 Abs. 2 Alt. 2 BGB entbehrlich; Schadensberechnung nach den allgemeinen Vorschriften (§§ 249 ff. BGB); Kumulation von Rücktritt und Schadensersatz nach § 325 BGB ausdrücklich möglich | Schadensersatz statt der Leistung (ohne Unterschied in der Sache spricht § 376 Abs. 1 S. 1 HGB mangels terminologischer Anpassung an das neue Leistungsstörungsrecht noch vom „Schadensersatz wegen Nichterfüllung") allein aufgrund eines Verzugs des Verkäufers nach § 286 BGB, wobei eine Mahnung nach § 286 Abs. 2 BGB entbehrlich ist; damit in jedem Fall auch Entbehrlichkeit der Nachfristsetzung; es bestehen Sonderregelungen für die Schadensberechnung in § 376 Abs. 2–4 HGB; trotz des Wortlauts von § 376 Abs. 1 S. 1 HGB („oder") ist die Kumulation von Rücktritt und Schadensersatz nach der allgemeinen, als *lex posterior* auch im Handelsrecht geltenden Regelung des § 325 BGB möglich |

## D. Sonderregelung zur Mängelgewährleistung

**Lernhinweis:** Die Sonderregelungen zur Untersuchungs- und Rügeobliegenheit ergänzen die §§ 434 ff. BGB bei beiderseitigen Handelskäufen. Sie sind in der Praxis wie im Studium von **großer Bedeutung** und sollten daher einschließlich der mit ihnen verbundenen Rechtsprobleme sehr gut beherrscht werden.

### I. Überblick

§ 377 HGB verpflichtet den Käufer **beim beiderseitigen Handelskauf** 8 grundsätzlich zur unverzüglichen Rüge eines Mangels. Entgegen der zum alten Recht vertretenen Auffassung gilt die Vorschrift nicht nur für Sach-, sondern auch für Rechtsmängel. Hierfür spricht nicht nur der allgemein gehaltene Wortlaut des § 377 HGB („Mangel"), sondern auch die seit der Schuldrechtsmodernisierung im Jahre 2002 bestehende Gleichstellung von Sach- und Rechtsmangel in den §§ 434 ff. BGB sowie die gleiche Maßgeblichkeit der *ratio* *legis* (dazu Rn. 9) auch für Rechtsmängel (so auch *Canaris*, § 29 Rn. 52; Ba/Ho/Hopt, § 377 Rn. 12; a. A. *OLG Köln* VersR 1999, 1430, 1430; KKRD/*Roth*, § 377 Rn. 5; *G. Müller*, WM 2011, 1249, 1256). Die Gleichstellung vermeidet Abgrenzungsschwierigkeiten. Sofern Rechtsmängel schwerer erkennbar sein sollten, kann dies im Rahmen von § 377 Abs. 3 HGB berücksichtigt werden.

Der Wortlaut des § 377 HGB, der von einer Untersuchungs- und Rügepflicht des Käufers spricht, ist in zweierlei Hinsicht missverständlich formuliert:

- Zum einen handelt es sich nicht um Pflichten, deren Nichterfüllung etwa Schadensersatzansprüche des Verkäufers auslösen würde, sondern um **Obliegenheiten** (dazu allgemein *Wolf/Neuner*, BGB AT, 11. Aufl., 2016, § 19 Rn. 35 f.; vgl. ferner *OLG Nürnberg* BB 2010, 322), die den Käufer allein im Interesse der Erhaltung seiner Gewährleistungs- oder Nichterfüllungsansprüche treffen. Die Qualifizierung als Obliegenheit darf allerdings nicht als Verharmlosung der Rechtsfolgen missverstanden werden, da der Rechtsverlust den Käufer in aller Regel sehr hart treffen wird (vgl. *K. Schmidt*, Handelsrecht, § 29 Rn. 37).

- Zum anderen stehen die Untersuchungs- und die Rügepflicht nicht gleichrangig nebeneinander. Denn der Käufer erhält sich seine Gewährleistungsrechte **allein durch die rechtzeitige Rüge** des Mangels, der Falschlieferung oder des Mengenfehlers. Die Untersuchung bildet keine eigenständige Obliegenheit. Es wird lediglich den Regelfall bilden, dass der Käufer die fehlerhafte Lieferung nur dann rechtzeitig rügen kann, wenn er die Ware zuvor unverzüglich in Augenschein genommen bzw. untersucht hat. Die Untersuchung ist aber nicht zwingend erforderlich, so dass der Käufer auch ohne Untersuchung der Ware wegen einer offenbaren Fehlerhaftigkeit oder auf begründeten Verdacht hin rügen (sog. Verdachtsrüge) sowie eine von dritter Seite offenbare Fehlerhaftigkeit dem Verkäufer gegenüber anzeigen kann.

> **Beispielsfall:** Weinhändler Weber hat in der Wachau bei dem Produzenten Plum eine Palette Wein bestellt. Nachdem er von der Landesprüfanstalt erfahren hat, dass in Weinen des Plum, die an andere Händler geliefert wurden, Spuren von Glykol nachgewiesen werden konnten, rügt er vorsorglich die Fehlerhaftigkeit des an ihn gelieferten Weins, weil er diesen wegen Personalmangels vorerst nicht untersuchen kann.

§ 377 HGB ist **keine Einrede** und daher vom Richter von Amts wegen zu prüfen (*OLG Stuttgart* CR 2004, 825). Der Verkäufer kann jedoch auch nachträglich auf den Einwand der verspäteten oder unterlassenen Mängelrüge verzichten. Hierfür bedarf es allerdings eindeutiger Anhaltspunkte (z. B. vorbehaltloses Versprechen einer Nacherfüllung oder vorbehaltlose Rücknahme der Ware), die nicht in der bloßen Aufnahme von Verhandlungen über die vom Käufer verspätet gerügten Mängel gesehen werden können (*OLG Koblenz* NJW-RR 2015, 376, 378; *OLG Hamm*, NJW-RR 2012, 1444, 1445).

## II. Ratio des § 377 HGB

Nach dem BGB tritt ein Verlust gegebener Gewährleistungsrechte nur ein, wenn der Käufer in Kenntnis des Mangels die Kaufsache vorbehaltlos annimmt und sich durch Auslegung im Einzelfall ergibt, dass damit eine den ursprünglichen Kaufvertrag ändernde Vereinbarung über die Beschaffenheit der Kaufsache verbunden ist. Die Verjährung der Ansprüche tritt grundsätzlich (erst) nach zwei Jahren ein (§ 438 Abs. 1 Nr. 3 BGB). Eine Mängelanzeige hat für den Käufer nach bürgerlichem Recht nur den Zweck, sich über eine Aufforderung des Verkäufers zur fristgemäßen Nacherfüllung i. S. v. § 439 BGB prinzipiell die Geltendmachung weitergehender Gewährleistungsrechte nach § 437 Nr. 2 und 3 BGB zu eröffnen. Vor diesem Hintergrund hat § 377 HGB folgende **Funktionen** (vgl. BGHZ 101, 49, 53 f.; *BGH* ZIP 2016, 722):

9

- Er verkürzt die für den Handelskauf zu langen Verjährungsfristen des bürgerlichen Rechts, also v. a. des § 438 Abs. 1 BGB, und dient damit der raschen und endgültigen Abwicklung von Handelskäufen.
- Er versetzt den Verkäufer in die Lage, entsprechende Feststellungen und Maßnahmen zum Schadensumfang bzw. zur Schadensabwendung zu treffen.
- Er vermeidet Prozesse über Gewährleistungs- und Nichterfüllungsansprüche, deren Voraussetzungen mit zunehmendem Zeitablauf nur schwer festgestellt werden können (*BGH* NJW 2016, 2645, 2646).

**Beispielsfall:** Großhändler Groß liefert empfindliche Südfrüchte an Einzelhändler Eisele. Wenn Eisele nicht unverzüglich einen etwaigen Mangel anzeigt, kann Groß sicher sein, künftig keinen Gewährleistungsansprüchen Eiseles mehr ausgesetzt zu sein. Groß kann sich entsprechende Rückstellungen ersparen. Wenn Eisele einen Mangel rügt, kann Groß sich von dessen tatsächlichem Vorhandensein sofort ein gegebenenfalls beweiskräftiges Bild machen. Er kann Eisele auch beispielsweise beim raschen Absatz der zum Teil noch verkäuflichen Ware unterstützen. Schließlich wird hierdurch auch das Risiko eines späteren Prozesses mit möglicherweise schwieriger Beweisaufnahme deutlich verringert.

## III. Voraussetzungen der Rügelast
### 1. Beiderseitiger Handelskauf

§ 377 HGB gilt nur für beiderseitige Handelskäufe (vgl. den Wortlaut des § 377 Abs. 1 HGB: „für beide Teile"; zum Begriff des Handelskaufs Rn. 1). Auf beiden Seiten müssen mithin zunächst **Kaufleute für den Betrieb** ihres Handelsgewerbes handeln. Ein besonderes Problem ergibt sich dabei, wenn ein Kaufmann als Käufer die Kaufsache nicht ausschließlich, aber doch überwiegend zu nicht unternehmerischen Zwecken erwirbt. In diesem Unterfall der sog. *dual use*-Fälle unterliegt der Kauf nämlich nach der jeweils h. M. sowohl den §§ 474 ff. BGB (Verbrauchsgüterkauf wegen der überwiegend geplanten nicht unternehmerischen Nutzung) als auch dem § 377 HGB (Handelskauf wegen der auch geplanten betriebsbezogenen Nutzung). Da die Sta-

10

tuierung einer Untersuchungs- und Rügeobliegenheit i. S. v. § 377 HGB im Anwendungsbereich des Verbrauchsgüterkaufrechts jedoch dem Art. 5 der Verbrauchsgüterkauf-RL 1999/44/EG widerspräche, muss zur Vermeidung eines Normenwiderspruchs entweder der Anwendungsbereich der §§ 474 ff. BGB auf rein zu nicht unternehmerischen Zwecken abgeschlossene Kaufverträge beschränkt werden oder aber auf eine Anwendung des insoweit wegen der überwiegend nicht unternehmerischen Nutzung teleologisch reduzierten § 377 HGB verzichtet werden (näher *J. Hoffmann*, BB 2005, 2090 f. m. w. N.).

Der Vertrag hat ferner ein **Kauf i. S. d. §§ 373 ff. HGB** zu sein (dazu bereits Rn. 1). Auf das Finanzierungsleasing findet § 377 HGB keine Anwendung (*OLG Hamm* ZGS 2006, 7). Der Kauf muss Waren oder Wertpapiere betreffen, wobei der Begriff der Ware nach ganz h. M. nur bewegliche Sachen (so noch ausdrücklich § 1 Abs. 2 Nr. 1 HGB a. F. für das traditionelle Begriffsverständnis; a. A. *Dreier*, ZfIR 2004, 416) umfasst, die handelbar sind. Es muss sich allerdings nicht um eine Gattungsware handeln (str.; wie hier KKRD/*Roth*, Vor § 373 Rn. 1). Entsprechend kann § 377 HGB zudem auf sonstige Gegenstände i. S. v. § 453 Abs. 1 BGB angewendet werden, die wie etwa Software (siehe dazu auch den Klausurfall 1) einer handelbaren beweglichen Sache gleichen. Beim Unternehmenskauf kommt es zunächst darauf an, ob es sich um einen Beteiligungskauf (*share deal*) oder um einen Unternehmenskauf i. e. S. (*asset deal*) handelt (dazu bereits Kap. 5 Rn. 5). Bei einem Beteiligungskauf besteht die Rügeobliegenheit nach § 377 HGB nur, wenn die Gesellschaftsanteile ausnahmsweise als Wertpapiere verbrieft sind, und bezieht sich auch nur auf Mängel des Wertpapiers. Beim Unternehmenskauf i. e. S. hat man nochmals danach zu differenzieren, ob der Mangel das Unternehmen als solches (z. B. schlechter Ruf) oder nur eine mit dem Unternehmen verkaufte Sache (z. B. Risse im Fabrikgebäude) betrifft. Da das Unternehmen als komplexe Gesamtheit von Sachen, Rechten und Verbindlichkeiten gerade auch im Hinblick auf das Ziel einer schnellen Geschäftsabwicklung durch Untersuchung und Mängelrüge nicht mit einer beweglichen Sache gleichgestellt werden kann, ist im ersten Fall § 377 HGB auch dann unanwendbar, wenn man diese Fälle nicht ohnehin nach den Grundsätzen der *culpa in contrahendo* lösen möchte (dazu auch schon Kap. 5 Rn. 5). Im zweiten Fall ist § 377 HGB hingegen entsprechend anwendbar (str.; näher *Wunderlich*, WM 2002, 981, 988 ff.).

### 2. Ablieferung

Die Ware muss abgeliefert sein. Eine Ablieferung liegt vor, wenn die Ware so in den Machtbereich des Käufers gelangt ist, dass dieser die tatsächliche Möglichkeit zu ihrer Untersuchung hat (BGHZ 93, 338, 345). Abgestellt wird mithin nicht auf die Übergabe der Ware nach § 929 BGB, sondern auf die Untersuchungsmöglichkeit. So wird der Ablieferungszeitpunkt beispielsweise hinausgeschoben, wenn die für die Untersuchung erforderlichen Unterlagen noch ausstehen. Bei einer Ratenlieferung ist die Ablieferung grundsätzlich

§ 37. Die Sonderregelungen für den Handelskauf    255

erst mit dem vollständigen Erhalt der insgesamt geschuldeten Leistung erfolgt (*OLG Stuttgart* CR 2004, 825).

**3. Mangel i. S. v. §§ 434 f. BGB**

Die gelieferte Ware kann aus vier verschiedenen Gründen mit einem Mangel behaftet sein:

- Die Ware weist einen **Beschaffenheitsmangel** i. S. v. § 434 Abs. 1 BGB auf (negative Abweichung der Ist- von der vereinbarten Soll-Beschaffenheit; fehlende Eignung zur vertraglich vorausgesetzten Verwendung; fehlende Eignung zur gewöhnlichen oder nach den öffentlichen Äußerungen des Verkäufers bzw. seines Gehilfen erwartbaren Verwendung);
- Die Ware ist mit einem **Montagefehler** i. S. v. § 434 Abs. 2 BGB behaftet (unsachgemäß vom Verkäufer oder seinem Erfüllungsgehilfen durchgeführte Montage; fehlerhafte Montage aufgrund mangelhafter Montageanleitung);
- Es wird i. S. v. § 434 Abs. 3 BGB eine andere als die bedungene Ware (**Falschlieferung**, auch Aliudlieferung) oder eine zu geringe Menge (**Minderlieferung**, auch Mankolieferung) geliefert. Im Gegensatz zu dem vom Gesetzgeber im Rahmen der Schuldrechtsreform 2002 ausdrücklich im Hinblick auf § 434 Abs. 3 BGB n. F. aufgehobenen § 378 HGB a. F. kommt es dabei nicht mehr auf die Eigenschaft der Ware als Gattungsware und eine etwaige Genehmigungsfähigkeit der Falsch- oder Minderlieferung an (dazu noch 2. Aufl. Kap. 10 Rn. 10). Die Rügeobliegenheit besteht damit grundsätzlich auch dann, wenn es sich um ein Identitätsaliud handelt (zur h. M. *Lieder/Hohmann*, Jura 2017, 1136, 1139; a. A. *Lettl*, JuS 2002, 866, 871) oder die gelieferte Ware nach Art oder Menge von der Bestellung offensichtlich so erheblich abweicht, dass der Verkäufer die Genehmigung des Käufers als ausgeschlossen betrachten musste (z. B. Lieferung von Sommerweizen statt Winterweizen oder Katzenfutter statt Hundefutter). Einschränkungen können sich insoweit lediglich aus § 377 Abs. 5 HGB (Arglist des Verkäufers) und § 242 BGB (Übermaßverbot; so im Ergebnis auch *Oetker*, Handelsrecht, § 8 Rn. 37) sowie aus den allgemein im Sachmängelgewährleistungsrecht diskutierten Einschränkungen des § 434 Abs. 3 BGB (zum Erfordernis eines erkennbaren Erfüllungsbezugs etwa *Huber/Faust*, Schuldrechtsmodernisierung, 2002, Kap. 12 Rn. 62 f.; zur teleologischen Beschränkung des § 434 Abs. 3 BGB auf Gattungsschulden etwa *Schulze*, NJW 2003, 1022) ergeben.
- Die Ware ist mit einem **Rechtsmangel** i. S. v. § 435 BGB behaftet (zur umstr. Einbeziehung von Rechtsmängeln bereits Rn. 8).

**Keine** Rügelast besteht damit **bei Nebenpflichtverletzungen** (einschließlich der praktisch bedeutsamen Aufklärungspflichten; dazu etwa BGHZ 132, 175 ff.), bei einem **Lieferungsverzug** oder einem **Delikt** des Verkäufers (näher zu dieser besonders klausurrelevanten Einschränkung Klausurfall 4). Insoweit gelten allein die bürgerlich-rechtlichen Regelungen des Schuldrechts (§§ 280 ff., 320 ff. und 823 ff. BGB). Auch auf die **Mehrlieferung** könnte § 377 HGB seit der Streichung von § 378 HGB a. F. und der Beschränkung von § 434 Abs. 3 BGB auf die Aliud- und Minderlieferung allenfalls analog angewendet werden (befürwortend zumindest für den Fall der für den Käufer nachteiligen und nach §§ 133, 157 BGB noch erfüllungstauglichen Mehrleistung *Canaris*, § 29 Rn. 56). Da der Gesetzgeber im Rahmen der Schuldrechtsreform jedoch ganz bewusst darauf verzichtet hat, die Fälle der Mehrlieferung einem Sachmangel gleichzustellen, fehlt es für eine Analogie an der planwidrigen Regelungslücke (so auch Ba/Ho/*Hopt*, § 377 Rn. 19). Damit lässt sich allenfalls noch aus § 242 BGB eine schadenersatzbewehrte Nebenpflicht zur Anzeige erkennbarer Mehrlieferungen ableiten. Fraglich ist, ob dies aufgrund einer teleologischen Reduktion von § 434 Abs. 3 Alt. 1 BGB auch für die Lieferung eines höherwertigen Aliud gilt (so etwa *Thier*, AcP 203 [2003], 399, 419 f.) oder § 377 HGB entsprechend dem Wortlaut von § 434 Abs. 3 BGB für alle Formen der Aliudlieferung gilt (so etwa *Lieder/Hohmann*, Jura 2017, 1136, 1141 f.).

### 4. Redlichkeit des Verkäufers

§ 377 HGB findet schließlich nur bei Redlichkeit des Verkäufers Anwendung (§ 377 Abs. 5 HGB). An der Redlichkeit fehlt es beim arglistigen Verschweigen einer von dem Verkäufer zumindest vermuteten Fehlerhaftigkeit oder beim arglistigen Vorspiegeln eines tatsächlich nicht gegebenen Vorzugs der Ware.

Die Voraussetzungen der Rügelast werden nochmals in dem folgenden Schaubild zusammengefasst:

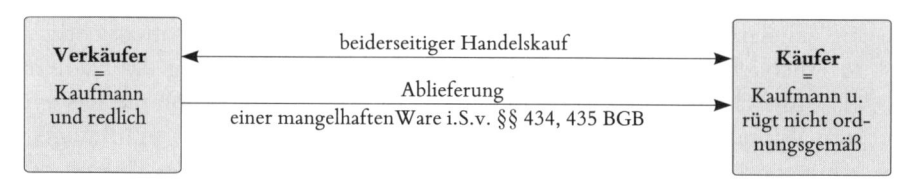

| **Verkäufer** = Kaufmann und redlich | beiderseitiger Handelskauf ←——————————→ Ablieferung einer mangelhaften Ware i.S.v. §§ 434, 435 BGB | **Käufer** = Kaufmann u. rügt nicht ordnungsgemäß |
|---|---|---|

## IV. Inhalt der Rügelast

11 Wie bereits erwähnt, spricht § 377 Abs. 1 HGB von der Pflicht des Käufers zur Untersuchung und Rüge. Auch wenn es letztlich nur auf die Unverzüglichkeit der Rüge nach Ablieferung ankommt (vgl. Rn. 8), wird die Rechtzeitigkeit der Rüge in den meisten Fällen davon abhängen, dass der Käufer die Ware **unverzüglich nach der (Teil-)Ablieferung untersucht**.

**Beispielsfall:** Groß hat Eisele statt Äpfeln der Handelsklasse I solche der Handelsklasse II in ein Lager Eiseles geliefert. Eisele untersucht die Ware dort erst nach zwei Wochen. Auch eine sofortige Rüge Eiseles wäre verspätet, da ihm bei unverzüglicher Untersuchung eine frühere Rüge möglich gewesen wäre.

§ 37. Die Sonderregelungen für den Handelskauf    257

Unverzüglich bedeutet im HGB dasselbe wie nach der Legaldefinition des § 121 Abs. 1 S. 1 BGB: „ohne schuldhaftes Zögern". Der Umfang der Untersuchungspflicht richtet sich danach, inwieweit sie „nach ordnungsgemäßem Geschäftsgange tunlich ist". Durch diese Häufung unbestimmter Rechtsbegriffe („unverzüglich", „ordnungsgemäß", „tunlich") wird bei der Bestimmung der Untersuchungsfrist (grundsätzlich bis zu einer Woche) und des Untersuchungsumfangs eine Berücksichtigung sämtlicher Umstände des Einzelfalls (Beschaffenheit der Ware, verfügbare Untersuchungstechniken, Fachkundigkeit des Käufers, Kosten- und Zeitaufwand) ermöglicht. Letztlich geht es auch um eine Abwägung der konkreten Interessen von Käufer und Verkäufer, wobei die Anforderungen an eine ordnungsgemäße Untersuchung nicht überspannt werden sollen (*BGH* NJW 2016, 2645; *OLG München* MDR 2015, 1310). Umfang und Inhalt der Untersuchung können zudem durch Handelsbräuche oder durch AGB, die den Käufer nicht unangemessen benachteiligen (vgl. § 307 Abs. 1 BGB), konkretisiert werden (vgl. BGHZ 217, 74 zur Unwirksamkeit einer AGB-Verpflichtung zur „Rundum-Untersuchung" und *OLG Schleswig* BeckRS 2016, 128814 zur Unwirksamkeit einer AGB-Verpflichtung zur Sachverständigenuntersuchung).

**Beispiele:** Kurze Untersuchungsfrist bei Verderblichkeit der Ware (*OLG München* BB 1955, 748, 748); Beschränkung der Untersuchung gleichartiger Massenwaren auf Stichproben (*OLG Köln* VersR 1999, 855, 856); Schwachstellen einer Ware, die dem Käufer von früheren Lieferungen her bekannt sind, müssen eher geprüft werden als das Vorliegen von Eigenschaften, die bislang nie gefehlt haben (*BGH* ZIP 2016, 722); Nichtfachmann darf länger und weniger gründlich untersuchen (RGZ 59, 75 f.); keine Pflicht zum Beizug eines neutralen Sachverständigen (zur Unangemessenheit einer entsprechenden AGB-Klausel BGHZ 217, 74); fünfwöchige Untersuchungs- und Rügefrist bei Lieferung eines komplexen Computerseriemusters (*OLG München* MDR 1998, 978); Erklärung innerhalb von zwei Tagen bei offenkundigem Mangel (*OLG Koblenz NJW-RR 2004, 1553*).

Wird bei der Untersuchung ein Mangel i. S. v. §§ 434 f. BGB offenbar, hat der Käufer dies dem Verkäufer zudem **unverzüglich anzuzeigen**. Einen auch bei ordnungsgemäßer Untersuchung **nicht erkennbaren Mangel** („solcher") hat der Käufer, auch wenn er eine Untersuchung überhaupt unterlassen hat (*OLG München* MDR 2015, 1310), lediglich unverzüglich nach der Entdeckung des Mangels anzuzeigen (§ 377 Abs. 2 und 3 HGB). Die Höchstgrenze für die Rügefrist dürfte in diesen Fällen allerdings durch § 438 BGB gesetzt werden und damit grundsätzlich zwei Jahre betragen. Denn durch § 377 HGB soll diese Frist nicht verlängert, sondern möglichst verkürzt werden, so dass der Wortlaut des § 377 Abs. 3 HGB („später") insoweit teleologisch zu reduzieren ist (*Vogt*, BB 1979, 657, 658). Für die Rechtzeitigkeit genügt die rechtzeitige Absendung der Mängelanzeige (§ 377 Abs. 4 HGB). Das Risiko des rechtzeitigen Zugangs trägt mithin der Verkäufer.

12

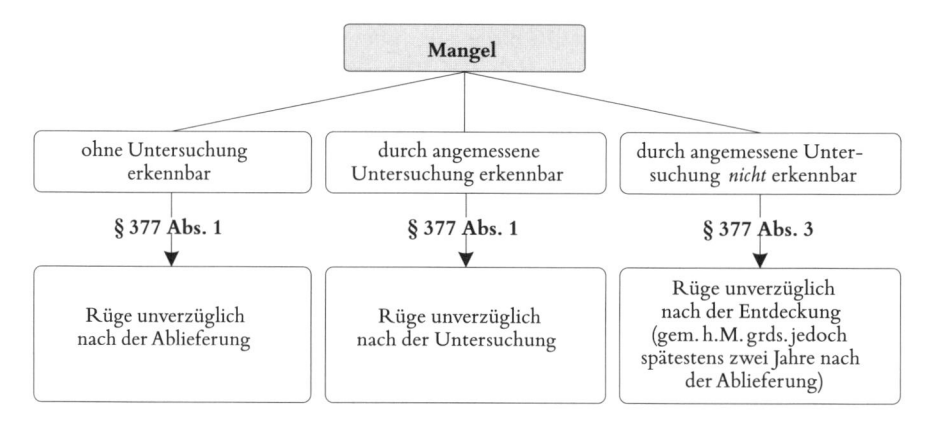

```
                        ┌─────────────┐
                        │   Mangel    │
                        └─────────────┘
           ┌──────────────────┼──────────────────┐
  ┌────────────────┐  ┌────────────────┐  ┌──────────────────┐
  │ ohne Untersuchung│  │durch angemessene│  │durch angemessene Unter-│
  │    erkennbar    │  │Untersuchung erkennbar│ │ suchung *nicht* erkennbar│
  └────────────────┘  └────────────────┘  └──────────────────┘
      § 377 Abs. 1         § 377 Abs. 1         § 377 Abs. 3
  ┌────────────────┐  ┌────────────────┐  ┌──────────────────┐
  │ Rüge unverzüglich│  │ Rüge unverzüglich│ │ Rüge unverzüglich │
  │ nach der Ablieferung│ │ nach der Untersuchung│ │ nach der Entdeckung│
  │                │  │                │  │(gem. h.M. grds. jedoch│
  │                │  │                │  │spätestens zwei Jahre nach│
  │                │  │                │  │  der Ablieferung) │
  └────────────────┘  └────────────────┘  └──────────────────┘
```

**13**  Die Rügelast trifft auch den **Zwischenhändler** in einer Absatzkette (*OLG Köln* NJW-RR 2015, 859, 860; *OLG Nürnberg* BB 2010, 322; vgl. auch § 445a Abs. 4 BGB; *K. Schmidt*, Handelsrecht, § 29 Rn. 95 ff.; anders RegE-SchuldrechtsmodernisierungsG, BT-Drs. 14/6040, S. 44 und 281). Dieser kann daher grundsätzlich nicht abwarten, bis sein Abnehmer die Ware geprüft und gegebenenfalls gerügt hat. Der Zwischenhändler ist vielmehr grundsätzlich selbst verpflichtet, die Ware zumindest stichprobenartig zu untersuchen und gegebenenfalls unverzüglich zu rügen. Außerdem muss er die Mängelrügen seiner Abnehmer unverzüglich an seinen Lieferanten weiterleiten (vgl. dazu auch *OLG Stuttgart* NJW-RR 2010, 933 f.: Pflicht des Käufers, der von einem Zulieferer bezogene Teile in ein von ihm hergestelltes Endprodukt eingebaut hat, zur Weiterleitung der Mängelrüge der Endabnehmer an den Zulieferer, wenn nicht auszuschließen ist, dass die Mängel auf Fehlern der vom Zulieferer bezogenen Teile beruhen). Für das Eingreifen der Rügeobliegenheit des Zwischenhändlers ist nicht notwendig, dass auch der Endabnehmer Kaufmann ist (*OLG Köln* NJW-RR 2015, 859, 860). Lediglich in Sonderfällen kann der Zwischenhändler aufgrund ausdrücklicher oder stillschweigender Parteivereinbarung von diesen Obliegenheiten befreit sein. Dies ist regelmäßig der Fall, wenn der Zweitkäufer über eine besondere Sachkunde oder Möglichkeit zur Untersuchung verfügt, der Zwischenhändler die Ware besonders schnell an den Zweitkäufer weiterleiten muss oder gar eine **Durchlieferung** direkt vom Lieferanten an den Zweitkäufer erfolgt. In diesen Fällen muss der Zwischenhändler dann allerdings den Zweitkäufer zur unverzüglichen Untersuchung und Rüge anhalten. Rügt der Zweitkäufer nicht unverzüglich, wird dem Zwischenhändler diese Obliegenheitsverletzung seines Abnehmers nach h. M. gem. § 278 BGB analog als eigene zugerechnet, da dem Lieferanten nicht dadurch Nachteile erwachsen sollen, dass er dem Zwischenhändler mit der Direktlieferung an den Zweitkäufer entgegengekommen ist. Entsprechendes gilt beim Leasing für die Fälle der direkten Lieferung des Verkäufers an den Leasingnehmer (BGHZ 110, 130, 138; a. A. bei einem nichtkaufmännischen Leasingnehmer E/B/J/S/*Müller*, § 377 Rn. 18 mit dem Hinweis, dass dem Lea-

## § 37. Die Sonderregelungen für den Handelskauf 259

singgeber wirtschaftlich lediglich die Funktion eines Finanziers zukomme und die Leasingkonstruktion im Interesse des Lieferanten liege).

**Beispielsfall:** Großhändler Groß hat bei der Fabrikantin Felber 20 Paletten Fruchtkonserven gekauft. Davon werden zunächst zehn Paletten an Groß geliefert, von diesem stichprobenartig ohne Beanstandungen untersucht und anschließend an Klein weitergeliefert. Klein untersucht seinerseits die Ware und stellt dabei fest, dass ein Teil der Konserven verdorben ist. Unverzüglich fordert er daher Groß zur Rücknahme der Ware auf. Groß wendet sich seinerseits sofort an Felber, die sich auf § 377 Abs. 2 HGB beruft. Hier hat sich aber Groß die Gewährleistungsrechte durch eine unverzügliche eigene Untersuchung und eine sofortige Weiterleitung der unverzüglichen Rüge Kleins erhalten.
Die anderen zehn Paletten wurden von Felber direkt an Einzelhändler Eisele geliefert. Eisele verkauft die Ware ohne Untersuchung in seinem Supermarkt. Erst als einige Kundenreklamationen eingehen, rügt Eisele brieflich gegenüber Groß den Mangel. Groß leitet das Schreiben Eiseles sofort per Telefax an Felber weiter und fordert sie zur Rücknahme der zehn an Eisele gelieferten Paletten auf. Felber beruft sich erneut auf § 377 Abs. 2 HGB. Trotz der Durchlieferung sind auch hinsichtlich der Rügelast die beiden Handelskaufverhältnisse zwischen Felber und Groß sowie zwischen Groß und Eisele zu trennen. Groß verliert zwar seine Gewährleistungsrechte gegenüber Felber, da er sich das Rügeversäumnis Eiseles nach § 278 BGB analog als eigenes zurechnen lassen muss. Allerdings wird Groß seinerseits von Gewährleistungsansprüchen Eiseles durch § 377 Abs. 2 HGB befreit.

Fragt der Käufer aufgrund eines Mangelverdachts beim Hersteller nach und gibt ihm der Hersteller eine falsche Auskunft, entlastet das den Käufer mit Blick auf die Mängelrüge nach § 377 HGB gegenüber dem Verkäufer nicht, da die Falschauskunft des Herstellers dem Verkäufer grundsätzlich nicht zuzurechnen ist.

**Beispielsfall** (nach *OLG Karlsruhe* NJW 2017, 177): Bauunternehmer Bangert bestellt bei der Großlieferantin Ganter Höchstleistungswärmedämmplatten des Typs TEKURAT, um diese bei einer Schuldachsanierung zu verbauen. Ganter ordert entsprechende Dämmplatten beim Hersteller Hertig, welcher Dämmplatten des Typs NEOPOR direkt auf die Baustelle liefert. Bei Anlieferung fällt dem Bauleiter des Schulträgers auf, dass die angelieferten Dämmplatten nicht dem vertraglich vereinbarten Typ entsprechen, da insbesondere die Aluminiumbeschichtung fehlt. Der Bauleiter fragt daher unmittelbar bei Hertig nach und erhält von diesem die schriftliche Antwort, dass die Platten des Typs NEOPOR gleichwertig seien und aufgrund ihrer besseren und schnelleren Austrocknungseigenschaften sogar eine wesentliche Verbesserung des Produkts darstellten. Die daraufhin verbauten Platten stehen nach einem Jahr in dem Verdacht, einen Baumangel verursacht zu haben, woraufhin der von Bangert beauftragte Sachverständige zu dem Ergebnis kommt, dass die gelieferten Platten eine geringere Wärmedämmeigenschaft aufweisen würden und daher nicht gleichwertig seien. Bangert rügt diesen Mangel umgehend und verlangt Ersatz des ihm u. a. durch Nachbesserung und Minderung entstandenen Schadens.
Hier sind die Vertragsbeziehungen zwischen den Parteien auseinanderzuhalten, da die Mängelrüge beim Streckengeschäft grundsätzlich entlang der Kaufvertragsverhältnisse

zu erfolgen hat (vgl. BGHZ 110, 130). Danach liegt im konkreten Fall zwar eine nach § 434 Abs. 3 BGB einem Sachmangel gleichstehende minderwertige Falschlieferung vor, doch fehlt es an einer rechtzeitigen Mängelrüge von Bangert gegenüber Ganter. Die von dem Bauleiter des Schulträgers gegenüber Hertig erstattete Anzeige hat gegenüber Ganter keine Wirkung, da der Hersteller grundsätzlich nicht Empfangsvertreter des Zwischenhändlers ist und die Mängelrüge grundsätzlich vom Käufer auszugehen hat. Hinsichtlich der mangelnden Gleichwertigkeit liegt auch kein versteckter Mangel vor, der nach seiner Entdeckung durch den Sachverständigen noch unverzüglich von Bangert gegenüber Ganter gerügt worden wäre. Wegen der offensichtlichen Falschlieferung hätte diese vielmehr von Bangert bereits unverzüglich nach der Ablieferung auf ihre wichtige und besonders zweifelhafte Gleichwertigkeit hin ordnungsgemäß durch eine sachverständige Person untersucht werden müssen, wobei dann schon zu diesem Zeitpunkt der Mangel entdeckt worden wäre. Die Nachfrage bei der Herstellerin stellt keine hinreichende „Untersuchung" dar. Außerdem muss sich Bangert die unrichtige Befunderhebung der Lieferung als „mangelfrei" durch die Bauherrin analog § 278 BGB zurechnen lassen. Auch die täuschenden Angaben Hertigs gegenüber dem Bauleiter führen nicht zu einem Ausschluss der Genehmigungsfiktion nach § 377 Abs. 5 HGB, da Ganter selbst keine Kenntnis von dem Mangel hatte und sich die Erklärungen Hertigs als einem unabhängigen Dritten nicht zurechnen lassen muss. Der Hersteller oder Zulieferer ist grundsätzlich kein Erfüllungsgehilfe des Verkäufers.

Nach Art. 4 der Verbrauchsgüterkaufrichtlinie 1999/44/EG sind die Mitgliedstaaten dazu verpflichtet, in irgendeiner Form für eine Regressmöglichkeit des Letztlieferanten zu sorgen, wenn dieser dem Verbraucher wegen eines vertragswidrigen Verhaltens eines in der Lieferkette Vorgeschalteten haftet. Der deutsche Gesetzgeber ist dieser Pflicht durch § 478 BGB a. F. (jetzt §§ 445a, 478 BGB n. F.) nachgekommen. Da die Rückgriffsmöglichkeit in der Absatzkette bei beiderseitigen Handelskäufen aber zugleich von einer ordnungsgemäßen Rüge nach § 377 HGB abhängig ist (§ 445a Abs. 4 BGB), wirft dies die Frage auf, inwieweit die Rechte aus §§ 445a, 478 BGB durch die beschriebene Untersuchungs- und Rügeobliegenheit von Zwischenhändlern nach § 377 HGB eingeschränkt werden dürfen. Da es nach Art. 4 S. 2 RL 1999/44/EG den Mitgliedstaaten überlassen wurde, u. a. die Modalitäten der Haftung zu regeln, wäre eine Einschränkung des Regresses nur dann richtlinienwidrig, wenn dieser faktisch unmöglich gemacht oder unzumutbar eingeschränkt würde (MüKoBGB/*Lorenz*, 7. Aufl., 2016, § 478 Rn. 56 ff.). Angesichts des Gebots einer effektiven Umsetzung der Richtlinienvorgabe *(effet utile)* wird es im Anwendungsbereich von § 478 BGB möglicherweise zu einer weiteren Einschränkung der Untersuchungs- und Rügeobliegenheiten des Zwischenhändlers kommen (z. B. Stichprobenuntersuchung originalverpackter Waren nur bei Zweifeln an der Ordnungsmäßigkeit der Lieferung).

**14** Die Rügeobliegenheit besteht nicht nur beim ersten Erfüllungsversuch, sondern kommt auch bei einer **Nacherfüllung** gem. §§ 439 Abs. 1 und 635 Abs. 1 BGB zum Tragen (BGHZ 143, 307, 313; *OLG München* NJW 1986, 1111 f.; *OLG Düsseldorf* ZGS 2005, 117, 118; näher *Mankowski*, NJW 2006, 865 ff.).

§ 37. Die Sonderregelungen für den Handelskauf   261

**Beispielsfall:** Maschinenbauer Müller liefert der Fabrikantin Felber eine mit den Mängeln A und B behaftete Verpackungsmaschine. Nach ordnungsgemäßer Rüge des Mangels A durch Felber unternimmt Müller einen einmonatigen erfolglosen Nachbesserungsversuch. Hier hat Felber ihre Gewährleistungsrechte hinsichtlich des Mangels B, der bei ordnungsgemäßer Untersuchung erkennbar gewesen wäre, bereits verloren. Denn sie hat es versäumt, diesen Fehler unverzüglich nach der ursprünglichen Ablieferung zu rügen. Bei der hier gegebenen Nachbesserung kann sie anders als bei der Nachlieferung einer neuen Maschine auch nicht vorbringen, dass die Rügefrist hinsichtlich des Mangels B noch einmal zu laufen beginnt. Ihre Gewährleistungsrechte wegen des fortbestehenden Mangels A kann sich Felber hingegen noch durch eine unverzüglich nach Abschluss der Nachbesserungsarbeiten erfolgende Rüge erhalten. In diesem Fall kann sie zudem die Kosten der nochmaligen Untersuchung und Rüge von Müller nach § 437 Nr. 3 BGB i. V. m. § 280 Abs. 1 BGB ersetzt verlangen.

Die **Mängelanzeige** ist eine empfangsbedürftige rechtsgeschäftsähnliche 15 Handlung, die gesetzlich keiner besonderen Form bedarf. Ihr Inhalt muss so beschaffen sein, dass die Mängel zwar nicht in allen Einzelheiten, aber doch so genau bezeichnet werden, dass der Verkäufer sie ermessen und danach seine Dispositionen treffen kann (vgl. *BGH* NJW 1986, 3136, 3137). Die Ursache des Mangels muss allerdings ebenso wenig angegeben werden (vgl. RGZ 106, 359, 361) wie die Rechte, deren Geltendmachung der Käufer beabsichtigt (vgl. *BGH* NJW 1996, 2228).

**Beispielsfall:** Fischhändler Frisch rügt gegenüber seinem Großhändler, dass der am 1.2. gelieferte Fisch „Schund und nicht zu verkaufen" sei (unzureichend; vgl. *OLG Düsseldorf* NJW-RR 2001, 821, 822) und der am 2.2. gelieferte Fisch „zum Himmel stinke" (ausreichend; vgl. RGZ 106, 359).

Spätere Ergänzungen einer irrtümlich unvollständigen Mängelrüge sind nur dann möglich, wenn sie ebenfalls noch fristgerecht, also unverzüglich nach der Ablieferung erfolgen. Eine Anfechtung der unvollständigen Mängelanzeige nach Fristablauf gem. § 119 Abs. 1 BGB analog würde dem Käufer nur schaden. Denn die Tatsache der Unvollständigkeit der Rüge, also ein teilweises Unterlassen, kann für sich nicht angefochten werden. Mit der (möglichen) Anfechtung der rechtzeitigen Teilrüge als einer rechtsgeschäftsähnlichen Handlung gem. § 119 Abs. 1 BGB analog könnte die Rüge lediglich beseitigt (§ 142 Abs. 1 BGB), aber noch nicht vervollständigt werden. Nach Beseitigung der Teilrüge kann der Käufer auch nicht etwa erneut und dann vollständig rügen. Denn dies liefe auf eine Wiedereinsetzung in den vorigen Stand hinaus, die abgesehen von der Sonderregelung des § 1956 BGB durch die Anfechtung nicht begründet wird und außerdem dem Beschleunigungszweck des § 377 HGB widersprechen würde (*Stewing/Schütze*, BB 1989, 2130 ff.).

Voraussetzungen, Inhalt und Frist der Mängelrüge werden vielfach in **AGB** 16 konkretisiert. Für die Inhaltskontrolle der entsprechenden Klauseln gelten dann die §§ 307, 308 Nr. 1b und 310 Abs. 1 BGB (dazu generell Kap. 9 Rn. 22). Danach sind etwa Klauseln unwirksam, die eine Rügefrist für offene und verborgene Mängel von nur drei Tagen nach Warenempfang vorsehen (BGHZ 115, 324, 326 f.) oder dem Verkäufer die Geltendmachung des Einwands einer verspäteten Mängelrüge verwehren (*OLG Karlsruhe* WRP 2000, 565, 571). Nach dem auch bei einer Verwendung gegenüber Unternehmern geltenden § 308 Nr. 1b BGB ist eine AGB-Klausel unwirksam, durch die sich der Verwender vorbehält, eine Entgeltforderung des Vertragspartners erst nach unangemessen langer Zeit für die Überprüfung der Gegenleistung zu erfüllen.

**V. Rechtsfolgen bei nicht ordnungsgemäßer Rüge**

17   Bei nicht ordnungsgemäßer, also insbesondere bei verspäteter Rüge gilt die gelieferte Ware nach § 377 Abs. 2 HGB als genehmigt. Welche Rechtsfolgen sich aus dieser zunächst einfach erscheinenden **Genehmigungsfiktion** ergeben, ist gesetzlich nicht näher geregelt und daher in vielerlei Hinsicht umstritten (vgl. *Müller-Laube*, 20 Probleme, Problem 7, S. 27 ff.):

- Der **Käufer verliert** in jedem Fall sämtliche Gewährleistungsrechte aus § 437 BGB und ein etwaiges Anfechtungsrecht aus § 119 Abs. 2 BGB, soweit diese Rechte auf einen Mangel i. S. v. §§ 434 f. BGB gestützt werden (zum Verzicht des Verkäufers auf den Einwand der Genehmigungsfiktion siehe aber noch Rn. 8). Nur außerhalb des Anwendungsbereichs des § 377 HGB (vgl. Rn. 10) bleiben dem Käufer die genannten Rechte ebenso erhalten wie die nach h. M. durch die Genehmigungsfiktion des § 377 Abs. 2 HGB nicht ausgeschlossenen deliktischen Schadensersatzansprüche (vgl. BGHZ 101, 337, 343 ff.). In diesem Zusammenhang können sich schwierige Abgrenzungsfragen ergeben (näher Klausurfall 4).
- Der **Verkäufer behält** hingegen unverändert seine Rechte aus dem Vertrag, sofern nicht im Zusammenhang mit der Lieferung eine zumindest stillschweigende Vertragsänderung vereinbart wurde. Er kann daher insbesondere auch bei einer minderwertigen Lieferung den **vollen Kaufpreis verlangen**. Dies ist bei Beschaffenheits- und rechtlichen Sachmängeln unstreitig. Bei Rechtsmängeln einer minderwertigen Falschlieferung oder Minderlieferung entspricht es der h. M. (BGHZ 91, 293, 298 ff.; *K. Schmidt*, Handelsrecht, § 29 Rn. 63 ff.). Da die **Mehrlieferung** von der Genehmigungsfiktion des § 377 Abs. 2 HGB nicht erfasst wird (dazu bereits Rn. 10; zum Meinungsstreit im Rahmen von § 378 HGB a. F. Kap. 10 Rn. 15 der 2. Aufl.), kann der Verkäufer die zu viel gelieferte Ware kondizieren (*Musielak/Mayer*, Examenskurs BGB, 4. Aufl., 2019, Rn. 108). Einen erhöhten Kaufpreis kann er nur dann verlangen, wenn sich die Parteien zumindest stillschweigend auf eine entsprechende Änderung des Kaufvertrages verständigt haben. Dabei enthalten aber weder die Mehrlieferung noch deren rügelose Entgegennahme für sich genommen eine entsprechende stillschweigende Änderungserklärung. Besonders umstritten sind nach wie vor die Rechtsfolgen, wenn der Verkäufer eine wertvollere Ware geliefert hat (sog.

§ 37. Die Sonderregelungen für den Handelskauf    263

**Meliuslieferung**). Hier ist lediglich allgemein anerkannt, dass der Verkäufer auch auf den Schutz des § 377 HGB verzichten und die ihm nach allgemeinem Schuldrecht zustehenden Ansprüche geltend machen kann. Denn § 377 HGB soll nur zu seinen Gunsten, nicht aber zu seinen Lasten eingreifen. Der Verkäufer kann die bedungene Ware aber nur dann nachliefern und die gelieferte Ware nach § 439 Abs. 5 BGB i. V. m. §§ 346–348 BGB zurückfordern, wenn der Käufer unter Verzicht des Verkäufers auf die Wirkungen des § 377 Abs. 2 HGB Nachlieferung verlangt. Entscheidet sich der Käufer hingegen dafür, das höherwertige Aliud zu behalten und keine Gewährleistungsrechte geltend zu machen, stellt sich die allgemein im Rahmen von § 434 Abs. 3 BGB umstrittene Frage, ob und auf welcher Grundlage der Verkäufer das höherwertige Aliud zurückverlangen kann (näher *Lettl*, JuS 2002, 866, 869 ff., *Dauner-Lieb/Arnold*, JuS 2002, 1175 f. und *Musielak*, NJW 2003, 89 ff.). Da ein großer Teil der Lehre generell davon ausgeht, dass das Gewährleistungsrecht nach § 434 Abs. 3 BGB nur dann zur Anwendung gelangt, wenn der Verkäufer die Aliudlieferung subjektiv als Erfüllung seiner Leistungspflicht betrachtet hat und der Käufer vernünftigerweise von einem Bezug der Lieferung zum betreffenden Vertragsverhältnis ausgehen durfte (Tilgungsbestimmung i. S. v. § 366 BGB), wird einerseits vertreten, dass der Verkäufer bei Lieferung eines höherwertigen Aliud seine Tilgungsbestimmungserklärung irrtumsbedingt anfechten und seine Leistung nach § 812 Abs. 1 S. 2 Alt. 1 BGB kondizieren könne. Dogmatisch und verfahrensmäßig einfacher ist es, mit einer anderen Ansicht die Wirkungen von § 434 Abs. 3 BGB teleologisch zu reduzieren. Da die Vorschrift lediglich bezweckt, dem Käufer die Gewährleistungsrechte unabhängig von der teils schwierigen Abgrenzung zwischen Aliud und Peius zu sichern, aber nicht dazu bestimmt ist, einer höherwertigen Aliudlieferung durch Modifikation des Kaufvertrags einen Rechtsgrund zu verschaffen, kann der Verkäufer das rechtsgrundlos gelieferte höherwertige Aliud nach § 812 Abs. 1 S. 1 BGB **kondizieren** (*Musielak/Mayer*, Examenskurs BGB, 4. Aufl., 2019, Rn. 106; *Oetker/Maultzsch*, Vertragliche Schuldverhältnisse, 5. Aufl., 2018, S. 96 ff.). Der Verkäufer hat dann allerdings nach den allgemeinen bereicherungsrechtlichen Grundsätzen das Risiko der zwischenzeitlichen Entreicherung des Käufers zu tragen (str.; *K. Schmidt*, Handelsrecht, § 29 Rn. 120). Teilweise wird das Rückforderungsrecht des Verkäufers auch auf § 242 BGB gestützt (*Becker*, Vertragliche Schuldverhältnisse, 2002, Rn. 1028). Fraglich ist schließlich, ob der Verkäufer in diesen Fällen auch verlangen kann, dass der Käufer die gelieferte Ware behält und einen entsprechend **höheren Kaufpreis** entrichtet (so noch *Brox*, Handels- und Wertpapierrecht, 18. Aufl., 2005, Rn. 362). Einen erhöhten Kaufpreisanspruch wird man aber nur schwerlich aus § 377 HGB ableiten können, da die Genehmigungsfiktion nur die Ordnungsgemäßheit der Ware im Hinblick auf den vertraglich vereinbarten Kaufpreis betrifft. Der Verkäufer wird daher wie auch bei der Mehrlieferung einen erhöhten

Kaufpreis nur im Falle einer **Vertragsänderung** fordern können. Eine solche zumindest stillschweigende Vertragsänderung würde aber voraussetzen, dass der Verkäufer bereits bei der Lieferung aufgrund der offensichtlichen Abweichung einen erhöhten Kaufpreis angegeben und der Käufer sich dann mit diesem durch Ingebrauchnahme (§ 151 BGB) einverstanden erklärt hat.

### VI. Rechtsfolgen bei ordnungsgemäßer Rüge

18 Mit der von ihm im Bestreitensfall zu beweisenden ordnungsgemäßen Rüge erhält sich der Käufer sämtliche Rechte wegen der fehlerhaften Lieferung:

- Ist die **Ware mangelhaft** i. S. v. § 434 BGB (Beschaffenheitsmangel, Montagefehler, Falschlieferung oder Minderlieferung), hat der Käufer die Gewährleistungsrechte des § 437 BGB. Bei einer höherwertigen Falschlieferung kann der Verkäufer die falsch gelieferte Ware nach § 812 Abs. 1 S. 1 Alt. 1 BGB kondizieren (str., dazu bereits Rn. 15), sofern der Käufer keine Nachlieferung verlangt (dann § 439 Abs. 5 BGB i. V. m. §§ 346–348 BGB).
- Bei einer ohnehin nicht unter § 377 HGB fallenden **Mehrlieferung** ist der Käufer nur zur Rückgewähr des Überschusses nach Bereicherungsrecht verpflichtet, sofern sich die Parteien nicht zumindest stillschweigend auf eine Vertragserweiterung einigen.

Zu Einzelheiten ist auf das allgemeine Gewährleistungs- bzw. Schuldrecht zu verweisen.

19 Wenn der Käufer beim beiderseitigen Handelskauf die ihm von einem anderen Orte übersandte Ware (Distanzgeschäft) ordnungsgemäß beanstandet hat und sie daher zurückweisen will, ist er zu deren einstweiliger **Aufbewahrung** verpflichtet (§ 379 Abs. 1 HGB). Eine Verletzung dieser Pflicht führt zum Schadensersatz. Wenn die Ware dem Verderb ausgesetzt und Gefahr im Verzug ist, kann der Käufer die beanstandete Ware gem. § 373 HGB für Rechnung des Verkäufers verkaufen lassen (§ 379 Abs. 2 HGB). Nach h. M. besteht dieses **Notverkaufsrecht** jedoch allein im Interesse des Verkäufers, so dass der Verkauf nicht gegen dessen Willen durchgeführt werden darf.

## § 38. Wiederholung

### A. Zusammenfassung

- **Handelskauf** = Warenkauf, der für mindestens einen der Vertragspartner ein Handelsgeschäft darstellt.
- Allerdings **entsprechende Anwendung** der §§ 373 ff. HGB auf:
  - Wertpapierkauf (§ 381 Abs. 1 HGB)
  - Lieferung herzustellender oder zu erzeugender beweglicher Sachen (Werklieferungskauf, § 381 Abs. 2 HGB)
  - Tausch (§ 480 BGB)

- Warenkaufähnliche Verträge über sonstige Gegenstände (vgl. § 453 Abs. 1 BGB)
□ Die besonders bedeutsamen Sonderregelungen über die Obliegenheit der Mängelrüge (§ 377 HGB) und die Aufbewahrungspflicht (§ 379 HGB) gelten nur für den beiderseitigen Handelskauf.
□ Durch § 373 HGB wird dem Verkäufer bei einem **Annahmeverzug des Käufers** die Hinterlegung und der Selbsthilfeverkauf im Vergleich zu den §§ 372 ff. BGB erleichtert.
□ Nach § 375 Abs. 1 HGB ist die Spezifikation beim **Bestimmungskauf** nicht nur eine mitwirkende Gläubigerhandlung (vgl. §§ 295 f. BGB), sondern eine Hauptleistungspflicht des Käufers.
□ Der **Fixhandelskauf** (§ 376 HGB) ist ein Sonderfall des relativen Fixgeschäfts, bei dem der Käufer allein aufgrund der bloßen Säumnis des Verkäufers stets ein Rücktrittsrecht besitzt oder allein aufgrund des Verzugs des Verkäufers Schadensersatz statt der Leistung beanspruchen kann. Verzichtet der Käufer auf sein Rücktrittsrecht, behält er seinen Erfüllungsanspruch allerdings nur, wenn er sein Erfüllungsbegehren sofort dem Verkäufer anzeigt.
□ Nach § 377 HGB besteht für den Käufer eine **Rügeobliegenheit**:
- Voraussetzungen:
  - Beiderseitiger Handelskauf
  - Ablieferung einer mit einem Mangel i. S. v. §§ 434 f. BGB behafteten Ware
  - Redlichkeit des Verkäufers (§ 377 Abs. 5 HGB)
  - Nicht ordnungsgemäße Rüge (inhaltlich unzureichend oder nicht unverzüglich nach der Ablieferung bzw. Untersuchung bzw. Entdeckung)
- Rechtsfolge: Genehmigungsfiktion (§ 377 Abs. 5 HGB) mit folgenden Konsequenzen:
  - Der Käufer verliert seine Gewährleistungsrechte aus § 437 BGB und sein etwaiges Anfechtungsrecht aus § 119 Abs. 2 BGB, soweit diese Rechte auf einem Mangel i. S. v. §§ 434 f. BGB beruhen.
  - Der Verkäufer behält unverändert seine Rechte aus dem Vertrag, sofern nicht im Zusammenhang mit der Lieferung eine zumindest stillschweigende Vertragsänderung vereinbart wurde.

## B. Klausurfall 4 (Der Brand im Baumarkt)

Bearbeitungszeit: 180 Minuten

### Sachverhalt

Hermann Kraft betreibt einen Baumarkt in Stuttgart. Bei dem Lieferanten Lutz Läufer bestellt er im März telefonisch 1000 Dosen Terpentin, um seine Lagerbestände aufzufüllen. Läufer bestätigt den Auftrag kurz darauf per Fax, kündigt die von Kraft gewünschte Versendung der Ware für den 1.4. an und verweist zusätzlich auf seine beiliegenden Allgemei-

266    Kapitel 10. Der Handelskauf

nen Lieferbedingungen. Diese enthalten u. a. einen Haftungsausschluss für das Verhalten seiner nicht leitenden Angestellten und Arbeiter. Kraft nimmt das Fax zu seinen Akten. Ein Teil der für Kraft bestimmten und in Kartons auf zwei Paletten zusammengestellten Terpentin-Dosen wird bei der Verladung am 1.4. aufgrund einer alkoholbedingten Unachtsamkeit des in dem Lager von Läufer beschäftigten und für seine Trunkenheit im Dienst berüchtigten Gabelstaplerfahrers Gramlich beschädigt. Da außer Gramlich niemand die Beschädigung wahrnimmt, werden die Dosen an Kraft ausgeliefert. Noch am 1.4. nimmt der in dem Baumarkt von Kraft für das Lager verantwortliche Angestellte Langer kurz vor Feierabend und vor Antritt eines dreiwöchigen Urlaubs die zwei in Plastikfolie gehüllten Paletten mit den Terpentin-Dosen entgegen. Erst nach seiner Rückkehr aus dem Urlaub öffnet Langer unter Mitwirkung des Auszubildenden Abele an einigen Stellen die Plastik- und Kartonverpackung der Terpentin-Dosen. Sofort erkennt er, dass einige Dosen so stark beschädigt sind, dass aus ihnen Terpentin austritt und Teile der Kartonverpackung bereits stark durchtränkt sind. Langer geht daraufhin sofort in sein Büro, um die mangelhafte Lieferung gegenüber Läufer telefonisch zu rügen. Während seiner etwa einstündigen Abwesenheit wird durch eine von dem Auszubildenden Abele vor den Terpentin-Paletten achtlos weggeworfene Zigarette ein Brand entfacht, der einen Teil der im Eigentum von Kraft stehenden übrigen Warenbestände zerstört.
Kraft verlangt von Läufer Schadensersatz in Höhe von insgesamt 120.000,– €. Der Wert der zerstörten übrigen Waren betrage nachweislich 100.000,– €. Außerdem habe er aufgrund des Brandes vorübergehend viele ständig nachgefragte Waren nicht verfügbar gehabt, wodurch er nachweislich eine Gewinneinbuße in Höhe von 20.000,– € erlitten habe. Mit Recht?

**Lösung**

**A. Anspruch von Kraft gegen Läufer auf Zahlung von 120.000,– € aus § 280 Abs. 1 BGB i. V. m. §§ 437 Nr. 3, 433, 434 Abs. 1 S. 2 Nr. 1 BGB**

**I. Anspruchsvoraussetzungen**

**1. Wirksames Schuldverhältnis (+)**

Kraft und Läufer haben telefonisch einen Kaufvertrag über 1000 Dosen Terpentin geschlossen.

**2. Objektive Pflichtverletzung (+)**

Die objektive Pflichtverletzung Läufers könnte in der Lieferung einer mangelhaften Sache i. S. v. § 434 BGB liegen.
Die gelieferten 1000 Dosen Terpentin waren zum Teil beschädigt und enthielten vielfach nicht mehr die angegebene Menge Terpentin. Damit waren sie für den nach dem Vertrag vorausgesetzten Weiterverkauf ungeeignet und folglich mangelhaft i. S. v. § 434 Abs. 1 S. 2 Nr. 1 BGB.
Dieser Mangel bestand auch im Zeitpunkt des Gefahrübergangs, da Kraft und Läufer einen Versendungskauf vereinbart haben, bei dem die Gefahr nach § 447 Abs. 1 BGB bereits mit der Übergabe der Ware an die mit der Versendung beauftragte Person übergeht. Der Fehler ist hier *bei* der Verladung und damit noch vor der endgültigen Übergabe an die Transportperson begründet worden.

**3. Vertretenmüssen (+)**

Der Schuldner hat nach § 276 Abs. 1 S. 1 BGB grundsätzlich Vorsatz und Fahrlässigkeit zu vertreten. Das Vertretenmüssen ist hier auf die Mangelhaftigkeit der Ware im Zeitpunkt des Gefahrübergangs zu beziehen. Läufer war die Fehlerhaftigkeit eines Teils der

§ 38. Wiederholung    267

Terpentin-Dosen im Zeitpunkt des Gefahrübergangs selbst jedoch nicht bekannt und er war auch nicht dazu verpflichtet, die Ware bis kurz vor dem Gefahrübergang ständig auf ihre Ordnungsmäßigkeit hin zu überprüfen.
Fraglich ist mithin lediglich, ob er sich das Verhalten seines Gabelstaplerfahrers Gramlich zurechnen lassen muss. Gramlich hat einen Teil der Terpentin-Dosen durch Unachtsamkeit und damit fahrlässig i. S. v. § 276 Abs. 2 BGB beschädigt. Außerdem hat er die von ihm erkannte Beschädigung vorsätzlich verschwiegen. Gramlich war von Läufer mit der Verladung der geschuldeten Ware betraut und wurde damit als Gehilfe i. S. v. § 278 BGB bei der Erfüllung einer dem Läufer obliegenden vertraglichen Verpflichtung tätig. Das Verschulden Gramlichs ist Läufer daher zuzurechnen.

### 4. Schaden (+)
Kraft ist nachweislich ein Schaden an den in seinem Eigentum stehenden Waren in Höhe von 100.000,– € entstanden und ein Gewinn in Höhe von 20.000,– € entgangen.

### 5. Kausalität und Schadenszurechnung (+)
Die Pflichtverletzung Läufers kann nicht hinweggedacht werden, ohne dass der an den Rechtsgütern von Kraft entstandene Schaden entfiele (Kausalität nach der Äquivalenztheorie).
Der Schadensverlauf lag auch nicht außerhalb jeder Wahrscheinlichkeit. Denn angesichts der extremen Brennbarkeit von Terpentin musste von einem objektiven Beobachter eine Entzündung des austretenden Terpentins durchaus in Betracht gezogen werden. An dieser Schadenszurechnung unter dem Gesichtspunkt der Adäquanz ändert auch die Tatsache nichts, dass an der Schadensverursachung ein grob fahrlässiges Verhalten des Auszubildenden Abele mitgewirkt hat. Denn die Pflichtverletzung Läufers hat eine Gefahrenlage geschaffen, durch die das nicht völlig außergewöhnliche Fehlverhalten Abeles überhaupt erst mitursächlich für den entstandenen Schaden werden konnte (vgl. Palandt/*Grüneberg*, Vor § 249 Rn. 48 m. w. N.).
Die Schadenszurechnung ist schließlich auch nach der sog. Normzwecklehre zu bejahen, da die Pflicht zur Lieferung einer fehlerfreien Sache auch dem Schutz anderer Rechtsgüter des Käufers vor Schäden dient.

### 6. Entbehrlichkeit der Voraussetzungen des § 280 Abs. 3 BGB i. V. m. §§ 281 ff. BGB (+)
Würde Läufer den Ersatz von Schäden statt der Leistung begehren, müssten die zusätzlichen Voraussetzungen des § 280 Abs. 3 BGB i. V. m. §§ 281 ff. BGB vorliegen. Kraft verlangt hier jedoch den Ersatz von Schäden, die ihm erst aufgrund der mangelhaften Lieferung an Teilen des in seinem Eigentum stehenden übrigen Warenbestands und in Form von Gewinneinbußen an seinem Vermögen entstanden sind. Der Ersatz dieser (früher) sog. Mangelfolgeschäden würde nicht an die Stelle einer mangelfreien Lieferung, sondern neben die Leistung treten. In Übereinstimmung mit dem Willen des Gesetzgebers (BT-Drs. 14/6040, S. 225) sind derartige Schäden mithin unmittelbar nach § 280 Abs. 1 BGB zu ersetzen (sog. einfacher Schadensersatz; dazu auch *Huber/Faust*, Schuldrechtsmodernisierung, 2002, Kap. 13 Rn. 99 ff.).

### 7. Kein Haftungsausschluss durch AGB (+)
Die Haftung Läufers aus § 280 Abs. 1 BGB für das Fehlverhalten seines Mitarbeiters Gramlich könnte jedoch durch die Allgemeinen Lieferbedingungen von Läufer ausgeschlossen sein.

### a) Einbeziehung der Lieferbedingungen Läufers in den Vertrag (+)

Zu prüfen ist zunächst, ob die Allgemeinen Lieferbedingungen Läufers als AGB i. S. v. § 305 Abs. 1 BGB überhaupt Vertragsbestandteil geworden sind. Auch wenn § 305 Abs. 2 BGB hier gegenüber dem Unternehmer Kraft unanwendbar ist (§ 310 Abs. 1 S. 1 BGB), setzt die Einbeziehung in den Vertrag doch zumindest eine stillschweigende Vereinbarung zwischen den Parteien voraus (vgl. *BGH* NJW 1992, 1232).

Kraft hat sich mit der Einbeziehung der Allgemeinen Lieferbedingungen von Läufer zwar weder ausdrücklich noch stillschweigend gegenüber Läufer einverstanden erklärt. Sein Schweigen ist jedoch nach den Grundsätzen der Lehre vom kaufmännischen Bestätigungsschreiben als Einverständnis zu werten. Die Voraussetzungen einer insoweit konstitutiven Wirkung des Bestätigungsschreibens sind gegeben (näher Kap. 9 Rn. 19): Beide Parteien sind Kaufleute und handelten im Rahmen ihrer Handelsgewerbe. Das von Läufer gesendete Fax bestätigte eindeutig einen telefonisch geschlossenen Kaufvertrag und gab dessen wesentlichen Inhalt wieder. Es ging Kraft unverzüglich nach Abschluss der Vertragsverhandlungen zu. Hinsichtlich des Vertrauens auf die Einbeziehung seiner AGB in den Vertrag ist Läufer auch schutzwürdig, da er weder unredlich handelte noch die zusätzliche Einbeziehung branchenüblicher AGB eine derart bedeutsame Abweichung vom vereinbarten Vertragsinhalt darstellte, dass Läufer nach Treu und Glauben nicht mehr mit einer widerspruchslosen Hinnahme durch den Empfänger rechnen durfte (§ 242 BGB). Kraft hat dem Inhalt des Bestätigungsschreibens schließlich auch nicht unverzüglich widersprochen.

### b) Wirksamkeit der Haftungsausschlussklausel (−)

Es stellt sich aber noch die Frage der Wirksamkeit der Haftungsausschlussklausel nach den Regelungen über die Inhaltskontrolle von AGB. Zwar findet das absolute Klauselverbot des § 309 Nr. 7 lit. b BGB gegenüber Kraft als Unternehmer keine Anwendung (§ 310 Abs. 1 S. 1 BGB). Es bleibt jedoch zu prüfen, ob ein Haftungsausschluss für jegliches Verhalten eines nicht leitenden Angestellten oder Arbeiters nicht eine treuwidrige und unangemessene Benachteiligung des Vertragspartners i. S. d. § 307 Abs. 1 und 2 BGB darstellt, der über § 310 Abs. 1 S. 2 BGB auch zugunsten von Unternehmern Anwendung findet. Dies wäre nach § 307 Abs. 2 Nr. 2 BGB u. a. dann der Fall, wenn der Haftungsausschluss „wesentliche Rechte oder Pflichten, die sich aus der Natur des Vertrages ergeben, so einschränkt, dass die Erreichung des Vertragszwecks gefährdet ist" (sog. Verbot der Aushöhlung vertragswesentlicher Rechte).

Bis zum Inkrafttreten der Vorläuferregelungen der §§ 305 ff. BGB im Jahre 1977 (AGBG) hat der BGH zwar aus §§ 242, 315 BGB die Unzulässigkeit einer Freizeichnung für das grob fahrlässige und vorsätzliche Verhalten von Erfüllungsgehilfen in leitender Funktion hergeleitet, eine solche hinsichtlich des Verhaltens „einfacher" Angestellter oder Arbeiter jedoch anerkannt (st. Rspr., vgl. nur BGHZ 20, 164, 167 f.). Umstritten ist, ob daran auch noch nach 1977 festgehalten werden soll (vgl. zum Streitstand die Nachweise in *BGH* NJW 1984, 1350, 1351). Die h. M. wendet das Freizeichnungsverbot des § 309 Nr. 7 lit. b BGB über § 310 Abs. 1 S. 2 BGB und § 307 Abs. 2 Nr. 2 BGB grundsätzlich auch im Hinblick auf das grob fahrlässige oder vorsätzliche Verhalten „einfacher" Mitarbeiter an (vgl. nur *OLG Köln* BB 1993, 2044). Der BGH hat sich dieser Ansicht inzwischen zumindest insoweit angeschlossen, als es um eine schuldhafte Verletzung von Hauptpflichten geht (*BGH* NJW 1985, 914, 915 f.). Denn zumindest in diesen Fällen verstoße die Klausel gegen das erwähnte Aushöhlungsverbot des § 307 Abs. 2 Nr. 2 BGB. Eine Klausel, die sich wie die in den AGB von Läufer enthaltene nicht auf den Haftungsausschluss für einfache Fahrlässigkeit oder die Verletzung von Nebenpflichten beschränkt, ist danach insgesamt unwirksam, da eine geltungserhaltende Reduktion nicht in Betracht kommt (vgl. BGHZ 92, 312, 316).

§ 38. Wiederholung 269

Die Haftung Läufers für das Fehlverhalten Gramlichs ist damit nicht durch die AGB-Klausel ausgeschlossen.

**8. Kein Ausschluss der Haftung nach § 377 Abs. 2 HGB (−)**
Ein Haftungsausschluss könnte sich aber noch aus der Genehmigungsfiktion des § 377 Abs. 2 HGB ergeben. Es sind daher die Voraussetzungen der Rügelast und der Genehmigungsfiktion bei nicht ordnungsgemäßer Rüge zu prüfen:

**a) Beiderseitiger Handelskauf (+)**
Es handelt sich um einen beiderseitigen Handelskauf, da Kraft und Läufer als Betreiber eines kaufmännische Einrichtung erfordernden Gewerbes Kaufleute nach § 1 HGB sind und das Warengeschäft jeweils zum Betrieb ihrer Handelsgewerbe gehörte (vgl. § 343 Abs. 1 HGB).

**b) Ablieferung (+)**
Die Ware ist am 1.4. derart in den Machtbereich von Kraft gelangt, dass dieser die tatsächliche Möglichkeit zu ihrer Untersuchung gehabt hätte (Ablieferung).

**c) Mangelhaftigkeit der Kaufsache (+)**
Die Terpentindosen waren mit einem Sachmangel i. S. v. § 434 Abs. 1 S. 2 Nr. 1 BGB behaftet (siehe A I 2) und damit mangelhaft i. S. v. § 377 Abs. 1 HGB.

**d) Redlichkeit des Verkäufers (+)**
Fraglich ist jedoch die nach § 377 Abs. 5 HGB erforderliche Redlichkeit von Läufer. Da Läufer von der Mangelhaftigkeit der Kaufsache selbst nichts wusste, kommt es darauf an, ob ihm die Bösgläubigkeit Gramlichs zuzurechnen ist.
In Betracht kommt zunächst eine Wissenszurechnung nach § 166 Abs. 1 BGB analog (sog. Wissensvertretung). Wissensvertreter i. S. v. § 166 Abs. 1 BGB ist jeder, der nach der Arbeitsorganisation des Geschäftsherrn dazu berufen ist, im Rechtsverkehr als dessen Repräsentant bestimmte Aufgaben in eigener Verantwortung zu erledigen und die dabei angefallenen Informationen zur Kenntnis zu nehmen sowie gegebenenfalls weiterzuleiten (BGHZ 117, 104, 106 f.). Diese Anforderungen werden von einem Gabelstaplerfahrer, der nur mit durch Handarbeit zu erledigenden Aufgaben ohne bedeutsamen Gestaltungsspielraum betraut ist, nicht erfüllt.
Denkbar ist aber auch, dass Gramlich als Erfüllungsgehilfe gem. § 278 BGB die gegenüber Kraft bestehende Pflicht von Läufer, einen Fehler der Kaufsache zu offenbaren, schuldhaft verletzt hat. Im Rahmen von Offenbarungspflichten hängt die Anwendung des § 278 BGB auf Hilfspersonen jedoch ebenfalls von der Funktion der betreffenden Hilfsperson ab. Danach wird man beispielsweise einen Qualitätsprüfer, nicht aber einen Gabelstaplerfahrer als Erfüllungsgehilfen des Verkäufers im Hinblick auf dessen Pflicht zur Offenbarung eines Sachmangels ansehen können (vgl. Palandt/*Grüneberg*, § 278 Rn. 19). Anderenfalls würde die gegebenenfalls folgenreiche Gewährleistungshaftung des Verkäufers zu weit ausgedehnt.

**e) Keine ordnungsgemäße Rüge (+)**
Damit hätte Kraft als Käufer die Ware ohne schuldhaftes Zögern (§ 121 Abs. 1 S. 1 BGB) angemessen untersuchen und den dabei erkennbaren Mangel rügen müssen. Dies ist nicht geschehen, da der zuständige Mitarbeiter Langer in Urlaub gefahren ist und weder dieser noch Kraft für eine anderweitige Untersuchung der Ware gesorgt hatten. Die erst drei Wochen nach der Ablieferung durch Langer erfolgte Rüge war verspätet, da sie ohne das

schuldhafte Zögern Langers, das dem Kraft nach § 278 BGB zuzurechnen ist, bzw. ohne das eigene Organisationsverschulden Krafts viel früher hätte erfolgen können.

**f) Ausschlusswirkung der Genehmigungsfiktion (+)**

Es bedarf jedoch noch der Klärung, ob die Genehmigungsfiktion des § 377 Abs. 2 HGB hier auch den Schadensersatzanspruch aus § 280 Abs. 1 BGB ausschließt. Dies ist nach allgemeiner Ansicht davon abhängig, ob der Anspruch auf dem nicht rechtzeitig gerügten Sachmangel oder auf der Verletzung anderer vertraglicher Pflichten wie etwa der Pflicht zur ordnungsgemäßen Verpackung der Ware beruht (st. Rspr., v. a. BGHZ 66, 208, 212 f.; *Reinicke/Tiedtke*, Kaufrecht, 8. Aufl., 2009, Rn. 1047 ff.; *K. Schmidt*, Handelsrecht, § 29 Rn. 113 f.). Diese Differenzierung wird zutreffend damit begründet, dass der Zweck der Rügeobliegenheit gerade auch darin bestünde, dem Verkäufer durch Information die Verhütung weiterer auf dem Mangel beruhender Schäden zu ermöglichen (dazu schon Rn. 9), der Verkäufer andererseits aber nicht von den Folgen anderweitiger Pflichtverletzungen freigestellt werden soll.

Der von Kraft geltend gemachte Anspruch aus § 280 Abs. 1 BGB zielt auf den Ersatz von Mangelfolgeschäden (siehe A I 6). Auch der die Schäden letztlich zumindest mitverursachende Pflichtverstoß Gramlichs führte zu einer Schlechterfüllung der Hauptleistungspflicht und nicht zu einem Verstoß gegen anderweitige vertragliche Pflichten. Die Beschädigung betraf zwar die Dosenverpackung, doch war diese untrennbarer Bestandteil der Ware selbst und beeinträchtigte als Fehler den bestimmungsgemäßen Verkauf der Ware. Die Nebenpflicht zur ordnungsgemäßen Umverpackung der Ware (Palette, Kartons, Plastikfolie) hat Läufer hingegen ordnungsgemäß erfüllt.

Der Anspruch aus § 280 Abs. 1 BGB beruht mithin auf dem verspätet gerügten Mangel und wird daher durch die Genehmigungsfiktion des § 377 Abs. 2 HGB ausgeschlossen.

**II. Ergebnis (−)**

Ein Anspruch aus § 280 Abs. 1 BGB i. V. m. §§ 437 Nr. 3, 433, 434 Abs. 1 S. 2 Nr. 1 BGB ist nicht gegeben, da Läufer die Beschädigung eines Teils der Terpentin-Dosen zwar als Pflichtverletzung zu vertreten hat, der Schadensersatzanspruch jedoch durch die Genehmigungsfiktion des § 377 Abs. 2 HGB ausgeschlossen ist.

**B. Anspruch von Kraft gegen Läufer auf Zahlung von 120.000,− € gem. § 831 Abs. 1 BGB i. V. m. § 823 Abs. 1 BGB**

**I. Anspruchsvoraussetzungen**

**1. Eigenschaft des Gramlich als Verrichtungsgehilfe i. S. v. § 831 Abs. 1 S. 1 BGB (+)**

Verrichtungsgehilfe ist derjenige, dem vom Geschäftsherrn eine nach dessen Weisungen auszuführende Tätigkeit übertragen worden ist. Gramlich ist als Gabelstaplerfahrer im Unternehmen Läufers mit Aufgaben des betriebsinternen Transports betraut, die er als Arbeiter nach den Weisungen seines Arbeitgebers Läufer auszuführen hat. Er ist mithin ein Verrichtungsgehilfe des Läufer i. S. v. § 831 Abs. 1 S. 1 BGB.

**2. Widerrechtliche Schädigung von Kraft (+)**

Weitere Voraussetzung ist, dass das Verhalten des Gramlich den objektiven Tatbestand einer unerlaubten Handlung i. S. d. §§ 823 ff. BGB verwirklicht hat. Was den an den Waren Krafts eingetretenen Schaden in Höhe von 100.000,− € anbetrifft, hat Gramlich den objektiven Tatbestand des § 823 Abs. 1 BGB verwirklicht, da sein Fehlverhalten adäquat kausal (siehe A I 5) für einen von Kraft erlittenen Eigentumsschaden gewesen ist. Der durch die Gewinneinbußen entstandene Schaden ist nach § 252 BGB zu ersetzen.

## 3. Handeln in Ausführung der Verrichtung (+)

Die Beschädigung der Terpentin-Dosen geschah in unmittelbarem Zusammenhang mit der dem Gramlich übertragenen Verladetätigkeit.

## 4. Kein Ausschluss der Ersatzpflicht durch § 831 Abs. 1 S. 2 BGB (+)

Läufer könnte der deliktischen Haftung für seinen Verrichtungsgehilfen zunächst durch die Widerlegung der dem § 831 Abs. 1 S. 1 BGB zugrunde liegenden Verschuldensvermutung entgehen. Hierzu müsste er darlegen, dass er bei der Auswahl, Ausrüstung oder Überwachung des Verrichtungsgehilfen die gebotene Sorgfalt beachtet hat oder dass der Schaden auch bei Anwendung dieser Sorgfalt entstanden sein würde (§ 831 Abs. 1 S. 2 BGB). Angesichts der Tatsache, dass Gramlich für seine Trunkenheit im Dienst „berüchtigt" war und Läufer hiergegen nichts unternommen hat, wird er diesen Entlastungsbeweis jedoch nicht führen können, zumal die Alkoholprobleme Gramlichs für das konkrete Fehlverhalten ursächlich waren.

## 5. Kein Ausschluss der Ersatzpflicht durch § 377 Abs. 2 HGB (+)

Die Voraussetzungen des § 377 HGB sind gegeben (siehe A I 8).
Nach h. M. gilt die Genehmigungsfiktion des § 377 Abs. 2 HGB jedoch nur für die vertragliche Mängelgewährleistung im weiteren Sinne. Ansprüche aus unerlaubter Handlung, bei denen es sich im Gegensatz zu Ansprüchen aus § 280 Abs. 1 BGB nicht um Gewährleistungsansprüche im weiteren Sinne handelt, sollen durch die Genehmigungsfiktion hingegen nicht ausgeschlossen werden (BGHZ 101, 337, 343 ff.; *Reinicke/Tiedtke*, Kaufrecht, 8. Aufl., 2009, Rn. 1052; a. A. *Schwark*, AcP 179 [1979], 57, 76 ff.). Dies wird insbesondere damit begründet, dass nur im Bereich der vertraglichen Haftung die gravierenden Folgen einer unter Umständen lediglich durch leichte Nachlässigkeit entstandenen Rügesäumnis gerechtfertigt werden könnten. Der deliktische Anspruch, der auf der Verletzung einer allgemeinen Verkehrssicherungspflicht beruhe, sei nach seinen Voraussetzungen und seinem Inhalt grundsätzlich unabhängig von der vertraglichen Haftung für eine mangelhafte Sache. Anderenfalls würde der geschädigte Käufer ungerechtfertigt vom allgemeinen Rechtsgüterschutz ausgeschlossen und schlechter als jeder Dritte gestellt werden. Auch der spezielle Normzweck des § 377 HGB (Schnelligkeit der Geschäftsabwicklung, Schadensbegrenzung, Streitvermeidung; näher Rn. 9) könne eine Ausdehnung des vertraglichen Ausschlusstatbestands auf die deliktische Haftung nicht rechtfertigen (näher BGHZ 101, 337, 343 ff.).

## 6. Haftungsumfang

Zu prüfen ist abschließend, ob Kraft den Ersatz des gesamten Schadens in Höhe von 120.000,– € verlangen kann oder ob er sich ein Mitverschulden nach § 254 BGB anrechnen lassen muss.

### a) Begründung des Mitverschuldens

Ein Mitverschulden kommt aus verschiedenen Gründen in Betracht:
Zum einen könnte ein Mitverschulden von Kraft auf die verspätete Untersuchung und die damit verbundene verspätete Mängelfeststellung durch Langer gestützt werden, da während des Urlaubs von Langer permanent Terpentin auslief. Weiterhin könnte auch in der unzureichenden Absicherung der geöffneten und mit Terpentin durchtränkten Kartons durch den sich vorübergehend entfernenden Langer ein Mitverschulden erblickt werden. Das Fehlverhalten Langers ist Kraft auch nach § 254 Abs. 2 S. 2 BGB i. V. m. § 278 BGB zuzurechnen. Zwar handelt es sich bei § 254 Abs. 2 S. 2 BGB, der wie ein eigenständiger Abs. 3 auch für den Abs. 1 des § 254 BGB gilt, nach h. M. um eine Rechtsgrundverweisung, die das Bestehen einer hier gegebenen Vertragsbeziehung zwischen dem Schädiger

und dem Geschädigten voraussetzt, doch findet § 278 BGB im Rahmen einer wie hier gegebenen Vertragsbeziehung auch dann Anwendung, wenn es um ein Mitverschulden im Zusammenhang mit deliktischen Ansprüchen geht (BGHZ 9, 316, 319). Es ist ebenfalls nicht erforderlich, dass Langer als Gehilfe an der Erfüllung einer vertraglichen Leistungspflicht von Kraft mitgewirkt hat. Es genügt, dass er von Kraft zur Erfüllung der Rügeobliegenheit und damit zur Wahrung von vertraglichen Interessen Krafts eingesetzt wurde (vgl. BGHZ 3, 46, 50).
Schließlich hat das grob fahrlässige Fehlverhalten des Auszubildenden Abele in besonderer Weise an der Entstehung des Schadens mitgewirkt. Es könnte dem Kraft ebenfalls über § 254 Abs. 2 S. 2 BGB i. V. m. § 278 BGB zugerechnet werden. Dazu müsste das Fehlverhalten allerdings noch in einem inneren sachlichen Zusammenhang mit den Aufgaben gestanden haben, die dem Abele im Rahmen des konkreten Vertragsverhältnisses übertragen worden sind. Immerhin hat Abele an der Untersuchung der Ware durch Langer mitgewirkt. Daher lässt sich der erforderliche Zusammenhang damit begründen, dass Abele durch die ihm übertragene Aufgabe in die Nähe des Gefahrenherds gekommen ist und ihm auf diese Weise erst die Mitverursachung des Schadens ermöglicht wurde.

**b) Bestimmung des Mitverschuldensanteils**

Entscheidend für die Bestimmung des Mitverschuldensanteils ist nach § 254 Abs. 1 BGB insbesondere das Maß der jeweiligen Ursächlichkeit. Der eingetretene Schaden wurde hier überwiegend von den Mitarbeitern Krafts verursacht, da sie die maßgeblichen Brandursachen gesetzt haben, während das pflichtwidrige Verhalten Gramlichs nur durch eine Verkettung nicht gerade gewöhnlicher unglücklicher Umstände mitursächlich geworden ist. Erst in zweiter Linie ist das Maß des beiderseitigen Verschuldens abzuwägen, das trotz des vorsätzlichen Verschweigens der Beschädigung durch Gramlich auf beiden Seiten in etwa gleich hoch zu bewerten sein dürfte. Das Mitverschulden von Kraft wird man daher insgesamt mit 2/3 ansetzen können.

**II. Ergebnis (+/−)**

Kraft verfügt zwar über einen Anspruch aus § 831 Abs. 1 BGB auf Ersatz des ihm entstandenen Schadens, doch muss er sich wegen des ihm zurechenbaren Fehlverhaltens seiner Mitarbeiter Langer und Abele ein erhebliches Mitverschulden anrechnen lassen. Im Ergebnis wird Kraft daher nur 40.000,- € beanspruchen können.

## C. Kontrollfragen

1. Welche Normen des besonderen Schuldrechts gelten für den Vertrag über den Bau eines Spezialtankschiffes?
2. Inwiefern stärken die §§ 373–381 HGB die Position des Verkäufers?
3. Kann der Verkäufer den Erlös aus einem Selbsthilfeverkauf, den er wegen Annahmeverzugs des Käufers durchgeführt hat, behalten?
4. Warum ist der Fixhandelskauf ein Sonderfall des relativen Fixgeschäfts?
5. Was versteht man unter der Ablieferung i. S. v. § 377 Abs. 1 HGB?
6. Warum kann im Rahmen von § 377 Abs. 1 HGB bei der Bestimmung der Untersuchungsfrist und des Untersuchungsumfangs auf die Umstände des Einzelfalls besondere Rücksicht genommen werden?
7. Welche Rechtsfolgen ergeben sich aus § 377 HGB, wenn der Käufer einen Sachmangel i. S. v. § 434 BGB nicht ordnungsgemäß rügt?

# Kapitel 11. Das Kommissionsgeschäft

**Literatur:** *G. Hager*, Die Prinzipien der mittelbaren Stellvertretung, AcP 180 (1980), 239 ff.; *Kiehnle*, Das Selbsteintrittsrecht des Kommissionärs (§ 400 HGB) und das Verbot des Selbstkontrahierens (§ 181 BGB), AcP 212 (2012), 875 ff.; *Koller*, Interessenkonflikte im Kommissionsverhältnis, BB 1978, 1733 ff.; *ders.*, Das Provisions- und Aufwendungsrisiko bei der Kommission, BB 1979, 1725 ff.; *Lieder/Wüstenberg*, Kommissionsgeschäft und Forderungszuordnung – Dogmatische Grundsatzfragen des § 392 Abs. 2 HGB, Jura 2016, 1229 ff.; *Schütte*, Leistungsstörungen im Kommissionsrecht, 1988; *Schwark*, Rechtsprobleme der mittelbaren Stellvertretung, JuS 1980, 777 ff.; *Wüst*, Geschäfte der Arras-GmbH, JuS 1990, 390 ff.

**Lernhinweis:** Das Kommissionsgeschäft gehört zwar streng genommen nicht mehr zum Pflichtfachstoff, doch sollten auch Pflichtfachstudenten dieses Kapitel unbedingt sorgfältig durcharbeiten. Denn am Beispiel des Kommissionsgeschäfts kann man in idealer Weise die klausurrelevanten schuld- und sachenrechtlichen Probleme der mittelbaren Stellvertretung wiederholen (Stichworte: Geschäft für den, den es angeht; Drittschadensliquidation; Übereignung mit Hilfe eines antizipierten Besitzkonstituts; dazu *Schwark*, JuS 1980, 777 ff.)!

## § 39. Begriff des Kommissionsgeschäfts

Das Kommissionsgeschäft i. S. d. §§ 383 ff. HGB ist ein Handelsgeschäft, 1 durch das sich ein Gewerbetreibender als Kommissionär zum Abschluss eines Ausführungsgeschäfts **im eigenen Namen für fremde Rechnung** (des Kommittenten) verpflichtet.

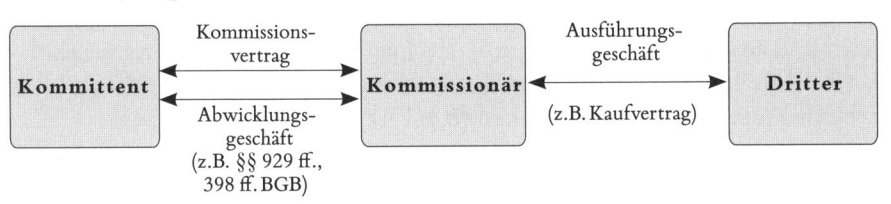

```
                 Kommissions-                    Ausführungs-
                   vertrag                         geschäft
  ┌──────────┐ ◄──────────► ┌──────────────┐ ◄──────────► ┌────────┐
  │Kommittent│              │ Kommissionär │              │ Dritter│
  └──────────┘ ◄──────────► └──────────────┘   (z.B. Kaufvertrag)
                 Abwicklungs-
                   geschäft
                  (z.B. §§ 929 ff.,
                   398 ff. BGB)
```

Man unterscheidet drei Arten des Kommissionsgeschäfts i. S. d. §§ 383 ff. HGB:

- Die **„eigentliche" Kommission nach Gewerbe** (§§ 383, 406 Abs. 2 HGB), die auf den An- oder Verkauf sowie auf den Tausch oder die Werklieferung von Waren bzw. Wertpapieren gerichtet ist und von dem Kommissionär gewerbsmäßig entweder als Kaufmann (§ 383 Abs. 1 HGB) oder als nicht eingetragener Kleingewerbebetreibender (§ 383 Abs. 2 HGB) betrieben wird;

- Die **„uneigentliche" Kommission nach Gewerbe** (§ 406 Abs. 1 S. 1 HGB), die auf andere Geschäfte als den Waren- oder Wertpapierumsatz gerichtet ist (z. B. Verlag eines Buches durch den Verleger im eigenen Namen für Rechnung des Autors, vgl. RGZ 78, 298, 300);
- Die **„unregelmäßige" Kommission** (§ 406 Abs. 1 S. 2 HGB), die von einem „Kaufmann" gelegentlich im Betrieb seines grundsätzlich auf andere Geschäfte gerichteten Handelsgewerbes vorgenommen wird (§ 406 Abs. 1 S. 2 HGB; sog. Gelegenheitskommissionär). Da es sich bei der Beibehaltung des Wortlauts von § 406 Abs. 1 S. 2 HGB („Kaufmann", „Handelsgewerbe") vermutlich um ein Redaktionsversehen handelt, wird zudem eine analoge Anwendung der Vorschrift auf nicht eingetragene Kleingewerbetreibende, die unregelmäßig als Kommissionär tätig sind, erwogen (vgl. *P. Bydlinski*, ZIP 1998, 1169, 1174 unter Bezugnahme auf BT-Drs. 13/10332, S. 30).

Von großer Bedeutung für die Art der Geschäftsabwicklung ist darüber hinaus die Unterscheidung zwischen der Einkaufs- und der Verkaufskommission (näher Rn. 14 ff.).

Das Kommissionsgeschäft hat aufgrund der wachsenden Zahl von Handelsvertretern, Franchisenehmern und Vertragshändlern an Bedeutung verloren. Eine Rolle spielt es allerdings noch im Kunst- und Weinhandel sowie als sog. Effektenkommission im Wertpapierhandel der Kreditinstitute.

2   Mit dem Begriff des Kommissionsgeschäfts wird zugleich der **Typus des Kommissionärs** und des Kommissionsagenten als eines Gewerbetreibenden beschrieben (vgl. Kap. 6 Rn. 12, 14). Aufgrund der Abschaffung des § 1 Abs. 2 Nr. 6 HGB a. F. sind auch der „eigentliche" und der „uneigentliche" Kommissionär nach Gewerbe aber nur noch dann Kaufleute, wenn sie die Voraussetzungen der §§ 1–6 HGB erfüllen. Andererseits sind die §§ 383 ff. HGB und die §§ 343 ff. HGB mit Ausnahme der §§ 348–350 HGB in Ansehung des Kommissionsgeschäfts auch dann anwendbar, wenn die Kommission von einem nicht eingetragenen, kleingewerblich tätigen Kommissionär (§ 383 Abs. 2 HGB) oder kleingewerblich tätigen Gelegenheitskommissionär (§ 406 Abs. 1 S. 2 HGB analog; dazu bereits Rn. 1) durchgeführt wird. Bei einer wirtschaftlichen Abhängigkeit von seinem Kommittenten kann der Kommissionär als arbeitnehmerähnliche Person gelten (*BAG* AP Nr. 38 zu § 5 ArbGG).

**Beispielsfall:** Krämer bessert seine Rente dadurch auf, dass er in kleinem Umfang als Kommissionär mit Antiquitäten handelt. Als ihn eines Tages sein Freund Gutmann besucht und Interesse am Kauf einer dem Krämer von Eichel lediglich vorübergehend zur Schätzung überlassenen Ming-Vase zeigt, wird Krämer mit Gutmann, der an die Verfügungsbefugnis Krämers glaubt, schnell handelseinig. Mangels guten Glaubens in die Eigentümerstellung von Krämer könnte Gutmann das Eigentum an der Ming-Vase allenfalls nach § 366 Abs. 1 HGB i. V. m. §§ 932 ff. BGB erworben haben (näher Kap. 9 Rn. 42 ff.). § 366 Abs. 1 HGB ist jedoch zunächst nur anwendbar, wenn Krämer über das Eigentum an der Ming-Vase als Kaufmann im Betriebe seines Handelsgewerbes verfügt hätte. Krämer ist jedoch kein Kaufmann, da sein Kommissionsgewerbe keine kaufmännische Einrichtung erfordert und er auch nicht in das Handelsregister eingetragen ist. Zwar finden nach § 383 Abs. 2 S. 2 HGB die Vorschriften der §§ 343 ff. HGB mit Ausnahme der §§ 348–350 HGB und damit auch der § 366 HGB auf nichtkaufmännische Kommissionäre Anwendung, doch gilt dieser Verweis nur „in Ansehung des Kommissionsgeschäfts". Streng genommen wird damit nur das Rechtsverhältnis zwischen dem Kommittenten und dem Kommissionär erfasst. Eine ausdehnende Anwendung des § 383 Abs. 2 S. 2 HGB auf das Ausführungsgeschäft erscheint jedoch geboten (siehe auch *v. Olshausen*, JZ 1998, 717, 719 f.).

Im Gegensatz zum Handelsvertreter tätigt der Kommissionär das Ausführungsgeschäft im eigenen Namen, anders als der Vertragshändler oder Franchisenehmer aber für fremde Rechnung (*OLG Köln* OLGR Köln 2002, 21). Die Kommission ist mithin ein Anwendungsfall der **mittelbaren Stellvertretung**. Der Kommissionär wird aus dem Ausführungsvertrag mit dem Dritten allein berechtigt und verpflichtet. Den Kommittenten treffen lediglich die wirtschaftlichen Konsequenzen des Ausführungsgeschäfts („für Rechnung"), da der Kommissionär dessen wirtschaftliches Ergebnis mit Hilfe des Abwicklungsgeschäfts (z. B. Übereignung des gekauften Gegenstandes, Abtretung des Kaufpreisanspruchs) auf den Kommittenten zu übertragen hat. Zwingend ist allerdings nur die mittelbare Stellvertretung im Rahmen des Verpflichtungsgeschäfts mit dem Dritten. Im Rahmen des Verfügungsgeschäfts mit dem Dritten kann der Kommissionär durchaus im Namen des Kommittenten auftreten, wenn er dies auch regelmäßig nicht tun wird (vgl. auch Rn. 15).

3

**Merksatz:** Die Kommission ist ein Anwendungsfall der mittelbaren Stellvertretung.

## § 40. Das Kommissionsverhältnis

### A. Anwendbares Recht

Der Kommissionsvertrag ist ein **Geschäftsbesorgungsvertrag** i. S. d. § 675 BGB. Damit gelten neben den §§ 383 ff. HGB über § 675 BGB in jedem Fall ergänzend die §§ 663, 665–670, 672–674 BGB. Fraglich ist, ob darüber hinaus subsidiär das Dienst- oder das Werkvertragsrecht Anwendung findet. Bedeutung hat dies insbesondere für das Kündigungsrecht des Kommissionärs (§ 627 BGB oder §§ 314, 648 BGB). Die Antwort hängt davon ab, ob das Kommissionsgeschäft im konkreten Fall mehr tätigkeits- oder mehr erfolgsbezogen ausgestaltet ist. Hierbei sind die allgemeinen Kriterien, die zur Unterscheidung von Dienst- und Werkvertrag entwickelt wurden, heranzuziehen. Im Ergebnis wird es dann zumeist darauf ankommen, ob die Kommission wie insbesondere beim Kommissionsagenten auf eine dauerhafte Besorgung mehrerer Geschäfte (Dienstvertragsrecht) oder auf die Durchführung eines einzelnen Geschäfts (Werkvertragsrecht) gerichtet ist (vgl. Ba/Ho/*Hopt,* § 383 Rn. 6).

4

**Beispielsfall:** Kunsthändler Köster übernimmt für Klein den kommissionsweisen Verkauf eines Aquarells. Wenig später stellt Köster den Handel mit Aquarellen ein und fordert Klein zur Rücknahme des Bildes auf. Klein besteht auf der Erfüllung des Kommissionsgeschäfts. Die Antwort auf die Frage, ob Köster ein Recht zur jederzeitigen Kündigung des Vertrages hat, ist zunächst in den §§ 383 ff. HGB und anschließend aufgrund des Verweises durch § 675 BGB in den §§ 663, 665–670, 672–674 BGB zu suchen. Das Handelsrecht enthält jedoch keine Sonderregelung zum Kündigungsrecht des Kommissionärs. Das Recht des Beauftragten zur jederzeitigen Kündigung des Auftrags nach § 671 Abs. 1 und 2 BGB steht dem Geschäftsbesorger nur bei ausdrücklicher Vereinbarung zu (§ 675 BGB). Fraglich ist daher, ob Köster gem. § 627 BGB zur Kündigung berechtigt war (vgl. dazu *OLG Saarbrücken* NJOZ 2015, 1445, 1446). Dies würde voraussetzen, dass es sich bei der mit Klein vereinbarten Kommission um eine tätigkeitsbezogene Geschäftsbesorgung gehandelt hat. Hier sprechen die Umstände jedoch eher für eine subsidiäre Anwendung des Werkvertragsrechts, da sich der Auftrag auf ein einmaliges Kommissionsgeschäft bezog. Das Werkvertragsrecht sieht aber nur ein jederzeitiges Kündigungsrecht des Bestellers vor (§ 648 BGB). Die Aufgabe des Aquarellverkaufs berechtigt auch nicht zur Kündigung wegen eines Wegfalls der Geschäftsgrundlage (§ 313 Abs. 3 S. 2 BGB), da Köster diese Umstandsänderung selbst herbeigeführt hat. Sofern die Regelung des § 314 BGB nicht ohnehin hinter § 313 BGB zurücktritt (so der Gesetzgeber in BT-Drs. 14/6040, S. 177; mit Recht a. A. *Schulze*, in: Handkommentar BGB, 10. Aufl., 2019, § 314 Rn. 2), gilt gleiches auch für die Kündigung aus wichtigem Grund. Köster ist daher weiterhin verpflichtet, sich um den Absatz des Aquarells zu bemühen.

## B. Die Rechte und Pflichten des Kommissionärs

### I. Die Pflichten des Kommissionärs

#### 1. Ausführungspflichten

5   Der Kommissionär ist zunächst verpflichtet, das übernommene Geschäft mit der Sorgfalt eines ordentlichen Kaufmanns auszuführen. Dabei hat er das Interesse des Kommittenten wahrzunehmen und dessen Weisungen zu befolgen (§ 384 Abs. 1 HGB). Das bedeutet im Einzelnen:

- Der Kommissionär muss sich um den **Abschluss** eines möglichst vorteilhaften Ausführungsgeschäfts **bemühen**. Bei besonderer Vereinbarung kann er auch verpflichtet sein, den Abschlusserfolg herbeizuführen. Bei schlechter Auswahl des Dritten haftet der Kommissionär aus § 280 Abs. 1 BGB wegen eigenen Verschuldens. Für die Durchführung des Ausführungsgeschäfts durch den Dritten hat der Kommissionär hingegen nur in den Sonderfällen der Selbsthaftung nach §§ 384 Abs. 3 und 393 Abs. 3 HGB sowie der sog. Delkrederehaftung nach § 394 HGB einzustehen. Das Delkredere setzt voraus, dass der Kommissionär die Pflicht, für die Erfüllung durch den Dritten zu haften, durch eine besondere Vereinbarung übernommen hat oder dies zumindest einem Handelsbrauch am Ort seiner Niederlassung entspricht. Das Delkredere ist nach h. M. ein akzessorisches Garantieversprechen, für das der Kommissionär dem Kommittenten im gleichen Umfang wie der Dritte ihm gegenüber haftet (näher *K. Schmidt*, Handelsrecht, § 31 Rn. 71). Als Ausgleich hierfür erhält der Kommissionär eine besondere Delkredereprovision (§ 394 Abs. 2 S. 2 HGB).

- Der Kommissionär muss für den mangelfreien **Zustand des Kommissionsgutes** sorgen, muss es auf erkennbare Mängel prüfen und etwaige Rechte des Kommittenten gegen den Verkäufer, Transport- oder Lagerunternehmer z. B. durch eine Mängelrüge (§ 377 HGB) wahren (§ 388 Abs. 1 HGB). Bei Gefahr des Verderbs oder einer anderen Entwertung des Kommissionsguts hat der Kommissionär ein Notverkaufsrecht und eine Notverkaufspflicht (§ 388 Abs. 2 HGB). Verwahrt der Kommissionär das Gut, ist er für dessen Verlust oder Beschädigung verantwortlich, sofern er nicht nachweisen kann (Beweislastumkehr), dass der Verlust oder die Beschädigung auch durch die Sorgfalt eines ordentlichen Kaufmanns nicht hätte abgewendet werden können (§ 390 Abs. 1 HGB). Bei einem Verstoß des Einkaufskommissionärs gegen die genannten Pflichten kann der Kommittent, sofern für ihn die Kommission ebenfalls ein Handelsgeschäft darstellt, seine Rechte aber nur geltend machen, wenn er das gelieferte Gut unverzüglich untersucht und etwaige Mängel anzeigt (§ 391 HGB i. V. m. §§ 377, 379 HGB).

> **Beispielsfall:** Vertragshändler Verdes möchte seinen Kunden zur Präsentation des neuen Sportwagens Xenia Champagner reichen. Den Weinhändler Weber beauftragt er daher, im eigenen Namen bei dem Weinimporteur Limbach 10 Kartons Champagner auf Kosten des Verdes zu kaufen. Der von Limbach gelieferte Champagner wird von Weber ungeprüft an Verdes weitergeleitet. Als die Kunden zwei Wochen später den oxidativen Charakter des müde im Glas stehenden Champagners beklagen, macht Verdes Gewährleistungsrechte gegen Limbach und Schadensersatzansprüche gegen Weber geltend.
> 
> Es handelt sich um einen Fall der Einkaufskommission, bei dem alle Beteiligten Kaufleute sind. Da Verdes nicht mit Limbach, sondern nur mit Weber in Vertragsbeziehungen steht, könnte er Gewährleistungsrechte gegen Limbach erst nach einer Abtretung dieser Rechte durch Weber (Abtretungsanspruch: § 384 Abs. 2 HGB) geltend machen. Weber wird seine Gewährleistungsrechte allerdings nicht abtreten können, da er den Champagner nicht untersucht und den Mangel nach § 377 HGB nicht ordnungsgemäß gerügt hat (vgl. Kap. 10 Rn. 10 ff.). Verdes verfügt auch über keinen Schadensersatzanspruch gegen Weber aus § 280 Abs. 1 BGB i. V. m. §§ 384 Abs. 1 und 388 Abs. 1 HGB, da er seinerseits den Mangel erst verspätet gerügt hat (§ 391 S. 1 HGB i. V. m. § 377 HGB). Nur wenn Weber die Lieferung ordnungsgemäß untersucht und die von ihm gezogenen Stichproben keinen Grund zur Beanstandung gegeben hätten, könnte Verdes trotz seiner verspäteten eigenen Rüge noch von Weber die Abtretung der durch dessen Stichprobenuntersuchung erhalten gebliebenen Gewährleistungsrechte verlangen und diese gegen Limbach geltend machen (§ 391 S. 2 HGB).

- Der Kommissionär muss dem Kommittenten bereits über seine Ausführungsbemühungen die erforderlichen **Nachrichten** geben (§ 384 Abs. 2 HGB). Unter Umständen treffen ihn vor und nach dem Abschluss des Kommissionsvertrages Beratungs- und Aufklärungspflichten (dazu allgemein *K. Schmidt*, Handelsrecht, § 31 Rn. 63; einschränkend *OLG Schleswig* WM 2016, 1390: keine Pflicht zur Aufklärung über den Charakter eines Anlageprodukts bei der Effektenkommission).

- Der Kommissionär darf dem Vertragspartner des Ausführungsgeschäfts nicht eigenmächtig Vorschuss oder Kredit gewähren (§ 393 HGB).
- Der Kommissionär darf den **Weisungen** des Kommittenten **nicht unbefugt zuwider handeln**. Ansonsten braucht der Kommittent das Ausführungsgeschäft nicht gegen sich gelten zu lassen und kann von dem Kommissionär Schadensersatz verlangen (§ 385 Abs. 1 HGB). Das Zurückweisungsrecht ist allerdings ausgeschlossen, wenn es sich um eine unwesentliche Abweichung handelt oder der Kommittent das Ausführungsgeschäft in Kenntnis der Weisungswidrigkeit gebilligt hat (§ 242 BGB). Außerdem sind diejenigen Weisungen des Kommittenten unverbindlich, die dem Inhalt des Kommissionsvertrags widersprechen oder dem Kommissionär unzumutbare neue Lasten auferlegen. Der Kommissionär darf von den Weisungen auch dann abweichen, wenn er den Umständen nach annehmen darf, dass der Kommittent die Abweichung bei Kenntnis der Sachlage billigen würde. Allerdings muss er die geplante Abweichung dem Kommittenten anzeigen, sofern nicht Gefahr im Verzuge ist (§ 385 Abs. 2 HGB i. V. m. § 665 BGB). Bestand die Weisung in der Festsetzung eines bestimmten Verkaufs- oder Einkaufspreises und weicht der Kommissionär von einer solchen Weisung ab, gilt die Sonderregelung des § 386 HGB: Danach obliegt es dem Kommittenten, das Ausführungsgeschäft unverzüglich, d. h. ohne schuldhaftes Zögern (§ 121 Abs. 1 S. 1 BGB), nach dessen Anzeige durch den Kommissionär zurückzuweisen. Anderenfalls gilt das Ausführungsgeschäft als für seine Rechnung abgeschlossen. Außerdem ist eine Zurückweisung des Ausführungsgeschäfts dann ausgeschlossen, wenn der Kommissionär sich zugleich (nicht erst nachträglich) mit der Ausführungsanzeige zur Deckung des Preisunterschieds erbietet (vgl. *K. Schmidt*, Handelsrecht, § 31 Rn. 61 f.).

### 2. Abwicklungspflichten

6 Nach dem Abschluss des Ausführungsgeschäfts hat der Kommissionär gem. § 384 Abs. 2 HGB die folgenden Pflichten:

- Der Kommissionär muss dem Kommittenten die erforderlichen **Nachrichten** geben. Insbesondere hat er die Ausführung der Kommission dem Kommittenten unverzüglich anzuzeigen und über das Ausführungsgeschäft Rechenschaft abzulegen. Benennt der Kommissionär dabei die Person des Dritten nicht, haftet er für die Erfüllung des Geschäfts nach § 384 Abs. 3 HGB persönlich.
- Der Kommissionär muss dem Kommittenten alles **herausgeben**, was er zur Ausführung der Kommission erhalten (§ 675 BGB i. V. m. § 667 BGB) und aus der Geschäftsbesorgung erlangt hat (§ 384 Abs. 2 HGB, Abwicklungsge-

§ 40. Das Kommissionsverhältnis    279

schäft). Dies gilt mangels abweichender Vereinbarungen auch für den Überschuss, den der Kommissionär aufgrund eines Abschlusses zu vorteilhafteren Bedingungen erzielt hat (§ 387 HGB). Die Art der Herausgabe richtet sich nach der Art der Kommission: Der Einkaufskommissionär hat das Eigentum an der erworbenen Ware auf den Kommittenten gem. §§ 929 ff. BGB weiter zu übertragen und einen nicht ausgenutzten Kaufpreisvorschuss zurückzugewähren. Ein erworbener Wechsel ist vorbehaltlos zu indossieren (§ 395 HGB). Der Verkaufskommissionär hat dem Kommittenten das erhaltene Geld ebenfalls gem. §§ 929 ff. BGB zu übereignen oder die noch nicht erfüllte Kaufpreisforderung gegen den Dritten nach §§ 398 ff. BGB abzutreten. Den Besitz an der nicht verkauften Ware muss er zurückübertragen.

## II. Die Rechte des Kommissionärs

### 1. Provisionsanspruch

Der Kommissionär hat einen Provisionsanspruch gegen den Kommittenten aufgrund einer entsprechenden Vereinbarung im Kommissionsvertrag oder zumindest gem. § 354 Abs. 1 HGB. Der Provisionsanspruch entsteht mit dem Abschluss des Ausführungsgeschäfts, steht dann aber grundsätzlich noch unter der aufschiebenden Bedingung von dessen **Ausführung** (§ 396 Abs. 1 S. 1 HGB). Ausgeführt i. S. v. § 396 Abs. 1 HGB ist das Geschäft, wenn sein wirtschaftlicher Erfolg durch Leistung an den Kommissionär im Wesentlichen hergestellt ist. Die vollständige Erfüllung ist hierzu nicht immer erforderlich. Allerdings gilt nur die Leistungserbringung durch den Dritten und nicht auch die des Kommissionärs als Ausführung, da der Kommittent gerade an der Leistung des Dritten interessiert ist. Leistet der Dritte nicht vertragsgemäß und übt der Kommittent (nach Übertragung auf ihn) oder der Kommissionär (gegebenenfalls auf Weisung des Kommittenten) das Rücktrittsrecht aus, entsteht der Provisionsanspruch endgültig nicht. Eine etwaige Provisionszahlung ist nach §§ 812 ff. BGB zurückzugewähren. Bei einer Teilleistung durch den Dritten oder einer Minderung wegen mangelhafter Leistung ist der Provisionsanspruch entsprechend herabzusetzen. Auch ohne Ausführung steht dem Kommissionär der Provisionsanspruch zu, wenn eine Provision dennoch ortsüblich ist bzw. vereinbart wurde (sog. Auslieferungsprovision) oder die Ausführung des von ihm abgeschlossenen Geschäfts nur aus einem in der Person des Kommittenten liegenden Grunde unterbleibt (§ 396 Abs. 1 S. 2 HGB). 7

**Beispielsfall:** Klein hat Köster mit dem kommissionsweisen Verkauf zweier Aquarelle beauftragt. Das eine Bild im Wert von 400,– € verkauft Köster an den Bauunternehmer Braun, der mit seiner Kreditkarte bezahlt. Das andere Aquarell bietet Köster der Fabrikantin Felber für 2.000,– € an und überlässt es ihr zur „Wohnzimmerprobe". Als Klein hiervon erfährt, verkauft er selbst das Bild an Felber. Köster verlangt für beide Bilder Provision. Bei der Zahlung mit einer Kreditkarte tritt die Erfüllungswirkung zwar erst mit der Gutschrift des Kreditkartenunternehmens auf dem Konto des Köster ein (§ 364

Abs. 2 BGB), doch steht die Begründung eines Anspruchs des Vertragsunternehmens gegen das Kreditkartenunternehmen aus § 780 S. 1 BGB wirtschaftlich der Bargeldleistung gleich (vgl. *BGH* NJW 2002, 2234) und stellt damit eine Ausführung i. S. v. § 396 Abs. 1 HGB dar. Der Provisionsanspruch besteht daher auch vor der Einlösung. Im zweiten Fall hat Klein bereits den Abschluss des Ausführungsgeschäfts durch Köster vereitelt. § 396 Abs. 1 S. 2 HS 2 HGB ist damit nicht anwendbar („von ihm abgeschlossenen"). Ein Provisionsanspruch ergibt sich jedoch aus § 242 BGB (Verbot des *venire contra factum proprium*), da Klein die Bemühungen Kösters, welche Felber abschlussbereit gemacht haben, für sich ausgenutzt hat. Allerdings ist dabei zu berücksichtigen, dass der Kommittent eine wie hier erfolgsbezogene Kommission gem. § 648 BGB jederzeit kündigen kann (dazu Rn. 4). Deshalb ist in Anlehnung an diese Vorschrift von der Provision derjenige Betrag abzuziehen, den der Kommissionär infolge der Aufhebung des Vertrages einspart, erwirbt oder böswillig zu erwerben unterlässt.

Fraglich ist, wie sich **Leistungsstörungen im Abwicklungsgeschäft** auf den Provisionsanspruch des Kommissionärs auswirken. Da es dem Kommittenten letztlich auf die Übertragung des wirtschaftlichen Ergebnisses des Ausführungsgeschäfts und damit auch auf die ungestörte Durchführung des Abwicklungsgeschäfts ankommt, dürfte der Provisionsanspruch nicht nur mit der Geschäftsbesorgungspflicht, sondern auch mit der Herausgabepflicht des § 384 Abs. 2 HGB im Synallagma stehen (h. M., vgl. *Koller*, BB 1979, 1725, 1729; a. A. *OLG Saarbrücken* NJOZ 2015, 1445, 1450; hinsichtlich der Einrede des § 320 BGB zweifelnd RGZ 105, 125, 128). Bei Leistungsstörungen im Abwicklungsverhältnis, die nicht aus der Sphäre des Kommittenten stammen (§ 396 Abs. 1 S. 2 HGB analog), würde der Provisionsanspruch daher grundsätzlich entfallen (§§ 323, 326 BGB).

### 2. Aufwendungsersatzanspruch

8   Der Kommissionär hat nach §§ 675, 670 BGB, 396 Abs. 2 HGB einen Anspruch auf Ersatz aller Aufwendungen, die er zur Ausführung des Geschäfts gemacht hat und die er den Umständen nach für erforderlich halten durfte (z. B. Transport- und Lagerkosten, Zollauslagen, Prozesskosten). Die Kosten für die eigene Arbeitsleistung, die Arbeitsleistungen der Gehilfen und die allgemeinen Geschäftskosten des Kommissionärs sind allerdings nicht ersatzfähig, da sie durch die Provision vergütet werden. Der Kommissionär kann einen Vorschuss verlangen (§ 669 BGB). Hat der Einkaufskommissionär den Drittgläubiger noch nicht befriedigt, dann kann der Kommittent seine Pflicht zum Aufwendungsersatz wahlweise auch dadurch erfüllen, dass er den Drittgläubiger befriedigt (§§ 267 Abs. 1, 362 Abs. 1 BGB), die Schuld des Kommissionärs übernimmt (§§ 414 f. BGB) oder diesem die entsprechende Geldsumme zur Verfügung stellt.

## 3. Sicherungsrechte

Dem Kommissionär stehen zur Sicherung seiner Forderungen gegen den Kommittenten die folgenden Sicherungsrechte zur Verfügung:    9
- Ein gesetzliches Besitzpfandrecht an dem im Eigentum des Kommittenten stehenden Kommissionsgut (§ 397 HGB);
- Ein pfandähnliches Befriedigungsrecht an dem Kommissionsgut, wenn dieses wie vielfach bei der Einkaufskommission in seinem Eigentum steht (§ 398 HGB);
- Ein bevorzugtes Befriedigungsrecht an den Forderungen aus dem Ausführungsgeschäft, insbesondere also an dem Kaufpreisanspruch des Verkaufskommissionärs gegen den Käufer (§ 399 HGB);
- Ein Zurückbehaltungsrecht gem. § 273 BGB bzw. (bei beiderseitigem Handelsgeschäft) gem. §§ 369 ff. HGB.

## 4. Selbsteintrittsrecht

Beim Kauf bzw. Verkauf von Waren oder Wertpapieren, die einen Börsen- oder Marktpreis bzw. einen amtlich festgestellten Preis haben, kann der Kommissionär die Kommission außer bei einer entgegenstehenden Weisung auch dadurch ausführen, dass er das Gut, welches er einkaufen soll, selbst als Verkäufer liefert oder das Gut, welches er verkaufen soll, selbst als Käufer übernimmt (§ 400 Abs. 1 HGB). Das Selbsteintrittsrecht ist nach h. M. ein Gestaltungsrecht (vgl. *BGH* WM 1988, 402, 404), durch dessen Ausübung (vgl. § 405 HGB) der Kommissionär, der seine Rechte auf Provision, Aufwendungsersatz und Sicherung behält (§§ 403 f. HGB), zugleich die Rolle des Dritten als Partner des Kaufvertrages übernimmt. Den erforderlichen Schutz des Kommittenten vor Übervorteilung durch den zum Selbsteintritt berechtigten Kommissionär gewährleisten die §§ 400 Abs. 2–5 und 401 HGB. Sie sind zwingend (§ 402 HGB). Das Selbsteintrittsrecht hat seine große praktische Bedeutung im Effektenhandel der Kreditinstitute mit dem Inkrafttreten neuer Sonderbedingungen für Wertpapiergeschäfte ab 1. 1. 1995 weitgehend eingebüßt.    10

# § 41. Das Ausführungsgeschäft

## A. Die schuldrechtlichen Beziehungen im Rahmen des Ausführungsgeschäfts

Die Vertragspartner des Ausführungsgeschäfts sind der Kommissionär und der Dritte. Aus dem Wesen der mittelbaren Stellvertretung und dem Prinzip der **Relativität der Schuldverhältnisse** folgt, dass zwischen dem Kommittenten und dem Dritten keine Rechtsbeziehungen bestehen. Der Kommissionär ist der alleinige Träger der Rechte und Pflichten aus dem Ausführungsgeschäft.    11

Dies wird auch durch § 392 Abs. 1 HGB hinsichtlich der Forderungsrechte aus dem Ausführungsgeschäft nochmals ausdrücklich bestätigt: Der Kommittent kann diese Rechte dem Dritten gegenüber erst nach einer Abtretung durch den hierzu nach §§ 667, 675 BGB, 384 Abs. 2 HGB verpflichteten Kommissionär geltend machen. Vor der Abtretung an den Kommittenten wird der Dritte von seiner Leistungspflicht daher grundsätzlich nur durch eine Leistung an den Kommissionär oder durch einen von diesem gewährten Erlass befreit. Auch seine Gestaltungs- oder Gewährleistungsrechte sowie einen Bereicherungsanspruch muss der Dritte gegenüber dem Kommissionär geltend machen.

12 Allerdings unterliegt der Grundsatz der Relativität der Vertragsbeziehungen im Ausführungsgeschäft zwei bedeutsamen **Einschränkungen:**

- Die Kommission ist ein klassischer Anwendungsfall der **Drittschadensliquidation** (vgl. dazu allgemein *Fikentscher/Heinemann*, Schuldrecht, 10. Aufl., 2006, Rn. 611 ff.) bei mittelbarer Stellvertretung: Der Kommissionär, der grundsätzlich allein über die entsprechenden vertraglichen Ersatzansprüche verfügt, kann den typischerweise bei dem Kommittenten eintretenden Schaden liquidieren, damit der schädigende Dritte keinen Vorteil aus der durch das Kommissionsverhältnis bedingten Schadensverlagerung ziehen kann (st. Rspr. seit RGZ 58, 39, 42; *K. Schmidt*, Handelsrecht, § 31 Rn. 98 ff.; krit. *Peters*, AcP 180 [1980] 329, 350 ff.). Da der Dritte von der Existenz des Kommittenten vielfach gar keine Kenntnis haben wird, muss der Kommissionär den Dritten allerdings über besondere, für diesen unvorhersehbare Schadensrisiken aufklären, will er eine Minderung des Ersatzanspruchs gem. § 254 Abs. 2 BGB vermeiden (*K. Schmidt*, Handelsrecht, § 31 Rn. 101).

- Nach der **Vorausabtretungsfiktion des § 392 Abs. 2 HGB** gelten die Forderungen aus dem Ausführungsgeschäft im Innenverhältnis zwischen dem Kommittenten und dem Kommissionär und im Verhältnis zu den Gläubigern des Kommissionärs als Forderungen des Kommittenten (§ 392 Abs. 2 HGB). Diese Fiktion ersetzt zwar nicht die Abtretung, sie schützt den Kommittenten aber dadurch, dass die noch nicht abgetretenen Forderungen aus dem Ausführungsgeschäft dem rechtsgeschäftlichen bzw. zwangsvollstreckungsrechtlichen Zugriff der Gläubiger des Kommissionärs entzogen sind. Die wichtige Regelung (näher zu den examenswichtigen Problemen *Lieder/Wüstenberg*, Jura 2016, 1229 ff.) hat im Einzelnen die folgenden Konsequenzen:

    – Die **Abtretung** von Forderungen aus dem Ausführungsgeschäft durch den Kommissionär zur Erfüllung oder Sicherung von Forderungen seiner Gläubiger braucht der Kommittent nicht gegen sich gelten zu lassen (vgl. RGZ 148, 190, 191). Denn der Kommissionär, der gegenüber seinen Gläubigern nicht als Inhaber der Forderungen gilt, verfügt insoweit als Nichtberechtigter. Auch ein gutgläubiger Erwerb der Gläubiger ist ausgeschlossen, da es einen solchen bei Forderungen grundsätzlich nicht gibt.

– Der Kommittent kann einer Pfändung von Forderungen aus dem Ausführungsgeschäft im Wege der Zwangsvollstreckung mit der **Drittwiderspruchsklage** nach § 771 ZPO entgegentreten (vgl. RGZ 148, 190, 191).
– In der Insolvenz des Kommissionärs hat der Kommittent in Anbetracht der Forderungen aus dem Ausführungsgeschäft ein **Aussonderungsrecht** nach § 47 InsO (vgl. BGHZ 104, 123, 127).
– Der **Kommissionär kann** mit Forderungen aus dem Ausführungsgeschäft **nicht** gegen Forderungen des Dritten **aufrechnen**. Denn insoweit ist der Dritte Gläubiger des Kommissionärs i. S. v. § 392 Abs. 2 HGB, sodass der Kommittent als Inhaber der Gegenforderung gilt. Mangels Forderungsinhaberschaft des Kommissionärs fehlt es damit an der Gegenseitigkeit der aufzurechnenden Forderungen.
– Sehr umstritten ist, ob § 392 Abs. 2 HGB auch der Wirksamkeit einer **Aufrechnung durch den Dritten** entgegensteht, die dieser mit einer ihm gegen den Kommissionär zustehenden Forderung gegen eine Forderung aus dem Ausführungsgeschäft erklärt (vgl. *Müller-Laube*, 20 Probleme, Problem 8, S. 33 ff.).

> **Beispielsfall:** Köster hat für Klein kommissionsweise Wein zum Preis von 1.000,– € an Angermann verkauft. Gegenüber dem Kaufpreisanspruch erklärt Angermann zunächst die Aufrechnung mit einem ihm aufgrund der verspäteten Lieferung des Weines zustehenden Schadensersatzanspruch in Höhe von 400,– €. Von dem Restkaufpreis möchte sich Angermann zudem durch Aufrechnung mit einer fälligen und durchsetzbaren Forderung, die ihm gegen Köster aus einem anderen Rechtsverhältnis in Höhe von 600,– € zusteht, befreien.
> Fraglich ist in beiden Fällen, ob Angermann als Gläubiger i. S. v. § 392 Abs. 2 HGB anzusehen ist und die Aufrechnung als Folge der Vorausabtretungsfiktion an der fehlenden Gegenseitigkeit der Forderungen scheitert. Nach allgemeiner Meinung kann Angermann jedenfalls mit der Schadensersatzforderung, die als konnexe Gegenforderung aus dem Ausführungsgeschäft hervorgegangen ist, mit Wirkung auch gegenüber Klein aufrechnen. Denn insoweit ist er nicht irgendein Gläubiger Kösters i. S. v. § 392 Abs. 2 HGB, sondern der Vertragspartner des Ausführungsgeschäfts. Besonders umstritten ist aber, ob Angermann auch mit der nicht konnexen Forderung in Höhe von 600,– € die Aufrechnung erklären kann. Nach der Rechtsprechung und einem Teil der Literatur sind die Interessen Angermanns als einem von der Kommission zumeist nicht informierten Vertragspartner des Ausführungsgeschäfts grundsätzlich auch hier schutzwürdiger als diejenigen Kleins. Schließlich hätte Angermann im Gegensatz zu anderen Gläubigern des Kommissionärs auch bei einer Vorausabtretung die Möglichkeit zur Aufrechnung nach § 406 BGB. Der zu weit geratene Wortlaut des § 392 Abs. 2 HGB sei mithin insoweit teleologisch zu reduzieren und Angermann als Partner des Ausführungsgeschäfts nicht zu den Gläubigern des Kommissionärs im Sinne dieser Vorschrift zu zählen. Eine Aufrechnung wäre nach dieser Ansicht nur dann ausgeschlossen, wenn Angermann sich die Gegenforderung arglistig verschafft hätte, um eine Aufrechnungslage herzustellen (vgl. *BGH* NJW 1969, 276, 277; eingehend *Canaris*, § 30 Rn. 77 ff.). Von einem anderen Teil der Literatur

wird die Aufrechnung mit nicht konnexen Forderungen hingegen gänzlich ausgeschlossen, da insoweit kein Unterschied zwischen dem Dritten und anderen Gläubigern des Kommissionärs bestünde (näher *K. Schmidt*, Handelsrecht, § 31 Rn. 135). Nach dieser Ansicht wäre Angermann von der Kaufpreisverbindlichkeit mithin nur in Höhe von 400,– € befreit.

13 Die Fiktion des § 392 Abs. 2 HGB gilt nach ihrem Wortlaut aber nur für die Forderungsrechte und nur gegenüber den Gläubigern des Kommissionärs. Dies führt zu den folgenden **Einschränkungen:**

- Nach h. M. gilt § 392 Abs. 2 HGB **nicht für die Surrogate**, die aufgrund der Forderungen aus dem Ausführungsgeschäft erlangt werden (BGHZ 79, 89, 94; a. A. auch unter Hinweis auf die §§ 422 Abs. 2 und 457 S. 2 HGB *K. Schmidt*, Handelsrecht, § 31 Rn. 138 ff.). Der bereits gezahlte Kaufpreis bei der Verkaufskommission und das bereits geleistete Kommissionsgut bei der Einkaufskommission stehen mithin auch im Verhältnis zu seinen Gläubigern dem Kommissionär zu. Das sich aus der Überweisung des Kaufpreises ergebende Bankguthaben des Kommissionärs ist ebenfalls keine Forderung im Sinne von § 392 Abs. 2 HGB mehr. Als Erlös aus der Forderungseinziehung ist es vielmehr dem Zugriff der Gläubiger des Kommissionärs ausgesetzt (*BGH* BB 1974, 1551, 1551). Insoweit kann sich der Kommittent daher nur durch eine Vorausabtretung bzw. durch die Vereinbarung eines antizipierten Besitzkonstituts wirksam schützen (vgl. Rn. 16).
- Der Kommissionär kann die Forderungen aus dem Ausführungsgeschäft **an Nichtgläubiger abtreten**. Diese Abtretung (z. B. an ein Factoring-Unternehmen) ist selbst dann wirksam, wenn der Zessionar weiß, dass es sich um eine Kommissionsforderung handelt. Der Kommissionär ist in einem solchen Fall allerdings wegen der von ihm zu vertretenden Unmöglichkeit der Herausgabe (§ 384 Abs. 2 HGB) zur Leistung von Schadensersatz verpflichtet (§ 280 Abs. 1 und 3 BGB i. V. m. § 283 BGB). Relativ unwirksam gegenüber dem Kommittenten ist hingegen die Abtretung an einen Gläubiger zur Befriedigung oder Sicherung (§ 135 Abs. 1 S. 1 BGB i. V. m. § 392 Abs. 2 HGB analog), da verhindert werden muss, dass ein Gläubiger des Kommissionärs durch Rechtsgeschäft erlangt, was ihm im Wege der Zwangsvollstreckung nach § 392 Abs. 2 HGB vorenthalten bliebe (dazu RGZ 148, 190, 191 f. und BGHZ 104, 123, 127; *Canaris*, § 30 Rn. 75; in der Dogmatik abweichend *Lieder/Wüstenberg*, Jura 2016, 1229, 1234).

**Merksatz:** § 392 Abs. 2 HGB gilt nach h. M. nicht bei einer Aufrechnung durch den Dritten, für die Surrogate der Forderung oder bei der Abtretung an einen Nichtgläubiger.

## B. Die dingliche Rechtslage bei der Abwicklung des Ausführungsgeschäfts

### I. Die dingliche Rechtslage bei der Verkaufskommission

Bei der Verkaufskommission bleibt der Kommittent grundsätzlich Eigentümer des Kommissionsguts. Der Verkaufskommissionär veräußert die Kommissionsware regelmäßig im eigenen Namen aufgrund einer ihm von dem Kommittenten im Kommissionsvertrag erteilten **Verfügungsermächtigung** (§§ 929, 185 Abs. 1 BGB). Handelt der Kommissionär ohne eine wirksame Ermächtigung, kann der Dritte unter den Voraussetzungen des § 366 HGB (Kap. 9 Rn. 44) gutgläubig erwerben.

14

> **Beispielsfall:** Briefmarkensammler Bauer überlässt seinem Vereinskollegen Verdes eine wertvolle Briefmarke zur Feststellung ihres Wertes. Verdes gibt die Marke jedoch dem Briefmarkenhändler Köster zum kommissionsweisen Verkauf. Den Erlös aus dem Verkauf an den gutgläubigen Angermann in Höhe von 3.000,– € führt Köster nach Abzug seiner Provision von 300,– € an Verdes ab. Als Bauer von dem Verkauf der Marke und von der Vermögenslosigkeit des Verdes erfährt, verlangt er von Köster Herausgabe des gesamten Verkaufserlöses.
>
> Anspruchsgrundlage ist § 816 Abs. 1 S. 1 BGB, der durch die §§ 987 ff. BGB nicht ausgeschlossen wird (vgl. *Baur/Stürner*, Sachenrecht, 18. Aufl., 2009, § 11 Rn. 50). Köster hat als Nichtberechtigter verfügt, da er von dem Berechtigten Bauer gar nicht und von dem Kommittenten Verdes nicht wirksam zur Verfügung über das Eigentum an der Briefmarke ermächtigt wurde. Dennoch ist die Verfügung des Köster gegenüber Bauer nach §§ 366 Abs. 1 HGB, 932 BGB wirksam. Hinsichtlich des aus der Verfügung Erlangten ist zwischen dem abgeführten Verkaufserlös und der Provision zu unterscheiden: Den nach Abzug der Provision verbleibenden Verkaufserlös hat der unberechtigt wirksam verfügende Kommissionär zwar grundsätzlich herauszugeben, doch ist hier der gutgläubige Köster durch dessen Weiterleitung i. S. v. § 818 Abs. 3 BGB entreichert (vgl. BGHZ 47, 128, 131; a. A. *Wolf*, JZ 1968, 414, 415). Die Bereicherung des Köster um die Provision in Höhe von 300,– € wird man andererseits nicht als aus der Verfügung erlangt ansehen können, da sie nicht aus dem Erlös, sondern aus dem Vermögen des Verdes stammt und lediglich im Wege der Verrechnung mit dem Erlös in das Vermögen des Köster gelangt ist (dazu *Rabe*, JuS 1968, 211, 215; i. E. auch *OLG Hamburg* MDR 1954, 356, 357). Bauer kann sich daher nur an Verdes halten (näher zum Ganzen *K. Schmidt*, Handelsrecht, § 31 Rn. 106 ff.).

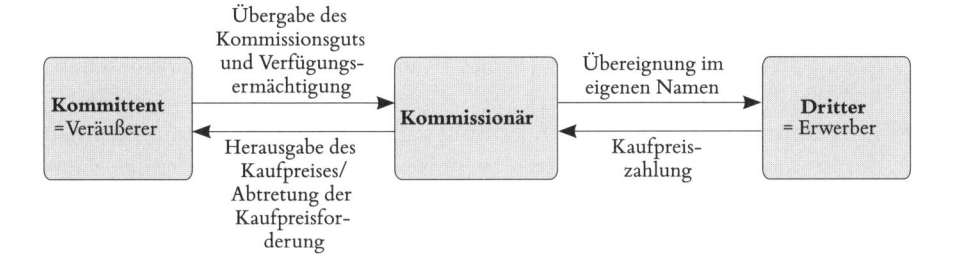

```
                    Übergabe des
                    Kommissionsguts
                    und Verfügungs-        Übereignung im
                    ermächtigung           eigenen Namen
  ┌───────────┐  ──────────────────▶  ┌──────────────┐  ──────────────────▶  ┌──────────┐
  │ Kommittent│                       │ Kommissionär │                       │  Dritter │
  │=Veräußerer│  ◀──────────────────  │              │  ◀──────────────────  │=Erwerber │
  └───────────┘     Herausgabe des    └──────────────┘      Kaufpreis-       └──────────┘
                    Kaufpreises/                             zahlung
                    Abtretung der
                    Kaufpreisfor-
                    derung
```

## II. Die dingliche Rechtslage bei der Einkaufskommission

15 Bei der Einkaufskommission tritt der Kommissionär auch bei der Durchführung des Erfüllungsgeschäfts regelmäßig im eigenen Namen auf. Unmittelbar von dem Dritten erwirbt der Kommittent das Eigentum daher nur,

- wenn der Kommissionär ausnahmsweise im Rahmen des Erwerbsgeschäfts gem. § 164 Abs. 1 BGB als Vertreter und Besitzdiener des Kommittenten auftritt,
- wenn die Voraussetzungen des Geschäfts für den, den es angeht, gegeben sind, dem Dritten also insbesondere die Person des Warenerwerbers gleichgültig ist und der Kommissionär wegen eines ihm gewährten Vorschusses in Höhe der Aufwendungs- und Provisionsansprüche kein Interesse an dem ihn über das Pfandrecht nach § 397 HGB hinaus sichernden Eigentumserwerb hat (näher *Wüst*, JuS 1990, 390, 391 f.),
- wenn der Dritte gem. § 362 Abs. 2 BGB mit Einwilligung des Kommissionärs an den Kommittenten als Erwerber und nicht als bloße Geheißperson des Kommissionärs liefert.

16 In aller Regel erwirbt jedoch der Kommissionär das Eigentum am Kommissionsgut und muss es nach den §§ 929 ff. BGB auf den Kommittenten übertragen (§ 384 Abs. 2 HGB; für den Wertpapierkauf gilt zusätzlich die Sonderregelung des § 18 Abs. 3 DepotG). Dieser **Zwischenerwerb des Kommissionärs** birgt für den Kommittenten jedoch insbesondere die Gefahr, dass Gläubiger des Kommissionärs auf das wirtschaftlich dem Kommittenten zustehende Kommissionsgut zugreifen. Zur möglichst weitgehenden Abwendung dieser Gefahr werden drei Vorschläge gemacht:

- **§ 392 Abs. 2 HGB** wird **analog** auch auf das Kommissionsgut als Surrogat der Forderung nach § 433 Abs. 1 S. 1 BGB angewendet. Diese von einem Teil der Literatur befürwortete Lösung wird jedoch von der h. M. abgelehnt (dazu bereits Rn. 13).
- Der Kommissionär übereignet das Kommissionsgut möglichst bald dem Kommittenten durch ein **Insichgeschäft** (§ 181 BGB), indem er als Eigentümer und Besitzer die Übertragung des Eigentums und die Begründung eines Besitzkonstituts anbietet (§§ 929, 930 BGB) und dann dieses Angebot als Vertreter des Kommittenten durch Aussonderung und Kennzeichnung des Kommissionsguts selbst annimmt. Das Insichgeschäft ist nach § 181 BGB zulässig, da der Kommissionär mit der Übereignung seine Herausgabepflicht gem. § 384 Abs. 2 HGB erfüllt (*Flume*, BGB AT, Bd. 2: Das Rechtsgeschäft, 4. Aufl., 1992, § 48 1).
- Der Kommittent erwirbt das Eigentum aufgrund einer bereits im Rahmen des Einkaufskommissionsvertrags vereinbarten Einigung und eines ebenfalls bereits zu diesem Zeitpunkt vereinbarten Besitzkonstituts (sog. **antizipiertes Besitzkonstitut**) gem. §§ 929, 930 BGB, sobald der Dritte das Kommissionsgut an den Kommissionär übereignet und übergeben hat. Der

Kommissionär erwirbt das Eigentum in diesen Fällen nur für die Dauer einer „logischen Sekunde". Voraussetzung ist allerdings, dass das Gut als das Kommissionsgut dieses einen Kommittenten identifiziert werden kann, bei Gattungsware also ausgesondert und gekennzeichnet wird. Fehlt es an der ausdrücklichen Vereinbarung des Eigentumsübergangs und des antizipierten Besitzkonstituts, wird von der h. M. weitgehend unterstellt, dass sich die Parteien bereits im Rahmen des Kommissionsvertrages stillschweigend über den Eigentumsübergang und ein antizipiertes Besitzkonstitut gem. §§ 929, 930 BGB geeinigt haben (*BGH* NJW 1964, 398; *BGH* WM 1965, 1248, 1248 f.). Begründet wird dies mit der typischen Interessenlage bei der Kommission, die auf einen möglichst raschen Erwerb des Kommissionsguts durch den wirtschaftlich berechtigten Kommittenten gerichtet sei (vgl. *K. Schmidt*, Handelsrecht, § 31 Rn. 117 f.).

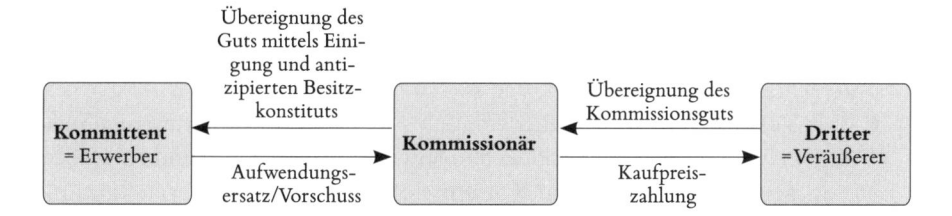

```
                    Übereignung des
                    Guts mittels Eini-
                    gung und anti-
                    zipierten Besitz-      Übereignung des
                    konstituts             Kommissionsguts
┌───────────┐  ◄────────────────  ┌──────────────┐  ◄────────────────  ┌───────────┐
│Kommittent │                      │              │                      │ Dritter   │
│= Erwerber │                      │ Kommissionär │                      │=Veräußerer│
└───────────┘  ────────────────►  └──────────────┘  ────────────────►  └───────────┘
                    Aufwendungs-                     Kaufpreis-
                    ersatz/Vorschuss                 zahlung
```

# § 42. Wiederholung

## A. Zusammenfassung

☐ **Kommissionsgeschäft** = Handelsgeschäft, durch das sich ein Gewerbetreibender als Kommissionär zum Abschluss eines Ausführungsgeschäfts im eigenen Namen, aber für Rechnung des Kommittenten verpflichtet (vgl. §§ 383, 406 HGB)
☐ Der Kommissionsvertrag ist ein **Geschäftsbesorgungsvertrag** i. S. d. § 675 BGB. Damit gelten neben den §§ 383 ff. HGB über § 675 BGB die §§ 663, 665–670, 672–674 BGB sowie subsidiär das Dienst- oder das Werkvertragsrecht.
☐ **Pflichten des Kommissionärs:**
  • Bemühen um Abschluss eines möglichst vorteilhaften Ausführungsgeschäfts unter Wahrung der Interessen des Kommittenten
  • Befolgung von Weisungen des Kommittenten (§§ 384 Abs. 1, 385 f. HGB)
  • Information des Kommittenten (§ 384 Abs. 2 HGB)
  • Herausgabe des zur Ausführung der Kommission Erhaltenen (§ 675 BGB i. V. m. § 667 BGB) und des aus der Geschäftsbesorgung Erlangten (§ 384 Abs. 2 HGB); sog. Abwicklungsgeschäft

☐ **Ansprüche des Kommissionärs** gegen den Kommittenten:
- Aufwendungsersatzanspruch (§§ 675, 670 BGB, 396 Abs. 2 HGB)
- Provisionsanspruch mit Ausführung der Kommission (§ 396 Abs. 1 HGB)
- Zur Sicherung seiner Forderungen hat der Kommissionär die Rechte aus den §§ 397 ff. HGB sowie ein Zurückbehaltungsrecht nach § 273 BGB bzw. (bei beiderseitigem Handelsgeschäft) §§ 369 ff. HGB.

☐ Die Kommission ist ein Anwendungsfall der **mittelbaren Stellvertretung**. Daraus folgt:
- Der Kommissionär wird aus dem Ausführungsvertrag mit dem Dritten allein berechtigt und verpflichtet (vgl. auch § 392 Abs. 1 HGB).
- Durchbrechungen:
  - § 392 Abs. 2 HGB
  - Drittschadensliquidation
- Den Kommittenten treffen lediglich mit Hilfe des Abwicklungsgeschäfts die wirtschaftlichen Konsequenzen des Ausführungsgeschäfts.

☐ Hinsichtlich der **dinglichen Rechtslage** beim Kommissionsgeschäft ist zu unterscheiden:
- Der **Verkaufskommissionär** veräußert die Kommissionsware regelmäßig nicht als Eigentümer, sondern im eigenen Namen aufgrund einer ihm von dem Kommittenten im Kommissionsvertrag erteilten Verfügungsermächtigung (§§ 929, 185 Abs. 1 BGB).
- Der **Einkaufskommissionär** erwirbt grundsätzlich zunächst das Eigentum am Kommissionsgut und muss es nach den §§ 929 ff. BGB auf den Kommittenten übertragen (§ 384 Abs. 2 HGB). Damit dieser für den Kommittenten risikoreiche Zwischenerwerb des Kommissionärs auf die Dauer einer „logischen Sekunde" reduziert wird, unterstellt die h. M. den Parteien regelmäßig, dass sie sich bereits im Rahmen des Kommissionsvertrages stillschweigend über den Eigentumsübergang und ein antizipiertes Besitzkonstitut gem. §§ 929, 930 BGB geeinigt haben.

## B. Kontrollfragen

1. Nach welchen Vorschriften richtet sich der Abschluss von Kommissionsverträgen, die ein nicht eingetragener, kleingewerblich tätiger Kommissionär eingeht?
2. Um welche Form des Kommissionsgeschäfts handelt es sich, wenn der AStA der Universität Münster für sein jährliches Sommerfest bei einer ortsansässigen Brauerei „kommissionsweise" 50 Fässer Bier bestellt und vereinbart, dass die unangebrochenen Fässer von der Brauerei wieder abgeholt werden?
3. Warum ist es von Bedeutung, ob das Kommissionsverhältnis eine tätigkeitsbezogene oder erfolgsbezogene Geschäftsbesorgung zum Gegenstand hat?
4. Nennen Sie die Rechte und Pflichten des Kommissionärs!
5. Worin besteht die Besonderheit des Delkredere?

6. Wodurch kann der Provisionsanspruch des Kommissionärs nach dem Abschluss des Ausführungsgeschäfts noch gefährdet werden?
7. Erläutern Sie die Bedeutung des § 392 Abs. 2 HGB!

# Kapitel 12. Das Fracht-, Speditions- und Lagergeschäft

**Literatur:** *Basedow*, Hundert Jahre Transportrecht: Vom Scheitern der Kodifikationsidee und ihrer Renaissance, ZHR 161 (1997), 186 ff.; *Bellardita*, Fachanwalt – Einführung in das Transport- und Speditionsrecht, JuS 2006, 136 ff.; *Czerwenka*, Der Referentenentwurf zur Reform des Seehandelsrechts, TranspR 2011, 249 ff.; *Fremuth/Eckardt*, Kommentar zum Transportrecht, 2000; *Gran*, Die Rechtsprechung zum Transportrecht in den Jahren 2005 und 2006, NJW 2007, 564 ff.; *Hartenstein/Reuschle*, Handbuch des Fachanwalts – Transport- und Speditionsrecht, 3. Aufl., 2015; *Herber*, Die Neuregelung des deutschen Transportrechts, NJW 1998, 3297 ff.; *Koller*, Transportrecht, 9. Aufl., 2016; *ders.*, Die Haftung des HGB-Unterfrachtführers gegenüber dem Empfänger, TranspR 2009, 229 ff.; *ders.*, Reformvorhaben im Fracht-, Speditions- und Lagerrecht, VersR 2011, 1209 ff.; *ders.*, Wer ist Frachtführer im Sinn des § 437 HGB n. F.?, TranspR 2013, 103 ff.; *ders.*, Haftungsbeschränkungen zu Gunsten selbständiger Hilfspersonen und zu Lasten Dritter im Transportrecht, TranspR 2015, 409 ff.; *Krien/Valder*, Speditions- und Lagerrecht, Loseblatt; *Luther*, Die Haftung in der Frachtführerkette, TranspR 2013, 93 ff.; *Müglich*, Das neue Transportrecht, 1999; *Oetker*, Versendungskauf, Frachtrecht und Drittschadensliquidation, JuS 2001, 833 ff.; *Paschke*, Reform des deutschen Seehandelsrechts, RdTW 2013, 1 ff.; *Pfirmann*, Die vertragliche und außervertragliche Haftung des Frachtunternehmers wegen Folgeschäden, 2008; *P. Schmidt*, Vereinbarte Verpackung durch den Transportunternehmer: Nebenpflicht im Rahmen der §§ 407 ff. HGB oder werkvertragliche Hauptleistungspflicht?, TranspR 2010, 88 ff.; *Steinborn/Wege*, Quo Vadis ADSp? – Verkehrsgestaltung, Branchenüblichkeit und stillschweigende Einbeziehung nach dem Ausstieg der Verbände der verladenden Wirtschaft, TranspR 2015, 378 ff.; *Thume*, Das neue Transportrecht, BB 1998, 2117 ff.; *Widmann*, Kommentar zum Transportrecht, 3. Aufl., 1999; *ders.*, Allgemeine Deutsche Spediteur-Bedingungen, 6. Aufl., 1999; *Wieske*, Transportrecht schnell erfasst, 3. Aufl., 2012.

**Lernhinweis:** Das Fracht-, Speditions- und Lagerrecht gehört nicht zum Pflichtfachstoff. Dennoch sind die in diesem Kapitel dargestellten Grundzüge dieser Geschäfte angesichts der Bezüge zum allgemeinen Schuld- und Sachenrecht auch für Studenten des Pflichtfachs von Interesse (vgl. v. a. die Beispielsfälle). Das Speditionsgeschäft bildet wie das Kommissionsgeschäft ein Beispiel mittelbarer Stellvertretung. Das Lagergeschäft ist ein Sonderfall der Verwahrung und wirft in der Form der Sammellagerung interessante allgemeine Rechtsprobleme auf. Der Frachtvertrag ist ein Beispiel für den Vertrag zugunsten Dritter. Schließlich hat das examensrelevante Problem der Drittschadensliquidation beim Versendungskauf mit der Neufassung des § 421 Abs. 1 S. 2 und 3 HGB im Jahre 1998 eine partielle gesetzliche Lösung gefunden (näher Rn. 10).

## § 43. Überblick über das Transportrecht

1   Die Regelungen des Fracht, Speditions- und Lagergeschäfts im HGB betreffen den Transport von Waren und sind damit **Teil des Transportrechts**, zu dem darüber hinaus gezählt werden:

- Regelungen über die *Personenbeförderung* (§§ 631 ff. und §§ 651a ff. BGB; PBefG; AEG; §§ 8 ff. EVO; §§ 536 ff. HGB; §§ 44 ff. LuftVG; VOen EG/261/2004 und EG/1107/2006 über Fluggastrechte; COTIF mit dem Anhang CIV; MÜ);
- Regelungen über die *Güterbeförderung* zu Lande (GüKG, ADR, CMR, COTIF mit dem Anhang CIM, RID, Reisegepäck: §§ 25 ff. EVO), auf Binnengewässern (CMNI, CLNI), zur See (§§ 481 ff. HGB), in der Luft (MÜ/WA, Reisegepäck: §§ 44 ff. LuftVG) und durch die Post (Weltpostvertrag; PostG).

Das gesamte Transportrecht ist durch eine ausgesprochene **Rechtszersplitterung** gekennzeichnet. Diese wird zunächst durch die sich überlagernden Differenzierungen nach Verkehrsträgern (Kraftfahrzeug, Eisenbahn, Flugzeug, Binnen- und Seeschiff) und nach Transportobjekten (normale und gefährliche Güter, Reisegepäck, Personen) hervorgerufen. Zum anderen sind die nationalen von den internationalen Transporten zu unterscheiden, für die vielfach vorrangig internationales (z.B. CMR, COTIF, MÜ/WA; vgl. Kap. 13 Rn. 12) oder supranationales (z.B. VO EG/261/2004) Einheitsrecht gilt. Hinzu treten detaillierte Allgemeine Geschäftsbedingungen wie beispielsweise die von den Verbänden der Transportwirtschaft seit 2017 wieder gemeinsam empfohlenen Allgemeinen Deutschen Spediteurbedingungen (ADSp 2017; dazu *Neufang/Valder*, TranspR 2017, 45 ff.). Erschwert werden durch die Zersplitterung der Rechtsgrundlagen insbesondere das Auffinden der einschlägigen Rechtsnormen und die gebotene Abstimmung zwischen den einzelnen Normkomplexen.

2   Immerhin ist fast das gesamte nationale **Gütertransportrecht seit 1998** wieder verkehrsträgerübergreifend in den §§ 407–475 h HGB zusammengeführt. Seither entspricht das deutsche Recht in den Grundstrukturen dem internationalen Gütertransportrecht und insbesondere dem Übereinkommen über den Beförderungsvertrag im internationalen Straßengüterverkehr (CMR). Damit wird das deutsche Recht zugleich den Anforderungen eines zunehmend liberalisierten Europäischen Binnenmarkts für Güterverkehrsdienstleistungen gerecht. Das im Fünften Buch des HGB enthaltene Seehandelsrecht wurde allerdings erst 2013 grundlegend überarbeitet und an die Bedürfnisse der modernen (Container-)Schifffahrt angepasst. Es ist nach wie vor stark durch das internationale Recht der Haag/Visby-Rules geprägt.

## § 44. Das Frachtgeschäft

### A. Begriff des Frachtgeschäfts

Das Frachtgeschäft ist nach § 407 HGB ein Handelsgeschäft, durch das sich der Frachtführer zur Beförderung von Gütern zu Lande, auf Binnengewässern oder mit Luftfahrzeugen gegen Zahlung einer Fracht verpflichtet und das zum Betrieb seines (klein)gewerblichen Unternehmens gehört. Dies bedeutet: 3

- Das Frachtgeschäft ist wie die Spedition allein auf die **Beförderung von Gütern** gerichtet. Die Beförderung von Personen (vgl. Rn. 1) wird damit nicht erfasst. Auf die Größe der Distanz kommt es allerdings ebenso wenig an wie auf den Güterumfang oder den Zweck der Beförderung, so dass auch Umzüge innerhalb eines Hauses oder Kranarbeiten sowie der Transport von Reisegepäck oder das Verbringen von Müll auf eine Deponie als Güterbeförderung gelten.
- Im Gegensatz zum Spediteur, der nur die Versendung übernimmt, befördert der Frachtführer das Gut **selbst** (zur Abgrenzung *Koller*, NJW 1988, 1756 ff.).
- Die §§ 407 ff. HGB gelten für **fast alle Verkehrsträger** (§ 407 Abs. 3 S. 1 Nr. 1 HGB). Seit 1998 wird auch die Beförderung mit Luftfahrzeugen (zum Begriff § 1 Abs. 2 LuftVG) innerhalb Deutschlands erfasst. Lediglich die Seefrachtgeschäfte (siehe die nicht im Schönfelder abgedruckten §§ 481 ff. HGB; vgl. dazu *Rabe*, Seehandelsrecht, 4. Aufl., 2000) bleiben aus dem Anwendungsbereich der §§ 407 ff. HGB ausgeklammert (vgl. zur Abgrenzung von den Binnenschiffstransporten § 450 HGB).
- Der Frachtführer muss ein **Gewerbetreibender** (Kap. 2 Rn. 5 ff.) sein. Unerheblich ist, ob es sich um ein Frachtgewerbe oder sonstiges Gewerbe (Gelegenheitsfrachtführer) handelt. Seit der Reform des Handelsrechts im Jahre 1998 ist der Frachtführer nur noch unter den Voraussetzungen der §§ 1–6 HGB Kaufmann. Die Regelungen der §§ 407 ff. HGB und der §§ 343 ff. HGB mit Ausnahme der §§ 348–350 HGB finden aber auch auf den nicht eingetragenen kleingewerblich tätigen Frachtführer Anwendung (§ 407 Abs. 3 S. 2 HGB).

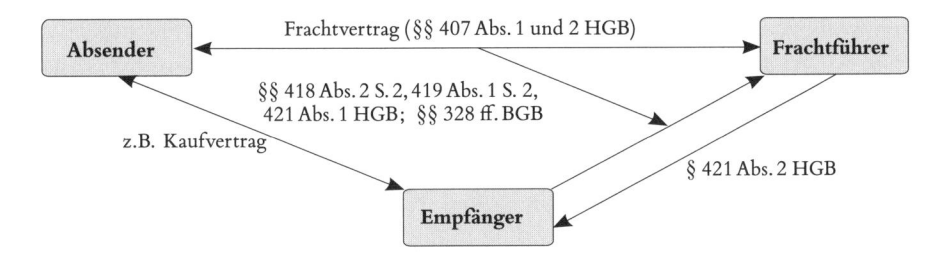

```
Absender  ←── Frachtvertrag (§§ 407 Abs. 1 und 2 HGB) ──→  Frachtführer
          §§ 418 Abs. 2 S. 2, 419 Abs. 1 S. 2,
          421 Abs. 1 HGB;  §§ 328 ff. BGB
z.B. Kaufvertrag                                    § 421 Abs. 2 HGB
                         Empfänger
```

## B. Das Frachtverhältnis

### I. Anwendbares Recht

4    Als Grundgeschäft des Transportrechts ist das Frachtgeschäft vor dem Speditionsgeschäft und dem Lagergeschäft im Vierten Abschnitt des Vierten Buchs des **HGB** geregelt. Der mit „Allgemeine Vorschriften" überschriebene Erste Unterabschnitt des Vierten Abschnitts enthält einheitliche Regelungen für die Güterbeförderung zu Lande, auf Binnengewässern und in der Luft einschließlich der Eisenbahn- und Postbeförderung (§§ 407–450 HGB). Im Zweiten Unterabschnitt wird der bislang durch Verordnung geregelte Umzugsvertrag in das HGB integriert (§§ 451–451h HGB). Die in Zeiten des Containertransports besonders bedeutsame Beförderung mit verschiedenartigen Beförderungsmitteln auf der Grundlage eines einheitlichen Frachtvertrags (sog. multimodaler Transport; z. B. Huckepack-Verkehr, Haus-zu-Haus-Transport unter Einschaltung eines Seeschiffs) wird erstmals im Dritten Unterabschnitt unter Einbeziehung der Seebeförderung mit Sonderregelungen zur Haftung, zur Schadensanzeige und zur Verjährung gesetzlich erfasst (§§ 452–452d HGB; näher *Herber*, NJW 1998, 3297, 3306 f.).

Der Frachtvertrag zwischen dem Absender, der auch ein Spediteur (vgl. Rn. 11) oder ein anderer Frachtführer (vgl. § 437 HGB) sein kann, und dem Frachtführer ist ein **Werkvertrag** (Erfolg der Ortsveränderung des Frachtgutes) **mit Geschäftsbesorgungscharakter** (Obhutspflichten, Weisungsgebundenheit). Nach h. M. ist der Frachtvertrag schließlich ein echter Vertrag zugunsten des Empfängers (§§ 418 Abs. 2 S. 2, 419 Abs. 1 S. 2, 421 Abs. 1 HGB). Die damit für den Frachtvertrag neben den §§ 407 ff. HGB subsidiär geltenden §§ 675, 631 ff., 328 ff. BGB haben angesichts der detaillierten handelsrechtlichen Regelung allerdings kaum noch eine praktische Bedeutung.

Für die wichtigsten Formen des Güterfrachtgeschäfts gelten zudem vorrangige nationale oder internationale **Sonderregelungen** (vgl. Rn. 1). Von besonderer Bedeutung sind hierbei das Übereinkommen über den Beförderungsvertrag im internationalen Straßengüterverkehr (CMR) und das Übereinkommen über den internationalen Eisenbahnverkehr (COTIF mit dem Anhang CIM). Auf internationale Transporte ist autonomes deutsches Recht nur dann anwendbar, wenn internationale Übereinkommen fehlen (Binnenschifffahrt), nicht anwendbar sind (z. B. CIM bei Fehlen eines Frachtbriefs; zum Anwendungsbereich der CIM im Falle des multimodalen Transports siehe *BGH* RdTW 2013, 447 ff.) oder Lücken aufweisen (z. B. CMR für Schadensersatzansprüche aufgrund der meisten Nebenpflichtverletzungen) und das anwendbare Kollisionsrecht (z. B. Art. 3 Rom-I-VO) auf das deutsche Recht verweist (vgl. noch für den durch die Rom-I-VO aufgehobenen Art. 27 EGBGB *Herber*, NJW 1998, 3297, 3300).

## II. Rechte und Pflichten der Parteien

In **§ 407 Abs. 1 und 2 HGB** sind die Hauptpflichten des Frachtführers und des Absenders umschrieben. Der Frachtführer hat das Gut vom Absender in Empfang zu nehmen, innerhalb der Lieferfrist (vgl. § 423 HGB) zum Bestimmungsort zu befördern und dort dem Empfänger den Besitz zu verschaffen. Bei Ablieferungshindernissen gilt § 419 HGB. Der Frachtführer kann den Transport alleine oder mit anderen Teil-, Samt-, Zwischen- und Unterfrachtführern vornehmen (vgl. § 437 HGB). Er unterliegt dabei entweder den Weisungen des Absenders oder des Empfängers (§§ 418 f. HGB). Im Falle einer Nachnahmevereinbarung (§ 422 HGB) darf der Frachtführer das Gut bei dem Empfänger nur gegen Zahlung in bar oder mittels eines gleichwertigen Zahlungsmittels (z. B. Kreditkartenzahlung) abliefern. Er hat das Erlangte gem. §§ 675, 667 BGB an den Absender herauszugeben. Bis dahin gilt das Erlangte im Verhältnis zu den Gläubigern des Frachtführers als bereits auf den Absender übertragen, so dass dieser zu seinem Schutz in der Zwangsvollstreckung über die Drittwiderspruchsklage (§ 771 ZPO) und in der Insolvenz des Frachtführers über ein Aussonderungsrecht (§ 47 InsO) verfügt (Übertragungsfiktion, vgl. dazu auch § 392 Abs. 2 HGB und Kap. 11 Rn. 12).

Im Gegenzug sind der Absender (§ 407 Abs. 2 HGB) und gegebenenfalls auch der Empfänger (§ 421 Abs. 2 und 3 HGB) gesamtschuldnerisch (§ 421 Abs. 4 HGB) dazu verpflichtet, bei Ablieferung des Gutes die vereinbarte Vergütung (Fracht) zu zahlen (§ 420 Abs. 1 S. 1 HGB), etwaige Aufwendungen des Frachtführers zu ersetzen (§ 420 Abs. 1 S. 2 HGB) sowie ein etwaiges Standgeld (§ 412 Abs. 3 HGB) zu zahlen. Im Falle einer jederzeit möglichen Kündigung des Frachtvertrages durch den Absender kann der Frachtführer wahlweise die in § 415 Abs. 2 und 3 HGB genannten Rechte geltend machen (vgl. damit § 648 BGB). Der Absender hat dem Frachtführer auf Verlangen einen Frachtbrief auszustellen (§§ 408 f. HGB; Rn. 6), in Textform Mitteilungen über eine etwaige Gefährlichkeit des Gutes zu machen (§ 410 HGB), das Gut beförderungssicher zu verpacken und zu kennzeichnen (§ 411 HGB; dazu näher *Mittelhammer*, TranspR 2014, 140 ff.), zu verladen und zu entladen (§ 412 Abs. 1 HGB) sowie die insbesondere für die Zollabfertigung erforderlichen Begleitpapiere und Informationen zur Verfügung zu stellen (§ 413 HGB). Der Absender, der kein Verbraucher i. S. d. § 13 BGB ist, haftet dem Frachtführer verschuldensunabhängig für Schäden und Aufwendungen, die durch eine Verletzung dieser Pflichten entstanden sind (§ 414 HGB; vgl. hierzu auch *Bellardita*, Der Absender im frachtrechtlichen Schuldverhältnis und seine Haftung, 2012). Alle unmittelbar im Zusammenhang mit der Beförderung stehenden Ansprüche verjähren grundsätzlich innerhalb eines Jahres (§ 439 HGB). Dies gilt auch für die konkurrierenden außervertraglichen Ansprüche (BT-Drs. 13/8445, S. 77). § 439 Abs. 1 S. 2 HGB sieht jedoch eine Verlängerung der Verjährungsfrist auf drei Jahre vor, sofern dem Anspruchsgegner ein qualifiziertes Verschulden zur Last fällt (näher *Ungewitter*, VersR 2010, 454 ff.). Nach Auffassung des BGH

# Kapitel 12. Das Fracht-, Speditions- und Lagergeschäft

gilt diese Verjährungsverlängerung sowohl für primäre Leistungsansprüche wie für Schadensersatzansprüche (*BGH* TranspR 2010, 225, 227; a. A. *OLG Frankfurt a. M.* TranspR 2005, 405).

6   Der Frachtführer kann von dem Absender die Ausstellung eines **Frachtbriefs** mit dem in § 408 Abs. 1 S. 1 HGB weder abschließend noch verbindlich festgelegten Inhalt verlangen. Der vom Absender und Frachtführer unterschriebene Frachtbrief ist kein Wertpapier mit Traditionsfunktion und dient lediglich bis zum Beweis des Gegenteils als Nachweis für Abschluss und Inhalt des Frachtvertrags sowie für die vollständige Übernahme des verpackten Gutes in äußerlich gutem Zustand durch den Frachtführer (Beweisurkunde nach § 409 HGB). Anstelle des Frachtbriefs kann von dem Frachtführer aber auch ein **Ladeschein** ausgestellt werden (§ 444 Abs. 1 HGB), der dem Konnossement des Seefrachtrechts (§§ 513 ff. HGB) vergleichbar ist. In der Form eines Orderladescheins (vgl. § 363 Abs. 2 HGB) besitzt der Ladeschein nicht nur die Beweiskraft des Frachtbriefs, sondern vermittelt als Wertpapier bei rechtsgeschäftlicher Übertragung auch den Gutglaubensschutz hinsichtlich der Befugnis des Indossanten und der Beschreibung des Gutes.

7   Zur Sicherung aller durch den Frachtvertrag begründeten Forderungen sowie der unbestrittenen Forderungen aus anderen mit dem Absender abgeschlossenen Transportgeschäften besitzt der Frachtführer ein **gesetzliches Besitzpfandrecht** an dem Frachtgut und den Begleitpapieren, das auch noch nach der Ablieferung fortbesteht, wenn es innerhalb von drei Tagen gerichtlich geltend gemacht wird und sich das Gut noch im Besitz des Empfängers befindet (§ 441 HGB). Der gutgläubige Erwerb des Pfandrechts richtet sich nach § 366 Abs. 1 und 3 HGB und die vom Prioritätsgrundsatz abweichende (!) Rangfolge mehrerer Pfandrechte nach § 442 HGB.

### III. Haftung des Frachtführers

8   Von besonderer Bedeutung (in Praxis und Studium!) ist die in Anlehnung an die Art. 17 ff. CMR geregelte **strenge Haftung** des Frachtführers **für Güter- und Verspätungsschäden**, die durch sein eigenes Verhalten (§ 425 Abs. 1 HGB) oder dasjenige seiner Hilfspersonen (Leute und Erfüllungsgehilfen, vgl. §§ 428, 436 HGB) entstanden sind (vgl. zum Mitverschulden § 425 Abs. 2 HGB und *BGH* VersR 2008, 97 ff.; zum Zeitpunkt des Beginns der Haftung nach § 425 Abs. 1 HGB *BGH* NJW-RR 2012, 364; zur Rechtsgrundlage der Haftung eines Frachtführers bei gemischter Beförderung *BGH* MDR 2016, 469; zu einem Fall mit Musterlösung *Heyers*, Ad legendum 2012, 27 ff.). Es ist eine theoretische Frage, ob man diese Haftung als eine verschuldensunabhängige Haftung (so *BGH* NJW 1967, 499, 500 zur CMR) oder als eine Verschuldenshaftung mit besonders hohem Haftungsmaßstab (so zutreffend *Herber*, NJW 1998, 3297, 3302) qualifiziert. Der Frachtführer wird von ihr jedenfalls nur in besonderen Fällen (§ 427 HGB) oder dann befreit, wenn und soweit der Verlust (vgl. dazu die Verlustvermutung des § 424 Abs. 1 HGB), die

§ 44. Das Frachtgeschäft    297

Beschädigung oder die Überschreitung der Lieferfrist „auch bei größter Sorgfalt" nicht zu vermeiden gewesen wäre (§ 426 HGB). Die Haftungsregelung stößt im Übrigen auf verschiedene verfassungsrechtliche Bedenken (näher *Canaris*, § 31 Rn. 38 ff.).

Sofern dem Frachtführer oder seinen Hilfspersonen nicht vorsätzliches bzw. bewusst leichtfertiges Verhalten i. S. v. § 435 HGB zur Last gelegt werden kann (zur Leichtfertigkeit als einer krassen Missachtung der Sicherheitsinteressen der Vertragspartner BGHZ 158, 322, 328 f.; zur Darlegungs- und Beweislast hinsichtlich des qualifizierten Verschuldens i. S. v. § 435 HGB *Marx*, TranspR 2010, 174, 176 ff.), ist der nach § 425 Abs. 1 HGB zu leistende Schadensersatz jedoch zugunsten des Frachtführers (§§ 429 ff. HGB) und seiner Leute (§ 436 HGB) in dreifacher Hinsicht **begrenzt**:

- Die Schadensersatzleistung für Verlust ist entgegen §§ 249 ff. BGB auf den Wert des Gutes am Übernahmeort und damit unter Ausschluss der Naturalrestitution oder des Ersatzes von Folgeschäden (vgl. *BGH* NJW 2007, 58, 59) auf einen **Wertersatz** in Geld (§ 429 Abs. 1 HGB) sowie auf die Übernahme der Schadensfeststellungskosten (§ 430 HGB) und den Ersatz sonstiger Kosten (§ 432 HGB) beschränkt.
- Die nach §§ 429 und 430 HGB zu leistende Entschädigung ist gem. § 431 HGB in der **Höhe** begrenzt und zwar für den Verlust auf 8,33 SZR (Sonderziehungsrechte des Internationalen Währungsfonds = ca. 10,– €) pro Kilogramm des Rohgewichts der Sendung und für eine Verspätung auf den dreifachen Betrag der Fracht (summenmäßige Haftungsbegrenzung). Bei hochwertigen Sendungen von relativ geringem Gewicht stellt sich damit die Frage, ob die Haftungshöchstgrenzen wegen eines vorsätzlichen oder bewusst leichtfertigen Verhaltens des Frachtführers oder seiner Leute nach § 435 HGB durchbrochen werden können.
- Für **reine Vermögensschäden**, die durch die Verletzung einer mit der Beförderung in Zusammenhang stehenden vertraglichen Pflicht entstehen (z. B. Anspruch aus § 280 Abs. 1 BGB i. V. m. § 241 Abs. 2 BGB wegen Verletzung einer frachtvertraglichen Auskunftspflicht), ist der zu leistende Ersatz auf das Dreifache des bei Verlust der Güter zu zahlenden Betrags beschränkt (§ 433 HGB; zur generellen Unanwendbarkeit von § 433 HGB auf Güterschäden *BGH* NJW 2014, 997; krit. *Koller*, TranspR 2014, 114 ff.).

Sämtliche gesetzlichen (§§ 426 ff. HGB) und vertraglich vereinbarten Haftungsbefreiungen bzw. Haftungsbegrenzungen finden gem. § 434 Abs. 1 bzw. § 436 HGB auch auf außervertragliche Ansprüche (z. B. §§ 823 ff., 812 ff., 677 ff. BGB) des Absenders oder Empfängers gegen den Frachtführer bzw. gegen dessen Leute Anwendung (hierzu näher *Thume*, TranspR 2010, 45 ff.; zu den allenfalls nach allgemeinen privatrechtlichen Grundsätzen bestehenden Haftungsbefreiungen und -begrenzungen bei außervertraglichen Ansprüchen gegen *selbständige* Hilfspersonen *Koller*, TranspR 2015, 409 ff.). Gegenüber

9

außervertraglichen Ansprüchen Dritter ist die Berufung auf die Haftungsprivilegien allerdings ausgeschlossen, sofern der Dritte der Beförderung nicht zugestimmt hat und der Frachtführer die fehlende Befugnis des Absenders, das Gut zu versenden, kannte oder fahrlässig nicht kannte oder das Gut vor Übernahme zur Beförderung dem Dritten oder einer Person mit abgeleitetem Besitzrecht abhanden gekommen ist. Abweichende Vereinbarungen über die Haftung und den Haftungsumfang sind gegenüber Verbrauchern nur eingeschränkt möglich und können auch im Übrigen grundsätzlich nur individualvertraglich getroffen werden (§ 449 HGB).

10    Die frachtvertraglichen Ansprüche aufgrund von Güter- oder Verspätungsschäden kann nicht nur der Absender als Vertragspartner des Frachtführers, sondern daneben auch der Empfänger im eigenen Namen geltend machen (Gesamtgläubigerschaft nach § 421 Abs. 1 S. 2 HGB). Im Zuge der Transportrechtsreform von 1998 wurde damit eine Regelung getroffen, die den besonders klausurrelevanten Fragenkreis der **Drittschadensliquidation beim Versendungskauf** betrifft. Sofern der Absender (Verkäufer) oder ein von ihm hiermit betrauter Spediteur den Kaufgegenstand im Rahmen eines Frachtvertrages dem Frachtführer zur Versendung an den Empfänger (Käufer) übergibt, hat der Absender einen Ersatzanspruch auch ohne eigenen Schaden und der Empfänger nicht nur einen Schaden, sondern auch einen eigenen vertraglichen Ersatzanspruch gegen den Frachtführer. Es handelt sich dabei entgegen einer verschiedentlich vertretenen Ansicht nicht um eine gesetzliche Anerkennung der Drittschadensliquidation bei obligatorischer Gefahrentlastung, da der Empfänger aufgrund der Ausgestaltung des Frachtvertrags als Vertrag zugunsten des Empfängers nach § 421 Abs. 1 HGB über eigene Ansprüche gegen den Frachtführer verfügt (Ba/Ho/*Merkt*, § 421 Rn. 2; a. A. *Oetker*, JuS 2001, 833, 839 ff.). Aufgrund der vorrangigen Sonderregelung des § 421 Abs. 1 S. 2 HGB ist ein Rückgriff auf die allgemeinen Grundsätze der Drittschadensliquidation jedenfalls nur noch dann erforderlich und möglich, wenn der Verkäufer mit dem Transport eigene Leute betraut oder der Kaufgegenstand bei einem Spediteur untergeht, bevor dieser den Selbsteintritt erklärt oder den Kaufgegenstand an einen Frachtführer weitergeleitet hat. Außerdem kann ein Spediteur, der bei Abschluss des Frachtvertrags im eigenen Namen, aber für Rechnung des Versenders gehandelt hat, dessen Schaden nach § 421 Abs. 1 S. 3 HGB gegenüber dem Frachtführer liquidieren. Hat der Frachtführer einen Unterfrachtführer mit dem Transport beauftragt, so kann der Empfänger zudem auch etwaige aus diesem Rechtsverhältnis resultierende Schadensersatzansprüche im eigenen Namen geltend machen (§ 437 HGB; *BGH* VersR 2009, 1141, 1143; vgl. dazu auch *Herber*, TranspR 2013, 1 ff. und *Koller*, TranspR 2013, 220 ff.), sofern für den Hauptfrachtvertrag deutsches Recht gilt (dazu *Koller*, TranspR 2013, 52, 53).

§ 44. Das Frachtgeschäft 299

**Beispielsfall:** Specht hat als Spediteur für den Verlag C.H. Beck die Versendung von 50 Exemplaren der neuesten Auflage des „Palandt" (Gesamtgewicht: 120 kg) an die Buchhandlung Brandt in Aachen übernommen. Die ADSp 2017 sind nicht Vertragsbestandteil geworden. Nachdem Specht den Selbsteintritt erklärt hat, wird die kostbare Fracht beim Umladen im Münchener Speditionslager des Specht von dem Lagerarbeiter Zoffel, der dort als geringfügig Beschäftigter („Minijob") mit der Reinigung von Lastkraftwagen des Specht betraut ist, durch eine während einer Arbeitspause achtlos weggeworfene Zigarette in Brand gesetzt. Der Verlag C.H. Beck verlangt dennoch von Brandt die Zahlung des Rechnungsbetrags in Höhe von 3.500,– €. Die Buchhandlung Brandt verweigert nicht nur die Zahlung des Rechnungsbetrags, sondern macht im Gegenzug auch einen Schadensersatzanspruch in Höhe von 500,– € geltend, da ihr durch den vorübergehend unmöglich gewordenen Verkauf des „Palandt" nachweislich ein Verkaufsgewinn in dieser Höhe entgangen sei.

Der Zahlungsanspruch des Verlags ist nach § 433 Abs. 2 BGB entstanden und auch nicht nach § 326 Abs. 1 S. 1 BGB untergegangen, da die Buchhandlung das Transportrisiko trägt (§ 447 Abs. 1 BGB). Die Buchhandlung kann die Zahlung auch nicht mehr wie vor 1998 nach § 320 BGB mit dem Hinweis verweigern, ihr müsse zunächst vom Verlag ein etwaiger Ersatzanspruch gegen Specht gem. § 285 BGB abgetreten werden. Durch den Selbsteintritt hat Specht nämlich zugleich die Stellung eines Frachtführers erlangt (§ 458 HGB). Damit verfügt die Buchhandlung unter den Voraussetzungen der §§ 425 ff. HGB über eigene vertragliche Ersatzansprüche (§ 421 Abs. 1 S. 2 HGB), die die Abtretung von Ansprüchen des Verlags aufgrund einer Drittschadensliquidation entbehrlich machen. Brandt bleibt daher zur Kaufpreiszahlung verpflichtet, kann den eigenen Schaden aber möglicherweise gem. §§ 425 Abs. 1, 428 S. 1 HGB von Specht ersetzt verlangen. Denn Specht muss für den durch das Verhalten des Zoffel eingetretenen Verlustschaden auch ohne eigenes Verschulden einstehen, wenn Zoffel zu „seinen Leuten", d. h. zu den in den Betrieb von Specht eingegliederten Hilfspersonen (Arbeitnehmer, Leiharbeitnehmer, mitarbeitende Familienangehörige) gehörte und in Ausübung der ihm übertragenen Verrichtungen handelte (§ 428 S. 1 HGB). Auch als geringfügig Beschäftigter (längerfristige und/oder vollwertige Arbeitsverhältnisse sind nicht erforderlich) gehörte Zoffel zu den Leuten von Specht. Allerdings kommt es noch darauf an, ob Zoffel die Zigarette in Ausübung seiner Verrichtungen für Specht weggeworfen hat. Den damit geforderten inneren Zusammenhang mit der Reinigungsverrichtung könnte man damit begründen, dass gerade bei schwerer körperlicher Arbeit auch Zigarettenpausen zur Verrichtung gehören und dass hier zwischen der schädigenden Handlung und der Verrichtung ein enger örtlicher und zeitlicher Zusammenhang bestand. Zwingend ist dies jedoch nicht (dazu allgemein MüKoBGB/*Wagner*, 7. Aufl., 2017, § 831 Rn. 25 ff.). Sofern man von einer Haftung Spechts ausgeht, bleibt noch der Umfang der Haftung Spechts zu klären. Specht müsste nämlich nur dann auch den der Buchhandlung entgangenen Verkaufsgewinn (Folgeschaden) ersetzen, wenn die Haftungsbeschränkung des § 429 Abs. 1 HGB (Wertersatz) nach § 435 HGB nicht eingreifen würde. Die Voraussetzungen des § 435 HGB sind jedoch nicht erfüllt. Das Verhalten des Zoffel kann zwar als leichtfertig bezeichnet werden, da er eine auf der Hand liegende Sorgfaltspflicht außer Acht ließ (vgl. BGHZ 74, 162, 169 ff.), doch geschah dies in Gedankenlosigkeit und nicht in dem von § 435 HGB geforderten Bewusstsein eines wahrscheinlichen Schadenseintritts. Damit kommt nur der Ersatz des Wertes am Übernahmeort in Frage. Dieser bestimmt sich zunächst nach dem Marktpreis des Gutes, der hier durch den Rechnungsbetrag in Höhe von 3.500,– € ausgedrückt wird (§ 429 Abs. 3 S. 2 HGB). Da die Haftung von Specht nach § 431 Abs. 1 HGB aber zusätzlich summenmäßig auf 8,33 SZR/kg des Gesamtgewichts des Versandguts (hier ca. 1.000,– €) begrenzt ist, hat die Buchhandlung Brandt nur einen Ersatzanspruch in dieser Höhe.

## § 45. Das Speditionsgeschäft

### A. Begriff des Speditionsgeschäfts

**11**   Das Speditionsgeschäft ist nach § 453 HGB ein Handelsgeschäft, durch das sich der Spediteur zur Besorgung der Versendung eines Gutes gegen Vergütung verpflichtet und das zum Betrieb seines (klein)gewerblichen Unternehmens gehört. Dies bedeutet:

- Abweichend vom allgemeinen Sprachgebrauch führt der Spediteur den **Transport grundsätzlich nicht selbst** durch. Es geht vielmehr nur um die Organisation („Logistik") der Beförderung (§ 454 Abs. 1 und 2 HGB) unter Einschaltung Dritter (Frachtführer, Verfrachter, Lagerhalter, nachfolgender Spediteur). Allerdings verfügt der Spediteur wie der Kommissionär über ein Selbsteintrittsrecht (§ 458 HGB), dessen in der Praxis häufige Ausübung dem Spediteur zugleich die Stellung eines Frachtführers und/oder Lagerhalters (vgl. Rn. 3 ff.) verschafft (näher *K. Schmidt*, Handelsrecht, § 33 Rn. 2 ff.).
- Die Spedition erfasst nur die Versendung von beweglichen Sachen **(Gütern)** und damit nicht die Personenbeförderung.
- Die Besorgung der Versendung muss zum **Betrieb eines gewerblichen Unternehmens** gehören (§ 453 Abs. 3 S. 1 HGB). Das Gewerbe muss jedoch nicht auf die Durchführung von Speditionsgeschäften ausgerichtet sein und auch nicht die Eigenschaft eines Handelsgewerbes i. S. d. §§ 1–6 HGB besitzen (§ 453 Abs. 3 S. 2 HGB). Damit unterfallen auch der Gelegenheitsspediteur, dessen Gewerbebetrieb auf andere Geschäfte ausgerichtet ist, und der nicht eingetragene, kleingewerblich tätige Spediteur den §§ 453 ff. HGB. Darüber hinaus gelten die §§ 343 ff. HGB mit Ausnahme der §§ 348–350 HGB in Ansehung des Speditionsgeschäfts auch für nicht eingetragene Kleinspediteure (§ 453 Abs. 3 S. 2 HGB).

> **Merksatz:** Der Spediteur führt den Transport von Gütern grundsätzlich nicht selbst durch, sondern lässt ihn von einem Frachtführer für Rechnung des Versenders durchführen.

### B. Arten der Spedition

**12**   Das gesetzliche Grundmodell der Spedition ist immer noch die in der Praxis allerdings immer seltener anzutreffende **Geschäftsbesorgungsspedition im eigenen Namen**. Bei dieser Form der Spedition schließt der Spediteur die erforderlichen Ausführungsgeschäfte (Frachtvertrag, Seefrachtvertrag, Lagervertrag, weiterer Speditionsvertrag) im eigenen Namen, aber für Rechnung des Versenders (vgl. § 457 HGB). Es handelt sich mithin um einen Fall der mittelbaren Stellvertretung, der strukturelle **Parallelen zum Kommissionsgeschäft** aufweist. Vertragsbeziehungen bestehen dann grundsätzlich nur zwischen Versender und Empfänger, Versender und Spediteur, Spediteur und Frachtführer sowie zwischen Frachtführer und Empfänger. Wie beim Kommissionsgeschäft (vgl. Kap. 11 Rn. 12) wird die Relativität der Schuldverhältnisse aber auch hier durch das Institut der Drittschadensliquidation, die Regelung des § 457 S. 2 HGB und mögliche Schutzwirkungen des Speditionsvertrags zugunsten des Empfängers durchbrochen (vgl. auch Rn. 18).

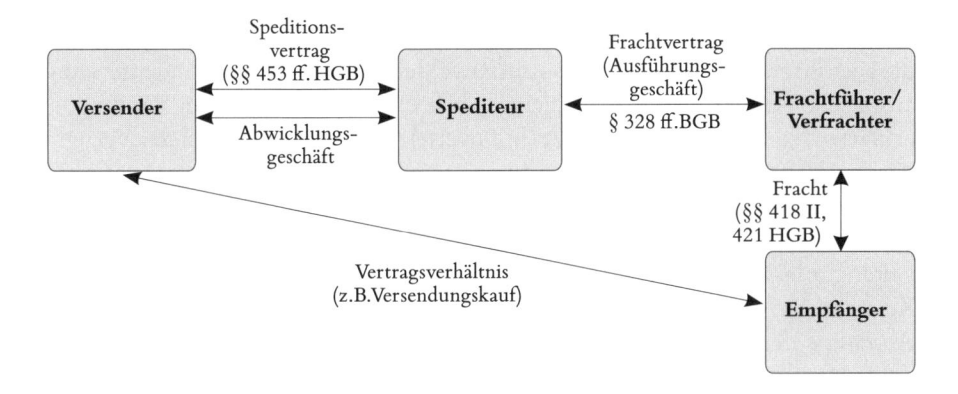

```
                   Speditions-                    Frachtvertrag
                    vertrag                       (Ausführungs-
                  (§§ 453 ff. HGB)                   geschäft)
   ┌─────────┐   ───────────────▶  ┌──────────┐   ───────────────▶  ┌──────────────┐
   │Versender│                     │Spediteur │    § 328 ff. BGB    │Frachtführer/ │
   │         │   ◀───────────────  │          │   ◀───────────────  │ Verfrachter  │
   └─────────┘      Abwicklungs-   └──────────┘                     └──────────────┘
        │            geschäft                                              ▲
        │                                                        Fracht    │
        │                                                        (§§ 418 II,│
        │                                                         421 HGB) ▼
        │              Vertragsverhältnis                         ┌──────────┐
        └──────────── (z.B.Versendungskauf) ────────────────────▶ │ Empfänger│
                                                                  └──────────┘
```

Seit der Transportrechtsreform von 1998 kann der Spediteur bei entsprechender Bevollmächtigung das Ausführungsgeschäft aber **auch im Namen des Versenders** abschließen (§ 454 Abs. 3 HGB), so dass der Versender Vertragspartner des Ausführungsgeschäfts wird.

Darüber hinaus findet auf den Speditionsvertrag im Wesentlichen das **Frachtrecht Anwendung**, wenn (wie sehr oft) der Spediteur die Beförderung des Gutes durch **Selbsteintritt** (§ 458 HGB) bzw. in **Sammelladung** (§ 460 HGB) ausführt oder für die Dienste des Spediteurs eine feste Vergütung vereinbart ist (**Fixkostenspedition**, § 459 HGB).

## C. Das Speditionsverhältnis

### I. Anwendbares Recht

Das Speditionsrecht ist seit 1998 zunächst im Fünften Abschnitt des Vierten Buchs des HGB enthalten (§§ 453–466 HGB). Über § 675 BGB kommen darüber hinaus subsidiär das Auftragsrecht sowie das Werkvertragsrecht (Einzelversand) bzw. Dienstvertragsrecht (dauerhafte Geschäftsbeziehung) zur Anwendung (Ba/Ho/*Merkt*, § 453 Rn. 5). Verbleibende Lücken können bei der klassischen Geschäftsbesorgungsspedition im eigenen Namen auch durch einen Rückgriff auf das Kommissionsrecht geschlossen werden. Für die Speditionsformen der §§ 458–460 HGB gilt hinsichtlich der Beförderung zudem das Frachtrecht. In der Geschäftspraxis haben schließlich die Allgemeinen Deutschen Spediteurbedingungen (ADSp) als Allgemeine Geschäftsbedingungen eine große Bedeutung erlangt (vgl. allerdings auch die nunmehr gege-

13

benen Einschränkungen gem. § 466 Abs. 2 HGB). So enthalten die Nummern 22 ff. der ADSp 2017 beispielsweise Regelungen für Haftungsfälle, die keinen zwingenden Vorschriften (z. B. §§ 425 ff., 461 Abs. 1 HGB, Art. 17 ff. CMR) unterliegen (zur Haftung nach den ADSp 2003 *BGH* VersR 2015, 260 ff.).

## II. Rechte und Pflichten der Parteien

14 Das Gesetz enthält in § 454 Abs. 1 und 2 HGB eine genauere Umschreibung der Pflichten des Spediteurs. Er hat das Transportmittel, den Transportweg und die ausführenden Unternehmer so auszuwählen sowie etwaige Schadensersatzansprüche des Versenders so zu sichern, wie dies den in Form von Weisungen erklärten, sonst erkennbaren oder (hilfsweise) typischen Interessen des Versenders am besten entspricht (**Versendungs- und Interessenwahrungspflicht**; § 454 Abs. 1 und 4 HGB). Bei einem weisungswidrigen Verhalten des Spediteurs braucht der Versender das Ausführungsgeschäft nicht für seine Rechnung gelten zu lassen (§ 385 Abs. 1 HGB analog). Der Versendungspflicht, die den Kern des Speditionsgeschäfts ausmacht, wird der Spediteur bereits durch den Abschluss des Ausführungsgeschäfts gerecht, so dass der Vertragspartner des Ausführungsgeschäfts nicht mehr als Erfüllungsgehilfe des Spediteurs angesehen werden kann und § 278 BGB bzw. § 462 S. 2 HGB folglich unanwendbar sind (*BGH* NJW 1988, 640). Zu den Pflichten des Spediteurs zählen ferner alle ausdrücklich vereinbarten oder sich aus Handelsbräuchen ergebenden **beförderungsbezogenen Dienstleistungen** wie insbesondere die Versicherung, Verpackung, Kennzeichnung und Zollbehandlung des Gutes (§ 454 Abs. 2 HGB). Der Spediteur ist zur Information und Rechenschaft (§§ 675, 666 BGB) sowie zur **Herausgabe** (§§ 675, 667 BGB) verpflichtet, sofern er etwas aufgrund der Spedition erlangt hat. Dies gilt insbesondere dann, wenn der Spediteur verpflichtet ist, vom Empfänger den Kaufpreis (sog. Wertnachnahme) und die Versandkosten (sog. Kostennachnahme) selbst oder mit Hilfe des Frachtführers (vgl. § 422 HGB) einzuziehen.

15 Der Spediteur hat zwar grundsätzlich dem Versender nur den Empfang des Guts zu quittieren (§ 368 BGB analog), doch kann sich die Pflicht zur Ausstellung weitergehender **Spediteurdokumente** aus dem Speditionsvertrag oder aus § 242 BGB ergeben. Dies gilt insbesondere auch für die vom internationalen Spediteurverband FIATA empfohlenen Spediteur- und Transportdokumente wie z. B. das FCR (= Forwarders Certificate of Receipt = bloße Empfangsquittung mit Beweiskraft) oder das insbesondere im Akkreditivgeschäft eingesetzte FBL (= *FIATA Multimodal Transport Bill of Lading* = gekorenes Orderpapier mit Traditionswirkung).

16 Der Versender hat im Gegenzug nicht nur die vereinbarte Vergütung zu zahlen, sobald das Gut dem Frachtführer bzw. Verfrachter übergeben worden ist (§§ 453 Abs. 2, 456 HGB), sondern auch das Gut, soweit erforderlich, zu verpacken und zu kennzeichnen sowie die entsprechenden Urkunden zur Verfügung zu stellen und alle erforderlichen Auskünfte in entsprechender Form

zu erteilen (§ 455 HGB). Schließlich schuldet er dem Spediteur den Ersatz der **Aufwendungen**, die dieser für erforderlich halten durfte (§§ 675, 670 BGB), sofern es sich nicht um eine Fixkostenspedition (§ 459 HGB) oder um frachtbedingte Aufwendungen im Falle des Selbsteintritts (§ 458 HGB) oder der Sammelladung (§ 460 HGB) handelt.

Der Spediteur hat wegen aller durch den Speditionsvertrag begründeten 17 Forderungen sowie wegen unbestrittener Forderungen aus anderen mit dem Versender abgeschlossenen Transportgeschäften ein gesetzliches **Pfandrecht** an dem in seinem Besitz befindlichen Gut und den dazugehörigen Begleitpapieren (§ 464 HGB).

Die **Haftung** des Spediteurs ist in §§ 461 f. HGB in Anlehnung an die §§ 425 ff. HGB (Rn. 8 ff.) und diejenige des Versenders in § 455 Abs. 2 und 3 HGB in Anlehnung an § 414 HGB geregelt.

Alle unmittelbar im Zusammenhang mit den Speditionsleistungen stehenden wechselseitigen Ansprüche **verjähren** innerhalb eines Jahres (§ 463 HGB i. V. m. § 439 HGB).

**Beispielsfall:** Das Bremer Möbelhaus Kraft hat bei dem Hamburger Hersteller Velten 18 mehrere Eichenschränke bestellt und deren Lieferung „bis spätestens 20.3. fix" nach Bremen erbeten. Der von Velten auf dessen Kosten mit dem Transport nach Bremen unter Ausschluss der ADSp 2017 beauftragte Spediteur Specht vereinbart daraufhin im eigenen Namen mit dem Frachtführer Frank, dass dieser die Schränke bei Velten abholt und vereinbarungsgemäß nach Bremen transportiert. Durch ein Versehen Franks werden die Schränke nicht rechtzeitig geliefert, woraufhin Kraft von dem Kaufvertrag zurücktritt. Velten verlangt Ersatz des ihm entgangenen Gewinns und fragt nach seinen Ansprüchen gegen Specht und Frank.

Der Vertrag zwischen Kraft und Velten ist ein Fixhandelskauf in der Form des Versendungskaufs. Nach § 376 Abs. 1 S. 1 Alt. 1 HGB war Kraft daher zum Rücktritt berechtigt, ohne dass es auf ein Vertretenmüssen des Velten ankäme. Velten könnte zunächst seinen Vertragspartner Specht aus § 280 Abs. 1 BGB in Anspruch nehmen. Von einem eigenen Vertretenmüssen Spechts etwa bei der Auswahl des Frank ist im Sachverhalt jedoch nicht die Rede. Da Specht zudem den Speditionsvertrag bereits mit dem Abschluss des Frachtvertrages erfüllt hatte, muss er sich auch das Verschulden des Frank nicht nach § 462 S. 2 HGB zurechnen lassen (dazu auch Rn. 14). Ein Schadensersatzanspruch Veltens gegen Frank aus *eigenem Recht* könnte allenfalls unter dem Gesichtspunkt des Vertrages mit Schutzwirkungen zugunsten Dritter bestehen. Denn direkte Vertragsbeziehungen bestehen in diesem Verhältnis nicht. Ein deliktischer Anspruch auf Ersatz entgangenen Gewinns ist ebenfalls nicht gegeben. Velten könnte gegen Frank aber auch aus *abgetretenem Recht* vorgehen. Specht wäre nämlich in der Lage, als mittelbarer Stellvertreter den Schaden von Velten nach den Grundsätzen der Drittschadensliquidation gegenüber seinem Vertragspartner Frank mit Hilfe des Anspruchs aus § 425 Abs. 1 HGB geltend zu machen (vgl. RGZ 62, 331, 334 f. und *BGH* NJW 1989, 3099 f.). Den auf diese Weise entstandenen Ersatzanspruch müsste er auf Verlangen an Velten abtreten (§§ 675, 667 BGB), so dass dieser gegen Frank vorgehen könnte. Dieser Weg dürfte gegenüber einem Direktanspruch aus Vertrag zugunsten Dritter vorzugswürdig sein. Denn zum einen ist fraglich, ob die Parteien des Frachtvertrages neben dem drittbegünstigten Empfänger (vgl. Rn. 13) auch noch den durch das Institut der Drittschadensliquidation hinreichend gesicherten Versender in den Schutzbereich des Frachtvertrages einbeziehen wollten. Zum anderen zwingt die Drittschadensliquidation zu einer Schadensabwicklung im jeweiligen Vertragsverhältnis und stärkt auf diese Weise die Position des Spediteurs, dessen Vergütungsanspruch mit dem Abtretungsanspruch des Versenders nach h. M. (vgl. zur entsprechenden Rechtslage bei der Kommission Kap. 11 Rn. 7) im Synallagma steht.

## § 46. Das Lagergeschäft

### A. Begriff des Lagergeschäfts

19 Das Lagergeschäft ist nach § 467 HGB ein Handelsgeschäft, durch das sich der Lagerhalter zur Lagerung und Aufbewahrung von Gütern gegen Vergütung verpflichtet und das zum Betrieb seines (klein)gewerblichen Unternehmens gehört. Dies bedeutet:
- Die **Verwahrung und Obhut** über das Gut bildet die Hauptpflicht des Lagervertrages. Die bloße Bereitstellung von Lagerraum ist Miete und keine Lagerung. Auf die lediglich als Teil eines Fracht- oder Speditionsvertrages geschuldete Lagerung (verkehrsbedingte Lagerung) ist das Lagerrecht ebenfalls allenfalls nach den Regeln für typengemischte Verträge anwendbar.
- Gegenstand des Lagergeschäfts sind nur **fremde** (vgl. demgegenüber § 700 BGB) und **lagerfähige Güter** (kein Geld, keine Wertpapiere, keine außerhalb geschlossener Behältnisse lebenden Tiere).
- Das Lagerrecht der §§ 467–475 h HGB ist auch anwendbar auf nicht eingetragene **Kleingewerbebetreibende** sowie auf **Gelegenheitslagerhalter**, deren Gewerbebetrieb auf andere Geschäfte ausgerichtet ist.

### B. Arten der Lagerung

20 Es sind drei verschiedene **Arten der Lagerung** zu unterscheiden:

|  | Einzellagerung | Sammellagerung/ Mischlagerung | Summenlagerung (unregelmäßige Verwahrung) |
| --- | --- | --- | --- |
| **Regelung** | §§ 467 ff. HGB | §§ 469, 467 ff. HGB | § 700 BGB (Hinterlegungsdarlehen) |
| **Voraussetzungen** | Gesetzlicher Regelfall | Einlagerung einer vertretbaren Sache (§ 91 BGB); ausdrückliches Einverständnis des Einlagerers | Einlagerung einer vertretbaren Sache (§ 91 BGB); besondere Vereinbarung |

## § 46. Das Lagergeschäft 305

|  | Einzellagerung | Sammellagerung/ Mischlagerung | Summenlagerung (unregelmäßige Verwahrung) |
|---|---|---|---|
| **Aufbewahrung** | Getrennt (z. B. Regallager) | Vermischung mit anderen vertretbaren Sachen gleicher Art und Güte (z. B. Getreidesilo) | im Belieben des Lagerhalters |
| **Dingliche Rechtslage** | Alleineigentum und mittelbarer Besitz des Einlagerers | Miteigentum nach Bruchteilen und mittelbarer Mitbesitz der verschiedenen Einlagerer (§§ 947, 948, 1008 ff., 741 ff. BGB) | Eigentum und Besitz des Lagerhalters |
| **Rechte des Einlagerers** | Herausgabeanspruch nach § 985 BGB und § 473 Abs. 1 S. 1 HGB; Drittwiderspruchsklage gem. § 771 ZPO; Aussonderungsrecht nach § 47 InsO | Befugnis zur Verfügung über den Miteigentumsanteil ohne Zustimmung der anderen Miteigentümer (§ 747 S. 1 BGB) z. B. durch Abtretung des Herausgabeanspruchs; Anspruch auf Auslieferung des Miteigentumsanteils ohne Genehmigung der anderen Miteigentümer und ohne Aufhebung der Bruchteilsgemeinschaft nach § 749 BGB (§ 469 Abs. 3 HGB) | Anspruch auf Rückgewähr von Sachen gleicher Art, Güte und Menge (§ 700 BGB i. V. m. §§ 488 Abs. 1, 607 Abs. 1 BGB) |

**Beispielsfall:** Getreidehändlerin Eisele erwirbt von Bauer Volk unter einfachem Eigentumsvorbehalt 100 Doppelzentner (dz) Weizen und lagert die Ware in dem Getreidesilo von Lauer. Aus Kostengründen gestattet Eisele dem Lauer die Vermengung mit 50 dz Weizen gleicher Art und Güte des Droste. Vor Kaufpreiszahlung an Volk verkauft Eisele 50 dz des Weizens an den gutgläubigen Klein und tritt ihm ihre Ansprüche gegen Lauer hinsichtlich dieser 50 dz ab. Lauer liefert daraufhin 50 dz des Weizens an Klein. Nach Kaufpreiszahlung verlangt Eisele schließlich die Auslieferung der verbleibenden 50 dz Weizen. Aufgrund eines Versehens von Lauer werden der ahnungslosen Eisele allerdings 60 dz ausgeliefert.

Eisele und Lauer haben eine Sammellagerung vereinbart. Der Miteigentumsanteil an dem eingelagerten Weizen steht bis zur Kaufpreiszahlung durch Eisele dem Volk zu. Über den Miteigentumsanteil hinsichtlich der an Klein gem. §§ 929 S. 1, 931 BGB veräußerten 50 dz Weizen hat Eisele mithin als Nichtberechtigte verfügt. Die spätere Kaufpreiszahlung führt nur ex nunc zu einer Heilung gem. § 185 Abs. 2 S. 1 Alt. 2 BGB. Auch ein gutgläubiger Erwerb des Miteigentumsanteils durch Klein ist nicht möglich, da der mittelbare Mitbesitz der Eisele keinen hinreichenden Rechtsscheintatbestand i. S. d. §§ 933 ff. BGB bildet. Mit der Auslieferung des Weizens hat Klein allerdings gutgläubig das Eigentum an diesem erworben. Denn Klein hat auf das Bestehen der gesetzlichen Ermächtigung des Lagerhalters, ihm nach § 469 Abs. 3 HGB durch die Auslieferung das Alleineigentum an dem Weizen zu verschaffen, vertraut (§ 366 Abs. 1

> HGB analog). Angesichts der inzwischen erfolgten Kaufpreiszahlung hat Eisele von dem zur Übertragung des Alleineigentums durch § 469 Abs. 3 HGB gesetzlich ermächtigten (§ 185 Abs. 1 BGB) Lauer das Alleineigentum zumindest an 50 dz der an sie ausgelieferten 60 dz Weizen erlangt. Fraglich ist jedoch, ob sie auch das Eigentum an den zu viel ausgelieferten 10 dz Weizen erlangt hat. Dies wird man unter Berufung auf § 366 Abs. 1 HGB annehmen können, da Eisele auf die gesetzliche Verfügungsbefugnis von Lauer nach § 469 Abs. 3 HGB vertraut hat. Eisele muss allerdings 10 dz Weizen nach Bereicherungsgrundsätzen an den Lagervorrat zurückübereignen, damit Lauer auch den dem Droste zustehenden Anteil ausliefern kann (vgl. auch *K. Schmidt*, Handelsrecht, § 34 Rn. 50).

## C. Das Lagerverhältnis

### I. Anwendbares Recht

21 Der Lagervertrag ist eine **Sonderform des Verwahrungsvertrages** (§§ 688 ff. BGB). Es handelt sich nicht um einen Realvertrag, der zu seiner Wirksamkeit noch der Übergabe des Lagergutes bedürfte, sondern um einen gewöhnlichen Konsensualvertrag (BGHZ 46, 43, 49). Neben den §§ 467 ff. HGB gelten für das Lagergeschäft subsidiär die Vorschriften des allgemeinen Verwahrungsrechts (§§ 688 ff. BGB). Die Orderlagerscheinverordnung (OLSchVO) wurde 1998 nach der Übernahme einzelner Vorschriften in das HGB aufgehoben.

### II. Rechte und Pflichten der Parteien

22 Der Lagerhalter hat während der Laufzeit des Lagervertrags (vgl. § 473 HGB) für die Lagerung und Aufbewahrung des Gutes grundsätzlich in eigenen Lagerräumen (§ 472 Abs. 2 HGB) zu sorgen (§ 467 Abs. 1 HGB). Ihn trifft die Verpflichtung, das Gut ordnungsgemäß **unterzubringen**, in seinem wirtschaftlichen Bestand gegen Verlust, Beschädigung und den Zugriff Dritter (*BGH* NJW 1997, 2385 ff.: Sicherheitsschloss) zu **sichern**, regelmäßig zu **kontrollieren** (*BGH* MDR 1951, 669 f.) sowie den Einlagerer über bereits eingetretene oder zu befürchtende Veränderungen des Gutes zu **unterrichten** und gegebenenfalls einen Selbsthilfeverkauf vorzunehmen (§ 471 Abs. 2 HGB). Ist der Einlagerer ein Verbraucher, hat der Lagerhalter zudem das Gut, soweit erforderlich, zu verpacken und zu kennzeichnen (§ 468 Abs. 2 Nr. 1 HGB). Beim Empfang eines versendeten und erkennbar beschädigten oder mangelhaften Guts muss der Lagerhalter Schadensersatzansprüche des Einlagerers sichern und diesem unverzüglich Nachricht geben (§ 470 HGB). Schließlich hat er dem Einlagerer die erforderlichen Maßnahmen zur Kontrolle und Erhaltung des Gutes zu **gestatten** (§ 471 Abs. 1 S. 1 HGB) sowie das Gut auf Verlangen des Einlagerers zu versichern (§ 472 Abs. 1 HGB). Auch bei Vereinbarung einer Lagerfrist ist das Gut auf Verlangen des Einlagerers jederzeit herauszugeben (§ 473 Abs. 1 S. 1 HGB).

Im Unterschied zum Frachtführer und Spediteur haftet der Lagerhalter für den Verlust oder die Beschädigung des Gutes nur nach den allgemeinen Haftungsgrundsätzen für **vermutetes Verschulden** (§ 475 HGB).

Im Zusammenhang mit der Einlagerung hat der Einlagerer zumindest Anspruch (§ 368 BGB analog) auf Erteilung eines **Lager-Empfangsscheins**. Dabei handelt es sich um eine vom Lagerhalter ausgestellte Privaturkunde, die lediglich den Empfang des Lagergutes bescheinigt. Sie besitzt Beweiskraft gem. § 416 ZPO und kann von den Parteien zum qualifizierten Legitimationspapier (vgl. § 808 BGB) ausgestaltet werden. Zumeist wird dem Einlagerer vom Lagerhalter jedoch ein **Lagerschein** ausgestellt (§§ 475c ff. HGB). Der Lagerschein ist ein Wertpapier, in dem der Lagerhalter sich zur Erfüllung der ihm aus dem Lagervertrag obliegenden Pflichten und insbesondere zur Herausgabe des eingelagerten Gutes gegen Rückgabe des Lagerscheins verpflichtet. Es gibt ihn als Rekta-, Order- oder Inhaberlagerschein (näher MüKoHGB/*Frantzioch*, § 475c Rn. 5 ff.). Zumindest als Orderpapier ist der Lagerschein ein Traditionspapier, dessen Übertragung für den Erwerb von Rechten an dem eingelagerten Gut dieselben Wirkungen hat wie die Übergabe der Sache selbst (§ 475g HGB). Auf diese Weise kann der Einlagerer das eingelagerte Gut ohne Transportkosten und Zeitverlust durch bloße Übergabe des Orderlagerscheins übereignen oder verpfänden. Vom Lager-Empfangsschein und vom Lagerschein ist der vom Einlagerer ausgestellte **Lieferschein** zu unterscheiden. Diese Urkunde enthält die Anweisung an den Lagerhalter, das Gut einem bestimmten Dritten auszuhändigen.

Der **Einlagerer** ist zur Zahlung der vereinbarten Vergütung (§ 467 Abs. 2 HGB) und zum Aufwendungsersatz (§ 474 HGB) verpflichtet. Er hat grundsätzlich (Ausnahmen bestehen nach § 468 Abs. 2 HGB für Verbraucher) das Gut zu verpacken und zu kennzeichnen sowie dem Lagerhalter die erforderlichen Urkunden und Informationen zur Verfügung zu stellen (§ 468 Abs. 1 HGB). Die Haftung des Einlagerers richtet sich nach § 468 Abs. 3 und 4 HGB in Anlehnung an § 414 HGB.

Zur Sicherung aller durch den Lagervertrag begründeten Forderungen sowie unbestrittener Forderungen aus anderen mit dem Einlagerer abgeschlossenen Lager-, Fracht- und Speditionsverträgen hat der Lagerhalter nach § 475b HGB ein **Pfandrecht** an dem Gut, solange er dieses in seinem Besitz hat bzw. mittels eines Traditionspapiers darüber verfügen kann. Das Pfandrecht erstreckt sich auch auf Versicherungsforderungen als Surrogat und auf die Begleitpapiere.

Alle unmittelbar im Zusammenhang mit den Lagerleistungen stehenden wechselseitigen Ansprüche **verjähren** innerhalb eines Jahres (§ 475a HGB i. V. m. § 439 HGB).

# § 47. Wiederholung

## A. Zusammenfassung

| | Frachtgeschäft | Speditionsgeschäft | Lagergeschäft |
|---|---|---|---|
| **Regelung** | §§ 407 ff. HGB; § 675 BGB; §§ 631 ff. BGB; §§ 328 ff. BGB; CMR; CIM; ADSp 2017 | §§ 453 ff. HGB; §§ 384 ff. HGB; § 675 BGB; ADSp 2017 | §§ 467 ff. HGB; §§ 688 ff. BGB |
| **Geschäftsinhalt** | Beförderung von Gütern zu Lande, in der Luft oder auf Binnengewässern durch den Frachtführer | Versendung von Gütern unter grundsätzlicher Einschaltung eines Frachtführers/Verfrachters im eigenen Namen, aber für Rechnung des Versenders | Lagerung und Aufbewahrung von fremden lagerfähigen Gütern |
| **Verwandtschaft zum** | Werkvertrag | Kommissionsgeschäft | Verwahrungsvertrag |
| **Vertragsbeziehungen** | Frachtvertrag zwischen Absender und Frachtführer, der in Teilen ein Vertrag zugunsten des Empfängers ist (z. B. §§ 418 Abs. 2, 421 Abs. 1 HGB) | grundsätzlich Speditionsvertrag zwischen Versender und Spediteur; Frachtvertrag zwischen Spediteur und Frachtführer (mittelbare Stellvertretung) | Lagervertrag zwischen Einlagerer und Lagerhalter |
| **Pflichten des Frachtführers/ Spediteurs/ Lagerhalters** | Empfangnahme und vertragsgemäße Beförderung des Gutes nach den Weisungen des Absenders oder Empfängers (§§ 407, 418 f. HGB) | Pflicht zum interessengemäßen Abschluss des Frachtvertrages und Übergabe des Speditionsguts an den Frachtführer (§ 454 Abs. 1 HGB); Nebenleistungen gem. § 454 Abs. 2 HGB; Pflicht zur Herausgabe des Erlangten (§§ 675, 667 BGB) | Lagerung grds. in eigenen Lagerräumen (§§ 467 Abs. 1, 472 Abs. 2 HGB); Überwachung des Gutes und Information des Einlagerers über negative Veränderungen (§ 471 Abs. 2 HGB); jederzeitige Auslieferung (§ 473 Abs. 1 S. 1 HGB) |
| **Haftung des Frachtführers/ Spediteurs/ Lagerhalters (HGB)** | Haftung für Güter- und Verspätungsschäden nach §§ 425 ff. HGB | Haftung nach §§ 461 f. HGB i. V. m. §§ 426 ff. HGB | Haftung bei Verlust und Beschädigung für vermutetes Verschulden (§ 475 HGB) |

|  | Frachtgeschäft | Speditionsgeschäft | Lagergeschäft |
|---|---|---|---|
| Rechte des Frachtführers/ Spediteurs/ Lagerhalters | Fracht (§§ 407 Abs. 2, 420 HGB) und Aufwendungsersatz (§ 420 Abs. 1 S. 2 HGB) | Vergütung (§§ 453 Abs. 2, 456 HGB); Aufwendungsersatz (§§ 675, 670 BGB). | Lagergeld und Aufwendungsersatz (§ 474 HGB) |
| Sicherungsrecht | Pfandrecht (§§ 441 f. HGB) | Pfandrecht (§ 464 HGB) | Pfandrecht (§ 475b HGB) |
| Pflichten und Haftung des Absenders/ Versenders/ Einlagerers | Frachtzahlung (§§ 407 Abs. 2, 420 HGB) Verladen und Entladen, Information (§§ 410 ff. HGB) grds. verschuldensunabhängige Haftung gem. § 414 HGB | Vergütung (§§ 453 Abs. 2, 456 HGB) Verpackung etc., Information (§ 455 Abs. 1 HGB) grds. verschuldensunabhängige Haftung gem. § 455 Abs. 2 HGB | Vergütung (§ 467 Abs. 2 HGB) grds. Verpackung etc., Information (§ 468 Abs. 1 und 2 HGB) grds. verschuldensunabhängige Haftung gem. § 468 Abs. 3 und 4 HGB |
| Urkunden | Frachtbrief; Ladeschein (§§ 408 f., 444 ff. HGB) | Spediteurdokumente (z. B. FCR, FBL) | Lager-Empfangsschein; Lagerschein (§§ 475c ff. HGB); Lieferschein |
| Sonderformen | Umzugsvertrag (§§ 451 ff. HGB); multimodaler Transport (§§ 452 ff. HGB) | Selbsteintritt (§ 458 HGB), Fixkostenspedition (§ 459 HGB), Sammelladung (§ 460 HGB) | Sammellagerung/ Mischlagerung (§ 469 HGB) |

## B. Kontrollfragen

1. Warum finden die §§ 407 ff. HGB keine Anwendung auf die Personenbeförderung und das Seefrachtgeschäft?
2. Warum könnte man den Spediteur auch als Transportkommissionär (vgl. Art. L. 132–3 ff. des französischen Code de commerce: „commissionnaire pour les transports") bezeichnen?
3. Welche besonderen Pflichten ergeben sich für den Spediteur bei der Vereinbarung einer Wertnachnahme?
4. Welche Arten der Lagerung gibt es?
5. Wodurch ist der Orderlagerschein gekennzeichnet?
6. Können die gesetzlichen Pfandrechte des Frachtführers, Verfrachters, Spediteurs und Lagerhalters gutgläubig erworben werden?

# Kapitel 13. Internationales Handelsrecht

**Literatur:** *Aktuelle Informationen im Internet:* https://uncitral.un.org/ und https://www.wto.org; *v. Bernstorff*, Incoterms 2010 der Internationalen Handelskammer (ICC) – Kommentierung für die Praxis inklusive offiziellem Regelwerk, 4. Aufl, 2017; *ders.*, Incoterms 2010, RIW 2010, 672 ff.; *Blaurock*, Übernationales Recht des Internationalen Handels, ZEuP 1993, 247 ff.; *Daun*, Grundzüge des UN-Kaufrechts JuS 1997, 811 ff.; *Ehricke*, Zur Einführung: Grundstrukturen und Probleme der lex mercatoria, JuS 1990, 967 ff.; *Ferrari/Kieninger/Mankowski/Otte/Saenger/Schulze/Staudinger (Hrsg.)*, Internationales Vertragsrecht. EGBGB, CISG, CMR, FactÜ. Kommentar, 3. Aufl., 2018; *Förster*, Wesentliche Vertragsverletzung und Aufrechnung von Forderungen nach UN-Kaufrecht, NJW 2015, 830 ff.; *Frick*, Die UNIDROIT-Prinzipien für internationale Handelsverträge, RIW 2001, 416 ff.; *Herdegen*, Internationales Wirtschaftsrecht, 11. Aufl., 2017; *Kreindler/Schäfer/Wolff*, Schiedsgerichtsbarkeit, 2006; *Kronke*, Ziele, Methoden, Kosten, Nutzen: Perspektiven der Privatrechtsharmonisierung nach 75 Jahren UNIDROIT, JZ 2001, 1149 ff.; *Kropholler*, Internationales Einheitsrecht: allgemeine Lehren, 1975; *Nemeczek*, Die Vertragsübernahme als Regelungsgegenstand des UN-Kaufrechts, IHR 2011, 49 ff.; *Piltz*, Neue Entwicklungen im UN-Kaufrecht, NJW 2007, 2159 ff., NJW 2009, 2258 ff., NJW 2011, 2261 ff., NJW 2013, 2567 ff., NJW 2015, 2548 ff.; *Schlechtriem/Schroeter*, Internationales UN-Kaufrecht, 6. Aufl., 2016; *Schlechtriem/Schwenzer*, Kommentar zum Einheitlichen UN-Kaufrecht (CISG), 7. Aufl., 2019; *Schwab/Walter*, Schiedsgerichtsbarkeit, 7. Aufl., 2005; *Wertenbruch*, Die Incoterms – Vertragsklauseln für den internationalen Kauf, ZGS 2005, 136 ff.; *Zwilling-Pinna*, Update wichtiger Handelsklauseln: Neufassung der Incoterms ab 2011, BB 2010, 2980 ff.

> **Lernhinweis:** Das internationale Handelsrecht ist grundsätzlich kein Prüfungsstoff. Gerade das Handelsrecht lässt sich aber immer weniger als rein nationales Recht begreifen, da es im Handelsverkehr viel häufiger als im übrigen Privatrechtsverkehr zu grenzüberschreitenden Vorgängen kommt. Dem international ausgerichteten Juristen soll dieses Kapitel daher einen kurzen Überblick über das in der Praxis wichtige internationale Handelsrecht geben.

## § 48. Einführung

Das internationale Handelsrecht besteht aus **staatlichen und überstaatlichen Rechtsregeln bzw. Gebräuchen, die den Welthandelsverkehr betreffen**. Es setzt sich zusammen aus dem Kollisionsrecht, dem Recht supranationaler Organisationen, der Kautelarpraxis in internationalen Verträgen, internationalen Übereinkommen und Mustergesetzen, internationalen Handelsbräuchen, allgemeinen Rechtsprinzipien und der Spruchpraxis der internationalen Handelsschiedsgerichte. Das internationale Handelsrecht weist in

1

Teilen Berührungspunkte mit dem Völkerhandelsrecht (z. B. WTO) und dem Außenwirtschaftsrecht (z. B. Import- und Exportverbote) auf.

2   Der Begriff des internationalen Handelsrechts ist damit nach herrschendem Verständnis weiter gefasst als derjenige der sog. modernen *lex mercatoria*, zu der zumeist nur diejenigen Regeln gezählt werden, die überstaatlich und gewohnheitsmäßig von den im internationalen Handel tätigen Kaufleuten für ihre spezifischen Bedürfnisse geschaffen wurden. Der Inhalt der modernen *lex mercatoria*, ihre Bedeutung für die internationale Vertragsgestaltung und Handelsschiedsgerichtsbarkeit sowie ihr Verhältnis zu den nationalen Rechtsordnungen sind noch in vielerlei Hinsicht ungeklärt. Trotz bekannter historischer Vorläufer (römisches *ius gentium*, mittelalterliches *ius mercatorum*, angelsächsisches *law merchant*) bereitet die Anerkennung eines von den nationalen Rechtsordnungen unabhängigen Welthandelsrechts vielen Juristen gerade in Deutschland noch immer erhebliche Schwierigkeiten. Dabei geht es nicht nur um rechtstheoretische Fragen (Rechtscharakter, Geltungsgrund) oder die Verteidigung der traditionellen Vormachtstellung des Kollisionsrechts. Angesichts des schwer und vielfach auch nur in der Rechtspraxis greifbaren Normenbestands der disparaten *lex mercatoria* fürchtet man auch um die demokratische Legitimation der Rechtsregeln, die Gewährleistung der Rechtssicherheit, die Sicherung des nationalen ordre public und den Schutz des schwächeren Vertragspartners (einführend *Ehricke*, JuS 1990, 967 ff.).

3   Die folgende Darstellung wird deutlich machen, dass der internationale Handelsverkehr in der **Praxis** bereits einer Vielzahl gesonderter Regeln unterliegt, die nur zum Teil über einen nationalen Anknüpfungspunkt verfügen. Selbst wenn es sich dabei noch keineswegs um ein lückenloses Rechtssystem handelt, werden beispielsweise der internationale Waren- und Zahlungsverkehr sowie das internationale Transportrecht schon weitgehend durch ein internationales Sonderrecht bestimmt. Die überstaatliche *lex mercatoria* wird inzwischen in vielen Ländern und insbesondere in Frankreich als **eigenständige Rechtsquelle** (*règle de droit*) betrachtet, die u. a. zum Gegenstand von Rechtswahlklauseln gemacht werden kann. Ihre ungeschriebenen Grundsätze sind darüber hinaus im Zusammenhang mit der Anerkennung von Schiedssprüchen, die auf internationalen Handelsbräuchen oder allgemeinen Rechtsgrundsätzen beruhten, bereits vor verschiedenen staatlichen Gerichten auf Akzeptanz gestoßen (z. B. *österreichischer OGH* RIW 1983, 868 ff. im Fall Norsolor/Pabalk). Insgesamt erweist sich damit das Handelsrecht erneut als Motor und Vorreiter der (internationalen) Rechtsvereinheitlichung.

# § 49. Quellen des internationalen Handelsrechts

## A. Internationales Privatrecht

Die Internationalität des Welthandels steht im Widerspruch zur Nationalstaatlichkeit des Rechts. Die damit verbundenen Rechtsprobleme werden vorrangig noch immer dadurch gelöst, dass man jedes Handelsrechtsverhältnis seinem natürlichen Schwerpunkt entsprechend einer nationalen Rechtsordnung zuordnet (kollisionsrechtliche Lösung). Diese Zuordnung erfolgt jedoch nicht nach besonderen Regeln eines Handelskollisionsrechts, sondern nach den allgemeinen Anknüpfungskriterien des Internationalen Privatrechts (z. B. für Schuldverträge Art. 3 ff. Rom-I-VO, welche die nationalen Regelungen der Art. 27 ff. EGBGB a. F. zum 17. 12. 2009 abgelöst haben).

## B. Das Recht der Europäischen Union

Als supranationale Organisation verfügt die EU nicht nur über die Befugnis, ihre Mitgliedstaaten zu verpflichten, sondern kann auch Recht mit unmittelbarer Wirkung für die Bürger in den Mitgliedstaaten setzen (näher *Herdegen*, Europarecht, 20. Aufl., 2018, § 5 Rn. 9 ff.). Für den Handelsverkehr im Bereich der **EU** haben das primäre (Art. 28 ff., Art. 49 ff., Art. 56 ff., Art. 63 ff., Art. 90 ff., Art. 101 ff. AEUV) wie das sekundäre EU-Recht (z. B. Art. 13 ff. und 29 ff. RL 2017/1132/EU, vgl. Kap. 3 vor Rn. 21 und Rn. 31 sowie Kap. 5 Rn. 3; Handelsvertreterrichtlinie, vgl. Kap. 6 Rn. 8; Bilanzrichtlinien und IAS-Verordnung, vgl. Kap. 8 Rn. 4; VO EG/261/2004 über Fluggastrechte, vgl. Kap. 12 Rn. 1) eine ausgesprochen große Bedeutung erlangt (näher *Kilian/Wendt*, Europäisches Wirtschaftsrecht, 5. Aufl., 2016).

## C. International vereinheitlichte Vertragsgestaltungen

### I. Überblick

Der Grundsatz der **Privatautonomie** gilt auch im internationalen Handelsrecht. Der zwischen den Vertragspartnern geschlossenen Vereinbarung kommt damit eine vorrangige Bedeutung zu. Angesichts der Lückenhaftigkeit des internationalen Handelsrechts regeln die Parteien ihre Rechtsbeziehungen zumeist möglichst umfassend und detailliert in einem Vertragswerk. Die internationalen Organisationen und Verbände (z. B. ICC, ILA, FIATA, FIDIC; vgl. Rn. 24 ff.) erleichtern den Parteien die Abfassung von Verträgen, indem sie einzelne Vertragsklauseln, Formverträge, Formulare oder ganze Klauselwerke ausarbeiten und zur Verwendung in internationalen Verträgen empfehlen. Die internationale Kautelarpraxis leistet auf diese Weise einen wichtigen Beitrag zur Rechtsvereinheitlichung und zur Rechtssicherheit im internationalen Handelsverkehr. Angesichts der Verbreitung bestimmter Vertragsklauseln wird vielfach bereits ihre Geltung als Handelsbrauch und damit unabhängig von einer vertraglichen Vereinbarung erwogen. Soweit deutsches Recht zur Anwendung gelangt und die Klauseln als Allgemeine Geschäftsbedingungen einzustufen sind, gelten die §§ 305 ff. BGB nach Maßgabe des § 310 BGB.

**Beispiele:** Klauseln zur Befreiung des Schuldners bei höherer Gewalt (*hardship clauses*), Wertsicherungs- und Währungsklauseln, Neuverhandlungsklauseln zur Anpassung des Vertrages an veränderte Umstände, Rechtswahl-, Gerichtsstands-, Schlichtungs- und Schiedsgerichtsklauseln; international formulierte Allgemeine Geschäftsbedingungen sind z. B. nach h. M. die von der Internationalen Handelskammer erstellten Einheitlichen Richtlinien und Gebräuche für Dokumenten-Akkreditive (ERA/UCP 600, letzte Revision 2007) und die Einheitlichen Richtlinien für Inkassi (ERI/URC 522, letzte Revision 1995), die unter Kaufleuten gegebenenfalls auch stillschweigend Vertragsbestandteil werden können (vgl. Ba/Ho/*Hopt*, Anh. 11 und 12).

### II. Musterbeispiel: International Commercial Terms (Incoterms)

#### 1. Rechtsnatur und Geltungsgrund der Incoterms

7   Die Internationalen Regeln für die Auslegung der handelsüblichen Vertragsformeln (*International Commercial Terms*) sind die bekanntesten und verbreitetsten internationalen Handelsklauseln. Sie werden seit 1936 von der Internationalen Handelskammer (ICC) auf der Basis einer seit langem herrschenden Kautelarpraxis zusammengestellt. Diese sog. Incoterms stellen eine international einheitliche **Definition** des Inhalts bestimmter **abgekürzter Vertragsklauseln** dar. Durch die Bezugnahme auf einen der Incoterms (im Streitfall ist allein die englische Fassung maßgeblich) können die Vertragsparteien einen Teil ihrer gegenseitigen Rechte und Pflichten – in der Praxis sind dabei v. a. der Übergang der Preis- und Transportgefahr wichtig – eindeutig regeln, was umfangreiche individualvertragliche Bestimmungen erübrigt und somit den internationalen Handel wesentlich erleichtert. Nach mehreren Anpassungen an das sich weiterentwickelnde Transport- und Kautelarwesen stammt die aktuelle Version der Incoterms von **2010** (7. Revision mit Geltung seit dem 1. 1. 2011; abgedruckt bei Ba/Ho/*Hopt*, Anh. 6). Die vorrangig für den internationalen Handelsverkehr konzipierten Incoterms werden seit 1992 von UNCITRAL (Rn. 24) zur Anwendung in internationalen Lieferverträgen empfohlen. Sie wurden bislang aber nicht selten auch im nationalen Verkehr verwendet, was mit der siebten Revision von 2010 nunmehr auch offiziell vorgesehen ist (*Zwilling-Pinna*, BB 2010, 2980, 2981). Im Einzelfall gehen Individualabreden und zwingendes Recht den Incoterms freilich vor.

8   Die Incoterms kommen jedenfalls dann zum Tragen, wenn sie mit ihrem fest definierten Bedeutungsinhalt in die jeweilige vertragliche Vereinbarung einbezogen wurden (vgl. MüKoHGB/*K. Schmidt*, § 346 Rn. 113). Ob sie auch unabhängig von einer derartigen Einbeziehung als die Wiedergabe internationalen Handelsbrauchs oder gar als internationales Handelsgewohnheitsrecht **Geltung** beanspruchen können, ist angesichts der regionalen Vielfalt der Bräu-

che und Gewohnheiten des internationalen Handels fraglich. Die Vertragspartner sollten daher die Bezugnahme auf die aktuelle oder eine frühere Version der Incoterms (zur Möglichkeit der Vereinbarung von früheren Versionen der Incoterms: *Bredow/Seiffert*, Incoterms 2000 – Kommentar, Einführung, Rn. 16) vertraglich klar zum Ausdruck bringen.

> **Beispielsfall:** Der Hamburger Kaufmann Klotz schließt mit verschiedenen brasilianischen Importeuren Verträge in englischer Sprache über die Lieferung von deutschem Weißwein. Ein Vertrag enthält die Klausel „FOB, Hamburg, Incoterms 2010", ein anderer die Wendung „Free on Board, Hamburg". Im ersten Fall ist die Bezugnahme auf die FOB-Klausel der Incoterms 2010 eindeutig. Im zweiten Fall entstehen jedoch Auslegungsschwierigkeiten, da neben einer Bezugnahme auf die Incoterms von 2010 (oder vielleicht auch von 1990 oder 2000?) ebenso eine Bezugnahme auf die deutsche Klausel „Frei an Bord" wie auf die Revised American Foreign Trade Definitions denkbar ist, die der FOB-Klausel jeweils einen abweichenden Bedeutungsinhalt geben. Sollte sich der von den Parteien gewollte Vertragsinhalt nicht feststellen lassen, würde die Bedeutungslosigkeit der Klauselvereinbarung zu einer Vertragslücke führen, zu deren Ausfüllung unter Umständen die Incoterms 2010 als Handelsbrauch herangezogen werden könnten. Dies würde allerdings voraussetzen, dass im internationalen Weinhandel regelmäßig die Incoterms und nicht die Revised American Foreign Trade Definitions Verwendung finden.

## 2. Inhalt der Incoterms

Die Incoterms regeln nach einem einheitlichen Schema und unter identischen Überschriften vornehmlich das „Wo" und „Wie" der Lieferung und Abnahme, den Gefahrübergang, die Aufteilung der Transportkosten, die Ausführung der Export- und Importabfertigung einschließlich der Kostenverteilung sowie Fragen der Transportdokumentation. Damit werden **keinesfalls alle Rechtsfragen** eines grenzüberschreitenden Kaufvertrags erfasst. Nicht geregelt werden beispielsweise so bedeutende Bereiche wie der Vertragsschluss, der Eigentumsübergang oder die Leistungsstörungen. Insoweit ist auf die übrige Parteivereinbarung, das UN-Kaufrecht (Rn. 13 ff.) oder das nach dem Kollisionsrecht bzw. der vertraglichen Vereinbarung anwendbare nationale Recht zurückzugreifen.

Die insgesamt 11 (früher 13) Incoterms werden traditionell nach ihrem jeweiligen Anfangsbuchstaben und der **Pflichtenintensität** für den Verkäufer (sie steigt von der EXW-Klausel über die F- und C-Klauseln bis hin zur DDP-Klausel in der D-Gruppe an) in **vier Gruppen** eingeteilt. Die Incoterms 2010 sind hingegen **nach der Transportart** vorrangig **in zwei Gruppen** gegliedert (vier Klauseln nur für den Schiffstransport und sieben Klauseln für alle Transportarten), wobei sich weiterhin auch die traditionelle Einteilung in die Gruppen E (sog. Abholklausel), F (Kosten des Haupttransports trägt der Käufer), C (Kosten des Haupttransports trägt der Verkäufer) und D (sog. Ankunftsklausel) findet (Heidel/Schall/*Klappstein*, § 346 Rn. 68; *Zwilling-Pinna*, BB 2010, 2890, 2892).

| Klausel-gruppe | Kosten- und Gefahrtragung | Einzelne Klauseln (Incoterms 2010) | Transportart |
|---|---|---|---|
| E-Klauseln | Kosten- und Gefahrübergang mit Bereitstellung auf dem Gelände des Verkäufers | EXW (= *Ex Works*) | Alle |
| F-Klauseln | Kosten- und Gefahrübergang am Ort der Übergabe an den Frachtführer (z. B. Lieferort, Verbringung der Waren auf das Schiff) | FCA (= *Free Carrier*) <br> FAS (= *Free Alongside Ship*) <br> FOB (= *Free On Board*) | Alle <br> Schiffstransport <br> Schiffstransport |
| C-Klauseln | Gefahrübergang am Ort der Übergabe an den Frachtführer (z. B. Verbringung der Waren auf das Schiff), aber Kostenübergang am Bestimmungsort (z. B. Bestimmungshafen) | CFR (= *Cost and Freight*) <br> CIF (= *Cost, Insurance and Freight*) <br> CPT (= *Carriage Paid To*) <br> CIP (= *Carriage and Insurance Paid to*) | Schiffstransport <br> Schiffstransport <br> Alle <br> Alle |
| D-Klauseln | Kosten- und Gefahrübergang am Bestimmungsort (z. B. Bestimmungsort an der Grenze, Bestimmungshafen) | DAT (= *Delivered At Terminal*) <br> DAP (= *Delivered At Place*) <br> DDP (= *Delivered Duty Paid*) | Alle <br> Alle <br> Alle |

**11** Von besonderer praktischer Bedeutung sind beim See- oder Binnenschiffstransport die Klauseln FOB und CIF. Nach der **FOB-Klausel** der Incoterms 2010 hat der Verkäufer seine Lieferverpflichtung erfüllt, wenn sich die Ware an Bord des Schiffes befindet, wobei eine sichere Verstauung nicht erforderlich ist. In den Incoterms 2000 war insoweit noch die Schiffsreling der maßgebliche Lieferort, was bisweilen (v. a. sog. „Kranschwenk-Fälle") zu unbilligen Ergebnissen in Bezug auf die Gefahrtragung führte (*Zwilling-Pinna*, BB 2010, 2980, 2982). Von diesem Zeitpunkt an trägt der Käufer die Gefahr des Verlusts oder der Beschädigung der Ware sowie alle die Ware betreffenden Kosten. Die Verpackung, Kennzeichnung und Transportdokumentation sowie die Erledigung der Ausfuhrformalitäten obliegen noch dem Verkäufer. Die **CIF-Klausel** bedeutet, dass der Verkäufer die Kosten der Fracht bis zum Bestimmungshafen und der Seeversicherung tragen muss. Allerdings geht die Gefahr des Verlusts oder der Beschädigung der Ware bereits dann auf den Käufer über, wenn die Ware auf das Schiff verbracht wurde. Die Verpackung, Kennzeichnung und Transportdokumentation sowie die Erledigung der Ausfuhrformalitäten obliegen auch hier noch dem Verkäufer.

## D. Internationale Konventionen

### I. Überblick

Die Bundesrepublik Deutschland ist inzwischen allein über 50 multilateralen Abkommen mit Bezug zum Handelsrecht beigetreten. Die Transformation dieser völkerrechtlichen Verträge in deutsches Handelsrecht erfolgt nach Art. 59 Abs. 2 S. 1 GG entweder durch ein bloßes Zustimmungsgesetz mit dem Vertragstext als Anhang (z. B. CISG) oder durch ein wortgleiches nationales Gesetz. Zum Teil finden sie dann wie z. B. das WG und ScheckG auch auf rein nationale Sachverhalte Anwendung.

**Beispiele:** Genfer Wechsel- und Scheckrechtskonventionen von 1930/1931; Internationales Abkommen zur Vereinheitlichung von Regelungen über Konnossemente von 1924 (Haager Regeln) mit Änderungsprotokoll von 1968 (Visby-Rules); Montrealer Übereinkommen zur Vereinheitlichung bestimmter Vorschriften über die Beförderung im internationalen Luftverkehr von 1999 (MÜ); Übereinkommen über den internationalen Währungsfonds (IWF) von 1944/1976 mit handelsrechtlicher Bedeutung v. a. für den Devisenverkehr; WTO-Abkommen von 1994 (Rn. 25); Übereinkommen über den Beförderungsvertrag im internationalen Straßengüterverkehr (CMR) von 1956; New Yorker UN-Übereinkommen über die Anerkennung und Vollstreckung ausländischer Schiedssprüche von 1958; Übereinkommen über den internationalen Eisenbahnverkehr (COTIF) von 1980.

### II. Musterbeispiel: Internationales UN-Kaufrecht

#### 1. Entwicklung des UN-Kaufrechts

Bereits Ende der 20er Jahre hatte **Ernst Rabel** dem Internationalen Institut für die Vereinheitlichung des Privatrechts in Rom (UNIDROIT) den Vorschlag gemacht, eine Vereinheitlichung des Rechts für grenzüberschreitende Warenkäufe anzustreben. Zugleich begann Rabel mit einer umfassenden rechtsvergleichenden Untersuchung der nationalen Warenkaufrechte, die er 1936 und 1958 in zwei Bänden unter dem Titel „Das Recht des Warenkaufs" publizierte. Dieser Klassiker der rechtsvergleichenden Literatur diente künftig als Grundlage der Bemühungen um eine Vereinheitlichung des Warenkaufrechts. Im Jahre 1964 kam es schließlich zur Verabschiedung der **Haager Übereinkommen** betreffend das Einheitliche Gesetz über den internationalen Kauf beweglicher Sachen und das Einheitliche Gesetz über den Abschluss von internationalen Kaufverträgen über bewegliche Sachen, die nach ihrer Ratifizierung 1973 in der Bundesrepublik als Bundesgesetze (EKG bzw. EAG) in Kraft traten. Dieses Haager Einheitliche Kaufrecht wurde jedoch insgesamt nur von neun Staaten ratifiziert und darüber hinaus von der Vertragspraxis nur zögernd angenommen. Auf der Grundlage des Haager Einheitlichen Kaufrechts und Entwürfen von UNCITRAL erarbeitete daher 1980 in Wien eine diplomatische Konferenz das Übereinkommen der Vereinten Nationen über Verträge über den internationalen Warenkauf (*United Nations Convention on Contracts for the International Sale of Goods* – **CISG**). Das auch als Wiener UN-

Kaufrecht bezeichnete Übereinkommen trat in der Bundesrepublik Deutschland am 1. 1.1991 anstelle des Haager Einheitlichen Kaufrechts in Kraft. Der Konvention sind bislang 91 Vertragsstaaten (darunter VR China, Frankreich, Italien, Österreich, Russische Föderation, Schweiz, Spanien und USA) beigetreten (Stand: 1. Mai 2019).

**2. Anwendungsbereich und Anwendungsvoraussetzungen**

14   Das CISG schafft nach Art. 1 und 3 CISG ein Sonderrecht für **Kauf- und Werklieferungsverträge über Waren**, bei denen die Vertragsparteien ihre Niederlassungen erkennbar in verschiedenen Staaten haben. Die Anwendung des CISG ist im Gegensatz zum HGB nicht an den Kaufmannsbegriff geknüpft. Vom Ansatz her ist es daher weder insgesamt noch in Teilen ein Spezialgesetz für den Handelskauf im Sinne des deutschen Rechts. In der Praxis werden die Vertragsparteien in aller Regel jedoch Kaufleute sein, zumal der Kauf von Waren, die erkennbar für Familie und Haushalt bestimmt sind (Konsumentenkauf), aus dem Anwendungsbereich ebenso ausgenommen ist wie der Kauf von Schiffen, Luftfahrzeugen, Wertpapieren und elektrischer Energie oder der Kauf bei Versteigerung oder Vollstreckung (Art. 2 CISG). Da der grenzüberschreitende Charakter des Vertrages aber allein durch den Umstand begründet wird, dass die Vertragsparteien ihre **Niederlassungen** (Art. 10 CISG) **in verschiedenen Staaten** haben, kommt es weder auf die Nationalität der Parteien noch darauf an, ob die verkaufte Ware die Grenze zwischen zwei Vertragsstaaten überschreitet.

> **Beispielsfall:** Weber ist im Weingroßhandel mit Niederlassungen in Freiburg und Straßburg tätig und besitzt die deutsche Staatsangehörigkeit. Von der Niederlassung Freiburg aus bestellt er Anfang, Mitte und Ende Mai per Fax bei der Kellerei Henriot in Reims (Frankreich) Champagner für Restaurants in Straßburg, Freiburg und Basel. Henriot soll den Champagner an die Niederlassungen in Freiburg bzw. Straßburg und direkt an ein Restaurant in Basel liefern.
> Hier hängt die Anwendung des CISG auf die drei Kaufverträge allein davon ab, ob nach Art. 10 CISG die Straßburger oder die Freiburger Niederlassung Webers für die konkreten Vertragsschlüsse maßgeblich ist. Wäre die maßgebliche Niederlassung Straßburg, käme das CISG in keinem Fall zur Anwendung, da die Niederlassungen beider Vertragspartner dann in Frankreich lägen und auch ein Grenzübertritt der Ware von Frankreich nach Deutschland oder in die Schweiz ebenso wenig zu einer Anwendung des CISG führen würde wie die unterschiedliche Nationalität der Vertragspartner. Läge die maßgebliche Niederlassung hingegen in Freiburg würde für alle drei Kaufverträge (also auch für die Lieferung an die Straßburger Niederlassung) das CISG gelten, selbst wenn sich zwischenzeitlich herausgestellt haben sollte, dass Weber gar nicht Deutscher, sondern Franzose ist. Maßgeblich ist nach Art. 10 CISG bei mehreren Niederlassungen diejenige, die unter Berücksichtigung der bei Vertragsschluss den Parteien bekannten Umstände die engste Beziehung zu dem Vertrag und seiner Erfüllung (v. a. der Lieferpflicht) hat. Dies ist bei den Lieferungen nach Freiburg (erkennbarer Ort der Bestellung und der Lieferung: Freiburg) und nach Basel (erkennbarer Ort der Bestellung: Freiburg)

§ 49. Quellen des internationalen Handelsrechts 319

Freiburg. Auch bei der Lieferung an die Straßburger Niederlassung dürfte Freiburg als Ort der Bestellung Vorrang vor Straßburg als dem Ort der Lieferung beanspruchen (vgl. *Ferrari*, in: Schlechtriem/Schwenzer, Kommentar zum Einheitlichen UN-Kaufrecht, 6. Aufl., 2013, Art. 10 CISG Rn. 8).

Sofern die Geltung des CISG nicht ausdrücklich und wirksam im Vertrag vereinbart wurde, gelangt es in der Gerichtspraxis aber nur dann zur Anwendung, wenn 15

- beide Vertragsparteien ihre Niederlassung in einem Vertragsstaat haben und sich das angerufene Gericht ebenfalls in einem Vertragsstaat befindet bzw. aufgrund des am Gerichtsort geltenden und auf das Recht eines Vertragsstaates verweisenden IPR zur Anwendung des CISG verpflichtet ist (**autonome Anwendung**, Art. 1 Abs. 1 lit. a CISG) **oder** eine Partei bzw. beide Parteien ihre Niederlassung zwar *nicht* in einem Vertragsstaat haben, das Kollisionsrecht des Forumstaates aber das angerufene Gericht zur Anwendung des Rechts eines Vertragsstaats (und damit des CISG) verpflichtet (**Anwendung aufgrund kollisionsrechtlicher Verweisung**, Art. 1 Abs. 1 lit. b CISG und Art. 95 CISG) **und**
- die Parteien das CISG **nicht abgewählt**, d. h. seine Anwendung weder kollisionsrechtlich durch die Wahl des Rechts eines Nichtvertragsstaates noch materiell-rechtlich durch die Abwahl des CISG oder einzelner seiner Bestimmungen (Art. 6 CISG) ausgeschlossen haben.

**3. Regelungsbereich**

Nach Art. 4 S. 1 CISG regelt das CISG nur das **äußere Zustandekommen** 16 des Kaufvertragsschlusses und die daraus entstehenden **Rechte und Pflichten** der Parteien. Ausgenommen sind damit von vornherein (sog. **externe Lücken**) die allgemeinen rechtsgeschäftlichen bzw. schuldrechtlichen Fragen der Rechts- und Geschäftsfähigkeit, der Willensmängel, der Gesetz- und Sittenwidrigkeit, der Vertretungsmacht, der Aufrechnung, Abtretung und Schuldübernahme. Auch Regelungen zur Übereignung der verkauften Ware (Art. 4 S. 2 lit. b CISG) oder zur vertraglichen Produkthaftung für die Verletzung von Leib und Leben (Art. 5 CISG) will das CISG bewusst nicht treffen. Insoweit ist auf das nach Kollisionsrecht anwendbare nationale Recht zurückzugreifen. Die Verjährung ist schließlich Gegenstand eines eigenen, 1980 an das UN-Kaufrecht angepassten Verjährungsübereinkommens von 1974, dem die Bundesrepublik aber noch nicht beigetreten ist. Bestehen darüber hinaus innerhalb des prinzipiellen Anwendungsbereichs des CISG unbewusste Regelungslücken (sog. **interne Lücken**), sind diese zunächst durch Analogien (z. B. analoge Anwendung von Art. 13 CISG auf Mitteilungen per Telefax) oder nach Art. 7 Abs. 2 CISG mit Hilfe der Prinzipien des CISG (z. B. Wahrung des guten Glaubens im internationalen Handel, Art. 7 Abs. 1 CISG) zu schließen. Hilfsweise ist das nach Kollisionsrecht anwendbare sonstige nationale Recht heranzuziehen.

### 4. Besonderheiten des UN-Kaufrechts

17 Der äußere Abschluss des Kaufvertrages ist im Teil II (Art. 14–24 CISG), das materielle Kaufrecht im Teil III (Art. 25–88 CISG) des Übereinkommens geregelt. Im Folgenden soll nur kurz auf die wichtigsten konstruktiven und inhaltlichen Unterschiede zum deutschen Kaufrecht der §§ 433 ff. BGB und der §§ 373 ff. HGB hingewiesen werden:

- Das **Angebot** auf Abschluss des Kaufvertrages kann grundsätzlich bis zur Absendung der Annahmeerklärung widerrufen werden (Art. 16 CISG; vgl. demgegenüber § 145 BGB).
- Nach Art. 19 Abs. 2 und 3 CISG kommt der Kaufvertrag mit dem Inhalt einer von dem Angebot nur unwesentlich abweichenden **Annahme** zustande, wenn der Anbietende die mangelnde Übereinstimmung nicht unverzüglich beanstandet. Insoweit gilt mithin, abweichend von der h. M. in Deutschland (Kap. 9 Rn. 18), die sog. Theorie des letzten Worts.
- Der Anbietende kann einer bereits **verspätet** abgesendeten Annahmeerklärung durch die bloße unverzügliche Absendung einer Verspätungsmitteilung zur Wirksamkeit verhelfen. Ein Zugang dieser Mitteilung ist nicht erforderlich (Art. 21 Abs. 1 CISG; vgl. demgegenüber §§ 149, 150 Abs. 1 BGB).
- Der Verkäufer hat die Ware mangels anderweitiger Absprachen nur innerhalb einer angemessenen Frist nach Vertragsschluss zu **liefern** (Art. 33 lit. c CISG und Art. 52 Abs. 1 CISG; vgl. demgegenüber § 271 Abs. 1 BGB).
- Der Käufer ist grundsätzlich auch zur Annahme von **Teilleistungen** verpflichtet (Art. 51 Abs. 1 CISG; vgl. demgegenüber § 266 BGB).
- Die **Grundstrukturen des Leistungsstörungsrechts** im CISG dienten dem deutschen Gesetzgeber als Vorbild für die im Jahre 2002 erfolgte Reform der §§ 275, 280 ff., 323 ff., 434 ff. BGB (BT-Drs. 14/6040, S. 86). Durch die grundsätzliche Übernahme einer einheitlichen Konzeption des Leistungsstörungsrechts in das BGB sind die bis dahin in diesem Bereich bestehenden Unterschiede geringer geworden. Dies gilt insbesondere für die Einführung des Begriffs der Pflichtverletzung i. S. v. § 280 Abs. 1 BGB (vgl. dazu den Begriff der wesentlichen oder unwesentlichen Vertragsverletzung in Art. 25, 45, 61, 71 ff. CISG), den Vorrang der Erfüllung mit dem grundsätzlichen Erfordernis einer Nachfristsetzung nach §§ 281 Abs. 1 S. 1, 323 Abs. 1 BGB (vgl. dazu Art. 47, 49 CISG), die verschuldensunabhängige Rücktrittsmöglichkeit nach §§ 323 ff. BGB (vgl. dazu die Möglichkeiten zur Vertragsaufhebung nach Art. 49 und 64 CISG, die lediglich durch Art. 79 f. CISG eingeschränkt werden) sowie die Möglichkeit zur Kombination von Rücktritt und Schadensersatz nach § 325 BGB (vgl. dazu Art. 45 Abs. 2, 61 Abs. 2 CISG). Der deutsche Gesetzgeber hat jedoch etwa noch an Sonderregelungen zur Unmöglichkeit (§§ 275, 283, 326 BGB) und an der Differenzierung zwischen Haupt- und Nebenpflichtverletzungen (§§ 282, 324 BGB) festgehalten, die das CISG gar nicht oder allenfalls in anderer

Form (vgl. etwa die Differenzierung zwischen wesentlichen und unwesentlichen Vertragsverletzungen in Art. 25 CISG) kennt. Insoweit ergeben sich teilweise immer noch unterschiedliche Voraussetzungen für die einzelnen Rechtsbehelfe Nacherfüllung, Rücktritt bzw. Vertragsaufhebung, Schadensersatz und Minderung (dazu *Schlechtriem*, Schuldrecht BT, 6. Aufl., 2003, Rn. 177 ff.).
- Eine Partei hat für eine Vertragsverletzung nur dann **nicht einzustehen**, wenn sie beweist, dass ihre eigene Vertragsverletzung oder die ihrer Leute (Art. 79 Abs. 1 CISG) bzw. von Dritten (Art. 79 Abs. 2 CISG) auf einem unvorhersehbaren und außerhalb ihres Einflussbereichs liegenden Hinderungsgrund beruht (vgl. demgegenüber das Verschuldensprinzip in §§ 276, 278 BGB).
- Die **Verspätung** der Lieferung begründet auch ohne Mahnung eine Vertragsverletzung (Art. 33, 58 CISG; vgl. demgegenüber §§ 280 Abs. 2, 286 Abs. 2, 288 BGB und § 376 HGB).
- Eine **Vertragsaufhebung** ist unabhängig von der Art der Leistungsstörung nur bei einer wesentlichen Vertragsverletzung (Art. 25 CISG; dazu *BGH* NJW 2015, 867 und *Förster*, NJW 2015, 830 ff.) oder nach erfolglosem Ablauf einer dem Vertragspartner gesetzten Nachfrist möglich (Art. 49 Abs. 1 CISG und Art. 64 Abs. 1 CISG; vgl. demgegenüber die Rücktrittsregelungen in den §§ 323 ff. BGB). Nicht allein bei **vertragswidriger Beschaffenheit** der Ware (Art. 35 Abs. 1 CISG: Qualitätsmangel, jegliche Falschlieferung, jeglicher Quantitätsmangel, Verpackungsmangel), sondern auch bei **Rechtsmängeln** (Art. 41 ff. CISG) erhält sich der Käufer seine Rechte gegenüber einem gutgläubigen Verkäufer grundsätzlich (Ausnahme: Art. 44 CISG) nur, wenn er die Vertragsverletzung innerhalb einer angemessenen Frist (§ 377 Abs. 1 HGB: „unverzüglich") **rügt** (Art. 38 ff. bzw. 43 CISG).
- Der **Schadensersatzanspruch** (Art. 74 ff. CISG) ist stets nur auf Geld gerichtet (vgl. demgegenüber § 249 Abs. 1 BGB mit dem Vorrang der Naturalrestitution).
- Die **Verzinsungspflicht** ab Fälligkeit (Art. 78 CISG) ist der Höhe nach nicht festgelegt (vgl. demgegenüber für den gesetzlichen Zinssatz § 352 HGB).
- Die Pflichten der Vertragsparteien zur **Erhaltung der Ware** sind zusammengefasst und z. T. abweichend vom BGB/HGB geregelt (Art. 85 ff. CISG).

## E. Internationale Modellgesetze

Die von den internationalen Organisationen und für das Handelsrecht insbesondere von UNCITRAL ausgearbeiteten Modellgesetze sollen den nationalen Gesetzgebern lediglich als Anregung und **Richtschnur** für eine etwaige Harmonisierung ihrer Rechte dienen. Darüber hinaus können sie zur Grundlage für internationale Verträge werden. Bei den Modellgesetzen han-

18

delt es sich jedoch nicht um staatliches Recht. Deshalb ist umstritten, ob die Vertragsparteien auf sie wie etwa auch auf AGB nur materiell-rechtlich, d. h. im Rahmen des kollisionsrechtlich anwendbaren dispositiven nationalen Sachrechts (Rn. 4), verweisen können oder ob die Parteien sie auch zum Gegenstand einer sog. kollisionsrechtlichen Rechtswahl machen können (näher *Schinkels*, GPR 2007, 106 ff.). Bei einer kollisionsrechtlichen Rechtswahl blieben lediglich die sog. international zwingenden Normen des anwendbaren nationalen Sachrechts vorbehalten (vgl. zu diesen auch sog. Eingriffsnormen etwa Art. 9 Rom-I-VO).

**Beispiele:** UNCITRAL-Modellgesetz zum internationalen Überweisungsverkehr von 1992; UNCITRAL-Modellgesetz zur Internationalen Handelsschiedsgerichtsbarkeit von 1985 i. d. F. von 2006.

## F. Allgemeine Rechtsgrundsätze

19   Die allgemeinen Rechtsgrundsätze sind nach Art. 38 Abs. 1 lit. c des Statuts des Internationalen Gerichtshofs (IGH in Den Haag) eine subsidiäre Quelle des Völkerrechts. Als Bestandteil der *lex mercatoria* kommt ihnen auch im internationalen Handelsverkehr eine lückenfüllende Bedeutung zu. Darüber hinaus verweisen die Vertragspartner bisweilen ausdrücklich auf die allgemeinen Rechtsgrundsätze (z. B. in Schiedsklauseln). Selbstverständlich sind auch die internationalen Übereinkommen und Modellgesetze durch sie geprägt. Als allgemeine Rechtsgrundsätze werden nur diejenigen Rechtsgrundsätze anerkannt, die in den nationalen Rechten der bedeutendsten Staaten in zumindest ähnlicher Form enthalten sind. Ihre Feststellung setzt mithin jeweils eine umfangreiche **Rechtsvergleichung** voraus. Teilweise haben internationale Organisationen wie UNIDROIT diese Arbeit geleistet und allgemeine Rechtsgrundsätze für bestimmte Regelungsbereiche zusammengestellt (z. B. UNIDROIT Grundregeln der internationalen Handelsverträge 2004). Insoweit können die Rechtsgrundsätze dann als Modellgesetz fungieren und ggf. zum Gegenstand einer Rechtswahl gemacht werden (Rn. 18). Angesichts ihrer Unschärfe kann die Anwendung allgemeiner Rechtsgrundsätze im Streitfall Schwierigkeiten bereiten und eine gewisse Rechtsunsicherheit bedingen.

**Beispiele:** Grundsatz der Privatautonomie; Prinzip von Treu und Glauben; Grundsätze der ungerechtfertigten Bereicherung; Begrenzung der Rechtsausübung unter dem Gesichtspunkt des Rechtsmissbrauchs und der Verwirkung; Enteignungsschutz.

## G. Internationaler Handelsbrauch

20   Die internationalen Handelsbräuche unterscheiden sich von den nationalen Handelsbräuchen (dazu Kap. 9 Rn. 11 ff.) nur durch die **internationale Dimension des maßgeblichen Verkehrskreises**, innerhalb dessen die erforderliche gleichmäßige, einheitliche und freiwillige tatsächliche Übung über einen

angemessenen Zeitraum hinweg besteht. Ihre Feststellung wird hierdurch allerdings nicht unerheblich erschwert. Die internationalen Handelsbräuche gehen den nationalen Handelsbräuchen im internationalen Verkehr grundsätzlich vor. Wie diese sind sie bei Anwendbarkeit des deutschen Handelsrechts aufgrund der Transformationsnorm des **§ 346 HGB** rechtlich bindend (*BGH WM* 1984, 1000, 1003 – *obiter dictum*). Vielfach finden die internationalen Handelsbräuche zudem Eingang in die vertraglichen Vereinbarungen (vgl. auch Art. 9 Abs. 2 CISG) und überschneiden sich insoweit mit der **Kautelarpraxis** (dazu Rn. 6 ff.).

*Beispiele:* Die allein aufgrund Handelsbrauchs feststehenden Bedeutungsinhalte abgekürzter Vertragsklauseln (z. B. cash against documents; „FOB" ohne Zusatz Incoterms 2010, vgl. Rn. 8).

## H. Internationales Handelsgewohnheitsrecht

Internationales Handelsgewohnheitsrecht kann auf völkerrechtlicher Ebene zwischen den Staaten und auf privatrechtlicher Ebene entstehen. Der Geltungsbereich des Gewohnheitsrechts wird auf internationaler Ebene allerdings durch die übrigen Rechtsquellen (Klauselrecht, allgemeine Rechtsgrundsätze, Übereinkommen) in vielfältiger Weise beschnitten. 21

*Beispiel:* Aufhebung der Vertragsbindung bei höherer Gewalt.

## I. Internationale Verhaltensregeln *(Codes of Conduct)*

Die Regeln, die von internationalen Organisationen (z. B. UN, UNCTAD, OECD, ICC, ILO) für das Verhalten z. B. von multinationalen Unternehmen und ihren Aufnahmestaaten aufgestellt werden, sind keine unmittelbare Rechtsquelle, da sie lediglich **empfehlenden Charakter** haben (sog. *soft law*). Sie können aber Bestandteil völkerrechtlicher Verträge oder Grundlage eines Handelsbrauchs bzw. von Handelsgewohnheitsrecht sein. Darüber hinaus haben sie Bedeutung als Auslegungshilfe und als Anregung für die nationalen Gesetzgeber. Im deutschen Recht kann die Nichtbeachtung von soft law ein Indiz für die Verletzung der Sorgfalt eines ordentlichen Kaufmanns i. S. v. § 347 Abs. 1 HGB) darstellen. 22

*Beispiele:* OECD Guidelines for Multinational Enterprises von 2011; ICC Guidelines for International Investment von 2016; UNCTAD International Code of Conduct on Transfer of Technology (Entwurf von 1985).

## J. Spruchpraxis der internationalen Handelsschiedsgerichte

Im Gegensatz zum nationalen Richterrecht insbesondere im angloamerikanischen Rechtskreis ist die Spruchpraxis der Schiedsgerichte nur eine 23

Rechtsquelle von untergeordneter Bedeutung. Dies liegt vor allem daran, dass die Mehrzahl der Schiedsgerichtsentscheidungen geheim und damit unveröffentlicht bleibt. Vielfach enthalten Schiedssprüche aus Kosten- und Zeitgründen sowie zur Erleichterung ihrer Anerkennung und Vollstreckung auch keine Begründung. Dennoch leistet die Spruchpraxis der Schiedsgerichte einen Beitrag zur Bildung und Konkretisierung insbesondere des ungeschriebenen internationalen Handelsrechts.

## § 50. Die Institutionen des internationalen Handelsrechts

### A. Zwischenstaatliche Organisationen

24   Zwischenstaatliche Organisationen werden durch einen völkerrechtlichen Vertrag gegründet und besitzen eine eigene **völkerrechtliche Rechtspersönlichkeit**. Sie sind vielfach Sonderorganisationen der Vereinten Nationen und mit diesen durch Kooperationsabkommen verbunden.

**Beispiele:** United Nations Commission on International Trade Law (UNCITRAL, Wien); United Nations Conference on Trade and Development (UNCTAD, Genf); Organization for Economic Cooperation and Development (OECD, Paris); International Maritime Organization (IMO, London); International Civil Aviation Organization (ICAO, Montreal); Universal Postal Union (UPU, Bern); International Telecommunication Union (ITU, Genf).

25   Eine Sonderstellung im internationalen Handelsrecht nimmt die 1995 errichtete **Welthandelsorganisation** (*World Trade Organization*, WTO, Genf) ein. Sie bildet den organisatorischen Rahmen für die Wirtschaftsbeziehungen ihrer derzeit 164 Mitgliedstaaten (Stand: April 2019) auf der materiell-rechtlichen Grundlage des GATT-Vertrages von 1947/1994 und der Abkommen der sog. Uruguay-Runde. Die WTO, der seit dem Beitritt der Russischen Föderation im Jahre 2012 alle bedeutenden Wirtschaftsnationen der Welt angehören, ist im Gegensatz zu den früheren GATT-Organen mit eigener völkerrechtlicher Rechtspersönlichkeit ausgestattet. Sie soll die Durchführung und Weiterentwicklung aller Übereinkünfte des GATT-Systems und insbesondere die Durchführung des integrierten Streitbeilegungsverfahrens gewährleisten. Oberstes Organ ist die mindestens alle zwei Jahre zusammentretende Ministerkonferenz. Das **GATT-System** strebt eine schrittweise Liberalisierung des Welthandels mit Waren und Dienstleistungen an. Es besteht seit dem erfolgreichen Abschluss der Uruguay-Runde im Jahre 1994 aus mehreren Übereinkommen (u. a. GATT = *General Agreement on -Tariffs and Trade* von 1947/1994, GATS = *General Agreement on Trade in Services* von 1994, TRIPS = *Agreement on Trade-Related Aspects of Intellectual Property Rights*, TRIMS = *Agreement on Trade-Related Investment Measures, Marrakesh Agreement establishing the World Trade Organization*). Diese völkerrechtlichen Abkommen richten sich allerdings

§ 50. Die Institutionen des internationalen Handelsrechts       325

zunächst an die Vertragsstaaten, so dass ihre unmittelbare innerstaatliche Anwendbarkeit umstritten ist (näher *Herdegen*, Internationales Wirtschaftsrecht, 11. Aufl., 2017, § 10 Rn. 104 ff.). Mit Instrumenten wie dem Grundsatz der Meistbegünstigung oder dem Diskriminierungsverbot sollen die tarifären (Zölle, Abgaben und Kontingente im Außenhandel) und nichttarifären (z. B. administrative und technische Vorschriften) Beschränkungen des Welthandels ebenso abgebaut werden wie Dumping-Verhaltensweisen, Subventionen oder die Verletzungen geistigen Eigentums (einführend *Barth*, NJW 1994, 2811 f.).

## B. Nichtstaatliche internationale Organisationen

Die bedeutendste nichtstaatliche internationale Handelsorganisation ist die **26** **Internationale Handelskammer** (*International Chamber of Commerce, ICC*) mit Hauptsitz in Paris und nationalen Komitees in mehr als 100 Ländern (Stand: April 2019). Sie wurde 1919 zur Förderung des internationalen Handels gegründet und zählt inzwischen mehrere tausend international agierende Unternehmen verschiedenster Branchen zu ihren Mitgliedern. Die Arbeit der Kammer (z. B. Erstellung und Verbreitung der Incoterms, der ERA und ERI) vollzieht sich in Kommissionen zu allen relevanten Fragen des internationalen Handels. Seit 1922 wird zudem durch ein Sekretariat die weltweite Durchführung von Schiedsverfahren nach den ICC-Schiedsordnungen unterstützt.

**Weitere** nichtstaatliche Organisationen sind die International Air Transport Association (IATA, Montreal), International Union of Railways (UIC, Paris), International Road Transport Union (IRU, Genf), International Federation of Freight Forwarders Associations (FIATA, Glattbrugg) und die International Law Association (ILA, London).

## C. Internationale private Handelsschiedsgerichtsbarkeit

Im Gegensatz zur zunehmenden Internationalisierung des materiellen Han- **27** delsrechts ist die staatliche Gerichtsbarkeit bislang ausschließlich national organisiert und jeweils durch eine streng formalisierte nationale Prozessordnung mit traditionellen Besonderheiten gekennzeichnet. Wollen die Parteien eines grenzüberschreitenden Vertrages auch etwaige Rechtsstreitigkeiten insbesondere im Interesse einer Gleichbehandlung beider Parteien „internationalisieren", bleibt ihnen daher nur die Möglichkeit, die Zuständigkeit eines internationalen Schiedsgerichts zu vereinbaren. Die nationale Handelsschiedsgerichtsbarkeit wurde bereits kurz in Kap. 1 Rn. 8 dargestellt. Hier soll daher nur noch auf die Besonderheiten der internationalen privaten Handelsschiedsgerichtsbarkeit hingewiesen werden.

**International** wird die Schiedsgerichtsbarkeit allein durch die Auslandsberührung des zur Entscheidung anstehenden Sachverhalts (vgl. z. B. Art. 1 Abs. 3 UNCITRAL-Modellgesetz über die internationale Handelsschiedsgerichtsbarkeit). Der Zusatz **„privat"** wird auf internationaler Ebene erforderlich, um die zur Entscheidung privater Rechtsfälle berufenen Schiedsgerichte von den zwischenstaatlichen und gemischten Schiedsgerichten des Handelsvölkerrechts zu unterscheiden, die über bilaterale und multilaterale Streitigkeiten zwischen Staaten (z. B. *Dispute Settlement Body* im WTO-Streitbeilegungsverfahren) bzw. über Streitigkeiten zwischen Staaten und Privaten (z. B. *International Centre for Settlement of Investment Disputes*, ICSID, Washington D.C.) befinden.

28   Institutionelle private Handelsschiedsgerichtsorganisationen mit einer festgelegten Verfahrensordnung bestehen auf internationaler Ebene z. B. bei der Internationalen Handelskammer mit Schiedsgerichtsordnung vom 1. 1. 1998, bei der *American Arbitration Association* (AAA, New York) und bei der Züricher Handelskammer. Für die *Ad hoc*-Schiedsgerichtsbarkeit wurde u. a. 1976 von UNCITRAL eine Schiedsordnung erstellt. Die internationale Anerkennung und Vollstreckung der Schiedssprüche wird nicht nur durch zahlreiche multilaterale (v. a. New Yorker UN-Übereinkommen von 1958) und bilaterale (z. B. Deutsch-schweizerisches Abkommen von 1929) Konventionen, sondern häufig auch durch die nationalen Prozessordnungen (z. B. § 1061 ZPO) gewährleistet. In der Praxis stoßen die Schiedssprüche zudem auf große Akzeptanz und werden in aller Regel zumindest aufgrund drohender informeller Sanktionen (z. B. Verbandsausschluss, Boykottmaßnahmen) befolgt. Die Harmonisierung der nationalen Schiedsverfahrensrechte wird im Übrigen durch ein UNCITRAL-Modellgesetz von 1985 in der geänderten Fassung von 2006 angestrebt, das auch als Vorbild für die Reform des deutschen Schiedsverfahrensrechts von 1998 (§§ 1025 ff. ZPO; siehe auch Kap. 1 Rn. 8) diente.

## § 51. Wiederholung

### A. Zusammenfassung

☐ Das internationale Handelsrecht besteht aus staatlichen und überstaatlichen **Rechtsregeln bzw. Gebräuchen**, die den Welthandelsverkehr betreffen. Es setzt sich zusammen aus dem Kollisionsrecht, dem Recht supranationaler Organisationen wie der EU, der Kautelarpraxis in internationalen Verträgen (z. B. *International Commercial Terms* 2010), internationalen Übereinkommen (z. B. Wiener UN-Kaufrecht von 1980) und Modellgesetzen (z. B. UNCITRAL-Modellgesetz zur Internationalen Handelsschiedsgerichtsbarkeit von 1985), internationalen Handelsbräuchen, allgemeinen Rechtsprinzipien und der Spruchpraxis der internationalen Handelsschiedsgerichte. Das internationale Handelsrecht weist in Teilen Berührungspunkte mit dem Völkerhandelsrecht und dem Außenwirtschaftsrecht auf.

☐ Zu den **Institutionen** des internationalen Handelsrechts gehören zunächst die zwischenstaatlichen Organisationen, die durch einen völkerrechtlichen

Vertrag gegründet wurden und eine eigene völkerrechtliche Rechtspersönlichkeit besitzen (z. B. WTO, UNCITRAL, UNCTAD). Nichtstaatliche internationale Handelsorganisationen sind z. B. die 1919 zur Förderung des internationalen Handels gegründete Internationale Handelskammer (ICC) mit Hauptsitz in Paris oder die *International Air Transport Association* (IATA). Institutionelle private Handelsschiedsgerichtsorganisationen bestehen auf internationaler Ebene z. B. bei der Internationalen Handelskammer und bei der *American Arbitration Association* (AAA). Für die *Ad hoc*-Schiedsgerichtsbarkeit wurde u. a. 1976 von UNCITRAL eine Schiedsordnung erstellt.

## B. Kontrollfragen

1. Welche Rechtsfragen werden durch die *International Commercial Terms* geregelt?
2. Der Hamburger Kaufmann Klotz vereinbart mit seinem New Yorker Geschäftspartner Green die Lieferung von Textilien „FOB, Hamburg, Incoterms 2010". Den Parteien war dabei entgangen, dass die auf Wunsch von Klotz in den Vertrag einbezogenen Allgemeinen Einkaufsbedingungen des Klotz in Teilen von dem vordefinierten Inhalt des 2010er Incoterms „FOB" abweichen. Kann der Inhalt des Incoterms bei Anwendbarkeit des deutschen Rechts Vorrang beanspruchen?
3. Wodurch ist die einheitliche Konzeption des Leistungsstörungsrechts des Wiener UN-Kaufrechts von 1980 (CISG), die teilweise als Vorbild für die Reform des deutschen Leistungsstörungsrechts im Jahre 2002 gedient hat, gekennzeichnet?
4. Worin bestehen die Ziele der WTO und der Übereinkommen des GATT-Systems?

# Antworten zu den Kontrollfragen

## Kapitel 1:

Zu 1: Das Handelsrecht ist gekennzeichnet durch eine beschleunigte Geschäftsabwicklung (z. B. § 377 HGB), einen gesteigerten Schutz des Rechtsverkehrs (z. B. §§ 15, 366 HGB), eine erweiterte Privatautonomie (z. B. § 350 HGB und § 310 Abs. 1 BGB) sowie den Vergütungsgrundsatz (z. B. §§ 352 f. HGB).

Zu 2: Zum Handelsrecht im engeren Sinne gehören allein die ausschließlich für Kaufleute geltenden Rechtsnormen und Handelsbräuche. Das Handelsrecht im weiteren Sinne gilt auch, aber nicht nur für Kaufleute.

Zu 3: Das ADHGB (bis 1900) und die ADWO (bis 1934) waren seit 1871 als Reichsrecht in Kraft. Subsidiär kamen die zivilrechtlichen Partikularrechte (z. B. Preußisches ALR, Badisches Landrecht und Sächsisches BGB) sowie das vornehmlich aus den römischen Digesten entwickelte Gemeine Recht zur Anwendung.

## Kapitel 2:

Zu 1: Die einen Gewerbebetrieb prägende Tätigkeit darf nach h. M. nicht gesetzes- oder sittenwidrig sein (§§ 134, 138 BGB). In der früheren Rechtsprechung ist der auf die entgeltliche Gewährung des Geschlechtsverkehrs mit einer Prostituierten gerichtete Vertrag jedoch im Regelfall als sittenwidrig angesehen worden (BGHZ 67, 119, 122). Diese Vorstellung dürfte sich jedoch nicht nur gewandelt haben (vgl. *OLG Frankfurt/M.* NJW-RR 1991, 243, 246 zu § 196 BGB a. F.), sie ist auch seit 2002 nicht mehr mit dem Gesetz vereinbar (vgl. § 1 ProstG, BGBl. I 2001, S. 3983). In Übereinstimmung mit der Umgangssprache ist die dauerhafte und entgeltliche sowie selbständig ausgeübte Prostitution mithin nunmehr als Gewerbe zu betrachten.

Zu 2: Freiberuflich tätig sind u. a.: Rechtsanwälte (§ 2 BRAO), Wirtschaftsprüfer (§ 1 Abs. 2 WiPrO), Steuerberater (§ 32 Abs. 2 StBerG), Ärzte (§ 1 Abs. 2 BÄO), Architekten (*BGH* WM 1979, 559, 559), Wissenschaftler, Künstler, Schriftsteller, Privatlehrer, Dolmetscher (vgl. auch § 1 Abs. 2 S. 2 PartGG).

Zu 3: Klassische Antwort: Es kommt darauf an! Führt der Testamentsvollstrecker das zum Nachlass gehörende Handelsgewerbe aufgrund der ihm kraft Amtes zustehenden Verwaltungs- und Verfügungsmacht im eigenen Namen und nur für Rechnung des Erben (sog. Treuhandlösung), ist er als Betreiber Kaufmann und haftet persönlich für die Geschäftsverbindlichkeiten. Führt er das Handelsgeschäft hingegen im Namen und mit Ermächtigung des Erben fort (sog. Vollmachtlösung), ist der Erbe Betreiber (vgl. BGHZ 12, 100, 102).

Zu 4: Das Erfordernis einer kaufmännischen Einrichtung wird nach Art (qualitatives Kriterium: Natur und Vielfalt der gewöhnlich vorkommenden Geschäfte, Abwicklungsweise der konkreten Geschäfte, Vielfalt der Erzeugnisse und Leistungen, Art des Kundenkreises) *und* Umfang (quantitatives Kriterium: Größe des Anlage- und Betriebskapitals, Umsatzvolumen, Höhe des Kreditbedarfs, Zahl der Beschäftigten, Zahl und Größe der Betriebsstätten, Umfang der Werbung und Lagerhaltung) des Geschäftsbetriebs aufgrund einer Gesamtbetrachtung beurteilt.

Zu 5: Einerseits kann nach dem Wortlaut von § 2 HGB das Vertrauen in die Kaufmannseigenschaft eines eingetragenen Gewerbetreibenden auch vollständig durch § 2 HGB geschützt werden (str.; näher Kap. 2 Rn. 26 f.) und andererseits greift die Fiktion des § 5 HGB bei fehlender Gewerbeausübung (insbesondere bei freiberuflicher Tätigkeit) tatbestandlich nicht ein (vgl. Kap. 2 Rn. 28).

Zu 6: Laut § 6 Abs. 1 HGB erwirbt zunächst nur die KG als rechtsfähige Handelsgesellschaft die Kaufmannseigenschaft. Nach h. M. ist damit allerdings auch die Kaufmannseigenschaft der persönlich haftenden Gesellschafter verbunden. Lediglich der Kommanditist, der seine Einlage geleistet hat (vgl. § 171 Abs. 1 HGB), ist nicht allein aufgrund seiner Gesellschafterstellung Kaufmann (vgl. Kap. 2 Rn. 33).

Zu 7: Die Frage kann nicht einheitlich beantwortet werden. Beim Kaufmann kraft Betriebs eines eigentlichen Handelsgewerbes (§ 1 HGB) beginnt die Kaufmannseigenschaft mit der Aufnahme eines sofort oder in naher Zukunft eine kaufmännische Einrichtung erfordernden Gewerbes oder mit dem dauerhaften Aufstieg eines Kleingewerbes zum kaufmännischen Gewerbe. Sie endet mit der endgültigen Geschäftsaufgabe einschließlich der Abwicklungsgeschäfte oder im Falle des dauerhaften Herabsinkens zum Kleingewerbe mit der auf Antrag nach § 2 S. 3 HGB erfolgenden Löschung aus dem Handelsregister bzw. bei fehlender Registereintragung im Moment des Unterschreitens der Schwelle des § 1 Abs. 2 HGB. Bei den Kannkaufleuten (§§ 2 und 3 HGB) und beim Fiktivkaufmann (§ 5 HGB) beginnt die Kaufmannseigenschaft mit der Eintragung im Handelsregister. Sie endet mit der Löschung der Eintragung oder der endgültigen Einstellung des Gewerbebetriebs. Bei den Kaufleuten kraft Gesellschaftsform entsteht die Kaufmannseigenschaft mit der Entstehung der Gesellschaft als juristischer oder rechtsfähiger Person, regelmäßig also mit der Eintragung im Handelsregister (anders lediglich § 123 Abs. 2 HGB). Sie endet bei Kapitalgesellschaften mit dem Verlust der Rechtspersönlichkeit durch Vollbeendigung und bei den Personenhandelsgesellschaften mit der Löschung im Handelsregister bzw. der endgültigen Geschäftsaufgabe.

Zu 8: Unterschiede zwischen dem Scheinkaufmann und dem sog. Fiktivkaufmann:

|  | **Scheinkaufmann (Kap. 2 Rn. 36 ff.)** | **Kaufmann nach § 5 HGB (Kap. 2 Rn. 26 ff.)** |
| --- | --- | --- |
| **Dogmatische Einordnung** | Gewohnheitsrechtlich anerkannter Fall der Rechtsscheinhaftung | Gesetzliche Fiktion der Kaufmannseigenschaft |
| **Funktion** | Konkreter Schutz gutgläubiger Dritter | Beseitigung von Unklarheiten über die Kaufmannseigenschaft im Interesse aller Beteiligten |
| **Voraussetzungen** | Zurechenbarkeit des Rechtsscheins Gutgläubigkeit und kausale Vertrauensbetätigung des Dritten | Bloße Eintragung im Handelsregister (kein Erfordernis der Zurechenbarkeit auf Seiten des Eingetragenen; kein Erfordernis der Gutgläubigkeit oder der kausalen Vertrauensbetätigung auf Seiten des sich auf die Eintragung Berufenden) |

|  | **Scheinkaufmann**<br>(Kap. 2 Rn. 36 ff.) | **Kaufmann nach § 5 HGB**<br>(Kap. 2 Rn. 26 ff.) |
|---|---|---|
| Rechtsfolgen | Der Scheinkaufmann ist kein Kaufmann und muss sich nur in gewisser Hinsicht zugunsten gutgläubiger Dritter *als* solcher behandeln lassen. | Der Kaufmann nach § 5 HGB *ist* zumindest im privaten Geschäfts- und Prozessverkehr in jeder Hinsicht Kaufmann und kann sich auch selbst auf die Kaufmannseigenschaft berufen. |

Zu 9: Das Handelsrecht findet in Teilen Anwendung auch auf Nichtkaufleute, sofern diese sich als Scheinkaufleute gerieren (Kap. 2 Rn. 36 ff.), als Gewerbetreibende ein Kommissions-, Fracht-, Speditions- oder Lagergeschäft abwickeln (§§ 383 Abs. 2, 407 Abs. 3, 453 Abs. 3 und 467 Abs. 3 HGB; näher Kap. 2 Rn. 19) oder als Handelsvertreter bzw. Handelsmakler fungieren (§ 84 Abs. 4 HGB bzw. § 93 Abs. 3 HGB; näher Kap. 6 Rn. 6 ff., 10 f.). Im Übrigen besteht die Möglichkeit einer analogen Anwendung von handelsrechtlichen Normen, wenn diese ohnehin Ausdruck eines allgemein zivilrechtlichen Rechtsgedankens sind (z. B. §§ 354, 358–360 HGB) oder sich der Betreffende in kaufmannsähnlicher Weise am Geschäftsverkehr beteiligt (z. B. Lehre vom kaufmännischen Bestätigungsschreiben, näher Kap. 9 Rn. 19).

## Kapitel 3:

Zu 1: Mit dem Recht des Kaufmanns auf informationelle Selbstbestimmung (Art. 2 Abs. 1 GG i. V. m. Art. 1 Abs. 1 GG). Der Eingriff wird jedoch hinsichtlich der eintragungspflichtigen Tatsachen und in seiner derzeitigen Form durch das Informationsinteresse der Einsichtnehmenden gerechtfertigt (*Canaris*, § 4 Rn. 4).

Zu 2: Die Führung des Handelsregisters durch den Registerführer R ist eine Angelegenheit der Freiwilligen Gerichtsbarkeit. K hat damit die Rechtsbehelfe des FamFG (d. h. die Beschwerde nach §§ 58 ff. FamFG). Dies gilt unabhängig davon, ob R im konkreten Fall ein Richter (siehe zu den dem Richter vorbehaltenen Angelegenheiten § 17 RPflG) oder (wie regelmäßig) ein Rechtspfleger (§ 3 Nr. 2 lit. d RPflG) den Ablehnungsbescheid verfügt hat (dann Verweis durch § 11 Abs. 1 RPflG auf die §§ 58 ff. FamFG).

Zu 3: Eine derartige Eintragungspflicht ist gesetzlich nicht bestimmt. Die Rechtsprechung hat bisweilen jedoch den Katalog der eintragungsfähigen und sogar der eintragungspflichtigen Tatsachen erweitert. In der Literatur ist es umstritten, ob die Erteilung einer Generalvollmacht in Analogie zu § 53 Abs. 1 HGB eintragungspflichtig ist, um eine Umgehung der Prokurapublizität durch die Erteilung von Generalvollmachten zu vermeiden. Entscheidet man sich für eine Eintragungspflichtigkeit der Erteilung, wäre auch das Erlöschen der Generalvollmacht eine eintragungspflichtige Tatsache (bejahend *Canaris*, § 4 Rn. 10 f.).

Zu 4: Gemeinsamkeiten: Führung durch die Amtsgerichte als öffentliches Amt ohne Spruchrichterprivileg, Öffentlichkeit des Registers (das Einsichtsrecht nach § 9 HGB ist allerdings weiter gefasst als nach § 12 Abs. 1 S. 1 GBO), Antragsgrundsatz, beschränkte Eintragungsfähigkeit, formelles und materielles Prüfungsrecht des Registerführers, abstrakter Vertrauensschutz, Kombination positiver und negativer Publizität; Unterschiede: Eintragungen im Grundbuch außer bei Erbschaft stets konstitutiv, keine Bekanntmachung von Grundbucheintragungen, keine

Richtigkeitsvermutung für Handelsregistereintragungen im Gegensatz zu § 891 BGB. Möglichkeit des Registerzwangs nur beim Handelsregister (§ 14 HGB).

Zu 5: Unter positiver Publizität versteht man den Umstand, dass sich Dritte darauf verlassen können, was tatsächlich in einem Register steht. Demgegenüber schützt die negative Publizität Dritte in ihrem Glauben, dass eine Tatsache, die nicht im Register eingetragen und nicht bekannt gemacht ist, auch tatsächlich nicht gegeben ist (näher Kap. 3 Rn. 11).

Zu 6: Bei den konstitutiven Eintragungen wird die Rechtslage erst durch die Eintragung verändert, so dass für den Eintragenden eine Berufung auf eine daraus folgende und ihm günstige Rechtsposition erst nach der Eintragung möglich ist. In diesen Fällen kann § 15 Abs. 1 HGB daher eine Bedeutung allein zwischen Eintragung und Bekanntmachung erlangen (näher Kap. 3 Rn. 12).

Zu 7: Grundsätzlich ja (näher Kap. 3 Rn. 12). Damit eine derartige Eintragung verständlich ist, müsste sie etwa folgendermaßen lauten: „Die seinerzeit dem P erteilte, aber bislang nicht eingetragene Prokura ist erloschen.".

Zu 8: Im Gegensatz zur Prokura bildet die Erteilung einer Handlungsvollmacht (näher Kap. 7 Rn. 19 ff.) keine nach dem Gesetz eintragungsfähige Tatsache (vgl. Kap. 3 Rn. 7). Das berechtigte Vertrauen in den Fortbestand einer Handlungsvollmacht wird jedoch nach Maßgabe der allgemeinen und dem § 15 Abs. 1 HGB insoweit verwandten Regelung der §§ 170 ff. BGB geschützt. Geht man mit einer Mindermeinung von der analogen Anwendung des § 53 Abs. 1 und 2 HGB auf die Generalvollmacht aus, gilt insoweit dann auch § 15 Abs. 1 HGB analog (bejahend *Canaris*, § 4 Rn. 11).

Zu 9: Im Gegensatz zum Schutz konkreten Vertrauens verzichtet das Gesetz in den Fällen des abstrakten Vertrauensschutzes auf das Bestehen einer konkreten Vertrauenssituation, die nur durch bestimmte Vertrauenstatbestände (z. B. eine Registereinsicht oder eine Mitteilung außerhalb des Registers) hervorgerufen wird. Es ist nicht einmal (in der Sprache des Strafrechts) das Vorhandensein eines sachgedanklichen Begleitwissens über den Registerinhalt oder die gesetzliche Regellage erforderlich. Es genügt vielmehr, dass die theoretische Möglichkeit zur Bildung eines solchen konkreten Vertrauens besteht. Im Vergleich zu konkreten Vertrauensschutztatbeständen (z. B. §§ 171 ff. BGB) wird dadurch zunächst die Rechtsscheinhaftung erweitert. Da andererseits aber zumindest die abstrakte Möglichkeit einer Vertrauensbildung bestehen muss, rechtfertigt die ratio der Vorschrift nach h. M. zwei teleologische Reduktionen des § 15 Abs. 1 und 3 HGB, nämlich die Einschränkung der Eintragungspflichtigkeit bei unterbliebener Voreintragung (näher Kap. 3 Rn. 12) und die Anwendbarkeit der Regelung allein im Geschäfts- und Prozessverkehr (näher Kap. 3 Rn. 16, 24).

Zu 10: § 15 Abs. 2 HGB schließt im Interesse des Eintragenden die Bildung eines von dem Registerinhalt abweichenden Vertrauens grundsätzlich aus. Ausnahmen bestehen innerhalb von 15 Tagen nach der Bekanntmachung und bei einem Überwiegen anderer Vertrauenstatbestände (näher Kap. 3 Rn. 19 f.).

Zu 11: Bekanntmachungsfehler i. S. v. § 15 Abs. 3 HGB können dadurch hervorgerufen werden, dass eine richtige Eintragung falsch bekannt gemacht (Bekanntmachungsfehler i. e. S., z. B. Übermittlungsfehler) oder eine bereits falsch eingetragene bzw. überhaupt nicht eingetragene Tatsache bekannt gemacht wird (näher Kap. 3 Rn. 21).

Zu 12: Die subsidiären Gewohnheitsrechtssätze sind Ausfluss der allgemeinen Rechtsscheinhaftung. Sie haben daher im Vergleich zu dem abstrakten Vertrauensschutz des § 15 Abs. 3 HGB strengere Voraussetzungen. Dies betrifft die Zurechenbarkeit und die Kausalität des Rechtsscheins (näher Kap. 3 Rn. 27 f.).

Zu 13: Gegen das Bundesland, in dem sich das Registergericht befindet, kann ein Amtshaftungsanspruch aus § 839 BGB i. V. m. Art. 34 GG gegeben sein (Kap. 3 Rn. 5 und Klausurfall 2). Der Notar haftet unter den Voraussetzungen des § 19 BNotO.

Zu 14: Das Unternehmensregister entfaltet als solches keine materiellen Publizitätswirkungen (Kap. 3 Rn. 31). Werden jedoch Daten aus dem Handels-, Genossenschafts- und Partnerschaftsregister unrichtig im Unternehmensregister bekannt gemacht (vgl. § 8b Abs. 2 Nr. 1 und § 10 HGB), so kommen insoweit § 15 Abs. 3 HGB direkt (Handelsregister) bzw. über § 5 Abs. 2 PartGG (Partnerschaftsregister) sowie die §§ 29 Abs. 3, 42 Abs. 1 S. 3 und 86 GenG (Genossenschaftsregister) zur Anwendung. Im Übrigen gelten die Grundsätze der allgemeinen Rechtsscheinhaftung (vgl. dazu auch Kap. 3 Rn. 28).

## Kapitel 4:

Zu 1: Gemeinsamkeiten: Kennzeichnungsfunktion, absolutes Recht. Unterschiede: Firma als Name für Handelsgeschäfte, Auskunftfunktion der Firma, vermögensrechtliches Element der Firma, Übertragbarkeit der Firma, gesonderte Schutzregelungen für die Firma.

Zu 2: Es muss gewährleistet sein, dass die Minderfirmen und Geschäftsbezeichnungen nicht als Firmenersatz verwendet werden oder mit einer Firma verwechselt werden können (Kap. 4 Rn. 3). Daher dürfen sie nicht so gebildet werden, dass sie auch von irgendeinem Kaufmann als Firma geführt werden könnten. Anderenfalls sind Sanktionen wegen unzulässigen Firmengebrauchs insbesondere auch nach § 37 HGB denkbar (näher Kap. 4 Rn. 30 ff.).

Zu 3:

| Firmenfunktion | Korrespondierende Firmengrundsätze |
| --- | --- |
| Kennzeichnungsfunktion | Firmenunterscheidbarkeit (§§ 18 Abs. 1, 30 HGB), Verbot der Leerübertragung (§ 23 HGB), Firmeneinheit, Firmenöffentlichkeit (§§ 29 ff., 37a, 125a, 177a HGB, §§ 36 ff., 80 AktG, §§ 7 f., 35a GmbHG, §§ 10 ff., 25a GenG) |
| Auskunftsfunktion | Firmenwahrheit (§ 18 Abs. 2 S. 1 HGB), Firmenöffentlichkeit (§§ 29 ff., 37a HGB, etc.) |
| Werbefunktion | Firmenunterscheidbarkeit (§§ 18 Abs. 1, 30 HGB), Firmenöffentlichkeit (§§ 29 ff., 37a HGB, etc.), Firmenbeständigkeit (§§ 21, 22, 24 HGB) |
| Wertträgerfunktion | Firmenbeständigkeit (§§ 21, 22, 24 HGB) |

Zu 4: Eine Firma verstößt gegen das Irreführungsverbot (näher Kap. 4 Rn. 19), wenn sie in einem ihrer Bestandteile (Firmenkern, Sachzusatz, Rechtsformzusatz) Angaben enthält, die geeignet sind, über geschäftliche Verhältnisse (Inhaber, Ort, Alter, Art und Umfang des Geschäftsbetriebs), die für die angesprochenen Verkehrskreise wesentlich sind („Wesentlichkeitsschwelle", Kriterium der Wettbewerbsrelevanz), irrezuführen (materielles Kriterium der Irreführungseignung, § 18 Abs. 2 S. 1 HGB). Im Verfahren vor dem Registergericht wird die Eignung der Irreführung allerdings nur berücksichtigt, wenn sie ersichtlich ist (verfahrensbezogenes Kriterium der Ersichtlichkeit, § 18 Abs. 2 S. 2 HGB).

Zu 5: Trotz der in den §§ 22, 24 HGB nach der Art des Inhaberwechsels vorgenommenen Differenzierungen sind die Voraussetzungen einer Firmenfortführung im Wesentlichen gleich: Die bisherige Firma muss zu Recht geführt worden sein. Der Inhaberwechsel muss wirksam sein und zumindest den Unternehmenskern betreffen. Der bisherige Inhaber der Firma bzw. seine Erben bzw. der ausscheidende Personengesellschafter, dessen Name in der Firma enthalten ist, oder seine Erben müssen in die Fortführung der Firma ausdrücklich einwilligen (näher Kap. 4 Rn. 23).

Zu 6: Die Firma ist aufgrund ihres vermögensrechtlichen Elements prinzipieller Bestandteil der Insolvenzmasse und unterliegt damit auch hinsichtlich der Einwilligung in ihre Fortführung (§ 22 HGB) der Verwaltung durch den Insolvenzverwalter. Auch der Insolvenzverwalter kann die Firma aber nur mit dem Unternehmen übertragen (§ 23 HGB). Darüber hinaus ist bei der Veräußerung einer Personal- oder Mischfirma fraglich, ob der Insolvenzverwalter aus Gründen des Namensschutzes der Zustimmung des Schuldners bedarf. Nach h. M. ist unter Abwägung der Schuldnerinteressen (Namensrecht) und der Gläubigerinteressen (Realisierung des Firmenwerts) grundsätzlich zu differenzieren: Beim Einzelkaufmann und den Personenhandelsgesellschaften steht das Persönlichkeitsrecht des namensgebenden Schuldners im Vordergrund, so dass er gegen die Veräußerung der Firma nach § 12 BGB einschreiten kann (BGHZ 32, 103, 111 und 113 f.; vgl. auch *Müller-Laube*, 20 Probleme, Problem 1, S. 1 ff.). Bei Kapitalgesellschaftsfirmen soll sich der Schuldner hingegen durch die Einbringung seines Namens in die Firma des Namensrechts bereits hinreichend entäußert haben (BGHZ 85, 221, 224; näher *Canaris*, § 10 Rn. 66 ff.; teils a. A. *K. Schmidt*, Handelsrecht, § 12 Rn. 45 ff.). Wird die Firma einer insolventen Kapitalgesellschaft übertragen, stellt sich für diese die Frage einer Ersatzfirmenbildung (näher *Cziupka/Kraack*, AG 2018, 525 ff.).

Zu 7: Dr. Rasch hat eine sog. Mantelgründung (auch Vorratsgründung) vorgenommen. Die GmbH existiert in einem solchen Fall nur als juristische Person ohne Unternehmen. Firmenrechtliche Bedenken gegen das Vorgehen Raschs könnten sich unter dem Gesichtspunkt der Firmenuntrennbarkeit ergeben. Danach darf die Firma nicht ohne das Unternehmen übertragen werden (§ 23 HGB). Nach ganz h. M. ist die Mantelverwertung jedoch zulässig. Denn anders als bei den nach § 23 HGB verbotenen Leerübertragungen ist hier eine Irreführung des Rechtsverkehrs durch die Trennung von Firma und Unternehmen ausgeschlossen, da bei der Mantelverwertung überhaupt kein Unternehmen in Gestalt einer betriebsfähigen Wirtschaftseinheit besteht und außerdem der Rechtsträger mit der Firma vollständig auf den Erwerber übergeht (zu den gesellschaftsrechtlichen Problemen der Mantelverwertung vgl. *K. Schmidt*, Gesellschaftsrecht, § 4 III).

Zu 8: Der Firmentausch verstößt zwar nicht gegen § 30 HGB, da die Firmen Mathäus Müller, Max Meier und Sebastian Schmidt immer jeweils nur von einer Gesellschaft geführt wurden. Die Umfirmierungen verstoßen jedoch gegen den Grundsatz der Firmenwahrheit und insbesondere den Rechtsgedanken des § 23 HGB. Denn es kann nicht zugelassen werden, dass eine Firma über den Umweg einer hierzu geplanten zweifachen Umfirmierung letztlich ohne das entsprechende Unternehmen übertragen und der Rechtsverkehr hierdurch getäuscht wird (vgl. *OLG Hamburg* OLGZ 1987, 191, 192).

Zu 9: Waitz könnte wegen des unzulässigen Firmenzusatzes „Dr." (§ 18 Abs. 2 HGB; vgl. aber noch zur möglichen Beibehaltung des Doktortitels im Namen einer Anwaltspartnerschaft bei Ausscheiden des einzigen promovierten Partners *BGH* NJW-RR 2018, 998) bei dem zuständigen Registergericht die Durchführung eines Firmenmissbrauchsverfahrens anregen (§ 37 Abs. 1 HGB). Außerdem könnte er nach § 37 Abs. 2 S. 1 HGB von Müller zivilrechtlich die Unterlassung des unzulässigen Firmengebrauchs verlangen, da er als Konkurrent in seinem durch diese Vorschrift geschützten Wettbewerbsinteresse beeinträchtigt ist (vgl. BGHZ 53, 65, 70). Daneben kommt ein Unterlassungsanspruch nach § 8 Abs. 1 und Abs. 3 Nr. 1 UWG i. V. m. §§ 3 und 5 Abs. 1 Nr. 3 UWG in Betracht (*Bornkamm/Feddersen*, in: Köhler/Bornkamm/Feddersen, Gesetz gegen den unlauteren Wettbewerb UWG, 37. Aufl., 2019, § 5 UWG Rn. 4.151 ff.; *OLG Hamm* NJW-RR 1989, 549). Sollte Waitz durch die Titelanmaßung seines Konkurrenten nachweislich ein Schaden entstanden sein, könnte er diesen zudem nach § 823 Abs. 2 BGB i. V. m. § 37 Abs. 2 S. 1 HGB und §§ 5 Abs. 1 Nr. 3, 9 S. 1 UWG ersetzt verlangen (vgl. zum UWG a. F. *Hadding*, JuS 1976, 581, 583 f.).

## Kapitel 5:

Zu 1: Als Handelsgeschäft (Handelsgewerbe) wird nur das kaufmännische Unternehmen i. S. v. §§ 1–6 HGB bezeichnet. Die freiberuflichen und ohne Eintragung im Handelsregister kleingewerblich betriebenen Einzelunternehmen sind damit nach geltendem Recht keine Handelsgeschäfte.

Zu 2: Ja. Ein Kaufmann kann auch am Ort seiner Zweigniederlassung verklagt werden, sofern die Klage wie hier (Abschluss- und Erfüllungsort ist die Bremer Niederlassung) einen Bezug zum Geschäftsbetrieb dieser Niederlassung hat (besonderer Gerichtsstand nach § 21 Abs. 1 ZPO). Groß ist aufgrund des von seinem Prokuristen mit Klein geschlossenen Kaufvertrags auch zur Lieferung der Bananen verpflichtet. Die Voraussetzungen des § 50 Abs. 3 HGB sind nicht gegeben, da die Niederlassungen nicht unter verschiedenen Firmen betrieben werden.

Zu 3: Velten und Klotz haben einen Unternehmenskaufvertrag (*asset deal*) geschlossen, auf den nach § 453 Abs. 1 BGB (das Boutiqueunternehmen ist ein „sonstiger Gegenstand") die §§ 433 ff. BGB entsprechende Anwendung finden. Danach stellt die gescheiterte Übertragung der Mietrechte einen Rechtsmangel des Unternehmens i. S. v. § 435 BGB dar, wenn der Mangel mit Blick auf das Gesamtunternehmen von hinreichender Bedeutung ist und sich damit als ein Mangel des Unternehmens insgesamt darstellt (vgl. auch Kap. 5 Rn. 5). Diese Voraussetzung ist hier gegeben, da es für Klotz von entscheidender Bedeutung sein dürfte, die Modeboutique vertragsgemäß in den angestammten Räumen fortzuführen. Damit hat Klotz ein Recht zum Rücktritt nach §§ 437 Nr. 2, 433, 434, 323, 326 Abs. 5 BGB. Daneben kann er aber auch nach §§ 437 Nr. 3, 433, 434, 280 Abs. 1, 3 und 283 BGB Schadensersatz wegen Nichtübertragung des Mietrechts verlangen, sofern Velten die gescheiterte Übertragung (möglicherweise auch nur aufgrund einer stillschweigenden Garantie i. S. v. § 276 Abs. 1 S. 1 BGB) zu vertreten hat.

Zu 4: Abgesehen von den Fällen des Rechtsmissbrauchs, unterliegt der Beteiligungskauf (*share deal*) zwar nach h. M. auch dann nicht der Formvorschrift des § 311b Abs. 1 BGB, wenn alle Geschäftsanteile an einer Gesellschaft erworben werden, zu deren Gesellschaftsvermögen im Wesentlichen Grundstücke gehören (BGHZ 86, 367, 369 f.). Die Verpflichtung zur Abtretung von Anteilen an einer GmbH und das entsprechende Erfüllungsgeschäft bedürfen jedoch nach § 15 Abs. 3 und 4 GmbHG der notariellen Beurkundung.

Zu 5: Erforderlich ist nicht der wirksame Erwerb des Handelsgeschäfts, sondern (nur) ein dauerhafter oder vorübergehender tatsächlicher Inhaberwechsel, der zumindest

Zu 6: Dreier hat die geschuldete Schadensersatzleistung nicht an die eigentliche Gläubigerin Velten, sondern an Klotz bewirkt. Von seiner Leistungspflicht würde er daher nur dann befreit, wenn Velten die Leistung Dreiers an Klotz gegen sich gelten lassen müsste. Bei einer Forderungsabtretung wird der gutgläubige Schuldner bei einer Leistung an den bisherigen Gläubiger durch § 407 Abs. 1 BGB geschützt. Hier geht es aber gerade um den umgekehrten Fall: Die Forderung wurde nicht an Klotz abgetreten und Dreier hat nicht an den bisherigen Gläubiger, sondern den vermeintlichen Zessionar geleistet. § 409 Abs. 1 BGB ist hier mangels Abtretungsanzeige ebenfalls nicht einschlägig. Dreier wird aber durch § 25 Abs. 1 S. 2 HGB geschützt, dessen Tatbestandsvoraussetzungen gegeben sind. Klotz gilt danach Dreier gegenüber als neuer Gläubiger, so dass Dreier an ihn nach § 362 Abs. 1 BGB mit befreiender Wirkung leisten konnte.

Zu 7: Der Erbe kann sich die Haftungsbeschränkungsmöglichkeiten des Erbrechts nur durch sofortige Firmenänderung (§ 27 Abs. 1 HGB i. V. m. § 25 Abs. 3 HGB), durch Einstellung des Handelsgeschäfts innerhalb der Bedenkzeit (§ 27 Abs. 2 HGB) oder in entsprechender Anwendung des § 25 Abs. 2 HGB (h. M.) durch Eintragung und Bekanntmachung bzw. Mitteilung der Haftungsbeschränkung erhalten (näher Kap. 5 Rn. 19 f.).

Zu 8: Der Tatbestand des § 28 HGB setzt anders als die §§ 25 Abs. 1 und 2 bzw. 27 HGB keine Firmenfortführung voraus.

Zu 9: § 28 HGB betrifft den Fall, dass ein „einzelkaufmännisches" Unternehmen als Einlage in eine neu gegründete Personenhandelsgesellschaft eingebracht wird, während die §§ 130, 161 Abs. 2, 173, 176 Abs. 2 HGB den Eintritt in eine bestehende Personenhandelsgesellschaft regeln, deren Unternehmensträgerschaft unverändert fortbesteht. Bei § 28 HGB geht es daher auch primär um die Haftungskontinuität zwischen dem bisherigen einzelkaufmännischen und der neu gegründeten Personenhandelsgesellschaft, aus der sich dann erst vermittelt über die §§ 128, 161 Abs. 2, 171 ff. HGB die persönliche Haftung der Gesellschafter und damit auch des „Eintretenden" ergibt. Demgegenüber behandeln die §§ 130, 161 Abs. 2, 173, 176 Abs. 2 HGB (nur) die Haftung des eintretenden Gesellschafters, da sich die Haftung der Gesellschaft als fortbestehender Geschäftsinhaberin bereits aus der entsprechenden Anspruchsgrundlage und §§ 124 Abs. 1, 161 Abs. 2 HGB ergibt. Ein praktisch bedeutsamer Unterschied besteht schließlich darin, dass eine abweichende Haftungsvereinbarung nur im Falle des § 28 Abs. 2 HGB Außenwirkung besitzt (vgl. demgegenüber §§ 130 Abs. 2, 161 Abs. 2, 173 Abs. 2 HGB).

# Kapitel 6:

Zu 1: Haller ist Handelsvertreter, da die Elemente einer selbständigen Tätigkeit eindeutig überwiegen (vgl. *OLG Celle* MDR 1958, 341). Es kommt dabei entscheidend auf die rechtliche und nicht die bei Haller fehlende wirtschaftliche Unabhängigkeit an (vgl. *BGH* VersR 1964, 331). Der Bezeichnung des Haller als „Handelsvertreter" kommt hier wie stets allenfalls eine Indizfunktion zu.

Zu 2: Vor dem Arbeitsgericht (§ 5 Abs. 3 ArbGG i. V. m. § 92a HGB)!

Zu 3: Der Handelsmakler ist immer gewerbsmäßiger Vermittlungsmakler und kann Verträge nur über Gegenstände des Handelsverkehrs abschließen. Der Handelsmakler erhält als Interessenvertreter beider Parteien den Maklerlohn grundsätzlich von jeder Partei zur Hälfte.

Zu 4: Ein größerer Immobilienmakler unterliegt als sog. kaufmännischer Zivilmakler (vgl. §§ 1, 93 Abs. 2 HGB) den §§ 652 ff. BGB sowie dem Handelsrecht mit Ausnahme der §§ 93 ff. HGB.

Zu 5: Der Kommissionsagent ist wie der Handelsvertreter ständig damit betraut, Geschäfte für fremde Rechnung abzuschließen, wobei er wie der Kommissionär im eigenen Namen als mittelbarer Stellvertreter auftritt.

## Kapitel 7:

Zu 1: Pfeiffer macht sich hier in Anlehnung an den allgemeinen Sprachgebrauch offensichtlich das Sozialprestige zunutze, das ein Prokurist aufgrund seiner nach außen hin weit reichenden Vertretungsmacht und der im Innenverhältnis hierfür vorausgesetzten Vertrauensstellung genießt. Der Frage nach seiner beruflichen Stellung ist er damit jedoch zugleich geschickt aus dem Wege gegangen. Denn die Prokura ist eine Vollmachtsform und keine Bezeichnung des sich aus dem davon zu trennenden Innenverhältnis ergebenden Berufs. Hier kann Richterin Roth also nur spekulieren. Regelmäßig wird Pfeiffer kaufmännischer Angestellter eines Kaufmanns und damit Handlungsgehilfe (dazu Kap. 6 Rn. 2 f.) sein. Leitender Angestellter i. S. v. § 5 Abs. 3 S. 2 Nr. 2 BetrVG ist Pfeiffer nur dann, wenn ihm die Prokura auch im Verhältnis zum Arbeitgeber, d. h. im Innenverhältnis, eine bedeutende Stellung vermittelt (BAG NJW 2010, 313, 314 f.). Eine Prokuristenstellung könnte Pfeiffer schließlich noch als einem von der Geschäftsführung ausgeschlossenen Gesellschafter zukommen.

Zu 2: Nein. Die Prokura ist eine Sonderform der Vollmacht, also eine rechtsgeschäftlich begründete Vertretungsmacht (vgl. § 166 Abs. 2 S. 1 BGB). Daran ändert auch die Tatsache nichts, dass ihr Umfang aus Gründen des Verkehrsschutzes gesetzlich festgelegt ist (näher Kap. 7 Rn. 2).

Zu 3: Von der Prokura gesetzlich ausgenommen sind Privatgeschäfte des Prinzipals, Inhabergeschäfte, Grundlagengeschäfte und die Veräußerung bzw. Belastung von Grundstücken (näher Kap. 7 Rn. 11).

Zu 4: Anmeldungen zum Handelsregister gem. § 12 HGB sind nach heute h. M. für sich gesehen keine Inhabergeschäfte und daher grundsätzlich der rechtsgeschäftlichen Vertretung zugänglich (vgl. § 10 Abs. 2 FamFG und Ba/Ho/*Hopt*, § 12 Rn. 3). Die Prokura soll jedoch nur insoweit zur Anmeldung berechtigen, als sie nach § 49 Abs. 1 HGB auch den anmeldepflichtigen Akt selbst deckt (str.; so BGHZ 116, 190, 193 f.; *Canaris*, § 12 Rn. 15 und *Joost*, ZIP 1992, 463, 465). In den darüber hinausgehenden Fällen muss dem Prokuristen eine ausdrückliche Spezialvollmacht für die Anmeldung erteilt werden. Danach hat Rasch jedenfalls die Anmeldungen betreffend die Aufnahme von Reich nach § 107 HGB (Grundlagengeschäft) und die Erteilung der Prokura an Pfeiffer nach § 53 Abs. 1 HGB (Inhabergeschäft, § 48 Abs. 1 HGB) mit Recht zurückgewiesen. Streiten lässt sich allein um die Ordnungsmäßigkeit der Anmeldung der Sitzverlegung nach § 107 HGB, da deren Charakter als Grundlagengeschäft ihrerseits umstritten ist (für Grundlagengeschäft *K. Schmidt*, Handelsrecht, § 16 Rn. 30; a. A. *Canaris*, § 12 Rn. 14).

Zu 5: Rechtsgeschäftliche Beschränkungen sind grundsätzlich nur im Innenverhältnis beachtlich. Einem Dritten können sie nur in den Fällen der gesetzlich zugelassenen Gesamtvertretung (Kap. 7 Rn. 13 ff.) und Filialprokura (Kap. 7 Rn. 17) sowie bei einem offensichtlichen Missbrauch der Prokura (Kap. 7 Rn. 12) entgegengehalten werden.

Zu 6: Nein, denn König ist als Kommanditist gem. § 170 HGB zwingend von der organschaftlichen Vertretung und mangels abweichender Vereinbarung im Gesellschaftsvertrag auch von der Geschäftsführung der ABC-KG ausgeschlossen und damit für Probst ein Dritter. Eine gemischte Gesamtprokura ist nur mit einem organschaftlich vertretungsbefugten Geschäftsführer der KG möglich. Eine Bindung der Probst an König könnten die Geschäftsführer der KG nur in Gestalt einer echten Gesamtprokura dadurch herbeiführen, dass sie auch dem König Prokura erteilen und dann die Vertretungsbefugnis der Probst halbseitig oder allseitig an diejenige des König binden.

Zu 7: Die Filialprokura ist zur Eintragung bei dem für die entsprechende Niederlassung zuständigen Amtsgericht anzumelden (§ 13 HGB). Die Tatsache, dass die Prokura auf diese Niederlassung beschränkt ist, ist weder eintragungspflichtig noch nach Ansicht des BGH eintragungsfähig (BGHZ 104, 61, 64 ff.), da sich dies bereits daraus ergibt, dass die Prokura in dem für die Niederlassung zuständigen Register eingetragen wird. Fraglich ist allerdings, ob dies auch für die Beschränkung der Prokura auf die Hauptniederlassung gilt, da hier ohne Zusatz eine Unterscheidung gegenüber einer auch für die Filialen geltenden Prokura nicht möglich wäre (näher *Canaris*, § 12 Rn. 19).

Zu 8: Nach § 55 HGB versteht man darunter Handlungsbevollmächtigte, die Handelsvertreter sind oder als Handlungsgehilfen damit betraut sind, außerhalb des Betriebs des Prinzipals Geschäfte in dessen Namen abzuschließen.

Zu 9: Die Frage berührt die dogmatische Struktur des § 54 HGB und insbesondere die Funktion seines Absatzes 3. Der Geschäftsinhaber müsste nachweisen, dass die Vollmacht entgegen der Vermutung des § 54 Abs. 1 HGB beschränkt war und dass der Dritte dies wusste oder wissen musste (näher *K. Schmidt*, Handelsrecht, § 16 Rn. 111 ff.).

Zu 10: § 56 HGB gilt nach h. M. nur in den Fällen, in denen es an einer ausdrücklich, konkludent oder durch Duldung erteilten Handlungsvollmacht des Angestellten für das konkrete Geschäft fehlt. Er setzt wie die Anscheinsvollmacht die Veranlassung eines Rechtsscheintatbestands (Anstellung im Verkaufsraum) und die Gutgläubigkeit des Geschäftspartners voraus.

## Kapitel 8:

Zu 1: Die §§ 238–342e HGB gliedern sich in sechs Abschnitte: §§ 238–263 HGB (Allgemeine Vorschriften für alle Kaufleute), §§ 264–335b HGB (Ergänzende Vorschriften für Kapitalgesellschaften und Kapitalgesellschaften & Co.), §§ 336–339 HGB (Ergänzende Vorschriften für eingetragene Genossenschaften), §§ 340–341y HGB (Ergänzende Vorschriften für Kreditinstitute, Versicherungsunternehmen und Pensionsfonds sowie bestimmte Unternehmen des Rohstoffsektors), §§ 342, 342a HGB (Rechnungslegungsgremien) und §§ 342b–342e HGB (Prüfstelle für Rechnungslegung).

Zu 2: Die handelsrechtliche und die steuerrechtliche (§§ 140 ff. AO, 4 ff. EStG) Rechnungslegung sind durch den Grundsatz der sog. materiellen Maßgeblichkeit miteinander verbunden, d. h. die Grundsätze der HGB-Rechnungslegung gelten auch für das Steuerrecht (§ 5 Abs. 1 S. 1 EStG). Der früher geltende Grundsatz der umgekehrten Maßgeblichkeit (§ 5 Abs. 1 S. 2 EStG a. F.) wurde hingegen durch das Bilanzrechtsmodernisierungsgesetz (BilMoG) 2009 aufgehoben (näher Kap. 8 Rn. 2).

Zu 3: Die Grundsätze ordnungsmäßiger Buchführung bestimmen die gesamte Rechnungslegung (vgl. §§ 238 Abs. 1 S. 1, 243 Abs. 1, 264 Abs. 2 HGB). Soweit sie ihren Niederschlag nicht im Gesetz gefunden haben, sind die GoB nach h. L. Handelsbrauch, der insbesondere durch die Rechtsprechung und die Verlautbarungen des IDW konkretisiert und fortgebildet wird.

Zu 4: Gegenstand der kaufmännischen Buchführungspflicht (näher Kap. 8 Rn. 8 ff.) ist entgegen dem missverständlichen Wortlaut des § 238 Abs. 1 S. 1 HGB nicht die Erfassung der Abschlüsse von Handelsgeschäften i. S. d. §§ 343 ff. HGB bzw. die Darstellung der Gesamtvermögenslage des Kaufmanns, sondern die Aufzeichnung aller Geschäftsvorfälle, d. h. der nur das Handelsgewerbe (nicht auch das Privatvermögen) betreffenden Vermögensveränderungen (und nicht schon der Handelsgeschäfte).

Zu 5: Inventar und Bilanz (näher Kap. 8 Rn. 12, 15) sind Verzeichnisse über das Vermögen und die Schulden des Handelsgewerbes, die zu Beginn des Gewerbes und für den Schluss eines jeden Geschäftsjahres errichtet werden. Während das Inventar jedoch die einzelnen Vermögensgegenstände und Verbindlichkeiten nach Art, Menge und Wert aufführt (§ 240 HGB), werden sie in der Bilanz in Kontenform ausgewiesen und zu Posten ohne Mengenangaben zusammengefasst, wobei zumindest die Kapitalgesellschaften (§ 266 HGB) und Kapitalgesellschaften & Co. (§§ 264a Abs. 1, 264c HGB) ein gesetzlich vorgegebenes Mindestgliederungsschema zu beachten haben.

Zu 6: Der Jahresüberschuss wird unter der Rubrik „Eigenkapital" auf der Passivseite der Bilanz, die die Mittelherkunft beschreibt, ausgewiesen (vgl. Kap. 8 Rn. 15).

Zu 7: Der Jahresabschluss ist aufgrund der gesetzlichen Vorgaben (§§ 243 ff. HGB) und der GoB (§ 243 Abs. 1 HGB) sowie ggf. ausländischer (z. B. US-GAAP) oder internationaler (IAS/IFRS) Regelwerke nach folgenden Grundsätzen zu erstellen: Abschlussklarheit, Abschlusswahrheit, Bilanzidentität, formelle und materielle Bilanzkontinuität, Periodenabgrenzung, Vorsichtsprinzip sowie true and fair view-Prinzip. Hinzu kommen verschiedene Bewertungsgrundsätze: Going concern-Prinzip, Stichtags- und Einzelbewertungsprinzip, Nominalwertgrundsatz, Anschaffungswertprinzip und Niederstwertprinzip (näher Kap. 8 Rn. 14).

Zu 8: Zunächst ist zwischen Abschreibungen (näher Kap. 8 Rn. 14) in der Handelsbilanz und in der Steuerbilanz (z. B. §§ 6 und 7 EStG) zu unterscheiden. Das Handelsrecht kennt eine planmäßige (§ 253 Abs. 3 S. 1 bis S. 4 HGB) Abschreibung in linearer und degressiver Form sowie eine außerplanmäßige Abschreibung (§ 253 Abs. 3 S. 5 und S. 6 HGB).

# Kapitel 9:

Zu 1: Nach § 345 HGB finden die Vorschriften über die Handelsgeschäfte grundsätzlich auf beide Parteien Anwendung, auch wenn es sich nur um ein einseitiges Handelsgeschäft handelt. Dadurch kann auch ein Nichtkaufmann dem Handelsrecht unterworfen werden, was für ihn im Vergleich zu den allgemeinen Regelungen teils günstiger (z. B. §§ 348 ff. HGB) teils ungünstiger (z. B. § 355 HGB) sein kann.

Zu 2: Er muss beweisen, dass es sich bei dem Geschäft um ein Privatgeschäft gehandelt hat und dass dies dem Geschäftspartner auch erkennbar war (vgl. Kap. 9 Rn. 9).

Zu 3: Nach § 151 BGB ist lediglich der Zugang der ansonsten empfangsbedürftigen Annahmeerklärung entbehrlich. Auf die Annahmeerklärung selbst kann aber nicht verzichtet werden. Sie muss daher zumindest konkludent nach außen hin zum

Ausdruck kommen (z. B. durch eine Aneignungshandlung; vgl. Palandt/*Ellenberger*, § 151 Rn. 2). Demgegenüber wird die Annahme nach § 362 HGB als solche fingiert. Der Unterschied zu § 663 BGB besteht neben Nuancen im Tatbestand (näher Kap. 9 Rn. 16) insbesondere darin, dass § 362 HGB über die Annahmefiktion einen vertraglichen Erfüllungsanspruch begründet, während nach § 663 BGB nur ein Anspruch auf Ersatz desjenigen Schadens besteht, der durch das enttäuschte Vertrauen auf den Vertragsschluss entstanden ist. § 362 HGB begründet keinen Kontrahierungszwang, da es dem Betroffenen unbenommen bleibt, das Angebot zum Abschluss eines Geschäftsbesorgungsvertrages unverzüglich abzulehnen.

Zu 4: Das kaufmännische Bestätigungsschreiben ist ein von dem einen Vertragspartner an den anderen gerichtetes Schreiben, in dem der Bestätigende seine Auffassung über das Zustandekommen und den Inhalt eines mündlich, telefonisch, telegrafisch oder fernschriftlich geschlossenen Vertrages kundtut. Das deklaratorische Bestätigungsschreiben bestätigt den Inhalt eines tatsächlich bereits geschlossenen Vertrages ohne Ergänzungen oder Abweichungen, während das konstitutive Bestätigungsschreiben entweder einen geschlossenen Vertrag mit Ergänzungen bzw. Abweichungen oder einen in Wahrheit noch gar nicht zustande gekommenen Vertrag bestätigt.

Zu 5: Mit dem Bestätigungsschreiben möchte der Absender einen noch nicht vollständig schriftlich fixierten, aber zumindest aus seiner Sicht bereits scheinbar geschlossenen Vertrag zu Beweiszwecken bestätigen. Demgegenüber stellt die Auftragsbestätigung eine besondere Form der Annahme eines gemachten Angebots („Auftrag") dar, durch die der Vertrag erstmalig zustande kommen soll. Weicht die Auftragsbestätigung von dem Angebot ab, gilt dies als Ablehnung und neuer Antrag (§ 150 Abs. 2 BGB), zu dessen Annahme ein bloßes Schweigen grundsätzlich nicht genügt.

Zu 6: Die Lehre vom kaufmännischen Bestätigungsschreiben dient dem Schutz des Absenders in seinem Vertrauen auf die Billigung des Schreibens durch das Schweigen des Vertragspartners. Der Rechtssatz vom Erklärungswert des Schweigens auf ein kaufmännisches Bestätigungsschreiben stößt daher dort an seine Grenzen, wo der Absender unter Berücksichtigung von Treu und Glauben das Schweigen des Empfängers nicht mehr als Einverständnis mit dem Inhalt des Bestätigungsschreibens auffassen durfte. Daran fehlt es, wenn der Bestätigende oder eine seiner Hilfspersonen (§ 166 BGB) im Vertrauen auf die widerspruchslose Hinnahme das Vereinbarte in nicht nur unbedeutenden Nebenpunkten bewusst unrichtig wiedergegeben hat (Unredlichkeit) oder wenn der Inhalt des Bestätigungsschreibens irrtümlich von dem Ergebnis der Vertragsverhandlungen deutlich abweicht (gravierende Abweichung).

Zu 7: Groß schuldet nach § 360 HGB die Lieferung einer Handelsware mittlerer Art und Güte. Die Sachmängelgewährleistung könnte jedoch durch die AGB-Klausel „Gekauft wie gesehen", die die Haftung auf unsichtbare Mängel beschränkt, abbedungen sein (vgl. § 444 BGB). Gegenüber einem Unternehmer wie dem Kaufmann Eisele können AGB auch ohne ausdrücklichen Hinweis konkludent in den Vertrag einbezogen werden (§ 310 Abs. 1 S. 1 BGB i. V. m. § 305 Abs. 2 BGB). Hierfür genügt es, wenn der Geschäftspartner von dem Vorhandensein der AGB wusste und wenn für ihn erkennbar war, dass der Verwender den Vertrag nur unter Einbeziehung seiner AGB abschließen wollte (vgl. BGHZ 117, 190, 195). Die Klausel ist auch nicht nach § 307 Abs. 1 und 2 BGB unwirksam, da sie weitgehend dem Grundgedanken des § 442 Abs. 1 S. 2 BGB entspricht. § 360 HGB wird darüber hinaus als dispositives Gesetzesrecht durch den auf dem Großmarkt von Hamburg geltenden Handelsbrauch, alle Waren beim Kauf auf sichtbare Mängel zu überprüfen und den Verkäufer insoweit von der Sachmängelgewährleistung freizustellen, verdrängt (§ 346 HGB). Auf eine Kenntnis Eiseles von diesem Handelsbrauch kommt es nicht an. Mindern könnte Eisele daher überhaupt nur, wenn er sich eine Garantie hat geben lassen oder Groß den Mangel arglistig verschwiegen hat (§ 444 BGB).

Zu 8:

| HGB-Regelung | BGB-Regelung | HGB-Regelung | BGB-Regelung |
|---|---|---|---|
| § 346 | §§ 133, 157 | § 354a | § 399 Alt. 2 |
| § 347 | § 276 Abs. 2 | § 355 | § 248 Abs. 1 |
| § 348 | § 343 | §§ 358 f. | § 271 |
| § 349 | § 771 | § 360 | § 243 Abs. 1 |
| § 350 | §§ 766, 780, 781 | § 362 | §§ 145 ff.. |
| § 352 | § 246 | §§ 366 f. | §§ 932 ff., 1207 |
| § 353 | §§ 288 Abs. 1 S. 1, 291 | § 368 | § 1234 |
| § 354 Abs. 1 | §§ 612, 613 | §§ 369 ff.. | § 273 |
| § 354 Abs. 2 | §§ 488 Abs. 2, 670 | | |

Zu 9:

| Normzweck | Sonderregelungen |
|---|---|
| Konkretisierung der Leistungspflicht | §§ 346, 347, 358, 359, 360, 361 HGB |
| Entgeltlichkeit des kaufmännischen Handelns | §§ 346, 352, 353, 354 HGB |
| Handelsrechtlicher Verkehrsschutz | §§ 354a, 362, 366 HGB und Lehre vom kaufmännischen Bestätigungsschreiben |
| Sicherungsbedürfnis des Handelsverkehrs | §§ 355 ff. und 369 ff. HGB |
| Schnelligkeit und Leichtigkeit des Handelsverkehrs | §§ 346, 350, 355 ff., 362, 368, 377 HGB und Lehre vom kaufmännischen Bestätigungsschreiben; § 310 Abs. 1 S. 1 BGB i. V. m. § 305 Abs. 2 BGB |
| Geringere Schutzbedürftigkeit des Kaufmanns | §§ 346, 348, 349, 367 HGB; § 310 Abs. 1 BGB |

Zu 10: Das Kontokorrent hat nach ganz h. M. grundsätzlich keine Kreditgewährungsfunktion (*Canaris*, § 25 Rn. 6). Die einzelnen in das Kontokorrent eingestellten Forderungen sind zwar während der Dauer der Rechnungsperiode nicht durchsetzbar, doch können sie fällig werden und verzinsungspflichtig sein. Sofern die Kontokorrentabrede nicht wie z. B. beim Dispositionskredit des Girokunden mit der Vereinbarung eines gesonderten Kontokorrentkredits verbunden wurde, kann die jeweils andere Partei daher auch vor Abschluss der Rechnungsperiode stets den Ausgleich eines negativen Saldos verlangen (vgl. demgegenüber zur Notwendigkeit der Kündigung des Darlehens aus wichtigem Grund § 490 Abs. 1 BGB). Allerdings würde die ständige Geltendmachung eines derartigen Ausgleichsbegehrens die Vereinfachungsfunktion des Kontokorrents wieder zunichte machen, so dass insoweit

Einschränkungen geboten sind und das Kontokorrent auf diese Weise zumindest faktisch einen kreditorischen Einschlag erhält.

Zu 11: Graf könnte zunächst die fortlaufende Gehaltsforderung Kleins gegen Ackermann pfänden (§§ 829, 832, 835 und 850 ff. ZPO). Eine Pfändung der bereits auf das Girokonto überwiesenen Gehälter ist Graf hingegen wegen deren Kontokorrentbindung nicht mehr möglich. Graf kann insoweit lediglich die aktuellen oder künftigen Tagessalden bzw. Rechnungsabschlusssalden pfänden (vgl. Kap. 9 Rn. 37 f. sowie BGHZ 84, 325, 329 und 371, 373).

Zu 12: Die gepfändete Forderung muss hinreichend bestimmt sein. Dem wird bei der Pfändung des künftigen Kontokorrentsaldos jedoch durch die Bezeichnung des bestehenden Kontokorrents hinreichend Rechnung getragen (BGHZ 80, 172, 181).

Zu 13: Nach seinem Wortlaut schützt § 366 HGB lediglich den guten Glauben des Erwerbers bzw. Pfandgläubigers in die Verfügungsbefugnis des Veräußerers bzw. Verpfänders. Umstritten ist, ob auch der gute Glaube in die Vertretungsmacht eines im fremden Namen Verfügenden und in die Kaufmannseigenschaft des Verfügenden geschützt wird. Unstreitig nicht mehr erfasst wird der gute Glaube in die übrigen Wirksamkeitsvoraussetzungen des Verfügungsgeschäfts wie z.B. die Geschäftsfähigkeit des Verfügenden oder die Unanfechtbarkeit des Geschäfts (näher Kap. 9 Rn. 43 f.).

Zu 14: Das kaufmännische Zurückbehaltungsrecht berechtigt im Gegensatz zum allgemeinen Zurückbehaltungsrecht nach § 273 Abs. 1 BGB nicht nur zur Verweigerung der eigenen Leistung (schuldrechtliches Element), sondern nach § 371 HGB auch zu einer Befriedigung aus dem Verkaufserlös einer in den Besitz des Zurückbehaltungsberechtigten gelangten beweglichen Sache oder eines Wertpapiers des Geschäftspartners (pfandrechtliches Element).

# Kapitel 10:

Zu 1: Es handelt sich um einen handelsgeschäftlichen Vertrag über die Herstellung einer nicht vertretbaren Sache. Nach § 381 Abs. 2 HGB und § 650 BGB gelten insoweit neben dem Kaufrecht des BGB die §§ 642, 643, 645, 648 und 649 BGB (mit der Maßgabe, dass an die Stelle der Abnahme der nach den §§ 446 f. BGB maßgebliche Zeitpunkt tritt) sowie zusätzlich die §§ 373 ff. HGB.

Zu 2: § 373 HGB erleichtert dem Verkäufer die Hinterlegung und den Selbsthilfeverkauf bei einem Annahmeverzug des Käufers (näher Kap. 10 Rn. 3). § 375 HGB erhebt die Spezifikation beim Bestimmungskauf von der bloßen Mitwirkungshandlung in den Rang einer Hauptleistungspflicht des Käufers, deren Verletzung zu Rechten des Verkäufers nach § 375 Abs. 2 S. 1 HGB i.V.m. §§ 280 f. und 323 BGB führt (Rechtsgrundverweisung). Der Verkäufer kann die Spezifikation zudem gegebenenfalls selbst durchführen (näher Kap. 10 Rn. 5). Beim Fixhandelskauf wird zwar das Recht des Käufers zum Schadensersatz erweitert, doch behält der Käufer bei einem Verzicht auf das Rücktrittsrecht seinen Erfüllungsanspruch nur, wenn er sein Erfüllungsbegehren sofort dem Verkäufer anzeigt (näher Kap. 10 Rn. 6 f.). Die Rügelast des Käufers nach § 377 HGB verschafft dem Verkäufer beim beiderseitigen Handelskauf rasche Klarheit über die Mangelfreiheit seiner Lieferung und befreit ihn bei einer nicht ordnungsgemäßen Rüge von etwaigen Gewährleistungsansprüchen (näher Kap. 10 Rn. 8 ff.). Schließlich wird der Käufer durch § 379 Abs. 1 HGB zur vorübergehenden Aufbewahrung einer von ihm ordnungsgemäß beanstandeten Ware verpflichtet (näher Kap. 10 Rn. 17).

Zu 3: Der Selbsthilfeverkauf erfolgt nach § 373 Abs. 3 HGB „für Rechnung des säumigen Käufers". Der Verkäufer kann den Erlös daher nur bis zur Höhe des geschuldeten Kaufpreises und zur Deckung der ihm entstandenen Kosten behalten. Ein ausnahmsweise erzielter Mehrerlös steht jedoch dem Käufer zu.

Zu 4: Der Tatbestand des § 376 HGB setzt wie das relative Fixgeschäft i. S. v. § 323 Abs. 2 Nr. 2 BGB voraus, dass die vereinbarte Leistungszeit für den Käufer erkennbar derart wesentlich ist, dass mit ihrer Einhaltung oder Nichteinhaltung der Vertrag stehen oder fallen soll. Die Rechtsfolgen weisen allerdings Besonderheiten auf. Denn zum einen werden die Rechte des Käufers auf Schadensersatz und zum Rücktritt durch § 376 HGB im Vergleich zu den §§ 280 Abs. 1 und 3, 281 BGB modifiziert. Zum anderen behält der Käufer bei einem Verzicht auf das Rücktrittsrecht seinen Erfüllungsanspruch nur, wenn er sein Erfüllungsbegehren sofort dem Verkäufer anzeigt (näher Kap. 10 Rn. 6 f.).

Zu 5: Eine Ablieferung ist gegeben, wenn die Ware so in den Machtbereich des Käufers gelangt ist, dass dieser die tatsächliche Möglichkeit zu ihrer Untersuchung hat (BGHZ 93, 338, 345).

Zu 6: In § 377 Abs. 1 HGB sind drei unbestimmte Rechtsbegriffe („unverzüglich", „ordnungsgemäß", „tunlich") enthalten, die eine Berücksichtigung sämtlicher Umstände des Einzelfalls (Beschaffenheit der Ware, verfügbare Untersuchungstechniken, Fachkundigkeit des Käufers, bestehende Handelsbräuche) ermöglichen.

Zu 7: Bei nicht ordnungsgemäßer Rüge gilt die gelieferte Ware nach § 377 Abs. 2 HGB als genehmigt (zu den Rechtsfolgen näher Kap. 10 Rn. 15).

## Kapitel 11:

Zu 1: Neben den §§ 145 ff. BGB findet auf den Abschluss der Kommissionsverträge auch § 362 HGB Anwendung, da der nicht eingetragene, kleingewerblich tätige Kommissionär (§ 383 Abs. 2 HGB) zu den Gewerbetreibenden gehört, deren Gewerbebetrieb die Besorgung von Geschäften für andere mit sich bringt (§ 362 Abs. 1 S. 1 HGB).

Zu 2: Es handelt sich um keine Kommission im Sinne der §§ 383 ff. HGB, da der AStA, der hier als Kommissionär fungieren würde, keinen Gewerbebetrieb betreibt. Es könnte sich allerdings um eine Kommission nach bürgerlichem Recht handeln, für die § 675 BGB gelten würde und auf die gegebenenfalls auch einzelne Vorschriften der §§ 383 ff. HGB analoge Anwendung finden könnten. Fraglich ist aber ohnehin, ob es sich trotz der gewählten Bezeichnung nach dem wahren Willen der Parteien nicht um einen Kaufvertrag mit Rückkaufverpflichtung der Brauerei handelt.

Zu 3: Neben den §§ 383 ff. HGB sind über § 675 BGB auf den Kommissionsvertrag entweder das Dienst- oder das Werkvertragsrecht subsidiär anwendbar. Zu Unterschieden führt dies beim Kündigungsrecht des Kommissionärs (§ 627 BGB oder §§ 314, 648 BGB?).

| Zu 4: | **Rechte des Kommissionärs** | **Pflichten des Kommissionärs** |
|---|---|---|
| | Provisionsanspruch mit Ausführung (§ 396 Abs. 1 HGB) | Abschluss des Ausführungsgeschäfts im Interesse und nach Weisung des Kommittenten (§ 384 Abs. 1 HGB) |
| | Aufwendungsersatzanspruch (§§ 396 Abs. 2 HGB, 675, 670 BGB) | Herausgabe des Erlangten (§ 384 Abs. 2 HS 2 HGB) |

| Rechte des Kommissionärs | Pflichten des Kommissionärs |
|---|---|
| Sicherungsrechte (§§ 397–399 HGB: Gesetzliches Besitzpfandrecht, pfandähnliches Befriedigungsrecht, bevorzugtes Befriedigungsrecht, Zurückbehaltungsrecht) | Schutz des Kommissionsguts |
| ggf. Selbsteintrittsrecht (§§ 400 ff. HGB) | Information des Kommittenten |

Zu 5: Beim Delkredere (§ 394 HGB) übernimmt der Kommissionär aufgrund besonderer Vereinbarung oder eines am Ort seiner Niederlassung bestehenden Handelsbrauchs ausnahmsweise die Verpflichtung, für die Erfüllung des Ausführungsgeschäfts durch den Dritten einzustehen. Hierfür erhält er eine besondere Provision.

Zu 6: Der Kommissionär kann seinen Provisionsanspruch erst realisieren, wenn der wirtschaftliche Erfolg des Ausführungsgeschäfts durch den Dritten vertragsgemäß hergestellt (Ausführung i. S. v. § 396 Abs. 1 HGB) und mit Hilfe des Abwicklungsgeschäfts auf den Kommittenten übertragen (h. M.) wurde. Bei Leistungsstörungen im Ausführungs- und Abwicklungsgeschäft kann der Provisionsanspruch des Kommissionärs daher entfallen (näher Kap. 11 Rn. 7).

Zu 7: Nach § 392 Abs. 2 HGB gelten die Forderungen aus dem Ausführungsgeschäft im Innenverhältnis zwischen dem Kommittenten und dem Kommissionär und im Verhältnis zu den Gläubigern des Kommissionärs als Forderungen des Kommittenten. Diese Vorausabtretungsfiktion entzieht die noch nicht abgetretenen Forderungen aus dem Ausführungsgeschäft dem rechtsgeschäftlichen bzw. zwangvollstreckungsrechtlichen Zugriff der Gläubiger des Kommissionärs (näher Kap. 11 Rn. 12 f.).

## Kapitel 12:

Zu 1: Nach der Definition des § 407 Abs. 3 Nr. 1 HGB ist das Frachtgeschäft allein auf die Beförderung von Gütern zu Lande, auf Binnengewässern oder mit Luftfahrzeugen gerichtet. Für das Seefrachtgeschäft (Abgrenzung zur Binnenschifffahrt gem. § 450 HGB) gelten die Sonderregelungen der §§ 481 ff. HGB.

Zu 2: Für die Geschäftsbesorgungsspedition mit Abschluss des Ausführungsgeschäfts im eigenen Namen, aber für fremde Rechnung (§ 457 HGB) wäre dies durchaus eine zutreffende Bezeichnung, da diese viele Parallelen zum Kommissionsgeschäft aufweist (Kap. 12 Rn. 12). Allerdings stehen die Spedition mit Abschluss des Ausführungsgeschäfts im fremden Namen und die Fixkostenspedition (§ 459 HGB) sowie die Spedition mit Selbsteintritt (§ 458 HGB) und in Sammelladung (§ 460 HGB) dem Frachtgeschäft näher als der Kommission.

Zu 3: Falls dem Spediteur die Auslieferung der Ware selbst obliegt, darf er das Speditionsgut an den Empfänger nur gegen Zahlung des Kaufpreises übergeben. Bei Auslieferung durch einen Dritten muss der Spediteur diesem die Nachnahmeverpflichtung durch Vereinbarung im Frachtvertrag auferlegen. Ein Verstoß gegen die Nachnahmeverpflichtung führt zur (teilweise verschuldensunabhängigen) Haftung nach §§ 422 Abs. 3, 458 HGB bzw. § 280 Abs. 1 BGB. Hat der Spediteur den Kaufpreis per Nachnahme eingezogen, ist er zur Herausgabe verpflichtet (§§ 675, 667 BGB).

Zu 4: Die Einzellagerung (Regelfall der §§ 467 ff. HGB), die Sammellagerung/Mischlagerung (§ 469 HGB) und die nicht unter die §§ 467 ff. HGB fallende Summenlagerung (§ 700 BGB).

Zu 5: Der Lagerschein ist ein Wertpapier, in dem der Lagerhalter sich zur Erfüllung der ihm aus dem Lagervertrag obliegenden Pflichten und insbesondere zur Herausgabe des eingelagerten Gutes gegen Rückgabe des Lagerscheins verpflichtet. Bei der Form des Orderlagerscheins handelt es sich um ein Traditionspapier, dessen Übertragung für den Erwerb von Rechten an dem eingelagerten Gut dieselben Wirkungen hat wie die Übergabe der Sache selbst (§ 475 g HGB). Auf diese Weise kann der Einlagerer das eingelagerte Gut ohne Transportkosten und Zeitverlust durch bloße Übergabe des Orderlagerscheins übereignen oder verpfänden.

Zu 6: Nach § 366 Abs. 3 i. V. m. Abs. 1 HGB können auch die gesetzlichen Pfandrechte des Frachtführers, Verfrachters, Spediteurs und Lagerhalters (wie übrigens auch dasjenige des Kommissionärs) durch guten Glauben zumindest an die Verfügungsbefugnis des Absenders, Befrachters, Abladers, Versenders oder Einlagerers erworben werden. Allerdings ist für den Erwerb des entsprechenden Pfandrechts an Gut, das nicht Gegenstand des entsprechenden Transportvertrages ist, der gute Glaube an die Eigentümerstellung des Vertragspartners erforderlich.

## Kapitel 13:

Zu 1: Die Incoterms regeln vornehmlich das „Wo" und „Wie" der Lieferung und Abnahme, den Gefahrübergang, die Aufteilung der Transportkosten, die Ausführung der Export- und Importabfertigung einschließlich der Kostenverteilung sowie Fragen der Transportdokumentation.

Zu 2: Die Frage berührt die Rechtsnatur der Incoterms. Ordnet man sie angesichts ihres vorab für eine Vielzahl von internationalen Verträgen festgelegten Bedeutungsinhalts als Allgemeine Geschäftsbedingungen ein (z. B. Ba/Ho/*Hopt*, Anh. 6 Incoterms Einl Rn. 14), muss man das hier aufgeworfene Problem als einen Sonderfall sich widersprechender AGB (vgl. dazu *Musielak/Mayer*, Examenskurs BGB, 4. Aufl., 2019, Rn. 84 ff.) betrachten. Es spricht jedoch vieles dafür, den international definierten Inhalt eines vereinbarten Incoterms eher als die Sammlung von Auslegungsregeln einer verkürzten Individualvereinbarung anzusehen, die in der zumeist ausgehandelten und nicht „gestellten" (vgl. § 305 Abs. 1 S. 1 BGB) Auswahl dieses bestimmten Incoterms besteht. Als fester Bestandteil einer auf eine Kurzform reduzierten und daher auslegungsbedürftigen Individualvereinbarung würde der Inhalt des 2010er Incoterms „FOB" den AGB des Klotz nach § 305b BGB vorgehen.

Zu 3: Das CISG regelt die Voraussetzungen sowie die Rechtsbehelfe des Käufers (Art. 45 ff. CISG) bzw. des Verkäufers (Art. 61 ff. CISG) grundsätzlich für alle Leistungsstörungen in gleicher Weise. Differenzierungen nach der Art der Leistungsstörung sind von untergeordneter Bedeutung (vgl. lediglich Art. 50, 52, 64 Abs. 2, 65 ff. CISG). Zentraler Begriff ist die (wesentliche oder unwesentliche) Vertragsverletzung, die ganz allgemein als Nichterfüllung vertraglicher Haupt- oder Nebenpflichten verstanden wird (Art. 25, 45, 61, 71 ff. CISG) und damit alle Formen der Nichterfüllung, des Verzugs, der Schlecht- und Falschlieferung sowie der Nebenpflichtverletzung erfasst.

Zu 4: Mit Instrumenten wie dem Grundsatz der Meistbegünstigung oder dem Diskriminierungsverbot sollen die tarifären und nichttarifären Beschränkungen des Welthandels ebenso abgebaut werden wie Dumping-Verhaltensweisen, Subventionen oder die Verletzungen geistigen Eigentums.

# Sachverzeichnis

Die **fett** gesetzten Zahlen verweisen auf die Kapitel des Buches,
die mageren auf deren Randnummern.

**Ablieferung 10** 10
**Abschlussvertreter 7** 26
**Abschreibungen 8** 14
**Abtretung 9** 29
**ADHGB 1** 9
**ADSp 12** 1, 13
**AGB 1** 5; **9** 22
**ALR 1** 9
**Analoge Anwendung des Handelsrechts 2** 12, 19; **9** 6
**Annahmeverzug 10** 3
**Art und Umfang des Gewerbes 2** 14 f.
**Aufbewahrungspflicht 10** 19
**Aufwendungsersatzanspruch**
 – des Frachtführers **12** 5
 – des Handelsmaklers **6** 11
 – des Kommissionärs **11** 8
 – des Spediteurs **12** 16
**Ausgleichsanspruch**
 – des Handelsvertreters **6** 9
 – des Vertragshändlers **6** 16

**Bekanntmachung 3** 6
**Besitzkonstitut 11** 16
**Bestätigungsschreiben**
 – Anfechtbarkeit des Schweigens **9** 21
 – Arten **9** 18
 – Begriff **9** 17
 – Handelsbräuche **9** 17
 – Nichtkaufleute **9** 19
 – Rechtsfolge der Lehre vom **9** 20
 – Rechtsnatur **9** 17
 – Schutzwürdigkeit des Bestätigenden **9** 19
 – Voraussetzungen der Lehre vom **9** 19
**Bestimmungskauf 10** 4 f.
**Betreibereigenschaft 2** 25
**Betriebsbezogenheit 9** 7 ff.
**Bilanz 8** 15

**Bilanzrechtsmodernisierungsgesetz**
 **8** 1, 2, 4, 5, 13, 14
**Buchführung 8** 8 ff.
**Bürgschaft 9** 25

**CIF-Klausel 13** 10 f.
**CISG 13** 13 ff.
**Code de commerce 1** 1, 9
**CSR-Richtlinie 8** 4

**Deklaratorische Handelsregistereintragungen 3** 8
**Delkredere 11** 5
**Doppelte Buchführung 8** 11
**Drittschadensliquidation 11** 12; **12** 10, 18

**Einbringung eines Unternehmens**
 **4** 22; **5** 21 ff.
**Einfirmenvertreter 6** 7
**Einkaufskommission 11** 15 f.
**Entgeltprinzip 1** 6; **9** 27 f.
**Europäische Union 13** 5

**Fallprüfung 1** 10 ff.
**Falschlieferung 10** 10, 17 f.
**Fiktivkaufmann 2** 26 ff.
**Filiale** *siehe Zweigniederlassung*
**Filialprokura 7** 17
**Firma**
 – Aktiengesellschaft **4** 14
 – als Geschäftsname **4** 4
 – als Namensrecht **4** 5
 – Arten **4** 9
 – Begriff **4** 1 ff.
 – bei Änderungen im Handelsgewerbe **4** 26
 – Bildung **4** 11 ff.
 – Einzelkaufmann **4** 12

- Entstehung 4 15
- Erlöschen 4 16
- Firmenbeständigkeit 4 20 ff.
- Firmeneinheit 4 28
- Firmenfortführung 4 20 ff.
- Firmengrundsätze 4 17 ff.
- Firmenmissbrauchsverfahren 4 31
- firmenrechtlicher Unterlassungsanspruch 4 32
- Firmenschutz 4 30 ff.
- Firmenunterscheidbarkeit 4 29
- Firmenwahrheit 4 18 f.
- Funktionen 4 10
- Genossenschaft 4 14
- Geschäftsbezeichnung 4 6
- GmbH 4 14
- Inhaberwechsel 4 22 ff.
- Irreführungsverbot 4 19
- Kurzbezeichnung 4 8
- Minderfirma 4 3
- Nachfolgezusatz 4 24
- Name des Unternehmensträgers 4 2
- Namensänderung 4 21
- Öffentlichkeit 4 15
- Personenhandelsgesellschaft 4 13
- Rechtsscheinhaftung 4 13
- Reform des Firmenrechts 4 1
- Umwandlung 4 25
- Untrennbarkeit 4 27
- unzulässiger Firmengebrauch 4 30 ff.
- Verbot der Leerübertragung 4 27
- Verlautbarung 4 15
- verwandte Erscheinungsformen 4 6 ff.
- Zweigniederlassung 4 28

**Fixhandelskauf 10** 5 f.
**FOB-Klausel 13** 10 f.
**Forderungsübergang bei Wechsel des Unternehmensträgers 5** 12 ff.
**Formkaufmann 2** 32 ff.
**Forstwirtschaft 2** 20 ff.
**Frachtgeschäft**
- anwendbares Recht 12 4
- Begriff 12 3
- Frachtbrief 12 6
- Haftung des Frachtführers 12 8 ff.
- Kleingewerbe 12 3
- Rechte und Pflichten der Parteien 12 5 ff.
- Reform des Transportrechts 12 2
- Seefrachtgeschäft 12 3

**Franchising 6** 17
**Freiberufler**
- Anwendbarkeit des Handelsrechts 2 12
- Begriff 2 11

**Freiwillige Gerichtsbarkeit 1** 7

**Gattungsschuld 9** 41
**Genossenschaftsregister 3** 30
**Gerichtsstand 1** 7
**Gesamthandlungsvollmacht 7** 25
**Gesamtprokura 7** 13 ff.
**Geschäftsbesorgung 9** 28
**Geschäftsbezeichnung 4** 6
**Geschichte des Handelsrechts 1** 9
**Gewerbe**
- Begriff 2 5 ff.
- Betreiber 2 25
- Erlaubtheit 2 9
- Freiberufler 2 11 f.
- Gewinnerzielungsabsicht 2 10
- Handelsgewerbe 2 13 ff.
- Mischgewerbe 2 23
- Nebengewerbe 2 22
- und Unternehmen 2 13
- vollkaufmännische Einrichtung 2 14 f.

**Gewinn- und Verlustrechnung 8** 16
**Gewohnheitsrecht**
- Handelsregister 3 27 f.
- internationales 13 21
- Rechtsquelle 1 5; 9 12

**Grundsätze ordnungsmäßiger Buchführung 8** 5
**Gutglaubensschutz**
- Funktion der handelsgeschäftlichen Sonderregelung 9 42
- Glaube an die Betriebsbezogenheit 9 44
- Glaube an die Geschäftsfähigkeit 9 44
- Glaube an die Kaufmannseigenschaft 9 44
- Glaube an die Verfügungsbefugnis 9 42
- Glaube an die Vertretungsmacht 9 43
- Voraussetzungen des handelsgeschäftlichen 9 44

**Handelsbilanz** siehe Rechnungslegung
**Handelsbrauch**
- Handelsgeschäfte 9 11
- internationaler 13 20
- Rechtsquelle 1 5

**Handelsbücher 8** 1

**Handelsgeschäfte**
- Abtretung von Forderungen **9** 29
- AGB **9** 22
- Arten **9** 8, 10
- Begriff **9** 2 ff.
- Bestätigungsschreiben **9** 17 ff.
- Betriebsbezogenheit **9** 7 ff.
- Bürgschaft **9** 25
- Entgeltlichkeit **9** 27 f.
- Gattungsschulden **9** 41
- Gutglaubensschutz **9** 42 ff.
- Kontokorrent **9** 30 ff.
- Leistungsinhalt **9** 41
- Leistungszeit **9** 40
- Nichtkaufleute **2** 12, 19; **9** 6
- Pfandverkauf **9** 46
- Rechtsquellen **9** 1
- Schuldanerkenntnis **9** 26
- Schuldversprechen **9** 26
- Sonderregelungen **9** 10 ff.
- Sorgfaltspflicht **9** 23
- Vertragsstrafeversprechen **9** 24
- Verzinsung **9** 27
- Zurückbehaltungsrecht **9** 47 ff.
- Zustandekommen **9** 15 ff.

**Handelsgesetzbuch 1** 5, 9
**Handelsgewerbe 2** 14 ff. *siehe auch Gewerbe*
**Handelsgewohnheitsrecht** *siehe Gewohnheitsrecht*
**Handelskauf**
- Aliudlieferung **10** 10, 17
- Annahmeverzug **10** 3
- Aufbewahrungspflicht **10** 19
- Begriff **10**
- Bestimmungskauf **10** 4 f.
- Fixhandelskauf **10** 5 f.
- Gewährleistung **10** 8 ff.
- Hinterlegung **10** 3
- Meiuslieferung **10** 17
- Minderlieferung **10** 10, 17
- Notverkaufsrecht **10** 19
- Rügelast **10** 8 ff.
- Selbsthilfeverkauf **10** 3
- Untersuchungs- und Rügepflicht **10** 8 ff.
- und Verbrauchsgüterkauf **10** 2

**Handelsmakler**
- Begriff **6** 10
- Kleingewerbe **6** 10
- Maklerverhältnis **6** 11

**Handelsrecht**
- Anspruchsgrundlagen **1** 11
- Anwendungsvorrang **1** 1
- Fallbearbeitung **1** 10 ff.
- Geschichte **1** 9
- internationales **13** 1
- Nebengesetze **1** 5
- Rechtsquellen **1** 5
- Reform **2** 2; **4** 11
- Sonderprivatrecht der Kaufleute **1** 1 ff.; 91
- subjektives System **1** 1
- Verhältnis zu anderen Rechtsgebieten **1** 2 ff.
- Verkehrsschutz **2** 44 ff.; **3** 10 ff.; **7** 1
- Wesensmerkmale **1** 6

**Handelsrechtliche Rechnungslegung 8** 1 ff.
**Handelsrechtsreform (1998) 2** 2; **4** 11
**Handelsregister**
- Antragsgrundsatz **3** 4
- Bekanntmachung **3** 6
- BRIS **3** 31
- deklaratorische Eintragungen **3** 8
- Einsichtsrecht **3** 9
- eintragbare Tatsachen **3** 8
- eintragungsfähige Tatsachen **3** 7
- eintragungspflichtige Tatsachen **3** 8, 12, 22
- formelle Publizität **3** 9
- formelles Registerrecht **3** 2 ff.
- Funktionen **3** 1
- Geldwäsche **3** 1
- Gewohnheitsrechtssätze **3** 27 f.
- Handelsregisterverordnung **3** 3
- Inhalt **3** 7 f.
- konstitutive Eintragungen **3** 8
- materielle Publizität **3** 10 ff.
- negative Publizität **3** 11
- positive Publizität **3** 11, 20 ff.
- private Datenbanken **3** 2
- Prüfungsrecht des Registerrichters **3** 5
- Rechtspfleger **3** 2
- Rechtsscheinhaftung **3** 29
- Rechtsscheinzerstörung **3** 19 f.
- Registerführung **3** 2
- Registerzwang **3** 8
- Schutz des Eintragenden **3** 19 f.
- Staatshaftung **3** 5

- Übergangsfrist **3** 19 f.
- unrichtige Bekanntmachung **3** 21
- Unternehmensregister **3** 31
- Veranlassungsprinzip **3** 25, 27
- Vertrauensschutz **3** 10, 15

**Handelsschiedsgerichtsbarkeit**
- internationale **13** 27
- nationale **1** 8

**Handelsvertreter**
- Abschlussvertreter **6** 7
- Arten **6** 7
- Ausgleichsanspruch **6** 9
- Begriff **6** 6
- Einfirmenvertreter **6** 7
- EU-Richtlinie **6** 8
- Geschäftsbesorgungsverhältnis **6** 8
- im Nebenberuf **6** 7
- Kleingewerbe **2** 19; **6** 6
- Mehrfirmenvertreter **6** 7
- Pflichten **6** 8
- Rechte **6** 8
- Untervertreter **6** 7
- Vermittlungsvertreter **6** 7
- Vertragsbeendigung **6** 9
- Wettbewerbsverbot **6** 8

**Handlungsgehilfe 6** 2 f.

**Handlungsvollmacht**
- Abschlussvertreter **7** 26
- Arten **7** 21
- Begriff **7** 19
- Erlöschen **7** 27
- Erteilung **7** 20
- Gesamthandlungsvollmacht **7** 25
- Umfang **7** 21 ff.

**Herausgabeanspruch**
- des Kommittenten **11** 6
- des Versenders **12** 14

**Hilfspersonen** siehe *kaufmännische Hilfspersonen*

**Hinterlegung 10** 3

**ICC 13** 26
**IHK 13** 26
**Incoterms 9** 11; **13** 7 ff.

**Inhaberwechsel**
- Firmenfortführung **4** 22 ff.
- Forderungsübergang **5** 12 ff.
- Haftungskontinuität **5** 8 ff.

**Internationales Handelsrecht**
- Allgemeine Rechtsgrundsätze **13** 19

- Begriff **13** 1 ff.
- CISG **13** 13 ff.
- Codes of Conduct **13** 22
- EU-Recht **13** 5
- GATT-System **13** 25
- Haager Einheitliches Kaufrecht **13** 13
- Incoterms **13** 7 ff.
- Internationale Handelskammer **13** 26
- internationale Handelsschiedsgerichtsbarkeit **13** 23, 27 f.
- internationaler Handelsbrauch **13** 20
- internationales Handelsgewohnheitsrecht **13** 21
- Internationales Privatrecht **13** 4
- Kautelarpraxis **13** 6 ff.
- Konventionen **13** 12 ff.
- lex mercatoria **13** 2 f.
- Modellgesetze **13** 18
- nichtstaatliche internationale Organisationen **13** 26
- Rechtsquellen **13** 4 ff.
- UNCITRAL **13** 24
- Welthandelsorganisation **13** 25
- Wiener UN-Kaufrecht **13** 13 ff.
- zwischenstaatliche Organisationen **13** 24 f.

**Internationales Transportrecht 12** 1 f.
**Inventar 8** 12
**Irreführungsverbot 4** 19
**Istkaufmann 2** 14 ff.

**Jahresabschluss 8** 13 ff.

**Kammer für Handelssachen 1** 7
**Kannkaufmann 2** 18 ff.
**Kaufmann** siehe *Kaufmannsbegriff*
**Kaufmännische Bürgschaft 9** 25
**Kaufmännische Dienste 6** 2
**Kaufmännische Einrichtung 2** 14 f.
**Kaufmännische Geschäftsbesorgung 9** 28
**Kaufmännische Hilfspersonen**
- Auszubildender **6** 4
- Franchisenehmer **6** 17
- Handelsmakler **6** 10 f.
- Handelsvertreter **6** 6
- Handlungsgehilfe **6** 2 f.
- Kommissionär **6** 11; **11** 2
- Kommissionsagent **6** 14
- selbständige **6** 5 ff.

## Sachverzeichnis

- Selbständigkeit **6** 1
- Überblick **6** 1
- unselbständige **6** 2 ff.
- Vertragshändler **6** 15 f.
- Volontär **6** 4

**Kaufmännische Rechnungslegung**
*siehe Rechnungslegung*

**Kaufmännische Sorgfaltspflicht 9** 23

**Kaufmännisches Bestätigungsschreiben** *siehe Bestätigungsschreiben*

**Kaufmännisches Schuldanerkenntnis 9** 26

**Kaufmännisches Schuldversprechen 9** 26

**Kaufmännisches Vertragsstrafeversprechen 9** 24

**Kaufmannsbegriff**
- Bedeutung **2** 1
- Betreiber **2** 25
- Fiktivkaufmann **2** 26 ff.
- formell begründete Kaufmannseigenschaft **2** 26 ff.
- Formkaufmann **2** 32 ff.
- Forstwirtschaft **2** 20 ff.
- Gärtnerei **2** 23
- Geschäftsfähigkeit **2** 25
- Gesellschaften **2** 32 ff.
- Gewerbebegriff **2** 5
- Gewerbeerlaubnis **2** 25
- Istkaufmann **2** 14 ff.
- Kannkaufmann **2** 16 ff.
- Kapitalgesellschaften **2** 24 f.
- Kleingewerbetreibende **2** 18 f.
- Landwirtschaft **2** 20 ff.
- Nicht-aber-teils-doch-Kaufmann **2** 19
- Nichtkaufmann **2** 12, 19; **9** 6
- Personenhandelsgesellschaften **2** 33
- Prüfungsschema **2** 47
- Reform **2** 2 f.
- Scheinkaufmann **2** 36 ff.
- subjektives System **1** 1
- Systematik **2** 3
- tätigkeitsbezogener Grundtatbestand **2** 4 ff.

**Kleingewerbetreibende 2** 18 f.

**Kommission**
- antizipiertes Besitzkonstitut **11** 16
- anwendbares Recht **11** 4
- Arten **11** 1
- Aufwendungsersatzanspruch **11** 8
- Bedeutung **11** 1
- Begriff **11** 1
- Benachrichtigungspflicht **11** 5 f.
- Delkredere **11** 5
- dingliche Rechtslage **11** 14 f.
- Drittschadensliquidation **11** 12
- Einkaufskommission **11** 15 f.
- Gelegenheitskommissionär **11** 1 f.
- Geschäftsbesorgung **11** 4
- Herausgabeanspruch des Kommittenten **11** 6
- Insichgeschäft **11** 16
- Kleingewerbe **11** 1 f.
- Leistungsstörungen **11** 7
- mittelbare Stellvertretung **11** 3
- Pflichten des Kommissionärs **11** 5 f.
- Provisionsanspruch **11** 7
- Rechte des Kommissionärs **11** 7 ff.
- Relativität der Vertragsbeziehungen **11** 11 f.
- Rügelast **11** 5
- Selbsteintrittsrecht **11** 10
- Selbsthaftung **11** 5
- Sicherungsrechte des Kommissionärs **11** 9
- Untersuchungs- und Rügepflicht **11** 5
- Verkaufskommission **11** 14
- Vorausabtretungsfiktion **11** 12 f.
- Weisungsrecht des Kommittenten **11** 5

**Kommissionär 2** 19; **6** 12; **11** 1 ff. *siehe auch Kommission*

**Kommissionsagent 6** 14 *siehe auch Kommission*

**Kommissionsgeschäft** *siehe Kommission*

**Konstitutive Handelsregistereintragungen 3** 8

**Konto 8** 11

**Kontokorrent**
- abstrakte Saldoforderung **9** 35
- Beendigung **9** 39
- Begriff **9** 30
- Funktionen **9** 31
- kausale Saldoforderung **9** 34
- Kontokorrentabrede **9** 32
- Lähmung der Einzelforderungen **9** 33
- Nichtkaufleute **9** 32
- Novation **9** 36
- offene Rechnung, Abgrenzung **9** 30
- Pfändung **9** 37 f.
- Rechnungsabschlusssaldo **9** 38

– Saldoanerkenntnis **9** 35
– Sicherungsrechte **9** 36
– Verrechnung **9** 34
– Voraussetzungen **9** 32
– Zustellungssaldo **9** 37 f.
**Konventionen** siehe internationales Handelsrecht
**Kurzbezeichnung 4** 8

**Ladenvollmacht**
– Rechtsnatur **7** 28
– Umfang **7** 30
– Voraussetzungen **7** 29
**Lagebericht 8** 18
**Lagergeschäft**
– anwendbares Recht **12** 20
– Arten der Lagerung **12** 24
– Begriff **12** 19
– Gelegenheitslagerhalter **12** 19
– Kleingewerbe **12** 19
– Rechte und Pflichten der Parteien **12** 21
– Urkunden **12** 22
**Lagerschein 12** 22
**Landwirtschaft 2** 20 ff.
**Leistungszeit 9** 40
**Lex mercatoria 13** 2 f.

**Markenrecht 4** 7, 33
**Mehrfirmenvertreter 6** 7
**Mehrlieferung 10** 10, 17 f.
**Minderfirma 4** 3
**Minderlieferung 10** 10, 17 f.
**Mischunternehmen 2** 23
**Missbrauch der Prokura 7** 2, 12
**Mittelbare Stellvertretung 11** 3; **12** 12
**Multimodaler Transport 12** 2, 4

**Nachnahme 12** 14
**Nebengewerbe 2** 22
**Nicht-aber-teils-doch-Kaufmann 2** 19
**Nichtkaufleute 2** 12, 19; **9** 6
**Novation 9** 36

**Offene Rechnung 9** 30
**Offenlegung des Jahresabschlusses 8** 20
**Ordnungsmäßige Buchführung 8** 5

**Partnerschaftsregister 3** 30
**Personenbeförderung 12** 1
**Pfandverkauf 9** 46
**Preußisches ALR 1** 9
**Prokura**
– Anscheinsprokura **7** 5
– Außenvollmacht **7** 5
– Duldungsprokura **7** 5
– Eintragung **7** 8
– Erlöschen **7** 18
– Erteilung **7** 3 ff.
– Filialprokura **7** 17
– Gesamtprokura **7** 13 ff.
– Grundstücksklausel **7** 11
– Innenvollmacht **7** 5
– Minderkaufmann **7** 3
– Missbrauch **7** 2, 12
– Rechtsscheinhaftung **7** 9
– Übertragbarkeit **7** 6
– Umfang **7** 10 ff.
– Unterprokura **7** 4
– Wesen **7** 2
– Zeichnung **7** 9
**Provisionsanspruch**
– des Handelsmaklers **6** 11
– des Handelsvertreters **6** 8
– des Kommissionärs **11** 7
**Publizität des Handelsregisters**
– formelle **3** 9
– negative **3** 11
– positive **3** 11, 20 ff.
**Publizität des Unternehmensregisters 3** 31

**Rechnungslegung**
– Abschreibungen **8** 14
– Aufbewahrungspflichten **8** 19
– Bewertungsgrundsätze **8** 14
– Buchführungspflicht **8** 8 ff.
– CSR-Richtlinie **8** 4
– doppelte Buchführung **8** 11
– Durchsetzung der Rechnungslegungspflicht **8** 6
– einfache Buchführung **8** 10
– Gewinn- und Verlustrechnung **8** 16
– Grundsätze der **8** 14
– Grundsätze ordnungsmäßiger Buchführung **8** 5
– Haftung **8** 6
– Handelsbilanz **8** 15

## Sachverzeichnis

- handelsrechtliche **8** 1
- Inventarerrichtung **8** 12
- Jahresabschluss **8** 13 ff.
- Konten **8** 11
- Lagebericht **8** 18
- nichtfinanzielle Berichterstattung **8** 4
- Offenlegung **8** 20
- Rechtsgrundlagen **8** 4 f.
- steuerrechtliche **8** 2
- Zwecke **8** 3

**Rechtsmängelgewährleistung 10** 8 ff.

**Rechtsscheinhaftung**
- durch Firmierung **4** 13
- Handelsregister **3** 29
- Prokurist **7** 9
- Scheinkaufmann **2** 36 ff.

**Reform des Handelsrechts 2** 2 f.; **4** 11

**Reform des Schiedsverfahrensrechts 1** 8

**Reform des Transportrechts 12** 2

**Registerrecht** *siehe Handelsregister*

**Rügelast bei der Kommission 11** 5

**Rügelast beim Handelskauf**
- Ablieferung **10** 10
- Aufbewahrungspflicht **10** 19
- Falschlieferung **10** 10, 17 f.
- Funktion **10** 9
- Inhalt **10** 11 ff.
- Mängelanzeige **10** 15
- Mehrlieferung **10** 10, 17 f.
- Minderlieferung **10** 10, 17 f.
- Notverkaufsrecht **10** 19
- Obliegenheit **10** 8
- Rechtsfolgen bei nicht ordnungsgemäßer Rüge **10** 17
- Rechtsfolgen bei ordnungsgemäßer Rüge **10** 18 f.
- Sachmangel **10** 10, 17 f.
- Voraussetzungen **10** 10
- des Zwischenhändlers **10** 13

**Sachmängelgewährleistung 5** 5; **10** 8 ff.

**Saldierung** *siehe Kontokorrent*

**Scheinkaufmann**
- Abgrenzung von verwandten Erscheinungsformen **2** 36
- Begriff **2** 36
- Funktion **2** 38
- Rechtsfolgen **2** 47

- Rechtsnatur **2** 37
- Subsidiarität **2** 40
- Voraussetzungen **2** 39

**Schiedsgerichtsbarkeit** *siehe Handelsschiedsgerichtsbarkeit*

**Schuldanerkenntnis 9** 26

**Schuldversprechen 9** 26

**Schweigen im Handelsverkehr 9** 15 ff.

**Seefrachtgeschäft 12** 3

**Selbständigkeit 2** 6; **6** 1

**Selbsteintrittsrecht**
- des Kommissionärs **11** 10
- des Spediteurs **12** 11 f.

**Selbsthilfeverkauf 10** 3

**Sorgfaltspflicht 9** 23

**Speditionsgeschäft**
- Allgemeine Deutsche Spediteur-Bedingungen **12** 13
- anwendbares Recht **12** 13
- Begriff **12** 11
- Haftung des Spediteurs **12** 17
- Kleingewerbe **12** 11
- Nähe zum Kommissionsgeschäft **12** 12
- Rechte und Pflichten der Parteien **12** 14 ff.
- Reform des Transportrechts **12** 2
- Spediteurdokumente **12** 15
- Staatshaftung **3** 5

**Steuerrechtliche Rechnungslegung 8** 2

**Subjektives System 1** 1

**Transportrecht 12** 1

**Transportrechtsreform 12** 2

**Übereinkommen** *siehe internationales Handelsrecht*

**Umwandlung 4** 25

**UNCITRAL 13** 24

**UN-Kaufrecht 13** 13 ff.

**Unternehmen**
- asset deal **5** 5
- Begriff **5** 1
- Einbringung in Personenhandelsgesellschaft **5** 21
- Erbenhaftung **5** 16 ff.
- Firma **4** 2
- Firmenfortführung nach Inhaberwechsel **5** 9 ff., 20

- Forderungsübergang bei Inhaberwechsel **5** 12 ff.
- Gegenstand des Rechtsverkehrs **5** 3
- Haftungskontinuität **5** 8 ff., 18 ff., 21 ff.
- Hauptniederlassung **5** 3
- Inhaberwechsel **4** 22 ff.; **5** 8 ff.
- Inhaberwechsel von Todes wegen **5** 16 ff.
- Insolvenz **5** 7
- Normzwecke der §§ 25 ff. HGB **5** 24
- Publizität **3** 31
- Sachmängelgewährleistung **5** 5
- share deal **5** 5
- Übertragung **5** 4, 6
- Unternehmenskauf **5** 5
- Unternehmensträger **5** 2
- Zwangsvollstreckung **5** 7
- Zweigniederlassung **5** 3

**Unternehmensregister 3** 31
**Unterprokura 7** 4
**Untersuchungs- und Rügepflicht** *siehe Rügelast*

**Veranlassungsprinzip 3** 25, 27
**Verkaufskommission 11** 14
**Vermittlungsvertreter 6** 7
**Vertragshändler**
- Ausgleichsanspruch **6** 16
- Begriff **6** 15

**Vertragsstrafeversprechen 9** 24
**Vertrauensschutz**
- Handelsregister **3** 10 ff.

- Scheinkaufmann **2** 36 ff.
- Vertretungsmacht **7** 1
- Verzinsung **9** 27

**Volontär 6** 4

**Warschauer Abkommen 12** 1; **13** 12
**Wechsel des Unternehmensträgers 5** 8 ff.
**Weisungsrecht**
- des Absenders **12** 5
- des Empfängers **12** 5
- des Kommittenten **11** 5
- des Versenders **12** 14
- Welthandelsorganisation **13** 25

**Wettbewerbsverbot**
- des Handelsvertreters **6** 8
- des Handlungsgehilfen **6** 3

**Wiener Kaufrecht 13** 13 ff.
**WTO 13** 25

**Zivilprozess 1** 7
**Zollverein 1** 9
**Zurückbehaltungsrecht**
- Befriedigungsrecht **9** 49
- Rechtsfolgen **9** 49
- Sicherheitsleistung **9** 48
- Übersicht **9** 47

**Zustellungssaldo 9** 37 f.
**Zweigniederlassung**
- Begriff **5** 3
- Firma **4** 28